반계 유형원과 동아시아 실학사상

임형택 외 지음
한국실학학회 편

학자원

발간사

본서에 수록하는 논문들은 2017년 10월 13일부터 이틀간 고려대학교 민족문화연구원에서 열린 국제학술회의에서 발표된 원고를 중심으로 구성되었습니다. 이 학술회의는 전라북도와 부안군, 그리고 실학박물관이 주최하고 한국실학학회가 주관하는 형태로 이루어졌으며, 한국연구재단의 후원도 있었습니다. 이 기관들의 지원에 힘입어 성대한 학술의 향연이 이루어질 수 있었습니다. 이 자리를 빌려 감사드립니다.

이번의 국제학술회의는 한국 실학의 비조 반계 유형원을 둘러싼 학술적 상황, 특히 동아시아 초기 실학과 관련하여 반계 사상의 다각적인 면모를 살펴보았습니다. 반계는 명·청 교체기에 고전에 대한 깊은 이해를 통해 탁월한 경세적 비전을 제시하였으며, 국내뿐 아니라 국제적으로도 영향을 끼쳤습니다. 그래서 이번 학술회의에는 국내의 연구자뿐만 아니라 중국, 일본, 대만, 베트남에서 권위 있는 전문연구자들을 초빙해, 반계와 동시대를 살았던 각 나라의 대표적 사상가들의 실학사상을 고찰하였습니다.

금번 국제학술회의의 또 하나의 의의는 일실된 『반계문집』을 『반계일고』와 『반계잡고』의 기록으로 재구성하여 『교감역주 반계유고』를 출간하는 것을 기념하는 것입니다. 반계의 시문과 서간 자료 등을 모으고, 상세하게 교감 역주하여 문집체제로 편찬된 『반계유고』는 반계 시문학에 대한 발굴은 물론, 그의 사상적 내면풍경을 이해하는 데 획기적인 계기를 제공할 수 있을 것입니다.

이번 국제학술회의에서 발표된 논문들을 통해 반계 선생이 경세가로서의 면모를 넘어, 문명에 대한 깊은 고민과 전아한 문학세계를 구비한 지식인이었음이 새롭게 알려졌다고 생각합니다.

귀중한 옥고를 발표해주신 국내외의 발제자와 토론자 여러 선생님들께 다시 한 번 깊이 감사드립니다. 그리고 아담한 책으로 만들어주신 학자원의 김병환 사장님을 비롯한 편집자 여러분께도 고마운 마음을 전합니다.

2018년 1월

한국실학학회 회장

하 우 봉

차례

제1부 반계 유형원의 문명 의식과 동아시아 초기 실학

第3部 반계학의 전승과 콘텐츠화

부안지역 반계 유형원 유적보존과 지역문화 활성화 방안

제1부

반계 유형원의 문명 의식과 동아시아 초기 실학

17세기 문명적 위기의식과 실학

반계 유형원의 문집 발간에 즈음해서

임형택

1. 반계의 저술

반계의 학문적 적통으로 공인받고 있는 성호(星湖) 이익(李瀷)은 반계의 저술 전반에 걸쳐서 이렇게 말했다.

> “근세에 반계(磻溪) 유선생(柳先生)이 지은 『수록(隨錄)』 1편이 있는데, 우리 동방에서 경세(經世)의 임무를 아는 데 가장 중요한 것이다. 그럼에도 또한 현 시대에 팔리지 못하고 사가의 책상자 속에 사장되어 있었다. 뒤에 차츰 사람들에게 알려져서 국가에 올려지는 데까지 이르렀다. 그러나 겉으로 좋아하면서도 속으로 좋아하지 않고, 말로 칭찬하면서도 국사에 적용하려 하지 않았으니, 어떻게 한 발자국이라도 실천으로 향해서 나갈 수 있었겠는가? 이 또한 바삐 지나가는 사람이 길가의 무너지는 집을 얼핏 보고 고쳐야겠다고 생각하는 것과 비슷하다. 처음부터 진정한 뜻이 있었던 것이 아니니, 앞서 말했던 남의 집에 세를 들어 사는 것과 무슨 다름이 있으랴! 슬프다, 저 『수록』의 원고는 바위에 박힌 옥이

> 나 모래에 파묻힌 진주와 마찬가지다. 다 같이 세상에 아무 쓰임이 되지 못하는 것이다. 사람들은 단지 이 『수록』이 있는 줄 알지만, 다시 또 『군현제(郡縣制)』·『여지지(輿地誌)』 등 저술이 가지가지 시무에 필요한 줄은 알지 못하고 있다. 이 밖에 해타(咳唾)의 나머지를 수습한 것으로 『반계유집』 6권이 있다. 이는 몸을 닦고 나라를 다스리는 데서부터 인민(仁民)·애물(愛物)에 이르기까지 굽이굽이 곡진한 내용이다. 요컨대 『수록』과 더불어 우익(羽翼)을 이루어 빼놓을 수 없는 것이다. 우선 잘 갈무리해두고 안목 있는 사람을 기다린다."

위 글에는 풀이를 요하는 단어도 있고 이해가 선뜻 가지 않는 대목도 있다. 우선 『수록』이란 『반계수록』을 가리키는 것임이 물론인데 당초에는 서명이 이렇게 되어 있었다.[1] 이 저술에 대해 성호는 "우리 동방에서 경세(經世)의 임무를 아는 데 가장 중요한 것"이라고 극찬한다. 그리고 '국가'란 국왕과 동일시되는바 영조를 지칭한 것이다. 이미 널리 알려진 대로 양득중이 『수록』을 영조에게 진언하고 올리도록 했던 터인데 그 경세의 계책이 실천의 길로는 한 발짝도 나가지 못했다고 한다. 때문에 『수록』의 가치는 실상 "바위에 박힌 옥이나 모래에 파묻힌 진주와 다름이 없"다고 성호는 깊은 탄식을 발하고 있다. 국정의 적폐적악을 치유하는 유용한 저술로 영조에게 접수되었던 책이 그렇게 되고 말았던 정황에 대해서는 응당 고찰과 논의가 있어야겠는데 뒤에 간략하게라도 언급할 예정이다.

위에서 반계는 이 『수록』 이외에도 여러 종류의 저술을 남겼던 사실을 알 수 있다. 『반계수록』의 경우 비록 모래 속에 버려진 진주와 다름

---

1 서명을 '수록'이라고 한 뜻은 그 저자 자신이 "고금의 서적을 읽는다거나 사색을 하여 도달한 바 얻는 대로 그때그때 기록한 것"(「반계수록후기 서수록후」)이라고 밝혀 놓았다. 『반계수록』이라고 한 서명은 성호 이익의 「磻溪隨錄序」가 첫 용례로 보인다.

없더라도 그것이 진주인줄은 알지만 다른 저술들은 그런 것이 있는 줄도 모른다고 성호는 몹시 안타까워 한 것이다. 반계의 저술은 아직도 전모가 파악되지 않은 상태이다. 관련 기록마다 차이가 있다. 『문화유씨세보』에는 그의 저술이 70여 권으로 나열된 서명이 총 19종이며, 그 밖에 "청낭(靑囊)·산수(算數)·역학(譯學)·의약(醫藥)·복서(卜筮) 등 책은 일일이 다 들 수 없다"고 기재되어 있다. 우리나라에서 통상적으로 '권'은 '책'을 가리켰다. 반계의 저술은 19종에 복서·의약 등등 여러 분야에 걸쳐서 대략 70책을 헤아리는 분량이었음이 분명하다.

위 인용문은 「반계유선생유집서」의 끝 부분이다. 성호는 특히 반계의 문집을 두고 "『수록』과 더불어 우익(羽翼)을 이루"는 것이라고 말했다. 곧 새가 날개 하나로는 하늘을 날 수 없듯, 그의 문집은 『반계수록』과 나란히 필수 불가결의 관계로 규정지은 것이다. 김서경(金瑞慶, 1648~1681)은 반계가 우반동 시절에 배출한 제자인데 그 역시 "선생의 덕행은 『문집』에 드러나며 사업은 『수록』에 밝혀져 있다"고 보았다. 요컨대 『반계유집』과 『반계수록』, 이 양자의 관계는 주체의 도덕적 확립과 주체의 정치적 실천이란 의미를 띠고 있는 것이다. 반계의 학문체계는 유교의 기본구조이자 실학의 패러다임이기도 한 '수기치인(修己治人)'이 그것이다.

『반계유집』은 성호의 증언에 따르면 전부 6권으로 되어 있었다. 반계의 여러 저술들과 함께 이 『유집』 또한 유실된 것이다. 오직 『반계수록』 하나만 세상에 남아서 유형원이란 존재를 역사상에 걸출한 학자로서 평가받도록 만든 셈이다. 그런데 근래 반계의 저술 몇 종이 새로 발굴되어 학계에 소개되었다. 그의 시고에 산문 약간 편이 수록된 『반계일고』, 철학담론과 역사담론이 담긴 『반계잡고』가 그것이다. 아울러 반계에 대한 전장류(傳狀類) 등 관련기록이 속속 파악이 되기도 했다. 이들 자료를 수합, 문집 형태로 엮고, 아울러 번역과 주석작업을 진행했다. 이 일이 거의 마무리되어서 『반계유고』라는 서명으로 세상에 선을 보이기에 이르렀다. 이는 오래 전에 실종되었던 그의 유고들을 여기저기서 수습, 문집의 형태로 복원한 것이다.

지금 이 『반계유고』는 17세기 한반도에서 살았던 한 위대한 학자의 '사상적 내면풍경'을 보여주는 내용이다. 그의 대표작으로 손꼽히는 『반계수록』을 그 주체의 내면풍경에 비추어 독해할 수 있게 된 것이다. 반계는 마침 동아시아실학의 출발지점에 서 있었다. 이번 『반계유고』의 발간을 기념해서 열리는 오늘의 학술회의는 반계 자신의 '사상적 내면풍경'으로부터 시야를 확대, 동아시아적 차원에서 실학의 출발지점을 돌아보는 계기로 잡아본 것이다.

필자 자신 21세기로 들어선 이후로 지금에 이르기까지 학적 관심이 실학에서 떠나지 않았다. 그 일환으로 『반계유고』의 편역작업을 여러 동학들과 함께 수행하면서 반계에 관련한 논문을 여러 차례 발표하게 되었다. 그러다보니 중복된 논의가 불가피했는데 필자 나름으로 그 때마다 다소간 진전된 논의를 펴려고 노력하며 신자료를 추가하기도 했다. 본고와 유관한 내용으로 「『반계일고』의 고찰－실학과 실학파문학의 원류」, 「비판담론으로으로서의 실학」, 「반계 유형원의 신발굴 저술을 통해본 학문과 사상」이 있음을 밝혀둔다.[2]

2 임형택(2006; 2016; 2017). 참조.

2. 17세기 동아시아 지식인의 문명적 위기의식

실학의 출발선에서 대표주자라면 중국에서는 황종희(黃宗羲, 1610~1695)·고염무(顧炎武, 1613~1682)·왕부지(王夫之, 1619~1692)를, 한국에서는 유형원(1622~1673)을 손꼽는 데 대체로 동의할 것이다. 일본에서는 딱히 누구라고 지목하기 어려운 듯한데 이토 진사이(伊藤仁齋, 1627~1705)가 뚜렷한 존재다. 바다 사이로 격리된 일본열도의 경우 문화적 풍토가 중국대륙과 한반도와는 다른 면이 있어서 역사의 진로가 상호 연관을 가지면서도 이런저런 차이를 보였다는 점을 항시 고려할 필요가 있다고 본다.

실학으로 호명된 학술사상이란 17세기의 동아시아 역사를 경험한 지식인들의 문명적 위기의식에서 발단이 되었다. 이 시대 동아시아의 역사는 안으로 대륙에서 일어난 명청교체, 밖으로 해양에서 밀려든 서세가 결정적 요인으로 작동하였다. 그런데 서세는 16세기에 이미 동아시아 지역에 상륙하긴 했어도 눈앞에 당장 크게 들어오지는 않았다. 더구나 서세동점이란 전지구적 역사운동으로부터 한반도는 사각지대에 놓여 있었다. 달리 표현하자면 태풍의 간접적 영향권에 들어 있었다고 하겠다. 반계가 살았던 기간에 한국인은 두 차례 서양인을 직접 접촉하게 되었다. 한 번은 명청이 요동지역에서 각축하던 즈음인 1631, 2년에 연행 사절단의 단장 정두원(鄭斗源, 1581~1642) 일행이 중국의 등주(登州)에서 서양선교사 로드리게스(João Rodriguez, 중국명 陸若漢)이란 포르투갈 사람을 만났던 사실이다. 그리고 다음은 네덜란드 사람이 두 차례 한반도에 표착함으로서 이루어졌는데 먼저 1628년에 벨테브레이(Jan Jansen Weltevree, 한국명 朴淵)이며, 뒤에 1653년에 표착했다가 1656년에 탈출하여 기행문을 남긴 하멜(Hendrik Hamel)이다. 여기서 흥미로운 일은 반계가 네덜란드인 표류객을 직접 만난 흔적을 남긴 사실이다.[3] 다름 아닌 『반계수록』에서 화폐를 논하는 대목에 끼어있는 간단한 기록이다.

> "지난번에 서양 표류인을 몸소 만나서 물어보니 그의 나라는 은화를 사용한다는 것이었다. 서양국은 대개 옛 서역제국의 남쪽에 있다. 지금 우리나라에서 뒤섞어 남만(南蠻)이라 일컫는다."(『磻溪隨錄』 田制後錄 攷說 錢貨, 권8)

반계는 서양세계에 대한 지리적 인식이 아주 모호했던 것 같다. 막연히 서역제국의 남쪽이라고 생각한 것이다. 그럼에도 저들을 '남만'이라고 부르는 것은 잘못된 호칭임을 지적한다. 반계가 저들과 만남의 기록으로 남긴 말은 "그의 나라는 은화를 사용한다"는 한 마디뿐이므로 앞의 벨테브레이와 뒤의 하멜 중에 어느 쪽인지 단정하기 어렵다. 하지만, 벨테브레이가 한반도에 표착한 것은 반계의 유년시절인데 하멜이 한반도에 상륙한 것은 반계의 30대 시절이었으므로 이쪽의 가능성이 높아 보인다. 네덜란드인 한국학 연구자인 보드윈 왈라번(Boudewijn Walraven) 교수는 하멜이라 전제하고서 "'만국'이라는 용어를 사용하여 돈이 '전 세계'에 통용된다는 내용을 서술할 수 있도록 해"주었다고 주장했다.[4] "만국이 모두 돈을 사용하고 있는데 우리나라만은 아직도 행하지 못하고 있다"[5]는 진술이 『반계수록』에 나오는바, 반계의 이러한

3 이 사실에 대해서 보드윈 왈라번 교수가 「반계 유형원과 대화하면서: 서구와 한국학자들의 논쟁」(『국제적 시각에서 본 반계 유형원의 실학사상』 학국실학학회 · 전북대학교 이재연구소 편, 2017)에서 거론한 바 있다.

4 보드윈 왈라번, 위의 책, 177면.

식견은 하멜과의 대화를 통해 얻어진 결과로 추정한 것이다. 왈라번 교수의 이 견해에 십분 공감이 가진다.

반계의 서양인식상에서 주목할 점이 있다. 비록 애매한 상태이긴 하지만 그래도 동이(東夷)·서융(西戎)·남만(南蠻)·북적(北狄)으로 규정한 종래의 중국중심적 세계관을 서양에는 적용시키지 않은 듯 보인다. 이 점은 앞으로 관심을 두어야 할 인식론적 포인트로 여겨진다. 그리고 또 한 가지 반계에게는 서양의 존재를 적대시하거나 위험시하는 생각이 드러나지 않는다는 점이다. 극히 단편적인 발언을 두고 지나친 넘겨짚기로 비칠 우려가 있으나, 기실은 반계뿐이 아니었다. 17세기로부터 18세기 중엽에 이르기까지 중국을 통해 서양의 문물이 간혹 조선의 지식층에게 접수되는 데 지적 관심을 둔 정도였다. 그러다가 한반도상에서 서세가 종교로 운동하기 시작하면서 경계를 하게 되어 사교로서 탄압의 대상이 되기에 이르렀다.[6] 19세기로 진입하면서 일어난 신유사옥은 상징적인 사건이다. 이제 드디어 서세는 중대한 체제적 위협으로 간주되기에 이르렀다.

서세동점이란 지구적 움직임에서 한반도는 사각지대였다는 사실을 방금 언급한 터이지만 동아시아 전역을 두고 보더라도 그 움직임이 아직 무력적 위협으로 다가오진 않았다. 그렇게 된 요인은 두 측면에서 짚어 볼 수 있다. 한 측면은 서양세계에서 이쪽을 '극동' 혹은 '원동'이라고 일컬었듯 저쪽으로부터 멀리 떨어진 곳이라는 지리적 조건이다. 다른 한 측면은 동아시아 국가들이 다른 지역과 달리 서세에 못지않은

---

5 柳馨遠,『磻溪隨錄』卷8,「本國錢貨說」

6 安鼎福,『順菴集』卷17,「天學考」"西洋書, 自宣廟末年, 已來于東, 名卿碩儒無人不見, 視之如諸子道佛之屬, 以備書室之玩, 而所取者, 只象緯句股之術而已. 年來有士人隨使行赴燕京, 得其書而來. 自癸卯甲辰年間, 少輩之有才氣者, 倡爲天學之說."

문명구로서 안정적인 국가체제를 유지해 왔다는 조건이다. 이쪽의 입장에서도 당시 서세는 대단히 위협적인 존재로 의식되지 못했다.

물론 17세기로부터 19, 20세기에 이르는 세계사의 진로를 내다볼 때 서세를 오판한 것이 분명하지만 17세기 당시 동아시아 지역에 국한해서 보면 잘못된 인식이었다고 말할 수 없다. 반면에 내적으로 대륙에서 일어난 명청교체는 굉장히 충격적이고 경악스런 사태였다. 바다 건너 일본열도의 지식인도 대륙의 사태를 화이변태(華夷變態)로 인식하여 촉각을 곤두세웠던 터였다.[7] 문제는 한족에 의해 세워진 명이 퇴장하고 만주족의 청이 대륙의 황제-중화세계의 주인으로 들어선 사태를 당면한 지식인들이 어떻게 인식하였던가 하는 측면이다.

만청(滿淸)이 제국의 수도, 북경에 입성한 것은 1644년이다. 곧 명청의 역사적 교체였다. 하지만 이후로도 명을 회복하려는 운동이 강남의 여러 지역에서 한동안 종식되지 않았다. 중국 실학의 제1세대에 해당하는 황종희·고염무·왕부지는 각기 만청의 지배에 저항하는 운동에 참여했다. 그러다가 결국 좌절의 쓰라림을 맛보고 은둔하여 생애를 마칠 때까지 학문 연구에 몰두하였다. 이런 역정이 비록 나라는 다르지만 반계 또한 다르지 않았다. 병자호란 당시 반계는 15세였다. 그 또한 국치를 통감했던바 개인적으로도 온가족의 안위를 짊어져야 하는 형편이었다 한다. 소년의 몸으로 온가족을 이끌고 서울서 원주까지 어려운 피난길을 다녀왔다. 곧 이어 20대 시절에는 명이 멸망한 사태에 절망한 나머지 결국 우반동으로 낙향하여 일생동안 학자의 길을 걸은 것이다. 반계 또한 고염무 황종희가 그랬듯 명청교체의 세계 상황에 순응하지 않고 학적 대응의 자세를 취했던 것이다. 그 당시 학자들의 심경을 먼저

---

7 林春齋, 『鵝峰文集』 卷90, 「華夷變態序」

고염무의 발언을 통해서 들어 보자.

> “망국이 있고 망천하가 있다. 망국과 망천하는 어떻게 다른가? 왕조의 성씨가 바뀌고 국호가 바뀌는 것을 망국이라 이르고 인의(仁義)의 도가 가로막혀서 짐승을 불러다가 사람을 잡아먹고 사람들이 서로 잡아먹는 사태에 이르는 것을 ‘망천하’라 이른다.……이런 까닭에 나라를 보위하는 자는 그 임금, 그 신하이니 관료·귀족이 도모할 바요, 천하를 보위하는 데는 필부들까지 다 같이 책임이 있다.” (『日知錄·正始』)

위에서 ‘망국’과 ‘망천하’란 각기 어떤 상황을 가리키는 것일까? 요컨대 ‘망국’은 왕조교체를 가리키는데 대해 ‘망천하’란 곧 만청의 중국지배를 염두에 둔 지칭이다. ‘망천하’의 사태를 “짐승을 불러다가 사람을 잡아먹는다”(率獸而食人)고 표현한바 본디 『맹자』에서 나온 말이다. 맹자는 원래 이 말을 혹독한 학정을 비유하여 썼는데 여기서는 ‘이적(夷狄)의 화’가 천하에 미쳤다는 의미이다. 이런 상황이 도래하면 집권자들만 아니고 모든 인민이 자신의 생존을 보존할 수 없다는 뜻에서 맹자의 말을 원용한 것임이 물론이다. 그래서 ‘망천하’의 상황에 부딪치면 필부들까지 책임이 있다고 고염무는 일깨운 것이다.

고염무와 동시대에 처해서 ‘이적의 화’를 온몸으로 겪었던 조선의 반계는 “야만의 누린내를 언제 씻어내랴!”(腥羶何日掃)[8]고, 만청지배의 동아시아 상황을 청산하는 대업을 그 자신의 필생의 과제로 설정했다. 이 대목에서 우리가 유의할 점이 있다. 중화주의적 세계관에서 중심부와 주변부를 가르는 관점은 문명과 야만에 있었다. 화이론(華夷論)이 그것이다. 그런데 만청이 야만이라고 부인한다 해서 제거될 수 있는 그런

8 柳馨遠, 『磻溪逸稿』, 「自崇禎甲申北京淪沒之後~, 其二」

것은 아니었다. 아무리 폭력적이라도 강고한 힘에 의해 이미 정복을 당하고 지배를 받고 있으니 현실적으로 청산하는 일은 불가능한 노릇임이 물론이다. 만청이 세계의 주인으로 군림한 사태는 실로 문명적 위기에 다름 아니었다.

반청 투쟁이 좌절한 절망적 상황에서 학자들이 취할 수 있는 방도는 투항하던지 아니면 학문적 대응의 길을 추구하는데 있었다. 황종희·고염무·왕부지가 함께 약속이나 했듯이 학문연구로 침잠하게 된 것은 바로 이 때문이었다. 양계초(梁啓超)는 당시 상황에 대해 이렇게 말했다.

> "이민족이 중화의 주인으로 들어서자 지절(志節)이 있는 학자들은 그 조정에 서기를 부끄럽게 여겼다. 그래서 성화(聲華)를 털어내고 오로지 정신을 집중해서 박학(樸學)을 닦았다." (『淸代學術概論』)

고염무의 대표작인 『일지록(日知錄)』은 곧 '박학의 비조'로 평가를 받게 된 저술이다. '박학'이란 실학과 상통하는 개념이다. 고염무 자신이 종래의 학풍을 두고 "명심견성(明心見性)의 공언(空言)으로 '수기치인'의 실학을 대체했다"[9]고 비판한 바 있다. 결론적으로 17세기 명청교체의 역사과정에서 각성한 지식인들의 문명적 위기의식으로 발단이 되었던 신학풍을 박학으로 지칭한바 다름 아닌 실학이었다. 반계 또한 이렇게 말한다.

> "생각컨대 왕도가 폐기되어 만사가 기강을 잃고 부터 비로소 사(私)에 기대어 법을 제정하더니 마침내 이적(夷狄)이 중화를 유린하는데 이르고 말았다. 우리나라도 고루한 폐습을 고치지 못한 것이 많은데다가

9 顧炎武, 『日知錄』 卷7, 「聖賢之言聖與天道」, "以明心見性之空言, 代修己治人之實學."

쇠퇴가 누적된 나머지 끝내 큰 치욕을 당하고 말았다. 천하국가가 대개 이 지경에 이르렀으니 폐해를 끼친 법을 개정하지 않고서는 치세로 돌아갈 길이 없다." (「書隨錄後」)

반계가 자기의 대표작인 『반계수록』에 붙인 글이다. '이적이 중화를 유린'한 사태란 다름 아닌 만청 지배의 중국 현실이다. '이적'이나 '중화'란 요컨대 문명론적 개념이다. '큰 치욕'이란 반계 역시 통한으로 여겼던, 병자호란에 삼전도에서 국왕이 무릎을 꿇어야 했던 그 사실이다. 반계는 문제를 '천하국가가 이 지경'에 이르렀다고 동아시아적 차원에서 사고한다. 변법개혁의 도리 밖에는 이겨낼 수 있는 길이 없다는 것이 그의 입장이고 지론이었다. 그리하여 저술한 것이 다름 아닌 『반계수록』이다. 여기서 주목처는 '왕도의 폐기'를 그가 문제의 발단으로 적시한 대목이다. '왕도의 폐기'는 '정도의 폐기'를 뜻한다. 그것은 성왕의 정치가 종식됨을 의미하는데, 뒤에 논하겠지만 '중화의 세계'가 침몰하는, 곧 문명세계의 침몰로 의식되었던 것이다.

3. 실학의 각성, 그 상고주의

발분해서 고인을 추종하며
근본을 다져 부화를 척결하자.
發憤追古人, 敦本剔浮華.10

반계 자신 자기의 자세를 가다듬는 뜻이 담긴 구절이다. "근본을 다

---

10 柳馨遠, 『磻溪逸稿』, 「權永叔寄來憶兩友詩…」

져 부화(浮華)를 척결하자"는 것은 '수기'로 자아를 확립해서 박학으로 가자는 취지로 이해된다. 박학은 곧 실학이다. 그런데 '발분'은 어원이 사마천(司馬遷)의 '발분저서(發憤著書)'에 있다. 『사기』를 저술한 저 위대한 창조의 정신을 연상케 하는바 위 글은 고인을 따라서 대업을 실천하겠다는 뜻을 담고 있다.

17세기 문명적 위기 상황에 직면해서 주체적 지식인들은 대오각성, 근본적 반성을 하여 학문의 방향을 돌리게 되었다. 그리하여 성립한 신학풍이 실학으로 일컬어진 것이다. 따라서 앞서 유행했던 학문경향에 비판의 칼을 들이대지 않을 수 없었던바 황종희는 "어찌하여 지금의 심학(心學)을 논하는 자들은 독서궁리에 힘쓰지 않고 이학(理學)을 논하는 자들은 읽는 책이라곤 경생(經生)의 장구(章句)에 지나지 않느냐"[11]고 양명학의 말폐로서 공소성(空疎性)을, 주자학의 말폐로서 출세주의적 고루성을 날카롭게 지적한다. 때문에 "천경지해(天驚地解: 하늘이 무너지고 땅이 갈라진다는 의미로, 명의 멸망을 가리킴)의 사태를 나와 무관한 일로 여긴다."고 통렬하게 꾸짖었다. 그리고 고염무는 "무릇 육경(六經)의 뜻과 당세의 임무에 무관한 글쓰기는 일체 하지 말아야 한다."[12]고 경종을 울렸던 것이다. 모름지기 학문은 '당세의 임무'를 떠나서는 설 자리가 없으며, 그것은 경학에 기반해야 한다는 생각이다. 송대의 성리학과 명대의 양명학을 싸잡아 부정하면서 출발한 청대의 박학=실학은 경학을 중심에 두고 있었다. 이런 의미에서 실학은 상고주의이다. 이런 실학의 일반적 특성이 반계에 있어서 더욱 뚜렷했다.

---

11 黃宗羲, 『南雷文案』 卷2, 「留別海昌同學序」

12 顧炎武, 『亭林文集』 卷4, 「與人書 四」

> "삼대(三代)의 제도는 모두 천리에 따르고 인도에 순응해서 제도화한 것이었으니, 요는 만물로 하여금 적재적소를 얻지 못한 것이 없었고 사령(四靈, 기린·봉황·거북·용)까지 다 이르도록 하였다. 후세의 제도는 모두 인욕을 좇아서 임시방편으로 제도화를 도모한 것이었으니, 요는 인류사회를 썩어 무너지는데 이르도록 만들고 천지도 폐색이 되어 옛날 세상과는 정면으로 상반되었다."[13]

'삼대의 제도'란 하·상·주(夏商周) 시대에 성왕이 세상을 다스리던 법을 뜻하고 있다. 이후 오늘에 이르는 제왕의 통치제도를 전면적으로 부정하고 고대로의 복귀를 주장한 것이다. 그가 상정한 고대적인 '성인 시대'는 천리에 순응하고 인도가 지켜지는 자연법적 의미를 갖는 질서를 염두에 둔 것으로 여겨지는 것이다.

그의 『반계수록』은 전면적·발본적 개혁의 방도를 구체적으로 강구한 저술이다. 무릇 개혁이란 제도를 바꿔서 현실을 개조하자는 취지이니 그 목적지는 어디까지나 내일에 있다. 그럼에도 그의 『반계수록』은 옛날로 돌아가자고 역설하였다. 이런 상고주의는 문학관에 그대로 이어지고 있었다. 『동국문(東國文)』이라는 자신이 편찬한 책에 붙인 서문의 한 대목을 이 자리에서 들어 보자.

> "우리나라(조선왕조를 가리킴)는 전장제도를 일신하여 거의 '중국'에 접근하였다. 만약 여기서 멈추지 않고 계속 나아가 정교(政敎)를 한결같이, 제례작악(制禮作樂)을 한결같이 해서 선왕의 도를 실현하되 잡(雜)을 바꾸어 순(純)으로 되돌리고, 부화(浮華)한 것을 제거해서 박실

13 柳馨遠, 『磻溪隨錄』 卷26, 「書隨錄後」, "三代之制, 皆是循天理·順人道而爲之制度者, 其要使萬物無不得其所而四靈畢至. 後世之制, 皆是因人欲圖苟便而爲之制度者, 其要使人類至於糜爛而天地閉塞, 與古正相反也."

> (樸實)을 회복하여 삼대의 거룩한 시대로 진입하고 보면 세상은 대유(大猷, 대도의 정치)로 향상하게 될 것이요, 인간은 덕의(德義)로 일어설 것이다. 무릇 국가에서 쓰이는 것과 언사(言辭)로 통행하는 일체가 재도지문(載道之文)으로 될 터이다. (이렇게 되면) 다시 어찌 고금(古今)과 화이(華夷)의 구분이 있으랴!"[14]

위 글의 관건어는 '중국'이다. 여기서 '중국'이란 특정한 국가를 지칭하는 데서 그치는 것이 아닌, 문명론적 개념이다. 인류의 상고에 실현되었다는 역사공간이지만 '상상되어진 공간'이며, 현재적으로 복원해야 하는 '이상적 공간'이다. 이 '문명론적 중국'에 대해 우리로서는 깊이 유의할 필요가 있다. 우리나라는 비록 중국 중심의 세계에서 동쪽 주변부에 속하지만 유교로 입국한 조선국이 '중국'으로 진입할 기반을 확보한 것으로 반계는 사고했다. 거기서 한결같이 올곧게 정진하면 '성인시대'를 회복하는, 즉 '문명론적 중국'을 이 땅에 실현할 수 있다. 이 곧 반계의 확고한 주장이고 소망이었다. '고금과 화이의 구분'이 해소되어 하나로 통합을 이룬 경지는 현재가 아니고 응당 실현해야 할 가상의 문화지형도다. '고금'이란 장구한 시차를 해소하고 '화이'란 공간으로 구분된 이념적 경계를 넘어서 '나'의 이곳을 구상한 것이었다. 이에 '잡'을 '순'으로 바꾸고 부화한 것을 척결해서 '박실'을 회복해야만 한다고, 실천과제를 미학적으로 거론하였다. 애초에 위 글이 문학의 장에서 집필된 것이어서 언표를 미학적으로 제기했거니와 학문의 장에도 적용되는 논법임이 물론이다.

---

14 위의 책, 「東國文後序」 "本朝有作典章一新, 庶幾進於中國. 若復進而不已, 一政敎一制作, 咸以先王之道, 變其雜而歸於純, 去其浮而反之實, 進於三代之盛, 則世躋乎大猷, 人興乎德義, 凡所以用於國家, 行於言辭者, 皆爲載道之文矣. 又何有於古今華夷之間哉?"

반계가 취했던 상고는 '탁고개제(托古改制)'라고 간주할 수도 있겠으나, '탁고'라 해도 전술적 차원이 아닌 확고한 주의주장이었으며, 거기에는 진정성이 듬뿍 담겨 있었다. 반계의 상고주의는 개혁주의의 이면인데 오히려 더 철저한 개혁주의라고 말해도 좋다고 본다. 일종의 아이러니로 들리기 쉽겠지만 철저히 유가 경전에 입지를 둔 사고의 논리에서는 나올 수밖에 없는 것이다. 한 마디로 반계의 상고주의는 개혁주의다.

『반계수록』이 복고가 아닌, 개혁적인 내용임을 말해주는 구체적 사례의 하나로 앞서 잠간 언급했던 화폐문제로 돌아가 보자. 반계는 화폐 통용의 필요성을 적극적으로 발언했다. "살피건대 전화(錢貨)는 국가의 쓰임을 풍부하게 하고 민생에 여유를 주는 수단이니, 나라에 필수로 통행해야 하는 것이다. 우리나라가 이를 통용하지 않고 있는 것은 어찌 제도적 결함이 아니겠는가."[15] 화폐가 도입되지 못한 문제점을 이렇듯 심각한 수준으로 거론한 것이다. 그리고 조선사회의 일대 병폐가 되고 있는 반개혁인 태도를 두고 "대저 인순고식을 좋아하여 고치고 바꾸기를 꺼려하는 것이 보통 사람의 정서인데 우리나라는 더욱 심하다. 또한 무슨 일을 항구적으로 시행하지 못하는 까닭에 '고려공사 3일'이란 속담이 생겼다. 참으로 그렇다."[16]고 자못 심각한 논조로 지적하고 있다.

---

15 柳馨遠, 『磻溪隨錄』 卷8, 「本國錢貨說」 장22.

16 위의 글, 장21.

4. 『반계수록』의 발간

『반계수록』(이하 『수록』으로 약칭)은 저자의 나이 31세 때인 1652년에 착수하여 49세 때인 1670년에 탈고하였다. 18년의 노고가 오롯이 바쳐진 작업이었다. 그리고 3년 후인 1673년 현종 14년에 52세로 부안 땅의 우반동에서 반계는 세상을 떠났다.

『수록』은 1770년 영조 46년에 국왕의 특명으로 경상도 감영에서 발간되었다. 무려 100년이 지나서야 본가의 책장에 파묻혀 있다가 비로소 햇빛을 본 것이다.

간행본의 첫 머리에 경상도 관찰사 이미(李瀰, 1725~1779, 호 含光軒)의 글과 영조 13년에 오광운(吳光運, 1689~1745, 호 藥山)이 지은 글이 이어서 실려 있다. 이미의 글은 간행사, 오광운의 글은 원서(原序)에 해당하는 것이다. 책의 끝에는 부록으로서 홍계희(洪啓禧, 1723~1771)가 왕명을 받들어 지은 본전(本傳)과 오광운이 지은 행장이 실려 있다. 그리고 「경외(京外) 유생 진사 노사효(盧思孝) 등 상소」(영조 40, 1764년) 및 양득중(梁得中, 1665~1742)의 상소문이 실려 있다. 이 여러 종의 글에서 오광운의 서문과 행장은 본가의 요청을 받아서 작성한 것이고 그 나머지 모두 국왕에게 올린 형식의 것이거나 왕명을 받고 지은 것이다.

『수록』은 저자 자신 경세의 임무를 각성하여 저술한 필생의 노작임에도 한 세기를 넘겨서 우여곡절 끝에 비로소 읽혀질 수 있게 된 터였다. 간행 사업이 국왕의 특명으로 이루어졌거니와, 그 인쇄본을 다섯 곳의 사고(史庫) 및 홍문관에 보관하도록 했다는 것이다. 『수록』의 간행은 국가적 사업이었음을 짐작케 한다.

이렇듯 『수록』의 간행사업이 긴 세월을 소요하여 이루어진 과정에서 중요한 계기는 영조 17년(1741)에 양득중이 경연 자리와 상소에서 적폐를 청산하고 나라를 바로 세우려면 필히 『수록』을 읽어야 한다고 강조했던 데 있었다. 양득중은 임금께 아뢰기를 "『수록』 13권은 신의 스승인 윤증(尹拯)의 집에서 보았다."고 하였다. 윤증(尹拯, 1629~1714)은 소론가의 대선생으로 호가 명재(明齋)이다. 양득중은 호가 덕촌(德村)인데 명재 문하의 '삼촌(三村)으로 손꼽혔다. 양득중은 윤증을 통해서 『수록』의 존재를 알게 되었다고 한다. 명재 윤증은 사장되어 있었던 『수록』이 햇빛을 보게 만드는 데 단초를 제공했던 셈이다. 어떤 계기로 윤증이 『수록』을 접하게 되었을까?

또 『수록』이 간행되고 13년이 지난 1783년 정조 7년에 재판이 역시 대구 감영에서 나오게 된다. 재판에는 보유편으로 「군현제」란 반계의 저술이 새로 들어간다. 이일 또한 주목을 요하는 흥미로운 사실이다.

1) 明齋 尹拯과 高敞의 白氏家

명재의 유고에는 「발수록(跋隨錄)」이란 1편의 글이 실려 있다. 반계 사후 41년이 지난 시점인 1711년에 쓴 것이다. 당시 명재의 나이는 83세였다. 명재는 『수록』을 읽고 놀라워하면서 그 저자를 동시대에 서로 멀지 않은 지역에 살면서도 만나지 못했던 것을 안타까워하며 이렇게 말한다. "사람은 세상을 떠났어도 책은 남아있다. 세상의 임무에 뜻을 둔 자가 있어 이 책을 취해 행한다면 그 저술공덕이 이에서 발양될 것이다." 이 말로 미루어 명재는 제자 양득중에게 『수록』의 저술공덕을 살릴 방도를 찾아보도록 당부하지 않았을까 싶다.

명재는 『수록』을 그의 종제인 유재원(柳載遠)이 가지고 와서 발문을 청한 것으로 밝히고 있다. 유재원은 『문화유씨세보』에 의하면 반계와

4촌간이 아니고 6촌간으로 확인된다. 재종제를 종제로 표현한 것이다. 반계와 함께 부안의 동림서원(東林書院)에 배향된 유문원(柳文遠)과 유재원이 형제간이다. 유재원은 반계에 대해 가장 상세한 기록인 「반계선생언행록」을 짓기도 했다.

명재가 살던 고장은 지금 충청남도 논산시에 속한 노성(魯城)이다. 명재의 노성과 반계의 부안은 그렇게 멀리 떨어진 지역이 아니다. 그럼에도 생전에 두 사람은 만날 기회를 갖지 못하고 반계가 세상을 떠나고도 40여 년의 세월이 흐른 뒤에야 책으로 만난 것이다. 명재가 어떤 인연으로 『수록』을 접해서 발문을 썼고 또 양득중에게 주어서 『수록』이 발간되기에 이른 단초를 마련했을까? 필자는 전부터 이 점에 의문을 가지고 있다. 익히 알려진 대로 반계는 당색이 원래 북인계였다가 남인으로 귀속되었던 반면, 명재는 서인으로 노소의 분열이 일어나는 데 핵이 된 존재였다. 반계의 재종제인 유재원이 『수록』을 가지고 와서 발문을 부탁한 사실은 알 수 있지만 의문점이 다 해소되는 것은 아니다. 아마도 양자의 껄끄러운 사이를 소통시킬 수 있었던 어떤 관계망이 있었을 것 같다.

최근에 필자는 백원철 교수를 통해 고창에 세거하고 있는 수원 백씨 가문의 문헌 3종을 얻어 볼 수 있었다. 부안과 고창은 바로 인접한 지역이다. 고창의 백씨가는 중종 때의 사림계 인물인 휴암(休庵) 백인걸(白仁傑)의 후예로 호남에서 굴지하는 명문이었다. 바로 반계의 셋째 사위 백광저(白光瑨)의 가계이다. 이 백씨가는 근대로 와서도 명성을 잃지 않았으니, 학계에서 조선경제사의 백남운(白南運), 해방정국에서 정치인으로 활동했던 백관수(白寬洙)를 배출한 것이다. 백관수는 백광저의 직계 후손이므로 반계에게는 외손이 된다. 백씨가의 문적은 모두 미간행의 필사본으로 백광저의 부친과 형님 및 그 아들이 남긴 문집 형태의 자료이다. 이들 자료를 자세히 검토할 시간을 갖지 못했으므로 이 자리에서는 명재와의 관계 및 반계 관련의 기록들을 간략히 소개하는 것으로 그친다.

백홍원(白弘源, 1620~1674), 『**사담집**(沙潭集)』(1책)

휴암의 증손으로 백광저의 부친이다. 백홍원은 반계와 동년배로서 친교하여 사돈간이 되는데, 『부안읍지』에는 백홍원이 벗으로 잘 지낸 인물로서 반계 유선생과 신독재(愼獨齋) 김집(金集)을 들고 있다. 그의 행장을 명재의 아우인 명농(明農) 윤추(尹推)가 짓는데 이런 언급이 보인다.

"첨추공(僉樞公, 백홍원의 직함)의 묘표의 글은 사형(舍兄)인 명재가 지었다. 지금 공의 행장을 여기(汝器, 백광호의 字)의 부탁으로 짓게 되니 이 또한 우리 자손의 임무인가 한다."

위 글로 미루어 고창의 백씨가와 노성의 윤씨가는 관계가 자별했음을 확인할 수 있다.

백광호(白光瑚, 1644~1722), 『**가소당집**(可笑堂集)』 (1책)

백홍원의 장자이며 백광저의 맏형이다. 『가소당집』에 실린 그의 「가장(家狀)」에 명재와 관련해서 이런 기록이 보인다.

"기미년(1679)에 명재선생이 홍주의 용계(龍溪)에서 강학을 한다는 말을 듣고 찾아가 뵈었다. 신유년(1681)에는 종형 서촌공(西村公)과 함께 유봉정사(酉峰精舍)로 가서 농와(農窩, 윤추)·명촌(明村, 나량좌) 같은 분들과 함께 모임을 갖고서 파했다."[17]

---

17 白光瑚, 『可笑堂集』 권2, 「家狀」 "己未, 聞明齋先生講道于洪州之龍溪, 遂往拜焉. 辛酉與從兄西村公, 又拜于酉峰精舍, 農窩·明村諸賢, 亦相會, 連月乃罷."

유봉정사는 노성에 있는 명재의 처소이다. 서촌공은 백광호의 종형인 백광서(白光瑞)란 인물이다. 『가소당집』에 그를 위한 제문이 실려 있는바 "노성의 전당에 나아가 속수(束修)의 예를 거행했으니 우리 형님의 도가 존재하는 바다"[18]는 구절이 보인다. 백광서와 함께 백광호는 명재의 문인임이 확실시 된다. 『가소당집』에는 「伸救朴玄石・尹明齋兩先生疏」와 「伸救朴玄石尹美村兩先生疏」란 제목의 상소문이 실려 있다. 백광호는 명재의 문도로서 그 스승을 옹호하는 입장이 적극적이었음을 알게 한다.

17세기 후반으로 내려오면서 서인계는 노론과 소론으로 분파가 일어났다. 분열을 일으킨 핵의 하나는 우암 송시열과 명재 윤증 사이에 야기된 갈등이었다. 백휴암의 가계는 정통 서인에 속했다. 그런데 고창의 백씨가는 사계(沙溪)－신독재(愼獨齋)와 종유가 있었는데 노소의 분파과정에서 미촌(美村, 윤선거)－명재(明齋) 쪽으로 기울어졌음이 확인된다. 명재가 『반계수록』의 발문을 쓰게 된 것은 반계의 재종제인 유재원의 요청을 받아서였지만, 고창의 백씨가와 노성 사이의 자별한 관계와 학연이 그 배경을 이루었다고 여겨지는 것이다.

백시덕(白時德, 1681~1750), 『**월장보집**(越章甫集)』(1책)

백광저의 아들이고 반계의 외손자로서, 자 언명(彦明), 호 수촌(壽村)이다. 필자가 접한 『월장보집』은 문집으로서 온전한 상태가 아닌가 싶은데 실려 있는 전부가 시편이다. 그중에도 자기 외가에 관련된 제목이 종종 눈에 들어와서 관심을 끈다. 더불어 시를 수창한 사람에 운거(雲擧)와 백홍(伯興) 숙질이 자주 등장한다. 운거는 유응붕(柳應鵬)으로 반계의 손자이며, 백홍은 유발(柳發)로 반계의 증손자이다. 이들 시편을

18 白光瑚, 『可笑堂集』, 「祭堂兄西村公文」 "升魯堂而行束修, 吾兄之道所存也."

통해서 반계에 관련된 이런저런 정황을 살펴볼 수 있다. 반계의 자손들이 한동안 우반동에 남아 있어 백시덕이 외종이나 조카들과 어울려 지냈으며, 서울로 이사한 이후로도 이곳에 간혹 내려와서 만남을 가졌다[19]. 당연한 일이지만, 백시덕은 외조부에 대해 각별한 향념을 표현하기도 했다. 시제 하나를 들어 보자.

> "백홍과의 대화가 외조부 반계선생의 『수록』에 미쳤다. 이 책은 경세의 대 문자로 옛 성인의 전병(田兵)·교양(敎養) 등을 조술한 것인데 간행하는 일이 이루어지지 못하고 있다. 그러니 이 책이 어떻게 쓰임을 얻을 수 있으랴!"[20]

이 외손자는 자기 외조부의 필생의 저술이 유포되어 나라를 개혁하고 세상을 바로 잡는 데 이바지하기를 소망하고 있다. 이런 뜻을 담아 읊은 시의 한 대목을 여기에 옮겨둔다.

> 세상에 어진 정치가 실종한지 몇 천년 지났던가.
> 나의 조부는 큰 계책을 세워 성인을 본받으셨네.
> 어찌 한 나라의 치군택민(致君澤民)에 그치랴!
> 만대에 걸치는 경륜을 일으켜 세울걸.
> 世無仁政幾千春, 我祖鴻猷法聖人.
> 奚止一邦興致澤, 可於萬代起經綸.

2) 정조의 수원성과 『반계수록』

정조는 『반계수록』과 그 저자에 대해 비상한 관심을 표명한 바 있다.

---

19 白時德, 『越章甫集』, 「又吟呈」 "內兄自磻溪舊莊, 移返京第, 屢年後下來. 詩意愴別若是."
20 「…憶磻溪詩, 呈內兄柳雲擧氏」

국왕으로서 『반계수록』에 눈길을 돌린 것은 앞서 영조가 있었고 뒤에 정조가 있었다. 정조는 『반계수록』의 저자에 대해서

> "이 사람은 효종·현종 연간에 살면서 경륜과 사공(事功)으로 자임했는데 때를 만나지 못해 자신의 포부를 제대로 펼치지 못했다. (그의 『수록』을 보면) 율곡 등 제현의 말을 거론하여 윤색하였으니 학술 또한 순정하다 할 수 있다. 화성(華城)의 일을 논함에 이르러는 지금에도 부절(符節)이 들어맞는 듯하다. 나는 더욱 깊이 음미하며 감탄을 금치 못한다."[21]

하고서 이조(吏曹)에 명해서 증직을 하고 자손을 찾아 보고하도록 하교한 것이다. 이 시점은 정조 17년인 1793년이었다. 정조의 특별한 관심에 따라 반계에게 급을 높여서 내린 증직이 성균좨주(成均祭主)였다. 성균좨주란 비록 사후의 증직이긴 하지만 재야의 학자에게 내리는 최고의 명예다. 정조가 이처럼 격외의 영전을 베푼 데는 물론 까닭이 있었다. 그 당시 정조는 수원에 신도시를 건설하고 성곽을 축조하는 일로 힘을 쏟는 중이었다. 성을 축조하는 방법론적인 문제와 신도시의 적지 선정의 문제는 정조에게 있어서 중차대한 사안이 아닐 수 없었다. 방법론적 문제는 『반계수록·병제』의 성지(城池) 조가 크게 참고되었고, 적지선정의 문제에 당해서는 『반계수록』 보유편의 「군현제」에 실린 논술이 결정적인 지침이 되었다. 수원성의 적지로서 북평(北坪)을 잡았는데 이곳에 수원성을 쌓은 것이다. 위 인용문에서 '부절이 들어맞는 듯'하다 함은 이를 두고 이른 말이었다. 정조는 거듭해서 "그의 글(『반계수록』을 가리킴)을 보지 못했는데도 본 것 같이 되었고 그의 말을 듣지 못했는데도 이미 활용했으니, 그 사람의 포부가 실로 넉넉했기 때문이다.

---

21 『弘齋全書·日得錄』 권173, 유형원조.

이 화성 한 가지 일은 나에게 있어서 바로 간밤이나 오늘 아침에 만나 것 같다."[22]고 대단히 감동어린 논조로 찬탄을 발한 것이다.

정조의 『반계수록』에 대한 관심은 구체적인 실무에 다가서 있었다. 영조에 비교해서 뚜렷이 다른 측면이다. 영조의 치세에 있어서는 신하들의 건의를 받아들여서 국왕 자신이 관심을 표명하고 『반계수록』을 간행하는 데 이르렀다. 하지만 정작 『반계수록』의 개혁적 내용을 정책에 반영한 조처는 이렇다 하게 취해진 바 없었다. 성호가 『반계수록』의 서문에서 말로는 '시무의 요결'이라 하면서도 겉껍질일 뿐 실제로 단 한 가지도 국정에 반영하여 백성이 은택을 입은 사례는 없다고 탄식했던 것은 바로 이 점을 지적한 말이었다. 정조에 이르러는 현식적용의 측면에서 진전한 모양이지만 실학이 국정개혁을 의도한 근본취지에는 미처 다가서지 못했다. 이 측면에는 한계가 있었던 것으로 여겨진다.

돌아보건대 수원신도시 건설과 성곽 축조는 정조 치세의 후반기였다. 그것은 반계 다산 등 실학자들의 학문작업이 가시적 성과를 낸 유일한 사업이라고 말해도 좋을 것 같다. 정조가 의도했던 수원 신도시는 정조의 갑작스런 죽음으로 중도반단이 되고 말았다. 실학이 국정개혁에 적용될 기회가 실종된 통한을 역사상에 남긴 것이다.

■ 참고문헌

『磻溪隨錄』
『磻溪雜藁』, 여강출판사, 1990.
『磻溪逸稿』, 『한국한문학연구』 38, 2006.
白弘源, 『沙潭集』(1책)
白光王胡, 『可笑堂集』(1책)

---

22 『弘齋全書』 권34.

白時德, 『越章甫集』(1책)

安鼎福, 『順菴集』

顧炎武, 『亭林文集』

顧炎武, 『日知錄』

黃宗羲, 『南雷文案』

보드윈 왈라번(2017), 「반계 유형원과 대화하면서: 서구와 한국학자들의 논쟁」, 『국제적 시각에서 본 반계 유형원의 실학사상』, 한국실학학회 · 전북대학교 이재연구소 편.

이우성(1990), 『磻溪雜藁 解題』, 여강출판사.

임형택(2006), 「『磻溪逸稿』의 고찰-실학과 실학파문학의 원류」, 『韓國漢文學硏究』 38, 한국한문학회.

임형택(2016), 「비판담론으로으로서의 실학」, 『韓國實學硏究』 31, 한국실학학회.

임형택(2017), 「반계 유형원의 신발굴 저술을 통해본 학문과 사상」, 『국제적 시각에서 본 반계 유형원의 실학사상』, 한국실학학회 · 전북대 이재연구소.

반계 유형원의 학문세계와 그 영향

정구복

1. 머리말

반계(磻溪) 유형원(柳馨遠, 1622~1673)은 한국의 실학을 처음으로 일으킨 학자였다. 그는 국가의 부강과 당시의 사회의 근본적인 개혁을 구상하고 이를 연구함에 온갖 노력을 바친 학자였다. 그가 연구한 개혁안은 당시 실현되지 못했으나 조선왕조에서는 준 법전으로 인정했다.

그의 실학사상을 올바로 평가하기 위해서는 그의 학문세계 전체를 살펴볼 필요가 있다. 그러나 그의 학문과 독서에 대하여는 상세한 연보와 행장, 전(傳)등이 도움을 줄 것이다. 본고에서는 그의 저작 중 현전하는 『동국여지지(東國輿地志)』와 『반계수록』을 중심으로 그의 학문세계를 살펴보고자 한다. 그의 유고집의 내용은 참고하지 못했다. 이 자료는 후일 보완하겠다. 그리고 그의 학문이 후대에 미친 영향을 개괄하고자 한다.

2. 유형원의 생애와 저술

그가 공부한 것에 대하여는 안정복이 정리한 상세한 연보가 전하고 있다. 이에 의하면 그는 1622년 서울에서 태어나 31세까지 서울과 경기도 일원에서 살았다. 5살 때에 공부를 시작했다. 그의 스승은 외숙인 태호 이원진(1594~1665)과 고모부 동명 김세렴(1593~1646)이었다. 그들로부터 한문과 기초경전을 배웠다.

7세 때에 『서경』을 읽었다고 한다. 『서경』 우공(禹貢)편의 기주(冀州) 두 글자를 보고 번쩍 일어나 춤을 추자 태호선생(이원진)이 그 연고를 물었다고 한다. 그러자 "그 체제가 잡힘이 지극하여 저절로 즐겁다."고 대답했다고 한다.[1]

8세 때에 경사를 읽었다고 하니 4서와 역사서로 『통감절요』나 『십팔사략』을 읽었을 것으로 유추된다. 9세 때에 『주역』을 배웠고, 10세 때에 경전 외에 백가의 여러 책을 읽어 그에 통달하니 이공과 김공이 찬탄하고 후일 큰 인물이 될 것을 기대했다고 한다. 13세 때에 성현을 사모하는 뜻을 가져 자신의 인격도야(爲己之學)에 오로지 전념하고 출세를 위한 일(治人之學)은 마음에 두지 않았다. 그의 기초공부는 15세 전후하여 탄탄히 다져진 것으로 판단된다.

그의 삶의 모습은 21세 때에 지은 4가지 좌우명에서 찾을 수 있다. 즉 '일찍 일어나고 밤늦게까지 공부하기(夙興夜寐)', '의관을 바르게 차려입고 공경하는 마음을 가질 것(正衣冠 尊瞻視)', '부모 섬김에 안색을 부드럽게 하기', '부인을 공경하는 마음으로 대하기'이었다. 그는 부모 조

---

1 禹貢 편은 『書經』 권6 夏書 중 첫 번째 항목으로 우왕이 9주에 조세배정을 언급했다. 그 중 기주는 요임금이 도읍한 수도지역이어서 이곳부터 조세를 기록한 것을 말한 것이다. '冀州既載'라고 나온다. 『서경』 우공조는 『반계수록』 보유편인 군현제에도 언급되었다.

부모에게 효성을 다했고, 부지런히 책을 읽었으며, 권세가에는 전혀 접근하지 않았다. 그는 할아버지의 유언에 따라 34세 때에 진사 시험에 나가 합격했을 뿐[2] 관직을 통한 출세를 포기하고 세상을 구하기 위한 경세학에 전념하였다. 그는 31세 때에 『반계수록』을 집필하기 시작하여 32세에 부안에 내려가 살면서 49세 때에 27권을 완성했다.[3] 20년간에 걸친 勞作이었다.

그가 부안에 내려가 살게 된 것은 그의 9대조인 유관(柳寬, 1346~1433)[4]이 조선개국원종공신으로 책봉되어 부안의 땅을 하사받아 소유하고 있었기 때문이고[5] 그가 이곳에 가서 살기로 결심한 것은 어머니, 할

---

2 30세 때에 사마시의 100명을 뽑는 監試에 입격했으나 전시에서 규정에 어긋나 합격이 취소된 적이 있다.

3 영조 46년(1770)에 경상도 감영에서 출간한 목판본에는 26권이었으나 군현제 1권이 더 있었음을 『반계수록』에 기술되어 있어 이를 합치면 27권이 된다. 이는 1957년의 동국문화사 간 영인본에서는 빠졌으나 1973년 경인문화사본에는 추가해 간행되었다. 그러나 당시 실록 자료나 개인문집 자료에는 13권이라고 한 기록이 여러 곳에 보이나 이는 그의 개혁안이 13권이고 각 고설이 13권이어서 개혁안만을 지칭한 것으로 판단된다.

4 필자는 그를 유형원의 8대조로 쓴 바 있다. 이는 그의 할아버지 유성민이 1636년에 작성한 토지매매명문(부안김씨 나주목사 김홍원에게 판 문서)에서 6대조라고 한 것에 근거하여 1999년 3월 문화인물 『유형원』에서 그렇게 썼으나 문화유씨 족보를 대조해 보니 이는 유성민의 7대조임을 확인하였다. 그래서 이를 정정한다. 유관은 세종 대에 우의정을 지냈고, 청백리로 유명한 사람이다.

5 위의 토지문기를 통하여 여러 가지 새로운 사실을 확인하게 되었다. (1)부안 우반동의 땅이 유관의 개국원종공신 책봉 때에 받은 사패지였다는 사실. (2) 그 증인으로 선 사람이 장손 덕창(德彰)은 바로 유형원의 아명이었다는 사실. (3), 당시 그곳의 지명이 부안현 입석면 하리 우반동이라는 지명을 확인할 수 있어 유형원의 호 반계가 그 마을 이름에서 취했다는 사실. (4) 재주(財主) 유성민의 관직을 문화유씨 족보에서는 형조정랑으로 기록하고 있는데 이는 공조정랑이라고 정정되어야 한다는 점, (5) 본 매매문기는 현전하는 우리나라 5만 건의 토지매매 문기 중 가장 독특한 것으로 이곳의 전경을 묘사하면서 신선이 사는 곳이라고 한 점에서 유형원이 초잡은 것으로 추정했다. 그가 지은 글을 한 편 확보한 것이다. 이 매매문기는 『扶安金氏愚磻洞古文書』(한국정신문화연구원간, 1983.)에 탈초 본으로 처음 학계에 소개하였고, 그 원본 영인본은 동 연구원에서 2000년 출간한 『고문서집성』 2책에 실렸다. 현재는 일괄유물이 보물로 지정되었다. 그 문기의 번역과

머니, 할아버지가 모두 돌아가신 후였다. 그가 15세 때에 할아버지를 따라 부안에 내려가 토지를 부안김씨에게 팔고 일부를 남겨두었던 것에 연유한다.[6] 그리고 전국의 역사지리서인 『동국여지지』 9권을 35세 때에 정리 편찬했다. 그의 저서는 여러 가지가 있었으나 현전하지 않는다.[7] 반계는 52세에 부안에서 죽자 부모의 묘소가 있는 용인시 처인구 백암면 석천리에 모셔졌다.[8]

3. 반계의 학문세계

반계의 학문 범위는 연보에 의하면 역사학, 어학, 문학, 경학, 성리철학, 단학, 군사학, 역사지리학 등을 포함하여 제자백가의 학문에 두루 통했다고 한다. 그러나 그의 학문적 관심은 그의 저술인 『반계수록』과

해제는 정구복 저 『고문서와 양반사회』(2002, 일조각, 10면)에 처음으로 소개되었다. 2017년 11.24 용인문화원주최 '반계 유형원 실학사상학술대회 발표논문집 부록으로 영인본, 탈초본 및 해제와 번역을 실었다.

6 위 토지매매명문에 우반동 중앙을 흐르는 長川의 서쪽 편은 남겨 두고 동쪽 편 중 일부를 제외하고 경작되거나 묵은 땅 총 30여 결을 매도한다고 했다. 행정적으로는 '愚磻里'에서 '牛東里'로 바뀌었으나 자연 촌락은 동쪽 편은 우동마을이고, 서쪽 편은 우신 마을이다. 우신마을에 반계의 집터와 우물터가 있다.

7 『중흥위략』, 『동사강목조례』, 『동사괴설변』, 『정음지남』, 『주자찬요』 등 70여 권에 달한다고 행장, 전, 연보, 족보 등에 기록되어 있다. 그의 문집 6권조차 현전하지 않는다. 몇 책은 유형원이 서거하기 전에 불태우게 했다고 한다.

8 그의 연보에는 부안에서 3월 19일 졸했고, 5월에 이장을 했다고 했으나 이는 졸 후 2년 되는 해에 아들의 부탁을 받아 생질 梁暹(양섬)이 쓴 「반계 유선생 형원 행장」에 "3월 19일에 서거하니 2개월 뒤에 집뒤 산에 가매장했다가 10월 27일 계해(양력 12월5일)에 죽산부 治北 15리 湧泉리에 返葬했다"고 하는 기록이 정확하다고 판단된다. 연보의 오류를 수정해야 할 것이다. 동 행장은 『증보 반계수록』경인문화사 간(1973). 부록으로 실렸다. 같은 책 정구복 해제 참조. 죽산부는 현재 안성시 죽산면에 그 치소가 있었고 용천리는 용인시 백암면 석천리 뒷마을이다.

『동국여지지』를 통해서 살펴볼 수 있다. 그가 쓴 글의 단편이 『유고』 6권이 있다고 했다. 학자로서 문집이 이처럼 소략한 것은 그가 음풍영월의 시를 짓기를 중시하지 않았기 때문이다.

1) 『동국여지지』[9]에 반영된 그의 학문 경향

위 두 저술은 별개의 저술이 아니라 상호 보완관계를 가진다. 즉 그가 전국의 지리지를 편찬한 것은 우리의 국토와 역사 그리고 문화에 대한 깊은 관심이 표출된 것이며, 전국의 각도를 여행한 것은 이런 지리지 편찬의 기본 지식이 되었고, 당시 사림들이 편찬한 많은 읍지를 이용했다. 이 책에는 각 항목의 서술원칙을 서술한 상세한 범례 38조목과 참고한 서적 목록이 실려 있다. 범례에 의하면 그가 이러한 전국적인 지리서를 편찬한 목적은 『동국여지승람』의 잘못된 점과 부족한 점을 수정, 보완하기 위한 것이었고, 지리지 편찬의 준거는 명나라 『일통지』였다. 이는 그의 개혁안의 기초자료로 전국의 군현 상황을 파악하려 한 것으로 이해된다.

이 책의 첫머리에는 총서(總敍)라고 하여 우리나라의 지형, 지리적 위치를 서술하고, 과거 역사 과정을 약술하고, 본조의 지방행정 제도를 서술했다. 전국을 수도 서울(京都)과 8도로 나누어 쓰되 각 도의 앞에는 역사적, 지리적 서술을 했다. 예하 지방행정 단위의 각 군현의 첫머리에는 그 고을의 토지를 밭(旱田)과 논(水田)으로 구분하고 그 면적을 기

9 이 책은 필사본으로 서울대학교 규장각 도서에 전하고 있으나 저자명이 써져 있지 않기 때문에 현재의 인용자가 유형원으로 표기하지 않는다. 그러나 이 책이 그의 저술임이 틀림없는 것은 신경준이 『동국문헌비고』 「여지고」를 편찬하면서 이에 유형원 『동국여지지』를 수십 번 인용하였는데 그 내용이 이 책과 일치하며, 각 군현에 전답 면적을 경 무로 단위만 써 넣고 공난으로 남겼는바 경무법은 반계가 결부법을 경무법으로 개혁되어야 함을 『반계수록』 전제 조에서 강조하고 있기 때문이다. 박인호(1996; 2003). 참조.

록하는 난을 비워두었다. 이는 후일 토지면적을 실제적으로 파악하는 측량방식인 경무법이 시행된 후에 후인이 적어 넣도록 함이라고 범례에서 밝히고 있다. 언젠가는 토지단위법이 조세 수취를 위해 일정한 수확량을 거두는 것을 단위로 정한 결부법에서 경무법으로 개혁될 것이란 확신을 가졌다.

그가 전국의 지리지를 편찬한 것은 『동국여지승람』의 모순점을 발견하였기 때문이었다. 즉 그는 범례 각 항에서 『여지승람』의 서술 형태를 비판하고 있다. 그 중 그는 첫 범례에서 『여지승람』이 번잡하고 거칠다(繁蕪)고 평하였다. 이는 집필한 신료 중에 '수식을 즐겨하고 내용이 빈약한 사람(藻華無實之人)'이 많았기 때문에 '떠돌아다니는 헛된 표현(時流浮辭)'이 많이 실렸음을 강하게 비판했다. 이는 그가 시문을 중시하지 않던 학문태도와 합치된다.

또한 이 책의 첫머리에 우리나라의 역사에 대한 개략적 서술을 하고 있음은 지리의 파악에도 역사를 존중한 것으로 이런 경향은 후일 조선시대의 한 학풍을 이룬 역사지리학을 발전시킨 것이라 할 수 있다.[10] 또한 산천의 형승 조, 누정 조, 풍속 조 등에 실속 없이 꾸민(浮華)한 시구를 인용한 것을 비판하여 이를 깎아 버리고 사실 위주의 기록을 강조했다. 인물 조에서는 『동국여지승람』에서 본관 조에 실은 많은 인물을 실제 거주한 인물만을 군현 조에 수록했다. 그리고 당시까지 사림들이 편찬한 각 지방 읍지를 참고하여 군현의 실상을 기록함에 힘썼다. 자신이 조사하지 못한 부분은 후대인이 채워 넣기를 희망하고 있는 점에서 지리지의 공공성에 대한 열린 자세를 가지고 있다고 할 수 있다.

이에서 그의 사회개혁안의 기초자료로서 전국의 역사와 지리, 지형

10 정구복(2006). 참조.

에 대한 파악을 철저히 했음을 확인할 수 있다.[11]

2) 『반계수록』을 통해본 학문 경향

『반계수록』은 조선조의 기본법인 『경국대전』 체제를 일부 개혁하려는 것이 아니라 전체의 틀과 내용을 바꾸려한 대체적 개혁안이었다. 『경국대전』에 대한 반계의 인식은 천리(天理)가 구현되지 않고 사욕(私慾)에 기초한 폐법(弊法)이라는 것이다. 이는 하·은·주 삼대의 제도는 천리, 천지의 이치에 합치하는 것이고 이 법이 진시황 때 없어진 이후 새로이 폐법이 생기고 천리가 구현된 선왕(先王)의 제도가 망실되었으며. 폐법이 더욱 쌓여 만들어진 것이 후대의 법제라고 파악했다. 이는 바로 『경국대전』을 두고 하는 말이었다.[12]

실제로 『경국대전』의 법제는 왕실과 지배층인 사족 양반들이 합작으로 그들의 특권 유지를 위해 만든 법제이었다. 이는 전 국민, 농민과 노비신분, 상공인 등 일반 백성들의 생활을 위한 배려는 전혀 없는 것이었다. 오직 왕실과 관료로서 통치에 참여하는 지배층 양반들을 배려한 제도였다. 사족 양반이란 말은 양반 신분에 대한 법제적 표현이다. 조선의 사회체제는 양반들의 수족이었고, 경제적 수입원이었던 노비제도를 바탕으로 짜여졌다. 양인 농민이 노비신분으로 전락하기란 대단히 쉬운 일이었지만 이에서 벗어나기란 대단히 어려웠다. 반계는 당시 노비의 숫자를 전 국민의 3분지 2라고 파악했다. 노비 신분은 대대로 세습되었으니 이는 천하의 악법이라는 것이었다. 노비는 양반 개인만이 아니라 국가의 공적 기관도 이들 공노비가 없이는 유지, 운영될 수

---

11 박인호, 「유형원의 역사지리 인식」, 『조선시기 역사가와 역사지리인식』, 이회(2003).

12 유형원, 『磻溪隧錄』의 「書隨錄後」 참조.

없는 상황이었다.

그리고 조선 건국 후 그 때까지 사족 양반이 되지 못한 향리와 서리는 중인신분으로 묶여 신분상승을 하지 못하게 하였고 서얼도 양반이 되지 못하게 하여 사족 양반의 특권을 『경국대전』 체제 하에서 보장하였다. 그리고 국가의 중요 행정을 담당한 중인신분에게는 국가에서 주는 봉급(俸祿)이 전혀 지급되지 않아 그들의 음성적 부패와 부정을 하지 않을 수 없도록 되었고, 왕실을 위한 각종 기구는 확대되어 국가의 재정을 마구 사용하였다.

유형원이 살았던 17세기 전반기는 임진왜란으로 농민의 생활은 도탄에 빠졌다. 많은 농민은 한 톨의 씨를 심을 수 있는 농토가 없었고 부자는 엄청난 농지를 소유하고 있었다. 농민은 흉년을 당하면 기아선상에서 헤맸다. 임진왜란 중에는 사람이 서로 잡아먹을 정도로 혹심한 가난에 시달렸다. 백성을 동원하여 성을 쌓다가는 반란을 일으킬 가 봐 두려워 중지하곤 했다. 한 농민이 군포를 내지 못하고 도망을 치면 이를 친족이나 이웃의 사람에게 부과시켜 마을이 텅텅 비는 지경에 이르기도 했다. 농민은 남의 토지를 경작하면 도조와 국가에 내는 세금을 떠맡아야 했다. 그리고 군현단위로 부과되는 공물과 왕실에 바치는 진상의 부담이 엄청나게 컸다. 이에는 향리나 서리들의 농간과 협잡이 더욱 백성의 삶을 어렵게 했다. 다산 정약용이 『목민심서』에서 고발한 향리층의 비행과 부정부패는 19세기만의 현상이 아니라 조선조 사회가 가지는 구조적 문제요, 공통된 현상이었다.

이런 비참한 현실을 해결한다는 것은 헝크러진 실타래를 푸는 것에 비유했다. 이는 그가 관리로 진출하여 한두 가지의 사회 병폐 문제를 개혁한다고 해결할 수 없음을 확신했다. 그는 이 해결 방안을 연구함을 자신의 학문 방향으로 설정했다. 그가 이런 학문의 연구로 뜻을 굳힌 것은 30세 전후였다.[13] 그는 할머니, 어머니, 할아버지 상을 당하여 아버지가 계시지 않은 승중손으로서 3년 상을 치르는 동안 그는 많은 생각을 할 수 있었다고 여겨진다.

이런 현실인식은 상을 당하여 산소가 있는 경기도 과천, 원주 지평, 여주 등지로 옮겨 산 농촌생활의 체험과, 여행을 통한 현실인식, 그리고 율곡 이이가 현실 개혁을 외친 구체적인 상소문을 읽으면서 더욱 굳혀졌다고 생각한다. 그리고 그가 경전을 읽으면서 이런 해결책 연구에 뜻을 굳혔다고 판단된다. 즉 『대학』에서 강조한 "아주 좋은 사회로 이끄는 것(止於至善)"을 자신의 임무로 생각했다. 즉 성리학에서 말하는 성인군자가 되기 위해 사욕을 억제하고 순선인 4단(端)의 마음을 확충하는 위기지학에서 벗어나 천리를 사회적으로 구현하는 길은 무엇인가를 연구하는 경세학(經世學)의 연구를 자신의 임무로 정했다. 천리(天理)가 구현된 사회는 "모든 사람이 자기의 몫을 차지할 수 있는 사회"를 만드는 것이라고 파악했다. 이는 성리학 이론을 사회에 적용시켰다고 할 수 있다.

또한 천리가 구현되는 사회와 합리적 통치제도는 국가를 부강하게 만드는 길이라고 생각했다. 두 차례의 왜란, 두 차례의 여진족의 침입을 당하여 국가의 허약함을 느꼈고, 명나라의 멸망은 그에게 충격을 주었다.

그는 가장 근본적인 개혁안의 핵심은 당시 생산수단인 토지의 관리를 국가에서 담당하는 '공전제(公田制)'와 재주 있는 사람을 뽑는 과거제도 보다는 덕성을 갖춘 사람을 뽑는 '공거제(貢擧制)'의 실시라는 입론을

---

13 그러나 이런 연구를 해야겠다고 뜻을 세운 계기는 15살 때 부안에 내려간 여행이 기회가 된 것으로 생각한다. 만경평야와 김제평야의 넓은 들이 한 두 사람의 소유가 된 사실을 알았더라면 이를 심각한 문제로 파악했을 가능성을 충분히 상정할 수 있다.

폈다. 그의 공전제는 일반 성인 남자에게는 1명당 1경(40두락)을 주고 관료와 왕실 귀족에게는 더 많은 토지를 주고 상공업에 종사하는 사람에게도 일정한 토지를 지급하여 기본 생계를 꾸려가게 한다는 것이다. 그 대상은 전 국민을 고려했다. 토지는 움직이지 않음으로 지속적 안정적 효과를 가져 온다는 것이었다. 4경의 토지에서 한 사람의 군역을 내도록 하고 세 사람은 군역을 담당하는 사람의 경제적 후원을 하게 하며 모든 국가의 세금은 토지에 부과하는 10분의 1의 조세만을 내도록 한다는 것이었다. 국가의 재정은 그 수입에 따라 지출 계획을 세우되 과도한 왕실의 여러 통치기관과 과도한 관료의 수를 줄여야 한다는 구체적 개혁안을 제시했다.

공거제는 교육기관을 군현, 도단위, 전국의 수도에 읍학, 중학, 태학을 단계적으로 설정하고 전 국민을 대상으로 하는 교육을 통해 오랜 동안 관찰하고 천거한 인재, 유능하고 덕을 갖춘 인재를 발탁해 쓴다는 것이 이 제도의 핵심이었다. 『반계수록』에서 제시한 개혁안은 전체가 수미일관된 개혁안으로서 그의 학문은 오늘의 정치학, 경제학, 행정학, 교육학, 군사학, 재정학 등 '국가운영론' 내지는 '국가경영론'이라고 할 수 있다. 이를 당시 용어로는 '경세학'이라고 칭했다.

국가 운영의 합리적 제도를 마련하기 위하여 고금의 전적 자료를 폭넓고 치밀하게 연구 검토하였다. 『반계수록』의 절반 부분은 그의 개혁안에 대한 이론적 타당성을 밝히는 자료를 모아 놓고 이를 '고설(攷說)'이라고 했다. 이에는 중국과 우리나라의 역대의 여러 자료를 모두 실었다. 그의 개혁안은 합리성과 공평성을 전제로 한 것이었다. 이는 공자의 군자가 되어야 한다는 '위기(爲己)' 중심의 유학보다는 맹자의 '치세(治世)' 중심의 학문적 영향을 더 받았다.

그러나 이런 개혁안을 어떻게 실현할 것인가에 대한 방책을 고구함에는 소홀했다. 이는 국왕의 결단에 달렸다고 간단히 언급했으나 이는 왕조의 교체가 없이는 이루어질 수 없는 것이었고, 그의 개혁안은 새로운 왕조의 수립 시에 채택될 수 있는 방안이었다. 그의 개혁정신은 상고사회의 『주례』 등에서 구했지만 구체적인 법제와 조목에서는 당시까지의 모든 역사적 경험과 문헌자료의 통해서 최상의 제도를 마련하려 하였다고 할 수 있다.

그래서 『반계수록』은 인간의 역사상 가장 뛰어난 국가를 만드는 방안을 연구하고 정리한 저술이라고 평가되어 마땅하다고 생각한다. 이를 상고적, 복고적 산물이라거나 이상론이라는 논의로 치부함은 부당하다. 그가 우리나라라는 국가와 당시의 모든 사람의 삶을 배려한 사회, 기득권층의 특권을 폐지하여 모든 사람이 균등한 권리를 누릴 수 있는 사회로 개편하기 위한 방책을 연구함에 일생을 바쳤다.

3) 반계의 학문이 상고주의인가

『반계수록』에 담긴 사상을 상고주의(尙古主義)라고 칭한다. 그가 옛것을 존중한 것은 옛 것과 오늘의 것이 한결같다고 생각했기 때문이었다. 옛 것은 선왕(先王)의 제도, 선왕의 정신라고 표현했고, 또는 삼대의 제도라고도 했다. 선왕이라 함은 앞선 임금의 뜻이 아니라 가장 이상적인 왕도정치를 수행한 임금을 뜻했다. 이는 공자가 『논어』에서 누누이 강조한 내용이다. 선왕은 요순과 삼대의 왕이었다고 한다. 그들 선왕은 천리와 인도(人道)에 따른 정치를 했다고 파악했다. 이들이 만든 제도는 만물이 자기 몫을 차지하는 사회를 이루었다고 하고, 후세의 제도는 인욕(人慾) 즉 사욕(私慾)에 바탕을 두어 인류로 하여금 문드러지게 하고 막히고 닫힌 세계가 되었다고 반계는 보았다.[14] 그런 선왕의 교훈을 전해주는 것이 유교경전이라고 했다.

이를 우리는 어떻게 해석하여야 할 것인가? 삼대와 후세의 기준점은 진시황의 시대를 두고 전후로 나누고 있다. 이후의 법제는 폐단이 이어져 내려와 이를 쉽게 개혁하지 못하고 인습적으로 전해온다고 했다. 이런 법제 하에서는 모든 사람이 타고난 자기의 능력을 발휘할 수 없다고 이해했다. 이에 따르면 조선시대의 『경국대전』 체제도 이에서 예외가 아니다. 비록 직접 언급하지 않았지만 이런 악법을 고쳐야 이상사회가 이루어질 수 있다고 생각했다. 그가 상고의 선왕정치를 이상으로 한 것은 법의 근본정신을 추구하기 위해서였다. 이런 정신을 역사의 시작이라고 할 수 있는 시대로 올라가는 것은 당연한 논리적 귀결이라고도 할 수 있다. 물론 그는 실제 삼대에는 천리가 구현된 사회였고, 그에 기초한 통치제도가 실행되었다고 보았다. 이는 유교 경전의 일관된 사상 경향이다.

그는 모든 것이 옛과 지금이 같다고 본 것일까? 이는 먼 과거와 현재의 차이를 인정했다. 옛 것에서는 정신을 찾고 현실에서는 현재의 상황 파악을 중시했다. 그래서 그는 옛 뜻을 살피고, 현재의 사세를 살펴야 한다고 했다[15]. 현재의 문제 개혁을 위해서 현재 상황에 대한 올바른 이해는 반드시 필요한 것이었다.

반계는 "고금의 원리는 일치한다"고 했다. 고금의 것이 일치한다는 것을 천지의 도와 천리로 파악하고 있다. 그는 상고의 역사가 훌륭했고 진시황 이후의 통치제도는 사욕이 기초가 되었다고 보고 있다. 그의 상

---

14 『磻溪隧錄』, 「書隨錄後」에서 "三代之制 皆是徇天理 順人道 而爲之制度者 其要 使萬物無不得其所 而四靈必至 後世之制 皆是因人慾 圖苟便 而爲之制度者 其要使人類至於靡爛 而天地閉鎖 與古正相反也."라고 했다.

15 「書隨錄後」 "究古意揆今事 并與節目 而詳焉"

고주의는 그 타당성을 떠나 지배층이 인간을 지배하는 기득권을 행세함을 비판하면서 인간에 의한 인간 지배가 느슨했던 고대를 더 좋게 평가한 것이라고 할 수 있다.

유가 사상가 중에서 반계의 학문은 공자의 예 중심의 이론보다는 경계(經界)를 중시한 맹자의 사상에 경도되어 있다고 할 수 있다. 그러나 맹자가 주장한 왕도정치를 인정하면서도 그는 국왕의 왕도정치를 구체적으로 언급하거나 주장한 바는 없다. 그는 공전제를 실시하는 방법을 구체적으로 언급하지 않고 단지 국왕의 결심에 달렸다고 한 점은 그의 사상의 최대 약점이었다.

그래서 당시 역사를 개혁하고 움직이기 위해서는 당시의 시세를 중시하여야 한다는 성호 이익의 역사이론이 출현했다. 즉 토지는 천하의 대본(大本)이기 때문에 국왕이 이를 실현시켜야 하고 국왕의 결단에 달렸다고 언급한 것은 그의 경세학의 한계점이라고 할 수 있다. 또한 이는 하나의 이상국가론을 제시한 것이란 점에서 그의 개혁안이 실현될 가능성은 거의 없었다고 할 수 있다.

당시 지식인의 중요한 철학분야이었던 본체론에 대한 것과 그의 경세론과의 관계를 살펴보자. 그가 경세학을 주로 연구한 학자라고 해도 당시의 학문의 주류를 이루었던 이기철학과 인심도심론의 수양론에 관심을 가졌던 것은 틀림없다. 이는 정동직에게 보낸 서신에 그의 성리철학에 대한 관점이 나타나고 있다.[16] 그의 성리학적 본체론에 대한 철학은 이(理) 중심의 철학체계를 가졌다고 설명되고 있다. 즉 그는 "천하의 모든 사물과 그 작동의 기능은 모두 기이고 그 사물을 작동하게 하는

16 안정복이 편찬한 연보 중에 37세 때에 鄭文翁에게 보냈다는 서신의 내용으로 '論理氣人心道心'이라는 제목을 붙여 비교적 상세히 인용하고 있다. 문옹은 鄭東稷의 호이다.

것은 모두 이(理)이다." 하여 이기이원론을 가지고 있으며 이런 이 중심의 철학은 퇴계의 영향을 받은 것으로 알려져 있다. 그러나 이 중심의 철학적 본체론이 인심도심설과 함께 『반계수록』의 전체적 논리전개와는 어떤 관계인가를 구체적으로 검토해볼 필요가 있다.

『반계수록』의 개혁론이 공리공담의 본체론적 철학에 대한 반발로 나온 것인가?

그가 개혁정신으로 삼은 '천리의 구현'이라던지 『반계수록』의 중요한 방법론의 종지인 '본말론(本末論)'을 생각할 때 담론적인 성리철학과 무관하다고는 할 수 없다. 따라서 비록 그의 개혁론이 이기론적인 성리철학과는 별개의 다른 성향의 것이라고 볼 수는 없다하더라도 그의 개혁론 자체가 그 본체론적 철학과 직결된다고 볼 수는 없다. 이는 그가 직접 쓴 '수록발문'에서 혹자의 물음이라고 하여 다음과 같이 쓰고 있다.

> "선비가 평상시에 마땅히 강명할 것은 도(道)이므로 구체적인 일에서는 다만 마땅히 그 대체만을 논의 대상으로 삼아야 한데 구체적으로 상세한 절목을 일삼는가" 하고 물었다.

이에 대한 그의 답은 다음과 같았다.

> "천지의 이치(天理)는 만물에 나타나니 물(物)이 아니면 이(理)가 붙어 있을 곳이 없으며 성인의 도는 만사에 행해져야하나 구체적인 일이 아니면 도가 행해질 곳이 없다."

이에서 본체론적인 담론이 현실의 문제를 떠날 수 없음을 말해주고 있다. 그러나 그의 현실 파악은 율곡 이이의 견해를 거의 전적으로 수용하고 있음에서 본체론적인 철학논리는 퇴계의 견해를, 현실인식의 문제는 율곡을 따랐다고 하면 이는 논리의 어긋남을 면할 수 없다고 본다. 그의 개혁론을 이기론의 본체론과 무관한 것은 아니지만 그렇다고 직접적 연관 관계를 설정하기도 어렵다. 이기본체론이 그의 개혁정신의 기초가 되지 않았거나 아니면 직접적 깊은 관련성을 가지지 않은 것이고 당시 본체론의 철학에 침잠했던 학자들은 이런 구체적이고, 실용적 학문의 연구에는 관심이 없었던 것이라고 할 수 있다.

따라서 그는 주자학, 성리학의 학문적 태도에 대한 반항으로 실학을 연구한 것이 아니라 성리철학을 더 깊게 현실에 적용하려는 노력의 성과가 『반계수록』과 같은 경세학을 낳게 하였다고 할 수 있다. 그러므로 반계의 경우, 실학이 공리공담의 성리학의 폐단에 대한 반발로 나왔다고 하는 통상적인 견해는 시정되어야 할 것이고, 이는 성리철학의 핵심인 천리 이론을 사회 전체에 확산하려는 발전이었다고 해석해야 옳을 것이다.

4. 반계의 영향

반계의 학문적 영향은 전라도 지역에 끼친 것과 경기를 포함한 서울의 중앙지역에 끼친 것으로 나누어 살펴볼 수 있다. 전라도 지역에 끼친 영향은 그의 인품을 직접 접했던 그의 제자들이 그의 인품을 사모하여 동림서원(東林書院)을 세워 숭모한 것이다. 동림서원은 부안의 우반동에서 10여리 떨어진 곳에 숙종 19년(1693) 그의 사후 20년이 되던 해에 호남사림의 동의를 얻어 세워졌다.[17] 이는 그의 제자들이 세운 것으

---

17 부안군 상서면 가오리에 있는 동림서원의 첫 명칭은 '磻溪祠'였고 그 마을에 살았던 그의

로 벼슬을 가지지 않은 일개 서생을 서원에 모신 사례는 한국의 서원의 역사에서 흔하지 않은 일로 이는 그의 인품이 올바르고 높아 대단히 존경을 받았기 때문이다.

이는 그의 위기지학에 있어서도 높은 경지에 이르렀음을 말해주는 것이다. 주위의 사람들에게 흉년에 곡식을 풀어 휼민을 했다거나 물에 빠진 뱃사람의 생명을 구해주었다는 사실[18] 등 인도주의의 행위와 노비에게도 어린아이들로 하여금 공손한 언행을 하도록 한 일, 그의 시신이 용인으로 옮겨질 때에 백여 마리의 사슴이 슬피 울었다는 이야기[19] 등은 그의 인품이 고명하였고, 주위 사람들에게 은덕을 주었음을 알려주는 것이라고 풀이할 수 있다.

전라도 지역에서의 학문적 영향은 역사지리학적인 영향을 들 수 있다. 이는 순창에 살고 있던 실학자 여암 신경준(1712~1781)에게 나타났다. 여암의 역사지리학은 영조 때 『동국문헌비고』를 편찬하게 된 계기를 만든 것이었다. 『동국문헌비고』의 여지고 속에는 반계의 『동국여지지』가 대단히 많이 인용되어 있다.[20] 신경준은 그의 역사지리학을 더욱 발전시켜 우리나라의 산들을 산맥과 강을 체계적으로 파악한 『산수고』를 저술한 실학자였고, 한글의 연구, 상수학, 음운학을 깊이 있게 연구하였다. 호남지방은 이후 다산의 영향도 있었지만 전국에서 유일하게 실학풍이 발전한 지역이었다는 사실은 중요한 의미를 가진다. 이는 이 지방 개화기의 학자들에게도 영향을 미쳤다.

수제자 金瑞慶과 유문원을 함께 모셨다.

18 34세 때에 부안에서 서울에 갔다 오는 길에 아산 신창진에서 전복된 배에서 9명을 구조해낸 기록을 연보에서 찾을 수 있다.

19 안정복, 「반계선생 연보」 참조. 『증보 반계수록』, 경인문화사 간(1973), 부록 자료 참조

20 박인호(1996). 참조.

반계학문의 영향은 서울과 근기지역의 학자에게 영향을 주었다. 안산에 살았던 성호 이익(1681~1763)과 서울의 다산 정약용(1762~1836)에 영향을 준 것은 이미 잘 알려진 사실이고, 광주에 살았던 안정복(1712~1791), 서울의 홍계희(1703~1771) 등에게 영향을 미쳤다.

순암 안정복은 우리나라에서 맨 처음으로 전문 역사가로 자처한 학자이고, 『동사강목』을 편찬한 너무나 유명한 학자이다. 그는 호남에 있을 때에 반계에 대한 명성을 전해 들었고, 후일 반계의 증손자 유발로부터 반계의 저술인 『반계수록』을 얻어 보게 되었고, 이에 감탄하였으며, 이 책은 "진실로 천리를 운용하여 만대에 태평의 세상을 열 책이라"고 평했으며, 반계의 「동사강목 범례」, 「동국역사괴설변」 등을 받아서 역사연구를 깊이 있게 진행하였고, 반계의 연보를 직접 작성하기도 했다. 영조대의 실무를 아는 현실정치가였던 홍계희는 반계를 흠모하였고, 영조로부터 명을 받아 그의 전기를 지었고, 용인 백암면에 있는 그의 묘소에 세운 묘비석의 비문을 짓기도 했다.

『반계수록』은 숙종 20년(1694) 3월 경외유생 진사 노사효 등이 국왕에게 『반계수록』을 바치면서 그의 뛰어난 업적을 칭찬하고 서원의 사액을 요청했다. 영조 17년 전승지 양득중이 『반계수록』을 추천하여 영조의 깊은 관심을 사서 영조 46년(1770)년에 경상도 감영에서 목판으로 출간되어 전국에 알려졌으며, 이후 『반계수록』은 준 법전으로 인정되어 『대전회통』에 실리게 되었다. 또한 정조는 수원도호부를 새로 잡으면서 유형원의 군현제에서 이미 언급한 선견지명을 찬탄했다고 한다.

개화기에는 독립신문에서 서양의 민주주의를 발전시킨 두 인물 루소와 몽퇴스큐를 소개하면서 조선의 다산 정약용은 민약론을 쓴 루소에, 유형원은 법의 정신을 쓴 서양의 몽퇴스큐에 해당한다고 이해했고, 그의 실학사상은 위당 정인보에 의하여 실학의 창시자로 이익을 2세조,

다산을 3세조로 파악되었으며, 천관우 선생에 의하여 심층적으로 분석 연구되어 조선후기의 실학의 창시자로 지위를 확정받게 되었다. 그의 각 분야의 학문적 성과는 전문분야의 많은 학자들에 의하여 깊이 있게 연구되어 왔다.[21]

5. 맺음말

반계는 일생동안 엄청난 책을 읽었다. 그러므로 그의 학문 범주는 대단히 넓었다. 그러나 이렇게 많은 책의 독서를 『동국여지지』와 『반계수록』에 수미일관된 논리와 체계로 정리한 점은 대단히 값진 것이다. 그의 학문세계는 유가, 특히 성리학에 바탕을 두었으면서도 이기론이나 인심도심론에 깊이 빠지지 않았다. 그리고 당시 사림들이 음풍영월하여 많은 시와 서간문, 비문 등을 남기어 문집으로 만들던 선비의 시류를 좇지 않았다.

그의 학문세계는 국가와 현실의 큰 과제를 근본적으로 해결하기 위한 국가 개혁론 연구에 일생을 바쳤다. 그는 왕도정치의 실현이나 성리학에서 그토록 강조하는 하늘의 이치인 천리가 현실 세계에서 막히었음을 새롭게 인식하고 이를 사회적으로 구현할 수 있는 통치제도가 무엇인가를 평생의 연구과제로 삼았다. 반계의 이런 뜻을 세움(立志)은 30세 전후이고 이를 일생동안 끊임없는 노력으로 동양의 역사서와 고전 등을 두루 찾아 당시에 실현할 수 있는 제도의 제안에 노력한 그의 학문적 정신은 인류 역사 상 아주 귀중한 역할과 임무를 수행한 것으로

21 조성을 등(2005); 조광(2017). 참조.

앞으로도 존숭되어야 할 것이다.

그는 실학사상가 중 경세치용(經世致用) 학파로고 분류된 바 있으나 경세학은 해당되나 치용의 성격에는 적절하지 않다고 판단된다.[22] 또한 그의 실학사상을 중농주의 학파라고 칭하고 있으나 그가 농업을 중심 산업으로 생각한 것은 사실이나 농업을 중시한 사상이라고 하는 것도 적절하지 않다. 그의 공전제론은 토지국유론자라고 칭해야 옳을 것이나. 이도 그의 개혁사상 전체를 포괄하는 용어는 아니다. 그의 개혁론을 '국가개혁론' 또는 '국가경영학'이라는 칭호로 부르는 것[23]은 타당한 면이 있다.

그는 자기 부모와 선조에게 예를 다하였으니 제가(齊家』의 임무에 충실했다. 그러나 이에 그치지 않고 이웃의 환난을 함께 해결하려고 하는 따뜻한 인류애를 가졌고, 당시 자기가 살고 있는 국토를 사랑했고, 당시의 모든 국민을 사랑했다. 전국민을 위해 국가와 사회의 가장 중요한 현실 문제를 해결하는 방책을 연구한 것이 그의 학문세계의 특징이라고 할 수 있다.

실학은 조선 후기의 새로운 학풍이면서도 중국과 우리나라의 역대 통치제도와 학문을 모두 깊이 있게 연구한 값진 학문이었고, 그의 학문적 영향은 전라도 지역의 서원건립을 통한 숭모, 신경준의 역사지리학의 계승으로 이어졌고, 영조대에 『반계수록』이 왕명으로 간행되어 4색 당파에 구애되지 않고 많은 학자들에게 중대한 영향을 미쳤고, 국가의 법전으로 추인되게 되었다. 그의 인품과 학문을 숭모하는 것은 그의 후손만이 할 것이 아니다. 그가 전 국민을 위한 방책을 연구했듯이 그를

---

22 이우성(1991) 서설 참조.

23 김태영(1998).

숭모하는 운동은 전라도 부안과 용인시에서 불을 붙여 전 국민으로 확산되어야 할 것이다. (2017.10.6.)

동아시아 실학 속의 형이상학

방이지, 최한기를 중심으로

蔡振豐

1. 동아시아 실학사조 발흥의 내적요인과 외적요인

현재 학계에서는 "실사구시(實事求是)"로 "실학(實學)"을 정의하는 특징이 있다. 그러나 "실사구시"는 학문하는 태도이며, 어떤 사조, 학파 혹은 학문 범위의 규정에 사용될 수 없다. 그러므로 초기 "실학"이 지닌 기본 함의의 대립면은 "이심성위종(以心性為宗)"의 "허학(虛學)"이어야 마땅하다. 중국의 경우, 심성지학(心性之學)에 반대하여 나온 실학의 연원은 송나라 엽적(葉適, 호 水心, 1150~1223)이 『습학기언(習學記言)』에서 언급한 내용으로까지 거슬러 올라간다. 그는 "오로지 심성(心性)을 종주(宗主)로 삼았으므로, 허의(虛意)는 많은데 실력(實力)이 적으며, 측지(測知)는 넓으나 응취(凝聚)가 편협하니, 요순 이래 내외상성(內外相成)의 도가 무너졌다"[1]고 하였다. 엽적은 젊은 시절 주희, 정이 및 기타 도

1 葉適, 『習學記言』 卷14, "孟子言, 以心爲官, 出孔子後; 以性爲善自孟子始. 然後, 學者盡

학자의 주장을 비판하지 않았다. 그러나 만년에 태도상 변화가 생긴 후,[2] 성리학의 이론기초인 『주역』 태극설과 십익론 모두 공자의 저작이 아니라고 비판하였다.[3] 뿐만 아니라 정주학의 「격물」설 경우, 「격물」의 목적이 궁리(窮理)에 있는 것이 아니라, "도를 해치는 물욕(害道之物欲)"에 대해서는 "격이절지(格而絶之)"하고, "도를 돕는 물비(助道之物備)"에 대해서 "격이통지(格而通之)"하는 것에 있다고 주장하였다.[4] 엽적은 심지어 "공자가 증자에게 전하였고, 증자는 자사에게 전하였다(孔子傳曾子, 曾子傳子思)"의 도통설(道統說)도 반대하고 이러한 주장은 심지(心志)가 일천하고 넓지 못한 데서 나온 억측이라 보았다.[5] 종합하면 엽적은 송대의 도학이 예악형정(禮樂刑政)을 중점으로 하는 유학의 고도(古道)에 위배된다고 인식했다. 도(道)로부터 나날이 멀어지는 주요 원인은 주돈이(1017~1073), 장재(1020~1078), 이정(二程: 정호, 1032~1085; 정이,

---

廢古人入德之條目, 專以心性爲宗主, 致虛意多, 實力少, 測知廣, 凝聚狹, 而堯, 舜以來, 內外相成之道廢矣!"

2 葉適早年與朱熹引爲同道, 故其『水心先生文集』卷2, 「狀表」中有 「辯兵部郎官朱元晦狀」一文中可見兵部侍郎林栗參劾朱熹被委任兵部郎官卻延誤任職之事, 指責朱熹的學問只是得到張載, 程頤的緒餘, 以浮誕宗主, 卻自己推尊爲道學. 葉適在此事件中曾爲朱熹辯護, 指出林栗爲了殘害朱熹等忠良之士, 才創出「道學」的罪名. 然而, 葉適晚年批判道學, 如『水心先生文集』卷27有 「答吳明輔書」 一文, 其中有言: "道學之名, 起于近世儒者, 其意曰: 擧天下之學皆不足以致其道, 獨我能致之, 故云爾. 其本少差, 其末大弊矣."

3 見『習學記言』 卷3, 「周易三・上下經總論」, 卷4, 「周易四・系辭上」

4 『習學記言』 卷8, 「禮記」, "此篇言誠意必先致知, 則知者心意之師非害也. 若是則物宜何從?以爲物欲而害道, 宜格而絶之耶; 以爲物備而助道, 宜格而通之耶. 然則物之是非固未可定, 而雖爲『大學』之書者亦不能明也. 程氏言 '格物者, 窮理也.' 按: 此篇心未正當正, 意未誠當誠, 知未至當致, 而君臣父子之道各有所止, 是亦入德之門爾, 未至于能窮理也. 若窮盡物理, 矩矱不踰, 天下國家之道已自無復遺蘊, 安得意未誠, 心未正, 知未至者而先能之? 詩曰: '民之靡盈, 誰夙知而莫成', 疑程氏之言亦非也."

5 『習學記言』 卷13 「論語」言 : "世以曾子爲能傳, 而余以爲不能. 余豈與曾子辨哉? 不本諸古人之源流, 而以淺心狹志自爲窺測, 學者之患也", 卷49, 「因范育序正蒙遂總述講學大指」言: "言孔子傳曾子曾子傳思必有謬誤."

1033~1107)이 불학사상을 유학에 끌어넣었기 때문이고, 주희(1130~1200)는 특히 자사(子思)와 맹자(孟子)라는 특이한 학설을 발명하여,[6] 이불입유(以佛入儒)한 결과 성인의 도를 어지럽혔으며 또한 유학과 불학의 경계를 불분명하게 만들었다는 것이다.[7]

엽적의 견해는 후세 실학자들이 논한 실학의 특징을 충실히 갖추고 있다. 하지만 송원 이후 정주 성리학만 독보적으로 성행한 탓에 그의 주장은 영향력을 크게 발휘하지는 못했다. 명말에 이르러서야 고헌성(顧憲成, 1550~1621, 고반룡(高攀龍, 1562~1626) 등의 동림당(東林黨)이 등장하여 양명심학(陽明心學)의 말류(末流)를 비판하며,[8] 지재세도(志在世道)[9]의 실용정신으로써 궁행실천(躬行實踐)의 학문[10]을 제창하고 학술을 사회현실에 결합시키고자 희망하였다. 동림당 당원들은 "무

6 『習學記言』 卷49, 「因范育序正蒙遂總述講學大指」 言: "本朝承平時, 禪說尤熾, 儒釋幷駕, 異端會同. 其間豪傑之士, 有欲修明吾說以勝之者, 而周(敦頤), 張(載), 二程出焉, 自謂出入佛, 老甚久, 已而曰吾道固有之矣.……及其啓敎後學, 於子思, 孟子之新說奇論皆特發明之, 大抵欲抑浮屠之鋒銳而示吾所有之道若此, 然不悟『十翼』非孔子作, 則道之本統尙晦, 不知夷狄之學本與中國異, 而徒以新說奇論闢之則子思, 孟子之失遂彰."

7 『水心先生文集』 卷9, 「李氏中州記」 言: "佛之學入中原, 其始固爲異敎而已, 久而遂與聖人之道相亂. 有志者常欲致精索微以勝之, 卒不能有所別異又自同于佛者, 知不足以兩明而學失之略也."

8 如顧憲成言: "以考亭爲宗, 其弊也拘; 以姚江爲宗, 其弊也蕩. 拘者有所不爲, 蕩者無所不爲; 拘者人情所厭, 順而決之爲易, 蕩者人情所便, 逆而挽之爲難. 昔孔子論禮之弊, 而曰與其奢也寧儉, 然則論學之弊, 亦應曰與其蕩也寧拘, 此其所以遜朱子也." 見『顧端文公遺書』, 「小心齋劄記」 卷3, 「丙申」.

9 萬斯同: 『明史』 卷344, 「鄒元標, 顧憲成, 高攀龍, 馮從吾, 孫愼行列傳」 言, "憲成常曰: 官輦轂志不在君父上, 官封疆志不在生民上, 至水邊林下志不在世道上, 君子無取焉.故其講習之餘, 往往諷議朝政, 裁量人物, 而朝士慕其風者多遙相應和, 由是東林名大著而朝端忌嫉者亦多."

10 高攀龍 『高子遺書』 卷4, 「講義 · 顔淵喟然歎章」 言, "但博文約禮近世都說向心境上輾轉玄虛去, 令學者止是作弄而無實功.考究孔, 顔當時博文只是『詩』『書』『禮』『樂』, 約禮只是躬行實踐.吾輩今日將經書熟讀深味就是博文, 將聖賢所言一一體之於心, 見之行事之實就是約禮, 至於所謂日用動靜之文, 洗心退藏之約, 自在其中不必言也."

극(無極)"과 무선무악(無善無惡)설이 유학에 불석(佛釋)을 섞어서 생겨난 논법이라고 여겼다. 이러한 논점은 엽적과 상당히 유사하면서도, 학문적으로는 맹자와 자사의 학문을 반대하지는 않았으나, 다만 오경(五經)을 숙독하고 깊이 음미할 것을 주장했다. 명말은 국력이 쇠퇴하는 국면이었고, 후금의 궐기와 유구(流寇)의 창궐이 갈수록 심각해지는 시기였으므로, 동림당원들은 경학을 중시하는 것 외에도 개물성무(開物成務)의 실학을 제창하였으며, 경세치용의 학문을 통해 부국강병에 이르고자 희구하였던 것이다. 동림당 당원들은 상술한 신념을 기반으로 화개교(華開教)의 예수회 선교사가 들여온 서양 물질문명에 특별히 관심을 기울였다. 또한 천주교의(天主教義)에 대해서도 흥미를 가졌으며, 심지어 일부 사인(士人)들은 이로 인해 세례를 받기도 하였다.[11] 학자의 연구에 따르면, 만력 중엽에서 천계 초엽에 이르는 시기의 진사(進士)와 과거시험관 가운데, 서학(西學), 서교(西教)에 우호적 태도를 품은 이가 많았으며, 그중 예수회 선교사와 긴밀하게 왕래한 사람들 가령 추원표(鄒元標, 1551~1624), 장문달(張問達, 1554~1613), 풍기(馮琦, 1558~1603), 섭향고(葉向高, 1559~1627), 한광(韓爌, 1564~1644), 이지조(李之藻, 1571~1630), 전사승(錢士升, 1574~1652), 웅명우(熊明遇, 1579~1649), 구식사(瞿式耜, 1590~1651), 정만(鄭鄤, 1594~1639)등은 모두 동림당 당원이었다.[12] 풍응경(馮應京, 1555~1602)과 서광계(徐光啓, 1562~1633)의 경우 위충현(魏忠賢)이 천계(天啓) 5년(1625)에 성지(聖旨)를 사칭하여 반포한 「동림당인방(東林黨人榜)」에 이름이 기재되어

---

11 何俊(1998), 110~124면 참조.

12 除上擧東林黨諸人外, 非東林黨之進士與考官對西學, 西教抱持好感者, 有翁正春(1553~1626), 曹于汴(1558~1634), 崔景榮(1559~1631), 孫承宗(1563~1638), 李邦華(?~1644), 馬世奇(?~1644年), 侯震暘(1569~1627), 鹿繼善(1575~1636), 曾櫻(1581~1651), 朱大典(1581~1646), 侯峒曾(1591~1645), 侯岐曾(1594~1646), 張國維(1595~1646), 魏大中(萬曆44年進士), 史可法(1602~1645), 黃淳耀(1605~1645)等人.參見黃一農:「天主教徒孫元化及明末傳華的西洋火炮」(『中央研究院歷史語言研究所集刊』, 第76本, 第4分, 1997年12月)一文, 及其『兩頭蛇: 明末清初第一代天主教徒』(臺北: 淸華大學出版社, 2007年) 第三章「泰西儒士與中國士大夫的對話」.

있지는 않으나, 그들의 사우(師友), 문생(門生) 다수가 동림당에 속했으므로 역시나 동림당 당원과 밀접한 관계를 맺고 있었다.

서양의 종교도덕, 천문역법 및 기물화포(器物火炮)는 문명에 대한 명말 학자들의 견해를 넓혀주었다. 마테오 리치(1552~1610)가 들여온 『산해여지전도(山海輿地全圖)』, 『곤여만지전도(坤輿萬國全圖)』, 『양의현람도(兩儀玄覽圖)』 등의 세계지도 또한 중국인의 자기중심적 세계관을 깨뜨렸으며, 다문명 공존의 세계도상(世界圖像)을 제공하였다.[13] 이상 심성지학에 대한 비판, 경세지학에 대한 제창, 그리고 서교 및 서학과의 접촉을 통해 형성된 세계관의 변화, 이러한 요인들이 일제히 청군이 중국의 통치자가 되어 전통 "이하(夷夏)"관에 변혁을 일으킨 대사건에 집중되었다. 그래서 "소동림(小東林)"이라 불리는 복사(復社)의 일원인 황종희(南雷, 1610~1695), 고염무(1613~1682)는 특별히 양명학 혹은 심성지학이 "망천하(亡天下)"[14]의 위기를 조성하였다고 통렬히 반성하였다. 고염무는 위진 청담(淸談)과 명대의 청담 모두 천하를 멸망에 이르게 하기 족하다고 보았다. 명대의 청담은 공맹을 담론하는 것인데, "명심견성(明心見性)의 공언(空言)으로써 수기치인(修己治人)의 실학(實學)을 대체"한 청담이라는 것이다.[15] 황종희는 "학귀적용(學貴適用)"을 주장하며 "학도(學道)와 사공(事功)이 두 길로 나뉘었다"고 반대하였다.[16] 기타 명말청

13 葛兆光(2002), 476~498면 참조.

14 顧炎武『日知錄』卷13,「正始」言: "有亡國, 有亡天下, 亡國與亡天下奚辨?曰: 易姓改號謂之亡國, 仁義充塞而至於率獸食人, 人將相食謂之亡天下."

15 顧炎武:『日知錄』卷7,「夫子之言性與天道」條, 言: "孰知明代之淸談有甚於前代者, 昔之淸談談老莊, 明之淸談談孔孟, 未得其精而已遺其粗, 未究其本而先辭其末, 不習六藝之文, 不考百王之典, 不綜當代之務, 擧夫子論學, 論政之大端一切不問, 而曰一貫, 曰無言, 以明心見性之空言代脩己治人之實學."

16 黃宗羲『南雷文定五集』卷3,「姜定菴先生小傳」言: "道無定體, 學貴適用, 奈何今之人執

초의 학자 가령 주순수(朱舜水, 1600~1682)는 "경방홍화, 강제간난(經邦弘化, 康濟艱難)"[17]을 할 수 있는 "실공이 있고 실용이 있는(有實功, 有實用)" 학문을 주장했다.[18] 안원(顏元, 호 習齋, 1635~1704)과 이공(李塨, 호 恕谷, 1650~1733)의 안이학파(顏李學派)는 "실문(實文), 실행(實行), 실체(實體), 실용(實用)"이라는 "공문실학(孔門實學)"의 기치를 내걸고[19] 청나라 정부가 공식적으로 제창한 정주이학과 대립각을 세웠다. 상술한 학자들의 제창과 노력, 그리고 청초 반청세력이 동아시아 각국에서 벌인 동맹과 교류로 인해, 실학사조는 세계관의 확대와 더불어 조선과 일본의 학술 향방에 영향을 미치게 되었다.

一以爲道, 使學道與事功判爲兩途. 事功而不出於道, 則機智用事而流於僞; 道不能達之事功, 論其學則有, 適於用則無, 講一身之行爲則似是, 救國家之急難則非也, 豈眞儒哉!"

17 朱舜水『舜水先生文集』卷22,「雜著三・筆語」中載林春信問: "崇禎年中, 巨儒鴻士爲世所推者幾人? 願錄示其姓名", 答曰: "明朝中葉以時文取士, 時文者制擧義也, 此物旣爲塵飯土羹, 而講道學者又迂腐不近人情, 如鄒元標, 高攀龍, 劉念臺等講正心誠意, 大資非笑於是, 分門標榜, 遂成水火, 而國家被其禍未聞所謂巨儒鴻士也. 巨儒鴻士者, 經邦弘化, 康濟艱難者也.

18 『舜水先生文集』卷23,「雜著四・筆語」中載朱舜水回答日人小宅生須問"我國當今志學者『易』用朱『義』,『春秋』用胡『傳』,『書』用蔡『傳』,『詩』用朱『傳』, 間亦有好異者捨宋儒之說而用近世快活之說, 故其所辨論如長流之不可障, 雖然步步不由實地, 如順者困此弊久矣, 如之何而可乎?"而回答曰: "爲學當有實功, 有實用, 不獨詩歌辭曲無益於學也, 卽於字句之間標新領異者未知果足爲大儒否?果有關於國家政治否? 果能變化於民風土俗否?"

19 顏元『存學編』卷1,「上太倉陸桴亭先生書」言 : "某聞氣機消長, 否泰天地有不能自主, 理數使然也. 方其消極而長, 否極而泰, 天地必生一人以主之, 亦理數使然也. 然粵稽孔孟以前, 天地所生以主此氣機者, 率皆實文, 實行, 實體, 實用, 卒爲天地造實績, 而民以安, 物以阜, 雖不幸而君相之人竟爲布衣, 亦必終身盡力於文, 行, 體, 用之實, 斷不敢以不堯舜, 不禹皐者苟且於一時." 又, 卷2「性理評」言 : "伊川門人甚衆, 後更無一人見之親切, 非因伊川所敎, 諸人所學俱失孔子實學之故乎?", "僕意朱子未覺程門敎法之失, 旣覺而復蹈之何也? 倘因此便返於實學, 豈非吾道之幸哉."

2. 동아시아 실학의 주요 관심사인 혁신문제와 조선 말기 실학자 최한기의 기학

청군의 입관(入關)과 서교, 서학의 전래는 유교문화권의 사람들에게 세계에 대한 상상, 그리고 지식체계에 대해 반성의 문을 열어 주었다. 이러한 배경 아래 동아시아 유학자들은 송대 이후 제2차 유학부흥운동을 발흥시켰다. 송대의 유학 부흥운동이 불로학(佛老學) 성행에 대한 반동이었다면, 17세기의 부흥운동은 화이(華夷) 판도의 변화 및 서학동점(西學東漸)이 구세계관에 가한 충격에서 기인한다. 유학이 우선 직면해야 되는 문제는 어떻게 정치실증성(政治實證性), 경세제민(經世濟民) 학문을 전개시켜 문화와 국가민족의 멸망 위기를 모면할 것인가에 있었다. 송명이학에서 정치적 효용성을 중시하는 학문은 보통 도덕적 동기의 확장일 뿐 독립적 지위를 지니고 있지 않은 것으로 간주되었다. 정치 실증적 학문에 대한 성리학자의 경시는 엽적이 성리학을 반대한 주요 원인이었을 뿐만 아니라, 동림당 학인에서 청대학자에 이르기까지 돌파하고자 했던 중점사항이기도 하였다. 정치 실증적 학문이 중시됨에 따라, 심성의 개념에 대해 새로운 이해 또한 유학자들 사이에서 일어났고, 기존 "도덕실천"적 학문의 방향에도 변화가 나타나게 되었다. 17세기 이후의 일본 유학과 조선 유학은 대체로 "정치 실증성적 실학"과 "도덕 실천적 실학"의 두 방면 중심으로 발전하였다.[20] 가령 일본 유학자 이토 진사이(伊藤仁齋, 1627~1705)의 학문이 "도덕실천적 실학"이라면, 오규 소라이(荻生徂徠, 1666~1728)는 "정치실증적 실학"의 경향을

20 如源了圓: 『近世初期實學思想の研究』一書將實學分成"實踐性的實學"與"實證性的實學"兩種類型."實踐性的實學"指以道德實踐爲旨的實用學問, "實證性的實學"則指在政治上能保證實用, 合理的經世濟民的學問. 參見該書(東京: 創文社, 1980年), 58면.

보인다고 할 수 있다.[21] 조선 유학자의 경우 병자호란(1636)이후 반계 유형원(1622~1675), 성호 이익(1681~1762), 다산 정약용(1762~1836)으로 대표되는 경세치용파, 박지원(1737~1805), 박제가(1750~1815)로 대표되는 이용후생파, 김정희(1785~1856)로 대표되는 실사구시파가 있는데, 이 세 계열의 학자 대다수가 "정치실증성적 실학"의 경향을 보이며, 그중 이성호, 정다산은 도덕실천을 동시에 강조하였고 서학, 서교 또한 상당히 수용하였다.

주자학은 동아시아 식자층에게 큰 영향을 주었기 때문에, 17세기 이후 도덕 실천적 실학을 중시하는 동아시아 학자는, 우선 주자의 도통설(道統說), 성선론(性善論) 및 이기론(理氣論)의 "이선기후(理先氣後)"설부터 비판하였다.[22] 성선설에 대한 비판은 보편적 인성이론을 기초로 하여 제도적인 예악형정의 학문을 지지하고 새로운 정치경영학 확립에 그 목적이 있었다. 중국의 엽적 외에, 이러한 견해는 이토 진사이가 논한 "공맹지도(孔孟之道)"와 오규 소라이가 제창한 "선왕지도(先王之道)"에서도 볼 수 있다. 가령 이토 진사이는 맹자가 "천하의 성이 모두 선하고 악함이 없다고는 말하지 않았다(未云天下之性皆善而無惡)"고 보고[23] 공자의 "성은 서로 가까우나 습성이 서로 멀다(性相近習相遠)"의 관점으로 회귀할 것을 주장했다.[24] 오규 소라이는 구양수(1007~1072)가 언급한 "성

21 源了圓(1980), 64~68면.

22 朱熹, "未有天地之先, 畢竟也只是理.有此理, 便有此天地; 若無此理, 便亦無天地, 無人無物, 都無該載了！有理, 便有氣流行, 發育萬物", "理未嘗離乎氣.然理形而上者, 氣形而下者.自形而上, 下言, 豈無先後." 見『朱子語類』, 第1冊, 第1卷「理氣上. 太極天地上」, 3면.

23 見『孟子古義』, 收入關儀一郎編: 『日本名家四書註釋全書』第1卷(東京: 鳳出版, 1973年), 149면.

24 仁齋云: "孔子曰: 性相近也, 習相遠也, 此萬世論性之根本準則也.而孟子宗孔子爲願學之, 其旨豈有二哉乎." 見『語孟字義』, 收入『日本儒林叢書』第6卷 (東京: 鳳出版, 1978年), 34면.

은 성인에 앞선 것이 아니다(性非聖人所先)"의 논리를 따라 "사람은 성이 다른 바에 따라 각각 능한 것이 있다(人隨其性所殊, 而各有所能)"고 주장하였다.[25] "이선기후"설에 대한 비판은 새로운 형이상학적 이론을 구축하여 "격물치지설"로부터 쌓아올린 주자의 심성관 및 지식체계에 반대하고자 한 것이다. 조선의 경우, 주자의 "이선기후"설에 대한 비판은 서경덕(花潭, 1489~1546)의 이기상수지학(理氣象數之學)으로 거슬러 올라갈 수 있다. 서경덕은 『화담집 · 이기설』에서 만약 "이선어기(理先於氣)"를 인정한다면 노자의 "허능생기(虛能生氣)", "기유시(氣有始)"설에 동의하는 것과 다를 바 없다고 여겼다. 그러므로 그는 "이는 기에 선행하지 않으며, 기는 시작이 없다(理不先於氣, 氣無始)"고 여겼고, 그러므로[26] "이기무선후(理氣無先後)"의 "이기묘합(理氣妙合)"[27]을 주장한 것이다. 서경덕 이후 임녹문(任鹿門, 1711~1788)은 "기일분수(氣一分殊)"를 주장하였다.[28] 홍대용(호 湛軒, 1731~1783)은 심성론에 있어 "이는 주재하는 바가 없이, 기가 하는 바를 따를 뿐이다(理無所主宰, 而隨氣之所爲而已)"[29]고 주장하였고, 천문학의 경우 "광막한 태허에 꽉 찬 것이 기다. 안도 없고

---

25 「辨名」言: "人之有材, 譬諸木之材, 或可以爲棟梁, 或可以爲宊桷. 人隨其性所殊, 而各有所能, 是材也. 見『荻生徂徠』(吉川幸次郎等編: 『日本思想大系』 36(東京: 岩波書店, 1978年), 242면.

26 『花潭集』 卷2, 「理氣說」言: "氣外無理. 理者氣之宰也. 所謂宰, 非自外來而宰之, 指其氣之用事, 能不失所以然之正者, 而謂之宰. 理不先於氣, 氣無始, 理固無始. 若曰理先於氣, 則是氣有始也. 老氏曰: 虛能生氣, 是則氣有始有限也."

27 『花潭集』 卷2, 「原理氣」言: "理之一其虛, 氣之一其粗, 合之則妙乎妙乎."

28 『鹿門先生文集』 卷19, 「鹿廬雜識 · 理氣心性」言: "今人每以理一分殊, 認作理同氣異, 殊不知理之一, 卽夫氣之一而見焉. 苟非氣之一, 從何而知其理之必一乎? 理一分殊者, 主理而言, 分字亦當屬理. 若主氣而言則曰氣一分殊, 亦無不可矣."

29 『湛軒書』 內集, 卷1「心性問」言: "且所謂理者, 氣善則亦善, 氣惡則亦惡, 是理無所主宰, 而隨氣之所爲而已. 如言理本善, 而其惡也爲氣質所拘而非其本體, 此理旣爲萬化之本矣, 何不使氣爲純善而生此駁濁乖戾之氣以亂天下乎? 旣爲善之本, 又爲惡之本, 是因物遷變, 全沒主宰."

밖도 없으며, 시작도 없고 마침도 없다(太虛寥廓充塞者氣也, 無內無外, 無始無終)"[30]라는 견해를 내놓으며 "지구자전설"을 수용함과 동시에 "지구중심론" 및 "중국중심론"을 타파하였다. 서경덕의 견해는 장재(張載, 1020~1077)의 『정몽(正蒙)』에 근거한 것인데,[31] 유사한 의견이 중국학자의 해석에서도 보인다. 가령 청초 왕부지(호 船山, 1619~1692)는 『장자정몽주(張子正蒙注)』에서 "이에는 음양이 갖추어져 있고, 음양은 이를 갖추고 있다. 이기가 혼연일체 되어 이것이 본체가 된다(理具陰陽, 陰陽具理, 理氣渾然, 是爲本體)"라고 논하였다.[32] 청대 중엽의 대진(자 東原, 1723~1777)에 이르러서는 "이"에는 장재 혹은 왕부지가 논한 본체의 의미를 가지고 있지 않고, "이"는 다만 사물의 "분리(分理)", "기리(肌理)", "주리(腠理)", "문리(文理)", "조리(條理)"의 의미일 뿐이라고 해석하였다.[33] "이"는 주자가 말한 초월의 의미를 내포하지 않기 때문에 "기가 품부 받은 것 밖에서 이를 구해서는 안 된다(不能求理於氣稟之外)"고 하였다.[34]

17세기 동아시아 실학자는 "도덕"과 "정치" 혁신의 필요를 기반으로 주자의 이기론에 많은 비판을 가하였다. 이러한 비판은 역사적 발전 속

---

30 『湛軒書』 內集, 卷4, 「毉山問答」言: "太虛寥廓充塞者, 氣也, 無內無外, 無始無終, 積氣汪洋, 凝聚成質, 周布虛空, 旋轉停住, 所謂地, 日, 月, 星辰, 是也." 他還說: "地者, 水土之質也.其體正圓, 旋轉不休, 渟浮空界, 萬物得以依附於其面也."

31 上文所引徐敬德"理不先於氣"之說, 實卽是對張載『正蒙・太和篇』"若謂虛能生氣, 則虛無窮氣有限, 體用殊絶, 入老氏有生於無自然之論, 不識所謂有無混一之常"的解釋.

32 見『張子正蒙注』 卷1, 「太和篇」 "太虛無形, 氣之本體"注.

33 『孟子字義疏證』 卷上 「理」言: "理者, 察之而幾微必區以別之名也, 是故謂之分理.在物之質曰肌理, 曰腠理, 曰文理.得其分則有條而不紊, 謂之條理."

34 『孟子字義疏證』 卷上, 「理」載 "問: 後儒以人之有嗜欲出於氣稟, 而理者別于氣稟者也.今謂心之精爽, 學以擴充之進于神明, 則于事靡不得理, 是求理于氣稟之外者非矣.孟子專擧理義以明性善, 何也? 曰: 古人言性但以氣稟言, 未嘗明言理義爲性, 蓋不待言而可知也……."

에서 주로 두 방향으로 나타났다. 하나는 천도와 형이상학적 문제에 대한 논의를 반대하고, 선진유학의 심성론으로 돌아가자는 것이다. 가령 이토 진사이, 오규 소라이, 대진, 정약용이 모두 이러한 경향을 지녔으며, 부분적으로 이러한 입장을 취하는 학자들은 경서의 해독에 있어서도 역사고증학적 경향을 보였다. 다른 하나는 『주역』 혹은 『역전』의 입장에서 "이기무선후(理氣無先後)" 혹은 "기선어리(氣先於理)"의 기론(氣論)을 구축함으로써 주자의 이기론을 대체하자는 것인데, 왕부지, 홍대용 등이 이에 속한다. 그러나 형이상학 반대자나 기론 주장자를 막론하고, 그들의 논리가 반드시 "지식실증성"의 문제로까지 초점이 모아지는 것은 아니었으며, 서학의 "과학" 발전에 대한 이론적 답변이라고 보기도 어려웠다. 그들의 시야가 유학전통이 지닌 본래 프레임을 여전히 극복하지 못하고 있었던 것이다. 조선유학을 일례로 들면, 19세기 최한기(崔漢綺, 1803~1877)의 저서에 이르러서야 형이상학적으로 "도덕실천성", "정치실증성"과 "지식실증성"의 문제를 통섭하는 완정한 이론을 볼 수 있다.

최한기가 저술한 『기학(氣學)』은 비록 "기주이종(氣主理從)",[35] "기체이용(氣體理用)"[36]의 견해에 있어 이전 기론 주장자와 같은 부분이 좀 있다고는 해도, 그는 "기적활동운화(氣的活動運化)"의 개념을 창조함으로써 전통기론의 "음양오행" 및 서학의 "사행설(四行說)"을 대체시켰다.[37]

---

35 『氣學』 卷 1 , 言: "氣之條理成理, 條理卽氣.理常處氣之中, 常隨氣運行."

36 『氣學』 卷2, 言: "氣學的論與說, 以氣爲體, 以理爲用, 使天人一致理氣結合."

37 『運化測驗』 卷2, 「五行四行」 言: "金木水火土五行, 乃民生日用常行之物, 惟此五者最多, 略擧其槪, 以別名目而已, 別無他義.……至有相生相剋制化之說, 天地運化分排之論, 作俑者縱無顧憚, 經驗者豈無訾毁也. 火氣水土四行,謂萬物所由生, 專在於火氣水土, 不在於金木. 太陽火際爲最大廣輪, 抑其此爲氣輪, 又其此水土爲地, 分成界限云.是元行之純, 以熱屬火, 以濕屬水, 以乾屬土, 以冷屬氣.及其相和則歸, 四行之難, 是亦出於强排也. 氣之爲物, 聚散宇內, 偶之物則爲物, 氣在水則爲水氣, 氣在土則爲土氣, 氣在火則爲火氣.

이른바 "운화지기(運化之氣)"는 "우주운화지기(宇宙運化之氣)", "인민운화지기(人民運化之氣)", "기용운화지기(器用運化之氣)" 등 "삼기지운화(三氣之運化)"[38]로 나눌 수 있고, "큰 것은 천인운화이고, 작은 것은 사물운화이며, 그 사이에 인심의 운화가 있다(大者爲天人運化, 小者爲事物運化, 其間有人心之運化)"[39]라고도 하였다. 최한기는 용어 사용에 있어 일치되지 않는 부분이 있기는 하나, 그 말을 귀납해 보면 그가 주로 "기적운화(氣的運化)"를 "천(天), 사람(人/民), 만물(物)" 이 세 범주로 구분하였음을 알 수 있다. 그러므로 "천지운화(天之運化)"는 "우주(宇宙), 천지만물(天地萬物), 천지(天地), 신기(神氣), 천기(天氣), 대기(大氣)"라고 할 수 있고, "인지운화(人之運化)"는 "일신(一身), 인신(人身), 신기(身氣), 인기(人氣), 만민(萬民), 만성(萬姓), 서민(庶民)"으로 말할 수 있으며, "기용지운화(器用之運化)"는 바로 "사물지운화(事物之運化)"인 것이다.[40] 이 세 범주 가운데, "천적운화(天的運化)"는 본체적 의의를 지닌다. 사람 혹은 사물의 운화를 막론하고, 모두 반드시 "천적운화"를 받들어 따라야 한다. "인적운화"는 세 범주 중에서 "중추적(樞紐)" 지위에 있다. "사람"의 "일신운화(一身運化)"로 말미암아 "천(天)", "민(民)", "물(物)"이 서로 맞물려 합해지는 의미를 지닌다. 그러므로 "일신운화는 하늘의 운화를 순승하고(一身運化順承天的運化)"에서 "사람과 하늘(人與天)", "사람과 사람(人與人)", "사

不偶之于物, 則是運化氣也, 豈可以氣分界限於水土火也. 擧其本則一氣, 語分殊則萬有也. 日用常行何獨五行, 萬物運化豈分四行? 中國五行說之害, 到今爲難醫之疾. 西國四行說之傳, 縱爲氣之發端, 猶有所未盡."

38 見『氣學』 卷1, 28면.

39 見『氣學』 卷2, 32면.

40 崔氏使用不同的語詞來說明天, 人, 物三個運化.如"天之運化"也可說是"天地萬物, 天地, 天氣, 大氣, 神氣, 宇宙"的運化; "人之運化"也可說是"人氣, 身氣, 萬民, 萬姓, 庶民, 一身, 人身"的運化; "器用之運化"也卽是"事物之運化"的同義詞.

람과 만물(人與物)"의 "교접운화(交接運化)"[41]를 통해 "통민운화(統民運化)"의 목적을 달성할 수 있는 것이다. "삼기운화(三氣運化)"의 궁극적 이상은 "통민운화(統民運化)"의 표현에 있으며, "통민운화"를 이룩하려면 "천지사무(天之事務)"와 "인지사무(人之事務)"[42]를 중시하지 않으면 안 된다. 그러므로 반드시 "학재사무(學在事務)"의 "실학"이어야 하며, 이러한 실학이 바로 "천인운화의 기학"인 것이다.[43] 최한기는 "천인운화의 기학"으로 세계의 모든 학문체계를 통괄했다. 그는 "천지사무" 혹은 "인지사무"의 "학문(學)"이면 모두 반드시 "잡을 수 있고(可執)", "징험할 수 있는(可驗)"의 학문이어야 한다고 보았다. 이와 같을 때 비로소 온 천하의 사람들에 의해 쓰일 것이고, 세계 각국의 정치가 따를 것이라고 주장하였다.[44]

상술한 바와 같이, 최한기가 논한 "일신운화(一身運化)"는 사실상 "도덕실천", "정치실증"과 "지식실증" 세 방면을 달성하고자 하는 의의가 담겨 있으며, 그 귀결점은 바로 "통민운화(統民運化)"이다. 이 세 가지 목적을 성공적으로 달성하기 위한 선결조건은 "천적운화(天的運化)"에

---

41 "交接運化"一語最初見於『人政・序・凡例』所言: "惟當承順之道, 自一身運化, 至交接運化, 至統民運化, 皆效則于大氣運化, 進退, 遲速, 違合, 順逆自有運移之裁御正宜, 因勢而利導, 千百異論咸歸零落. 一統運化, 脗合天人是謂人政."其意似以人的一身運化若能順承大氣運化之理, 則在人與人的交接之時, 可以達到"統民運化"的目的.因爲"交接運化"可能產生於"人與天相遇", "人與人相遇", "人與物相遇"之處, 所以『南明樓隨錄』言: "自一身神氣運化, 究明源委, 推達於交接運化之通遠近, 又推達於統民運化之通宇內, 是乃包容人衆", 指出"交接運化"有"通遠近", "通宇內"的作用.

42 『承順事務』言: "大氣運化爲天之事務, 政教運化爲人之事務, 故云:學在事務, 則爲實學. 學不在事務則虛學也."

43 『氣學』 卷2言: "蓋學非一端, 虛無誠實大小廣狹, 皆可謂之學.然惟天人運化之氣學, 合天下人之見聞以爲耳目, 通天下人之驗試以爲法例, 得之於天下人而傳之于天下之人, 是與天下人共學, 非一人之獨學, 集成在於一人, 傳致在於遠近諸人.苟有此人, 人樂趨之."

44 『氣學』 卷1言: "通天下學問是非, 論定優劣, 而天下生民所實用, 四海政治所必由.有形可執, 處物可驗, 爲實學."

순승(順承)하는 것이며, 아울러 "물적운화(物的運化)"를 장악하는 것이다. 하늘을 순승하고 사물을 장악하려면, 반드시 볼 수 있고, 헤아릴 수 있으며, 추리가 가능한 학문이어야 한다. 이러한 "학문(學)"의 축적은 또한 사람의 "신기(神氣)"[45]에 의해 결정된다. "신기"는 한편으로는 사람이 지각하고 추리할 수 있는 근거이나, 다른 한편으로는 신기의 다과(多寡) 또한 사물에 대한 지각과 경험의 다과에 의해 결정된다.[46] 양자가 상호 실증(證成)하므로, 후천적 경험을 거지치 않은 지식은 다만 신기(神氣)를 헛되이 소모할 뿐이며 신기를 증장시킬 수 없다.[47] 다시 말하면, "삼기운화(三氣運化)" 혹은 "천인운화의 기학(天人運化之氣學)"을 막론하고, 모두 "종교도덕", "정치", "기물(器物)과 지식" 등 세 방면의 학문을 내포하고 있다고 할 수 있다. 이는 17세기 이래의 유학혁신 목표와도 부합하며 경험실증(經驗實證), 질측(質測), 추리(推理)를 중시하는 특징은 또한 서양 "과학"의 개념과도 근접해 있다.

---

45 『神氣通』 卷1, 言: "在我之神氣有推測之理, 在物之氣質有流行之理. 所以通之者, 耳目之力; 使之推測者, 神氣之用也."

46 『氣測體義』 卷1, 「神氣通・體通・經驗乃知覺」言: "神氣者, 知覺之根基也; 知覺者, 神氣之經驗也.不可以神氣謂知覺也, 又不可以知覺謂神氣也.無經驗, 則徒有神氣而已; 有經驗, 則神氣自有知覺耳.經驗少者, 知覺亦少; 經驗多者, 知覺亦多."

47 『推測錄』 卷1, 言: "若求測其不可見, 不可聞, 不可臭, 不可味觸者, 是無所推而殆涉虛妄, 故善測者, 非謂其無不可測也."又『氣學』 卷1言: "人以一身局定之氣, 外通天地運化之氣, 一日二日有閱歷, 一年二年有經驗, 自能推前測後, 推此測彼."又『推測錄』 卷1言 "若求測其不可見不可聞不可臭不可味觸者, 是無所推而殆涉虛妄, 故善測者, 非謂其無不可測也."

3. 동아시아 초기 실학자 방이지의 형이상학적 사유와 그 학문체계

앞서 최한기를 예로 들고 아울러 17세기 초 동아시아 유학자들의 형이상학적 논술을 회고해 보았다. 그중 "도덕적 실천성", "정치적 실증성"과 "지식적 실증성" 세 방면의 학문을 포괄한 중국학자는 방이지(方以智, 1611~1671)가 대표적이라고 할 수 있다. 방이지의 소학과 물리학은 근대학자로부터 상당한 추앙을 받았다. 그의 『통아(通雅)』는 근대에 소학을 연구한 최초의 저서로 간주되었으며,[48] 『물리소지(物理小識)』는 "통기(通幾)"와 "질측(質測)"의 견해를 제시하였고[49] 항상 실험을 통해 서학을 검증했으므로 과학적 성과도 적지 않았다. 『청사고(清史稿)』의 기록에 의하면 방이지는 백과전서형의 학자였다. 즉, "이지는 태어나면서부터 천부적 자질이 남달라 열다섯 살에 군경자사(群經子史)를 대략 암송할 수 있을 정도였다. 두루 섭렵하여 통하는 바가 많아, 천문, 여지, 예악, 율수, 성음, 문자, 서화, 의약, 기용 등에 이르기까지 모두 그 원류를 고찰하고 요지를 밝힐 수 있었다."[50] 그는 자신이 섭렵한 광범위한 학문을 "물리(物理)", "재리(宰理)", "지리(至理)" 이 세 가지[51]로 나누었다. "물리"의 학문은 본고에서 논한 "지식적 실증성"의 학문에 속하며, "재

48 如梁啓超『中國近三百年學術史』第十二講「清初學海波瀾餘錄」言: "崇禎十五年出版的方密之『通雅』五十卷, 實爲近代研究小學的第一部書.體例略仿『爾雅』, 而門類稍有增減", "密之最大發明, 在以音求意義", 見『飮冰室合集』 卷10, 『飮冰室專集之七十五』, 204면, 151면.

49 見前引『物理小識・自序』.

50 見趙爾巽:『清史稿』列傳287「遺逸一」, "以智生有異秉, 年十五群經子史略能背誦.博涉多通, 自天文, 輿地, 禮樂, 律數, 聲音, 文字, 書畫, 醫藥, 技勇之屬, 皆能考其源流, 析其旨趣."

51 『通雅・文章薪火』言: "考測天地之家, 象數, 律曆, 音聲, 醫藥之說, 皆質之通者也, 皆物理也.專言治教, 則宰理也.專言通幾, 則所以爲物之至理也."

리"는 "도덕적 실천성", "정치적 실증성"의 의미를 지닌다. "지리(至理)"는 "통기(通幾)"의 학문인데, "물리"와 "재리"의 "소이연의 이치(所以然之理)"를 통섭하여 모든 학문의 기초 형이상학을 담당한다.

방이지의 형이상학을 논할 때 가장 주의할 점은 "원(圓)∴" 삼점설(三點說) 및 이 ∴을 통해 파생시킨 삼단식 논법 가령 "交, 輪, 幾", "統, 泯, 隨", "盡, 變, 化", "箴, 蠶, 雲", "隨, 空, 貫", "引, 變, 隨" 등이다.[52] "원이(圓伊)∴"설은 불교의 『대열반경(大涅槃經)』에서 말한 "이자삼점(伊字三點)"으로까지 거슬러 올라갈 수 있으나[53] 그 구상은 또한 소옹(邵雍) 선천역학(先天易學)으로부터 영향을 받았다. 이 점은 지면의 한계를 고려하여 본고에서는 상세히 논하지 않겠다.[54] "원∴"의 위 한 점과 아래 두 점의 구조는 얼핏 보면 "太極 / 陰, 陽"의 구조와 비슷하다. 전통적인 "太極 / 陰, 陽"의 구조는 도가황노(道家黃老)의 "道生一, 一生二, 三生萬物"의 기화우주론(氣化宇宙論)적 구조라고 할 수 있다. 또한 이학자들이 말한 "태극의 이를 음양기화의 본체로 삼는다(太極之理作爲陰陽氣化之本)"라는 본체론 구조라고도 할 수 있다. 그러나 방이지가 말한 "원∴"은 "원기생화론(元氣生化論)"도 아니고 "이기체용론(理氣體用論)"도 아니다. 가령 방이지가 논한 "統, 泯, 隨"를 예를 들면, 위의 한 점은 "통(統)"이고, 아래 두 점은 "민(泯), 수(隨)"로써 "∴"을 이루는 것이다. 이 "상, 하"

---

52 方以智: 『東西均 · 盡心』中有"盡變化", "箴蠶雲", "隨空貫", "引變隨"等三段式的論法, 而『東西均 · 三徵』中則明確指出"圓伊三點"與"交輪幾", "貫泯隨"等說法.

53 『大般涅槃經』 卷2云: "諸比丘! 譬如大地諸山藥草爲衆生用, 我法亦爾, 出生妙善甘露法味, 而爲衆生種種煩惱病之良藥.我今當令一切衆生, 及以我子四部之衆, 悉皆安住祕密藏中, 我亦復當安住是中入於涅槃.何等名爲祕密之藏? 猶如伊字三點, 若並則不成伊, 縱亦不成, 如摩醯首羅面上三目, 乃得成伊三點, 若別亦不得成.我亦如是, 解脫之法亦非涅槃, 如來之身亦非涅槃, 摩訶般若亦非涅槃, 三法各異亦非涅槃.我今安住如是三法, 爲衆生故名入涅槃, 如世伊字."見『大正新脩大藏經』 第12冊, No.0375, 616b면.

54 此可參考拙著「中國哲學中的體用義」, 『杭州師範大學學報(社會科學版)』, 2017年9月.

두 층은 "이, 기"(음양)의 두 층에 가깝다. 이가 "음, 양" 속에 있고(理在氣中), "음, 양" 속에 이가 있으므로(氣中有理), "일즉이, 이즉일(一即二, 二即一)"이라고 말할 수 있다. 단지 "상하 양 층의 사이(上下兩層之間)"와 "아래 한 층의 두 개 사이(下一層二者之間)"의 상호 활동에 대해 말하자면, 위의 한 점과 아래의 두 점은 상호증명(相互證成)하므로 "통이 민수 가운데 있다(統在泯, 隨中)", "민수의 징험 가운데 통의 기미가 있다(泯, 隨之徵中有統之幾)"를 나타낸다. 아래 두 점은 교(交), 륜(輪)을 하면서 "민재수중(泯在隨中)", "수재민중(隨在泯中)"의 상태를 드러낸다. 이처럼, 상하 세 점은 교(交), 륜(輪), 곤용(滾用)의 상황을 나타내는데, 이때 바로 "∴"(統 / 泯, 隨)으로부터 전환되어 "圓∴"(貫 / 泯, 隨)이 되고, 또한 "一即二, 二即一"(∴)에서 전환하여 "三即一, 一即三, 非一非三, 恆三恆一"(圓∴)이 된다. 그러므로 『동서균·삼징(東西均·三徵)』에서 방이지는 "交以虛實; 輪續前後; 而通虛實前後者曰貫, 貫難狀而言其幾", "暗隨明泯, 暗偶明奇, 究竟統在泯, 隨中, 泯在隨中"[55]이라고 말한 것이다.

"명관(明貫)"하려면 무엇보다도 "기(幾)"해야 한다. 이것이 "幾 / 交, 輪"의 "∴"설이 생겨난 이유이다. 이는 위의 한 점인 "기(幾)"를 알려면 반드시 먼저 아래 두 점의 "交, 輪"이 생성하는 징조를 명확히 살피고 식별할 수 있어야 한다. 다시 말해, 교(交), 륜(輪)의 징조는 "기(幾)"를 이해하기 위한 최우선적 필요조건이며, 또한 "기(幾)"를 이해하면 "交, 輪"의 시작점까지도 통섭할 수 있다. "기(幾)"는 교(交), 륜(輪)을 따라서 생성하므로, "기(幾)"는 아래 두 점의 "허(虛)"와 "실(實)" 및 "전(前)"과 "후(後)"의 사이

---

55 『東西均·三徵』言: "明天地而立一切法, 貴使人隨; 暗天地而泯一切法, 貴使人深; 合明暗之天地而統一切法, 貴使人貫.以此三因, 通三知, 三唯, 三謂之符, 覈(核)之曰交, 曰輪, 曰幾, 所以徵也.交以虛實; 輪續前後; 而通虛實前後者曰貫, 貫難狀而言其幾.暗隨明泯, 暗偶明奇, 究竟統在泯, 隨中, 泯在隨中.三即一, 一即三, 非一非三, 恆三恆一." 見『東西均注釋·三徵』(龐樸注釋, 北京: 中華書局, 2001年), 36~37면.

(間)에서 발생한다. 「삼징(三徵)」에서 여러 차례 "간(間)", "제(際)" 혹은 "중(中)"을 언급하였는데, 가령 "생사(生死)", "호흡(呼吸)"을 "허실(虛實)", "유무(有無)"의 양 끝(兩端)으로 삼으면,[56] "일 호흡은 바로 일 생사이다. 한번 숨을 내뱉고 한번 들이마시는 가운데 전과 후의 즈음이 있을 것이고, 이 전후의 즈음을 살핀 연후에 시작이 없음을 살필 수 있다",[57] "현존하는 것의 전제(前際)를 헤아리면, 그것이 곧 과거의 후제(後際)이다. 현존하는 것의 후제(後際)를 헤아리면, 그것이 곧 미래의 전제(前際)이다. 이 하나의 천지가 아직 생성하기 전은, 곧 앞 하나의 천지가 이미 사멸한 후이다. 이 일념이 아직 생겨나기 전은 곧 앞의 일념이 이미 사라진 후이다. 오늘의 자시(子時) 이전은, 곧 어제의 해시(亥時) 이후이다. 천지의 대생사(大生死)는 곧 하루의 십이시(十二時)이다.",[58] "사후의 것은 곧 생전의 것이고, 곧 생성 후 소멸 전의 것이다. 생사전후의 향방의 형상을 알면, 곧 본디 생사의 그림자 형체가 없음을 안다",[59] "실 가운데 허가 있고, 허 속에 실이 있다. 있음의 앞이 없음이 되고, 없음의 앞이 있음이 된다"[60] 등이 바로 그런 경우이다.

방이지가 말한 圓∴은 존유론(存有論)의 구조이면서도 심성론과 지식

---

56 「三徵」 言: "心以爲量, 試一量之可乎? 一不可量, 量則言二, 曰有曰無, 兩端是也.虛實也, 動靜也, 陰陽也, 形氣也, 道器也, 晝夜也, 幽明也, 生死也, 盡天地古今皆二也.兩間無不交, 則無不二而一者, 相反相因, 因二以濟, 而實無二無一也." 見『東西均注釋』, 39~40면.

57 見『東西均注釋』, "一呼吸卽一生死也. 一呼而一吸中, 有前後際焉, 察此前後際, 然後能察無始", 51면.

58 見『東西均注釋』, "推見在之前際, 卽過去之後際; 推見在之後際, 卽未來之前際; 此一天地未生前, 卽前一天地已死後; 此一念未生前, 卽前一念已死後; 今日之子時前, 卽昨日之亥時後; 而天地之大生死, 卽一日之十二時也", 51면.

59 見 『東西均注釋』 : "死後者卽生前者, 卽生後死前者. 知生死前後之嚮榻, 卽知本無生死之影摹矣", 43면.

60 見『東西均注釋』: "實中有虛, 虛中有實, 有之前爲無, 無之前爲有", 49면.

론의 구조이다. 그러므로 『동서균 · 성기불괴설(聲氣不壞說)』에서 "기가 되는 까닭, 리가 되는 까닭, 심이 되는 까닭은 하나이다"라고 말한 것이다.[61] 이는 ∴으로 건립된 "理 / 陰, 陽"의 구조를 말한다. 방이지는 "음과 양"이 반의적(反義的)인 지식분류를 가지고 있다고 인식했다. "기(氣)"로부터 분화된 음, 양 두 체(二體)의 속성은 각종 분류 조건 속에서 다른 결과를 드러낸다. 다시 말해 음, 양은 실질적이고 불변하는 다른 두 가지 속성이 아니라, "심(心)"이 다른 지식조건에 의해 결정되는 결과인 것이다. "심"은 다른 지식조건에서 음과 양의 분류를 결정지을 수 있기 때문이다. 이처럼 "심"은 음도 될 수 있고 또 양도 될 수 있는 즉 "양의를 생성시킬 수 있는 태극(可生兩儀之太極)" 혹은 "기를 주재할 수 있는 리(可主宰氣之理)"와 마찬가지로 "圓∴"에서 위 한 점의 지위를 가지고 있다. 그러므로 "圓∴"의 "이기론" 구조는 여기에서 또한 "심성론"의 구조로 전환되거나, 혹은 "심"의 작용을 받는 "지식론" 구조라고 할 수 있다. 다시 "心 / 神, 形"의 "∴"을 가지고 예를 들어 보면, 『동서균 · 석제명(釋諸名)』에서 "심(心)이 형(形)신(神)을 겸하면, 성(性)은 허(虛)하면서도 두루 가득 찰 것이다"[62] 한 것처럼, 즉 "심"이 "신, 형" 가운데 있으면 "신, 형"에 "교(交), 륜(輪)"이 생겨나고, 이 상황에서 "심(心)"과 "성(性)"은

61 『東西均 · 聲氣不壞說』言: "無始, 兩間皆氣也.以氣淸形濁論, 則氣爲陽; 以陰暗陽顯論, 則氣爲陰.則氣者陰陽, 無體之體, 可有可無; 而所以爲氣者, 卽此心此理也.氣尙有質, 故曰氣爲心, 理之汁.然有有質之氣, 有無質之氣; 猶有可指之心, 有無可指之心.故曰 : 所以爲氣, 所以爲理, 所以爲心, 一也."見『東西均注釋』, 226면.

62 『東西均 · 釋諸名』言: "程子曰: 心, 統性情者也; 朱子曰: 心者, 人之神明; 慈湖引心之精神是謂聖.此足貫矣.舊說曰: 性者, 心之生理而宅於心, 言心而性具.言性者, 以周乎水火草木也.必言心者, 貴人也, 人能弘道者心.言性以表心, 言心以表人也.心兼形, 神, 性則虛而遍滿矣.通言之, 則遍滿者性, 卽遍滿者心, 未有天地, 先有此心; 邈邈言之, 則可曰太極, 可曰太一, 可曰太無, 可曰妙有, 可曰虛滿, 可曰實父, 可曰時中, 可曰環中, 可曰神氣, 可曰煙煴(氤氳), 可曰混成, 可曰玄同."見『東西均注釋 · 釋諸名』, 166면.

구별을 할 수 없기 때문에, "心 / 神, 形"의 "∴"에서 "性 / 神, 形"의 "圓∴"으로 전환된다. 그러므로 "비었으되 두루 가득 찬 성(虛而遍滿之性)"이라고 말할 수 있으며, 존유론적 의의를 지니고 있다는 것이다. 또한 "심"은 "무소불품(無所不稟)", "무소불생(無所不生)", "무소불주(無所不主)"의 작용으로 인해 "묘유(妙有)", "환중(環中)"이라고 부를 수 있다. 그 지위는 "선천지생(先天地生)"의 "태극(太極)", "태일(太一)", "태무(太無)"와 동일한 것이다. 그러므로 "심"은 교, 륜의 "기(幾)"를 살펴 명확히 "관(貫)"을 할 수 있는 작용을 갖추고 있다. 이처럼 "심성론"적인 "圓∴"의 구조는 존유론(存有論)적 의의를 지니고 있을 뿐만 아니라 또한 지식론적 의의도 지니고 있다.

지식론적 구조에서 말한다면, 「삼징(三徵)」에서 언급한 "交輪幾" 및 "隨泯統"의 "∴"설 또한 유, 불, 도 삼교의 서로 다른 논법을 이해할 수 있다. 그러므로 「삼징」의 시작 부분에서 "정문(頂門), 배(背), 면(面)의 눈을 열어, 불락유무(不落有無)의 거울을 깨트리고, 존민동시(存泯同時)의 휘장을 뒤엎는다. 한 번의 기침으로 삼교는 완결될 것이다. 만약 지각할 수 없다면, 천편누독을 읽는다 해도 역시 시야를 가리는 비단이다"[63]라고 말한 것이다. "불락유무(不落有無)"는 불교 중관(中觀)의 의미를 가리킨다. "존민동시(存泯同時)"는 유교의 존선(存善)과 도가의 민선(泯善/無善無惡)을 가리킨다. 방이지가 말한 "開頂門, 背, 面之目"으로써 "파(破)", "부(覆)"한다는 삼교의 논리는, 바로 "圓∴"의 경지로써 삼교의 교설(教說)이 서로 용(用)이 되고 상호증명(相互證成)되는 것을 보여준다는 것이다. 이러한 견해는 또한 『동서균 · 전편(全偏)』에서 말한 "부처는

63 見『東西均注釋 · 三徵』, "開頂門, 背, 面之目, 破不落有, 無之鏡, 而覆存, 泯同時之幬; 一謦咳, 三教畢矣. 若不能知, 千篇累牘, 亦紗縠也", 35면.

통(統)을 말하기 좋아하고, 노자는 민(泯)을 말하기 좋아하여, 대성은 민을 수(隨)에 통섭하여 관(貫)하니 통은 절로 엎어진다"[64]의 뜻과도 합일된다. "불호언통(佛好言統)"은 마땅히 불교의 중관(中觀) 철학을 가리킨다. "노호언민(老好言泯)"은 도가의 "희용반언(喜用反言)", "호설무위(好說無爲)"를 말한다. 사물에 적응하기 위해서 나온 유가의 인식과 교법(教法)은 "統泯隨" 중 "수(隨)"에 속한다. "대성(大成)"은 성인 공자이며, 공자는 "섭민어수(攝泯於隨)"하므로, "수민지중(隨泯之中)"으로부터 찰기(察幾)하고 명관(明貫)한다. 이렇게 되면 불교에서 흔히 말하는 통(統)은 자연스럽게 교설적(教說) 권위를 상실하게 된다. 이 논리대로라면, 방이지는 공자의 학문을 "圓∴"으로 보았음을 알 수 있다. 공자의 교법(教法)은 "통(統)"을 높게 여기지 않았으나 "민(泯)", "수(隨)"의 성법(成法)을 교(交), 륜(輪)할 수 있고, 아울러 그 가운데서 "기(幾)"를 살피고 명확히 "관(貫)"함으로써 집대성을 이룬 사람이니, 그 지위는 마치 존유론의 "태일(太一)"과도 같다.

물리 지식적인 검증을 가지고 "圓∴"의 구조를 말한다면, 『물리소지 · 자서』에서 "적감(寂感)의 온축으로 절로 오는 것을 깊이 탐구하는 것, 이것이 통기(通幾)이다. 물(物)에는 그 원인이 있는데, 성실히 그것을 고구하면, 크게는 원(元)과 회합하고, 작게는 초목, 메뚜기에 이르기까지, 성정을 분류하고, 호오를 징험하며, 상변(常變)을 추측하는 것, 이것이 질측(質測)이다. 질측은 곧 통기를 감추고 있는 것이다"[65] 라고 하였는데, 이것을 "幾 / 情性, 好惡"의 세 점 구조로 간략화 시킬 수 있다.

---

64 見『東西均注釋 · 全偏』, "佛好言統, 老好言泯, 大成攝泯於隨, 貫而統自覆之", 143~144면.

65 見『浮山集』 文集前編 卷6, 「曼寓艸下」, "寂感之蘊, 深究其所自來, 是曰通幾; 物有其故, 實考究之, 大而元會, 小而艸木, 螽蠕, 類其性情, 徵其好惡, 推其常變, 是曰質測. 質測卽藏通幾者也."

현대적 개념에서 보자면, “情性”은 사물을 조성하는 원소의 분류적 속성으로 이해할 수 있고, “호오(好惡)”는 사물이 다른 사물과 변화를 생성시키는 가전자(價電子, Valence Electron)로 이해될 수 있다. 이처럼 “幾 / 情性, 好惡”의 세 점 구조는 다음과 같은 의미를 가리킨다. 즉 사물의 “성정(性情)”과 “호오(好惡)”의 상호 영향(交, 輪)을 살피고 식별하여 사물의 변화규율을 추측할 수 있고, 또한 변화 규율이 사물의 “성정(情性)”, “호오(好惡)” 가운데서 처음부터 끝까지 작용하는 것도 알 수 있다. 이 세 점의 구조를 물(物)과 물(物)의 관계로까지 확충시키면 “幾 / A物, B物”의 세 점 구조를 만들 수 있는데, 이 구조에서 “기(幾)”는 “A物”과 “B物”이 교(交), 륜(輪)할 제(際) 검증되어질 수 있는 것이다. 그러므로 “幾在A物, B物中”, “A物在B物中(A物, B物因其性情, 好惡而相互變化)”의 “통기(通幾)”설이 생겨난 것이다.

4. 맺음말

17세기 초 동아시아 실학의 흥기는 유학 혁신의 시작을 상징한다. 혁신의 중점은 “도덕실천”, “정치실증”과 “지식실증” 의 학문을 중건하는 데 있다. 이 세 가지 중에서 “도덕실천”과 “정치실증” 학문의 재건은 선진유학에서 재건의 원천을 찾을 수 있다. 그러나 “지식실증” 의 학문은 전통 유학의 학문 패러다임에서 본래 독립적 지위를 지니고 있지 않았다. 송대 이후, 주자의 “격물치지”설이 “이성(理性)”과 “사물의 이치에 대한 탐구(探求事物之理)”라는 면에서 전과학적(前科學的) 의의를 지닌다고는 하나, 그 방법에서는 전적으로 실측실험(實測實驗)적 과학이론, 기술과는 구별되는 것이다. 이러한 상황에서 동아시아 실학자들은 선진오경의 전통을 되돌아보았고, 『주역』 안에서 "지식실증성"적 사상의 자원(資源)을 탐색할 수밖에 없었다. 사실상, 『주역』은 유학이 겪었던 흥망성쇠의 역사 변천 과정에서 중요한 역할을 담당해 왔다. 가령 한대의 천인사상(天人思想), 재이학설(災異學說), 천문학설(天文學說)은 모두 『역경』과 관련이 있다. 송나라 주돈이의 「태극도설」, 『통서』에서 말한 "주정입인극(主靜立人極)" "사성연기(思誠硏幾)", 장재가 『정몽』에서 언급한 "태허로부터 천의 이름이 생겨나고, 기화로부터 도의 이름이 생겨났다. 허와 기를 합하여 성의 이름이 생겨나고, 성과 지각을 합하여 심의 이름이 생겨났다(由太虛, 有天之名; 由氣化, 有道之名; 合虛與氣, 有性之名; 合性與知覺, 有心之名)", 이 모두는 『주역』과 『역전』에 근원을 둔 것이다. 송나라 사람들은 『주역』에 의거하여 "이기", "천인성명지학"을 논하였고, 그 중심은 여전히 "도덕실천"의 문제에 있었다. 그러나 명청 교체기의 실학자 방이지에게서 볼 수 있는 것은, 『주역』에 대한 인식의 중심이 서양 천문학과 물리학의 논증으로 옮겨갔다는 점이다. 게다가 『주역』의 철학원리 속에서 "도덕실천", "정치실증"과 "지식실증"적 학문까지 통섭할 수 있는 형이상학적 기초를 구축하였다.

방이지의 "圓∴"학설, 그리고 조선 서명응(徐命膺, 1716~1787)의 선천역학(先天易學)과 최한기의 『기학(氣學)』은 논점도 다르고 시간적으로도 200년이나 차이가 나지만, 그들은 모두 『주역』에 근원을 둔 형이상학으로 "도덕", "정치"와 "지식"이 세 학문의 통섭을 목적으로 하였다. 새롭게 구축한 형이상학에서, 그들이 말한 유학은 사실상 서양의 각종 지식을 흡수하고 포용한 것이었다. 가령 방이지는 『약지포장(藥地炮莊)』에서 장자를 유가가 도가에 맡긴 고아[66]라고 해석하였다. 이 책은 선학(禪學) 관련 전고를 다량 운용하였고, 삼교사상(三敎思想)의 경계를 무너뜨렸다. 그의 "통민수(統泯隨)"설은 "圓∴"의 구조로써 "불, 도"의 학설을 유학에 융합시켰고, 공자를 집대성자로 삼았다. 서로 같은 구조와 사고는 또한 "유자의 마음(儒者之心)"으로 대면한 "동양, 서양"의 각종 학문에 적용시킬 수 있다.[67] 조선의 최한기는 방이지처럼 박학다식하였다. 그는 청나라에서 새로 간행한 중국과 서양의 서적을 읽지 않은 것이 없었고, 이로써 서양의 천문학, 지구학, 의학, 수학, 기계학(器械學) 등 광범위한 지식을 획득하였다. 그는 유학의 해석에 있어서 이전 사람들의 생각과 달랐다. 가령 맹자가 말한 선험적 양지양능(良知良能)을 부정하였다.[68] 그러나 그의 견해는 모두 유학의 본 취지를 벗어나지 않았다. 그러므로 "운화(運化)"는 『대학』의 "정심, 수신, 치국, 평천하"에 도달할 수 있고,[69] 『중용』 제30장 시작 부분 "공자는 요순을 종조로 삼아 계승하였고, 문왕과 무왕의 제도를 본보기로 삼아 밝혔으며, 위로는 하늘의 운행을 본받고, 아래로는 자연의 형세에 따랐다(仲尼祖述堯舜, 憲章文武. 上律天時, 下襲水土)"의 앞 두 구절을 "통민운화지도(統民運化之道)"로 해석하고, 뒤 두 구절을 "천지운화지도(天地運化之道)"로 해석하였으며,[70] 맹자의 오륜(五倫)에서 "통민운화지도(統民運化之道)"를 탐색하기도 했

---

66 方以智之師覺浪道盛(1592~1659)有 「正莊爲堯孔眞孤」 一文, 指出莊子"非老聃之嫡嗣, 實堯, 孔之眞孤"見於『天界覺浪盛禪師全錄』 卷30, 『莊子提正』. 方以智繼承此說, 而後有『藥地炮莊』之作.

67 方以智『東西均』一書的書名中, "東, 西"有相對之學的用意, 而"均"是指旋轉的捏陶造瓦之具, 故"均"有合會東, 西兩端之物以成一物的意思.

68 『推測錄』 卷1言: "孩提之童, 無不知愛其親, 無不知敬其兄, 出於推測. 未有推測, 親與兄, 天屬之義難知, 何暇論其愛敬……是以愛親敬兄, 實出於積年累習而見聞推測矣.所謂愛敬, 出於良知良能者, 特擧其習染以後言也, 非謂習染以前之事也."

69 『氣學』 卷2言: "運與化二字貫澈(徹)萬善.……如果通過運化正心, 修身, 天地人物的運轉變化之氣就能夠滿足身, 心.如果通過運化治國, 平天下, 天地人物的運轉變化之氣就能備於國, 天下."

70 見『人政』 卷10, 「教人門 · 古今道無異」

다.[71] 최한기의 이러한 견해를 통해 알 수 있는 것은 그가 전통유교를 신유학으로 전환하고자 하는 의도가 있었다는 점이다. 공적인 도(道)를 "조민(兆民)"(全民)에 귀결시켰고, 조민이 협상과 협조를 통해서 만든 정치 이상의 상태가 바로 "조민유화(兆民有和)"라고 주장하였다. 이러한 견해에서 "인의(仁義), 오륜(五倫)"은 비록 유학적 전통이기는 하나 끊임없이 바뀌는 신기운화(身氣運化) 속에서 "사대주(四大州)의 여러 나라가 일가를 이루어 서로 소통하고, 억조만생이 일체가 되어 서로 소통한다. 그러므로 일통의 치안을 행사할 수 있다"[72]와 같이 동서학문을 회통하는 세계적인 도를 향해 매진할 수 있는 것이었다. 이 외에도, 최한기는 "정치론"에서 "일국의 일은 마땅히 일국의 사람들과 함께 다스려야 한다"와 "대중이 함께 추진하는 논의, 이것이 바로 공론(公論)이다"[73], "백성만민 가운데서 선발된 사람은 백성만민의 사무를 처리해야한다. 이것이 바로 통민운화(統民運化)의 도이다"[74]라고 한 것처럼 근대의 공화적, 민주적 색채가 농후한 의견을 제시하기도 하였다.[75] 이러한 견해는 서학의 영향을 받은 것이 뚜렷하나, 유학적 민본사상을 기초로 삼은 점

---

71 『人政』卷18,「選人門·畎畝教法兆民有和」言: "五倫之教, 至矣盡矣, 而推擴天下, 自有萬國咸和. 父子有親, 君臣有義, 夫婦有別, 長幼有序, 朋友有信之下添一兆民有和一句, 以著五倫通行, 兆民致和之實效.五倫之教, 各自勉行, 與通行天下, 自有大小之不同.各自勉行, 一身運化也; 通行天下, 統民運化也.以天下通行之五倫, 爲一身各行五倫之天則; 推一身各行五倫之證驗, 爲天下通行五倫之治安.庶無妨碍偏滯之端, 卽是大小完備之五倫也."

72 見『人政』卷25,「用人門·一有虛實誠僞」: "四大州的諸國成爲一家而相通, 萬億生靈成爲一體而相通. 因此能夠行使一統的治安."

73 見『人政』卷16,「選人門·國心選人」: "一國之事當與一國之人共治", "衆人共推之論, 此爲公論."

74 見『人政』卷14,「選人門·選統人道之人」: "自萬姓之中所選之人應處理好萬姓之事務, 此乃統民運化之道."

75 崔漢綺的"共治"的構想, 在某種程度上, 含有來自歐美近代議會制和地方自治制度的啓發. 關於這方面, 權五榮(1999), 208~227면 참조.

이 전혀 없는 것은 아니다.

방이지와 최한기는 모두 새로운 형이상학으로 세계의 각종 학문을 통섭하고자 했다. 그러나 그들이 논한 "도덕", "정치", "지식"적 학문은 여전히 강렬한 유학적 색채를 띠고 있었다. 가령 방이지는 "질측(質測)"을 논할 때 여전히 "통기(通幾)"의 "지리(至理)"를 잊지 않았다. 그러므로 만력 연간의 서양학자들에 대해 "질측에는 상세하나 통기에는 어눌하다(詳于質測而拙于言通幾)"라고 평하였다.[76] 같은 상황은 최한기에서도 나타나는데, "기의 운화"의 관점에서 서양 종교에 대해 "원기는 스스로 만물을 만들 수 없다(元氣不能自己造物)"[77]라고 비판하고, 신은 사람에게 지각(知覺), 시험(試驗)되지 않으므로 허망한 말이라고 여겼다. 이 외에도[78] 최한기의 이론이 미치는 과학지식은 윤리도덕 밖에 독립되어 있는 근대과학(science)과 결코 동일하지 않다. 그것은 "천인운화(天人運化)" 혹은 "천지사무(天之事務)", "인지사무(人之事務)"로부터 분리될 수 없는 것이다.[79] 이런 결과를 만든 주요한 원인은 방이지와 최한기가 모두 서양의 형이상학 혹은 사회과학 분야의 기초적인 사유를 미처 접하지 못했다는 점에 있다. 서양 근대성의 측면에서 보면 17세기 이래 진행된 유학 부흥 운동은 그들의 근대화 과정을 완성시키지 못했다. 그러나 동서양 융합의 각도에서 봤을 때, 이러한 새로운 형이상학적 사유는 동서

76 『浮山集』 文集前編 卷6, 「曼寓艸下・物理小識自序」言: "萬曆年間, 遠西學人詳于質測而拙于言通幾, 然智士推之彼之質測猶未備也, 儒者守宰理而已."

77 艾儒略: 『萬物眞原』 第4節, 「論元氣不能自分天地」言: "元氣不能自己造物, 氣者造物之材料, 非可自造物也.……縱有元氣, 亦斷不能自分爲天地萬物, 必有造之之主, 明矣."

78 『人政』 卷8, 「諸敎」言: "洋敎, 回敎事天神, 流轉數千年.……尙未得其經常大道者. ……事神天, 則萬事皆歸功於神天, 而致虔誠於禮拜, 滅罪獲福, 未嘗捨神天而更求誠實.……近古以來, 氣說漸暢, 諸器之試驗咸備, 造物之神功在玆, 稍有知覺者, 何難見而知之? "

79 金鳳珍(2001). 참조.

융합의 가능성을 열었다고 할 수 있을 것이다. 17세기 이래 동아시아 실학자의 형이상학적 사유는 결코 후세 학자들의 계승과 발전을 획득하지 못했다. 그러나 선배 학자들이 남긴 이러한 사유의 자취는 여전히 우리가 지속적으로 관심을 가져야 하는 부분이다. 특히 그들이 근대성에 대해 가한 비판과 성찰 그리고 전통과 다문화를 견지하고 개진시키기 위해 기울인 노력은 더더욱 그러하다.

번역 : 김정숙(한국외대 강사)

■ 참고문헌

高攀龍,『高子遺書』
顧炎武,『日知錄』
戴震,『孟子字義疏證』
梁啓超,『飮冰室合集』
萬斯同,『明史』
方以智,『東西均』
方以智,『物理小識』
方以智,『浮山集』
方以智,『通雅』
顔元,『存學編』
艾儒略,『萬物眞原』
葉適,『水心先生文集』
葉適,『習學記言』
王夫之,『張子正蒙注』
趙爾巽,『淸史稿』
朱舜水,『舜水先生文集』
黃宗羲,『南雷文定五集』
徐敬德,『花潭集』
任聖周,『鹿門先生文集』
崔漢綺,『氣測體義』

崔漢綺,『氣學』

崔漢綺,『承順事務』

崔漢綺,『神氣通』

崔漢綺,『運化測驗』

崔漢綺,『人政』

崔漢綺,『推測錄』

洪大容,『湛軒書』

葛兆光(2002),『七世紀至十九世紀中國的知識, 思想與信仰: 中國思想史』, 第二卷, 上海: 復旦大學出版社.

龐樸注 釋(2001),『東西均注釋』, 北京: 中華書局.

蔡振豐(2017),「中國哲學中的體用義」,『杭州師範大學學報』, 社會科學版.

何俊(1998),『西學與晚明思想的裂變』, 上海: 上海人民出版社.

黃一農(1997),「天主教徒孫元化及明末傳華的西洋火炮」,『中央研究院歷史語言研究所集刊』第76本, 第4分.

黃一農(2007),『兩頭蛇: 明末清初第一代天主教徒』, 臺北: 清華大學出版社.

權五榮(1999),『崔漢綺의 學問과 思想研究』, 서울: 集文堂.

金鳳珍(2001),「新儒學と科學: 一つの問題提起」,『東洋文化研究所紀要』第141冊.

關儀一郎 編(1973),『日本名家四書註釋全書』, 東京: 鳳出版.

吉川幸次郎等 編(1978),『日本思想大系』36, 東京: 岩波書店.

源了圓(1980),『近世初期實學思想の研究』, 東京: 創文社.

이토 진사이의 실학*

다원성과 일상성의 사상

선지수

1. 머리말

17～19세기 한·중·일에서 일어난 새로운 학문 경향을 동아시아의 차원에서 통일적으로 인식하기 위한 개념을 실학이라고 할 때,[1] 일본의 초기 실학을 대표하는 학자로 이토 진사이(伊藤仁齋, 1627～1705)를 들 수 있다. 진사이는 주자학을 비판하고 공자와 맹자로 돌아갈 것을 주장하는 古學을 제창하였다.[2] 그의 경학은 『논어』와 『맹자』에 근거하는 문헌실증적인 방법을 구사하는 것으로, 특히 『사서』 중 『중용』 및 『대학』에 대해서는 문헌비판을 통해 비판적인 태도를 견지하였다. 진사이는

* 이 논문은 2017년 한국실학학회 국제학술대회 발표문 선지수·가타오카 류 「일본에서 본 동아시아 초기 실학－이토 진사이를 중심으로」를 수정, 보완한 것이다.

1 임형택(2009), 36～37면.

2 진사이의 사상에 관한 선행연구로는 石田一良(1960); 加藤仁平(1979); 三宅正彦(1987); 土田健次郎(1996); 山本正身(2010); 片岡龍·金泰昌 편(2011) 등이 대표적이다.

이러한 방법으로 도출된 자신의 사상 내용에 대해 '實德', '實理', '實心', '實學' 등을 갖춘 것으로 강조한다. 특히 '實理'는 일본 중세 사상을 지배한 불교적 세계관인 '無常'을 비판하면서 제시되었는데 그 극복 방안으로 인륜이 강조되었다.[3] 이렇게 진사이의 사상은 중세적 무상감에서 인륜으로의 전환, 즉 '虛'에서 '實'로 전환되는 사상사적 흐름 속에서 전개되는 것이라고 볼 수 있는데 이러한 진사이의 실학적 면모는 후술하는 바와 같이 '人倫日用'을 토대로 하는 그의 중심적 사상에서 잘 드러난다.[4] 더욱이 '일용(일상)'의 중시는 진사이에 국한되지 않고 일본 유학의 특징적인 전개 양상으로,[5] 이러한 경향은 유학의 범주를 넘어서 사회 전반적으로 실용적인 현실감각으로 전개되었으며 현재에도 여전히 생명력을 유지하며 일본사회를 규정짓는 특성이라 할 수 있다.

진사이의 실학을 다룬 기왕의 연구에서는 그의 실학적 특징을 '인간적 진실 추구의 실학' 또는 '도덕적 실천의 실학'이라고 하여 유학의 전통적인 틀 안에 있는 것으로 평가한다.[6] 또한, '실심실학'[7]이라는 관점에서 誠과 愛와 같은 '實心'의 실천을 중시하고 이를 타자와의 관계성 속에서 실현할 것을 주장한 점을 그 특징으로 파악하는 경우도 있다.[8] 그러나 이는 진사이의 사상의 근간이 되는 자타 관계의 충실이라는 과제를 '실심실학'과 단순히 결부시킨 것으로, 이를 마련한 사상의 구조적

3 豊澤一(2011), 118~125면.

4 진사이의 일용 중시가 대면적 인간관계에 기초하는 점에 대해서는 李芝映(2011). 또한 진사이의 사상을 윤리학의 측면에서 다룬 논고로는 相良亨(1998); 黑住眞(2003); 子安宣邦(2004); 豊澤一(2011) 등이 있다.

5 土田健次郎(2012), 56면.

6 源了圓(1976), 146면.

7 실심실학에 관한 대표적인 논저로는 小川晴久(1994) 참조.

8 小島康敬(2015), 18~19면.

파악에는 미치지 못하고 있다.

한편, 한국의 실학과의 비교를 통해 학문과 일용을 일치시키려고 하는 실학적 정신에서 다산 정약용(1762～1836)과 진사이의 공통적인 면모가 지적된다.[9] 진사이는 학문에 있어서 과도한 知의 추구를 경계하고 行에 주목할 것을 강조하여,[10] 사변적 철학을 비판하고 도덕적 실천을 그 학문의 내용으로 하였다. 따라서 진사이의 실학은 도덕의 실천을 어떻게 행할 것인가라는 문제를 다루며, 그 실천이 행해지는 장소는 홀로 신독하는 공간이 아니라 타자와 관계를 맺고 살아가는 일상생활의 현장이다. 이때 진사이가 도덕의 개념에 대해 새로운 해석을 부여하고 있음이 예상되며, 이러한 진사이의 도덕 및 학문의 특징을 밝히는 것은 진사이 실학의 내실을 드러내는 일이 될 것이다.

아울러 진사이가 도덕 실천의 장을 타인과의 관계상으로 규정하는데 작용하는 사상적 요청 및 인간관에 대해서도 살펴보기로 한다. 진사이는 일상의 현장을 중심으로 하는 사고를 체계적인 사상으로 구축하여 제시하였고 그의 인간관, 실천론, 세계관 등이 이를 뒷받침하고 있다. 이 글에서는 진사이의 '일상의 사상'이 가지는 실학적 함의의 가능성을 고찰하고 나아가 동아시아 실학의 다양한 해석의 단초가 될 것을 기대한다.

한편, 동아시아라는 시각에서 실학을 정의하려고 할 때, 유교라는 공통분모가 타당성을 얻을 수 있음과 동시에 그 안에 필연적으로 포함된 지역성을 자각할 필요가 있을 것이다. 즉, 유교를 보는 시각은 각국의 경험에 따라 그 내용을 달리 정의될 수 있다. 최근의 동아시아 실학의

---

9 금장태(2001), 313면.

10 『語孟字義』 卷下, 「學」3. "可見聖人以修道德爲學問, 而非若今人之以道德爲道德, 以學問爲學問也." 또한 과도한 知의 추구에 대한 진사이의 비판에 대해서는 片岡龍(2000) 참조.

개념과 관련해서 유교의 기능을 중시하는 논의에서, 예를 들어 김상준은 유교의 (실학으로써의) 기능을 윤리성과 비판성으로,[11] 이봉규는 사회적 쟁탈성을 해소하는 운동으로 파악한다.[12] 이러한 유교에 대한 시각에 필자 또한 일정 정도 동의를 하면서도 한편으로는 조선 유학의 경험이 농후하게 반영된 분석이라고 생각된다. 이를 동아시아 삼국에 직접적으로 적용하여 분석할 때, 일본의 실학은 비판성과 윤리성이 충분히 기능하지 못한 일상 긍정의 학문 혹은 국가주의적 부국강병을 위한 실용적 학문으로 파악될 수 있다. 그러나 이러한 설명은 적어도 일본 초기실학인 진사이의 유학에 대해서는 반드시 타당한 것은 아니며, 일본 유학의 경험을 통해 유교를 되돌아보면 이와는 또 다른 유학의 기능, 그리고 나아가 실학의 속성을 발견할 수 있으리라 생각된다.

2. 진사이의 일상에서 본 자타 관계성

진사이는 1627년 교토京都의 상층상인 집안에서 장남으로 출생하였다. 17세기 초 일본에서는 전란이 끊이지 않았던 전국시대가 종언을 고하고 도쿠가와德川 막부가 들어서 정치적 안정을 찾아가고 있었다. 진사이가 평생을 보냈던 교토는 고대로부터 천황가가 위치한 지역으로 당시 천황을 비롯한 귀족세력(公家)들은 정치적 실권을 완전히 상실하였으나 오히려 문화적 권위와 정통성은 강화되고 있었다.

진사이의 부계 쪽 선조는 사카이堺 지역 출신의 상인이었는데 사카

11 김상준(2016), 386면.

12 이봉규(2013), 198면.

이는 전국시대에 遣明船 무역을 독점하면서 명나라 외에도 조선, 류큐琉球, 베트남과 왕래하였으며 16세기에 들어서는 스페인과 포르투갈로 이어지는 남만 무역의 일대 중심지로 부상한 지역이었다. 해외 무역을 통해 축적한 부를 통해 해당 지역의 방어막을 구축하여 일종의 치외법권적인 자치도시를 형성하고 있었다.[13] 전국시대의 戰火를 피할 수 있었던 사카이에는 문화인의 왕래가 잦았고 이를 통해 문화적 발전이 이루어져 正平版『論語集解』, 阿佐井野版『醫書大全』, 『節用集』 등의 간행 및 和歌, 連歌, 猿樂, 謠曲, 小唄, 三味線 등과 같은 시와 음악, 그리고 茶道와 미술공예 등의 분야에서 발전이 두드러졌다. 그러나 16세기 말 도요토미 히데요시가 전국을 통일하고 오사카 성을 건설하면서 사카이 상인을 오사카, 교토 등지로 이주를 명함에 따라 사카이의 번영은 막을 내리고 진사이의 조부도 교토로 이주하게 된다.

진사이의 조부는 교토에서도 막대한 재산을 모아 교토의 상층상인 계층에 진입할 수 있었는데, 고급문화인 등과 교류를 가지고 또한 혼인 관계도 맺게 된다.[14] 진사이 부친의 혼처, 즉 진사이 모친의 조부는 사토무라 죠하(里村紹巴, 1525~1602)라는 連歌師로 그 자손(진사이의 외조부)은 대대로 막부 전속의 세습 連歌師로서 임명되었다. 連歌란 개인적인 詩作인 와카나 하이쿠와 달리 복수의 작자에 의한 공동 詩作을 원칙으로 하는 시로써 무려 百句에 달하는 장편시를 기본양식으로 한다. 주

---

13 당시 일본에 거주하였던 기독교 선교사는 일본 전국에서 사카이만큼 안전한 지역은 없으며, 독특한 공화제 민주주의를 확립시켰던 베네치아와 같다고 편지에 적고 있다(『耶蘇會士日本通信』). 실제로 사카이에서는 나야슈納屋衆(해변에 상업용 창고를 설치 및 대여하여 이윤을 얻었던 도매상)나 에고슈會合衆(부유한 상인에 의한 합의제 기관)라고 불리는 쥬닌슈十人衆의 지도하에서 지역 내의 소송이나 판결, 농민들의 연공납입의 공동청부, 용병의 고용 등 자립적인 자치운영이 행해졌으며 자유도시로써 큰 발전을 이루고 있었다.

14 진사이의 가계와 문화인들과의 교제에 대해서는 石田一良(1960); 芳賀徹(2004) 참조.

인 역할을 하는 사람을 중심으로 통상 8명 전후의 사람이 모여 10여 시간에 걸쳐 詩作을 하는데, 이때 참석자가 작자와 독자를 겸하고 있었다는 점에서 이른바 열린 詩作의 장('座'[15])이었다. 전국시대를 거치면서 連歌는 서민화, 지방화하면서 전성기를 맞이하는데 특히 죠하는 連歌에서 깊은 뜻을 추구하기보다는 누구나 쉽게 지을 수 있다는 점을 표방하여(『歌道聞書』), 대중화를 지향하고 連歌의 사교적 기능을 중시하여 널리 연가를 유포시켰다.

또한 진사이의 외조모는 요시다 이안(吉田意安, 1558~1610)이라는 名醫의 딸로, 이안은 일본 주자학의 시초인 후지와라 세이카(藤原惺窩, 1561~1618)와 교류 관계를 가지는 등 유학에 대해 깊은 조예를 가지고 있었다. 그가 지은 『古今醫案』 33권은 세이카가 써 준 서문만이 남아있는데 그 서문에서 "(이안은) 애독가이며 다수의 唐本을 소유하였다"라고 하며 실제로도 천여 권의 장서를 남기고 있다.[16] 이안의 형 스미노쿠라 료이(角倉了以, 1554~1614)는 베트남을 중심으로 朱印船 무역에 종사한 교토에서도 손꼽히는 거상으로 동시에 하천 토목 사업가로서도 활동하였는데 이는 일본 최초의 사회성, 공익성을 띤 지역개발사업으로 평가된다.[17] 그의 사업을 이어받은 아들 스미노쿠라 소안(角倉素庵, 1571 ~ 1632)은 왕조 취미적인 미술적 가치를 추구하는 최고 수준의 목활자 및 제지기술에 의한 嵯峨本를 간행하였으며, 후지와라 세이카를 비롯하여

---

15 '座'는 생활 공동체를 모체로 한 심리적 연대였는데, 참가자에게는 사회적인 신분에서 벗어나 座의 규칙에 따를 것이 요구되었다. 連歌師란 이 座를 통괄하는 전문가이며, 한편 이들은 詩心의 심화를 위해 다른 지방을 여행하면서 동시에 문화 전파자의 역할을 하였다.

16 이안은 많은 저작을 남겼는데 그 중 『歷代名醫傳略』(중국 고대에서부터 명나라 사이의 名醫 400명의 전기)의 서문을 정유재란 당시 일본에 포로로 잡혀간 조선의 유학자 강항(1567~1618)이 작성하였다.

17 스미노쿠라家 및 그들의 과학기술에서 대해서는 森洋久 편(2015) 참조.

하야시 라잔(林羅山, 1583~1657) 등 당대 최고 교양인으로부터 유학을 배우고 있었다.

스미노쿠라家의 본가인 요시다家는 대대로 의술을 가업으로 하였는데 그 외에도 토목 기술과 이를 뒷받침하는 산술 또한 스미노쿠라家의 학문을 대표하는 것이었다. 일본의 산술의 발전에 있어서 지대한 영향을 끼친 和算書 『塵劫記』를 집필한 인물이 스미노쿠라家의 일원인 요시다 미츠요시(吉田光由, 1598~1672)로 일가는 근세의 과학 기술의 대표하는 고도의 기술을 갖춘 집단이라고 할 수 있다.

이렇게 진사이는 외가 쪽의 사토무라家, 스미노쿠라家와 같은 당대 일류 문화인 가계와 이어져 있었으며 진사이의 첫 부인은 의사집안의 딸로 에도중기를 대표하는 화가인 오가타 코린(尾形光琳, 1658~1716), 오가타 켄잔(尾形乾山, 1663~1743)과는 사촌 간이었다.

외가 친지 집은 진사이의 본가에서 지척에 위치하였고 진사이가 성인이 된 이후에도 친지들과 지속적으로 교류를 이어갔다. 이러한 진사이 가계에서 전해진 학문, 문화적인 분위기가 진사이의 학문 방향에 큰 영향을 미쳤을 것이다. 진사이는 공동연구회인 同志會를 결성하고, 여기에서 얻어진 토론의 결과를 자신의 학문의 토대로 삼았다. 이러한 학문 태도는 連歌와 같이 복수의 작자가 함께 시작을 하고 시를 음미하는 일을 겸하는 것을 연상케 한다. "나는 門人小子의 說이라고 해도 만일 취할 만한 점이 있으면 모두 이에 따랐다. 『論語』와 『孟子』를 주해할 때도 모두 그러하였다. 즉 문인과 상의하여 모두의 의견이 정해진 후에 그것을 책에 쓰도록 하고 만일 理에 맞지 않는 부분이 있으면 수정하도록 하였다"[18]고 술회하는 것처럼 그의 대표적 저서인 『論語古義』와 『孟

18 伊藤仁齋, 『童子問』 卷下, 45. "予雖門人小子之說, 苟有可取焉者, 皆從之. 解論語孟子

子古義』조차 진사이가 홀로 지은 저술이 아니라 문인과 함께 토론하여 얻어진 바를 반영하여 저술된 것이다.

그러나 진사이가 학문을 취미로 즐기는데 그치지 않고 가업을 버리면서까지 학문에 전념할 것을 결심하자 주변으로부터 이해받지 못하는 고독한 생활을 보내게 된다. 그 시기는 진사이가 15,6세부터 36세까지 약 20년간 이어졌다. 그는 이때의 일을 다음과 같이 회상하였다.

> 나는 일찍이 15, 6세 때에 학문을 좋아하고 처음으로 옛 성현의 道에 뜻을 품게 되었다. 그러나 친척들과 친구들은 유학으로는 생계를 꾸릴 수 없다고 하여 모두 의사가 되는 것이 이롭다고 하였다. 그러나 나는 들리지 않는 척 답하지 않았다. 조언은 그치지 않고 비난은 줄어들지 않았다. 부모가 연로해지고 가세가 기울어 가며 나이가 들고 생각대로 되지 않자 그들은 義를 들고 禮를 근거로 삼아 부모를 봉양하지 않는다고 나를 더욱 책망하였다. 그 理에 굴복하여 답하기가 궁해져 거짓으로 답한 적이 한 두 번이 아니었다. 한 번은 반슈(播州, 현재의 효고현)에서 종조부가 상경하였다. 찾아가 만나기를 청하였으나 거절하고 만나주지 않았다. 아마도 내가 업을 바꾸지 않은 것을 노여워해서이다. 친척이 사이에서 해결해주어서 그 후에 뵐 수 있었다. 나를 사랑하는 마음이 깊으면 깊을수록 나를 공박하는데 더욱 더 힘을 써서 그 고통스러움이 마치 죄인이 심문을 받는 것과 같았다. ……나를 사랑하는 마음이 깊은 사람은 나의 적이었다.[19]

皆然. 乃與門人商推, 衆議定而, 後命之於書. 若有不合於理者却之."

19 伊藤仁齋, 『古學先生文集』券1, 「送片岡宗純還柳川序」. "吾嘗十五六歲時好學, 始有志于古先聖賢之道. 然而親戚朋友以儒之不售, 皆曰爲醫利矣. 然吾耳若不聞, 而不應. 諫之者不止, 攻之者不衰. 至於親老家貧, 年長計違, 而引義據禮, 益責其不顧養. 理屈詞窮, 而佯應者, 亦數矣. 時我從祖來自播州往, 而見之拒, 而不納. 蓋怒吾之不改業也, 親戚從傍解之, 而後始得見焉. 愛我愈深者, 攻我愈力, 其苦楚之狀, 猶囚徒之就訊也.……愛我深者, 則我讐也."

진사이의 주변에 있었던 친지들은 높은 문화적, 학문적 소양을 갖추고 있었음에도 진사이가 유학을 본업을 삼겠다고 선언하자 이를 강력하게 반대하였다. 경제적으로 안정적인 의업을 두고 경제적으로 불리한 처지에 놓일 유학을 택하는 것은 합리적인 판단을 중시하는 상인들에게 용납할 수 없는 일이었을 것이다.

이러한 경험을 통해 진사이는 "나를 사랑하는 마음이 깊은 사람은 나의 적이었다"는 극단적인 발언처럼 가까운 사이에서 그리고 오히려 사랑하는 마음이 깊으면 깊을수록 서로의 의사가 충돌하는 모순적 상황을 인간관계의 한 모습으로 제시한다. 상대방을 사랑하는 마음이 오히려 상대방의 내면세계를 외면하고, 기성의 논리 또는 집단의 논리에 따를 것을 요구하게 된다. 한 사람이 다른 사람과 접할 때 그의 내면세계를 이해할 수 있는 가능성은 없는 것일까. 타자의 내면세계는 不可知의 대상이라는 점에서 진사이는 나와 타자 간에는 절대적인 간극이 있음을 자각하였다.

> 사람이 자신의 好惡를 알기는 매우 밝으나 타인의 好惡에 있어서는 무신경하여 알아차리지 못한다. 따라서 타인은 나와 언제나 疎遠하고 단절되어 있어 그 때문에 과도하게 미워하거나 혹은 응대함에 있어 절도를 잃거나, 친지의 艱苦를 보아도 무신경하여 불쌍해할 줄 모른다. 그 不仁하고 不義함이 심하지 않는 이가 드물다. 만일 사람을 대하는데 그 好惡하는 바 여하, 그 처하는 바, 행하는 바 여하를 헤아리고 헤아려서 그 마음을 나의 마음으로 하며 그 몸을 나의 몸으로 하여 상세히 體察하여 이를 생각하고 이를 헤아리면, 사람의 過는 항상 부득이한 곳에서 나오거나 참을 수 없는 데에서 생겨나므로 이를 깊이 미워할 것이 아니라는 것을 알게 되어 구름이 일듯이 (寬容의 마음이 일어나) 매사에 반드시 관용에 힘쓸 것이며 각박하게 대하지 않을 것이다.[20]

진사이는 나의 감정을 아는 것처럼 다른 사람의 감정을 알지 못하는 것이 사람의 본래적인 모습이라고 하며, 이는 不仁하고 不義한 일로 고쳐야 할 대상이라고 보았다. 그리고 그 방도로 '忠'과 더불어 '恕'의 태도로 임할 것을 들었다.[21] 진사이는 忠에 대해서는 '나의 마음을 다한다'라는 주자학의 해석을 따르면서도 恕의 해석에 대해서는 독자적인 해석을 제시한다. 주자학에서는 恕를 '나를 미룬다推己'라고 한 것에 대해 진사이는 '내'가 아닌 '다른 사람의 마음을 헤아린다忖度人之心'라고 恕를 정의한다. 이는 주자학적 理의 이해를 부정하고 性을 유한한 것으로 파악하는 진사이의 性의 이해에 근원하는데, 여기에서 보편초월적인 가치보다 현실적 실체성을 중시한 진사이의 사상적 특징을 찾아볼 수 있다. 그리고 이때 恕의 실천은 실체성을 띤 體察이라는 방법을 통해 구현된다.

> 깊이 사람의 마음을 體察하면 자연스럽게 寬宥한 마음이 생겨서 지나치게 각박한 곳에 이르지 않을 것이다. 따라서 恕는 寬宥라는 뜻이 있다. 대저 사람과 접할 때에 깊이 이를 體察하고 寬宥의 마음이 있다면 친소원근, 귀천대소가 각기 그 바를 얻어 인을 행하며 의가 달하여 도가 존재하지 않는 바가 없다.[22]

---

20 伊藤仁齋, 『語孟字義』 卷下, 「忠恕」1. "夫人知己之所好惡甚明, 而於人之好惡泛然不知察焉. 故人與我每隔阻胡越, 或甚過惡之, 或應之無節, 見親戚知舊之艱苦, 猶秦人視越人之肥瘠, 茫乎不知憐焉. 其不至於不仁不義之甚者, 幾希. 苟待人忖度其所好惡如何, 其所處所爲如何, 以其心爲己心, 以其身爲己身, 委曲体察, 思之量之, 則知人之過每出於其所不得已, 或生於其所不能堪, 而有不可深疾惡之者, 油然靄然, 每事必務寬宥, 不至以刻薄待之."

21 伊藤仁齋, 『語孟字義』 卷下, 「忠恕」1."竭儘己之心爲忠, 忖度人之心爲恕."; 같은 곳, 「忠恕」4. "至於待人接物, 必以忠恕爲要. 蓋存養在仁義, 待人在忠恕. 苟忠立恕行, 則心弘道行, 可以至於仁."

22 伊藤仁齋, 『童子問』 卷上, 60. "深体察人之心, 則自有寬宥之心, 生不至過爲刻薄. 故恕

다른 사람의 몸과 마음을 나의 몸과 마음으로 하는 體察을 통해 다른 사람의 내적 감정을 짐작할 수 있고 여기에서 얻어진 공감을 토대로 관용된 태도를 지닐 수 있다고 진사이는 말한다. 이렇듯 體察은 내 마음 속에 다른 사람의 관점을 의식화, 현재화시키는 방법론이다. 이러한 경험을 쌓아감으로써 다양한 관계 속에 놓인 사람들과 접할 때, 상호간에 단절된 상태에 있으면서도 상황에 적절한 대응을 할 수 있는 대타적인 삶의 기술이 향상될 수 있다.

> 仁은 유덕자가 아니면 행할 수 없다. 恕는 노력하는 자라면 능히 행할 수 있다. 노력함으로써 행할 수 있는 恕를 행하면 노력으로 할 수 없는 仁을 자연히 얻는다. 한 가지 恕를 행하면 하나의 仁을 얻으며, 두 가지 恕를 행하면 두 개의 仁을 얻는다.[23]

사람과 사람이 관계할 때의 원초적 모습인 不仁·不義의 상태에서 다른 사람의 관점을 나의 내부로 가져오는 恕를 행함으로써, 그리고 그 횟수를 더해감으로써 仁義를 실현할 수 있게 된다. 그런데 주목할 점은 恕의 태도로 임할 필요한 경우를 다른 사람이 過를 범했을 경우에 한정하는 점이다. 즉, 매사에 있어서 다른 사람의 내적 영역에 발을 들여놓는 것이 아니라 過가 범해진 특정 상황에 한해서만 그 마음을 추측할 것으로 제한하는 것이다. 그리고 관용된 태도를 가짐으로써 이해할 수 있는 점은 다른 사람이 범한 過가 발생한 까닭 혹은 그 정황이다. 그것

又有寬宥之意, 凡接人之間, 深体察之, 而有寬宥之心, 則親疎遠近, 貴賤大小, 各得其所, 而仁行義達, 道莫不存."

23 伊藤仁齋, 『童子問』 卷上, 59. "仁不可勉而爲焉, 恕可强而能之. 仁者非有德者不能, 恕者力行者能之, 爲其所强而能之恕, 則自得不可勉而爲之仁. 爲一件之恕, 則得一件之仁, 爲二件之恕, 則得二件之仁."

은 "사람의 過는 박정한 마음에서 생기지 않고 두터운 마음에서 나온다"[24]고 말하는 것처럼 過는 사람이 다른 사람을 생각하는 부득이한 자연적 감정의 발로에 의해 일어난다고 진사이는 파악한다. 또한 그는 "대체로 사람의 過는 이유가 없이 아무렇게나 나오는 것이 아니다. 반드시 친척과 동료에 의해 발생한다"[25]고 말하여 過를 개인 내부에 완결된 상태로 존재하는 '허물'이 아니라 사람과 사람 사이의 관계 속에서 발생하는 '갈등'으로 이해한다.[26] 이렇게 그는 過를 개인의 도덕적 문제가 아니라 복수의 사람들이 자연적인 공동생활을 영위하는 가운데 항상적으로 발생하는 사회적, 정치적 사태로 인식하였다.

그런데 仁義를 실현하는 장소가 過라는 상황을 계기로 하는 것처럼 진사이는 過를 부정적으로 파악하지 않았다.

> 일식과 월식이 있고 五星이 역행하며 사계절이 질서를 잃고 가뭄과 홍수가 생기는 것처럼 천지라고 해도 過가 없을 수가 없다. 하물며 사람의 경우에 있어서는 어찌하랴. 성인 또한 사람일 뿐이다. 어찌 의심할 바가 있으랴. 木石과 器物 같은 것은 일정하고 불변함으로 즉 사물이다. 귀하게 여기기에는 부족하다. 따라서 도를 아는 자는 過가 없음을 귀하게 여기지 않고 고칠 수 있음을 귀하게 여긴다.[27]

> 도의 무궁함을 알면 사람에게 過가 없을 수 없음을 이해할 수 있다. 자기를 위하는 實心이 있은 후에 過를 적게 할 수 없음을 알게 된다.

---

24 伊藤仁齋, 『語孟字義』 卷下, 「忠恕」1. "人之過也, 不生於薄, 而生於厚."

25 伊藤仁齋, 『論語古義』 「里仁」7. "凡人之於過, 不有無由而妄至者. 必因其親戚僚友而生."

26 宣芝秀(2016). 참조.

27 伊藤仁齋, 『論語古義』 「述而」30. "夫日月薄, 五星逆行, 四時失序, 旱乾水溢, 則雖天地不能無過, 況人乎. 聖人亦人焉耳. 其何疑. 倘若木石器物, 一定不變焉, 則死物耳. 要不足貴焉. 故知道者不貴無過, 而貴能改焉."

……사람은 木石이 아니어서 過가 없을 수 없다. 단지 過를 알고 즉시 이를 고칠 수 있을 뿐이다.[28]

過는 천재지변과 같이 변화무쌍한 천지간에 항상 존재하며 오히려 過가 없는 상태는 죽은 사물에서나 가능한 일이라고 한다. 성인에게조차도 過가 없음을 수 없음을 강조하며 過는 사람의 구체적인 삶의 현장에서 일상적으로 발생하며, 중요한 사항은 이것을 고쳐나가려는 의지라고 보았다.

한편, 진사이는 오륜 중에서 붕우 관계를 들어 이 관계는 의지적인 노력에 의해 영위되어야 한다고 주장하며, 붕우의 교유야말로 다른 자연적인 인간관계의 기초가 된다고 강조한다.

부자의 道는 天性이며, 군신의 義는 지엄하다. 부부는 서로 사랑하고, 형제는 서로 화목하다. 이것들 모두 강제적인 것이 아니다. 단, 붕우의 一倫만이 옛날과 달라져서 종이와 같이 박정해지고 흙처럼 쳐다보지 않게 되었다. …… 붕우에게는 스승의 은혜가 있으며 형제의 分이 있다. 만일 이 一倫에 모자라는 점이 있다면 四倫도 함께 폐해질 것이다. 삼가지 않으면 안 된다.[29]

진사이의 칠순을 축하하여 모인 자리에서 그는 특히 붕우의 관계를 중시할 것을 당부하였다. 그리고 붕우의 信을 '實'이라고 하여 함께 살아갈 것을 약속한 관계를 항상적으로 지켜가는 것이라고 설명한다.

---

28 伊藤仁齋,『論語古義』「憲問」26. “知道之無窮, 而後識人之不能無過. 有爲己之實心, 而後知過之不能寡. …… 人非木石, 不能無過. 但在能知其過則速改之也.”

29 伊藤仁齋,『古學先生文集』劵4,「諸友爲余賀七袠宴集講義」. “父子之道天性也, 君臣之義至嚴也, 夫婦相愛, 兄弟相睦. 皆匪有所强焉. 但朋友一倫, 與古稍異矣. 薄如紙, 棄似土. ……朋友有師資之恩, 有兄弟之分. 苟於此一倫有闕焉, 則四倫併廢. 可不謹哉.”

信은 實이다. 그 말을 잘 지켜 잃지 않는다는 의미이다. 만일 약속하여 형제가 되었을 때는 죽을 때까지 형제로서 이를 대하고, 일단 붕우의 義를 맺으면 이것을 지키는 것이 처음과 같이 시종토록 변하지 않는 것을 붕우의 信이라고 말한다. 단지 한 마디 實이 있다고 말하는 것이 아니다. ……만일 큰 문제가 생겨서 부득이하게 이를 끊을 때에는 군자라고 해도 피할 수 없는 일이지만, 만일 작은 잘못을 책망하고 작은 화를 방종하게 하여 일시적인 분노에 의해서 평생의 사귐을 버린다면 아무리 理가 있다고 하더라도 忠厚의 道가 아니다. 군자는 그렇게 하지 않는다. 붕우 사이에는 나를 양보하고 서로를 낮추며, 선을 들어내고 악을 감추며, 작은 잘못을 용서하고 작은 화를 눌러서, 시종토록 교우에 진력함으로써 가능하다.[30]

진사이에게 있어서 사람이 해야 할 일이란 사람과 사람 사이에서 발생하는 갈등을 다른 사람의 입장에서 헤아리고 그것을 자신의 관점으로 함으로써 인간관계의 파탄을 막으려는 의지와 활동이다. 그리고 자연 상태의 사람들은 상호 간에 단절된 존재이지만 恕라는 통로를 통하고 信을 지킴으로써 仁義(王道)[31]가 실현된 이상적인 생활 세계의 모습[32]에 근접할 수 있는 것이다.

---

30 伊藤仁齋, 『童子問』 卷中, 45. "信, 實也. 能踐其言而不失之謂. 若約爲兄弟, 則終身以兄弟待之, 一旦有朋友之義, 則守之如初始終不變, 正謂之朋友有信. 非但謂一言之有實也. ……若有大故, 不得已, 而後絶之, 雖君子所不免, 苟尤小過, 逞小忿, 因一旦之怒, 而棄平生之交, 仮令謂有理, 而非忠厚之道. 君子不爲. 朋友之間, 謙己相下, 揚善藏惡, 小過赦之, 小忿懲之, 始終全交, 斯可矣."

31 伊藤仁齋, 『孟子古義』, 「綱領」3. "外仁義, 無所謂王道者矣."

32 伊藤仁齋, 『古學先生文集』 券3, 「詩說」. "文王風化之盛, 猶正月之吉, 父母兄弟相集一堂, 具儀設醼, 竟日嘉樂, 頓忘窮歲之勞矣."

3. 道의 해석과 기능

그렇다면 진사이는 사람을 상호 단절된 존재로 파악하는 인간관을 앞에 두고 道를 어떻게 재구축하였는가? 진사이는 “애당초 다른 사람과 나는 몸을 달리하고 氣를 달리한다. 그 아픔과 고통, 가려움 등은 모두 서로 통하지 않는다. 하물며 人物은 類와 形을 달리한다. 어찌 서로 간섭할 수 있으랴”[33]라고 하여 사람과 사람 사이뿐만 아니라 사람과 物은 서로 통하지 않는 존재라고 보았다. 그러나 道를 매개로 하면 상황은 일약 변모한다.

> 父子가 서로 친하고, 夫婦가 서로 사랑하며, 동료가 같이 행동하는 것은 단지 사람만이 그러한 것이 아니다. 物 또한 그러하다. 有情한 物만 그러한 것이 아니다. 竹木처럼 無智한 物에도 또한 雌雄・母子의 구별이 있다. ……무릇 草木・蟲魚・砂礫・糟粕의 하찮은 것에 이르기까지 (道에) 합치되지 않는 바가 없다.[34]

진사이는 동물에게는 상호 관계적인 행동 양식이 존재하며 나아가 초목에게도 암수의 구별이 있고 모자의 구별이 있다고 하여 사람의 인륜을 자연물에서도 찾을 수 있으며 따라서 道가 人物에게 공통됨을 말한다. 진사이는 天理가 인간의 본성에 대응한다는 것을 부정한다는 의미에서 天道와 人道의 구별을 주장하였으나, 사람이 천지 안의 존재임

---

33 伊藤仁齋, 『童子問』 卷上, 21. “夫人之與我異体殊氣. 其疾痛疴痒癢, 皆不相通. 況人之與物, 異類殊形, 奚相干涉.”

34 伊藤仁齋, 『語孟字義』 卷上, 「道」5. “凡父子之相親, 夫婦之相愛, 儕輩之相隨, 非惟人有之, 物亦有之. 非惟有情之物 有之, 雖竹木無智之物, 亦有雌雄牝牡子母之別. ……大凡至於草木虫魚沙礫糟粕, 皆無所不合.”

은 부정하지 않았다. 그러나 이때 그가 관찰한 자연계의 모습을 그대로 인간 세계에 투영한 것은 아니며 반대로 인간 생활 세계의 인륜을 자연계로 확장한다.

인간세계의 인륜의 모습을 자연계로까지 확장하여 파악하는 까닭은 서로 다른 다양한 존재가 함께 존재하며 그 공존을 성립시키기 위해서는 道가 필요하다고 보았기 때문일 것이다. 즉, 다원적 개체가 각각 관계하면서 활동하는 자연 상태가 우선 존재하고 그 다원적 관계성을 조정하여 함께 살아가고 상호를 이해할 수 있게끔 도와주는 것이 道의 역할이며 그로써 이룬 경지가 仁義의 실현이라고 본 것이다.

따라서 道는 유학이라는 범주도 초월할 수 있다.

> 학자에서 보면 유학이 있고 불교가 있다. 天地에서 본다면 본디 유학도 없고 불교도 없으며 오직 하나의 道가 있을 뿐이다. 이른바 道는 천지의 公道이며 한 사람이 얻어서 사사로이 할 수 있는 것이 아니다. ……천지 사이에는 반드시 부자가 있으며 군신이 있고 부부가 있으며 형제가 있으며 붕우의 교제가 있다. 아침에는 일어나고 밤에는 잠들며, 여름에는 얇은 옷을 입고 겨울에는 두꺼운 옷을 입는 일은 天子라고 해도 변경할 수 없으며 성인이라 해도 바꿀 수 없다. 古今에 걸쳐 모든 곳에서 쓰이며 人心에 근본해서 物理에 통달한다.[35]

진사이는 학자의 입장에서 보면 유학과 불교의 구별이 있으나, 천지에서 보면 유학과 불교의 구분 없이 오로지 한 가지 道가 있을 뿐이라

35 伊藤仁齋, 『古學先生文集』券1, 「送浮屠道香師序」. "夫自學者見之, 固有儒有佛. 自天地見之, 本無儒無佛, 唯其一道而已. 所謂道云者, 卽天地之公道, 而非一人之所得而私焉. ……天地之間, 必有父子有君臣有夫婦有昆弟有朋友之交, 晨興而夜寐, 夏葛而冬裘, 雖天子不能革爲, 雖聖人不能易焉. 亘古今而準四海, 根乎人心, 而通乎物理."

고 말한다. 주자학 비판의 근거로 불교의 영향을 받은 것을 든 것처럼 진사이는 불교에 대해 비판적인 태도를 취했으나, 실제로는 승려와 교류를 하였고 또 승려에게 보낸 글에서 위와 같이 말한다. 물론 이것은 불교를 유학 내에 포섭하려는 시도로 해석될 수 있으나, "異端과 小道百藝의 말단에 이르기까지 모두 道로써 말할 수 있다"[36]고 말하는 것처럼 道를 특정화, 사사로이 하는 것을 반대하며 모든 존재를 포용하는 것이라고 말한다. 특히 '公道'라는 말에서 알 수 있듯이 그는 道를 한 사람의 사유물이 아닌 만인에게 열린 것임을 강조한다.[37] "위로는 王公大人에서 아래로는 상인, 마부, 절름발이 하인, 맹인에 이르기까지 모두 이것(道)에 의해 행하지 않음이 없다"[38]라고 하여 유학이 일반적으로 상정하는 道의 실천자를 최하층 신분의 사람들까지 확대하고 있다.

道는 시간적으로 공간적으로도 무궁하다.[39] 유한한 性을 가진 사람이 그것을 실천하고 인간세계를 유지해가기 위해서는 道는 모든 존재에게 개방될 필요가 있는 것이다.

> 오로지 왕공과 대인만이 행할 수 있고 필부가 행할 수 없는 것은 道가 아니다. 현자와 지자만이 행할 수 있고 우둔하고 불초한 자가 행할 수 없는 것은 道가 아니다.[40]

---

36 伊藤仁齋, 『語孟字義』 卷上, 「道」1. "及異端小道百芸之末, 皆得以道言之也."

37 진사이의 公道를 둘러싼 논의에 관해서는 고희탁(2009) 참조.

38 伊藤仁齋, 『語孟字義』 卷上, 「道」3. "上自王公大人, 下至於販夫馬卒跛奚瞽者, 皆莫不由此而行."

39 伊藤仁齋, 『語孟字義』 卷下, 「學」2. "人之性有限, 而天下之德無窮. 欲以有限之性, 盡無窮之德, 非由學問其能之乎."

40 伊藤仁齋, 『語孟字義』 卷上, 「道」3. "唯王公大人得行, 而匹夫匹婦不得行, 則非道. 賢知者得行而愚不肖者不得行, 則非道."

사람의 밖에 道가 없고 道의 밖에 사람이 없다. 사람으로 하여금 사람의 道를 행하는데 무슨 알기 어렵고 행하기 어려운 점이 있으랴. ……동자는 눈과 귀로 듣고 보는 것 외에 다시금 광명하게 빛나 놀랄만하고 즐길만한 理가 있다고 생각할 것이다. 그렇지 않다. 천지간에는 오로지 實理가 있을 뿐이다. 다시금 奇特한 것은 없다. 生民이 있은 이래로 군신이 있고 부자가 있고 부부가 있고 형제가 있고 붕우가 있으며 서로 친하며 서로 사랑하고 서로 따르고 서로 모여서, 선을 선이라 하고 악을 악이라 하며 옳은 것을 옳다고 하며 그른 것은 그르다고 하며 萬古 이전에도 이러하였으며 萬古 이후에도 또한 이러할 것이다. 동자가 능히 효제충신, 몸을 닦고 일에 힘써 밤낮으로 게을리 하지 않는다면 자연히 저절로 天道와 합치되고 인륜에 화하며 사람이 되는 근본을 잃는데 이르지 않을 것이다.[41]

앞 장에서 진사이는 사람과 사람 사이에 있는 단절을 인식하고 그에 따른 道의 실천 방법으로 恕를 강구했음을 확인하였다. 그러나 여기에서는 진사이는 오히려 사람 사이의 단절보다는 모두가 함께 할 수 있음을 전면적으로 내세워 道를 규정한다. 그러나 진사이는 性에 대해 주자학의 '성즉리'를 비판하고 性은 본연의 性이 아니라 기질의 性이라고 말하는 것처럼 모든 사람에서 보편적인 공통된 본성이 있다고는 생각하지 않았다.[42] 오히려 다양한 입장과 관점이 존재하고 심지어는 단절된

41 伊藤仁齋, 『童子問』 卷上, 8. "人外無道, 道外無人. 以人行人之道, 何難知難行之有.…… 子必想外耳目之所見聞, 更有光明閃爍可驚可樂之理. 非矣. 天地之間, 唯一實理而已矣. 更無奇特. 自有生民以來, 有君臣, 有父子, 有夫婦, 有昆弟, 有朋友, 相親相愛, 相從相聚, 善者以爲善, 惡者以爲惡, 是者以爲是, 非者爲非, 万古之前如此, 万古之後亦如此. 子能孝弟忠信, 修身務業, 夙夜匪懈, 自合於天道, 和於人倫, 不至失所以爲人也."

42 伊藤仁齋, 『語孟字義』 卷上, 「性」2. "後儒以孔子之言爲論氣質之性, 孟子之言爲論本然之性, 信如其言, 則是非孔子不知有本然之性, 孟子不知有氣質之性者乎. 非惟使一性, 而有二名. 且使孔孟同一血脈之學, 殆若涇渭之相合, 薰蕕之相混, 一淸一濁, 不可適從. 其言支離決裂, 殆不相入若此."

상태로 존재하지만 그럼에도 불구하고 동일한 세계에 관계할 수 있다는 가능성을 道의 모습으로 제시한다. 이러한 의미에서 道는 사람을 세계로 이어주는 길이라고 할 수 있다.

따라서 진사이는 굴원과 같이 홀로 이상을 추구하는 태도를 비판하고,[43] 사람 사이의 단절을 개인의 특수성으로 파악하기보다는 차이성으로 인지하고 여기에서 얻어진 다양한 관점을 자신 안에서 내재화할 수 있음을 중시하고, 그 결과로 모두가 함께 공유하는 세계에서 삶을 영위하는 모습에서 仁義의 실현과 道의 실천을 찾았다.

그리고 이러한 경지는 고대 성인의 다스림 속에서 찾아 볼 수 있다.

> 성인은 천하의 다 같이 그러한 道로써 천하의 다 같이 그러한 사람들을 다스린다. 자기로 자기를 다스리지 않으며 천하와 함께 의거한다. 다름을 내세움으로써 사람과 어긋나는 일이 없으며 높음을 좋아함으로써 俗에 반하는 일이 없다.[44]

이러한 언급에서 보면 진사이는 차이성을 일소하고 통일된 세계상을 지향했던 것처럼 보인다. 그러나 세속에 영합할 가능성에 대해서는 경계를 늦추지 않는다.

> 생각하건대 삼대 성왕이 천하를 다스린 것은 民이 좋아하는 바를 좋아하고 民이 믿는 바를 믿었다. 천하의 마음을 마음으로 하여 결코 총명함에 의해 천하에 앞서려고 하지 않았다. 따라서 民이 귀신을 숭배하

---

43 伊藤仁齋, 『童子問』 卷下, 14. "漁父辭曰, 天下皆濁兮, 吾獨淸. 天下皆醉兮, 吾獨醒. 是屈子之所以自取其禍."

44 伊藤仁齋, 『童子問』 卷中, 72. "聖人以天下同然之道, 而治天下同然之人, 不以己修己, 而與天下共由焉. 不立異以違人, 不好高以怫俗."

면 이를 숭배하였으며, 民이 卜筮를 믿으면 이를 믿은 것이다. 단지 그 直道를 취하여 행한 것뿐이다. 따라서 그 끝에는 또한 폐해가 없지 않을 수 없었다. 공자에 이르러 오로지 敎法을 主로 하여 道를 밝히고 義를 밝혀 民으로 하여금 그 따를 바를 혹하게 하지 않았다. 맹자가 '요순보다 현명함이 더 멀다'라고 말한 것은 바로 이 때문이다.[45]

진사이는 공자가 요순과는 달리 民의 호오와 같은 人情을 무조건적으로 긍정하지 않았음을 들어 공자를 높이 평가한다. 그는 "인정은 성인이라도 폐할 수 없는 것이지만 만약 中節하면 천하의 達道이지만, 中節하지 못하면 한 사람의 私情이다"[46]라고 하여 인정이 지나치거나 모자라는 사태를(過로 이어질 수 있는 사태를) 사사로운 정, 즉 자신 내부에만 머물러 단수적 관점만을 가지며 복수의 다양한 관점을 획득하지 못한 것이라고 규정하여, 사람의 세계가 복수성에 의거하여 이루어져야 할 것을 말한다.

그리고 이것을 처음 정비하고 마련한 이가 공자라고 강조한다. 진사이의 학문을 古學이라고 일컫는 것처럼 진사이는 주자학의 사서체계를 비판하고 『논어』와 『맹자』를 중시하여 문인들과 함께 그 '古義'를 추구하였다. 그가 최종적으로 얻은 결론은 공자는 '최상지극 우주 제일의 聖人'이며, 공자가 남긴 논어는 '최상지극 우주 제일의 書'라는 점으로 공자에게 절대적인 위치를 부여하는 것이었다.[47] 이러한 진사이의 공자에

---

45 伊藤仁齋, 『語孟字義』 卷下, 「鬼神」2. "蓋三代聖王之治天下也, 好民之所好, 信民之所信, 以天下之心爲心, 而未嘗以聰明先于天下. 故民崇鬼神,則崇之, 民信卜筮, 則信之. 惟取其直道而行焉已. 故其卒也, 又不能無弊. 及至于夫子, 則傳以敎法爲主, 而明其道曉其義, 使民不惑于所從也. 孟子所謂賢於堯舜遠矣, 正謂此耳."

46 伊藤仁齋, 『論語古義』 先進9. "人情者聖人之所不廢, 苟中其節, 則爲天下之達道. 不中其節, 則爲一人之私情."

대한 절대적인 신뢰와 높은 평가는 인간을 복수적인 실천 행위자로 보는 인간관에 기초한다. 사람이 단수자로서 존재하여 자신만의 이익을 추구할 때 일어날 수 있는 위험성을 인지하고 인간의 복수성을 일상적(항상적)으로 확보하고자 공자가 교법을 제시한 것으로 진사이는 파악하는 것이다.

특히 『맹자』에서 공자가 요순보다 현명하다고 한 구절에 담긴 진의는 고금을 통해 아직 풀지 못한 大公案이라고 강조하면서 道를 알고 얻는 것은 여기에 달려있다고 단언한다.

> 요순은 천자이다. 그 가르침이 널리 미치고 餘澤도 오랫동안 지속된 것은 당연하다. 그러나 치적은 九州를 넘지 못했고 廟食은 춘추 시대에 그쳤다. 공자는 필부이고 旅人이다. 그러나 도덕이 멀리까지 도달하여 무한하다. ……대개 천하의 군신, 부자, 부부, 형제, 부부가 직접 공자의 책을 읽고 공자의 教를 받지 않아도 사람이 인의를 좋아하고 충효를 받들며 군신, 부자, 부부, 형제, 붕우의 인륜을 잃지 않고 있는 것은 누구의 힘인가? 공자의 道가 피부를 덮고 몸과 뼈에 스며들어 오랫동안 冥冥한 가운데 자연히 행해진 것이 아니라면 어찌 능히 그럴 수 있을 것인가.[48]

공자의 영위는 어떠한 공간이나 시대에도 통하는 (따라서 진사이 자신

---

47 伊藤仁齋, 『童子問』 卷下, 50. "孔子爲最上至極宇宙第一之聖人, 論語爲最上至極宇宙第一之書. 所謂自生民以來未有盛於孔子也."

48 같은 곳, "堯舜, 天子也. 宜其聲教之遠曁, 而余澤之久流, 然治績不過于九州, 而廟食止于春秋之間, 亦不出於其外. 夫仲尼, 匹夫也, 旅人也. 然道德遠曁, 不可限量. ……大凡天下君臣父子夫婦昆弟朋友, 雖不親讀夫子之書, 服夫子之教, 然夫人善仁義, 崇忠孝, 不失君臣父子夫婦昆弟朋友之倫者, 夫誰之力. 非夫子之道, 浹於肌膚, 淪於骨体, 永自行於冥冥之中, 豈能然耶."

도 직면한) 인간관계의 문제점과 중요성을 밝혀내고, 또 그것이 공자가 가르친 바라는 사실을 인지하지 못할 정도로 무의식적인 차원에까지 그 教를 침투시키는 힘을 가진 것이었다. 공자가 행한 바의 깊은 뜻을 알았을 때 눈앞에 펼쳐진 광경은 일상이 바로 공자의 教이며 道라는 사실이다.

4. 학문의 일상성

본 장에서는 학문에 관한 진사이의 이해를 확인함으로써 그의 실학적 특징을 살펴보자. 진사이는 道(인의)와 비견될 만한 것으로 教(학문)를 들고 사람에게 있어 그 공이 막대함을 언급하였다.

> 생각하건데 천하가 존숭하는 것은 두 가지가 있다. 하나는 道이고, 또 하나는 教이다. 道란 무엇인가하면 인의가 이것이다. 教란 무엇인가하면 학문이 이것이다. ……道는 우주에 충만하여 고금을 관철하고 없는 곳이 없으며 그러하지 않은 때가 없어 지극하다. 그러나 사람으로 하여금 스스로 선으로 향하게 하는 것은 불가능하다. 따라서 성인이 인의를 세우고 오륜을 밝혔다. 이를 裁成輔相하여 사람으로 하여금 聖이 되도록 하고 賢이 되도록 하며 천하의 태평을 능히 열 수 있었던 까닭은 모두가 教의 공이다.[49]

49 伊藤仁齋, 『論語古義』 綱領 8, "蓋天下所尊者二. 曰道. 曰教. 道者何, 仁義是也. 教者何, 學問是也. ……道者充滿于宇宙, 貫徹于古今, 無處不在, 無時不然, 至矣. 然不能使人自能趨于善. 故聖人立仁義, 明五常. 裁成輔相之而所以使人得爲聖爲賢, 而能開天下之太平者, 皆教之功也."

진사이는 性을 유한한 것으로 파악하여 性에만 의존해서는 道를 실현할 수 없다고 보았다. 유한한 性을 도와서 道를 실천하게끔 하는 것이 教라고 하여, 주자학과 차별되는 性, 道, 教 삼자의 관계상을 제시하였다. 그리고 이 教를 학문이라고 하였는데 학문에서 진사이가 주의한 점은 과도한 지적 영위를 경계하는 것이었다.

> 卑는 즉 자연히 實이며, 高는 반드시 虛이다. 따라서 학문은 卑近을 싫어함이 없다. 卑近을 소홀히 하는 자는 道를 아는 자가 아니다. …… 학자는 반드시 그 道가 卑近함을 부끄러워하여 감히 高論과 奇行으로 세상에 거드름을 피우거나, 혹은 색다른 것을 궁구하여 神이라 하고 天을 끌어서 높다고 하는데 이른다. 제자백가 등 이단의 무리는 특히 심하였다. 모두 實德을 모르기 때문이다. 만일 卑近 두 자를 말하는 것을 부끄럽게 여기지 않는다면 道가 앞으로 나아며 학문은 명백해져서 道와 달라지는 먼 거리에 이르지 않는다.[50]

> 한 사람만이 알 수 있고 열 사람이 알 수 없는 것은 道가 아니다. 한 사람만이 행할 수 있고 열 사람이 행할 수 없는 것은 道가 아니다. …… 대개 높은 것을 구할 때는 반드시 낮은 곳으로 돌아가며 먼 것을 구할 때는 반드시 가까운 곳으로 돌아간다. 卑近으로 돌아간 후 그 견해가 비로소 實하다. 왜냐하면 卑近은 항상 자리할 수 있지만 高遠은 그러한 곳이 아니라는 점을 알 수 있기 때문이다. 이른바 卑近이란 본래 卑近이 아니며 즉, 平常이라는 뜻이다. 실로 천하와 고금이 함께 의거하는 바이며 인륜과 일용의 당연히 그러한 바이다. [51]

---

50 伊藤仁齋,『童子問』卷上, 24. “卑則自實, 高則必虛. 故學問無厭卑近. 忽卑近者, 非識道者也. ……學者必自恥其道之卑近, 敢爲高論奇行以高世, 或至窮異以爲神, 援天以爲高. 諸子百家異端之徒特甚. 皆不知實德故也. 苟不差道卑近二字焉, 則道可進學可明, 而不至於差道之遠也.”

51 伊藤仁齋,『論語古義』「綱領」7. “一人知之, 而十人不能知之者, 非道. 一人行之, 而十人

진사이는 일상적이고 평범한 논의를 부끄럽게 여기고 고도의 철학적 논변을 일삼는데 도취된 태도를 세상 학자들의 병폐라고 보았으며, 오히려 卑近한 논의가 實한 것이며 고원한 논의는 虛라고 강하게 비판하였다. 나아가 비근은 인륜과 일용의 소당연이라고까지 말한다.

이렇게 진사이에게 있어서 사람이 학문을 하는 의미는 가령 주자학과 같이 天에 대한 정치한 논의를 펼치는 사변적 철학의 구축이 아니라 그 근본이 이미 인의예지로 제시된 상태에서 이를 어떻게 실현할 것인가라는 실천의 문제에 있었던 점이 확인된다.

> 學에는 本體가 있으며 修爲가 있다. 본체는 인의예지가 이것이다. 修爲는 忠信敬恕와 같은 것이 이것이다. 생각하건데 인의예지는 천하의 達德이다. 따라서 이것을 본체라고 말한다. 성인은 학자로 하여금 이것에 의해 이를 행하도록 하였다. 修爲를 기다린 후에 존재하는 것이 아니다. 충신경서는 力行의 요점으로 사람이 공부하는 위에서 이름을 지은 것이다. 본연의 德은 아니다. 따라서 이를 修爲라고 말한다.[52]

인의예지 즉 達德은 學의 본체이지만 이를 바로 실천으로 옮길 수 있는 것은 아니다. 사람이 실천으로 옮길 수 있는 것은 충신경서와 같은 구체적인 행동 지침인 것이다. 앞에서 진사이가 충신경서 중 특히 恕와 信을 강조하였던 것을 확인하였는데, 진사이는 이러한 실천을 통해 학문의 본체를 일상 세계에서 현재화시키는 것을 학문의 기능으로

不能行之者, 非道.……夫窮高則必返于卑, 極遠則必還于近. 返卑近而後其見始實矣. 何則知卑近之可恒居, 而高遠之非其所也. 所謂卑近者本非卑近, 卽平常之謂也. 實天下古今之所共由, 而人倫日用之所当然."

52 伊藤仁齋, 『語孟字義』 卷下, 「忠信」5. "學有本体, 有修爲. 本体者, 仁義禮智, 是也. 修爲者, 忠信敬恕之類是也. 蓋仁義禮智, 天下之達德. 故謂之本体. 聖人教學者由此而行之. 非待修爲而後有. 忠信敬恕, 力行之要, 就人用工夫上立名. 非本然之德. 故謂之修爲."

간주했다고 할 수 있다. 그런데 이러한 실덕은 무조건적으로 추구되는 것이 아니라 전제 조건을 가지고 있었다.

> 효제는 實德이다. 충신은 實心이다. 따라서 聖門의 教는 반드시 효제를 근본으로 하고 충신을 主로 한다. 그런데 지금 이것을 모두 士의 다음된 것이라고 하는 것인 왜인가? 성문의 學은 유용한 實學이다. 만일 德이 넓지 않고 材가 넓지 않으면 가령 효제가 칭할 만하고 충신을 취할 만하다고 해도 모두 세상을 돕는 바가 없으며 인간 세상에 이익이 되는 바가 없다.[53]

진사이는 성인의 학문은 세상에 있어 유용한 실학이라고 정의하고 실덕과 실심을 만족한다고 하더라도 세상에 도움이 되는 바가 없다면 실학이라고 볼 수 없다고 한다. 이렇듯 진사이는 학문을 인간 세상과 한 치도 뗄 수 없는 관계에 있는 것으로 보고 학문의 의미를 인간 세상 속에서 찾았다.

> 사람에게 말해서 알기 어려운 것은 좋은 教가 아니다. 사람을 인도하여 따르기 어려운 것은 좋은 道가 아니다. 성인의 道는 군신, 부자, 부부, 형제, 붕우 사이에 있으며, 德은 인의충신의 밖을 나오지 않는다. 고금에 통해 변함이 없으며 四海에 준하여 어긋나는 것이 없다. 인심에 근본하며 풍속에 철저하여 天子라도 폐할 수 없으며 성인이라도 고칠 수 없다. 우둔하고 불초한 사람이라도 모두 알 수 있으며 모두 행할 수 있기 때문에 이를 천하의 達道德이라고 한다.…… 대저 고원한 것에 힘을 써 인륜에 이익이 없고 일용에 도움 됨이 없으며 천하 국가를 다스리

---

53 伊藤仁齋, 『論語子義』子路20. "孝弟實德也. 忠信實心也. 故聖門之教, 必以孝弟爲本, 忠信爲主. 而今以此皆爲士之次者何哉. 蓋聖門之學, 有用之實學也. 苟德之不弘, 材之不宏, 則設令孝弟可稱, 忠信可取, 然皆無補於世, 無益於人之國."

는데 도움 됨이 없는 것은 맹자가 말하는 邪設暴行이 바로 이것이다.[54]

道와 德, 그리고 敎는 사람과 사람 사이의 관계 밖을 나오지 않고 인심과 풍속을 그 근본으로 한다. 그리고 그 앎과 실천에 있어 사람의 자질에 따른 우열을 두지 않고 모든 세상 사람에게 열려있으며, 그들이 실제 삶에서 수행하는 인륜과 일용이 올바르게 기능하도록 도와주는 역할을 맡는다. 이렇듯 진사이가 재구상한 道, 德, 敎는 다양한 사람들이 관계를 맺으면서 서로 소통하며 살아가는 일상 세계를 원활하게 만들어주는 실제적인 효용을 발휘하는 가치인 것이었다.

그리고 이러한 학문과 일용이 합치되는 경지를 학문의 최종적 도달점이라고 하여 다음과 같이 말한다.

> 학자가 道에 나아가면 처음에는 학문과 일용이 부딪히고 틀려 합치되지 않는다. 진실함이 쌓이고 오랫동안 힘써 스스로 얻는 바가 있으면, 처음에는 멀다고 생각한 것도 비로소 가까워지고 처음에는 어렵다고 생각한 것도 비로소 쉬워지며 점점 가까이 다가와 학문이 아니면 즐겁지 아니하며 학문이 아니면 말하지 않게 된다. ……자녀를 키우고 노비와 관계하는 비천한 일에서부터 쌀과 소금, 땔감, 장작과 같은 세세한 일에 이르기까지 눈과 귀에 접하고 일용에서 행하는 일 전부가 道가 아닌 것이 없다. 俗 밖에 道가 없고 道 밖에 俗이 없다. 그 뿐만이 아니다. 한 점의 俗氣도 띠지 않는다. 이것이야말로 上達의 광경이다.[55]

---

54 伊藤仁齋, 『童子問』 卷上, 27. "語人而難知者, 非善教. 導人而難從者, 非善道. 聖人之道, 在於君臣父子夫婦昆弟朋友之間, 而德不出於仁義忠信之外. 通于古今而無所變, 準乎四海而無所違. 根於人心, 徹于風俗, 天子不能廢焉, 聖人不能改焉. 夫婦之愚, 不肖皆能知之, 皆能行之, 故謂之天下之達道德. ……大抵務于高遠, 而無益于人倫, 無資于日用, 無補于天下國家之治者, 便孟子所謂邪說暴行是已."

55 伊藤仁齋, 『童子問』 卷中, 61. "蓋學者之進道, 其初學問與日用杆格齟齬, 不能相入. 及乎眞積力久, 自有所得, 則向視之以爲遠者, 今始得近, 先視之以爲難者, 今始得易, 漸次近

초학자는 학문과 일용이 일치하지 않으나 점차로 양자가 일치하게 된다고 진사이는 말한다. 생활 속의 잡무가 모두 道를 행한다는 경지에 이르렀을 때 이것이 上達의 경지라고 하고, 이러한 견지에서 진사이는 道는 俗을 떠나지 않고 俗은 道를 떠나지 않는다고 단언한다. 俗을 道의 통제 안에 두려고 한 것이라기보다는 진사이의 의도는 道가 생활세계(日用 및 俗)에서 벗어난 형이상학적 관념이 아님을 선언하는 데 있을 것이다.

이처럼 道와 俗을 상호 규정하는 관계로 설정함으로써 俗의 다양한 현실상에 道가 안정적인 질서를 부여할 수 있으며, 道는 俗을 떠나지 않음으로써 道가 자기목적화되어 일상생활과 유리되는 것을 방지할 수 있다.

위와 같이 진사이가 학문에 대하여 사람이 상호 관계를 맺는 일상생활과 유리되지 않고 유용성을 가진 실천으로 파악하였던 점에서 그의 실학이 가진 특징이 분명하게 드러난다. 그리고 이 점은 道의 이해로도 연속되어 道와 俗이 불가분의 관계에 있음이 강조되고 일용(일상)과 道가 합쳐지는 지점이야말로 上達의 경지라고 말해진다. 진사이의 실학은 이러한 학문과 道의 이해 위에서 구축되고 있는 것이다.

5. 맺음말

이상의 고찰을 간단히 정리하면 진사이의 가계에 유래하는 학문적

前, 非學問不樂, 非學問不言. ……至於子女臧獲之賤, 米塩柴薪之細, 大凡接乎耳目, 施乎日用者, 總是莫非道. 俗外無道, 道外無俗, 而雖一点俗氣, 亦著不得. 此是上達光景."

문화적 분위기는 『論語古義』와 『孟子古義』를 문인들과 공동으로 집필한 것처럼 진사이의 학문의 기본자세를 결정짓는 데 일정 정도 역할을 하였다. 그러나 유학자로서 일생을 보낼 뜻을 세운 진사이는 친지로부터 애정에 비롯한 반대와 비난에 부딪혔다. 이러한 경험에서 진사이는 사람은 상대방의 내적 세계를 이해할 수 없다는 점에서 본질적으로 단절된 존재이며 그럼에도 불구하고 상대방을 생각하는 자연스러운 감정에 의해 '갈등'을 불러일으키기 쉽다는 것을 깊이 인식하게 되었다. 그리고 이러한 '갈등'은 개인의 도덕적 문제가 아니라 복수의 사람들이 자연적인 공동생활을 영위하는 가운데 항상적으로 발생하는 사회적, 정치적 사태로 인식하였다. 진사이는 그 해결책으로 내 마음 속에 다른 사람의 관점을 의식화, 현재화시키는 '恕'에 의해, 그리고 의지적인 노력을 필요로 하는 붕우의 '信'을 기초로 하여 행위 함으로써 인간세계가 항상적으로 유지되며 人義가 실현되는 이상적인 세계에 접근할 수 있다고 보았다.

한편, 진사이는 사람에게는 다양한 입장과 관점이 존재하고 서로 단절된 상태로 존재하지만 그럼에도 불구하고 동일한 세계에 관계할 수 있다는 가능성을 道를 통해 제시한다. 그러나 이러한 가능성이 통일된 하나의 가치를 추구하는 것을 의미하는 것은 아니며 사람이 가진 다원성, 차이성과 복수성의 가치를 담보하며 그 위에서 바람직한 관계상을 구축하려는 것이다.

진사이는 道, 德, 教에 대해 다양한 사람들이 관계를 맺고 소통하며 살아가는 일상 세계와 불가분의 관계를 맺고 있다고 보며 나아가 이 세계에 실제적인 효용성을 발휘하는 것으로 파악한다. 이러한 진사이의 학문 및 일본적인 유학의 이해에서 조선이나 중국과는 또 다른 유학의 기능 및 실학의 속성을 찾아 볼 수 있을 것이다.

■ 참고문헌

伊藤仁齋, 『論語古義』

伊藤仁齋, 『孟子古義』

伊藤仁齋, 『語孟字義』

伊藤仁齋, 『童子問』

伊藤仁齋, 『古學先生文集』

고희탁(2009), 『일본 근세의 공공적 삶과 윤리』, 논형.

금장태(2001), 『다산실학탐구』, 소학사.

김상준(2016), 「實學은 하나인가, 여럿인가, 아니면 애초에 없었던 것인가」, 『한국실학연구』 32, 한국실학학회.

이봉규(2015), 「實學의 유교사적 맥락과 유교 연구 탐색」, 『태동고전연구』 35, 태동고전연구소.

임형택(2009), 「동아시아 실학의 개념정립을 위하여」, 『한국실학연구』 18, 한국실학학회.

森洋久 편(2015), 『角倉一族とその時代』, 思文閣.

源了圓(1978), 「伊藤仁齋の實學觀とその思想」, 『東北大學文學部研究年報』 26.

三宅正彦(1987), 『京都町衆伊藤仁齋の思想形成』, 思文閣.

相良亨(1998), 『伊藤仁齋』, ぺりかん社.

宣芝秀(2016), 「伊藤仁齋における「改過」と「公善」－明末宗教・倫理思想の動向を手がかりに」, 『日本思想史研究』 48.

山本正身(2010), 『仁齋學の教育思想史的研究－近世教育思想の思惟構造とその思想史的展開』, 慶應義塾大學出版會.

小川晴久(1994), 『朝鮮實學と日本』, 花伝社.

石田一良(1960), 『伊藤仁齋』, 吉川弘文館.

李芝映(2011), 「元祿期における「日用」言説の浮上－淺見絅齋の伊藤仁齋批判」, 『日本思想史學』 43.

土田健次郎(1996), 「伊藤仁齋と朱子學」, 『早稻田大學大學院文學研究科紀要』 第一分冊 42.

土田健次郎(2012), 『「日常」の回復—江戶儒學の「仁」の思想に學ぶ』, 早稻田大學出版部.

片岡龍(2000),「伊藤仁齋の異端批判の形成」,『東洋の思想と宗教』17.
片岡龍・金泰昌 편(2011),『公共する人間1伊藤仁齋』, 東京大學出版會.
加藤仁平(1979),『伊藤仁齋の學問と教育』, 第一書房.
小島康敬(2015),「伊藤仁齋」,『日中韓思想家ハンドブック』, 勉誠出版.
子安宣邦(2004),『伊藤仁齋の世界』, ぺりかん社.
黒住眞(2003),『近世日本社會と儒教』, ぺりかん社.
豊澤一(2011),『近世日本思想の基本型－定めと当爲』, ぺりかん社.

여귀돈의 개혁정신

阮才東

1.

黎貴惇(Lê Quý Đôn)은 號가 桂堂인데, 1726년 베트남 山南(지금의 太平省)에서 태어났다. 여귀돈은 태어나면서 총명하고, 공부를 좋아하여 힘들어 하지 않았고, 어려서부터 유가경전과 제자백가의 사상을 접했다. 1752년 會試에서 일등을 했고, 1760년부터 1762년까지는 陳輝蜜과 함께 사절단을 이끌고 중국으로 갔으며, 1769년에는 副宰相이라는 높은 관직에 올랐다. 그리고 1784년 어머니의 고향인 河南省에서 세상을 떠났다. 여귀돈은 한 평생 동안 入世적 정신을 품었고 知와 行의 밀접한 관계를 숙지하였으며 나라와 백성을 위해 꾸준히 노력했다.

여귀돈은 베트남의 근대 이전까지 저서를 가장 많이 남긴 학자라고 할 수 있다. 베트남 유명한 사학가인 潘輝注(1782~1840)가 지은 『歷朝憲章類誌』「文籍志」(Lịch triều hiến chương loại chí, Văn tịch chí)에 따르면 여귀돈은 모두 16종의 저서를 남겼다고 한다. 구체적으로 보면 다음과 같다. 1.『陰騭文注』 2卷, 2.『名神錄』 2卷, 3.『易經膚說』 6卷, 4. 『黃越文海』 10卷, 5.『見聞小錄』 3卷, 6.『黎朝通史』 30卷, 7.『連周詩集』 1卷, 8.『撫邊雜錄』 7卷, 9.『桂堂詩集』 4卷, 10.『桂堂文集』 3卷, 11.『群書考辯』 4卷, 12.『國朝續編』 8卷, 13.『全越詩集』 20卷, 14.『書經衍義』 3卷, 15.『智士帳文集』 4卷, 16.『芸臺類語』 4卷이다.

『群書考變』의 서문에서 朱佩蓮 선생은 "天·地·人에 정통한 사람을 유학자라고 하는데, 위로는 天象의 五行 氣候를 점검하고, 아래로는 地理의 九州 險易를 일반화하고, 그 사이에서 人事의 歷代 得失를 표준화하는 것들을 널리 종합하고 정밀하게 꿰뚫고 있는 사람이다. 이 세 가지는 모두 역사서에 구비되어 있는데, 고금의 역사가 같지 않다. 正史를 연구하고 逸史를 참고하는 한편, 여러 유학자들의 史論를 널리 꿰고 있지 못하다면, 그것을 고찰하고 변론하여 합당한 결과로 분석해낼 수 없을 것이다."[1]고 하였다.

儒者의 책임을 이처럼 중시한 것인데 여귀돈 역시 평생 동안 이처럼 노력했다. 여귀돈은 베트남 後黎의 말기 南阮北鄭分裂 시대의 정치가이자 학자이다. 그는 王鄭楹, 靖都王鄭森과 端南王鄭楷 執權시기에 벼슬을 시작했고 國史館總裁와 工部尙書를 맡았으며, 사절로 중국에 간 적도 있다. 만년에는 宰相이 되어 더욱 유명해졌다. 그는 박학하고 다재다능하며 저서가 풍부하다. 또한 上書하여 개혁을 창도하였으니 베트남 학자들에게는 "王安石"으로 여겨졌다. 그러나 여귀돈은 개혁책으로 유명한 것이 아니라 그의 방대한 저서에 포함된 풍부한 지식과 사상으

1 朱佩蓮, 『群書考辯』「序」, 47면. "通天地人謂之儒, 上而天象五行氣候之占驗, 下而地理九州險易之準臺, 中而人事歷代得失之法式, 皆吳儒分事所宜博綜而精貫者也. 此三者, 備具史書, 而古今史才高下不同. 非硏究於正史旁參逸史而博通群儒之史論, 則無由考辯之以析出於至當."

로 사람들의 많은 관심을 끈 것이다. 그리고 이것으로 인해 역사에서 높은 지위를 얻었다.

2.

세계의 구성과 운행은 理를 따른 것인데 여귀돈은 성인이 이 理, 즉 天理를 가장 잘 알고 만물의 道를 따라 만물을 조화하여 만물을 하여금 자기의 본성을 만족하게 만들 수 있다고 했다. 그러므로 사람은 오직 성인의 道를 알면 집권할 수 있다. 그는 이것으로 자기의 앞길을 정했다. "위로는 황제를 존경하고, 아래로는 국민을 다스리며, 그 사이에서 본분을 준수한다. 政事를 처리하고, 강상을 소유한 신하가 되고, 성인의 도리를 따르며, 대대로 전해 내려온 先儒의 가르침을 배우니, 그의 위대한 사업은 이것들을 통해서 유래한 것이다."[2] 여귀돈은 宋明理學의 宗旨, 즉 張載가 『西銘』에서 말하는 "天地를 위해 마음을 세우고, 生民을 위해 천명을 세우고, 과거의 聖人을 위해 끊어진 학문을 계승하고, 萬世를 위해 태평세상을 연다."[3]라는 것을 수용했던 것이다.

그 당시의 국가 위기에 대하여 여귀돈은 법치의 필요성을 특별히 강조했다. 그는 "임금마다 모두 법치를 장악할 수 있다면, 능히 국가는 평안할 수 있게 되며, 사회에는 도덕과 예의가 있게 될 것이며, 사람의 마음은 정직하게 될 것이다. 백성을 법치로 제압하여 복종시키면, 임금을 존경하고 윗사람을 친애하는 관념이 있게 될 것이다. 비록 변경 밖

---

2 『見聞小錄』, "上尊敬皇帝, 下治理國民, 中遵守本分, 處理政事, 作爲一個有剛常的臣子, 聽從聖人之道, 學習一代一代傳下來的先儒的指敎, 他的偉大事業遂由此而來."

3 『西銘』, "爲天地立心, 爲生民立命, 爲往聖繼絶學, 爲萬世開太平."

에 변란이 있을지라도 국가는 평안하고 견고할 것이다."[4]고 하였다.

여귀돈은 법치가 중요성을 분명하게 지적하면서 "법치는 관료체계를 확고하게 하고 책임을 분배하여 규범과 예의를 잘 지키고 교육과 학습을 진작시킨다. 일정한 체계로 조정에서부터 백성에게 이르기까지 철저하게 관통하게 하여 형세가 만족스럽지 못한 곳을 사라지게 한다. 법률이 존중받고 엄중하면 어떤 사람도 범법자가 되지 않을 것이며, 의무와 명분이 명료하면 사람마다 모두 준수할 것이고 禮文이 빛날 것이다."(1764년 중국에서 다녀와서 올린 建議이다)라고 했다. 여귀돈은 仁治와 法治를 결합하여 사회를 개혁해야 한다고 하였지만 그 필수조건으로는 법치를 실천해야 한다고 주장한 것이다. 즉 "사람의 마음은 일정하지 않고 세상의 변화는 끝이 없기 때문에 정치는 어려운 것이다. 그러나 법제에 의거하면 능히 사람의 마음을 연결하고 세상의 변화를 장악할 수 있다."[5]. 여귀돈이 처했던 시대는 지극히 혼란스러웠기 때문에 법치만이 안정된 국면을 다시 세울 수 있다고 여긴 것이다. 하지만 그는 유가의 핵심사상인 정치안정의 결정적인 요소가 집권자의 인격에 있다는 것도 잊지 않았다. 그러므로 "먼저 법치를 확정하고 그 사이에서 일상적인 도덕과 제례를 행한다."[6]는 주장을 제기했다. 이것은 黎朝 黎聖宗의 法治와 仁治를 융합하는 관점을 계승한 것이다. 여귀돈은 "삼가 법률을 지키고 명령을 살피며, 학문을 권하고 가르침을 습득한다."[7]라고 하여 법치와 도덕을 병행하여 사람마다의 인격을 존중하고 사람을 도

4 "每英君都需要掌握法治, 這樣才能讓國家安平, 社會有道德禮義, 人心正直. 人民有了法治控制才服從, 才有尊君親上的觀念. 雖然邊疆之外有邊亂但國家仍然穩固."

5 "人心無定, 世變無窮, 政治難也. 只靠法制才能連結人心, 控制世變."

6 "先定法治而道德祭禮之一常行乎其間."

7 "謹律審令, 勸學習教."

구로 보지 말아야 한다고 강조했다.

사회개혁 측면에서 여귀돈은 개혁적인 정신을 견지하여 1770년에 치국제도를 바꾸는 건의 네 조, 즉 儒士를 선발하는 것, 人名官職, 국가정치경제, 國民戶籍을 상소했다. 이러한 건언들은 鄭王에게 받아들여졌고, 儒學의 가치는 크게 인정받았다. 하지만 그는 다른 한편으로 黎朝에서 儒術만 홀로 높이는 것을 반대하여 "三教同源"을 지극히 주장했다. 다른 儒者들이 오직 유학의 겉만 이해하는 것을 비판했으며, 심지어 佛家, 道家와 같은 사상 체계를 비판하며 "유학자들은 그렇고 그런 견해에 집착하고, 매번 변론하고 논박할 때마나 그 대상이 도교와 불교가 되니, 이 얼마나 잘못된 일인가?"[8]라고 지적하기도 했다. 또한 黎氏가 민족문화의 건설을 격려하여 베트남의 사상과 정신을 널리 드러내려고 했다.

3.

다음으로 理와 勢, 王道와 霸道, 民族精神과 振興儒學 세 개의 각도에서 여귀돈의 정치사회 사상을 살펴보겠다. 여귀돈은 氣本體라는 관념을 견지하지만 현실생활에서 理를 인지하고 파악하는 것이 가장 중요한다고 보았다. 즉 "모든 이치를 구비하고 있으면서 모든 일에 대응한다."[9]라는 그의 말이 그것을 증명한다. 저술을 할 때마다 여귀돈은 각 시대가 홍망하는 공통적인 답을 찾는다는 취지를 여러 번 밝혔다. 그는 하나의 정치사회관을 제기하였는데 이 관념은 바로 '理'와 '勢'개념을 기초

8 『見聞小錄』, "吳儒執比此之見, 每每辯駁謗及仙釋何其癡也."

9 『芸臺類語』「序」, "具衆理而應萬事."

로 한 것이다. 그는 모든 나라에서 시대의 평안은 모두 발전법칙을 따라야 안정된 국면을 가져올 수 있다고 주장하는데 이것이 바로 理勢이다. 여귀돈은 "천하의 모든 일은 이치[理]와 형세[勢] 두 가지에 불과하다. 그러나 이 두 가지는 항상 서로를 의지하고 있으니, 이치를 알지만 형세를 살피지 않으면 일을 완성할 수 없고, 형세를 살피지만 이치를 알지 못하면 일을 완수할 수가 없다. 이치와 형세에 대해 모두 밝기가 어려운 법이다."[10]라는 결론을 내렸다. 理와 勢 양자를 모두 철저하게 파악해야 사회의 기본적인 문제에 대한 체계적인 대답과 처리할 수 있는 방식을 제기할 수 있다. 여귀돈의 정치관에 있어서, 理는 국가 흥망의 기본규칙으로 다른 시간과 공간에 있어도 다 같은 것인 반면에 勢는 일정한 시기 안의 국가의 動態이다. 理는 변할 수 없지만 우리는 이 理를 인지하여 그 원리와 법치대로 국세를 바꿀 수 있다. 다시 말하면, 변화에서의 변하지 않는 理를 파악할 수 있다면 나라의 앞길과 운명을 알아낼 수 있을 것이다. 여귀돈은 예를 들어 이렇게 말했다. "선비들은 魯仲連[11]에게 충만한 하늘 기운이 있어 과감하게 동해로 가서 죽으려고

10 『群書考辯』「後語」, 465면. "天下事不過理勢兩端. 然而二者常相倚也, 知理而不審勢不是以成事, 審勢而不知理不可以立事. 夫惟理勢鮮能兼明."

11 魯仲連은 전국 시기의 名士이다. 劃策하는 것을 잘하고 자주 각 나라에 周遊하여 어려움을 해결해주고 분쟁을 풀어주었다. 趙孝王 9년(B.C257)에 秦나라 군대가 趙나라 국도인 邯鄲을 포위하였다. 외부의 압력로 魏王이 使臣에게 명을 내려 趙王에게 秦나라를 황제로 모시라고 권하라고 하였는데 趙王은 망설이었다가 결정하지 못하였다. 魯仲連은 그 利害를 가지고 趙, 魏 양국이 같이 秦나라를 대항하는 것을 설득하러 갔다. 양국은 그의 주장을 받아들였고 秦軍은 이로 인해 군대를 철수하였다. 20여 년 후에 燕나라가 제나라의 聊城을 참략하여 점령하였다. 齊나가가 田單을 보내 聊城을 되찾으러 가라고 하였는데 오래 지나도 성공하지 못하였고, 쌍방의 손해가 커서 죽거나 다친 사람이 많았다. 魯仲連이 이것을 듣고 왔는데 의리가 있고 말이 엄숙한 편지 한 편을 쓰고 성벽 안으로 쏘았다. 燕나라의 장군이 편지를 읽고 걱정하고 두려워서 자살하였다. 이에 齊나라가 쉽게 聊城을 점령하였다. 趙나라나 齊나라의 신하들이 분분 上書하여 魯仲連에게 관직을 주고 賞을 주라고 하였다.

했다고 하니, 하물며 다른 사람인들 어떻겠는가? 그들이 비록 잠시 秦나라의 공포 때문에 두려워 복종하였지만, 그것은 한 순간일 뿐이다. 사람들이 소리 지르면서 일어나면, 각국이 나라를 회복하기를 도모하여 진나라에 대항할 것이다. 이것은 곧 필연적 이치로 형세와 함께 가는 것이다. 魯仲連같은 일반 사람도 氣沖霄漢, 감히 동해에 가서 죽을 것인데 하물며 다른 사람들이겠는가?"[12]

앞서 여귀돈이 살았던 당시의 혼란스럽고 안정되지 않았던 국면을 언급한 바 있다. 사회의 각각 방면에서 심한 문제가 생겼고, 게다가 관직체계가 국가의 棟樑이 되지 못하였을 뿐만 아니라 오히려 국가가 날이 갈수록 쇄약해지는 원인이 되었다. 여귀돈은 말했다.

> 내가 평소 말하였다. 전대의 黎朝는 사대부의 風度가 대략 세 차례 변화되었다. 黎朝 초기 한 번의 큰 戰亂을 경험하였는데, 이 때문에 유학자들이 희소해졌다. 이때는 조정에 阮千積[13]과 裴琴虎[14]처럼 事理에 밝고 원대한 견해를 가진 이들이 있었으며, 지혜를 가지고 항상 과감하게 강직한 말을 하는 이들이 있었다. 또한 李子耇[15]와 阮時中[16]처럼 산

---

12 『群書考辯』, 122면.

13 阮千積(Nguyễn Thiên Tích)은 1431년에 進士에 급제하였고 黎太宗 시기에 두 번이나 명을 받고 외국으로 갔으며, 聖宗시기에 兵部上書가 되었는데 충성스럽고 과감하며 결단력이 있다.

14 裴琴虎(Bùi Cầm Hổ)는 黎太宗 시기에 御使를 맡았고 용감하고 두려워할 것이 없다.

15 李子耇(Lý Tử Cấu)는 晉朝 말년에서 太學에 급제하였다. 胡季犛가 簒位한지 1년이 안되었을 때 왕위를 아들인 胡漢商(Hồ Hán Thương)에게 전해줬다. 胡漢商이 李子耇에게 胡朝의 대신이 되어줘 해달라고 하는데도 거절하였다, 그리고 명나라가 베트남을 침략했었을 때 벼슬을 하라고도 했는데 사양하였다.

16 阮時中(Nguyễn Thì Trung)은 대대로 詩書를 잘하는 집에서 태어났다. 명나라 침략했었을 때 나와서 벼슬을 하기를 원하지 않았고 黎太祖가 나라를 평정하고 나서도 벼슬을 구하지 않았으며, 나중에 황제의 특별한 명을 받아 國子監 교수가 되었다가 얼마 되지 않아 그만두었고 집에 돌아가서 교습 생활을 하기 시작하고 아주 유명한 선생님이 되었다.

> 수를 소요하면서 淸白과 節操를 유지하며 부귀를 꿈꾸지 않는 이가 있었다. 이때가 바로 첫 번째 개혁의 시기였다.
>
> 洪德 중엽에는 科擧를 시행하여 수많은 인재들을 흡수하였다. 독서인들은 과거의 文彩를 학습하여 강론하고 연구하는 것이 활발하였는데, 이는 표면을 중시한 것으로 과거시험을 통해 관리가 되는 것을 기대한 것이다. 이때는 큰 절조를 품고 있는 사람을 보기가 매우 어려운 때였다. 그러나 利祿만을 구하는 사람들을 해결한다면, 엄격한 科擧라는 방법을 통해 재간이 있는 인재를 발전시킬 수가 있고 평범한 사람은 도태시킬 수가 있었다. 그렇게 되면 대부분의 관리는 간절히 구하는 습관이 없어졌고 국가 내부의 사람들은 모두 명분과 의리를 중시하게 되었다. 이때가 바로 두 번째 개혁의 시기였다.
>
> 端慶[17] 이후부터는 총명하고 지혜로운 담론이 단절되었으며, 간구하고 구걸하는 습관이 날로 보편화되었다. 직위를 가지고 있는 사람들은 대부분 淸廉과 禮讓의 풍도를 갖고 있질 못했다. 朝廷안에는 諫言이 없었고 사정이 있으면 거칠게 일을 하였으며, 국가가 위기에 처해 있을 때에는 나라를 팔아먹고 영화를 구했다. 이른바 名儒라 하는 이들 또한 똑같이 不義한 재물을 얻었으니, 어떻게 詩歌의 교류가 있었겠으며, 어떻게 서로를 찬탄해하며 견강부회를 없앨 수 있었겠는가? 이때가 바로 세 번째 개혁의 폐단이니, 이때는 매우 불완전한 시기였다고 말할 수 있다.[18]

이때, 여귀돈은 어쩔 수 없이 다시 고민하고, 민족의 역사에 대하여 깊게 반성하며 민족의 고통스러운 역사에 깊게 들어가서 발굴하였다. 그가 나라마다, 시대마다 각각 자지의 풍속 습관과 제도가 있지만 크게 말하면 모두 같은 원리가 담겨 있다고 본다. 그는 이렇게 말했다.

---

17 端慶: 威穆帝의 年號(1505~1509).

18 『見聞小錄』, 259~260면.

우리 월남은 李朝[19]시대에 일종의 제도가 있었고 陳朝[20]시대에도 일종의 제도가 있었으며, 洪德[21] 이후로부터 일종의 제도가 있었고 中興[22]이 시작될 때에도 일종의 제도가 있었으며, 景興[23]연간 이후에부터도 일종의 제도가 있었는데, 모두 時宜를 따르고 治道에 부합하였으나 서로 똑같았던 적은 없었다. 예악·수레·의복·과거·戶口·토지·부세·창고·병기·식량·법률·송사 등 朝代마다 모두 동일하지 않았지만, 대체는 오히려 일치하였다. 예악은 文質[24]을 겸비하였지만 번잡하거나 음탕한 데로 편향되지 않았으며, 수레와 의복은 문질이 시대에 부합하였지만 호화스럽거나 비루한 데로 나아가지 않았으며, 호구는 일정하여 공평하였고 노역 또한 번거롭지 않았으며, 토지는 개간하였지만 이중으로 과세하지 않았으며, 재물은 조리 있게 생산하였고 절도 있게 사용하였으며, 창고는 미래를 대비하여 저장하였고 때에 따라 분출하였으며, 군대는 병마를 위주로 하였고 조련을 정제되게 하였으며, 식량은 조화를 중시하였고 때에 따라 대응하였으며, 법률은 때에 따라 엄격하게 적용하거나 관대하게 적용하였으며, 송사 또한 실상을 조망하고 진상을 관찰하여 백성들의 마음을 얻었다. 이상 말한 바의 강령이 대체로 이와 같았으니, 각 조대마다 모두 대체를 똑같이 시행하였기에 똑같이 다스림이 안정되었던 것이다.[25]

정치는 각 지역의 문화에 부합해야 하고 문화의 다양성을 존중해야 한다. 그는 또 이렇게 말했다.

---

19 李朝: 1010~1225년.

20 陳朝: 1225~1400년.

21 洪德: 黎朝黎聖宗年號(1470~1497).

22 中興: 1527년에 莫家가 黎朝를 참위하였다가 1593년에 黎敬宗이 다시 莫家를 奚아내고 黎의 中興을 시작하였다.

23 景興: 黎顯宗의年號(1740~1786).

24 『論語』「雍也」"子曰: 質勝文則野, 文勝質則史, 文質彬彬, 然後君子."

25 『見聞小錄』, 56면.

천하의 모든 나라들은 지방의 풍속과 관습들이 모두 일치하지 않았고, 적합한 사물 또한 동일하지 않았으며, 음식·복장·용품·애호 등에 이르면 모든 것들이 완전히 달랐다. 성인이 백성을 다스릴 때에는 단지 백성을 安穩하게 하는 데에 목적이 있었으니, 이 때문에 三綱五常으로 교화하였지, 다시 풍속과 관습을 고치지는 않았다. 禮文을 가지고 수정하고 장식하면 백성들의 생업은 줄어들게 되니, 그것은 별도로 진행하면 되고, 생활을 자주 변경하면 백성들의 본성을 잃게 되니, 변경의 과정이 없게 하면 된다. 문장과 습속은 단절되지 않도록 변화시키고, 소박한 데에서 화려한 데에 이르기까지는 시간이 필요한 법이다. 다만 힘쓸 곳은 이치를 바르게 해야 하니, 文彩가 지나치면 浮華한 데에 이르고 마니, 오히려 소박한 것만 못하다. 공자는 先進의 예악은 野人의 것이라고 했다. 그러나 공자가 오래도록 함께 하겠다고 한 것은 소박한 선진의 예악[26]이다. 삼황의 시대를 이야기하면, 공자는 필경 상고시대의 풍속을 생각하셨을 것이다. 이것을 통해 공자의 생각을 이해할 수 있다.[27]

여귀돈은 三皇五帝부터 兩宋까지의 중국 역사를 최선을 다해 연구하였는데, 이에 『群書考辯』을 지어 理와 勢라는 두 가지 연구 각도를 통해 역사의 변동을 알아봤다. 청나라 廣西提督朱佩蓮이 『群書考辯』의 「序」를 썼을 때, "월남[日南][28]의 桂堂[29] 여귀돈 선생은 역사에 정통하여 『군서고변』 2권을 지었다. 三代로부터 兩宋에 이르기까지 그가 세상의 변화를 관찰한 것이 매우 깊다. 무릇 한 세대의 흥망성쇠는 그러한 까닭이 있는 법이다. 그것들은 모두 필연적인 형세를 볼 수 있지만 바른 이치를 가져다가 그 근본을 규명하지 못했거나, 필연적인 이치를 보고

26 『論語』「先進」"子曰: 先進於禮樂, 野人也; 後進於禮樂, 君子也. 如用之, 則吾從先進".

27 『見聞小錄』, 57면.

28 오늘의 베트남.

29 黎貴惇의 名號이다.

서 다시 그 기미를 관찰했거나 하는 차이가 있어서이다."[30]고 언급하였다. 朱佩蓮이 계속 해석하기를 "여귀돈 선생은 이치와 형세를 겸하여 역사를 평가하고 사실을 기록하였으며, 사람을 파악하고 세상을 논하였다. 계당의 관점은 용의주도하여 여러 글들에 대한 기록이 매우 분명하고, 분석이 정밀하다고 할 수 있다."[31]라고 하였다. 여귀돈은 정말로 理와 勢을 이해하는 것이 쉬운 일이 아니라는 것을 알고 있고, 그에 있어서는 옛 사람이 남은 지혜가 理와 勢의 지식을 늘리는 가장 쉬운 길이다. 그러므로 여귀돈은 역사를 매우 강조하였다. 비록 역사가 어렵지만 역사를 공부하지 않으면 과거의 治(다스려짐)과 亂(혼란)을 알 수 없고 理와 勢의 樞紐을 찾아낼 수 없다고 주장했다.

> 경전을 학습하는 것은 본래 매우 어렵지만 史學은 더욱 어렵다. 그렇다고 사학이 경학에 비해 더 深遠한 것은 아니다. 九經은 漢唐이래 注疏가 완비되었고, 宋代와 元代에 이르러서는 각 분야의 大儒가 이미 章과 類를 구분하여 解義를 편리하게 하였다. 이 때문에 聖賢의 오묘한 도리가 모두 분명해졌다. 배우는 이들이 한 번 보면 너무나 명확해서 여러 이야기할 필요가 없으니, 저 박학다재한 이들 또한 견강부회할 구절이 하나도 없게 되었다. 史書에 이르러서는 三代로부터 宋元에 이르기까지 수천 년 변화의 형국이 다단하였고, 史冊의 전승 또한 매우 풍부했다. 옛날부터 있었던 記와 傳의 문체가 발양되어 『史記』와 『漢書』가 있게 되었고, 編年의 문체가 존중되어 『通鑑』과 『綱目』이 중시되었다. 이것들은 文體와 意義에 불과함으로 六經을 벗어나는 것은 아니다. 그

---

30 黎貴惇, 『群書考辯』「序」, 48면. "日南黎子桂堂通精列史, 有群書考辯釐爲二卷. 金三復是書自三代以迄兩家其觀世變也深矣. 凡有一代之興必有所以興之故, 一代之亡必有所以亡之故而有但見於勢之必然者不復援正理以窺其本有但見於理之必然者還復觀其機."

31 『群書考辯』, 49면. "黎子兼理勢以評史書事知人論世. 致堂之管見熔齋之隨隨筆諸書得不免剖破焚離翻室成案乎. 由其揆幾當析義精也."

> 럼에도 불구하고 儒家는 후대에 이름 있는 학자의 이론에 심취하여 대부분의 역사는 중요한 것이 아니라고 생각하게 되었다. 이 때문에 해석이 매우 적어지게 되었고, 言論 또한 무분별하게 계발되고 발휘되었다. 이런 것이 계속 지속된다면, 후세의 군자들은 治亂과 興衰를 무엇에 근거하여 고증하여 좋은 사례를 인용하여 귀감을 삼을 것이며, 좋지 못한 사례를 인용하여 경계로 삼겠는가?[32]

여귀돈이 다른 베트남 선비처럼 유가의 영향을 깊이 받았으며, 四書五經이나 고전을 주해하는 책 등은 뿐만 아니라 심지어 역사, 특히 『北史』(즉 중국 역사)에 대해 관심도 매우 많았다. 여귀돈의 『聖模賢範錄』이 유가경전에 관한 저서라면 그의 『群書考辯』은 중국 역사를 중요시해서 나온 작품이라고 할 수 있다. 그는 고전이나 역사를 통해 국가 발전의 중요한 관건을 찾으려고 하였다. 예를 들어 맹자를 논할 때, 여귀돈이 "梁襄王이 맹자에게 천하가 어디로 정해지겠는지를 물었다. 맹자가 하나로 통일될 것이라고 말했다. 맹자는 國運의 흥망성쇠에 대한 이치와 형세를 融會貫通할 수 있었다. 맹자는 학문이 있었고, 剛正하고 純厚했으며, 그 속에서 다가올 선각자와 선비들을 상상할 수 있었다."[33]고 하였다. 여귀돈은 理와 勢를 통달하는 것이 국가를 안정시키는 매우 중요한 원칙으로 보았다.

중국 역사를 연구할 때 여귀돈은 중국 역사에서 나타났던 어떤 시기, 특히 변동시기에 대해 극히 관심을 보였다. 그는 역사 환경 측면에서 중국과 베트남 두 나라가 같은 문제점을 가지고 있다는 것을 발견하였다. 예를 들어 吳王夫差를 언급하였을 때, 그는 만연된 전란에 처하고

---

32 『群書考辯』「黎貴惇的序」, 61면.

33 『群書考辯』, 125면. "梁襄王問孟子天下惡乎定? 孟子雲定於一. 孟子可能融會貫通了國運興衰之理與勢. 孟子是有學問, 剛正純厚, 哪裡像後來的先知, 士人."

있던 베트남의 상황이 생각났다. 그리고 두 나라 패망의 원인도 똑같다고 하였다. 즉 "전쟁의 일상으로 백성들은 피로했으나, 전쟁의 승리로 군주는 교만해졌다. 교만해진 군주가 지속적으로 백성들을 피폐하게 하여 나라가 패망하는 원인이 되었다."[34] 위에서 아래로, 황제에서 백성으로, 사람마다 무리한 짓을 억지로 했기 때문에 국가가 무너지지 않을 리가 없었다. 그러나 여귀돈이 가끔 문화 측면에서 국가흥망의 원인을 찾기도 하였다. 그는 "군자가 찾아낸 자세한 흥망성쇠의 이유는 禮樂을 근거로 한다."[35]고 하였다. 그래서 그는 예로부터 공인된 도리인 "천하를 얻기는 어려워도 천하를 잃기는 쉽다."를 다시 한 번 인정하였다. 그는 "唐나라 莊宗은 20년 동안의 천신만고 끝에 천하를 얻게 되었지만, 단지 3년 만에 교만해져 나라를 잃고 말았다. 천하를 얻기는 어려워도 천하를 잃기는 쉬운 법이다. 이처럼 古人들은 밤낮으로 모두 마음을 삼가고 조심하여 전전긍긍하였던 것이다."[36]고 말하였다. 理와 勢를 고려해야 機를 알 수 있고 후환을 방비하려면 機를 꼭 잡아야 한다. 여귀돈이 과거의 역사를 논의하면서 당시의 정세에 대해도 "환란이 발생한 것은 앞서 생각하지 않았기 때문이고, 변고가 출현한 것은 방비를 하지 않았기 때문이다."[37]고 경고하였다. 易理를 깊게 따지면 그는 機를 아주 중요시하며 인사나 국사에 대해 인과 관계에서 機를 찾으려고 했다. 이에 "氣에는 기미[機]가 있고, 기미를 통해서 때[時]를 본다. 조화로운 기미의 조짐이 있으면 선한 부류가 모이고, 좋은 일이 일어나고 마음과

---

34 『群書考辯』, 134면. "經常打仗, 百姓就疲勞. 經常戰勝, 君主就驕傲. 驕傲的君主催疲勞的百姓打仗就是敗亡的原因."

35 『群書考辯』, 60면. "君子摸淸底細興衰的緣故是經常根據禮樂."

36 『群書考辯』, 363면. "唐莊宗二十年辛苦衝鋒險陣才得到天下, 但只有三年驕傲拖拉就亡國. 得天下難, 失天下易. 這樣才知道古人日夜都提心吊膽, 戰戰兢兢不是太過慮的."

37 『群書考辯』, 349면. "禍患發生因爲沒有先考慮, 變故出現因爲沒有防備."

뜻이 맞는 이들이 통하여 수고롭지 않으면서도 治平을 이룬다. 易이란 능히 盈虛·消息·吉凶·進退·存亡의 길을 알 수 있어서 그 바름을 잃지 않는 데에로 귀결시킬 수 있다."[38]고 하였다. 『群書考辯』의 결론 부분에서 여귀돈이 『易經』을 평가하기를 "『주역』에서 천하의 움직임은 한 가지 정성을 바르게 하는데 있다고 했다.[39] 이것에 관통하면 四海와 九州의 큰 공간 및 千里와 百世의 먼 시간을 살펴서 모든 것을 눈앞에 불빛을 보는 듯이 손바닥을 살펴보는 듯이 할 수 있을 것이다."[40] 여기서 '一'은 陳文權이 理로 주해하[41]였는데 이는 여귀돈의 생각을 확실하게 표현하였다. 즉 국가를 안정시키려면 꼭 理를 따라야 한다. 어떤 경우에는 여귀돈은 理를 天道로 보았다. "天道는 천도에 순응하는 사람을 돕고, 인도는 仁義의 사람을 돕는다."[42]고 하니 天道에 따르면 국세가 쇠퇴할 리가 없다. 절대적인 권력을 가지는 황제라도 개인 의지에 따라 제멋대로 행동하면 안 된다. 天道를 위반하는 행동은 온 나라에게 해칠 뿐만 아니라 조정의 붕괴를 초래할 수도 있다.

치국의 道를 논할 때 여귀돈이 王道정신, 군주에서 신하로 각각의 인격기초와 행위의 기본 원칙, 그리고 황제와 백성 간의 관계 등을 포함하는 理를 치국의 원리로 구체화시켰다. 그는 理를 중요시하는 태도를 드러냈지만 동시에 현재의 국세를 이해하는 전제에서 理와 勢를 장악

---

38 『芸臺類語』「理氣」, "氣有機, 因機見時. 和機兆矣, 善類集, 善事擧心同志通不勞而致治平. 易者其爲能知盈虛消息吉凶進退存亡之道而要歸於不失其正也."

39 『周易』「繫辭下傳」, "吉凶者, 貞勝者也; 天地之道, 貞觀者也; 日月之道, 貞明者也; 天下之動, 貞夫一者也."

40 『群書考辯後語』, 476면. "易曰天下之動貞夫一也, 至哉一字. 一以貫之則維四海九州之遠千里百世之遙酬酢權度皆較能如列眉燃如指掌矣."

41 『群書考辯後語』, 475면.

42 『群書考辯』, 399면. "天道是幫助順從(天道)的人, 人道是幫助仁義的人."

해야 국가의 문제를 해결할 수 있다고 주장하였다.

이런 관점에서 본다면 여귀돈은 王夫之의 理勢相成 혹 理勢合一이라는 사상의 영향을 많이 받았던 것으로 이해된다. 王夫之는 "理는 氣에 의지하고, 道器는 서로 호응한다"는 일관된 주장으로 理勢相成과 理勢合一이라는 사상을 제기하였다. 理라는 것은 역사 발전 과정에서 나타나는 규칙이고, 勢라는 것은 역사 발전의 필연적인 추세와 객관적인 과정이다. 王夫之는 理勢相成을 긍정하며, 理와 勢는 서로 분리될 수 없다고 여긴다. 그리고 理는 順과 逆의 구별이 있고 勢는 可와 否의 구별이 있다. 인간의 역사적 실천 과정에서 각종 복잡한 상황이 있기 때문에 이는 역사적 事變들의 복잡성을 초래하였다. 따라서 "그렇게 된 이유를 추론하고, 그렇게 되지 못한 실제를 변별하여 이치로 이루는 세력과 세력이 이루어지는 이치 등 여러 방면에서 검토하여야 인류 역사의 필연적인 추세와 내적인 규칙을 천명할 수 있다. 그는 理와 勢는 아주 밀접한 관계가 있으며 서로 분리될 수 없다고 한다.

여귀돈이 "형세는 일의 원인이고 일은 형세가 성취된 것이기 때문에 일을 떠나서는 이치가 없고 이치를 떠나서는 형세도 없다. 형세에 어려움과 쉬움이 있는 것은 이치에 순종하거나 거역하느냐에 따른 것이다. 이치에 순종하면 형세도 순조롭고, 이치에 거역하면 형세도 거역한다."[43]고 말하였다. 즉 역사 발전의 필연적인 추세는 理의 표현이라고 했다. 勢가 없는 理는 존재하지 않고, 理를 표현해 주지 않는 勢도 존재하지 않는다. 또한 "역사철학의 기본이론을 사용한다면, 진화주의의 역사변통 관점 · 천인을 함께 중시하는 역사동력 관점 · 역사주의의

43 『尙書引義』, 卷四, "勢者事之所因, 事者勢之所就, 故離事無理, 離理無勢. 勢之難易, 理之順逆爲之也. 理順斯勢順矣, 理逆斯勢逆矣."

이치와 형세가 서로를 완성한다는 관점·이성주의의 역사인식론 등의 네 방면은 비교적 전면적으로 왕부지의 역사철학사상을 분석한 것이다."[44]고 하였다. 그러나 王夫之의 理勢相成 사상은 주로 天의 내포를 한정하는 데에 집중하였는데 사실은 天命觀을 반대하는 것이다. 王夫之는 역사 발전은 규칙성을 갖고 있다고 주장하고 지극히 특색이 있는 역사관을 건립하였다. 그러나 여귀돈의 理勢 사상은 주로 정치관에 집중되었다. 그는 한편으로 국세, 다른 한편으로 치국의 규칙에서 방법을 찾아 당시 베트남이 임한 위기를 해결하려고 시도했던 것이다.

國勢라는 것은 국가의 기본 문제와 추세, 즉 국가의 실제적인 상황을 말하는 것이다. 여귀돈에 의하면 학자는 유가경전에만 통달하해서는 안 되고 국정에 대해서도 잘 알아야 한다. 공자로부터 다른 유학자들은 모두 다 경전을 두루 통달할 뿐만 아니라 濟世之才도 겸비해야 한다. 여귀돈은 실제적인 견해를 매우 중요시한다. 그에게 실제이라는 것은 현재 진행 중인 상황에 그치지 않고 민족과 국가의 실제를 의미했다. 여귀돈은 중국 역사에 통달하면서도 동시에 베트남 역사도 매우 철저히 알고 있었다. 23살 때 그는 『黎朝通史』(또는 베트남에서 『大越通史』라고 칭함)라는 역사책을 집필하였다. 그 밖에도 여귀돈은 다른 역사책을 많이 편저했다.

그의 『見聞小錄』, 『撫邊雜錄』, 『芸臺類語』 등의 책을 읽어보면 여귀돈은 베트남의 실제 상황(18세기의 베트남뿐만 아니라 더 긴 역사 속에서 베트남의 실제 상황까지)을 아주 투철하게 파악한 학자라는 것을 알수 있다. 그는 入世적 정신을 품고 知와 行의 밀접한 관계를 잘 파악하여 국

44 周好(2003), "用了歷史哲學的基本理論, 從進化主義的歷史變通觀, 天人並重的歷史動力觀, 歷史主義的理勢相成觀和理性主義的歷史認識論四個方面較爲全面地分析了王夫之的歷史哲學思想."

가와 백성을 위해 평생을 분투했다. 여귀돈은 要職을 많이 맡았는데 비난과 공격, 심지어 파면 위기도 당한 적도 있었다. 그의 저작을 연구할 때 상당히 재미있는 것을 발견할 수 있는데, 그것은 바로 그의 모든 중요한 저작들은 거의 다 여귀돈이 관직을 맡고 있을 때 완성되었는다는 점이다. 즉 그는 告老還鄕의 시기가 아니라 가장 성공한 시기에 중요한 저작들을 완성했던 것이다.[45] 이는 여귀돈의 이론이 종이 위에만 머무르지 않고 실천과 긴밀한 관계가 있다는 것을 반증한다.

18세기 베트남의 전란은 백성들을 매우 고통스럽게 만들었다. 이런 상황에서 여귀돈은 교조적 학술을 비판하면서 清談誤國으로 지목했다.

> 宋朝는 清談으로 나라를 그르쳤다. 『주역』에서 도적을 제어하는 것에 이롭다[46]고 했으니, 일의 위아래를 같은 마음으로 협력하면 무리를 모아 한 번에 도적에게 저항할 수 있을 것이다. 그러나 송나라 사람은 다남 청담만을 즐겼을 뿐이다. 도적이 이미 도성 아래에 있는데도 여전히 한가하게 시간을 보내려고만 하였다. 그들은 붓을 劍으로 삼고 혀를 刀로 삼고는 밤낮으로 변론을 그치지 않았는데, 심지어는 두세 명의 大臣을 모아 억견을 만들어 동일하지 않은 上奏文으로 사직서를 작성하기도 했다. 宋王은 도리어 머뭇거리며 결정하지 못했으며, 조정의 계책은 분분하였고, 사람마다 모두 서로 다른 마음을 지니고 있었다. 사정이 이러하니 어떻게 도적을 막을 수가 있었겠는가?[47]

45 이 점에서 여귀돈은 潘輝注와 정반대였다. 黎文蘭(1988), 22~25면 참조.

46 『周易』「漸」. "「象」曰: 夫征不復, 離群醜也. 婦孕不育, 失其道也. 利用禦寇, 順相保也."

47 『群書考辯』, 420면. "宋朝清談誤國. 易經雲利用禦寇, 事上下要同心協力, 成群聚集在一起才能抵抗敵人. 然而宋人祇清談而已. 敵人已經在城下, 仍然還有時間閒聊到底要和還是要打. 他們以筆爲劍, 以舌爲刀, 日夜不停地辯論, 甚至還引發兩三位大臣因爲意見不同上奏辭職的案例. 宋王反而猶豫不決, 朝中計謀亂紛紛, 每個人都有不同的心思. 這樣怎麼能拒敵呢?"

그리고 그는 예를 들어 말했다. "大通[48]시기 신하들은 조정에 가서 불교와 도교만을 강론하였고, 이리저리 가르침을 말하고 조용히 소요하고 있었으니, 神仙이 하는 것만 같았다. 변경의 관문에서는 적군들이 일사불란하게 움직여 어떤 방해도 받지 않았기에 속수무책으로 무너지기를 기다리고 있을 뿐이었으며, 난리를 피해 도망해야 될 때 이르러서는 뒤돌아 볼 수도 없는 지경이 되었다."[49] 중국을 예로 들었지만 이는 당시 베트남의 실제적 상황과 똑같다고 생각하는 여귀돈의 마음을 잘 보여준다. 여귀돈은 송명이학을 많이 흠모했고, 程朱의 영향도 많이 받았다. 이는 여귀돈의 형이상학에 잘 표현되어 있다. 그러나 정치도덕에 있어서 그는 程朱의 견해에 동의하지 않을 때도 적지 않았다.

> 景定[50]과 鹹淳[51] 시기, 百官들은 權勢에 의지하여 性理를 담론하고 정사를 폐하여 국가를 멸망하게 하였다. 이것이 李煜[52]과 무슨 차이가 있겠는가? 정자와 주자의 학설은 本體가 精通하고 實用이 化境하여 공허하고 부박하지 않았다. 그러나 先儒들은 도리어 정자와 주자의 학문을 晉나라의 淸談[53]이나 梁나라의 苦空[54]에 비견하여 정죄하였다. 이러

---

48 527년 3월~529년 9월은 蕭衍(양무제)의 세 번째 연호이다. 총 2여 년이다.

49 『群書考辯』, 456면. "大通時, 臣子上朝只講佛老, 彼此說教, 從容逍遙自在, 像神仙似的, 而在邊關敵軍濟濟都作爲平淡無奇, 從而一聽侯景打來都束手待斃, 至於亂逃時, 連馬也不會騎."

50 景定(1260~1264)은 宋理宗趙昀의 일곱 번째 年號.

51 鹹淳(1265~1274)은 宋度宗趙禥의 年號.

52 李煜(937~978)은 또한 李俊主라고도 하는데 南唐末代의 군자이다. 원래 이름은 從嘉이고 字는 重光이며, 號는 鍾山隱士, 鍾峰隱者, 白蓮居士, 蓮峰居士 등이다. 李煜은 불교를 신앙하여 조정과 나라에서 종교를 크게 부흥하여 심지어 나라에서의 중대한 일에 대하여 모두 불교를 근거로 하였고, 자기가 매일 袈裟를 입고 불경을 송독하였다.

53 淸談은 또한 淸言이라고 하고 魏晉시기에 크게 유행하였다. 漢末에 黃巾起義로 중앙정권이 붕괴되었고 지방 세력이 대두하였는데, 이에 따라 儒家 경전이 쇠약해지기 시작하였다. 혼란스러운 세상에서 老壯사상이 점점 대도하기 시작하니 일반적인 문인들이

한 발언은 중복되는 것 같지만, 당시의 기상을 주밀하게 고려해본다면, 이런 종류의 인정 또한 일리가 있다.[55]

여귀돈은 그 당시의 학설이 빨리 당시의 난제를 해결할 수 없다고 생각하여 이렇게 평론하는 것인가? 우주관에 있어서 여귀돈은 程朱, 심지어 佛老의 관점을 쉽게 받아들였지만 정치 사회에서의 복잡한 문제를 직면할 때 이른바 "淸淡", "苦空"이라는 것은 智者로 하여금 객관적인 실제 상황을 무시하게 하고, 제도를 세우거나 위기를 직면할 때 명확하지 않는 문제를 초래한다고 지적했다. 그러나 여귀돈은 성현들의 저서를 깊게 연구하였을 뿐만 아니라 문인과 학자를 넓게 사귀였으며, 한평생 동안 여기저기 분주하면서 지식을 구하였다. 그가 지었던 일련의 백과전서적인 서적들은 이러한 상황에서 나타난 것인데, 특히 『撫邊雜錄』, 『芸臺類語』, 『見聞小錄』 등이 그것이다. 이러한 작품들에 담은 지식의 수량은 독자를 놀라게 만들 정도로 많았고, 또한 실천적인 성격과 개혁의 목적을 명확히 드러냈다.[56] 여귀돈은 베트남 그 당시의 현황을 알수록 고통스러운 현실을 개선할 수 있기를 바랐다. 그는 政事는 자주 변하여야 한다고 생각하며 다음과 같이 말하였다.

세속적인 일과 민생을 논하지 않고 노장을 祖述하여 玄學의 학풍을 크게 진흥하였다. 특히 三玄이라는 『周易』, 『老子』, 『莊子』를 가장 자주 논하였다.

54 苦空無常은 불교를 가리킨 것이다.

55 『群書考辯』, 459면. "景定, 鹹淳時, 百官只倚仗權勢以高談性理, 把政事廢置, 使國家滅亡. 這樣跟李煜有什麽差別?而程子, 朱子的學說, 本體精通, 實用化境, 不致空虛浮淺. 然而有先儒還定罪程朱之學好比晉的淸談, 梁的苦空. 這番言論似乎言重, 但對當時氣象周密地考慮, 這種認定是有理的."

56 阮名閥, 「黎貴惇著作的實踐性」(Nguyễn Danh Phiệt. "*Lê Quý Đôn-tính thực tiễn trong sáng tác của ông*"), 『黎貴惇越南十八世紀博學之士』, 太平省文化通訊司, 1979, 78면.

蕭何가 海內에서 지명도가 있는 것은 恭敬과 勤愼이었지만, 시시각각 모든 것들이 서로 다른 계획과 방안이 있을 뿐이었다. 武侯는 이와 같이 지중하였고 두루 법령을 만들었지만, 모든 事情에 익숙하였다. 房玄齡[57]과 杜如晦[58]은 너그러웠고 겸허하였으며 禮貌가 있었지만, 전심전력으로 국가와 조정을 위하였고, 국가사업을 거듭 새롭게 만들었다. 과거 장군의 사업은 이렇게 웅대하였는데, 이것은 전적으로 덕망에 의지하고 앉아서 풍아한 유속을 評斷할 수 있었기 때문이 아니다. 진심으로 진력하여 처리하고 안배하며, 모든 일에 분투하는 마음을 지니지 않은 적이 없었기 때문이다. 이렇게 해야 천하의 政事가 끊임없이 更新되는 것이다.[59]

우리는 재주와 능력이 중요하다는 것을 부정할 수 없지만 재능이 고정되고 변하지 않으면 안 되므로, 나라에 책임감이 있는 사람은 현실의 변화에 따라 자기의 인지와 정책을 열심히 바꿔야 한다. 이것은 바로 『易經』에서의 이른바 "自强不息"[60]정신이다. 나라를 다스리는 것은 부단히 고민하고, 그 다음에 새 방법과 새 조치를 찾아내어 사회를 개선해야 하는 것이다. 적당한 개혁은 반드시 좋은 결과를 가져올 것이지만 쓸데없는 변화는 오직 혼란만을 초래할 것이다. 이에 여귀돈은 "흐르는

---

57 房玄齡(579~648)은 이름이 喬이고 字가 玄齡이다. 齊나라 臨淄사람인데 房彦謙의 아들이다. 그는 渭北에서 李世民 밑으로 가고 나서 秦王을 위해 획책하고 書記를 관리하였으니 秦王에게 도움이 되는 신하들 중의 한명이다.

58 杜如晦(585~630)는 字가 克明이고 京兆杜陵사람이다. 당나라 초기의 신하이다. 그는 李世民이 정권을 빼앗고 貞觀之治를 만들었을 때의 주요 신하 중에 한 명이었는데 李世民의 重用을 얻었다.

59 『群書考辯』, 383면. "看來蕭何海內知名是恭敬, 謹愼, 但時時刻刻都有不同的計畫, 方案; 武侯如此持重, 周到還一樣裝修法令, 熟練一切事情; 房, 杜, 寬容, 謙虛, 有禮貌, 但一直全心全意爲國家, 爲朝廷, 重新創辦事業. 往昔的將軍事業這樣雄偉不是因爲全靠德望, 坐著就能評斷風雅流俗, 而是要才能高超, 盡心盡力處理, 安排, 還加上有無時無刻不奮鬥之心. 只有這樣天下政事才不斷地更新."

60 『周易』「乾」「象」.

물은 냄새 나지 않아야 하고 문의 빗장은 좀이 끼지 않아야 한다. 이 때문에 끊임없이 움직이는 것이다. 하물며 천하를 다스릴 때에는 어떻겠는가? 좋은 개변은 능히 제나라 桓公이 覇主가 되었거나 한나라 武帝가 강성한 大軍을 건립했던 경우이고, 좋지 않았던 움직임은 당나라 文宗의 甘露之變[61]과 송나라 神宗의 新法之變[62]이다."[63]고 하였다.

여기서 설명하여 할 것은 비록 여귀돈이 개혁을 주장하지만 王安石[64]에 감복하지 않고, 오히려 王安石의 변법을 한두 번이 아닌 여러 번임을 비판하였다. 왕안석의 신법에서 토지에 대한 개혁은 토지주와 관련 관료에 영향을 끼쳤으니 그들의 강렬한 저항을 받았고, 그리고 민간에서 개혁을 추진하는 것이 어려우니 오히려 일반 민중들의 생활에 나쁜 영향을 끼쳤으며, 또한 지식인들도 반대했다. 하지만 여귀돈은 왕안석파의 영향을 반대해서 그를 비판하지는 않았다. 그가 비판한 것은 왕안석이 일부러 武力을 사용하여 임의로 침략전쟁을 일으켰기 때문이다.

---

61 大和九年(835)에 李訓은 宦官들을 인유하여 左金吾衛衙에 가서 석류나무에 있는 甘露를 취하였는데 목적은 한거번에 환관들을 소멸하는 데에 있었다. 그러나 일이 노설되었고 환관들이 조정의 신하 천 여 명을 살해하였음을 초래하였는데 역사에서 이 사건을 甘露之變이라고 한다. 이후에 文宗이 더욱 환관들의 억압을 받았으니 자기가 家奴에게 제한을 받고 상황은 周赧王, 漢獻帝만하지 못한다고 탄식하여 눈물이 줄줄 흘러내려왔다.

62 王安石의 주관에서 均輸, 青苗, 農田水利, 免役, 市易, 保甲, 方田均稅, 保馬 등 新法이 이어서 나왔다. 新法은 사회의 각 방면을 두루 포괄하였지만 지나치게 급하였으니 利와 弊가 동시에 보였다.

63 『群書考辯』, 389면. "水在流通就不臭, 門栓就沒有蠹蟲, 是因爲不斷地運轉, 何況治天下竟然不運轉嗎? 好的改變能像齊桓公做霸主或漢武帝建立一個强盛的大軍. 不好的運轉像唐文宗的甘露之變, 宋神宗的新法之變."

64 王安石(1021~1086)은 중국 江西省臨川 사람인데 北宋시대의 정치가, 문학가, 사상가이다. 嘉祐三年(1058)에 宋仁宗에게 상서하여 개혁하는 것을 요구하였다. 1069년 宋神宗때 參知政事를 맡고, 青苗法, 農田水利法과 募役法 등 新法을 제기하였다. 21세기 러시아 共産黨 지도자인 列寧(Ле́нин)에게 "11세기의 개혁가"라고 일컬어졌다.

> 왕안석은 단지 병력을 움직여서 다른 나라를 침략하려고만 하였으니, 진실로 괴이하다. 국가는 안정된 상태에 있어야 격동시킬 수가 있고, 백성은 안정된 상태에 있어야 부역시킬 수가 있다. 전란을 일으키고 명예를 탐하는 것은 하늘이 증오하는 것이다. 이 때문에 모략과 계책을 세운 뒤에 海內의 백성들이 동요하였고 곤궁하였는데, 宣和에 이르러 靖康之變[65]이 일어났으니 어떻게 中原을 잃지 않을 수가 있겠는가? 그렇지만 이것은 국가의 이치[理]와 수리[數]의 變更에 해당한다. 그럼에도 불구하고 왕안석 또한 이러한 거대한 화란의 죄명과 책임을 벗을 방법이 없다.[66]

여귀돈은 개혁이 어려워서 물론 장애에 부딪히거나 행하지 못함이 있을 거라고 알고 있지만 개혁하는 것은 사회를 개선하고 백성의 생활 수준을 높이는 유일한 진로라고 보았다.

> 신하의 공헌과 계책에는 세 종류가 있다. 첫째, 황제를 위해 諫言을 올리는 것이다. 둘째, 조정의 폐단에 대해 직접 비판하는 것이다. 셋째, 奸臣이 발호하면 무슨 방법을 쓰든지 그들을 탄핵하여 국가를 위해 해로움을 제거하는 것이다. 이 세 종류의 모획은 반드시 준비되어야 하는 것이다. 이 모두가 국가를 위해 매우 긴요한 것이기 때문이다. 이 외에 利害와 관련된 言論 또한 삼가 고려해야 한다. 실행한 계획은 위대해야 하지만, 후세의 평론 또한 더욱 엄격해야 한다. 국가를 세운 이의 사고와 행동은 항상 勤愼하고 周密해야 하며, 사정에 따라 방비를 먼저 한 뒤에 환란을 맞이해야 한다. 다만 後人들은 여전히 적지 않은 문제점을

---

65 靖康之變은 또한 靖康之難, 靖康之禍, 靖康之恥라고 하는데 1126년에 金나라가 北宋의 수도인 汴京을 점령하고 北宋으로 하여금 중국의 전통적 정치중심인 華北을 잃게 하는 사건을 가리킨 것이다. 이 사건은 宋欽宗靖康年間에 일어났으니 靖康之變라고 한다.

66 『群書考辯』, 418면. “王安石只想動兵刀以侵奪異國, 眞是怪異. 國家正在安定就使激動, 百姓正在安堵就得勞碌. 做亂, 貪圖名譽是天所憎惡的. 因此當他出謀劃策之後, 海內百姓愈來愈動搖, 窮困, 到了宣和, 靖康之變, 無可奈何失去了中原. 雖然這是國家的理與數變更, 但王安石也無法開脫這個巨禍的罪名與責任.”

노출하고 있다. 이 때문에 옛 사람들이 항상 쓸데없는 일을 하는 것보다는 삼가는 편이 낫고, 큰 폐해가 없으려면 제도를 없애려고 하지 말고, 큰 이익이 아니라면 개혁하려고 하지 않는다고 말한 것이다. 만일 바람직하지 못한 곳이 있다면, 군주와 신하는 한 마음 한 뜻으로 미루어 고구한 뒤에 식견이 있거나 용기가 있는 신하를 보내 시행하게 하고 다른 사람들이 부지불각 한 상태에서 改變시켜야 한다. 이렇게 해서 획득한 전면적인 개혁은 잘못되면 완전한 실패가 될 수도 있다. 漢朝에서 宦官이 兵權을 장악하여 발생한 禍亂, 唐朝 藩鎭의 割據, 宋朝의 衰落을 따져보면, 천자에서 백관에 이르기까지 누가 바로 잡을 대상을 생각하지 못했겠는가? 이것은 그들이 事情을 한 번에 장악하려고 해서이다. 이는 너무 급하게 일을 처리했기 때문이며, 실행한 방법 또한 준칙과 절차가 없었기 때문이다. 宋朝는 시간이 가면서 더욱 敗落해지고 말았다.[67]

1777년에 여귀돈은 吏部左侍郎을 맡았었을 때, 개혁에 대한 건의 4조항을 상소하였는데 이 가운데서 백성의 생활과 긴밀한 관련이 있는 것은 2조항이 있다. 곧 부세개혁과 풍속개혁이다. 또한 德으로 백성을 너그럽게 대하고 제도로 나라의 번영을 유지함을 주장하였다. 그가 군대를 줄임을 주장하고 비록 군대가 많았지만 경작을 종사한 적이 없어서 온 사회에 큰 부담을 초래했다고 보았다. 黎초기에 베트남에서 16만의

67 『群書考辯』, 383~387면. "臣子貢獻計策有三類: 第一, 向皇上進諫; 第二, 對朝廷的弊端直接批評; 第三, 如果發現有奸臣就什麼方法都得彈劾他們以爲國除害. 這三種謀劃一定要立刻批准, 因爲都是非常緊要的事情. 此外, 關於利害的言論, 要非常謹愼地考慮. 實行過的計畫經常很偉大, 但後世評論便也越嚴格狹窄; 建國者的思考與行動慣常謹愼, 周到, 從事情還沒有發生就已經防備後患, 但後人仍然挑剔, 找出不少的漏點. 因此昔人常言多一事不如少一事, 不是大害不要廢除, 不是大利不要更改. 如果有不對的地方, 君臣要一心一意推究然後賦予有見識, 有膽量的臣子去施行, 讓別人不知不覺地改變, 這樣才會獲得全面的更改, 否則一定會失敗的. 就算漢朝宦官掌握兵權之禍, 唐朝藩鎭的割據, 宋朝的衰落, 從天子到百官, 誰不想有所整頓呢?但是他們把事情一辦就砸了。只是因爲做得太急躁, 加上做法也沒有準則, 途徑, 宋朝便愈來愈敗落.

군대가 있었는데 온 군대를 두 개의 營으로 나눠 하나는 現役하고 하나는 농경지에서 경작하는 식으로 돌아가면서 하였다. 이 "군대를 농업에 의지한다[寓兵於農]"는 정책은 18세기에 들어가면서 효력을 잃었고 조정은 수단과 방법을 가리지 않고 군대를 증가시켜 南越阮朝와 北越 각각 지역의 農民起義를 대처하였다. 전쟁을 잘 알기 때문에 齊桓公 이야기 할 때 여귀돈도 전문화적 군대를 지지한다는 관점을 드러냈고 군대와 민중을 분별하여 전쟁을 향촌에서 멀리 떨어지게 하였다. 그는 이렇게 말했다.

> 古人들은 일찍이 농병일치를 시행했는데, 이는 매우 높은 식견의 판단이었다. 얼마 지나지 않아 병사들은 田地에서의 생활에 익숙해졌고, 그들로 하여금 출정하여 전쟁을 하게 하는 것이 어려워졌다. 이 때문에 병사들을 기한을 넘겨가며 군대의 일에 종사할 수 없게 되었다. 복무기한이 초과된다고 말하면, 그들은 하나 같이 怨恨의 마음을 품었다. 齊나라 桓公[68]에게는 삼만의 병마가 있었다. 종횡으로 천하를 침략하였으나, 원한을 품은 말을 내보인 이들이 없었다. 왜냐하면 그는 士兵이 누구이고 農民이 누구인지를 분명히 알고 있었기 때문이다. 大軍을 출정시켜 전쟁을 하려고 하면서도 그들에게 편안한 가호와 온전한 기업을 제공하지 않는다면, 어떻게 그들의 진정한 忠誠과 報國의 마음을 발동시킬 수가 있겠으며, 그들의 슬픔과 상처를 해소시켜줄 수가 있겠는가?[69]

---

68 齊桓公(B.C643년10월7일)은 春秋時代 齊國의 제15번째 國君인데 姓氏은 薑이고 名은 小白이다.

69 『群書考辯』, 92~93면. "古人經常施行寓兵於農, 這是很高明的辦法. 不過, 當兵士習慣了畈田的生活, 很難使他們出征作戰. 因此不能讓兵士們逾期從軍. 如果超期服役的話, 他們一定怨恨. 齊桓公有三萬兵馬, 縱橫天下但沒有一個說出抱怨的話, 因爲他明知誰是士兵, 誰是農民. 想用大軍出征作戰但沒有給他們安家落戶, 穩定基業, 怎麼能發動他們盡忠報國的心與消解他們的悲傷怨恨?"

이 문제를 해결하기 위하여 여귀돈은 田庄을 회복하는 정책을 제기하였지만, 아쉬운 것은 조정의 중시를 얻지 못하였다.

여귀돈의 개혁정신은 또한 법제에서 드러난다. 그는 鄭主의 권력을 의해서 법률제도를 실행하려고 하였는데 이것은 여귀돈이 실행하고자 하는 중대한 개혁이었다. 만약 중국 왕안석의 新法과 비교하면 여귀돈의 개혁은 그만큼의 규모가 없었지만 만약 실현되었으면 18세기 말기의 베트남 사회에 근본적인 변화가 생겼을 것이다. 왜 여귀돈이 鄭盈에게 법률을 제정하라고 하는 것인가? 그 당시에 베트남에서 법률이 없어서 그러한 것인가?

사실은 베트남에서 일찍부터 법률이 있었다. 西元 43년에 婆徵[70]을 쳐서 물리친 후에 馬援[71]이 漢光武帝에게 상소하여 한나라와 당시의 베트남 현지 법률과의 차이점을 설명하였다. 이는 雄王[72]의 文郎國에서 이미 법률이 있었다는 것을 증명하였다. 1042년에 李太宗이 『刑書』를 반포하였고 이것이 아마 베트남의 첫 번째 성문법일 것이다. 陳朝에 들어와서 太宗이 백관들에게 『國朝刑律』을 편집하라고 요구하였다. 15세기에 와서 黎聖宗이 명을 내려 대형의 법전을 편집하라고 하였는데 즉 지금 말하는 『洪德法』이다. 『洪德法』은 과거의 베트남에서 아주 완전

70 二徵夫人(Hai Bà Trưng): 徵側(Trưng Trắc)과 徵貳(Trưng Nhịị)은 베트남 민족의 여성 영웅으로 여겨진다.

71 馬援(B.C14~B.C49)은 字가 文淵이고 扶風茂陵(지금의 陝西興平의 동북쪽)사람인데 東漢시기의 유명한 軍事家이다. 漢光武帝 때 伏波장군이 되어 新息侯라는 封號를 얻었고 후세 사람들에서 馬伏波라고 일컫는다.

72 雄王: 鴻龐氏("鴻龐"의 베트남어는 Hồng Bàng이고, 또한 "鴻厖"이라고도 한다)는 베트남 역사에서의 하나의 上古씨족이나 왕조인데 군주의 稱號는 雄王이나 雒王이나 碓王이다. 베트남의 전설에 의하면, 鴻龐씨가 西元前 2879년부터 西元前 258년까지 존재하였고, '赤鬼國', '文郎國' 등의 國號를 사용하였는데 베트남 전설 시기에서 가장 遠古한 민족이고 또한 베트남 국가의 시작으로도 여겨진다고 하였다.

한 법전인데, 1764년에 여귀돈은 왜 법률을 설정하라고 요구하는 것인가? 베트남에서 일찍부터 법률이 있었고, 『洪德法』도 단지 15세기에 실행되는 것이 아니라 나중의 몇 세게 동안 여전히 효력이 있었으나 18세기에 들어와 조정에서 최고의 권력을 가지고 있는 사람은 더 이상 이 법률을 존중하지 않았다. 다시 말하면 그 당시에 현존하는 법률들이 제멋대로 파괴되었다는 것이다. 권력과 세력이 있는 사람들이 마음대로 행동하고 권세를 부리니 무슨 법률이든지 그들을 막을 없었다. 鄧氏慧(Đặng Thị Huệ)[73]의 동생인 鄧茂鄰(Đặng Mậu Lân)은 升龍[74]과 주변에서 공연히 강간하고 사람을 죽이더라도 아무일도 없고 무사하고, 그리고 이것은 매일같이 발생하는 일이었다. 법률은 완전히 쓸데없는 것이었고, 혹은 돈이 많고 세력이 있는 사람을 위한 것이라고도 할 수 있었다. 반면에 백성들의 운명을 완전히 소수의 사람에 달려 있었고 집정자 개인의 사적인 의도가 법률의 효력을 잃어버리게 만들었고, 심지어 권력을 남용하여 법률을 파괴하고 있었다고도 할 수 있다. 그러므로 그가 법률의 정신을 회복하고 모든 사람으로 하여금 법률을 복종하게 하여야만 나라의 綱紀, 군주의 존엄과 조정의 존재를 유지할 수 있다고 주장하였다. 이 건의는 당시의 민중들의 기대에 부합하고 동료들의 속마음을 드러냈지만 아쉬운 것은 여귀돈이 지극히 노력했는데도 불구하고 결국은 헛수고만 하고 아무 성과도 없었다. 그의 건의는 鄭王의 아무 대답도 얻지 못하였다.

비록 일부분의 건의는 鄭王의 重視를 받지 못했지만 여귀돈은 개혁이라는 길로 가는 것을 견지하였다. 그는 理와 勢가 긴밀한 관계가 있

73 鄧氏慧은 鄭王(鄭森 Trịnh Sâm)의 왕비이다.

74 지금의 하노이(Hanoi).

어 국세가 변하면 理도 따라 변할 것이고, 반면에 理가 변하면 국세도 따라 변할 것이라고 주장한다. 중요한 것은 부단히 혁신하고 용감하게 앞으로 나아가는 것이다. 여귀돈은 말했다. "變通이란 시기를 따라가는 것이다.[75] 변통하여 기회를 최대한 이용하니, 이것이 성인이 천하를 다스리는 大權이요, 시기를 따라가서 신묘불측한 바를 살피니, 이것이 성인이 백성을 날마다 새롭게 하[76]는 大德이다."[77]고 하였고, 또한 "어떠한 일이든 時運이 있으니, 커다란 변화가 있으면 고집하지 말아야 한다."[78]고 하였다. 여귀돈의 이러한 법제 개혁 관념은 또한 그의 왕도와 패도 관념에 깊은 영향을 끼쳤다.

4.

적극적인 入世 인생관을 가지고 있는 여귀돈은 官員으로서의 도덕적 원칙을 중요시한다. 그가 유가의 윤리를 잘 알지만 벼슬로서의 도덕을 분석하는 데에 집중하였다. 다시 말하면, 여귀돈이 주목한 대상은 관료체계이지 民衆들이 아니었다. 그는 관료나 사내부나 군자가 사회에서의 중요한 계층으로서 나라의 安危, 백성의 생활과 조정의 興亡과 밀접한 관계가 있다고 주장한다. 그러므로 이 계층에 대한 도덕적 요구가 아주 중요한 것이다. 물론 그 당시에 이른바 "職業道德"(Professional Ethics)이

---

75 『周易』「繫辭下傳」: 剛柔者, 立本者也; 變通者, 趣時者也. 吉凶者, 貞勝者也; 天地之道, 貞觀者也; 日月之道, 貞明者也; 天下之動, 貞夫一者也.

76 『尙書』「商書」「仲虺之誥」: 德日新, 萬邦惟懷; 志自滿, 九族乃離.

77 『群書考辯』, 400면. "變通者, 趣時者也. 變通以見縫揷針, 這是聖人治天下的大權; 趣時以查到所有的神妙莫測, 這是聖人讓百姓日新的大德."

78 『群書考辯』, 410면. "任何事情都有時運, 搖身一變. 不要過於拘泥."

없었다. 직업도덕이란 직업에서 정당하지 않은 수단으로 일하면 안 되고, 받으면 안 되는 이익을 받으면 안 되고 비밀을 누설하면 안 되며, 최선을 다하고 일하고 윗사람의 합리적인 않은 요구를 맞이할 때 양지를 근본으로 하고 거절하여야 하며, 맡을 수 없는 일을 하지 않는 것이다. 여귀돈에 있어서 벼슬하는 것은 직업이 아니라 사명이라고 본다. 벼슬하는 것은 정성을 다해 나라에게 자기의 모든 것을 기여해주는 것인데 마침 공자가 "周任이 '능력을 펼쳐서 지위에 나아가되, 제대로 할 수 없으면 그만두라."고 말하는 것과 같다.[79]

여귀돈이 벼슬로서의 도덕적 원칙을 중요시하는 이유는 그 당시에 벼슬하는 사람 사이에 폐단이 많았고 黎鄭의 정권에 직접 영향을 끼쳤기 때문이다. 그는 베트남 각 시기의 관리 자격을 언급할 때 다음과 같이 말하였다.

> 우리나라 陳朝에는 부끄럽지 않은 숭고한 선비 다섯 분이 계셨다. 周安[80]은 간신을 誅戮시킬 것을 上奏하여 사람들의 마음과 몸을 경동시켰다. 그러다가 늙음을 핑계로 고향으로 돌아왔는데, 작위와 봉록이 약속을 받지 않았다. 그러므로 후대의 제왕들이 존중하였고 공경들도 공경하였다. 이 분은 가장 청렴하고 뜻이 높은 분이다. 鄧早[81]는 황제의 부름을 받았지만 그것을 기쁜 일로 여기지 않았고, 고향집에서 농사에 힘쓰는 것을 달갑게 여겼다. 張杜[82]는 세 차례 간언을 올렸으며 관직을

79 『聖模賢範錄』「官守第七」, 16면. 原文은 『論語』「季氏」에 있다. "孔子日: 周任有言日: 陳力就列, 不能者止."

80 周安(Chu An, 1292~1370)은 실제 이름이고, 보통 周文安(Chu Văn An)이라고 부른다. 陳明宗와 陳愈宗 兩朝의 신하로서 호기스럽고 순결하고 節操가 있으며 名와 利에 대한 욕심이 없는 것으로 유명하다.

81 鄧早(Đặng Tảo)는 13세기말, 14세기에 태어났고 陳英宗 때 太學에 급제하였는데 한 평생 동안 순결하게 살았다.

사양하고 고향으로 돌아와 은거하였다. 裴夢華[83]는 胡季犛[84]가 정사를 독단으로 전횡하는 것을 알고 종신토록 세상을 피해 다녔다. 陳廷深[85]은 귀머거리로 가장하고 다녔는데, 그는 반역자에게 굴복하지 하지 않는 신하였으며 행동하는 志士였다. 이 네 분은 그 다음 번에 해당하는 분들이다. 그들은 모두 淸白·剛直·高尙·淸廉하신 분들로 西漢의 士君子의 풍모를 지니고 있어 진실로 평범한 사람들이 아니고 고난을 통해 존경받는 사람이 되었던 것이다. 또한 그들은 陳朝 사대부에게 너그러움과 호방함으로 대우받았고, 또 선함과 禮貌가 있었던 분들이다. 이러한 시대의 인물들은 모두 자강불식의 기질을 지니고 있어 호걸스러움과 의협심을 지니고 있었으며, 안온함을 뛰어넘는 이들로 이름이 史冊에 전해지게 된 것이다. 하늘을 우러러 부끄럼이 없고 땅을 굽어보아도 부끄럼이 없었던 분들이다. 아, 후인들이 어떻게 그들과 함께 할 수가 있겠는가? 우리왕조의 후예들이 이러한 풍도를 점점 보지 못하게 되는구나![86]

---

82 張杜(Trương Đỗ)는 陳睿宗 때 禦史를 맡았다. 睿宗은 占城(옛날 國名인데 지금의 中越平順省에 있다.)을 공격하러 가려고 하였는데, 張杜가 세 번이나 上書하여 군대로 말고 德化로 귀복시키자고 하였다. 그러나 睿宗이 말을 듣지 않았다. 결국은 張杜는 벼슬을 그만두었고 睿宗은 전쟁장에서 목숨을 잃었다.

83 裴夢華(Bùi Mộng Hoa)은 14세게 말기 사람인데 陳藝宗에게 上書하여 胡季犛가 簒位할 거라고 설명하였다.

84 胡季犛(Hồ Quý Ly, 1336~1407)은 陳藝宗의 重用을 얻어 陳朝의 정권을 장악하게 되었다. 陳藝宗이 세상을 떠난 후에 胡季犛가 찬위할 생각이 날이 갈수록 강해지니 드디어 1400년에 陳少帝을 폐위시켜 스스로 왕위에 올랐다. 胡季犛가 胡姓을 회복시켜 虞, 舜의 후세로 스스로 자칭하고 國號를 大虞로 정하였다. 國號는 聖元이다.

85 陳廷深(Trần Đình Thâm)은 1374년에 探花에 급제하였다.

86 『見聞小錄』, 258~259면. "我國陳朝有五位不愧爲高士: 周安奏議誅戮奸臣, 驚心動魄, 然而告老還鄉, 不收爵位跟俸祿的約束, 連帝王得尊重, 公卿敬佩, 這位是最淸高的. 鄧早受皇恩而不作爲喜事, 甘心留在家鄉務農; 張杜三次進諫, 辭官歸隱; 裴夢華知道性胡獨斷專行, 終身避世; 陳廷深假裝聾子但對簒逆者不屈服稱臣, 接受指使. 這四位排爲第二。他們都是淸白, 剛直, 高尙, 淸廉, 很像西漢士君子的風範, 眞不是一般平凡的人, 難以趕得上。也因爲陳朝對待士夫寬廣豪爽, 又和善又有禮貌, 因此整個時代的人物都有自强不息的氣質, 豪俠慷慨, 安穩沉重超出慣例, 名垂史冊, 仰不愧於天俯不愧於地. 咳！後人怎

그러므로 여귀돈은 맹자가 "인의와 충신을 행하고 선을 즐거워하고 게을리 하지 않음이 天爵이요, 공경과 대부는 人爵이다. 옛 사람은 천작을 닦으면 인작이 따라왔지만, 지금 사람은 천작을 닦아서 인작을 요구한다. 인작을 얻고서 천작을 버리는 것은 의혹이 심한 것이다. 끝내 반드시 망하게 될 것이다."[87]고 말하는 것을 인정하여 그 당시의 관원들이 벼슬로서의 기초가 仁義忠信이라는 것을 고려하지 않았고 단지 표면적으로 귀한 직무라는 것에만 신경을 썼다고 하였다. 그는 나라가 망하는 원인을 귀납하여 "국가의 패망은 관료들의 간사함 때문이고, 백관의 失德은 뇌물을 탐닉하기 때문이다. 천 년의 폐단이 이와 같은 데에 불과할 뿐이다."[88]고 하였다.

여귀돈의 실천철학에서 관리의 도덕적 원칙은 아주 중요한 역할을 하고 있고, 그리고 중요하니까 官吏에 대한 도덕적 요구가 엄격하여야 하고 백성들의 도덕 모범으로 하여야 한다고 하여서 "맑은 군자여, 그 모습 변하지 않는구나! 그 모습 변하지 않으니, 온 나라를 바로 잡으리!"[89]고 하였다.

벼슬하는 데 가장 중요한 전거는 德이다. 덕행은 아주 중요한데 "군자는 덕행을 공경하고 중시해야 하며 존경과 엄격함을 계속해서 모아야 한다. 득실을 따져서 분열시키면, 어쩔 도리가 없으니, 동쪽에서는 사람들이 원망을 하고 서쪽에서는 사람들이 원수로 여길 것이다. 몰래

麽能跟上呢！從本朝之後, 這樣的風度漸漸地不見了."

87 『聖模賢範錄』「官守第七」, 19~20면. 原文은 『孟子』「告子上」에 있다. "仁義忠信, 樂善不倦, 此天爵也。公卿大夫, 此人爵也. 古之人, 修其天爵而人爵從之. 今之人, 修其天爵以要人爵. 既得人爵而棄其天爵, 則惑之甚者也, 終亦必亡而已矣."

88 『群書考辯』, 129면. "國家滅亡因爲臣僚姦佞, 百官失德因爲貪圖賄賂. 千年弊端不過如此."

89 『聖模賢範錄』「從政第八」, 12면. 原文은 『毛詩』「國風」「曹風」에 있다. "淑人君子, 其儀不忒; 其儀不忒, 正是四國."

훔쳐 먹으면서 배를 채우고, 옷을 도둑질하여 체온을 유지하는 셈이다."[90]고 하였다. 여귀돈은 또한 덕행이 나라를 지키는 기본 방법이라고 하여 "덕행과 지세의 험준함은 국가에 불가결한 두 가지 요소이다. 덕은 기초가 되고 험준함은 나라를 보존하는 요건이다. 이 두 가지는 나눌 수가 없다."[91]고 하였다. 덕행은 군자의 근본이라는 것은 『역경』에서 명확히 설명되었는데 "군자는 덕을 진전시키고 학업을 닦는다. 충과 신은 덕을 진전시키는 방법이고, 말을 할 때에 성실함을 세우는 것은 학업을 보유하는 방법이다. 도달할 곳을 알고 도달하니, 분기점을 선별할 수 있고, 마칠 곳을 알고 마치니, 더불어 義를 보존할 수 있다. 이 때문에 높은 자리에 거처하면서도 교만하지 않고, 아랫자리에 있으면서도 걱정하지 않는 것이다."[92]라는 것이다. 덕행과 재능 사이에 대하여 여귀돈은 덕행을 중시하고 德은 才보다 더 중요하다고 여겨 "군자는 자신의 재능을 제어해야 하고, 재능으로 자신을 제어하게 할 수는 없다. 군자는 자신의 의지를 조절해야 하고, 의지로 자신을 조절하게 할 수는 없다."[93]고 하였다.

그러면 벼슬의 덕행은 구체적으로 무엇인가? "하늘의 도를 세움을 음과 양이라고 하고, 땅의 도를 세움을 유와 강이라고 하고, 사람의 도를 세움을 인과 의라고 한다."[94], "배움을 좋아함은 知에 가깝고, 힘써 행함

---

90 『見聞小錄』, 27면. "君子要敬重德行, 續集尊嚴. 如果計較得失, 分斤掰兩, 作官不擇手段, 東面有人怨, 西面有人仇, 豈不是偸嘴以飽腹, 偸衣服以保暖嗎?"

91 『群書考辯』, 129면. "德行與地勢險峻是國家不可缺少的兩樣東西. 德是基礎, 險要是爲了保國. 這兩個不能分開."

92 『聖模賢範錄』「修道第三」, 1면. 原文은 『周易』「乾」에 있다. "易乾文言曰: 君子進德修業. 忠信, 所以進德也; 修辭立其誠, 所以居業也. 知至至之, 可與幾也. 知終終之, 可與存義也. 是故居上位而不驕, 在下位而不憂."

93 『群書考辯』, 138~139면. "君子要控制自己的才能, 而不能讓才能控制自己. 君子要調度自己的意志, 而不能讓意志調度自己."

은 仁에 가깝고, 수치를 아는 것은 勇에 가깝다. 이 세 가지를 안다면, 몸을 닦는 방법을 알게 될 것이고, 몸을 닦는 방법을 알게 된다면, 사람을 다스리는 방법을 알게 될 것이고, 사람을 다스리는 방법을 알게 된다면, 천하의 국가를 다스리는 방법을 알게 될 것이다."[95]고 하니 여귀돈은 벼슬하는 도리와 사람으로서의 도리는 같다고 하고 仁, 智, 勇이라는 德이 있어야 된다고 주장했다. 또한 여귀돈은 仁道을 중요시하니 공자와 맹장의 仁에 대한 말을 많이 인용하였다. 예를 들면, "仁이란 자기가 서고자 하면 남을 세워주고, 자기가 도달하고자 하면 남을 도달케 하는 것이다.[96] "안연이 仁에 대해서 물었다. 공자가 답했다. 자기를 극복하여 예를 회복하는 것이 인을 행하는 것이다. 하루라도 자기를 극복하여 예를 회복한다면 천하 사람들이 인으로 돌아올 것이다. 인을 행함은 자기로 말미암는 것이지 남으로 말미암는 것이겠는가? 안연이 물었다. 그 항목을 묻습니다. 공자가 답했다. 예가 아니면 보지 말고, 예가 아니면 듣지 말며, 예가 아니면 말하지 말고, 예가 아니면 행동하지 말라. 중궁이 인에 대해서 물었다. 공자가 답했다. 문을 나설 때에는 소중한 손님을 뵙듯이 하고, 백성을 부릴 때에는 큰 제사를 받들 듯이 하라. 자기가 바라지 않는 것은 남에게 시행하지 말라. 나라에 원망이 없게 하고 가문에 원망이 없게 하라. 측은지심은 인의 단서이고, 수오지심은 의의 단서이고, 사양지심은 예의 단서이고, 시비지심은 지의 단서이다.

---

94 『聖模賢範錄』「修道第三」, 5면. 原文은 『周易』「說卦傳」에 있다. "立天之道, 曰陰與陽; 立地之道, 曰柔與剛; 立人之道, 曰仁與義."

95 『聖模賢範錄』「修道第三」, 면16. 原文은 『禮記』「中庸」에 있다. "好學近乎知, 力行近乎仁, 知恥近乎勇. 知斯三者, 則知所以修身; 知所以修身, 則知所以治人; 知所以治人, 則知所以治天下國家矣."

96 『聖模賢範錄』「修道第三」, 21면. 原文은 『論語』「雍也」에 있다. "夫仁者, 己欲立而立人, 己欲達而達人."

나에게 이 네 개의 단서가 갖추어져 있으니, 모두 확충해야 한다는 것을 알아라."[97] 등이다. 벼슬하는 사람에 있어서 仁道는 큰 역할을 할 수 있다. 여귀돈은 仁에서 얻을 수 있는 것은 사람으로 하여금 표용할 줄 알게 하는 것인데, 즉 공자의 忠恕의 道이다. "남이 미치지 못하는 부분은 너그러움으로 관대하게 대하고, 자기의 결점은 잘 분석해서 엄격하게 책임을 물어야 한다."[98] 벼슬하는 사람은 집착하면 안 되고 주관적인 편견을 가지면 안 되며, 너그럽게 용서해주고 성격이 활발하며 도량이 커야 한다고 중장하니 "먼저 몸을 닦아야 하며 그 후에 사람을 다스려야 한다. 자신이 화목하지 못하면서 남을 수용할 수는 없다. 춘추시대 군자가 병사를 쓸 때에는 항상 禮樂과 慈愛를 말했는데, 이는 승리를 얻을 수 있는 방법이었다. 또한 德과 刑을 명확하게 말했으며, 예의와 성실은 성공의 기세라고 하였다. 어떤 한 나라에서는 형벌의 크고 작음을 막론하고 모두 事情에 따라 처리하였다. 이는 우리에게 그들을 퇴패시킬 수 있는 기회를 제공하는 것이다. 반대로 만일, 그들의 德刑·政事·典禮 속에 도리를 유지할 수 있는 것이 있다면, 우리들에게는 전쟁에서 승리할 기회가 없게 되는 것이다."[99]고 하였다. 포용함에 있어서

---

97 『聖模賢範錄』「修道第三」, 26면. 原文은 『孟子』「公孫醜上」에 있다. "顔淵問仁. 子曰: 克己復禮爲仁. 一日克己復禮, 天下歸仁焉. 爲仁由己, 而由人乎哉?顔淵曰: 請問其目. 子曰: 非禮勿視, 非禮勿聽, 非禮勿言, 非禮勿動.", "仲弓問仁. 子曰: 出門如見大賓, 使民如承大祭. 己所不欲, 勿施於人. 在邦無怨, 在家無怨.", "惻隱之心, 仁之端也; 羞惡之心, 義之端也; 辭讓之心, 禮之端也; 是非之心, 智之端也. 凡有四端於我者, 知皆擴而充之矣."

98 『見聞小錄』, 20면. "別人所不及的地方要量情以寬恕, 自己的缺點要用理分析以嚴格責備."

99 『群書考辯』, 391면. "作爲大臣, 不要有偏見. 如果有靜的偏見, 聽言論將認爲是輕率, 狂熱. 如果有動的偏見, 看到謹愼的人會認爲是遲緩, 懦弱. 因爲固有偏見, 所以天下沒有一個人是完善的. 就那樣, 一定要有遠見, 打開自己的胸懷, 自己反省, 認出自己的弱點, 不斷地學習與修身. 對於天下的才德兼備的士大夫, 尊長要敬爲師, 後學當作朋友; 跟同僚要合好, 幫助, 對手底下要慈愛, 栽培. 然而隨著每個人的本事, 或高或低, 或完善, 機伶或遲慢, 對每個人都得周到, 抬擧, 獎賞適合於職業, 同時決然不能激怒, 淩轢別人, 這

다른 사람을 대할 때, 특히 사람을 선발하거나 임용할 때 큰일부터 논하고, "군자가 다른 사람을 관찰할 때 작은 일부터 해야 한다. 큰 일은 반드시 믿을 수 있는 것이 아니기 때문이다. 그러나 군자가 사람을 시킬 때 큰 일부터 고려하여야 하는데 작을 일은 내버리기가 쉽기 때문이다."고 하였다.[100] 여귀돈은 또한 불가의 자비라는 말을 사용하여 표용함을 표현하였고 포용하는 마음이 있어야 원망의 뿌리를 없앨 수 있다고 주장하는데 "마음 속에는 자비를 품어야 하고 일에는 편함이 있어야 한다. 잔인하고 까다로우면 다른 사람과 원수가 될 수밖에 없다."[101]고 하였다. 포용함을 실천할 때 "귀는 다른 사람의 죄악을 알아보지 말고, 눈은 다른 사람의 약점을 궁금하지 말고 입은 다른 사람의 좋고 나쁨을 논하지 말아야 한다.[102]

벼슬로써 포용심이 있어야 하는데, 포용심이 있어야만 백성들의 소원을 알 수 있고 나라와 백성을 위해 공헌을 할 수 있다. 포용심이 있고 忠恕의 道에 도달하고자 하면 修身함로써 자기의 언행을 반성하고 행위를 올바르게 하고 마음을 선하게 하여야 한다. 『禮記・大學』에서 "그 나라를 다스리고자 하는 사람은 먼저 그 집을 가지런히 하고, 그 집을 가지런히 하고자 하는 사람은 먼저 그 몸을 닦고, 몸이 닦여진 뒤에 집이 가지런해지고, 집이 가지런해진 뒤에 나라가 다스려진다."고 하는 것처럼 修身, 齊家, 治國으로 하고 중국의 문화 전통을 정립할 때, 修身은 기초이고 핵심인데 "천자부터 서인에 이르기까지 모두 같이 한결같

樣才算是有寬宏的氣度."

100 『群書考辯』, 142면. "君子觀察他人要從小事開始, 因爲大事未必能信. 但是君子使人要從大事考慮, 因爲小事容易棄之一旁."

101 『見聞小錄』, 20면. "心懷要有慈悲, 事情要有方便. 殘忍刻薄只跟別人結下仇恨而已."

102 『見聞小錄』, 17면. "耳朵不要打聽別人的罪惡, 眼睛不要好奇別人的弱點, 口頭不要閑扯別人的好壞."

이 몸을 닦는 것으로 근본을 삼는다."[103]고 하였다. 그러므로 여귀돈이 단언하기를:

> 먼저 몸을 닦아야 하며 그 후에 사람을 다스려야 한다. 자신이 화목하지 못하면서 남을 수용할 수는 없다. 춘추시대 군자가 병사를 쓸 때에는 항상 禮·樂·慈·愛를 말했는데, 이는 승리를 양성하는 방법이었다. 또한 德과 刑을 명확하게 말했으며, 예의와 성실은 성공의 기세라고 하였다. 어떤 한 나라에서는 형벌의 크고 작음을 막론하고 모두 事情에 따라 처리하였다. 이는 우리에게 그들을 퇴패시킬 수 있는 기회를 제공하는 것이다. 반대로 만일, 그들의 德刑·政事·典禮 속에 도리를 유지할 수 있는 것이 있다면, 우리들에게는 전쟁에서 승리할 기회가 없게 되는 것이다.[104]

이른바 수신은 자기를 극복함으로써 품행을 완전하게 하여 인생의 경지를 향상시키는 것이다. 여귀돈에 따르면 "성현의 가르침의 근본은 中庸의 道, 綱常倫理와 禮樂刑政에 있으니 천지로부터 제왕이 따르고, 天性을 따라 道理를 수양하는 것은 자고로 같다."[105]고 하였다. 성현의 道는 사람에게 修身을 가르쳐주는 것이다. 修身은 우선 자신에 대한 엄격한 태도가 필요하고, "美酒, 姿色, 財物, 怒氣는 자신에게 해가 되기가 쉬워서 금지하여[106] 건강한 생활을 해야 한다. 벼슬하는 것은 누리는

---

103 『聖模賢範錄』「官守第七」, 12~13면. 原文은 『禮記』「中庸」에 있다. "自天子以至於庶人, 壹是皆以修身爲本."

104 『群書考辯』, 115면. "先要修身, 後才治人. 沒有與自己人和睦無法收復別人. 春秋時代, 君子用兵常說禮, 樂, 慈, 愛是釀成勝利的, 也說德, 刑明確, 禮義誠信是成功氣勢. 哪一國, 不論大小刑罰都用情處理, 就是給我們打敗他們的機會. 相反的, 如果他們的德刑, 政事, 典禮保持道理, 我們沒有機會打勝戰."

105 『見聞小錄』, 363면. "聖賢的教化根本在於中庸之道, 綱常倫理, 禮樂刑政, 從天地開始, 帝王跟著, 按照天性, 修養道理, 自古以來都一致."

106 『見聞小錄』, 20면. "美酒, 姿色, 財物, 怒氣, 這四點要戒忌, 因爲容易有害於自身."

것이 아니라 使命이니 벼슬하는 사람이 더욱 修己하여야 한다. 여귀돈은 "정상적인 생활을 유지하는 것은 절검만 같은 것이 없다."[107]고 하여 소박한 생활을 강렬하게 요구했다. 군자는 큰일을 중요시할 뿐만 아니라 작은 일이라도 유의하여야 한다. "벼슬하는 사람은 술자리에 절도가 있어야 하고 적당하면 된다. 절검함을 인색함으로 보지 않는 것이 진정한 充足이다."[108] 義와 利를 언급할 때에는 맹자에 경도되어 "군자가 고려하는 것은 모든 사람의 공통적인 이익이고 소인이 고려하는 것은 개인의 이익일 뿐이다."[109]라고 하였는데 利 이야기를 하지 말아야 한다. 만약 利을 언급하면 공통의 이익을 말하는 것이고 개인의 득실이 아니라고 하였다. "군자는 본래 자신이 처하고 있는 위치에 따라 행하고 그 밖의 것을 원하지 않는다. 본래 부귀하였으면 부귀로 행하며, 본래 빈천했으면 빈천으로 행하며, 본래 夷狄이었으면 이적으로 행하며, 본래 환난에 처했으면 환난으로 행하는 것이니, 군자는 들어가는 곳마다 스스로 만족하지 못함이 없다. 윗자리에 있으면서 아랫사람을 능멸하지 않으며, 아랫자리에 있으면서 윗사람을 당겨 잡지 않고, 자기를 바르게 하고 남에게 요구하지 않으면 원망이 없을 것이니, 위로는 하늘을 원망하지 않으며, 아래로는 사람을 허물하지 않는다. 그러므로 군자는 평이한 데에 거처해서 천명을 기다리고, 소인은 위험한 것을 행해서 요행을 바란다."[110]라고 하여 자기의 私心을 극복할 수 있기 때문에 자신에 대

---

107 『見聞小錄』, 18면. "保持正常的生活沒有能比的上開支儉省."

108 『見聞小錄』, 36면. "士人對飯局一定有節度, 只要恰好就好. 不要把省檢視爲吝嗇的而這才是眞正的充足."

109 『見聞小錄』, 17면. "君子所考慮的利就是所有人的共同利益, 小人反而想到利之不過是自己的個人利益."

110 『聖模賢範錄』「官守第七」, 12~13면. 原文은 『禮記』「中庸」에 있다. "君子素其位而行, 不願乎其外. 素富貴, 行乎富貴; 素貧賤, 行乎貧賤; 素夷狄, 行乎夷狄; 素患難, 行乎患難;

하여 엄격하게 요구하면 모든 상황에서도 군자는 편안하고 자유로울 것이다. 또한 "말이 많으면 나쁜 일이 많을 것이고, 일은 많이 고려하여야 하고, 簡과 易을 지키면 속마음이 편안할 것이며 자신의 한계를 알면 속마음이 넉넉할 것이다."[111]라고 하였다. 克己 역시 역학에서의 簡易과 道家의 知足을 준수하는 것이다.

修身하는 것은 오랫동안 계속 좋은 일을 하고 德을 쌓는 것이 필요하다. 여귀돈은 "착한 것을 쌓은 집은 반드시 남은 경사가 있고, 착하지 않은 것을 쌓은 집은 반드시 남은 재앙이 있다"[112]라는 말은 단지 17글자밖에 안 되지만 모든 도리가 다 포함되어 있고, 그렇게 하여야만 자신으로 하여금 명성을 떨치고 복이 있을 것이다.[113] 또한 "맹자가 性의 선함을 말하면서, 말마다 堯와 舜을 예로 들어 말씀하셨다."[114]고 하였다. 또한 "다 쓸 수 없어서 남은 현명함을 造化에게 돌려주고, 다 쓸 수 없어서 남은 봉록을 조정에 돌려주며, 다 쓸 수 없어서 남은 財貨를 백성들에게 돌려주고 다 누릴 수 없어서 남은 복을 후세 자손들에게 돌려준다."[115]고 하여 이것도 여귀돈이 사람과 물건을 대하는 원칙이다. 여귀돈은 忠이라는 개념을 강조할 뿐만 아니라 孝도 중요하다고 여긴다.

君子無入而不自得焉。在上位不陵下, 在下位不援上, 正己而不求於人, 則無怨. 上不怨天, 下不尤人。故君子居易以俟命, 小人行險以徼幸."

111 『見聞小錄』, 19면. "多話壞事就多; 多事要多考慮; 保持簡易內心就平安; 知道自己的限定內心就豐足."

112 『周易』「乾卦 文言」. "易曰積善之家, 必有餘慶; 積不善之家, 必有餘殃."

113 『見聞小錄』, 39면. "'易曰積善之家, 必有餘慶; 積不善之家, 必有餘殃.' 這句話只有十七個字, 但已概括道理, 只有這樣才能讓自己有名聲, 有福氣."

114 『聖模賢範錄』「修道第三」, 26면. 原文은 『孟子』「滕文公上」에 있다. "孟子道性善, 言必稱堯舜."

115 『見聞小錄』, 18면. "把使不完的剩餘明智還給造化, 把用不完的剩餘俸祿還給朝廷, 把花不完的剩餘財貨還給百姓, 把想不完的剩餘福氣還給子孫."

> 仁愛의 도에 도달하려면, 먼저 부모를 깊이 사랑해야 하고, 존경의 마음이 있으려면, 먼저 형과 어른을 존경해야 한다. 가족에게 仁愛의 도리와 존경의 마음이 있고 국가에 화목과 순종이 함께 있다면, 어떻게 해야 이와 같을 수가 있을까? 이는 天倫으로서의 綱常이 있고 人心으로서의 義理가 있기 때문이다. 군왕이 그 부모에게 痛愛의 마음을 다하고, 그 兄長에게 진심으로 공경하고, 위로는 天理에 부합하고 아래로는 民心을 따르고, 祖宗을 保佑하고, 백성을 공경히 대하고, 전국의 臣民이 모두 함께 따르고 참조하고, 사람들이 모두 자기의 부모를 親愛하고, 모두 자기의 兄長을 존중하면, 어느 곳에서도 폐단이 발생하지 않을 것이고, 천하가 태평성대를 이루게 될 것이다.[116]

克己는 물론 修身도 끊임없이 공부하는 것이 필요하다. 여귀돈은 덕행과 지식 사이의 관계를 지극히 중요시했다. 유가경전은 공정한 도리를 공부하여 덕행을 기르는 것을 긍정한다. 『역경』에서 "군자는 배워서 지식을 모으고, 물어 분별하며, 너그러운데 마음을 두고 어질게 실천한다."[117]고 하였다. 『書經』에서도 학습과 덕행의 긴밀한 관계를 언급하였는데 "왕이시여! 사람은 견문이 많은 이를 구해야 일을 할 수 있을 것이며, 옛 가르침을 배우셔야 얻음이 있을 것입니다. 배움은 뜻을 겸손히 하는 것이니 힘써 때때로 민첩하면 그 수양하는 것이 오게 될 것입니다. 가르치는 것은 배우는 것의 반이니, 생각이 끝과 시작을 배우는 것을 주로 하면 그 덕이 닦이는 것은 깨닫지 못하는 사이에 있을 것입니

---

116 『書經衍義』, "想達到仁愛之道先要深切地愛父母, 想有尊敬之心先要敬重兄長. 在家裡有仁愛之道, 尊敬之心, 國家就和順融洽. 何故如此? 因爲剛常是天倫, 義理是人心. 如果君王對其父母悉心疼愛, 對其兄長盡心敬重, 上合天理下順民心, 祖宗保佑, 民衆崇敬, 全國臣民通通跟隨, 參照, 人人都親愛自己的父母, 都敬重自己兄長, 弊端沒有地方能發生, 天下就太平了."

117 『聖模賢範錄』「修道第三」, 1면. 原文은 『周易』「乾」에 있다. "君子學以聚之, 問以辯之, 寬以居之, 仁以行之."

다."[118]고 하고 『禮記』에서 "옥은 다듬지 않으면 그릇이 되지 못하고 사람은 배우지 않으면 道를 모른다"[119]고 하였다. 공자는 "제자는 들어와서는 효도하고 나가서는 공경하며 삼가고 미덥게 하며 널리 사람들을 사랑하되 어진 사람과 친해야 한다. 행하고서 남은 힘이 있으면 글을 배운다."[120]고 하여 지식은 덕행의 기초에서 정립해야 한다고 한다. 학습의 과정은 덕행에 영향을 끼치기도 하니 어떤 학습방식을 중시하는지 어떤 경전을 중시하는지에 따리 이에 대응하는 덕행이 형성된다.

> 공자가 말했다. 그 나라에 들어가서 교육을 알 수 있으니, 그 사람됨이 온유하고 돈후하며 우둔하지 않았다면 『시경』의 가르침을 깊이 알고 있기 때문이요, 소통하여 원대함을 알았다면 『서경』의 가르침을 깊이 알고 있기 때문이요, 광박하고 평이하고 선량했다면 『악경』의 가르침을 깊이 알고 있기 때문이요, 깨끗하고 고요하고 정미했다면 『역경』의 가르침을 깊이 알고 있기 때문이요, 공검하고 장경하고 번거롭지 않았다면 『예경』의 가르침을 깊이 알고 있기 때문이요, 사실에 맞게 문사를 엮었다면 『춘추』을 깊이 알고 있기 때문이다.[121]

---

118 『聖模賢範錄』「修道第三」, 8면. 原文은 『尙書』「商書」「說命」에 있다. "傅說告高宗曰: 王！人求多聞, 時惟建事. 學于古訓, 乃有獲. 惟學遜志, 務時敏, 厥修乃來. 惟敎學半, 念終始典于學, 厥德修罔覺."

119 『聖模賢範錄』「修道第三」, 12면. 原文은 『禮記』「學記」에 있다. "玉不琢, 不成器; 人不學, 不知道."

120 『聖模賢範錄』「修道第三」, 12면. 原文은 『論語』「學而」에 있다. "弟子入則孝, 出則悌, 謹而信, 汎愛衆, 而親仁, 行有餘力, 則以學文."

121 『聖模賢範錄』「修道第三」, 13면. "孔子曰: 入其國, 其敎可知也。其爲人也: 溫柔敦厚而不愚, 則深於『詩』者也; 疏通知遠而不誣, 則深於『書』者也; 廣博易良而不奢, 則深於『樂』者也; 絜靜精微而不賊, 則深於『易』者也; 恭儉莊敬而不煩, 則深於『禮』者也; 屬辭比事而不亂, 則深於『春秋』者也." 『聖模賢範錄』의 어떤 부분은 儒家 경전의 원본과 다른 점이 있다. 본 논문은 여귀돈에 의해 작성하였는데 이것은 여귀돈의 사고방식을 반영하였기 때문이다. 예를 들면, 『禮記』「經解」 제26에서 "孔子曰: 入其國, 其敎可知也。其爲人也: 溫柔敦厚, 『詩』敎也; 疏通知遠, 『書』敎也; 廣博易良, 『樂』敎也; 絜靜精微, 『易』敎也; 恭

여귀돈은 "맞는 도리를 흡수하고 취할수록 자신을 완전하게 할 수 있고, 꼼꼼하게 체험하여 체득할수록 사상이 더 넓고 풍부해지며, 깊고 두터울수록 높고 밝아진다."[122]라고 하여 지식을 증가하면 지신을 개선할 수 있다고 주장했다. 그러므로 그는 "공자께서 말씀하였다. '많이 듣고서 의심스러운 부분은 빼놓고 그 나머지를 조심스럽게 말하면 허물이 적으며, 많이 보고서 위태로운 것을 빼놓고 그 나머지를 조심스럽게 행하면 후회하는 일이 적을 것이다.'[123] 이로써 모든 언론, 행동의 기초와 지식을 구하는 근본은 많이 듣고 널리 아는 데에 있음을 알 수 있다."[124]고 하여 학습의 중요성을 강조하였다.

번역 : 장열(성균관대 박사수료)

■ 참고문헌

『見聞小錄』

『群書考辯』

『群書考辯後語』

『書經衍義』

『聖模賢範錄』

『芸臺類語』

『尙書』

儉莊敬, 『禮』敎也; 屬辭比事, 『春秋』敎也. 故『詩』之失, 愚; 『書』之失, 誣; 『樂』之失, 奢; 『易』之失, 賊; 『禮』之失, 煩; 『春秋』之失, 亂。其爲人也: 溫柔敦厚而不愚, 則深於『詩』者也; 疏通知遠而不誣, 則深於『書』者也; 廣博易良而不奢, 則深於『樂』者也; 絜靜精微而不賊, 則深於『易』者也; 恭儉莊敬而不煩, 則深於『禮』者也; 屬辭比事而不亂, 則深於『春秋』者也."이다.

122 『見聞小錄』, 17면. "愈吸收採取正確的道理愈使自己完備; 愈細心體會琢磨, 思想愈寬廣豐富; 愈深厚愈高明."

123 『論語』 「爲政」. "孔夫子云多聞闕疑, 愼言其餘, 則寡尤; 多見闕殆, 愼行其餘, 則寡悔."

124 『見聞小錄』 「序」. "孔夫子云多聞闕疑, 愼言其餘, 則寡尤; 多見闕殆, 愼行其餘, 則寡悔。如此可知一切言論, 行動的基礎, 求知的根本在於多聞博知."

『周易』

『西銘』

朱佩蓮,『群書考辯』,「序」

黎文蘭(1988),「越南歷史文化環境中之黎貴惇現象」,『黎貴惇越南十八世紀的博學之士』, 太平省文化通訊局.

阮名閥(1979),「黎貴惇著作的實踐性」(Nguyễn Danh Phiệt. "*Lê Quý Đôn - tính thực tiễn trong sáng tác của ông*"),『黎貴惇越南十八世紀博學之士』, 太平省文化通訊司.

周好(2003),「論王夫之的歷史哲學思想」,『船山學刊』3, 湖南省社會科學界聯合會.

명말청초의 경사학과 경세학

孫寶山

1. 명대 경사학의 발전

학계에서는 오랫동안 명대의 학풍이 공소(空疏)하며 경사학(經史學)이 쇠락하여, 위로는 한당(漢唐), 송원(宋元)에 미치지 못하고 아래로는 청대에도 미치지 못한다고 생각해 왔다. 사실 중국학술의 근간으로서의 경사학은 명대에 들어와서도 단절되지 않고 지속되면서 발전을 이루었고, 저술도 매우 많아서 그 중에 영향력 있는 작품도 적지 않다.

경학(經學) 분야의 경우, 명대 성조(成祖, 영락제)가 호광(胡廣) 등 조정의 신하들에게 명하여 편찬한 『오경대전(五經大全)』, 『사서대전(四書大全)』, 『성리대전(性理大全)』 이외에도 학자 개인의 저술도 많았다. 예컨대 주선(朱善)의 『시해이(詩解頤)』, 구준(丘濬)의 『대학연의보(大學衍義補)』, 매작(梅鷟)의 『상서고이(尙書考異)』, 『상서보(尙書譜)』, 장황(章潢)의 『도서편(圖書編)』, 진제(陳第)의 『모시고음고(毛詩古音考)』, 호응린의(胡應麟)의 『사부정와(四部正訛)』, 내지덕(來知德)의 『주역집주(周易集注)』, 학경

(郝敬)의 『구경해(九經解)』 등은 모두 중요한 학술적 가치를 지니고 있다. 세 종류의 『대전(大全)』 편찬은 형식면에서 당태종이 공영달(孔穎達) 등에게 명하여 『오경정의(五經正義)』를 편찬케 한 것의 계승이자 발전이며, 명왕조가 정주리학을 정통으로 확립한 관방의 태도를 대표한다. 칙명을 통한 집단편찬으로서의 대형전적은 자연스레 송대, 원대 유자들의 서적까지 폭넓게 수집하게 되었는데, 이를 빌미로 "위로는 조정을 기만하고 아래로는 지식인(士)들을 속이는"[1] 표절작으로 간주할 수는 없다. 학인들 개인저술의 경우 매작의 『상서고이』와 『상서보』는 역사전승, 문자출처, 문헌대조 등 여러 측면에서 『고문상서』를 체계적으로 논증했으며, 방법론 측면에서 청대 염약거(閻若璩)나 혜동(惠棟) 등의 상서(尙書) 변위학에 중요한 계발과 직접적인 영향을 주었다. 청대 사고관신(四庫官臣)은 "청대 염약거의 『고문상서소증』이 나오자 조목조목 분석하여 의심스러운 점이 없어졌고, 논자들은 말을 덧붙일 수 없었는데, 그 창시의 공헌은 실은 매작이 먼저이다"[2]고 평가했다. 청대학자 주림(朱琳)은 웃날 『상서고이』를 간행하고 발문(跋文)을 쓰면서 "선생은 힘껏 그것이 위서(僞書)임을 변별했는데, 고증이 상세하고 분명할 뿐 아니라 모두 근거가 있었다. 나중에 염약거의 『상서고문소증』, 혜동의 『고문상서고(古文尙書考)』 등의 노선도 모두 선생으로부터 시작되었다"[3]고 평가했다. 또한 호응린의 『사부정와』는 변위학 전문서로서 일련의 변위학 이론과 방법을 제시했으며, 청대나 근현대 변위학 발전에 중요한 영향을 미쳤다. 양계초는

---

1 顧炎武 著, 黃汝成 集釋, 秦克誠点 校, 『日知錄集釋』 卷十八, 『四書五經大全』, 長沙: 嶽麓書社, 1996, 650면.

2 『尙書考異·提要』, 『景印文淵閣四庫全書』本, 臺北: 臺灣商務印書館, 1986.

3 朱琳, 「尙書考異跋」, 淸道光五年(1825), 立本齋刊本, "先生則力辨其僞, 曲證旁通, 具有根據. 後閻百詩『尙書古文疏證』·惠定宇『古文尙書考』, 其門徑皆自先生開之."

다음과 같이 평가했다. "명말(明末)에 변위학 대사(大師)가 출현했으니 바로 호응린이다. 그는 『사부정와』를 저술했다.……위서(僞書) 전반을 변별하는 원리와 방법을 수록한 서적으로서 호응린의 『사부정와』가 효시이다.……책 전반에 걸쳐 다양한 원리와 원칙을 밝혔으며, 수미(首尾)의 일관성과 조리의 체계성을 갖추었으니 그야말로 변위학이 생긴 이래 첫 번째 저술이다. 우리는 변위학이 이 시기에 이르러 하나의 학문이 되었다고 말할 수 있다."[4] 진제의 『모시고음고』는 '시무엽운설(詩無葉韻說)'에 대해 중요한 논증을 했는데, 이는 음운학 분야에서 선구적 의미를 갖는다. 훗날 고염무는 이를 기초로 진일보한 발전을 이루었고, 그리하여 청대 고거학 발전에 중요한 방법론적 토대를 제공했다. 심지어 편향성을 지녔던 『사고전서총목제요』조차 이 책의 선구적 공헌에 대해 비교적 높게 평가하면서 "청대(淸代)에 와서 고염무가 지은 『시본음(詩本音)』과 강영(江永)이 지은 『고운표준(古韻標準)』은 '경전으로써 경전을 증명하는 것(以經證經)'을 통해 비로소 망령된 논의를 일소했다. 그리하여 새로운 길을 개창한 것이 이 책의 첫째 공로이다"[5]라고 하였다. 이밖에 이학가들도 경학 분야에 많은 저술을 남겼다. 구준의 『대학연의보』, 담약수(湛若水)의 『이례경전측(二禮經傳測), 『춘추정전(春秋正傳)』, 『격물통(格物通)』, 여남(呂柟)의 『주역설익(周易說翼)』, 『상서설요(尙書說要)』, 『춘추설지(春秋說志)』, 『사서인문(四書因問)』, 위교(魏校)의 『주례연혁전(周禮沿革傳)』, 『대학지귀(大學指歸)』, 『춘추경세(春秋經世)』, 계본(季本)의 『역학사동(易學四同)』, 『시설해이(詩說解頤)』, 고반룡(高攀龍)의 『춘추공의(春秋孔義)』, 『주역이간설(周易易簡說)』, 유종주(劉宗周)의 『논어학안(論語學案)』, 『주

4 梁啓超, 『古書眞僞及其年代』, 北京: 中華書局, 1962, 41면.

5 『四庫全書總目提要』 卷四十二, 『經部』 四十二, 『小學類』三, 『毛詩古音考』, "國朝顧炎武作 『詩本音』, 江永作『古韻標準』, 以經證經, 始廓淸妄論. 而開除先路, 則此書實爲首功."

역고문초(周易古文鈔)』 등이 있다. 이들 저작은 경전을 해설할 때 이학(理學)의 영향을 크게 받았으며, 이학의 흔적을 선명하게 지녔다. 때문에 종종 청대의 후학들로부터 자의적인 논의라고 치부되기도 했으니, 기존에는 이들의 경학적 의의가 충분히 주목받지 못했다.

사학(史學) 분야의 경우, 명조정이 『원사(元史)』, 『명실록(明實錄)』, 『대명회전(大明會典)』 등의 대형 역사전적을 편수했다. 『원사』의 편찬은 시작에서 완성까지 1년도 걸리지 않았다. 때문에 후세 사람들로부터 지탄을 받기도 했지만 그럼에도 풍부한 원시자료를 보존하고 있다는 점에서는 매우 중시될 만하다. 『명실록』은 태조(太祖)부터 희종(熹宗, 재위 1620~1627)까지 13명의 왕조실록을 포함하는데, 명대 후기에 각지에서 저마다 초록하면서 광범위하게 유포되었고, 훗날 청조(淸朝)가 『명사(明史)』를 편수할 때나 명말청초에 민간학자들이 명대 역사서를 집필할 때 핵심 출처와 근거가 되었다. 또한 『대명회전』은 명조(明朝)의 전장제도나 정령법규의 백과전서라고 할 수 있는데, 후세 사람들이 명대의 역사, 법령, 제도, 문교, 습속 등을 연구할 때 귀중한 자료를 제공하는 문헌이다. 관방 차원 이외에도 개인 학자들도 사학 분야에서 대량의 저술을 남겼다. 이들 중에서 비교적 괄목할 만한 성과는 대체로 아래의 몇 가지 측면에서 두드러졌다.

첫째로는 정통론 역사서가 있다. 여기에는 정통론 이론저술 및 정통론에 입각해서 재서술한 역사서가 포함된다. 전자로는 호한(胡翰)의 『정기(正紀)』, 방효유(方孝孺)의 『석통(釋統)』, 『후정통론(後正統論)』, 구준의 『세사정강(世史正綱)』, 장의(蔣誼)의 『속송론(續宋論)』, 양신(楊愼)의 『광정통론(廣正統論)』, 장황(章潢)의 『논역대정통(論歷代正統)』, 서분붕(徐奮鵬)의 『고금정통변(古今正統辨)』 등이 있다. 후자로는 왕수(王洙)의 『송사질(宋史質)』, 가유기(柯維騏)의 『송사신편(宋史新編)』, 왕유검(王惟儉)의

『송사기(宋史記)』, 사폐(謝陛)의 『계한서(季漢書)』 등이 있다. 이들 역사서 대부분은 화하정통(華夏正統)을 강조했으며, 오랑캐의 조대(朝代)를 폄하했다. 결국 청왕조의 기휘(忌諱)를 촉발하여 수정되거나 지탄을 받았으며, 심지어 금지, 말살되기도 하였다. 예컨대 『세사정강』에 대하여 사고관신들은 "억측에 따라 멋대로 지어냈으니, 사가(史家)에 일찍이 없었던 변칙적 체례로서 오류와 거짓이라 할 만한다"[6]고 비판했으며, 『송사질』에 대해서는 더욱 신랄한 어조로 다음과 같이 말했다. "황당함과 오류를 일일이 모두 지적할 수 없을 정도이다. 역사서가 나온 이후 이 책의 저자처럼 광분하고 실성한 자는 없었다. 서적은 태우고 목판은 부수어야 하며, 목록조차 애초에 보존해서는 안 된다. 그러나 명대 이래로 인쇄본이 이미 많으므로 혹시 세상에 잔존하여 무식한 이들의 귀를 어지럽히고 세상의 법도와 인심(人心)에 해로움을 끼칠까 염려된다. 그러므로 글로써 그것을 배척하여 사람들이 이 서적이 미친 소리라는 것을 알게 하여 사설(邪說)이 백성을 속이지 않도록 한다."[7] 이러한 신랄한 비판은 명대 정통론 역사서에 대한 청대 이후 사람들의 인식에 영향을 미쳤고, 그 학술적 가치는 오랫동안 인정받지 못했다.

둘째로는 서사류(敍事類) 역사서가 있다. 예컨대 당순지(唐順之)의 『사찬좌편(史纂左編)』, 설응기(薛應旂)의 『송원통감(宋元通鑒)』, 왕종목(王宗沐)의 『속자치통감(續資治通鑒)』, 등원석(鄧元錫)의 『함사(函史)』, 진방첨(陳邦瞻)의 『송사기사본말(宋史紀事本末)』 등이 있다. 또한 특히 명사에

6 『四庫全書總目提要』 卷四十八, 『史部』 四十, 『編年類存目 · 世史正綱』, "率臆妄作, 爲史家未有之變例, 可謂謬誕."

7 『四庫全書總目提要』 卷五十, 『史部』 六十, 『別士類存目 · 宋史質』, "荒唐悖謬, 縷指難窮. 自有史籍以來, 未有病狂喪心如此人者. 其書可焚, 其版可斧, 其目本不宜存. 然自明以來, 印本已多, 恐其或存於世, 熒無識者之聽, 爲世道人心之害, 故辭而辟之, 俾人人知此書爲狂吠, 庶邪說不至於誣民焉."

관한 저술이 풍부한데, 진건(陳建)의 『황명자치통기(皇明資治通紀)』, 정효(鄭曉)의 『오학편(吾學編)』, 왕세정(王世貞)의 『국조기요(國朝紀要)』, 『엄산당별집(弇山堂別集)』, 등원석의 『황명서(皇明書)』, 초횡(焦竑)의 『국조헌정록(國朝獻征錄)』, 『국사경적지(國史經籍志)』, 장전(張銓)의 『국조기문(國朝紀聞)』, 주국정(朱國楨)의 『황명사개(皇明史概)』, 하교원(何喬遠)의 『명산장(名山藏)』, 전겸익(錢謙益)의 『황명개국공신사략(皇明開國功臣事略)』, 윤수형(尹守衡)의 『명사절(明史竊)』 등이 있다. 이러한 명사 저술들은 명말청초의 담천(談遷)의 『국각(國榷)』, 장대(張岱)의 『석궤장서(石匱藏書)』, 사계좌(查繼佐)의 『죄유록(罪惟錄)』, 황종희(黃宗羲)의 『명사안(明史案)』, 곡응태(谷應泰)의 『명사기사본말(明史紀事本末)』 및 청조의 『명사』 편수에 중요한 영향을 미쳤다. 민간 사가(私家)에 대한 청조의 통제가 비교적 엄격했고, 때문에 명대 학자들이 저술한 '서사류 역사서'의 성과에 대한 사고관신의 평가도 "명대 사람들은 학술에 근거가 없으면서도 저술은 매우 좋아했으니, 특히 '사사(私史)'를 짓기 좋아했다"[8]에서 보듯이 부정적이었다.

셋째로는 학술사(學術史) 저술이 있다. 이들 저술로는 사탁(謝鐸)의 『이락연원속록(伊洛淵源續錄)』, 송단의(宋端儀), 설응기의 『고정연원록(考亭淵源錄)』, 모헌(毛憲)의 『비릉정학편(毗陵正學編)』, 정동(程曈)의 『신안학계록(新安學系錄)』, 김분형(金賁亨)의 『대학원류(台學源流)』, 『도남서원록(道南書院錄), 양응조(楊應詔)의 『민남도학원류(閩南道學源流)』, 주형(朱衡)의 『도남원위록(道南源委錄)』, 유원경(劉元卿)의 『제유학안(諸儒學案)』, 주여등(周汝登)의 『성학종전(聖學宗傳)』, 『왕문종지(王門宗旨)』, 풍

8 『四庫全書總目提要』 卷五十八, 『史部』十四, 『傳記類』二, 『今獻備遺』, "明人學無根柢, 而最好著書, 尤好作私史."

종오(馮從吾)의 『원유고략(元儒考略)』, 『관학편(關學編)』, 과정훈(過庭訓)의 『성학적파(聖學嫡派)』, 유린장(劉鱗長)의 『절학종전(浙學宗傳)』 등이 있다. 이들 저술은 서로 다른 측면에서 송, 원, 명대의 유학사(儒學史)에 대해 개괄적 정리를 하였는데, 청초(淸初) 손기봉(孫奇逢)의 『리학종전(理學宗傳)』, 황종희의 『명유학안(明儒學案)』, 『송원학안(宋元學案)』, 위예개(魏裔介)의 『성학지통록(聖學知統錄)』, 『성학지통익록(聖學知統翼錄), 탕빈(湯斌)의 『낙학편(洛學編)』, 웅사리(熊賜履)의 『학통(學統)』 및 이후 두극근(竇克勤)의 『이학정종(理學正宗)』, 장백행(張伯行)의 『이락연원속록(伊洛淵源續錄)』, 『도통록(道統錄)』, 왕심경(王心敬)의 『관학속편(關學續編)』, 윤회일(尹會一)의 『낙학편속록(洛學編續編)』 등에 중요한 계발과 영향을 주었다.

넷째로는 사평(史評) 저술이 있다. 여기에는 조필(趙弼)의 『설항부견(雪航膚見), 축윤명(祝允明)의 『죄지록(罪知錄)』, 당순지의 『양한해의(兩漢解疑)』, 『양진해의(兩晉解疑)』, 이지(李贄)의 『장서(藏書)』, 『속장서(續藏書)』, 이유정(李維楨)과 곽공연(郭孔延)의 『사통평석(史通評釋)』, 하상(賀詳)의 『유여당사취(留餘堂史取)』, 종성(鐘惺)의 『사회(史懷)』, 왕지견(王志堅)의 『독사상어(讀史商語)』, 정지선(程至善)의 『사폄(史砭)』, 송존표(宋存標)의 『추사사의(秋士史疑)』, 장수(張燧)의 『천백년안(千百年眼)』, 주명호(朱明鎬)의 『사규(史糾)』 등이 포함된다. 명대의 사평은 종종 이전 사람들의 통설을 뛰어넘어 새로운 견해를 제기했다. 그러나 이러한 풍조는 독실(篤實)하기로 유명했던 청대 사람들로서는 수용할 수 없었고, 그리하여 종종 다음과 같은 사고관신의 비판을 받았다. “명대의 사론(史論)이 지극히 많지만, 근거 없는 주장만 늘어놓고 기존의 학설을 뒤집는데 힘쓸 뿐이어서 그 본말을 장악하지 못했다.”[9] “대체로 이론(異論)을 만들기 좋아하고, 옛 사람의 견해를 반대하는 데 힘썼다.”[10] “대체로 기이한 주장으로 남들을 이기려고 힘쓸 뿐, 그것으로 인해 자신이 무너진다는 것을 몰랐다. 이것이 기존의 명대 학자들의 고질적인 병폐이다."[11] "그 학술 가운데 종종 창조적인 성과가 있었지만 치우친 면이 많았다. 역사를 평가한다는 것은 의리(義理)를 장악하는 것이지, 총명함을 과시하는 것이 아니다."[12]

다섯째로는 역외사지(域外史地) 저술이 있다. 예컨대 진성(陳誠)의 『서역행정기(西域行程記)』, 『서역번국지(西域番國志)』, 비신(費信)의 『성사승람(星槎勝覽)』, 마한(馬漢)의 『영애승람(瀛涯勝覽)』, 공진(鞏珍)의 『서양번국지(西洋番國志)』, 황성증(黃省曾)의 『서양조공전록(西洋朝貢典錄)』, 엄종간(嚴從簡)의 『수역주자록(殊域周諮錄)』, 나왈경(羅曰褧)의 『함빈록(鹹賓錄)』, 장섭(張燮)의 『동서양고(東西洋考)』, 모서정(茅瑞征)의 『황명상서록(皇明象胥錄)』 등이 있다. 이들 저술은 『명사·외국전(外國傳)』의 핵심적 자료 원천이 되었으며, 명대의 대외관계, 족군(族群)관계, 중외(中外) 교통사 등을 연구하는 데 중요한 의미를 지니고 있다.

이상의 내용을 간략하게 요약하면 다음과 같다. 명대의 경사학은 상당한 발전을 이루었지만, 명대에 이학(理學)이 특히 발전했고 영향도 광범위했기 때문에 경사학을 완전히 압도했다. 게다가 명나라 유민(遺民) 학자들이나 청대 학자들의 격렬한 비판을 받았는데, 특히 고염무의 "명

---

9 『四庫全書總目提要』 卷八十八, 『史部』四十四, 『史評類·史糾』, "明代史論至多, 大抵徒侈游談, 務翻舊案, 不能核其始終."

10 『四庫全書總目提要』 卷九十, 『史部』四十六, 『史評類存目二·兩漢解疑』, "大抵好爲異論, 務與前人相左."

11 『四庫全書總目提要』 卷九十, 『史部』四十六, 『史評類存目二·兩晉解疑』, "蓋務欲出奇勝人, 而不知適所以自敗, 前明學者之通病也."

12 『四庫全書總目提要』 卷九十, 『史部』四十六, 『史評類存目二·史懷』, "其說雖間有創獲, 而偏駁者多. 蓋評史者精核義理之事, 非掉弄聰明之事也."

대 사람들의 경우, 그들의 저술이란 도둑질 아닌 것이 없다"[13]는 평가는 매우 광범위하게 유포되었다. 청말의 학자 피석서(皮錫瑞)는 이에 근거하여 "송대, 원대, 명대의 경학을 보면, 원대는 송대에 미치지 못하고, 명대는 또한 원대에 미치지 못한다"거나 "그리하여 경학은 명대에 이르러 쇠락하였다"[14]와 같은 유명한 논평을 남겼다. 이러한 관점은 지금까지도 많은 학자들의 생각을 좌우했으며, 이로 인해 명대의 경사학은 매우 취약하다는 일반적인 인상이 생겨났다. 다음과 같이 말할 수 있으리라. 명대에 경사학이 비록 주류 지위를 점하지는 못했지만 그 전통은 전혀 단절되지 않았고, 오히려 계속해서 지속, 발전했다. 명말청초 경사학은 바로 명대 경사학의 기초 위에서 발전했다. 다만 시대의 풍조가 허현(虛玄)에서 독실(篤實)로 변화했기 때문에 경사학이 명말청초에 이르러 갈수록 많은 사람들의 관심을 받았고, 이는 다시 점진적 발전을 거쳐 주류 학술이 되었으며, 최종적으로 청대의 가장 대표적인 학술형태가 되었다.

2. 명대 경세학의 흥기

경세학은 경세지학(經世之學)의 줄임말로서, 나라를 어떻게 다스릴 것인가를 연구하는 학문이다. 여기에는 정치, 경제, 민생, 군사 등 여러 분야의 내용이 포함된다. 이는 경제지학(經濟之學), 좌왕지학(佐王之學), 왕좌지학(王佐之學) 등으로도 불리며, 오늘날에는 종종 실학(實學)으로

---

13 『日知錄集釋』 卷十八, 「竊書」, 670면. "若有明一代之人, 其所著書無非盜竊而已."

14 皮錫瑞 著, 周予同 注釋, 『經學歷史』, 北京: 中華書局, 1981, 283면. "論宋・元・明三朝之經學, 元不及宋, 明又不及元." 289면. "故經學至明爲極衰時代."

불리기도 하는데, 명말청초의 격동기에 매우 성행했다.

경세학의 흥기는 명대 중후기로 거슬러 올라갈 수 있다. 사회의 폐단이 끊임없이 누적됨에 따라 학자들은 정치상의 득실을 총괄하여 후대에 본보기를 제공하기 위해 경세 분야와 관련된 글들을 수집하여 정리하기 시작했다. 황훈(黃訓)은 홍무(洪武)에서 가정(嘉靖)까지 아홉 조정의 명신(名臣)들의 경세 논의를 모아 『황명명신경제록(皇明名臣經濟錄)』을 편찬했고, 만표(萬表)는 그 기초 위에서 재차 『황명경제문록(皇明經濟文錄)』을 편찬했다. 이후 장련(張煉)의 『경제록(經濟錄)』, 풍기(馮琦)의 『경제유편(經濟類編)』, 장문염(張文炎)의 『국조명공경제문초(國朝名公經濟文鈔)』 등이 세상에 나왔다. 명말에 이르러 내우외환이 더욱 심화되자 사회 전체가 거대한 위기에 직면했고, 그리하여 심성(心性) 논의에 대한 사람들의 열정도 크게 줄었다. 일부 뜻있는 지식인들은 정치나 민생, 군사 등과 관련된 문제를 연구하기 시작했는데, 그리하여 경세학의 진일보한 발전을 이루었고 그 시대의 풍조를 형성했다. 대표적인 저술로는 진기소(陳其愫)의 『황명경제문집(皇明經濟文輯)』, 진자장(陳子壯)의 『소대경제언(昭代經濟言)』, 진자룡(陳子龍) 등의 『황명경세문편(皇明經世文編)』 등이 있다. 그 가운데 『황명경세문편』은 명말 경세학풍의 지표로서 전체 504권 분량이며, 보유(補遺) 4권이 부가되었다. 내용은 군무(軍務), 형률(刑律), 역법(曆法), 제사(祭祀), 수리(水利), 조공(朝貢), 과거(科擧), 조세(租稅), 책봉(冊封), 교육(教育), 전제(田制), 종교(宗教), 변방(邊防), 염세(鹽稅), 출사(出使), 차법(茶法), 조운(漕運), 민사(民事), 정무(政務), 재용(財用), 예의(禮儀), 기계(器械), 마정(馬政), 채광(採礦), 화기(火器), 전선(戰船), 요역(徭役), 지도(地圖), 당쟁(黨爭), 해방(海防), 변장(邊牆), 음률(音律), 강방(江防), 전부(田賦), 병제(兵制), 통상(通商), 해운(海運), 공시(貢市), 전법(錢法), 광세(礦稅) 등 각종 분야를 망라하는데,

명대의 '경세백과전서'라고 칭할 수 있다. 이 『문편』은 진자룡, 송정벽(宋征璧), 서부원(徐孚遠) 등이 명대 숭정(崇禎) 11년(1638) 2월에 편집을 시작하여 불과 9개월 만에 완성하였다. 이와 같은 신속성은 폐단을 타파하고 나라를 멸망에서 구하려는 편집자들의 절박한 심리를 반영하는데, 이들 편집자들은 명왕조의 멸망을 막기 위해 이와 경주했다고 할 수 있다. 그러나 명왕조의 멸망은 근 300년 동안의 적폐가 폭발한 사건으로서, 경세백과전서 한 질로 구제될 수 있는 것이 아니었다. 명대 중후기에 시작된 경세학풍은 청대 초기에 들어 홍성했고, 황종희의 『유서(留書)』, 『명이대방록(明夷待訪錄)』, 고염무의 『천하군국이병서(天下郡國利病書)』, 『일지록(日知錄)』, 왕부지(王夫之)의 『독통감론(讀通鑒論)』, 『송론(宋論)』, 당견(唐甄)의 『잠서(潛書)』 등 일군의 경세저술들이 출현했다. 이들 저술은 모두 걸출한 명저로서 사상사 측면에서 특별한 지위를 갖는다. 특히 『명이대방록』을 거론할 필요가 있는데, 이 책은 중국의 전통 정치제도에 대해 진지한 이론적 반성을 시도했으며, 창조적인 제도상의 구상을 제시했다. 이로써 경세학 분야에서 전대미문의 높은 성취를 이루었으면, 청말 변혁에 중요한 영향을 미치면서 중국 근대 정치사상의 연원 가운데 하나가 되었다.

경세학풍은 청초에 홍성한 이후, 청왕조 통치가 날로 안정되고 사회질서가 점차 회복되면서 날로 침체되었다. 그러나 가경(嘉慶, 1796~1820), 도광(道光, 1821~1850) 연간에 청조의 국력이 빠르게 쇠락하고, 사회적 모순이 계속 누적되며, 정치적 금기가 느슨해지면서 현실문제에 관심을 갖고 악정(惡政)을 혁신하려는 '경세사조'가 '고증학풍'의 울타리를 깨고 재차 홍기하였다. 이러한 사조는 여러 측면에서 명말청초의 '경세학풍'의 영향을 받았다. 위원(魏源, 1794~1857)은 고염무, 황종희 등이 대표하는 청초의 '경세정신'을 자각적으로 계승했으며, 진자룡의

『황명경세문편』을 본받아 하장령(賀長齡)(1785~1848)을 대신하여『황조경세문편(皇朝經世文編)』을 편집했다. 이 문편은 도광 6년(1826)에 완성되었는데, 간행 이후 일시를 풍미했다. 유월(俞樾)은 이에 대해 "하장령 선생이 명대 진자룡의 체례를 사용하여『황조경세문편』을 편집한 이래, 수십 년 동안 국내에 유행했다. 무릇 경제를 강구(講求)하는 사람으로서 이 책을 법도로 떠받들지 않는 사람이 없었고, 대부분 이 책을 집에 소장하였다."[15]고 평가했다. 이후에도 많은 학자들이 잇따라『황조경세문편』의 체례를 본받아 20여 종의 '속편(續編)'을 편찬하여, 청말의 변혁에 중요한 추동력을 부여했다. 당시에 고염무, 황종희, 왕부지는 '청초의 삼대유(三大儒)'로 불렸는데, 그들은 청말 풍계분(馮桂芬), 왕도(王韜), 설복성(薛福成), 마건충(馬建忠), 문정식(文廷式), 정관응(鄭觀應), 진치(陳熾) 등이 대표하던 '개혁사조' 및 강유위, 양계초, 담사동(譚嗣同), 당재상(唐才常) 등이 대표하던 '유신변법(維新變法)', 그리고 손중산(孫中山), 장태염(章太炎), 진천화(陳天華), 추용(鄒容) 등이 대표하던 '공화혁명(共和革命)' 노선에 중요한 영향을 미쳤다. 심지어 그들은 청조 통치자와 '공화혁명파' 인사들 사이의 쟁탈 대상이었다. 청조정은 마지막에 내부의 많은 반대 목소리에도 불구하고 광서 34년(1908) 세 사람을 공묘(孔廟)에 배향했는데, 이를 통해 청말 세 사람의 영향력이 어떠했는가를 확인할 수 있다.

15 俞樾,「皇朝經世文續編序」, 葛士濬 輯,『皇朝經世文續編』, 沈雲龍主編,『近代中國史料叢刊』第七十五輯, 臺北: 文海出版社有限公司, 1973, 第741冊, 1면. "自賀耦耕先生用前明陳臥子之例, 輯『皇朝經世文編』, 數十年來, 風行海內. 凡講求經濟者, 無不奉此書爲矩矱, 幾於家有其書."

3. 명말청초 經史學의 특질

명말청초는 다양한 형태의 학술이 대두한 시대로서 중국학술사에서 매우 독특한 지위를 지니는데, 선진(先秦) 제자백가와 어깨를 겨룬다고 할 수 있다. 경사학은 이러한 특정한 역사적 단계에서 주요 학술형태로 부상했고, 같은 시기에 흥기한 경세학과 매우 밀접한 관계를 지니면서, 다른 시기의 경사학과 현격하게 다른 특질을 지닌다.

1) 과거(科擧) 폐단의 구제

명대의 과거의 취사(取士)는 정주학파의 경전해석 모음인 『사서대전(四書大全)』, 『오경대전(五經大全)』을 교재로 삼았다. 지식인들은 공명(功名)을 얻기 위해 『대전』 이외의 경사(經史) 저술에 대해서는 대체로 도외시하고 읽지 않았다. 때문에 학술적 시야의 협소함, 경사 분야 인재의 부족 등과 같은 폐단이 초래되었다. 황종희는 직접 그러한 상황을 경험한 사람으로서 깊은 감회가 있었기에 다음과 같이 토로했다. "오늘날의 과거제도는 천하의 인재들을 망가뜨리니 다만 그것의 무력함이 걱정이다. 경사(經史)는 재능의 늪과 못으로서 단편적인 말을 가지고 무작정 들어갈 수 없다. 한 명의 선생의 말에 제약되어 그것과 맞지 않으면 경전을 이탈하고 도(道)에 어긋나니, 고금의 서적이 아무 소용이 없다."[16] "과거(科擧)의 학문이 홍성하면서 사학(史學)은 점차 폐기되었다. 옛날에 채경(蔡京), 채변(蔡卞) 등이 국가 정사를 맡아 사학을 멸절시키려고 하여, 『자치통감』 목판까지 훼손하려고 모의했지만 실행하지 못

16 黃宗羲, 「蔣萬爲墓誌銘」, 『黃宗羲全集』, 杭州: 浙江古籍出版社, 2004, 제10책, 493면. "今日科擧之法, 所以破壞天下之人才, 惟恐不力. 經史才之藪澤也, 片語不得攙入, 限以一先生之言, 非是則爲離經畔道, 而古今之書無所用之."

했다. 지금 사학을 금지한 것이 아닌데도 역사를 읽는 사람으로 마땅한 사람을 찾을 수 없으니 인재가 날로 쇠락하는 것이 한탄스럽다."[17] 훗날 청대학자 원매(袁枚)는 "『대전(大全)』이 반포되었을 때, 높이는 사람은 귀하게 여겼고, 헐뜯는 사람은 천시했으니, 그런 다음에 천하의 이목과 총명을 속박했다"[18]고 반성했다.

이러한 상황을 변혁하기 위해 명대 후기 각지의 지식인들이 다양한 '민간의 강학모임(民間講社)'를 조직했다. 그들은 각자의 지향에 입각하여 서로 결속하여 경사(經史), 문학, 경세 분야의 저술을 공동으로 연구했다. 예컨대 당시에 가장 유명했던 복사(復社)의 경우 '옛 학문의 부흥(復興古學)' 또는 '실용에 힘씀(務爲有用)'[19]을 목표로 성립했는데, 여기에서 '옛 학문'이란 사실상 경사학을 말한다. 복사의 지도자인 장부(張溥), 장채(張采)의 "(성현이) 남긴 경전을 높이고, 속학을 배격한다(尊遺經, 砭俗學)"[20], "육경을 널리 드높이고, 자학(子學)과 사학(史學)을 재량한다(表彰六經, 裁量子史)"[21]는 주장도 '옛 학문'의 함의를 선명하게 드러낸다. 명말청초 각지의 강학모임은 매우 많았는데, 구성원도 복잡했고, 학술 수준 역시 천차만별이었다. 훗날 황종희는 이에 대해 다음과 같이 비평했다.

---

17 黃宗羲, 「補歷代史表序」, 『黃宗羲全集』, 제10책, 80면. "自科擧之學盛, 而史學遂廢. 昔蔡京・蔡卞當國, 欲絶滅史學, 卽『資治通鑒』板亦議毁之, 然而不能. 今未嘗有史學之禁, 而讀史者顧無其人, 由是而歎人才之日下也."

18 袁枚, 「答李似村書」, 袁枚 著, 周本淳 標校, 『小倉房詩文集』, 上海: 上海古籍出版社, 1988, 제3책, 1560면. "『大全』頒, 尊之者貴, 悖之者賤, 然後束縛天下之耳目聰明."

19 陸世儀, 『復社紀略』 卷一, 『國粹叢書』 第三集, 上海: 國學保存會, 光緖戊申(1908).

20 吳偉業, 『復社紀事』, 吳偉業 著, 李學穎 集評標校, 『吳梅村全集』 卷二十四, 上海: 上海古籍出版社, 1990, 600면.

21 張采, 『知畏堂文存』 卷八, 康熙十二年(1673)刻本.

> 과거가 번성할수록 인재는 모자라니, 때문에 당시의 군자는 강회(講會)를 만들어 변혁을 꾀하였다.……그러나 지식인들이 경전의 뜻(經義)을 추구하면서도 또한 모방하여 강사(講社)를 세우기도 했다. 내가 지금까지 겪고 목도한 것 가운데 가장 대표적인 것으로 운간(雲間)의 기사(幾社)가 있는데, 하강(何剛), 진자룡(陳子龍), 서부원(徐孚遠)처럼 재능 있는 이들도 있었지만 목표를 달성하지는 못했다. 또한 무림(武林)의 독서사(讀書社)는 불교에 포섭될 뿐이었고, 누동(婁東)의 복사(復社)는 간상(奸相)의 비난만 받을 뿐이었다. 이는 다른 이유에서가 아니라 본령이 취약하고 학술이 번잡하여 결국 아무런 성취가 없었기 때문이다.[22]

그러나 부정할 수 없는 사실은, 이러한 강사(講社)의 성립이 확실히 경사학풍의 형성을 추동하고, 청대 경사학이 바로 그런 기초 위에서 발전했다는 점이다. 훗날 청대학술의 비조로 추앙받는 고염무나 황종희 역시 복사(復社) 출신이다.

2) 이학(理學) 폐단의 교정

명대 전기, 정주리학은 조야(朝野)에서 모두 지배적 지위를 누렸고, 모든 지식인들이 기본적으로 그 영향을 받았다. 그러나 학풍의 박실(朴實) 측면에 대해서는 충분히 밝히지 못했다. 예컨대 황종희는 "이전에는 선유(先儒)의 기존 학설을 원숙하게 익힐 뿐, 스스로를 반성하여 이해하거나, 지극히 은미한 곳까지 미루어 살피지 못했다. 이른바 '이것도 주자를 조술하고, 저것도 주자를 조술하는' 상황이었다."[23]고 평가했다.

---

22 黃宗羲, 「陳夔獻墓志銘」, 『黃宗羲全集』 第十冊, 452~453면. "制科盛而人才絀, 於是當世之君子, 立講會以通其變.……然士子之爲經義者, 亦依仿之而立社. 餘自涉事至今, 目之所睹, 其最著者, 雲間之幾社, 有才如何剛·陳子龍·徐孚遠, 而不能充其所至. 武林之讀書社, 徒爲釋氏之所網羅. 婁東之復社, 徒爲奸相之所訾謷. 此無他, 本領脆薄, 學術龐雜, 終不能有所成就."

명대 중기 이후 양명심학(陽明心學)이란 새로운 진영이 대두하여 천하에 유행했으며, 민간에서는 정주리학의 지배적 지위를 대체했다. 양명심학은 정주리학과 비교할 때 심성의 수양을 훨씬 중시했으며, 경전 연구에 대한 중시는 부족했다. 훗날 황종희의 제자 정량(鄭梁)은 "왕양명의 식견은 출중했지만 전실(典實)함은 갖추지 못했다"[24]고 평가했다. 양명심학이 몇 세대에 걸쳐 전승된 이후, 그 후학들 사이에서 심성에 대한 공담(空談)만 늘어놓는 폐단이 생겨났다. 황종희는 비록 양명심학의 중심지대에 자리하고 있었지만, 그러한 폐단에 대해 매우 깊게 체인했으며, 그와 그의 제자들은 자각적으로 경사학을 선도하면서 양명심학의 폐단을 교정하려는 선명한 의지를 드러냈다. 다음에서 보듯이 그의 글에서는 이러한 의지가 명확하게 나타난다.

> 나의 벗 만충종(萬充宗, 萬斯大, 1633~1683)은 이안(履安) 선생(萬泰, 1598~1657)의 아들(叔子)인데, 경학에 굳건히 뜻을 두어서『육경』을 교정, 편찬했고,『삼례(三禮)』의 경우 그 큰 절목을 정리하여, 이전 사람들이 논쟁하던 것들에서 증거의 우열을 가리고, 상대의 기세를 꺾어 탁 트인 길을 내었으니 한유(韓愈)의 이른바 "그 때에 태어나 진퇴읍양을 그 사이에서 함께 했다"는 것에 해당한다. 이는 당시에 모든 사람들이 알고 있는 바였지만 지금은 절학(絶學)이 되었다. 만년에 이러한 특별한 일을 만날 줄 생각하지 못했거늘,……만충종이 일단 자신의 체득을 바탕으로 제유(諸儒)를 참고하여 반드시 정조(精粗)를 하나로 꿰뚫고 본말(本末)을 겸비하고자 했으니, 확연히 그것을 세상에 베풀되 부질없이 황지(黃池)에서 중설(衆說)과 다투지 않는다면 절학(浙學)의 폐

23 『明儒學案』 卷十,『姚江學案』,『景印文淵閣四庫全書』本. "蓋從前習熟先儒之成說, 未嘗反身理會・推見至隱, 所謂'此亦一述朱耳, 彼亦一述朱耳.'"

24 鄭梁,「南雷文案序」,『黃宗羲全集』 第十一冊, 421면. "姚江之識, 有其高超而無其典實."

단을 구제하는 방법이 여기에 있을 것이다.[25]

만충종은 바로 만사대를 일컫는데, 황종희의 제자로서 경학을 깊게 연구했다. 특히 『삼례』 연구에서 탁월한 성취를 남겼는데, 황종희는 그가 장차 양명심학의 유폐를 바로잡을 수 있을 것이라고 칭찬했다.

명말청초 경사학의 제창은 단지 양명심학의 유폐를 고치기 위한 것만이 아니라, 정주리학까지도 포함한 전체 이학의 학풍을 겨냥한 것이었다. 고염무는 다음과 같이 말했다. "이학(理學)이란 명칭은 송대 사람들로부터 시작되었다. 옛날의 이학이란 경학(經學)을 일컬었는데, 수십 년을 헌신하지 않으면 통달할 수 없었으니, 때문에 '군자는 『춘추』에 종신토록 매달린다'고 하였다. 그러나 오늘날의 이학이란 선학(禪學)을 말한다. 이들은 『오경』에서 취하지 않고 단지 어록(語錄)에 기댈 뿐이니, 첩괄(帖括) 문장을 익히는 것보다도 훨씬 쉽다."[26] 이는 양명심학에 대한 비판일 뿐 아니라, 송대 이래 『오경』을 벗어나 어록을 근거로 삼는 전체 이학을 겨냥한 비판이다. 황종희 역시 "유학자의 학문은 천지를 두루 다스린다. 그런데 후세에 들어 어록을 최고로 삼고, 단지 이락(伊洛) 문하의 한, 두 조목 문답에 기대어 유학자의 반열에 끼어드니 이는 이름을 훔치고 세상을 속이는 것이다"[27]고 말했다. 이들은 정주리학

25 黃宗羲, 「學禮質疑序」, 『黃宗羲全集』 第十冊, 25면. "吾友萬充宗, 爲履安先生叔子, 銳志經學, 『六經』皆有排纂, 於『三禮』則條其大節目, 前人所聚訟者, 甲乙證據, 摧牙折角, 軒豁呈露, 昌黎所謂'及其時而進退揖讓於其間'者也. 此在當時固人人所知者, 於今則爲絶學矣, 不謂晚年見此奇特.……充宗亦姑以其所得, 參考諸儒, 必求其精粗一貫, 本末兼該, 鑿然可擧而措之, 無徒與衆說爭長於黃池, 則所以救浙學之弊, 其在此夫!"

26 顧炎武, 『亭林詩文集 · 文集』 卷三 「與施愚山書」, 『四部叢刊』 初編, 上海: 上海商務印書館, 民國十一年影印本. "理學之名, 自宋人始有之. 古之所謂理學, 經學也, 非數十年不能通也. 故曰'君子之于『春秋』,沒身而已矣.' 今之所謂理學, 禪學也, 不取之『五經』, 而但資之語錄, 校諸帖括之文而尤易也."

27 黃宗羲, 「贈編修弁玉吳君墓誌銘」, 『黃宗羲全集』第十冊, 433면. "儒者之學, 經緯天地. 而

에 대한 비판일 뿐 아니라, 어록을 존숭하는 이학 전반에 대한 비판이다. 이처럼 고염무, 황종희 등이 어록에 토대를 둔 이학을 비판한 것은 독실절용(篤實切用)의 경사학을 제창함으로써 심성만을 허황되게 논하고 실질에 절실하지 않았던 이학의 유폐를 교정하기 위함이었다.

3) 선명한 경세(經世) 지향성

유학자는 대체로 수기치인의 경세 포부를 지니고 있다. 설령 청대 중기에 오로지 고거(考據)에만 집중한 학자들이라고 해도, 천하에 대한 책임을 완전히 방기한 채 명물제도(名物制度)의 고증학을 궁극적 목표로 삼았다고 말할 수는 없다. 그러나 명말청초라는 '하늘이 무너지고 땅이 갈라지는(天崩地解)'[28] 특수한 시대를 맞아 유학자의 경세정신은 매우 강렬하게 표현되었다. 그들은 경사(經史) 연구를 통해 천하의 위급상황을 구제하고, 화하(華夏)를 다시금 회복할 수 있는 적절하고 실행 가능한 방법을 찾기를 절박하게 원했다. 때문에 그들이 제창한 경사학은 선명한 경세지향을 지니고 있었으니, 심지어 이 시기의 경사학은 경세학(經世學)에 기여하기 위한 것이라고도 말할 수 있다. 황종희, 고염무 등은 이 문제에 대해 모두 깊고 절실한 논의를 남겼다. 예컨대 황종희는 다음과 같이 말했다.

> 육경은 모두 선왕의 법도이다.……백성의 굶주림을 염려하여 정전법을 고안했고, 백성이 교육받지 못함을 염려하여 학교를 세웠다. 백성의 침벌을 염려하여 병거(兵車)를 만들었고, 백성에게 다스림(統)이 없는 것을 염려하여 봉건을 세웠다. 상례(喪禮)와 장례(葬禮)를 제정한 것은

後世乃以語錄爲究竟, 僅附答問一二條于伊洛門下, 便廁儒者之列, 假其名以欺世."

28 黃宗羲, 「留別海昌同學序」, 『黃宗羲全集』 第十冊, 646면.

> 죽음을 질시할까 염려해서이고, 제사를 만든 것은 조상을 잊을까 염려해서이다. 예(禮)를 제정한 것은 친소(親疏)를 구별하기 위해서이고, 음악을 만든 것은 근심과 답답함을 풀어주기 위해서이다. 시(詩)로써 풍속을 돈후하게 했고, 형벌로써 침탈을 방비했다.[29]

황종희는 또한 "경술(經術)로써 경세를 위해야 오활한 유생이 되지 않으니, 그러므로 역사서 읽기를 겸해야 한다."[30]고 했으며, "학문은 반드시 경술에 근본을 두어야 나중에 공허하지 않고, 반드시 사적(史籍)에서 증거를 밝혀야 나중에 실무에 대처할 수 있다."[31]고 하였다. 고염무 역시 다음과 같이 말했다. "공자가 육경을 산술(刪述)한 것은 이윤(伊尹)과 태공(太公)이 백성을 재난에서 구제하려 했던 마음과 똑같다. 그러나 지금 벌레와 물고기를 주석하고, 초목(草木)을 명명하는 것들은 그런 경지를 말하기에 부족하다.……그러므로 육경의 취지나 현세의 실무와 관계가 없는 문장을 전혀 말하지 않았다."[32] "반드시 도시를 정하고 읍리를 구획하는 마음을 지닌 연후에야 등산하고 물가에 나아갈 수 있고, 반드시 경세제민의 견식을 갖춘 다음에야 옛것을 고찰하여 현재를 밝힐 수

---

29 黃宗羲, 『孟子師說』 卷四, 『黃宗羲全集』 第一冊, 87면. "六經皆先王之法也.……慮民之饑也, 爲之井田. 慮民之無敎也, 爲之學校. 慮民之相侵也, 爲之兵車. 慮民之無統也, 爲之封建. 爲之喪葬, 恐其惡死也. 爲之祭祀, 恐其忘遠也, 爲之禮. 以別其親疎. 爲之樂, 以宣其湮鬱. 詩以厚其風俗, 刑以防其淩奪."

30 全祖望, 『結埼亭集』 卷第十一, 「梨洲先生神道碑文」, 全祖望 撰, 朱鑄禹 匯校集注, 『全祖望集匯校集注(上)』, 上海: 上海古籍出版社, 2000, 219면. "經術所以經世, 方不爲迂儒之學, 故兼令讀史."

31 『結埼亭集外編』, 卷十六, 「甬上證人書院記」, 『全祖望集匯校集注(中)』, 1059면. "學必原本於經術, 而後不爲蹈虛, 必證明於史籍, 而後足以應務."

32 『亭林詩文集·文集』, 卷四 「與人書二」, "孔子刪述六經, 卽伊尹·太公救民于水火之心, 而今之注蟲魚·命草木者, 皆不足以語此也.……故凡文之不關於六經之指·當世之務者, 一切不爲."

있다."[33] "역사서를 저술하는 것은 지난 일에 비추어 현재의 교훈을 얻기 위함이다."[34] "옛것을 끌어들여 현재를 도모하는 것은 우리 유학의 경세(經世)의 활용이다."[35] 그들이 보기에, 경전에는 고대 성현들이 천하를 다스리고, 민중을 구제하는 제도와 사상이 담겨 있으며, 역사서는 현재를 위해 참고할 만한 자원을 제공한다. 때문에 경사를 연구함으로써 비로소 천하를 안정시키는 경세적 목표를 제대로 실현할 수 있다. 명말청초 많은 경사학 저술들, 예컨대 장대(張岱)의 『사서우(四書遇)』, 부산(傅山)의 『경자비주(經子批註)』, 『제사비주(諸史批註)』, 황종희의 『맹자사설』, 고염무의 『일지록』, 왕부지의 『주역외전(周易外傳)』, 『독통감론』, 『송론』, 위희(魏禧)의 『좌전경세초(左傳經世鈔)』, 여유량(呂留良)의 『사서강의(四書講義)』 등은 모두 선명한 경세지향을 지니고 있다.

4) 경(經)과 사(史)의 밀접한 결합

경학과 사학은 중국 전통학문의 두 가지 형태로서 일반적으로 경학의 지위가 사학보다 높다. 비록 명말청초의 학자들이 경학을 가장 중요한 학문으로 여겼지만, 더불어 사학의 지위도 경학과 어깨를 나란히 할 정도로 높이면서, 경학과 사학은 밀접하게 결합되고 서로 보충되어야 한다고 주장했다. 지식인들이 착실한 학문의 기초를 다지고 동시에 변통을 이해할 수 있게 하려고 황종희는 "경전을 연구하고 역사서를 읽어야 한다(窮經讀史)."는 주장을 제기했다. 전조망은 여기에 대해 다음과 같이 총결했다. "명대 사람들의 강학은 어록의 찌꺼기를 답습한 것에

---

33 『菰中隨筆』 卷三, 古學院 刊 『敬躋堂叢書』本(民國三十四年), "必有體國經野之心, 而後可以登山臨水. 必有濟世安民之識, 而後可以考古證今."

34 『亭林詩文集 · 文集』 卷六, 「答徐甥公肅書」, "夫史書之作, 鑒往所以訓今."

35 『亭林詩文集 · 文集』 卷四, 「與人書八」, "引古籌今, 亦吾儒經世之用."

불과하다. 『육경』에 기초하지 않고 서적을 팽개치고 허황된 담론에만 종사했다. 따라서 학문하는 사람은 반드시 먼저 경전을 궁구해야 한다. 경술(經術)로써 경세를 위해야 오활한 유생이 되지 않으니, 그러므로 역사서 읽기를 겸해야 한다."[36] 황종희가 보기에, 경학과 사학을 결합하여 상호보충 해야만 명대학술의 공소무용(空疏無用)한 폐단을 철저하게 교정할 수 있으며, 그래야만 최종적으로 경세의 목적을 실현할 수 있다. 그 이전에 왕양명은 "『오경』 역시 역사이다(五經亦史)"라는 주장을 제기했는데 "사실로서 말하면 역사라고 하고, 도(道)로서 말하면 경전(經)이라 말한다. 사실이 도이고, 도가 사실이다. 『춘추』 역시 경전이고, 『오경』 역시 역사이다"[37]라고 하였다. 반부(潘府) 역시 '오경개사(五經皆史)'의 주장을 제기하면서 "『오경』 모두 역사이다. 『주역』의 역사는 오묘하고, 『서경』의 역사는 실제적이다. 『시경』의 역사는 그윽하고, 『예기』의 역사는 상세하며, 『춘추』의 역사는 엄격한데, 그 의리는 동일하다"[38]고 하였다. 황종희의 '궁경독사(窮經讀史)'의 주장은 아마도 이들의 영향을 받았을 것이다. 그러나 왕양명이 강조한 것은 '도사합일(道事合一)'이었으며, 주자의 '리사이분(理事二分)'을 겨냥하여 제기된 것이다. 한편 반부가 강조한 것은 『오경』이 비록 저마다의 품격은 다르지만 모두 사학(史學)의 의미를 갖는다는 의미인데, 황종희가 제창한 경학과 사학 연구를 함께 고려하고 실행해야 한다는 취지와는 여전히 차이가 있다. 고염

---

36 全祖望, 『鮚埼亭集』 卷第十一, 「梨洲先生神道碑文」, 『全祖望集匯校集注(上)』, 219면. "明人講學, 襲語錄之糟粕, 不以六經爲根柢, 束書而從事于游談. 故受業者必先窮經, 經術所以經世, 方不爲迂儒之學, 故兼令讀史."

37 王守仁, 『傳習錄上』, 王守仁著, 張立文主編, 『王陽明全集(1)』, 北京: 紅旗出版社, 1996, 12면. "以事言謂之史, 以道言謂之經. 事卽道, 道卽事. 『春秋』亦經, 『五經』亦史."

38 『明儒學案』 卷四十六, 『諸侯學案上四 · 太常潘南山先生府』, 『黃宗羲全集』 第八冊, 403면. "『五經』皆史也. 『易』之史奧, 『書』之史實, 『詩』之史婉, 『禮』之史詳, 『春秋』之史嚴, 其義則一而已."

무 역시 경학과 사학을 상호 결합해야 합리적인 해석을 내릴 수 있다고 주장하면서 다음과 같이 말했다.

> 『시경』의 순서는 『춘추』의 연월(年月)과 같다. 공자께서는 옛 문헌을 통해 조술하되 창작하지는 않았다. '송(頌)'이란 성덕의 모습을 찬미하여 종묘(宗廟)에 고하는 것이다. 노나라의 송은 노나라 군주를 칭송했을 뿐인데, 주송(周頌) 뒤에 나열된 것도 노나라 사람들이 송(頌)이라 칭했다. 세상의 유학자들은 공자께서 노나라를 존숭하여 송으로 높였다고 말하지만 그렇지 않다. 노나라 사람들이 이미 송이라 했는데, 공자께서 어찌 송이라 칭하지 않겠는가? '아래에 있으면서 배반하지 않는' 도리일 뿐이다. 『춘추』에서 '공(公)'이라 쓰고, '교체(郊禘)'라고 쓴 것도 동일한 의미이다. 맹자는 "그 문체는 사관(史官)의 것이다"라고 했는데, 『춘추』만 그런 것이 아니라 『육경』이 모두 그러하다. 오늘날 사람들은 성인이 저술할 때 반드시 세상을 놀라게 하고 세속을 초월한 견해를 제기한다고 말하는데 이는 사심(私心)으로 성인을 기다리는 것이다.[39]

맹자가 『춘추』를 평가한 "그 문체는 사관의 것이다"[40]라는 말은 '오경개사설'의 가장 이른 연원이라 할 수 있다. 고염무는 이를 근거로 역사의 각도에서 『시경』, 『춘추』 등 『육경』에 대한 합리적 해석을 내려야 한다고 주장했으며, 금문경학가들이 역사적 사실을 벗어나서 『육경』의 이른바 '미언대의(微言大義)'에 대해 임의로 논의하는 것에 반대했다.

경학과 사학의 밀접한 연관, 그리고 선명한 경세지향은 명말청초 경

---

39 『日知錄』 卷三, 「魯頌商頌」, 106면. "『詩』之次序, 猶『春秋』之年月. 夫子因其舊文, 述而不作也. 頌者, 美盛德之形容, 以告宗廟. 魯之頌, 頌其君而已, 而列之周頌之後者, 魯人謂之頌也. 世儒謂夫子尊魯, 而進之爲頌, 是不然. 魯人謂之頌, 夫子安得不謂之頌乎? 爲下不倍也. 『春秋』書'公'・書'郊禘'亦同此義. 孟子曰'其文則史', 不獨『春秋』也, 雖『六經』皆然. 今人以爲聖人作書, 必有驚世絶俗之見, 此是以私心待聖人."

40 『孟子注疏』 卷八上, 「離婁下」, 『十三經注疏(下)』, 上海: 上海古籍出版社, 1997, 2728면.

사학의 뚜렷한 특징이다. 이 시기의 많은 학자들이 '박대(博大)'하기로 유명했는데, 훗날 청대의 학자들 역시 경학과 사학을 결합하여 연구하는 태도를 이어갔다. 다만 이들은 정밀함, 심지어 번쇄함의 길로 빠져들기도 했고, 경세지향 역시 청왕조의 통치 질서가 점차 안정되고 문자옥(文子獄)이 점차 강화되면서 명확한 목표를 잃기도 하고, 심지어 억제되었다. 그리하여 고거(考據)의 수단이 경세의 목적을 은폐하기도 했으며, 명말청초의 다양한 형태의 학술이 결국에는 청대 중기의 경사고증학(經史考證學)으로 전환되었다. 그리고 경사고증학은 청조 말년에 내우외환의 부단한 격화 속에서 다시 '경세사조(經世思潮)'에 의해 공격을 받았고, 그로 인해 중국 근대사조의 서막을 열게 되었다.

번역 : 정종모(서강대 연구교수)

■ 참고문헌

『明儒學案』

『孟子注疏』

『尙書考異·提要』

『四庫全書總目提要』

葛士濬(1973),『皇朝經世文續編』, 沈雲龍 主編,『近代中國史料叢刊』, 臺北: 文海出版社有限公司.

顧炎武(1930),『亭林詩文集·文集』, 上海: 上海商務印書館.

顧炎武(1996),『日知錄集釋』, 黃汝成 集釋, 秦克誠点 校, 長沙: 嶽麓書社.

梁啓超(1962),『古書眞僞及其年代』, 北京: 中華書局.

陸世儀(1908),『復社紀略』, 上海: 國學保存會.

吳偉業(1990),『吳梅村全集』, 李學穎 集評標校, 上海: 上海古籍出版社.

王守仁(1996),『王陽明全集(1)』, 張立文 主編, 北京: 紅旗出版社.

袁枚著(1988),『小倉房詩文集』, 周本淳 標校, 上海: 上海古籍出版社.

張采(1673),『知畏堂文存』.

全祖望(2000),『全祖望集匯校集注(上)』, 朱鑄禹 匯校集注, 上海: 上海古籍出版社.

朱琳(1825),「尙書考異跋」, 淸道光五年, 立本齋刊本.
皮錫瑞(1981), 周予同 注釋,『經學歷史』, 北京: 中華書局.
黃宗羲(2004),『黃宗羲全集』, 杭州: 浙江古籍出版社.

17~19세기 한·중 경학에 나타난 비판의식 연구

진성수

1. 글을 시작하며

儒學史에서 經學이란, 유교경전을 연구하는 학문으로서 漢·唐代의 訓詁學, 宋·明代의 性理學, 淸代의 考證學, 朝鮮 중·후기의 實學 등이 있다.[1] 경학은 시대와 연구자의 학문적 경향에 따라 다양하게 전개되었다. 특히 한·중 유학사에서는 새로운 학문의 등장은 새로운 經學과 밀

1 『四庫全書總目提要』의 「經部總敍」에서는 漢代 이후의 儒學을 漢學·魏晉學·唐學·宋學·明學·淸學 등 6가지로 구분한다. 특히, 경전의 해석 방식에서는 宋學[義理]에서 淸學[考證]으로의 변화를 가장 의미 있는 것으로 평가한다. 島田虔次는 『朱子學と陽明學』(岩波書店, 1967)에서 宋·明代의 주자학에서 양명학으로의 전개과정 전체를 중국의 近世로 파악한다. 그러나 丸山眞男은 『日本政治思想史硏究』(東京大學出版會, 1952)에서 宋代에서 淸代까지의 주자학적 세계관에 대해 구체제를 옹호하는 사상으로 평가하였으며, 丸山眞男의 주장을 비판적으로 계승한 守本順一郎는 『東洋政治思想史硏究』(未來社, 1967)에서 주자학에 대해 봉건적·중세적인 사유형태라고 평가하였다. 이밖에 서구의 역사학계에서는 宋代로부터 아편전쟁 이전의 淸代 중엽까지(10C중엽~19세기 중엽)를 기본적으로 동질적인 사회로 보는 경향이 있다. 진성수, 「17-18세기 한·중·일 유학에서의 인간이해 연구」, 『한문고전연구』 제20집, 한국한문고전학회, 2010, 273면 참조.

접한 관련이 있다. 17~19세기에 활동하던 유교지식인들은 당대의 주류 지식과 가치체계를 비판하며 새로운 경학을 제시했다. 이러한 점에서 經學史는 經典解釋史인 동시에 당대 유교지식인들의 비판의 역사라고 말할 수 있다. 새롭게 등장한 유교지식인들은 기존가치체계와 사상투쟁을 벌이게 된다. 그 결과 文字獄과 異端 논쟁 등이 발생했다.

明末·淸初에 활동한 黃宗羲·顧炎武·王夫之 등은 宋明理學을 부정하는 방식으로 경학을 전개했다. 이후 乾隆·嘉慶시기에 활동한 戴震·阮元 등은 考據의 방법으로 새로운 경학을 개척했다.[2] 이와 비슷한 시기에 활동한 조선의 丁若鏞은 새로운 경학방법론으로서 실학적 경학사상을 제시한다. 본 연구는 17~19세기 한국과 중국을 대표하는 경학자인 왕부지(1619~1692)·대진(1723~1777)·정약용(1762~1836)을 중심으로 한·중 경학사에 나타난 비판의식을 검토할 것이다.

實學을 中世에서 近代로의 전환기 혹은 과도기 철학이라고 한다면, 실학은 '內聖'·'外王'과 연관 지어 설명할 수 있다. '內聖' 차원으로 볼 때, 실학은 인간의 주체적 도덕의식과 정신적 자각을 촉구하여 자유로운 인간이 되도록 만들었다. 이것은 근대시기 자유·민주 개념으로 발전했다. '外王' 차원으로 볼 때, 실학은 외부 세계의 객관적 실재와 사실에 대한 명확한 인식을 촉구하여 실천하는 인간이 되도록 만들었다. 이

2 淸代 學術에 대해 梁啓超는 "淸代學派의 운동은 '연구방법의 운동'이지 '主義의 운동'이 아니다."(梁啓超, 『淸代學術概論』, 東方出版社, 1996, 39면)라고 평가한다. 또한 馮友蘭은 1,000페이지 넘는 『中國哲學史』에서 淸代를 약 70페이지 분량으로 서술하고 있다. 그 중에서도 淸代 今文經學을 제외하면 李塨·顔元·戴震에 대해서는 불과 36페이지 분량으로 언급하고 있다.(이강범, 「淸代 초기 고증학 발전의 정치적 배경 연구」, 『중국어문학논집』제33호, 중국어문학연구회, 2005, 62면 참조) 양계초의 말대로 '主義'의 관점에서 보면, 宋代는 理學이며 明代는 心學이지만 淸代에는 뚜렷한 '主義'가 없이 고증학만 있는 것처럼 보일 수 있다. 그러나 청대에도 理學과 心學·老佛 등의 思辨에 반대하고 實證을 중시하며 六經과 先秦儒學을 중시하는 분명한 학술사조가 있었다.

것은 근대시기 과학·기술 개념으로 발전했다. 특히 '민주'와 '과학' 개념은 서구에서 이식되었는지, 혹은 내재적 발전과정에서 등장한 것인지에 대해 근대 동아시아 사상사에서 매우 중요하게 다루어지고 있다.[3]

철학사상을 연구할 때에는 '역사상의 철학연구'와 '철학의 역사'를 동시에 고려할 필요가 있다. 그러나 연구주제에 대한 접근방식에서 '역사에서 철학의 본래적 의미를 밝힘'과 '철학사에서 시대적 의의를 밝힘'의 간격이 엄연히 존재한다. 이 점에 착안하여 17~19세기 한·중 경학사에 담긴 철학사상의 내재적 의미를 검토하고, 이를 토대로 당대 유교지식인들의 비판의식을 살펴보자.

2. 유교지식인의 자각과 가치관 변화

왕부지와 대진이 활동하기 이전시기 이미 중국 전역에는 서양의 지식과 사상·종교가 확산된 상태였다. "근대중국 사상사 대부분의 시기

---

3 청대사상사 연구에 대한 대표적인 이론은 ①梁啓超와 胡適의 '理學反動說' ②錢穆의 '每轉益進說' ③余英時의 '內在理路說'(折衷說이라고도 함)이다. 余英時는 청조의 사상탄압 및 그 밖의 외적요인으로만 漢學으로의 변화를 설명하는 것은 충분하지 않다는 입장에서 앞의 두 이론을 止揚하고자 '折衷說'을 제시하였다.(鄭台燮, 「明末清初 經世學과 清代漢學의 內在的理路」, 『明清史研究』 제6집, 明清史學會, 1997, 181면 참조) 또한 余英時는 청대학술에 대한 양계초와 전목의 견해를 '清學의 새것 창조'와 '宋學의 연속성'의 의의로 설명하고 학술사상의 흐름으로 볼 때, 전목의 견해가 더 합당하다고 평가한다. 이에 余英時는 '宋學-明學-清學[漢學]'의 변화과정을 '道問學'과 '尊德性' 중 어느 쪽에 비중을 두는가에 따라 구분하였다. 余英時, 「從宋明儒學的發展論清代思想史」, 『中國思想傳統的現代詮釋』, 江蘇人民出版社, 1995, 175면 참조. 이러한 주장의 시초는 章學誠(1738~1801)의 『文史通義』 內篇 卷2 「朱陸」편이다. 丘爲君은 학설의 영향력은 梁啓超와 胡適의 '理學反動說'이 좀 더 우세하지만, 학술사상의 전체적인 흐름을 이해하는 데에는 錢穆의 '每轉益進說'과 余英時의 '內在理路說'이 좀 더 의미가 있다고 말한다. 자세한 내용은 丘爲君, 「清代思想史"研究典範"的形成, 特徵與義涵」, 『清華學報』(新竹)新4卷4期(1994年 12月), 451~494면 참조.

는 '天下'를 '國家'로 만드는 과정이었다."[4]라는 조셉 레벤슨(Joseph R. Levenson, 1920~1969)의 말처럼 서양문명의 중국내 확산은 明代부터 시작됐다.[5] 16세기 예수회 선교사 마테오 리치(Matteo Ricci, 중국명 利瑪竇, 1552~1610)가 '서양인 儒學者'로 불린 것도 이러한 맥락에서 이해할 수 있다. 마테오 리치가 『天主實義』에서 儒家학설에 근거하여 불교를 비판했던 '補儒易佛'의 태도 역시 마찬가지다. 천주교와 서양적 관념은 당시 지식인뿐만 아니라 중국문화로 급속히 전파되었다. 마테오 리치 이후 선교사에 의해 전해진 서구 신지식은 이제 중국에서 더 이상 낯선 것이 아니었다.

17~18세기의 중국 지식인들은 서구 신지식에 대해 두 가지 태도를 보였다. 첫째, 보편주의적 태도이다. 이것은 서구의 지식·사상·기술을 받아들이면서도 중국만의 독특한 해석을 통해 서구의 신지식을 전통적 학문으로 전환하여 '세계는 하나'라는 입장에서 중국을 세계로 편입시키는 전략이다. 둘째, 특수주의적 태도이다. 이것은 중국고유의 지식·사상·신앙을 근본적으로 위협하는 것은 거부하고, 민족주의와 보수주의의 입장에서 서구문명을 상대하는 전략이다. 예컨대 '天圓地方' 관념은 중국의 정치·종교권력을 아우르는 지식체계의 중심이었다. 따

---

4 Joseph R. Levenson, 『*Confucian China and its Modern Fate*』, 鄭大華 譯(中譯本), 中國社會科學出版社, 2000, p.87.

5 明代에 이미 서양적 관념이 漢語로 번역되어 전통적 유가철학에 빠르게 편입되었다. 알레니(Giulios Aleni, 중국명 艾儒略, 1582~1649)의 『西學凡』에서는 '哲學'을 '理學'으로 번역했고, 알폰소 바뇨니(Alphonsus Vagnoni, 중국명 高一志, 1566~1640)는 '修身', '齊家', '治平'의 범주로 아리스토텔레스 『倫理學(Ethics)』의 내용을 번역했다. 바뇨니(Alphonsus Vagnoni, 1566-1640), 아담 샬(Jean Adam Schall von Bell, 중국명 湯若望, 1591~1666), 페르비스트(Ferdinand Verbiest, 중국명 南懷仁, 1623~1688)은 모두 '致知'로 西學에 관한 서적을 번역했다. 鐘鳴旦, 「格物窮理: 格物窮理: 十七世紀西方耶蘇會士與中國學者間的討論」, 『哲學與文化』 제18권 제7기, 臺北, 1991, 607면 참조.

라서 중국으로서는 서구의 천문학은 중요하게 다룰 수밖에 없었다. 왜냐하면, 서구의 천문학은 天道를 궁극적인 원리로 삼는 중국의 전통적인 지식·가치체계를 근본적으로 와해시킬 수 있는 잠재적 위험요소였기 때문이다. '천원지방' 관념에서 하늘은 도덕행위·지식체계·정치권력의 합법성과 합리성을 규정하는 보루였다. 이에 당시 지식인들은 '서양의 학문은 중국에서 기원했다[西學中源]'고 하는 문화적 자존심으로 심리적 동요를 억제하면서 서구문명을 단순히 실용지식과 과학기술로만 받아들이거나, 혹은 '器'에서 '道'로, '用'에서 '體'로 라는 전통적 사유방식과 체·용, 도·기를 합일하는 철학체계를 가지고 서양학문에 대응하는 방식을 택했다.[6]

명·청 교체기는 종족제의 확산, 善書의 보급, 善會의 흥기 등이 두드러졌다. 예컨대 宗族制는 송대에 비해 明末·淸初에 더욱 성행하여 청말에는 "君民관계는 인위적 결합[人合]이지만, 宗族은 자연적 결합[天合]이다. 人合은 天合의 힘으로 유지되어야 비로소 확고해진다.(馮桂芬, 「復宗法議」)"라는 말이 등장했다. 이처럼 청초는 향촌자치가 확산되고 儒·

6 劉宗周는 전통적인 '天圓地方' 관념에 의거하여 "하늘은 둥글고 땅은 네모라는 것은 최고의 법칙이다. 사람의 마음은 天地와 동일하다. 그 몸체는 움직이면서 둥글다. …… 그 주변은 멈추어 있으면서 네모이다. …… 군자의 학문은 둥근 것은 하늘을 본받았고 네모인 것은 땅을 본받은 것이다."(『明儒學案』 卷六十三, 『蕺山學案』, 『大學雜辯』, 臺北: 世界書局, 1965, 713면)라고 자신의 도덕적 이상을 표현했다. 王夫之 역시 『思問錄』(外篇)에서 자신의 경험을 토대로 마테오리치를 비웃으며 '사리 분별을 못하는 사람'(王夫之, 『思問錄』(外篇), 『船山全集』 第十二冊, 長沙: 岳麓書社, 1992, 460면)이라고 비판했다. 그러나 方以智(1611~1671)는 『物理小識』권2 「天漢」에서 서양 사람들의 "망원경으로 은하수가 모두 작은 별들임을 자세히 관측했다."라는 말에 근거하여 전통적인 천체 관념을 부정하고, 『通雅』권11에서 서양 사람의 천문학 지식에 근거하여 "별자리에 따라 구역을 나눈다."는 설을 비판했다. 방이지의 아들 方中履가 지은 『古今釋疑』권12 「天地之形」에서는 천원지방을 전면 부정하고 "하늘이 땅의 외부를 둘러싸고 있고, 땅은 허공에 있다."는 견해를 받아들인다. 자세한 내용은 葛兆光, 『中國思想史』第二卷, 復旦大學出版社, 2005, 346~354면 참조.

佛·道 三敎合一에 의한 도덕실천운동이 활발하게 전개되었다. 그러나 청초의 도덕실천은 정주학의 '愼獨'이 아닌 物의 실재성과 工夫의 실용성을 연계한 '知行合一'이었다. 특히 劉宗周는 도덕적 판단의 객관적 기초를 六經에서 찾아야 한다고 주장했다.[7] 이러한 유종주의 연구방법은 考證의 형식을 띄지만 양명학의 心卽理가 갖는 철학적 한계를 극복하기 위한 것이었다. 유종주를 계승한 황종희 역시 宋明理學者들이 經籍·制度에 무시하고, 義理만을 중시한 것을 비판하며 經學과 史學, 義理와 制度의 내재적 연관성을 중시했다. 특히 황종희는 『明夷待訪錄』에서 '封建'·'公論' 등의 개념을 제시하며 백성을 사회적·경제적 주체로서 인정해 줄 것과 지방의 업무는 지방의 공론에 맡길 것을 정부에 요구했다.[8]

이러한 주장은 철학적으로 볼 때, 인간 개인에 대한 독자적 인성론 전개와 관련이 있다. 즉 왕부지의 '性日生日成'이나 대진의 '人慾肯定'에도 충분히 영향을 주었다.[9] 특히 대진은 "欲의 잘못은 私이지 蔽가 아니다." "만약 欲이 없다면 천하의 인간이 행의 길에 쫓기어 궁하더라도 멍하니 바라볼 뿐이다. 자기가 그 생을 이루려 하지 않고 다른 사람의 생을 이루는 법은 없다(『孟子字義疏證』卷上)."라고 말하며, 욕망의 문제를 사회적 생존관계의 문제로 이해하기 시작했다. 이로써 '欲'의 문제는 개인의 내적 도야를 통해 무조건 억제해야 하는 인간내면의 욕망으로만 한정되지 않았다. 따라서 欲이 사회적 조리를 일탈하면 그것이 바로 欲

---

7 王汎森, 「淸初的講經會」, 『中央研究院歷史語言研究所集刊)』 第68本 第3分, 1997年 9月, 515면 참조.

8 미조구치 유조·이케다 도모히사·고지마 쓰요시 지음, 조영렬 옮김, 『중국제국을 움직인 네 가지 힘』, 글항아리, 2012, 282~292면 참조.

9 자세한 내용은 진성수, 『王夫之 易學思想에 관한 연구』, 성균관대 박사학위논문(2004, 137~145면)과 임옥균, 『戴震哲學에 나타난 '朱子學的 思惟의 批判'에 관한 연구』, 성균관대 박사학위논문(1994, 42~48면) 참조.

의 잘못인 '이기심[私]'가 되고, 私는 탐욕에 따르기 때문에 비로소 不仁이 된다. 그러나 '이기적인 私가 아니라면, 그 欲은 모두 仁과 義가 될 수 있다'고 보았다. 이처럼 仁과 義는 더 이상 내면수양의 완성을 통해서만 획득되는 것이 아니라 公과 私라고 하는 사회적 관계에서 상호화합을 통해 실현되는 것으로 이해되었다.[10]

사회·정치적으로 볼 때, 주자학적 인성론은 내면적 도덕확립을 지향하여 관료와 사대부가 백성을 교화하는 治世 시스템에 민중들을 적응시키는 측면이 있다. 이에 반발하여 명대의 인성론은 도덕실천의 주체를 대중들에게 확산시켜 인간욕망을 긍정하고 수양방법도 간편함을 추구하는 경향이 두드러졌다. 결국 명말·청초에는 惡의 기원을 인간의 氣質에 두고, 惡의 극복을 인간수양의 최종목표로 생각하는 사유방식에 문제를 제기했다. 그 결과 惡을 후천적인 습관·환경·교육에 의한 것으로 규정하게 되었다. 특히, 대진은 각 개인의 생존욕 간의 사회적 조화라는 새로운 관점, 그리고 육체의 욕정에 대한 理性의 조정이라는 구체적 방안을 제시하였다. 이처럼 정주학적 인성론은 명말·청초에 이르러 기존 사대부 중심의 관료사회의 가치관이 아닌 상인·농민과 같은 다양한 계급성향을 가진 지식인들이 활동하는 새로운 '鄕里공간'의 다원화된 가치관을 형성하는 중요한 전환기를 맞이하게 되었다.[11]

17~18세기 조선은 중국에서 전래된 西學에 의해 성리학적 세계관에 상당한 충격을 받은 후 내면적인 반성과 성찰의 계기를 맞이하게 되었다. 그 결과 '中華中心'의 사유에서 탈피한 실학적 태도가 본격적으로

---

10 明·清代의 公·私觀, 義·利觀의 변화에 관해서는 王國良, 『明清時期儒學核心價值的轉換』, 安徽大學出版社, 2002, 222~235면 참조.

11 미조구치 유조·이케다 도모히사·고지마 쓰요시 지음, 조영렬 옮김, 『중국제국을 움직인 네 가지 힘』, 글항아리, 2012, 270~276면 참조.

등장했다.[12] 한편 18세기 조선은 다양한 연구성과를 거둔 시기였다. 즉 韓元震과 李柬의 人性·物性의 관계 및 未發에 관한 논쟁을 비롯하여 愼後聃의 『西學辨(1724)』, 安鼎福의 『天學考(1785)』가 저술되는 등 주자학에 근거한 가톨릭 교리비판서가 등장하였다. 또한 鄭齊斗가 江華學派를 형성하고, 李瀷(1681~1763)에 의해 星湖學派가 형성되었으며, 北學派의 대표적 인물인 洪大容·朴齊家·朴趾源 등이 등장하였다. 이처럼 18~19세기 조선유학은 성리학을 비롯하여 西學·陽明學·實學 등 역사상 유래 없이 활발한 연구가 진행되는데, 이 때 바로 한국 실학의 집대성자인 茶山이 등장한다.[13] 다산은 특히 淸朝에 대한 새로운 인식을 바탕으로 조선이 바로 유교문화의 중심이며, 道統의 계승자라고 하는 강한 자부심을 가지고 새로운 經學을 전개해 나갔다.[14]

---

12 송영배, 『동서철학의 교섭과 동서양사유 방식의 차이』, 논형, 2004, 69~70면 참조. 반면, 주자학 중심의 한국유학 역시 퇴계·율곡 이후 四端七情論을 중심으로 주자학 이론체계가 더욱 심화·발전되었던 것도 사실이다. 특히 四書三經을 중심으로 주자의 성리학적 경학체계를 철저하게 분석하였는데, 金長生(1548~1631)의 『經書辨疑』, 李惟泰(1607~1684)의 『經書答問』, 韓元震(1682~1751)의 『朱子言論同異考』 등이 그 대표적인 例이다. 구체적으로 살펴보면, 17세기 조선은 퇴계·율곡 學派가 깊이 뿌리를 내리는 시기였으며, 이 과정에서 양자를 종합하는 折衷論者들이 출현했다.(대표적인 절충론자로서 趙聖期(1638~1689), 林泳(1649~1696), 金昌協(1651~1708) 등) 당시의 주된 연구과제는 人性·物性의 관계로서 이른바 人物性同異論辨이 시작되었으며, 經學에 있어서는 여전히 朱子獨尊主義 시대였다. 그러나 당시 朱子註에 대한 비판적인 지식인들도 등장하게 되는데, 이들은 陽朱陰王의 성향을 가지고 있던 학자로서 대표적 인물로는 尹鑴(1617~1680)와 朴世堂(1629~1703)이 있다. 이렇게 볼 때, 前者는 주자학의 계승·발전으로 볼 수 있으며, 또한 後者는 주자학의 지양·극복으로 이해할 수 있다. 안재순, 「17세기 한국의 유학사상-주자학의 심화와 그에 대한 비판」, 『유교문화연구』 제11집, 성균관대 유교문화연구소, 2007, 89~124면 참조.

13 최영진, 「18세기 동아시아 유교사상의 지형」 『18세기 동아시아 유교사상 비교연구(2007 국제학술회의자료집)』, 성균관대 유교문화연구소, 2007, 12~13면 참조.

14 『與猶堂全書』 「詩文集·送韓校理使燕序」: 其所謂中國者, 吾不知其爲中, 而所謂東國者, 吾不知其爲東也. …… 卽所謂中國者, 何以稱焉, 有堯舜禹湯之治之謂中國, 有孔顔思孟之學之謂中國, 今所以謂中國者何存焉. 若聖人之治, 聖人之學, 東國旣得而移之矣,

3. 王夫之와 戴震의 反理學的 經學

왕부지는 宋代이전 시대를 一治一亂의 통일과 분열의 교체'로 보고[15], 宋代 이후를 漢族[純]과 異民族[雜]의 왕조교체기로 보았다. 또한 "지금은 민족조차 스스로 굳게 지키지 못하였으니, 어떻게 仁義를 논할 수 있겠는가!"[16]고 말하며 당시를 亡國의 혼란기로 인식했다. 이 과정에서 그는 張載의 氣學을 계승하여 氣一元論을 완성하는데, 철학의 핵심과제를 明代 心學에서 중시한 '개인의 心性'이 아닌 '우주본질과 자연현상'으로 전환시키며 '體用一源'을 주장했다.[17] 즉 "氣가 太虛에서 모였다 흩어졌다 하는 것은 마치 얼음이 물에서 얼었다 녹았다 하는 것과 같으니, 太虛가 氣라는 것을 알면 無는 없는 것이다."[18]라는 張載의 氣學을 계승하여 "太虛 가운데는 無極한 太極이 둘 사이에 가득하니 모두 一實의 창고이다"[19]고 말한다. 따라서 왕부지에게 '太虛는 하나의 實[실재]'[20]이며, "사람이 보는 太虛란 氣이지, 텅 빈 것[虛]이 아니다. 텅 빈 것은 氣를 담고 있으며, 氣는 텅 빈 것을 채우고 있으니 이른바 無란 것은 없다."[21]라고

復何必求諸遠哉. 또한 茶山은 經世致用派의 宗師인 李瀷의 학문을 집대성한 인물이다. 그는 "六經四書에 대한 연구로 修己를 삼고, 一表二書(『經世遺表』·『牧民心書』·『欽欽新書』)로 천하국가를 위한다.(『與猶堂全書』「自撰墓誌銘」: 六經四書, 以之修己, 一表二書, 以之爲天下國家.)"라고 할 정도로 자기 학문의 기반을 經學에 두었다. 특히 다산은 經學을 통해 사회개혁의 이론적인 근거를 탐색하는 데에 초점을 두었다.

15 王夫之, 『讀通鑑論』「序論」: 天下之生, 一治一亂.

16 王夫之, 『黃書』「後序」: 今族類之不能自固, 而何他仁義之云云也哉.

17 鄭仁在, 「清代 實學派의 本體論」『東洋哲學의 本體論과 人性論』(한국동양철학회 편, 연세대학교 출판부, 1982), 134면 참조.

18 張載, 『正蒙』「太和」: 氣之聚散於太虛, 猶氷凝釋於水, 知太虛卽氣則無無.

19 王夫之, 『張子正蒙注』「太和」: 太虛之中, 無極而太極, 充滿兩間, 皆一實之府.

20 王夫之, 『思問錄』(內篇): 太虛一實者也.

21 王夫之, 『張子正蒙注』「太和」: 人之所見爲太虛者, 氣也, 非虛也. 虛涵氣, 氣充虛, 無所

말한다. 이처럼 그는 氣는 天地人의 원리를 설명할 수 있는 유일한 본체라고 생각했다. 따라서 "생성과 소멸은 釋氏의 佛教에서 말하는 천박한 학설이다. 만약 흩어져 남김없이 사라진다는 학설이 사실이라면, 이 太極이 두루 섞여 있는 우주 안에서 어느 곳이 사물을 흡수하고 받아들여 돌아가게 하는 장소이겠는가?"[22]라고 말하며, 氣는 단지 가고 오며, 모이고 흩어짐이 있을 뿐 결코 생성되거나 소멸되지 않는다고 주장했다.

왕부지는 道器 개념으로 氣와 陰陽의 관계를 설명하기도 했다. 왕부지가 말하는 道는 정주학의 '만물을 초월해 있으면서 또한 만물의 근원인 所以然의 道'가 아니라 '구체적인 사물의 내부에 갖추어진 條理'인 동시에 '변화하는 陰陽 그 자체'였다.[23] 왕부지는 程朱學에서 理 "만약 太極이 없었다면, 天地는 생겨나지 못했을 것이다. 太極은 단지 하나의 理라는 글자이다."[24]라는 주장에 대해 釋氏의 논리라고 비판하며 "氣 밖에서 理를 구하면 형체는 허망한 것이 되고, 性이 진실한 것이 되어 저 邪說에 빠지게 된다."[25]라고 비판한다. 또한 왕부지는 理氣를 둘로 나누어 兩者를 별개의 존재로 구분하는 것은 老莊의 說과 유사하다고 말하며 "『太極圖』를 잘못 이해한 자는 太極에 본래적으로 陰陽이 없었으나, 動으로 인해 비로소 陽을 生하고, 靜으로 인해 비로소 陰을 生한다고 보았다. …… 動한 이후에 陽이 있고, 靜한 이후에 陰이 있는 것이 아니며, 본래 二氣가 있는 것이 아니니, 動靜으로 인하여 생긴다면 老氏의 說과 같다."[26]라고 비판한다.

謂無者.

22 王夫之, 『張子正蒙注』 「太和」: 生滅者, 釋氏之陋說也. 儻如散盡無餘之說, 則此太極渾淪之內, 何處爲其翕受消歸之府乎.

23 王夫之, 『讀四書大全說』 「孟子 告子上」: 一陰一陽則道也, 錯綜則變化也.

24 『朱子語類』 卷一: 若無太極, 便不飜了天地. 太極只是一箇理字.

25 王夫之, 『張子正蒙注』 「太和」: 於氣外求理, 則形爲妄而性爲眞, 陷於其邪說矣.

또한 왕부지는 "朱子가 이미 모이면 흩어지고 흩어지면 다시 모인다는 말을 가지고 大輪廻를 비판했으나, 나는 朱子의 학설이 바로 釋氏의 滅盡論에 가깝고 聖人의 말과는 다르다고 생각한다."[27]고 하며 주희를 비판한다. 그는 "虛空이라는 것은 氣가 가득 차 있는 것이다. 氣는 끝없이 두루 퍼져 있으나 잘 보이지 않아 형체가 없으니 사람들은 虛空을 볼 뿐 氣를 보지 못한다."[28]고 말하며, 사람들은 구체적인 현상인 形·器·物만을 볼 뿐, 우주만물의 본체인 氣 자체는 볼 수 없다고 주장한다. 이처럼 왕부지의 氣는 우주에 가득한 實在하는 세계의 본질로서 현상적으로 有形·無形의 구별이 있을 뿐, 근본적인 有·無의 구분은 있을 수 없다. 이러한 입장에서 왕부지는 "程子가 말하기를 '天은 理이다'라고 한 것은 곧 理로써 天을 말한 것이니, 이것은 또한 天을 理로 본 것이다. …… 天은 진실로 氣를 떠나서 명명된 것이 아니다. …… (거꾸로) 氣를 버리고 理를 말하면 天으로써 理를 삼지 못한다. 왜 그런가? 天은 본래 氣가 쌓인 것이기 때문이다.[29]"라고 주장한다. 따라서 그는 인간이 세계의 본질을 인식하는 것은 곧 氣를 인식하는 것이며, 氣로 구성된 이 세계는 끊임없이 변화하는 세계이기 때문에[30] 세계를 구성하고 있는 진리도 오직 하나이며, 인간이 인식하는 대상의 본질 또한 하

---

26 王夫之, 『張子正蒙注』「太和」: 誤解太極圖說者, 謂太極本未有陰陽, 因動而始生陽, 靜而始生陰. …… 非動而後有陽, 靜而後有陰, 本無二氣, 繇動靜而生, 如老氏之說也.

27 王夫之, 『張子正蒙注』「太和」: 朱子以其言旣聚而散, 散而復聚, 譏其爲大輪廻, 而愚以爲朱子之說正近於釋氏滅盡之言, 而與聖人之言異.

28 王夫之, 『張子正蒙注』「太和」: 虛空者, 氣之量. 氣彌淪無涯而希微不形, 則人見虛空而不見氣.

29 王夫之, 『讀四書大全說』「孟子 盡心上」: 程子曰 天理也, 卽以理言天, 則是亦以天爲理矣. …… 天固非離乎氣而得名者也. …… 舍氣言理, 則不得以天爲理矣, 何也. 天者, 固積氣者也.

30 王夫之, 『尙書引義』「太甲 二」: 夫天之生物, 其化不息.

나일 뿐이라고 이해했다.[31]

왕부지는 程朱의 理氣論으로는 개인의 주체적 도덕성을 견인해 낼 수 없다고 보았다. 왜냐하면, 형이상학적인 理본체에 집중한 도덕공부는 이론적인 학문으로 변질될 수 있다고 보았기 때문이다. 반면 陸王의 心卽理는 자율적인 도덕성을 보장해 주지만, 객관세계와 객관성의 담보라는 측면에서 한계가 있음을 지적했다. 따라서 왕부지는 두 학설의 장점과 단점을 종합하여 '존재하는 동시에 활동하는 본체'를 건립하는 과정에서 정주학의 格物공부와 육왕심학의 致知공부를 종합하는 수양론 체계를 완성했다.[32] 결과적으로 왕부지는 당시 학풍이 '性理空談'으로 치우쳐 지나친 주관주의적 경향으로 변질된 것을 비판하며 현실문제에 대해 보다 실제적으로 대처할 수 있는 철학을 추구하는 과정에서 장재의 氣철학을 계승한 氣一元論을 완성했다.

왕부지는 우주만물의 존재근거인 동시에 활동하는 실체는 氣이며, 理는 氣의 단지 條理일 뿐이라고 보았다. 따라서 그의 '道器論'은 器와 形 중심으로 전개된다. 즉, "形而上이라는 것은 형체가 없음을 말하는 것이 아니다. 이미 형체[形]가 있는 것이니, 형체가 있은 후에 形而上이 있는 것이다."[33]라는 것이다. 이것은 形而上과 形而下가 形을 매개로 하고 있으며, 그것은 곧 器에 의해 道가 존재할 수 있음을 의미한다. 따라서 그는 "形而上의 道는 드러나지 않지만 반드시 그 형체[形]가 있는 것이니, …… 그러므로 形而上이라 일컫지만 형체[形]로부터 분리되지 않는다. 道와 器는 서로 떨어지지 않는다."[34]라고 말한다. 이러한 '理는 氣

31 王夫之, 『張子正蒙注』「太和」: 氣在空中, 空無非氣, 通一而無二者也. …… 蓋陰陽者氣之二體.

32 안재호, 『왕부지철학』, 문사철, 2011, 39~46면 참조.

33 王夫之, 『周易外傳』「繫辭上」: 形而上者, 非无形之謂. 既有形矣, 有形而後有形而上.

의 조리이며, 道는 器에 내재한다'는 명제는 왕부지 기일원론의 핵심이다. 이것은 宋·明代의 우주론에서 氣·器보다는 理·道를 우선으로 하는 空疎한 학문풍토 때문에 明왕조가 멸망하게 되었다는 왕부지의 현실인식에 기초한 것이다.

대진은 宋·明代 理學者들이 經典을 왜곡하여 사상적·국가적 혼란을 초래했다고 보았다. 이에 『孟子字義疏證』을 저술하여 理·氣·心·性 개념을 새롭게 정립했다. 특히 대진은 陸王과 程朱를 강하게 비판했다. 이러한 反理學的 이론을 견지했던 대진의 『맹자자의소증』은 乾嘉시기의 정치현실을 비판한 책이었다. 清初 황제들은 理學을 중시하면서도 理學을 빌미로 많은 유학자들을 죽였다. 이에 대해 대진은 "사람이 法에 의해 죽으면 불쌍히 여기는 사람이 있지만, 理에 의해 죽으면 누가 그를 불쌍히 여길 것인가!"[35]라고 비판했다. 대진은 雍正·乾隆이 理學으로 당시 유교지식인들을 탄압한 것에 불만을 품고 理學을 더욱 비판했다. 이로 인해 戴震 이전에는 程朱學을 추숭하는 경향이 남아 있었지만, 대진 이후에는 정주학을 거론하는 학자들이 거의 없을 정도였다.[36]

대진의 철학사상은 顔元과 李塨으로부터 영향을 받았다.[37] 그러나

---

34 王夫之, 『周易內傳』「繫辭上」: 形而上之道隱矣, 乃必有其形, …… 故謂之形而上, 而不離乎形. 道與器不相離.

35 戴震, 『孟子字義疏證』「理」: 人死於法, 猶有憐之者, 死於理,其誰憐之.

36 章太炎, 「清代學術之系統」, 章太炎·劉師培 撰, 『中國近三百年學術史論』, 上海古籍出版社, 2006, 36면 참조.

37 왕부지의 기일원론의 핵심이 實有와 生動이라면, 안원의 氣學은 '習行哲學'이다. 왜냐하면, 그들은 實習으로 虛文을 비판하고, 行動으로 靜坐를 비판했기 때문이다. 그러나 안원의 '體用一致'는 왕부지의 기일원론적 본체론과 같은 정합적 이론체계를 갖추지는 못했다. 한편, 안원의 제자 李塨은 '氣 밖에 理가 없다(氣外無理)'는 입장에서 "대체로 일에 조리가 있는 것을 理라고 하니, 실제 일 가운데에 있다. 이제 理가 실제 일에 있다면, 理는 따로 一物이 되는 것이다. 理는 虛字인데, 物이 될 수 있는가? 하늘의 일을 天理라 하고, 사람의 일을 人理라 하며, 物事를 物理라고 말한다. 『詩經』에 '사물이 있으면 법칙

대진은 "다른 사람의 주장으로 내 뜻을 가려서는 안 되며, 내 주장으로 자기 스스로를 가려서도 안 된다."[38]라고 말했다. 이것은 學派의 學說에 얽매이는 것과 주관적인 학설을 고집하는 것을 함께 비판한 것이었다.[39] 또한 대진은 陰陽五行은 氣가 流行하여 끊임없이 生生하는 것 외에 어떠한 主宰하는 이치도 없다고 말한다. 따라서 그는 "太極은 氣化하는 음양을 가리킨다. …… 氣는 理에서 생겨났다고 하는데, 어떻게 그럴 수 있겠는가?"[40]라고 말한다. 이것은 정주학적 태극론을 부정하는 것이었다. 이처럼 대진의 기일원론에서는 '生生'을 氣化와 品物의 근원으로 인식하고, 우주에는 오직 '氣'와 '化'의 작용만이 존재한다고 보았다. 따라서 만물이 생기고 성장하고 소멸하는 모든 과정을 氣化의 작용으로 보았다. 대진은 理와 氣를 분리하는 정주학을 비판하며, 왕부지와 같이 氣의 운동·변화를 중시했다. 이것은 그가 『맹자자의소증』에서 '氣' 보다 '氣化'라는 개념을 자주 사용하는 것을 통해 알 수 있다.[41] 특히 그는 "氣의 변화가 유행하고 生生하여 그치지 않는다(氣化流行生生不息)."라고 말하며, 우주본체인 氣가 끊임없이 운동·변화하여 만물이 새

이 있다'고 했는데, 사물을 떠나 어디에서 理가 될 수 있겠는가?(論語傳注問, 「子張」『顏李叢書三』: 夫事有條理曰理, 卽在事中. 今日理在事上, 則理別爲一物矣. 理, 虛字也, 可爲物乎. 天事曰天理, 人事曰人理, 物事曰物理, 詩曰 有物有則, 離事物何所爲理乎.)"라고 말하며 정주학의 理本論을 완전히 부정했다. 이러한 안원과 이공의 氣學은 程廷祚(1691~1767)를 거쳐 대진의 기일원론에 직접적인 영향을 주었다. 好適, 『戴東原的哲學』, 臺北: 商務印書館, 民國60年, 22~23면 참조.

38 戴震, 『戴東原集』 卷九 「谷鄭丈用牧書」: 不以人蔽己, 不以己自蔽.

39 대진이 선택한 연구방법은 '字義를 먼저 고찰하고, 그 다음에 文理를 通하는 것(『戴東原集』 卷九 「與某書」: 治經先考字義, 次通文理)'과 '글자로써 그 구절[詞]을 통하고, 구절[詞]로써 그 道를 通하는 것(『戴東原集』 卷九 「與是仲明論學書」: 由字以通其詞, 由詞以通其道)'이었다.

40 戴震, 『孟子字義疏證』 「緖言上」: 太極指氣化之陰陽. …… 謂氣生於理, 豈其然乎.

41 유명종, 『청대철학사』, 이문출판사, 1989, 353면 참조.

로운 생명으로 탄생함을 주장한다.[42] 또한 그는 '生生' 외에 '流行'개념을 자주 사용하는데, 流行이란 끊임없이 운행하는 변동의 현상을 의미한다. 반면 生生은 확대·발전·연속·생장 등을 포괄하는 개념이다. 따라서 대진은 流行을 말한 후에 반드시 生生을 다시 설명한다.[43]

중국철학사에서 대진철학의 계몽적 특징을 '人慾肯定'이라고 한다면, 그 이론적 기반은 그의 性善說이다. 그러나 황종희와 마찬가지로 대진의 理氣論에서도 성선설과의 내재적 모순이 발생했다. 그것은 氣가 우주의 유일한 본체라고 말하면서 여전히 理의 主宰를 인정했기 때문에 발생한 논리적 귀결이었다. 대진은 "맹자가 '인간은 선하지 않음이 없다'고 말한 것은 인간의 心知가 금수와 달라 실천하는 데에서 미혹되지 않을 수 있는 것을 '善'이라고 했던 것이다. 또한 그가 '善'이라고 한 것은 처음부터 차등이 없는 '善'이 아니며, 곧 공자가 말한 '서로 가깝다'는 것이다."[44]라고 말한다. 이처럼 대진은 인간이나 만물의 '性'에 차이가 있는 것처럼 '善'에도 차이가 있으며, 굳이 '性善'을 말하는 것은 인간의 心知에는 '善'을 깨달을 수 있는 능력이 있기 때문이라고 주장한다. 이것은 '氣'의 淸濁·厚薄의 차이에 의해 '性'이 제한되는 주희의 '氣質之性'과 유사한 듯 보인다.[45] 그러나 공자의 "性相近, 習相遠"에 대해 주희는

---

42 山井湧는 '氣化流行生生不息'에 대해 ①理에 의해 규정되지 않는 氣의 운동 강조함. ②항상 운동·변화하는 것을 氣의 본질적인 성격으로 이해함. ③정지하는 것보다 운동하는 것에 가치를 둠. ④생명을 중시하는 사상 등 4가지 의의가 있다고 말한다. 山井湧 著, 金錫起·裵慶錫 共譯, 『明淸思想史의 硏究』, 학고방, 1994, 445~464면 참조.

43 鄭仁在, 「淸代 實學派의 本體論」 『東洋哲學의 本體論과 人性論(한국동양철학회 편, 연세대학교 출판부, 1982)』, 146~147면 참조.

44 戴震, 『孟子字義疏證』 「性」: 孟子言人無有不善, 以人之心知異於禽獸, 能不惑乎所行之爲善. 且其所謂善也, 初非無等差之善, 卽孔子所云相近.

45 王夫之와 朱熹의 '本然之性'과 '氣質之性'의 차이점에 관한 자세한 내용은 이철승, 「유가철학에 나타난 "氣質之性"의 문제 －王夫之와 朱熹의 관점을 중심으로－」(『유교사상연구』제34집, 한국유교학회, 2008) 참조.

맹자의 '性善'을 '本然之性'으로, 공자의 '性相近'을 '기질지성'으로 구분하고 있다.[46] 그러나 대진은 '본연지성'을 부정하고 현실적인 인간에 초점을 둔다.[47] 또한 주희의 기질지성은 '善·惡'이 혼재된 상태이기 때문에 극복되어야 할 대상이지만, 대진은 '성선론'에서 '善·惡'의 개념을 새롭게 정의하여 주희의 '기질지성'과의 차별화를 시도한다. 즉 대진은 인간의 '性'에 대해 지혜로움과 어리석음의 차이만 인정하고, 어리석음을 방치할 경우 '惡'으로 흐를 수 있는 가능성만을 인정한다. 이러한 맥락에서 대진의 성선론은 주희의 성선론과는 완전 별개의 것이었다.

대진은 수양론에서도 주희와 분명한 차이가 있다. 대진은 주희의 '본연지성' 회복에 대해 반대하고, 일상생활에서 음식과 영양분을 섭취해 가며 성장하는 것처럼 인간의 도덕성 역시 끊임없는 수양을 통해 높은 수준을 갖게 된다고 보았다. 이것은 '본연지성'의 회복을 부정하는 것이다.[48] 이처럼 대진이 말한 '性'은 '善'을 향한 하나의 지향성일 뿐, 주희와 같은 인간본연의 '純善'이 아니었다. 따라서 대진은 '天理를 보존하고, 人慾을 막는다'는 주자의 주장이 사람이 살아가는 길을 막는다고 비판했다.

맹자가 말하기를 마음을 기르는 것은 욕심을 적게 하는 것보다 좋은

---

46 『論語』「陽貨」의 "子曰 性相近也, 習相遠也"에 대한 朱熹의 集註는 다음과 같다. "此所謂性, 兼氣質而言者也. 氣質之性, 固有美惡之不同矣. 然以其初而言, 則皆不甚相遠也. 但習於善則善, 習於惡則惡, 於是始相遠耳. 程子曰 此言氣質之性. 非言性之本也. 若言其本, 則性卽是理, 理無不善, 孟子之言性善是也. 何相近之有哉."

47 戴震 인성론의 특징을 초월적 보편윤리를 주장하는 주희를 비판하는 것에 있다고 평가하고, 그의 윤리론을 '현실주의적 윤리론'으로 보는 견해도 있다. 이혜경, 「戴震의 기일원론적 윤리론」(『철학논구』제18집, 서울대학교철학과, 1990) 참조.

48 戴震과 朱熹의 修養論 비교에 관한 자세한 내용은 최형식, 「戴震 인성론의 존재론적 근거와 그 특징」(『철학연구』 제120집, 대한철학회, 2011) 참조.

> 것이 없다고 했으니, 욕심은 없을 수 없고 적게 할 뿐이 분명하다. 사람의 삶에서 자기의 삶을 이루지 못하는 것보다 병통이 되는 것은 없다. 자기의 삶을 이루고자하고 또한 다른 사람의 삶을 이루어주고자 하는 것이 仁이다. 자기의 삶을 이루고자 하면서 다른 사람의 삶을 해치는 데 이르러서도 돌아보지 않는 것이 不仁이다. 不仁은 실제로 자기의 삶을 이루고자 하는 마음에서 시작한다. 만일 이 욕심이 없다면 반드시 不仁도 없다. 그러나 만일 이 욕심이 없다면 천하 사람들의 삶의 길이 궁핍해져도 멍하니 그것을 보고만 있게 될 것이다. 자기가 반드시 자기의 삶을 이루고자 하지 않으면서 다른 사람의 삶을 이루어주고자 하는 이러한 사실은 없다. 그런즉 正에서 나오지 않으면 邪에서 나오고 邪에서 나오지 않으면 正에서 나온다고 말할 수는 없지만, 理에서 나오지 않으면 欲에서 나오고 欲에서 나오지 않으면 理에서 나온다고 말할 수는 없다.[49]

이처럼 대진은 仁의 방향으로 나아가는 것이 正이고, 不仁의 방향으로 나아가는 것이 邪이기 때문에 주자의 말처럼 天理와 人欲은 대립되는 것이 아니며, 欲은 완전히 없앨 수는 없고 다만 적게 할 수 있을 뿐이라고 말한다. 따라서 그는 『맹자자의소증』의 저술 목적이 주자학의 天理와 人欲에 대한 비판에 있었음을 강조하며, 6가지 이유를 제시한다. 첫째, 모든 굶주림·추위·근심·원망·식욕·성욕·일상적 감정·불쌍히 여기는 감정을 人欲이라고 불렀다. 그러므로 죽을 때까지 欲이 제거되기 어려움을 보았다. 둘째, 天理를 보존한다는 것은 헛되이 理의

49 戴震,『孟子字義疏證』「理」: 孟子言養心莫善於寡欲, 明乎欲不可無也, 寡之而已. 人之生也, 莫病於無以遂其生. 欲遂其生, 亦遂人之生, 仁也. 欲遂其生, 至於戕人之生而不顧者, 不仁也. 不仁實始於欲遂其生之心. 使其無此欲, 必無不仁矣. 然使其無此欲, 則於天下之人生道窮促, 亦將漠然視之. 己不必遂其生, 而遂人之生, 無是情也. 然則謂不出於正則出於邪, 不出於邪則出於正可也, 謂不出於理則出於欲, 不出於欲則出於理不可也.

이름을 가지고 있으나 궁구해보면 情과 欲의 감정을 끊는 것에 불과하다. 어찌 끊을 수 있겠는가? 셋째, 천하에는 반드시 生養의 道를 버리고 보존될 수 있는 것이 없다. 무릇 일과 행위가 모두 欲에 있으니, 無欲이면 無爲이고 有欲 이후에 有爲이다. 넷째, 군자는 欲을 正에서 나오게 하지 邪에서 나오게 하지 않는다. 다섯째, 理와 欲의 구분은 마침내 사람을 해치고 죽이는 도구가 되어 재앙이 되었다. 여섯째, 옛 성인들이 정치에 힘쓴 것은 백성을 위해 人欲의 일을 도모한 것이다. 그러므로 마침내 백성의 實情을 체득하였고, 백성의 욕구를 달성하게 했다.[50] 이처럼 대진의 연구방법론은 철학의 근본문제인 '세계는 어떻게 만들어진 것이며, 그것을 어떻게 알 수 있고, 그것을 어떻게 실천할 것인가?'라고 하는 철학적 문제의식에서 도출된 것이다. 즉 실천중심의 공맹유학이 老·佛과 朱·陸에 의해 왜곡된 현실에서 새로운 학문방법의 길을 모색한 결과였다.[51]

---

50 戴震, 『孟子字義疏證』 「後序」: 擧凡飢寒愁怨, 飮食男女常情隱曲之感, 則名之曰人欲, 故終其身見欲之難制. 其所謂存理, 空有理之名, 究不過絶情欲之感耳, 何以能絶. …… 天下必無舍生養之道而得存者, 凡事爲皆有於欲, 無欲則無爲矣, 有欲而後有爲. …… 君子使欲出於正, 不出於邪. …… 此理欲之辨適成忍而殘殺之具, 爲禍又如是也. 夫堯舜之憂四海困窮, 文王之視民如傷, 何一非爲民謀其人欲之事. …… 聖人體民之情, 遂民之欲.

51 대진이 주자학의 理에 대해 인간의 欲을 중시한 것에 대해 梁啓超는 感情主義者라고 평가하기도 한다. 양계초는 '老莊과 불교의 영향을 받아 無欲을 주장했던 정주학을 비판한 대진'에 대해 '중국에서의 르네상스사상의 대표자'로 인정했다. 양계초는 '宋代 이후로 금욕주의는 중세적 권위주의였으나, 개인의 욕망을 인정한 대진의 개인해방사상은 그것은 대한 反動'이라고 말했다. 이러한 대진에 대한 양계초의 평가는 '중국 근대시기 인간해방주의의 선구'로서 대진철학을 평가했다는 점에서 好適과 일치하고 있다.(石井 剛著, 『戴震と中國近代哲學－漢學から哲學へ－』(知泉書館, 2014), 120~122면 참조) 한편, 理중심의 程朱學을 비판한 대진의 철학사상은 章炳麟(1868~1936)과 劉師培(1884~1919)에 의해 매우 높이 평가되었다. 특히 유사배는 대진을 루소(Rousseau: 1712~1778)에 비유하면서 대진이 '新儒學의 독재적 관념론으로부터 자신을 해방시켰다'고 주장했다. 河田悌一, 「清末の戴震像－劉師培の場合」, 『東洋學論集』(京都: 朋友書店, 1979), 1015~1034면 참조.(벤저민 엘먼 지음, 양휘웅 옮김, 『성리학에서 고증학으로』, 예문서원, 2004, 82면에서 재인용)

4. 丁若鏞의 實用主義的 經學

정약용의 실용주의적 경학은 주로 『熙政堂大學講義(1789, 이하 『大學講義』라 칭함)』·『大學公議(1814)』·『自撰墓誌銘(1822)』를 통해 알 수 있다. 『大學講義』는 1권으로 되어있는데, 본래 1789년 4월 정약용이 규장각 抄啓文臣으로 있을 때 『대학』을 강론하게 된 것이 저술동기가 되었다. 당시 正祖가 熙政堂에서 抄啓文臣들을 불러 모아 『大學』을 강론하게 되는데, 그 강론 내용을 정약용이 정리하여 『熙政堂大學講義』를 만든다. 이것을 1814년 康津에서 『大學公議』를 저술하면서 함께 보완한 것이 바로 『大學講義』이다. 핵심 내용은 正祖와 試官의 질문에 정약용이 답변하는 형식으로 이루어져 있다. 그러나 「大學章句序」와 「傳7-10章」만을 다루고 있으며, 초기 저작으로서 내용이 소략하여 그의 『大學』 이해를 전체적으로 조망하기는 미흡하다. 또한 『自撰墓誌銘』은 후기 저작으로서 『大學』의 핵심내용을 7개[52] 항목으로 요약·발췌한 것이다. 그러나 『大學公議』와 비교해 볼 때, 새로운 내용이라고 볼 수는 없기 때문에 여기에서는 『大學公議』의 '明德'에 관한 해석을 중심으로 그의 실용주의적 관점을 검토할 것이다.

『大學公議』는 '公議'라는 명칭에서도 알 수 있듯이 『大學』에 관한 공정하고도 공평한 견해로서 당시 보편화된 주자의 『大學章句』에 대한 비판의식이 전제된 것이었다. 『大學公議』는 총 三卷으로 되어있는데,

---

52 다산의 후기 저작인 『自撰墓誌銘』은 총 7개 항목으로 이루어져 있다. 그 내용은 ①'大學(經 1章)'의 本旨, ②'明德(經 1章)'의 의미, ③'格物致知(經 1章)'의 의미, ④'誠·誠意(經 1章)'의 의미, ⑤'正心이 곧 修身이 되는' 이유(傳 7章), ⑥'老老'·'長長'·'恤孤(傳 10章)'의 의미, ⑦'富'와 '貴'를 경계한 이유(傳 10章) 등이다. 자세한 내용은 鄭一均의 『茶山 四書經學 研究(一志社, 2000)』 201~213면 참조.

전체적으로 朱子의 章句가 아닌 古本 『大學』의 經文에 따라 총 27개의 항목으로 分章分節하여 주석을 하였다. 또한 註釋 형식도 주자의 방법과는 다소 차이가 있다. 예를 들면, 우선 字義・句節에 대한 간단한 해설을 붙이고, '議'이라는 형식을 통해 해당 經文에 대한 자신의 의견을 뒷받침할 수 있는 논리적인 근거를 제시한다. 그리고 '案'에서는 자신의 주장을 뒷받침할 수 있는 諸家의 註解와 學說을 '引證'・'考訂'의 형식으로 소개한 후 최종적으로 자신의 입장을 재정리하였다. 이 과정에서 만일 자신의 견해가 古注 혹은 新注의 입장에서 볼 때 일치되지 않거나 이와는 별도로 자신의 입장을 보다 선명하게 부각시킬 필요가 있는 경우에는 '答難'의 형식으로 그 주장내용을 다시 강조하였다. 아울러 각 구절과 관련된 과거의 사건에 관해서는 '記事'라는 항목에서 별도로 설명하고 있다. 한편, 이러한 『大學公議』에는 鄭玄과 孔穎達로부터 宋・明・清代에 이르는 수많은 학자들의 註釋이 실려 있다. 특히 정약용이 가장 부정적으로 평가했던 毛奇齡의 견해까지도 언급되고 있다. 또한 李彦迪・李滉・尹鑴・李德欽 등 조선 성리학자들의 견해도 아울러 소개하고 있다.[53]

정약용이 經學 연구에 본격적으로 착수한 것은 康津에 유배된 지 8년째 되던 1808년 康津邑에서 茶山으로 거처를 옮긴 후부터이다. 『대학』을 중심으로 한 정약용의 경학적 특징은 '明德'에 대한 주석에서 잘 드러난다.[54] 그는 기본적으로 鄭玄의 '至德'說을 받아들이며, '至德'의 구체

53 『大學公議』의 체계에 관한 자세한 내용은 李篪衡, 「『大學』註釋을 통해 본 丁茶山의 經學」, 『第五回 東洋學 國際學術會議 論文集』, 성균관대학교 대동문화연구원, 1995, 335~337면 참조.

54 '明德'에 대해 古註를 대표하는 鄭玄은 '至德'이라고 하였고, 新註를 대표 朱熹는 '사람이 하늘에서 얻은 것으로서 虛靈不昧하여 衆理를 갖추어 있고 萬事에 응하는 것(朱熹, 『大學章句』 : 明德者, 人之所得乎天, 而虛靈不昧, 以具衆理而應萬事者也.)'이라고 하였다.

적인 내용을 孝悌라고 해석했다.[55]

> 마음은 본래 德이 없고 오직 나의 直性만이 있으니, 나의 直心을 실행할 수 있는 것을 가리켜 德이라고 말한다. [德이라는 글자는 直心을 행하는 것이다.] 善을 행한 이후에 德이라는 이름이 성립되니, 실행하기 전에 어찌 몸에 明德이 있을 수 있겠는가?[56]

정약용은 德이란, 애초부터 마음에 선험적으로 존재하는 것이 아니라, 일정한 도덕적 행위를 통해 생성되는 것으로 이해했다. 따라서 '明德' 역시 이러한 관점에서 보아야 한다고 주장한다. 이러한 그의 견해는 주자가 말하는 '明德'의 선천성을 부정하는 것이었다. 주자가 "사람이 하늘에서 얻은 것으로서 虛靈不昧하여 衆理를 갖추어 있고 萬事에 응하는 것이다. 다만 氣稟에 구애되어 人欲에 가려져서 때로는 어두울 때도 있으나, 그 본체의 밝음은 일찍이 그친 적이 없다. 그러므로 배우는 자가 마땅히 그 발한 드러난 바를 인하여 마침내 밝혀서 그 처음을 회복해야 한다."[57]라고 한 것에 반해 정약용은 "周禮에서 大司樂은 六德으로 國子를 가르쳤다. …… 孝·友는 大學의 가르침이다. 大學은 大司樂이 胄子를 가르치는 집인데, 그 조목은 孝友를 덕으로 삼는다. 經에서 明德

한편, 王陽明은 '天地萬物과 一體인 仁으로서 小人조차도 가지고 있으며, 天命之性에 근원하여 虛靈不昧한 것(王守仁, 『王文成公全書』「大學問」: 其心之仁本若是, 其與天地萬物而爲一也. …… 是其一體之仁也, 雖小人之心, 亦必有之. 是乃根於天命之性, 而自然靈昭不昧者也, 是故謂之明德.'으로 정의하였다.

55 『與猶堂全書』「大學公議」: 鄭康成以明德爲至德者, 至德乃孝弟也.

56 『與猶堂全書』「大學公議」: 心本無德, 惟有直性, 能行吾之直心者, 斯謂之德, [德之爲字, 行直心.] 行善而後, 德之名立焉, 不行之前, 身豈有明德乎.

57 『大學章句』, 經1章 註. "明德者, 人之所得乎天, 而虛靈不昧, 以具衆理而應萬事者也. 但爲氣稟所拘, 人欲所蔽, 則有時而昏. 然其本體之明, 則有未嘗息者. 故學者當因其所發而遂明之, 以復其初也."

이라고 하는 말이 어찌 이와 다른 것이겠는가?"[58]라고 말한다.

이처럼 구체적인 도덕적 행위와 결부지어 明德을 해석한 그의 견해는 사실 독창적인 주장은 아니었다. 정약용은 "盧玉溪(孝孫: ?~?)는 말하기를, '孝弟慈 세 가지는 明德의 큰 조목이다'라고 하였다."[59]라고 밝히며, 이어서 "近世의 夏軒 尹氏[尹鑴]가 孝弟를 明德으로 삼으니, 東園(李德欽; ?~?)이 그를 매우 칭찬했다."[60]라고 적고 있다. 이 밖에도 星湖學派인 權哲身(1736~1801)에 대해 "내가 듣기에, (公이) 『大學』을 論함에 格物은 物有本末의 物을 분석하는 것이며, 致知는 知所先後의 知를 지극히 하는 것이라 하고, 또 孝弟慈를 明德이라고 하며, 古本 『대학』에는 錯簡이 결코 없다."[61]라고 기록하고 있다.

따라서 그는 "古之欲明明德於天下者, 先治其國"에 대해서는 다음과 같이 해석하고 있다.

> 明明德 구절의 완전한 해석은 마땅히 '治國'과 '平天下'의 구절에서 구해야 한다. …… 오직 그 위 구절(治國)에서 말하기를, "孝는 군왕을 섬기는 것이요, 弟는 어른을 섬기는 것이며, 慈란 많은 백성들을 부리는 것이다."라고 하였다. 그 아래 구절(平天下)에서 말하기를, "윗사람이 늙은이를 늙은이로 잘 섬겨야 백성들의 孝가 흥기되고, 윗사람이 어른을 어른으로 공경해야 백성들이 弟가 흥기되며, 윗사람이 외로운 이를 불쌍히 여겨야만 백성들이 배반하지 않는다."라고 하는 이 두 구절의 뜻은 모두 孝弟慈 세 글자에서 벗어나지 않으니, 이것이 바로 '明明德'의 올

---

58 『與猶堂全書』「大學公議」: 周禮大司樂, 以六德教國子, …… 孝友者, 大學之教也. 大學者, 大司樂教胄子之宮, 而其目以孝友爲德, 經云明德, 豈有他哉.

59 『與猶堂全書』「大學公議」: 盧玉溪孝孫曰, [元儒也] 孝弟慈三者, 明德之大目.

60 『與猶堂全書』「大學公議」: 近世夏軒尹氏, 以孝弟爲明德, 東園亟稱之.

61 『與猶堂全書』「鹿菴權哲身墓誌銘」: 以余所聞, 其論大學, 以爲格物者, 格物有本末之物, 致知者, 致知所先後之知, 又以孝弟慈爲明德, 而舊本不必有錯簡.

바른 뜻이다.[62]

이처럼 정약용은 '明德'을 孝弟慈로 규정하고 인간의 구체적인 행위를 통해 구현되는 것이라고 주장했다. 또한 그는 자신의 주장을 역사에서 입증하고자 '以經證經'의 방법을 활용했다. 정약용은 『孟子』·「滕文公」의 문장을 인용하여 '夏·殷·周 三代의 학교에서 가르친 과목은 달랐지만 모두가 人倫을 밝히는 것이다'라고 말한다. 그러므로 『書經』·「堯典」에서 말하는 '五典'은 '五敎'이며, 그 내용은 父義·母慈·兄友·弟恭·子孝로서 『春秋』에서 말하는 것과 같다. 또한 子孝는 '孝', 兄友·弟恭을 합하면 '弟', 父義·母慈를 합하면 '慈'이므로 孝弟慈가 바로 五敎[五典]을 총괄한 것이라고 주장한다. 그리고 '太學에서 胄子를 가르치고, 胄子가 백성들을 대할 때에 이 세 글자에서 벗어나지 않는다'[63]라고 말함으로써 『大學』의 가르침인 人倫의 핵심을 孝弟慈로 총괄하고 있다. 이처럼 그는 '明德은 실제적인 人倫으로서 孝弟慈이며, 이것이 곧 至善한 것'[64]이라고 주장한다.

그의 '明德'에 관한 주장은 "대개 堯임금은 孝·弟·慈의 德을 잘 밝혀서 修身의 공부를 지극히 하였으므로 家齊·國治하여 天下가 드디어 和平하게 되었던 것이지, 堯임금이 虛靈不昧한 德을 잘 밝혀서 九族을 친

---

62 『與猶堂全書』「大學公議」: 明明德全解, 當于治國平天下節求之矣. …… 惟其上節曰, 孝者所以事君也, 弟者所以事長也, 慈者所以使衆也. 其下節曰, 上老老而民興孝, 上長長而民興弟, 上恤孤而民不倍, 兩節宗旨, 俱不出孝弟慈三字, 是則明明德正義也.

63 『與猶堂全書』「大學公議」: 孟子曰, 學則三代共之, 皆所以明人倫也. …… 堯典曰愼徽五典, 曰敬敷五教, 五典五教者, 父義母慈兄友弟恭子孝也, 春秋傳史克之言, 明白如此. 然兄友弟恭, 合言之則弟也, 父義母慈, 合言之則慈也, 然則孝弟慈三字, 乃五教之總括. 太學之教胄子, 胄子之觀萬民, 其有外於此三字者乎.

64 『與猶堂全書』「大學公議」: 止於至善者, 爲人子止於孝, 爲人臣止於敬, 與國人交止於信, 爲人父止於慈, 爲人君止於仁, 凡人倫之外, 無至善也.

하게 하였다고 말할 수는 없다."[65]와 "대개 明德이라는 것은 五倫이다. 五倫을 意에 밝히는 것이 誠意이고, 마음에 밝히는 것이 正心이며, 몸에 밝히는 것이 修身이고, 집에 밝히는 것이 齊家이고, 나라에 밝히는 것이 治國이고, 천하에 밝히는 것이 平天下이다. 요약하면, 이것은 한결같이 五倫을 밝히는 일로써 修己와 治人의 구별이 있을 뿐이다. 밝힌다는 것은 말로 설명하여 밝히는 것이 아니라 실행한 이후에 밝아지는 것이다."[66]라는 부분에서 더욱 명확하게 드러난다.

또한 정약용은 "孔氏疏에서 말하기를, 몸에 明德이 있는데, 그것을 다시 밝히는 것이다."라고 한 것에 대해 "孔疏는 비록 古義에 어긋나지는 않았으나, 미세하게 훗날의 폐단을 열어주었다. 마음에는 본래 德이 없으며, 오직 直性만이 있을 뿐이다."[67]라고 비판하며 '明德'을 하늘이 부여한 虛靈不昧한 性으로 본 朱子의 해석을 비판하였다.

한편 이러한 '明德'에 관한 그의 견해는 초기 저술인 「大學策」을 통해서도 볼 수 있다.

> 乾隆 辛亥(正祖 15년, 1791) 內閣의 月課에서 聖上께서 친히 大學을 策問하였다. 이에 나는 다음과 같이 답하였다. "臣의 얕은 생각으로는 大學의 極致와 實用은 孝弟慈 세 가지를 벗어날 수 없다고 생각합니다. 오늘날 大學의 要旨를 밝히려면 반드시 먼저 孝弟慈 세 글자를 분명하게 이해한 다음에 大學의 全體·大用이 밝혀질 것입니다. 經의 '明明德

---

65 『與猶堂全書』「大學公議」: 蓋堯克明孝弟慈之德, 以盡修身之工, 而家齊國治, 天下遂平. 不可曰堯克明虛靈不昧之德, 以親九族也.

66 『與猶堂全書』「上弇園書[丙辰]」: 蓋明德者五倫也, 明五倫於意爲誠意, 明五倫於心爲正心, 明五倫於身爲修身, 明五倫於家爲齊家, 明五倫於國爲治國, 明五倫於天下爲平天下. 要之是一箇明五倫之事, 而有修己治人之別耳. 明者非以言語講明之, 行之然後乃明.

67 『與猶堂全書』「大學公議」: 孔氏疏曰謂身有明德, 而更章顯之. …… 又按孔疏雖不悖古義, 而微啓後弊何也. 心本無德, 惟有直性.

於天下'에서 明德을 밝히려는 취지는 반드시 平天下 한 구절에 있습니다. 그러므로 孝弟의 기풍을 興起시키는 법과 孤兒의 구휼과 백성이 배반하지 않게 하는 敎化는 과연 明德을 밝히는 眞面目이 아니겠습니까?" 라고 하였다. 이에 對策文을 거두어 가자, 聖上은 第一의 壯元으로 발탁할 것을 命하였으나, 그 당시 蔡樊翁이 讀卷官으로서 '明德에 대한 말은 (朱子의) 章句에 위배된다'고하여 제2등으로 降等시키고 金羲淳을 제1등 壯元으로 발탁한 일이 있었다. (이것은) 지금으로부터 24년 전의 일이다.[68]

이처럼 '明德'과 '性'에 관한 정약용의 이해는 당시 주자학의 형이상학 체계에 대한 비판의 결과로서 구체적인 실천과 실용적 성격을 보여주고 있다. 정약용의 실용적 입장은 "예로부터 지금까지 정치로 이름난 사람은 모두 財賦와 斂散의 부류이다."[69]라고 말하며 齊나라 管仲을 긍정한 것을 통해서도 잘 드러난다.[70] 그는 당시 조정이 국가 재정과 민생 문제에 대해 소홀한 것을 비판하며 다음과 같이 말했다.

儒者는 글 읽은 것이 정밀하지 못하고, 또 배운 것에 치우침이 있어 그 말류의 폐단은 무릇 山林과 經幄의 신하가 책을 끼고 筵席에 오르면

---

68 『與猶堂全書』「大學公議」: 乾隆辛亥, 內閣月課, 親策問大學. 臣對曰, 臣妄竊以爲大學之極致, 大學之實用, 不外乎孝弟慈三者. 今欲明大學之要旨, 必先將孝弟慈三字, 疏滌表章, 然後一篇之全體大用, 乃可昭也. 經曰, 明明德於天下, 則明明德歸趣, 必在乎平天下一節矣. 興孝興弟之法, 恤孤不倍之化, 其果非明明德之眞面目乎. 卷旣徹, 命擢置弟一, 時蔡樊翁爲讀卷官, 謂所言明德之義, 違於章句, 降爲第二, 以金羲淳爲第一. 今二十四年前事也. (당시에는 弘文館 提學인 徐有隣과 奎章閣 提學인 金憙가 질문을 하였는데, 다산은 주자의 「大學序」와 傳7~10章의 강론에만 참여하였다. 자세한 내용은 金文植 著, 『朝鮮後期 經學思想硏究』, 一潮閣, 1996, 190~191면 참조)

69 『尙書古訓』권1: 自古及今, 凡以政爲名者, 皆財賦斂散之類.

70 管仲에 대한 정약용의 평가는 『論語古今註』에 잘 나타나 있다. 곽신환, 『조선조 유학자의 지향과 갈등』, 철학과 현실사, 2005, 352~369면 참조.

> 오직 理氣說과 心性說만 논해 아뢸 뿐, 한 글자 반 구절이라도 감히 財賦에 대해서는 말하지 않는다. 그 사람도 재질이 본래 명철하여 천하 국가를 경영하는 자가 財賦에 유의하지 않을 수 없다는 것을 알고 있지만, 이런 말을 한번 하면 무리지어 조롱하고 많은 사람이 비웃어서 명성이 크게 떨어진다. 차라리 학자들의 남모르게 하는 비웃음을 받을지언정 망령된 사람들의 심한 배척을 감당하기 어려운 까닭에 통상적으로 부연하여 아뢰고 물러나간다. 공자가 그 제자를 칭찬하면서, "자로[由]는 千乘 나라의 財賦를 다스리게 할 만하고, 염구[求]는 千室 고을의 수령으로 삼을 만하다."라고 하였다. 예로부터 재물을 생산하고 돈을 모으는 데에는 管仲 같은 자가 없었는데, 공자는 항상 그의 공을 칭찬했다. 재부를 오로지 더러운 물건이라 해서 감히 입에 올리지도 못하는 것은 천하 국가를 경영하는 도리가 아니다. 우리나라 선배로는 오직 文成公 李珥가 貢案을 개정하고 軍籍을 개량하여 10만 군사를 양성하자는 말로 임금께 거듭 아뢰었으니, 진정으로 쓸모 있는 학문이었다.[71]

이상에서 살펴본 바와 같이 정약용의 '明德'에 관한 이해와 실용주의적 경학은 '性卽理' 중심의 조선 주자학이 이론적 공리공담으로 변질된 현실에 대한 비판의식에서 출발한다. 이에 정약용은 유교경전의 본뜻을 회복하고 새 시대의 요구에 부응한 철학을 구축하기 위해 實踐的·經世的 경학을 전개하는데, 이것은 그의 경학이 갖는 중요한 특징 중 하나이다.

---

71 『經世遺表』권7: 凡山林經幄之臣, 挾冊登筵, 惟理氣心性之說, 是論是奏, 一字半句, 未敢或及於財賦. 其人本自疏通, 非不知爲天下國家者, 不能不留心財賦, 而此奏一出, 羣嘲衆嗤, 名聲大落, 寧受識者之暗笑, 難當妄人之顯斥, 故依例敷奏而出也. 孔子譽其弟子曰由也, 千乘之國, 可使治賦, 求也, 千室之邑, 可使爲宰, 自古生財聚貨, 莫如管仲, 而孔子常稱其功. 專以財賦, 爲汚穢之物, 不敢以登諸口吻, 非所以爲天下國家也. 我東先輩, 唯文成公臣李珥, 以改貢案, 改軍籍, 養兵十萬之說, 申申然陳於上前, 眞是有用之學也.

5. 글을 마치며

유교경전의 道·理·德·性 등의 개념은 역사적 맥락에서 이해하는 것이 중요하다. 왜냐하면, 해석자들의 시·공간적 제약을 받을 수밖에 없기 때문이다. 여기에서 유교경전의 보편적 가치와 시대적 특수성 간에 '해석상의 긴장감'이 발생한다. 따라서 유교경전을 대상으로 한 경학에 관한 연구에서는 보편성과 특수성을 동시에 고려할 필요가 있다. 유교경전은 역사성을 반영하기 때문에 역사의식이 비교적 강하다. 또한 인간에 대한 철학적 성찰을 내포하기 때문에 도덕의식과 질서의식을 강조하기도 한다. 특히, 선진유가는 經世濟民의 성격이 강하다. 따라서 유가경전을 해석할 때에는 단지 철학적 의미뿐만 아니라 실천적 의미를 검토해야 한다. 경학연구라는 인식활동을 하나의 방법으로 본다면, 경학을 통한 실천활동은 목적이라고 말할 수 있다.

경학을 통한 실천활동은 크게 두 가지 의미를 가지고 있다. 첫째, 내면적 실천활동은 경전 해석자 스스로 聖賢이 되거나 聖人의 경지에 들어가기 위해 노력하는 修養 공부의 의미가 있다. 이것은 爲己之學的 특징을 가지며, 윤리적 성격을 띤다. 둘째, 외면적 실천활동은 실재하는 세계를 이상적인 사회와 국가를 만들기 위해 노력하는 治人 공부의 의미가 있다. 이것은 爲人之學的 특징을 가지며, 정치적 성격을 띤다.

왕부지와 대진의 경학은 기존의 우주본체와 도덕원리에 대한 학문적 관심을 經世學으로 전환하고, 制度와 禮制論의 관점에서 도덕규범의 함의를 설명하고자 했다. 이러한 문제의식의 전환은 새로운 경학을 통해 현실문제 해결을 위한 실용성이 강조되었으며, 정치·경제적으로는 제도에 대한 강한 비판의식으로 전개되었다. 그러나 乾嘉시기로 접어들면서 절박한 시대상황에서 제기된 經世致用의 요구와 明朝遺民으로서의 義理관념이 점차 약화된다. 이에 따라 理學에 대한 무관심은 결국 지식을 위주로 한 '고증만을 위한 고증'으로 변질된다. 이로 인해 결국 '경세치용'이라는 정치적 책임감과 '지행합일'이라는 도덕적 의무감은 점차 그 의미를 잃게 되었다.

宋明理學은 우주와 인간의 생성·변화 원리를 설명하는 이론을 만드는 데에 치중함으로써 실용학문에는 비교적 관심을 갖지 않았다. 이에 반해 淸代학자들은 程朱의 우주론과 陸王과 老·佛의 형이상학 체계에 대해 비판적인 종합을 시도했다. 송명이학에 대해 비판하며 등장한 17~18세기 중국 유교지식인의 비판의식은 크게 3가지 특징으로 정리할 수 있다.

첫째, 우주의 궁극적 근원을 理가 아닌 氣로 규정하고, 움직이는 우주본체 개념을 완성했다. 즉 實有와 生動, 生生과 氣化 등으로 우주의 생성과 변화를 설명했다. 이로써 정주학의 고요한 우주본체는 매일같이 생동하는 우주본체로 전환됨으로써 현실 변화에 능동적으로 대처하는 것이 학문의 본질이라고 주장한다. 둘째, 우주본체의 다양한 존재양식인 形上·形下, 道·器를 一元論的으로 인식했다. 즉 우주의 본질은 一氣이므로 인식방법에는 차이가 있을 수 있지만 결국 하나의 실체라는 것이다. 이로써 天理와 人欲 역시 인간 심성의 두 가지 특징일 뿐 결코 어느 하나를 부정할 수는 없다고 말한다. 여기에서 한 걸음 더 나아가 人欲을 적극 긍정하고 사회적 합의 도출의 필요성을 제기하기도 했다. 셋째, 학문의 핵심주제를 인간의 心性 문제에서 객관적인 사회·정치 문제로 확대했다. 즉 개인도덕 수양이라는 전통적 학문관의 문제점을 지적하고, 실용학문의 필요성을 강조했다. 이러한 변화는 宋明代의 제도개혁론이 이론에 치우친 것에 대한 일종의 반성이었다. 이 때문에 17~18세기 새롭게 등장한 新制度論은 청대 학술의 성격을 經世致用의 實學으로 규정하게 되는 주된 계기가 되었다.

정약용은 경세치용파의 宗師인 星湖 李瀷의 학문을 계승하여 실학을 집대성했다.[72] 조선의 전환기 지식인이었던 그는 주자학적 세계관이 한계에 봉착한 역사현실을 직시하고, 당시의 학술풍토를 비판하기 위해 經學을 통한 經世學을 지향했다. 이러한 그의 학문자세는 자신의 관료경험(28세~40세: 1789~1801)을 토대로 저술한 一表二書로 증명할 수 있다. 그는 '聖賢의 학술은 본래 실제 일에 관한 行事에 힘쓰는 것이며, 行事를 통해 마음을 다스리는 학문'이라고 말한다. 그러나 '조선 주자학은 실제 일이 아닌 마음을 다스리는 養心에 힘쓰는 것이며, 이 때문에 결국 실제 일과 관련 없는 것이 되었다'고 비판한다.[73] 정약용의 비판은 조선 성리학이 義·利와 王·覇에 대한 구별을 지나치게 강조한 나머지 義·利의 조화, 王道·覇道의 병용을 거부하고 엄격한 義理만을 중시하는 道學 전통에 치우쳤음을 반영한다.

정약용의 실용주의적 경학은 3가지 특징이 있다. 첫째, 성리학적 관념성을 비판하기 위해 고증적 태도를 취했다. 구체적으로는 洙泗學의 권위를 기반으로 주자학적 세계관을 비판했다. 따라서 그에게 고증은 '목표'가 아니라 '방법'이었다. 둘째, '行' 중심의 실용학문을 추구했다. 정약용에게 실학과 경학은 表裏관계이다. 경학을 통해 실학을 건립하고, 실학을 통해 절박한 현실에 대응하여 사회개혁을 이룬다는 것이다.

---

72 『與猶堂全書』「自撰墓誌銘集中本」: 十五而娶, 適先考復仕爲戶曹佐郎, 僑居京內. 時李公家煥以文學聲振一世, 姊夫李承薰又飭躬勵志, 皆祖述星湖李先生瀷之學. 鏞得見其遺書, 欣然以學問爲意.

73 丁若鏞, 『孟子要義』 권2: 蓋其學術大與古異, 古學用力在行事, 而以行事爲治心. 今學用力在養心, 而以養心至廢事故也. 欲獨善其身者, 今學亦好, 欲兼濟天下者, 古學乃可. 此又不可以不知也.

따라서 다산의 경학은 구체적인 실천을 통해 공맹유학의 핵심인 修齊治平의 이상을 구현하는 것이었다. 셋째, 사상적으로 종합적인 학문을 추구했다. 그는 주자학뿐만 아니라, 당시 이단으로 분류되었던 양명학까지 종합하고자 했다. 전환기 사상가들에게 공통적으로 나타나는 특징인 종합적 경향은 강력한 실천력을 담보하기 위한 것이었다. 따라서 그는 학문 대상을 경전에만 국한하지 않고, 예악·언어·제도·역사·문학 등으로 확대하여 경학의 새로운 지평을 열었다. 그는 조선 중·후기 가장 폭넓은 분야의 저작을 남긴 사상가로서 폭넓은 연구를 통해 조선 실학사조를 종합하고, 한국 근대철학의 사상적 토대를 구축했다고 평가할 수 있다.

■ 참고문헌

『船山全書』, 『明儒學案』, 『戴震文集』, 『戴東原集』, 『孟子字義疏證』, 『與猶堂全書』, 『四庫全書總目』, 『王文成公全書』, 『文史通義』

張蔭麟, 「明清之際西學輸入中國考略」, 『清華學報』 第一卷 1期, 1924年 6月.

好適, 『戴東原的哲學』, 臺北: 商務印書館, 民國60年.

鐘鳴旦(1991), 「格物窮理: 格物窮理: 十七世紀西方耶蘇會士與中國學者間的討論」, 『哲學與文化』 제18권 제7기, 臺北.

章太炎(2006), 「清代學術之系統」, 章太炎·劉師培 撰, 『中國近三百年學術史論』, 上海古籍出版社.

王汎森(1997), 「清初的講經會」, 『中央研究院歷史語言研究所集刊』 第68本 第3分.

葛兆光(2005), 『中國思想史』 第二卷, 復旦大學出版社.

錢穆(1986), 『中國近三百年學術史』 上冊, 中華書局.

錢穆(2005), 『中國思想史』第二卷, 復旦大學出版社.

余英時(1995), 「從宋明儒學的發展論清代思想史」, 『中國思想傳統的現代詮釋』, 江蘇人民出版社.

余英時(2004), 『中國知識人之史的考察』(余英時文集 제4권), 廣西師範大學出版社.

梁啓超(1996), 『清代學術概論』, 東方出版社.

梁啓超(2003),『中國近三百年學術史』, 天津古籍出版社.

王茂·蔣國保·余秉頤·陶淸(1992),『淸代哲學』, 安徽人民出版社.

王汎森(1997),「淸初的講經會」,『中央硏究院歷史語言硏究所集刊』第68本 第3分.

丘爲君(1994),「淸代思想史“硏究典範”的形成, 特徵與義涵」,『淸華學報』(新竹)新4卷4期.

미조구치 유조·이케다 도모히사·고지마 쓰요시 지음, 조영렬 옮김(2012),『중국제국을 움직인 네 가지 힘』, 글항아리.

진성수(2004),『王夫之 易學思想에 관한 연구』, 성균관대 박사학위논문.

임옥균(1994),『戴震哲學에 나타난 '朱子學的 思惟의 批判'에 관한 연구』, 성균관대 박사학위논문.

王國良(2002),『明淸時期儒學核心價値的轉換』, 安徽大學出版社.

송영배(2004),『동서철학의 교섭과 동서양사유 방식의 차이』, 논형.

안재순(2007),「17세기 한국의 유학사상−주자학의 심화와 그에 대한 비판」,『유교문화연구』제11집, 성균관대 유교문화연구소.

곽신환(2005),『조선조 유학자의 지향과 갈등』, 철학과 현실사.

최영진(2007),「18세기 동아시아 유교사상의 지형」,『18세기 동아시아 유교사상 비교연구(2007 국제학술회의자료집)』, 성균관대 유교문화연구소.

유명종(1989),『청대철학사』, 이문출판사.

張岱年 主編, 衷爾鉅 著(1997),『大儒列傳 王夫之』, 吉林文史出版社.

汪學群·武才娃 著(2007),『淸代思想史論』, 中國社會科學出版社.

山井湧 著, 金錫起·裵慶錫 共譯(1994),『明淸思想史의 硏究』, 학고방.

이혜경(1990),「戴震의 기일원론적 윤리론」,『철학논구』18, 서울대학교철학과,

鄭一均(2000),『茶山 四書經學 硏究』, 一志社.

李篪衡(1995),「『大學』註釋을 통해 본 丁茶山의 經學」,『第五回 東洋學 國際學術會議 論文集』, 성균관대학교 대동문화연구원.

이강범(2005),「淸代 초기 고증학 발전의 정치적 배경 연구」,『중국어문학논집』제33호, 중국어문학연구회.

鄭仁在(1982),「淸代 實學派의 本體論」『東洋哲學의 本體論과 人性論』, 한국동양철학회 편, 연세대학교 출판부.

이철승(2008),「유가철학에 나타난 “氣質之性”의 문제 −王夫之와 朱熹의 관점을 중심으로−」,『유교사상연구』34, 한국유교학회.

鄭台燮(1997), 「明末清初 經世學과 淸代 漢學의 內在的理路」, 『明淸史硏究』 6, 明淸史學會.

진성수(2004), 『왕부지 역학사상에 관한 연구』, 성균관대학교대학원 박사학위논문.

진성수(2010), 「17-18세기 한 · 중 · 일 유학에서의 인간이해 연구」, 『한문고전연구』 20, 한국한문고전학회.

진성수(2012), 「명말 · 청초 고증학의 연원 고찰」, 『동양철학연구』 72, 동양철학연구회.

최형식(2011), 「戴震 인성론의 존재론적 근거와 그 특징」, 『철학연구』 120, 대한철학회.

石井 剛著(2014), 『戴震と中國近代哲學－漢學から哲學へ－』, 知泉書館.

河田悌一(1979), 「淸末の戴震像－劉師培の場合」, 『東洋學論集』, 朋友書店.

벤저민 엘먼 지음, 양휘웅 옮김(2004), 『성리학에서 고증학으로』, 예문서원.

Joseph R. Levenson(2000), 『*Confucian China and its Modern Fate*』, 鄭大華 譯(中譯本), 中國社會科學出版社.

제2부

반계 유형원의 인간과 학문세계

반계 유형원의 가계 분석

김승대

1. 머리말

호남은 국가 경제의 寶庫이자, 동시에 수탈의 대상지로서 역사적 성격을 내포한 땅으로 일찍이 지식인들은 이러한 사회경제적 동인에 대한 해결책을 강구하려고 노력하였다. 특히 1589년(선조 22)의 己丑獄事, 일명 鄭汝立의 亂은 호남을 '叛逆鄕'이라 일컬어지면서 호남인의 관계 진출도 큰 제약을 받아 정치의 핵심에서 벗어나게 되었다.

磻溪 柳馨遠(1622~1673)은 이러한 호남의 현실을 바탕으로 개혁사상을 품게 되었고, 20여 년간 부안에서 살면서 실학사상을 완성하였는데, 농촌 경제뿐 아니라 국가체제까지 개혁하려고 제시한 개혁서가 바로 『磻溪隨錄』이었다. 반계 유형원을 實學의 鼻祖로 지칭하는 것은 이러한 이유에서 이다. 반계 유형원의 실학사상은 최종적으로 전남 강진으로 유배가서 조선실학을 집대성한 茶山 丁若鏞(1762~1836)에 의해 집대성

을 이루게 된다. 따라서 호남지역은 조선실학의 산실이자 최종 완성을 이룬 고장, 즉 실학의 始終地라 할 수 있겠다.

'호남실학'이란 용어는 아직 학계에서 시민권을 확보하지 못하고 있지만[1] 서울, 경기지역의 近畿實學에 대한 지역적 개념으로서 호남실학에 대한 논의가 끊임없이 제기[2]되고 있다.

하지만, 실학의 비조라는 말이 무색하게 『磻溪隨錄』 등 일부 저작물을 제외한 반계 유형원에 대한 연구의 기초적인 사료집성은 미비한 실정이다. 이에 따라 그의 경세론의 실상을 재조명하고 반계학단이라 불릴 수 있는 교류 인물이나 문인에 대한 기초적인 정립도 부족한 것이 현실이다. 특히, 반계 유형원과 호남실학이라는 대명제를 찾기 위해서 그가 살았던 시간적, 공간적 범위를 종횡으로 넓혀 다룰 필요가 있다고 본다.

따라서 이에 따른 규명작업의 일환으로 그동안 덜 조명된 그의 가계분석을 통해 유형원의 역사적 존재를 재조명하는 데 일조하고자 한다. 이 글에서는 단지 그에 대한 譜學的 자료와 산재되어 있는 기초사료, 그리고 관련 유적에 대한 현장답사 등을 통해 실체파악에 한걸음 더 나아 가고자 한다.

먼저 유형원의 선대 가계분석을 통해 조선조 들어와서 훈구가문으로 성장하고 정착하는 과정을 살펴보고, 양란을 거치면서 호서, 호남지역으로 在地的 기반이 확대되는 일면도 확인해 보고자 한다. 또한 유형원의 부모, 외가, 처가, 자손들의 연혼 관계 및 세거지 변천 등도 다뤄보

1 하우봉(2013). 참조.

2 전라북도와 부안군은 2012년부터 반계 유형원과 호남실학에 대한 학술대회 및 학술조사를, 고창군과 전북대학교 이재연구소는 2008년부터 이재 황윤석에 대한 학술포럼 및 학술사업을 지속적으로 추진하고 있다.

고자 한다.

2. 유형원 선대의 가계 분석

1) 한양 일원의 훈구 가문

柳馨遠은 文化柳氏로 시조 柳車達의 22세손이다. 文化는 황해도 신천군 일대에 있는 지명이다. 『동국여지승람』의 인물편에 유차달은 고려 태조가 남방을 정벌할 때 수레를 많이 내어 군량을 공급함으로써 그 공으로 대승에 제수함과 아울러 삼한공신으로 賜號하였다고 하였으며, 그 아들 좌윤 柳孝金이 일찍이 구월산을 유람하다가 大虎를 만나 그 입 속에 걸려 있던 비녀를 빼줌으로써 그 음덕으로 자손이 반드시 대대로 卿相이 되리라고 산신이 현몽했다는 이야기가 실려 있다.

이후 7세손 柳公權(1132~1196)이 고려 명종조에 政堂文學과 叅知政事를 지내고 문장과 글씨로 명성을 떨친 후, 이들 柳彦琛과 柳澤 양대 갈래로 집안이 크게 융성하였다. 조선조에 들어와서는 더욱 많은 인재를 배출하였으며 134인이 대과에 급제하고 당상관에 90명, 相臣의 9명, 湖堂이 5명, 공신이 11명, 시호는 22명이 받았다. 문화유씨는 크게 14개 분파로 나뉘는데, 유형원은 유공권의 6대손 柳寬을 중시조로 하는 夏亭公派에 해당한다.

유형원의 9대조 夏亭公 柳寬(1346~1433)은 삼사판관 柳安澤과 어머니 동래정씨 중추원사 봉해군 鄭起文의 딸 사이에 둘째 아들로 황해도 문화에서 태어났다. 류관의 처음 이름은 觀이라 하였고 자는 夢思·敬夫, 호는 夏亭이며, 시호는 文簡이다.[3]

하정 유관은 고려 말부터 조선 세종대까지 고려 4명, 조선 4명, 모두

8명의 왕을 섬겼다. 조선의 개국공신으로 淸白吏의 표상으로 잘 알려진 인물이다. 1371년(공민왕20) 文科에 급제, 典理正郞·典校副令·成均司藝·內史舍人·司憲中丞을 역임하고, 조선 건국 후 開國原從功臣이 되었다. 1397년(태조 6) 左散騎常侍·大司成, 형조와 공조의 典書를 지내고, 1400년(정종 2) 江原道 都觀察使, 1405년(태종 5)에는 全羅道 都觀察使[4]로 나가 민생을 살폈다. 태종 초 大司憲, 鷄林府尹을 역임했다. 1406년(태종 6) 判恭安府事로 正朝使가 되어 명나라에 갔다가 1409년 藝文館大提學으로 知春秋館事를 겸직하였다. 1418년 세종이 즉위하자 다시 左賓客, 1424년 81세에 우의정에 승진하여 「高麗史」를 수교하여 選進하고 致仕하였다.

그는 오랜 경륜을 가지고 여러 왕들을 섬겼으며, 최고위 관직인 우의정까지 지낸 인물이었지만, 성품이 매우 청렴하고 청빈하였는데 그는 동대문 밖의 허름한 집에서 생활하였다.[5] 유관의 부인으로 初娶는 廣陵

3 고혜령(2014), 150~151면.

4 관련 유적으로 전남 영암군 신북면 모산리에 소재한 詠八亭(전라남도 기념물 제105호)이 있다. 영팔정은 전라도 관찰사로 부임한 유관이 큰 아들 유맹문에게 지시하여 건립되었다고 전한다. 현재 유맹문의 현손 柳用恭과 從弟인 柳用剛의 후손들이 세거하고 있다. 모산유씨로 불리는 이곳은 영의정을 지낸 柳尙運(1636~1707)과 그의 아들로 좌의정과 우의정을 지낸 柳鳳輝(1659~1727)를 배출하였다. 또한 실학의 한 유파로 北學派의 선구로 잘 알려진 聾菴 柳壽垣(1694~1755)이 이 가문의 후예로 주목된다.(柳寬-柳孟聞-柳暿-柳順行-柳希渚-柳用恭-柳夢翼-柳溗-柳誠吾-柳尙載-柳鳳庭-柳壽垣) 이밖에, 東國眞體의 서체를 창안한 서예의 대가 李匡師의 妻家이자, 이광사 아들로 燃藜室記述을 저술한 李肯翊의 外家이다.

5 하정 유관이 살았던 집은 '우산각'으로 이 지명을 '우산각골'이라 불렀는데, 현재 서울 종로구 창신동, 동대문구 신설동 일원이다. 언젠가 장마가 계속되자 그의 집은 비가 새서 류관은 방안에서 우산을 쓰고 있어야 했다. 그런데도 그는 부인에게 '우산이 없는 집은 어찌할 것인가?'라고 걱정했다고 한다.(徐居正, 『筆苑雜記』); 유관의 옛 집터로 서울 종로구 낙산공원 내 庇雨堂(종로구 창신동 9-471)이 현존한다. 원래 자리에서 조금 이전하여 복원하였다. 비우당은 유관의 4대 외손인 李希儉이 살았고, 이희검의 아들 芝峯 李睟光이 살면서 芝峯類說을 저술한 곳으로 알려져 있다.

君夫人 安氏이고, 再娶는 豐川夫人 李氏 戶曹典書 悚의 딸이다. 안씨 소생으로 3남 孟聞, 仲聞, 季聞을 두고, 이씨 소생으로 1남 異聞을 두었다.[6] 큰아들 맹문은 吏曹參判, 중문은 大護軍, 계문은 刑曹判書, 이문은 萬戶에 벼슬하며, 이후 후손들은 조선 초기의 대표적인 勳舊家門으로 자리매김한다.

〈도 1〉 文化柳氏 柳馨遠 家系圖

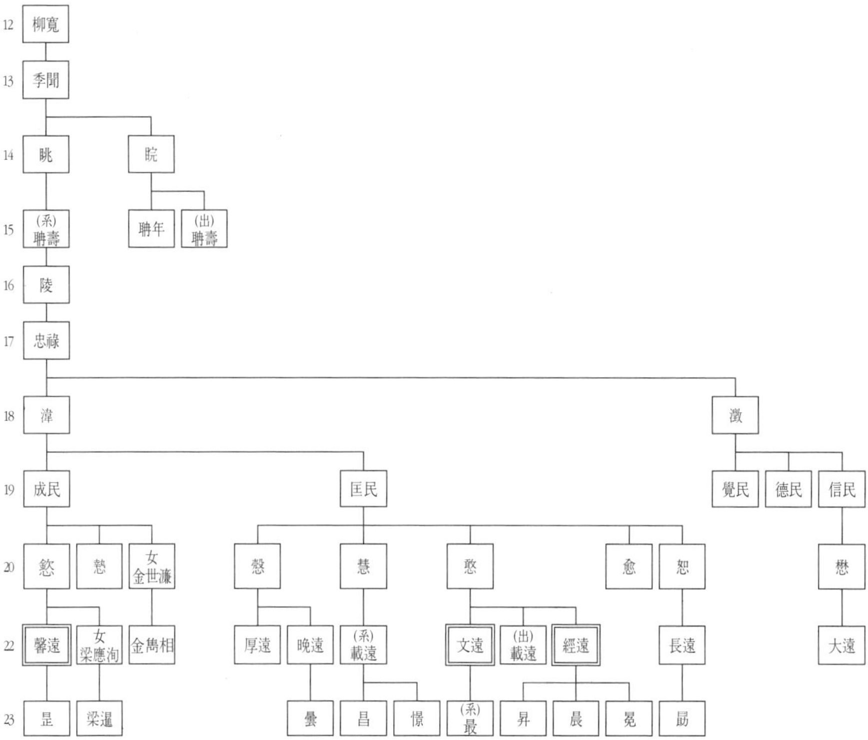

6 「文簡公柳寬神道碑」(1891). 류관 선생 묘는 楊根 王忠里(경기도 양평군 강하면 동오리)로 현재 경기도 기념물 제62호로 지정되어 있다.

이 중 유형원의 8대조는 柳季聞(1383~1445)이다. 자는 叔行, 시호는 安肅이며, 부인은 貞夫人 昌寧成氏로 府使 成守良의 딸이다. 묘는 廣州 細村[7]이다. 1408년(태종 8) 문과에 급제하고, 이후 여러 관직을 거쳐 충청도관찰사, 대사헌, 강원도도관찰사, 판한성부사, 형조판서, 개성부유수 등을 지냈다.[8] 글씨를 잘 써서 태종의 명복을 빌기 위해 安止·崔興孝 등과 함께 『金字法華經』을 쓰기도 하였다. 그는 대간으로 있을 때에는 불교의 폐해와 개선, 『주자가례』의 보급, 廉吏의 등용과 장리의 제거를 통한 민폐 제거, 貢法改正 등을 주장해 당시 사회의 병폐를 많이 개선하려고 하였다.

유계문과 창녕성씨 사이에는 6남 3녀를 두었는데 아들은 眷, 睎, 睆, 睫, 睇, 眺이다. 족보에 보면, 柳眷은 兵曹判書, 柳睎는 鍾城府使, 柳睆은 監察, 柳睫은 嘉善府使知中樞, 柳睇는 兵使, 柳眺는 監察의 벼슬을 한다.[9] 이 중 막내 아들 柳眺[10]가 자식이 없자, 유환의 둘째 아들 聃壽을 양자로 보낸다. 이 柳聃壽가 반계 유형원의 6대조이다.

유담수의 生父 유환은 監察을 지냈고, 부인은 성주이씨 李師元[11]의 딸이다. 아들 聃年, 聃壽를 두었는데, 큰아들 柳聃年(?~1526)는 무과에 급제하여 1510년(중종 5) 三浦倭亂때 큰 공을 세워 병조판서, 공조판서, 한성부판윤까지 현달하였다.

---

7 유계문의 묘는 성남시 수정구 복정동 산20번지에 위치하며, 이 곳은 柳季聞의 賜牌地이자, 그 후손들이 세거지였다.

8 『조선왕조실록』 세종 27년 1월 2일 병자.

9 『문화류씨하정공파보』(2002), 21~27면.

10 1414년(태종14)생으로 자는 公望이고, 부인은 靈山辛氏 郡事 辛鴻生의 딸이다. 1479년(성종 10)에 通津縣監을 역임한다.(『조선왕조실록』 성종 10년 1월 14일 신미)

11 세종 때 영의정을 지낸 개국 공신 李稷의 둘째로, 황해도 관찰사, 중추원부사 등을 지냈다. 이사원의 사위는 유환과 판중추원사 趙末生의 아들 전주부윤 趙瑾 등이다.

유담수는 중종대 義禁府都事[12], 信川郡守를 지냈으며, 初娶는 完山崔氏 僉知 崔廷의 딸이고, 再娶는 平壤趙氏 縣監 崔見知의 딸이다. 1남 3녀의 자녀를 두는데 아들 柳陵이 유형원의 5대조이고, 딸은 申遵美(1491~1562)[13], 宗室 丹陽郡守 李溪, 正言 崔希孟에게 시집간다.

柳陵은 족보상에 생몰이 확인되지 않고, 자는 子固, 郡守를 지냈고, 부인은 咸從魚氏 魚叔貞의 딸[14]로만 기록이 되어 있다. 증조 유계문 아래 유릉까지 4대 묘소가 廣州 細村에 있는 것으로 보아 한양 인근에 유형원의 선대가 지속적으로 세거한 것으로 보인다.

유릉과 함종어씨 사이에 2남 4녀를 두는데 아들은 忠祿, 忠祥이고, 딸은 楊州牧使 李慶禧, 禮曹正郎 兪必仁, 經歷 趙玹經, 縣監 尹亨彦에게 시집간다. 여기서 둘째 아들 柳忠祥[15]을 사촌 柳陽(유담년의 아들)에게 出系한다.

柳忠祿(1522~1558)은 유형원의 高祖로 자는 彦綏이며, 宗廟署直長을 지냈고, 부인은 光山金氏 戶曹參議 金獻允의 딸이다. 유충록과 광산김씨 사이에 2남 4녀를 두었는데, 아들은 柳湋와 柳澂이며, 딸은 李一曾, 黃履貞, 李元培, 李守封에 시집갔다.

---

12 『조선왕조실록』 중종 8년 10월 22일 병진.

13 본관은 平山, 자는 士休, 趙光祖의 문인으로 1519년(중종 14) 賢良科에 급제하였으나, 기묘사화로 피화되어, 공주로 물러나 翰林亭이라는 정자를 짓고 은거하였다.

14 平陵察訪을 지낸 어숙정의 딸로 左議政 魚世謙의 증손이자, 監察 魚孟濂의 손녀다.

15 유충상은 음직으로 振威縣令을 지냈으며, 부인은 반남박씨이다. 족보상에 그의 손자 柳之南이 전라도 부안으로 입향하여 그의 후손들이 일대에 거주하였다 ; 『문화류씨하정공파보』(2002), 26, 258~259면.

〈도 2〉 광산김씨 김겸광, 문화유씨 유충록, 풍산심씨 심일취 가문 연혼도

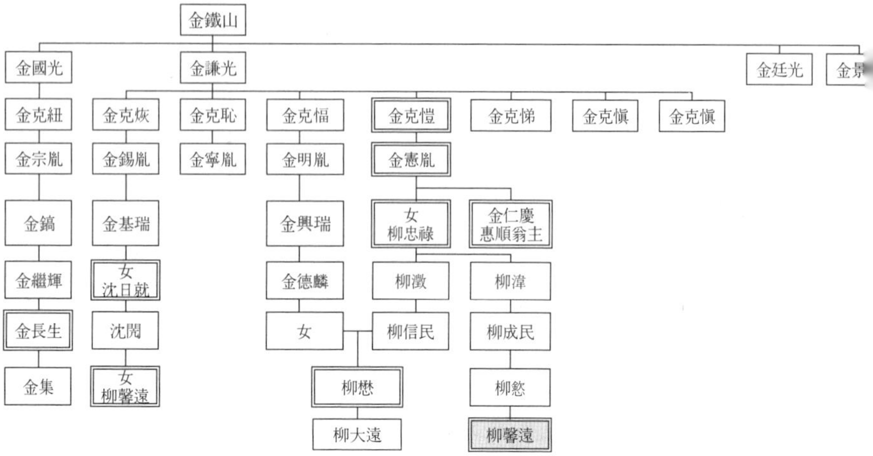

김헌윤(1497～?)[16]은 連山에 세거하는 名門 光山金氏로 도표에서 보듯이 증조는 監察을 지낸 金鐵山이고, 김철산의 네 아들 國光, 謙光, 廷光, 景光 중 光城君 金謙光(1419～1490)의 손자이며, 형조참판 金克愷(1474～?)의 아들이다. 그의 아들은 光川尉 金仁慶(1515～1583)으로 중종의 후궁인 敬嬪朴氏 소생 惠順翁主의 남편이다.

하지만 1527년 灼鼠之變으로 경빈박씨와 그의 소생 福城君이 사사되고, 아버지 金克愷은 金安老 일파에게 탄핵을 받고 삭탈관직 된다.[17] 또한 경빈박씨의 사위인 唐城尉 洪礪까지 죽게 되나, 광천위 김인경은 尙州, 公州로 유배되었다가 뒤에 복작된다. 이 사건과 관련하여 문화유씨 유충록 가문에게도 충분히 영향을 미쳤으리라 여겨진다.

---

16 자는 公淑, 호는 思永堂, 金克愷의 아들이며, 외조는 朴秀堅, 처부는 李安世이다. 1525년(중종 20) 문과에 급제하고, 호조참의를 지냈다. 묘는 아들 김인경과 혜순옹주묘(양평군 향토유적 제38호)가 있는 양평군 옥천면 신복리 산 303에 소재한다.

17 『조선왕조실록』 중종 31년 3월 10일 을축.

유충록은 처할아버지 김극개가 삭탈관직으로 집안이 몰락하고, 처남인 김인경이 유배되는 등 극심한 혼란을 겪었을 것으로 예상된다. 또한 표에서 보듯이 유형원 가계는 처가인 청송심씨와 함께 연산의 광산김씨 가문과 연혼관계를 깊게 맺고 영향을 주고 받았을 것으로 보인다. 즉, 유형원의 처할버지 심일취는 김겸광의 큰 아들의 김극회의 孫壻이고, 김겸광의 둘째 아들 김극핍의 玄孫女는 유충록의 둘째 아들 유징의 며느리(柳懋의 어머니)가 된다. 또한 柳懋를 비롯한 유충록의 자손들의 일부는 連山지역에 은거하며 沙溪 金長生(1548~1631)의 문인으로 활동하게 된다.[18]

이러한 세거 가문과의 연혼, 정치적 사건 등으로 인해 유충록의 가문은 임진왜란, 병자호란을 전후하여 일부 후손이 서울, 경기권에서 충청, 전라권으로 낙향하게 되는데, 여기에서는 유형원의 직계인 증조 유위, 조부 유성민뿐만 아니라 종증조 유징, 종조부 유광민의 집안까지 다뤄보도록 하겠다.

2) 호서·호남으로의 재지적 기반 확대

유형원의 증조 柳湋(1548~1619)는 자는 秀源, 호는 繼休堂이다. 1573년(선조 6)에 한양에 거주하며 癸酉 生員에 합격하여, 昌平縣令을 거쳐 임진왜란이 일어나자 도원수 權慄(1537~1599)의 從事官으로 활약하였고, 1601년(선조35) 2년간 比安縣監[19]을 지냈다. 詩思, 筆法, 射에 모두

18 金長生, 「文人錄」, 『沙溪全書』 47권, '柳定民의 자는 子安이고 1605년생으로 1627(인조5) 진사과에 급제하였고 연산에 살았다. 柳濟民 자는 援之이고 거주는 진잠, 계묘년(1603, 선조36)생이며, 1639년(인조 17) 생원에 합격하였다. 司馬兩試에 급제하였다.' ; 유충록의 손자이자 유위의 아들인 제민과 정민은 사계의 문인으로 확인된다.

19 「比安縣邑誌」, '柳湋辛丑二月到任癸卯正月罷'.

능하여 三絶이라 칭하였다.

유위의 부인은 驪州閔氏로 閔景雲의 딸이다. 민경운은 1546년(명종 1) 寧越郡守를 역임한 閔宗騫[20]의 아들이다. 민종건은 중종대 훈구파 대신 南袞(1471~1527)의 형인 南褒(1459~1556)의 첫째 사위[21]이다. 남포는 1506년 중종반정 후에는 昭格署令을 지냈는데, 동생 남곤이 주도한 1519년(중종 14) 己卯士禍 등에 부합하지 않고 靑盲이라 핑계하며 벼슬하지 않고 積城 紺岳山에 은거하였다.

〈도 3〉 驪州閔氏 閔景雲 家系圖

閔世榮 — 閔卿 — 閔承序 — 閔誼 — 閔晩通 — 閔宗騫 — 閔景雲 柳瀆女 — 閔獅

민경운의 조부는 敦寧 閔萬通[22]이고, 조모는 효령대군의 손자 李徠의 딸이다. 민경운의 고조는 세종조 判漢城府事를 지낸 閔承序(?~1468)이며, 민승서의 딸이 세종의 13번째 아들 密城君 李琛(1430~1479)과 혼인하여 왕실의 외척집안이라 할 수 있다. 민경운은 부인 경주이씨와 사이에서 2남 2녀를 두는데, 아들 獅와 獬는 각각 딸만 6녀, 1녀를 두어 아들이 없어 대를 잇지 못한 것으로 보인다. 딸은 반계의 증조 유위와 壬辰倭亂 때 水原府使를 지낸 尹祁(1535~1606)에게 시집보낸다.

유위와 여흥민씨는 아들 넷을 두는데 成民, 匡民, 濟民, 定民이다. 이 중 제민과 정민은 1751년(영조41)에 발행된 문화유씨족보에는 庶子로

20 『寧越府 郡邑誌 先生案』. '閔宗騫丙午正月十八日到任'

21 南公轍, 『金陵集』 권17, 「弘文館直提學知製敎 南公墓誌銘」

22 『여흥민씨대동보』(2002)에 민종건, 민경운 부자의 생몰, 묘지 등을 명기되어 있지 않고, 민만통의 묘는 수원 長足, 민승서의 초장지가 수원 광교산으로 보아 이들 가문이 수원 일대에 세거했을 것으로 추정된다.

기록되어 있다.

유위의 동생 柳瀓(1550~?)은 자는 明源, 1591년(선조 24) 進士에 합격하고, 음직으로 高山縣監[23]를 역임하였다. 부인은 昌寧成氏 監司 成世平(1516~1590)의 딸[24]이다. 3남 4녀를 두었는데, 覺民, 德民, 信民 아들과 딸은 李桂壽, 李壽宗, 朴浩, 李胤先에게 각각 시집보냈다. 각민은 都事, 덕민은 石城縣監, 신민은 宣敎郎의 벼슬을 지내는데, 유징의 후손들은 연산으로 입향하여 세거하게 된다. 특히 柳信民(1586~1631)은 金德麟의 사위이고, 아들 柳懋(1609~1679)[25]는 沙溪의 문인이어서 유징의 자손들이 외가인 연산의 광산김문으로 입향하게 되었을 것으로 보여진다.

유형원의 할아버지 柳成民(1569~1651)은 자는 養淑, 호는 耐軒이며, 1601년(선조 34) 辛丑에 進士에 합격하고, 刑曹正郎을 지냈다.[26] 유성민은 1612년(광해군 4)에 8대조 유관의 사패지였던 부안 우반동으로 들어와 농장을 만들었고, 1636년(인조 14)에는 金弘遠(1571~1645)에게 토지 30결을 매각한다.

> 崇禎九年丙子三月十七日 通政大夫前行潭陽府使金弘遠前明文 내가 긴히 돈 쓸 일이 있기 때문에 부안 立石面 下里 愚磻에 있는 전답을 金弘遠에게 판다. 이 전답은 나의 6대조이신 우의정 문간공(柳寬)께서

23 이동희(1995), 『조선시대 전라도의 감사 수령 명단』전북편, 29면 ; 고산현감 유징은 1605년(선조 38)에서 1609년(광해군 1)까지 5년간 재직한다.

24 李廷龜, 「原道觀察使贈議政府左贊成成公神道碑銘」, 『月沙集』 별집 제6권. 성세평의 아들이자 유징의 처남인 吏曹判書 成泳(1547~1623)이 광해군이 즉위하자 大北 鄭仁弘 등에 의하여 小北 柳永慶의 당인으로 몰려 파직되고, 1616년(광해군 8) 延日에 유배가서 죽게 된다.

25 유무는 유형원의 당숙으로 김장생과 김집의 문인이다. 반계와 교류하다가 그가 죽자 애도의 글을 쓴다. 현재 休亭書院(논산시 부적면 신풍리 소재)의 주배향 인물이다. 유무의 아들 柳大遠의 후손들은 전라도 고산지역에 세거하고 있다.

26 『문화류씨하정공파보』(2002), 27면.

> 태조조에 개국공신으로 책봉되어 왕으로부터 받은 사패지이다. 그런데 이곳이 서울로부터 아주 멀리 떨어져 있어서 직접 관리하기가 어려울 뿐만 아니라 궁벽한 골짜기에 있기 때문에 … 농사를 짓지 않고 방치해 둔지가 어언 수백년이나 되었다. 그러다가 지난 임자년(1612) 가을에 내가 비로소 이 곳으로 내려와 … 논과 밭을 만들었는데 … 그후 지금까지 20여년 동안 아무 탈없이 이땅을 경작해 오고 있다. 마을 한 가운데에 長川이 … 있다. 川를 기준으로 그 서쪽은 그대로 두어 나의 농장으로 삼고, 내의 동쪽에 있는 집과 전답은 모두 김홍원에게 방매한다. … 財主通訓大夫前行工曺正郎 柳成民 證長孫學生 德彰(유형원) 筆執外孫朝散大夫前別坐 趙松年.[27]

1636년(인조 14)에 유형원이 15세 때에 참여한 이 매매문기는 1651년(효종2) 유성민이 83세의 나이로 죽고 1653년(효종4)에 반계가 조부의 삼년상을 마치자 부안 우반동으로 내려가는 중요한 단서가 되는 기록이다. 다시말해, 우반동이 반계의 9대조 유관이 조선 개국공신으로 받은 사패지였다는 점과 유성민이 1612년부터 농장을 일궈 놓았다는 점이다. 이처럼 할아버지 유성민은 하정공 유관의 사패지인 부안 우반동에 농장을 만들어 반계 유형원이 낙향할 수 있는 공간적 범위를 마련하였다. 이후 유성민의 아들이자 유형원의 아버지인 유흠이 1623년 柳夢寅(1559~1623)의 逆獄에 연루되어 죽고, 1644년에는 할머니, 1648년에는 어머니, 1651년에는 할아버지가 세상을 떠나자 우반동으로 이거하게 된다.

---

27 한국정신문화연구원(1983), 176~177면.

〈도 4〉 陽川許氏, 靑松沈氏, 延安李氏, 驪州李氏, 善山金氏, 文化柳氏 連婚圖

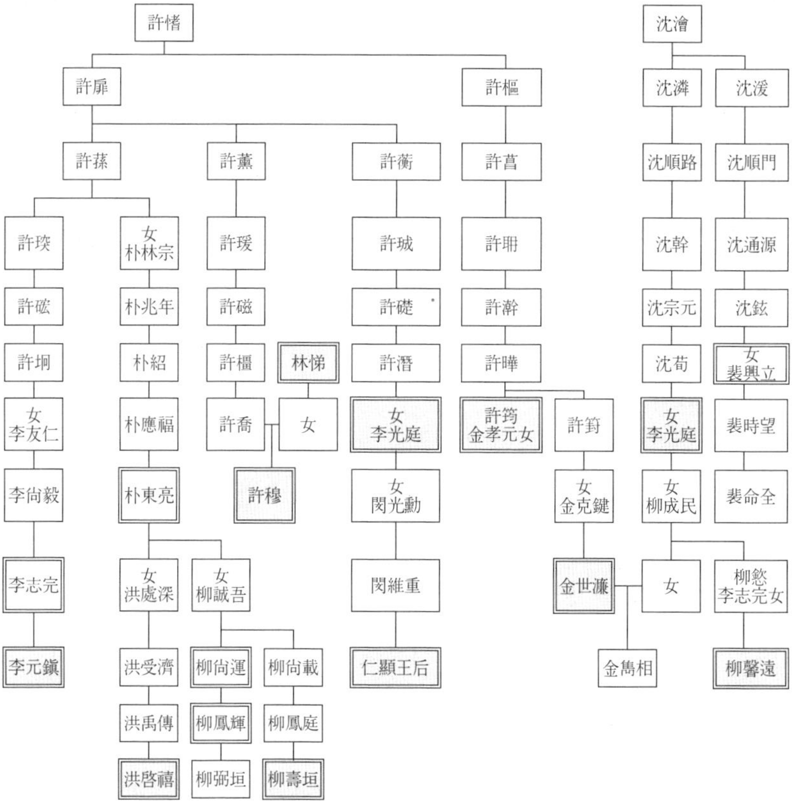

유형원의 조부 柳成民은 부인 延安李氏 사이에서 2남 3녀를 두는데, 아들은 유형원의 아버지 유흠과 庶子 柳慹[28]이며, 딸은 鄭良胤(1589~?)[29], 趙義顯, 金世濂(1593~1667)[30]에게 시집간다.

---

28 『甲子式年司馬榜目』(국립중앙도서관) ; 柳慹은 1631년(인조 9)생으로 자는 執中이며, 果川에 거주하며, 1684년(숙종 10) 생원시에 합격한다. 유집은 유성민의 서자로 유형원의 숙부가 되는데, 유형원보다 9살이 어리다. 유형원이 1653년 부안으로 내려온 후, 과천에 거주하며 집안의 일정한 역할을 하였을 것으로 추정된다.

29 본관은 東萊, 자는 孝元, 1615년(광해군 7) 문과에 급제하여 正郞를 지낸다.

조의현은 監役으로 정암 조광조의 증손이다. 아들 趙松年(1607~1649)은 權履中(1581~1660)의 딸과 혼인하여[31] 監役, 懷德縣監, 金山郡守[32]를 역임한다. 반계의 고종사촌인 조송년은 1636년 3월에 28세의 나이로 외조부 유성민의 우반동 토지매매에서 筆執으로 참가하였고, 같은 해 監役으로 이모부 김세렴의 통신사행을 돕기도 하였다.[33] 유형원은 고종사촌 형인 조송년이 金山縣監으로 있을 때인 1648년 조송년을 찾아가 영남 일대의 산천을 살펴보고 또 세상의 어려움을 피할 만한 땅(避世之地)을 찾기도 하였다.

김세렴은 반계의 고모부이자 스승이었다. 그는 1636년(인조 14) 통신부사로 일본을 다녀와서 기행록인 『海槎錄』을 남겼다. 1642년 함경도 관찰사와 1643년 평안도 관찰사를 역임하였는데 이때 반계가 직접 가서 관북과 관서를 유람하기도 하였다. 김세렴의 본관은 선산으로 조부는 동서분당을 낳게 하였던 金孝元이다. 아버지 金克建은 통천군수 許篈의 딸과 혼인한다. 북인의 핵심인물이었던 허균이 김효원의 사위였던 점을 고려하며, 양천 허씨 집안과 무척 가까웠음이 짐작된다.[34]

도표 4에서 보는 바와 같이 김세렴의 조부 김효원의 사위가 허균이 되고, 김세렴의 아버지 김극건의 사위가 허봉이 된다. 허봉은 柳希春(1533~1577)의 문인으로 김세렴이 외조부가 되고, 허균은 고모부가 된다. 특히 부안 우반동에 반계 유형원 이전에 들어와 1612년(광해군 4)

---

30 許穆, 「戶曹判書 金公 神道碑銘」, 『記言』 別集 卷16. 김세렴의 부인이자 유성민의 딸인 문화유씨(1602~1881)의 행적에 대하여 기록하고 있다.

31 安鼎福, 「通訓大夫司憲府監察權公墓碣銘」, 『順菴集』 제21권. 조송년은 2남 3녀를 두는데 아들은 趙漢叟, 南原府使 趙沂叟, 사위는 府使 洪受滾, 李景賢, 判府事 柳命天이다.

32 조송년은 金山(현 金泉)의 景濂書院에 배향되었 있고, 『金山公遺稿』문집이 있다.

33 金世濂, 『海槎錄』; 조송년은 1636년 8월에 김세렴의 통신사행의 출발을 돕는다.

34 신병주(1992), 138~139면.

무렵 靜思巖[35]을 짓고 홍길동전 등을 지었는데, 반계와 허균의 연계성도 김세렴에게서 찾아볼 수도 있겠다.

柳成民의 부인은 延安李氏로 李光庭의 딸이다. 이광정(1552~1627)의 자는 德輝이고, 호는 海皐이며, 三陟府使 煞의 증손이며, 할아버지는 礪山府使를 지낸 李慶宗이다. 아버지는 司諫院 正言 李澍(1534~1584)[36]이며, 어머니는 柳師弼의 딸이다. 이광정은 1602년(선조35) 대사헌으로서 연경에 사신으로 갔다가 마테오 리치가 간행한 坤輿萬國全圖를 가져와 홍문관에 보낸 장본인으로[37] 서양의 문물과 과학지식의 수입에 상당한 관심을 보였던 인물이다. 호조판서, 개성유수 등을 지냈다.[38]

〈도 5〉 延安李氏 李光庭 家系圖

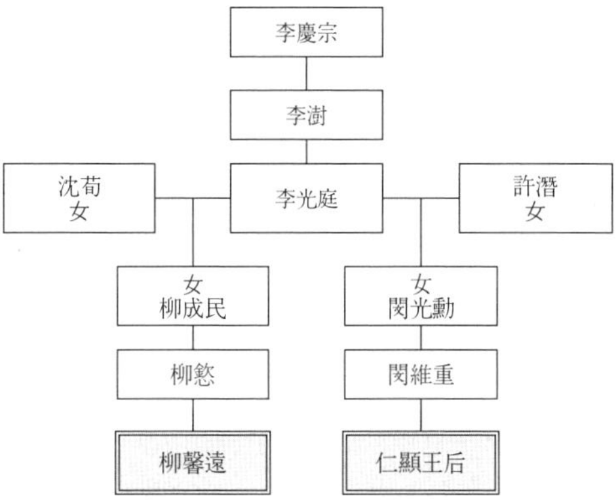

표에서 보듯이 이광정의 부인은 둘이다. 초취는 청송심씨로 豊德郡

35 「重修 靜思巖記」, 『한국문집총간』 74, 188면.

36 李澍는 南冥 曺植의 문인으로 동인의 입장에서 柳永慶, 洪汝淳 등과 李珥와 成渾을 논박하는 데 앞장섰던 인물이다.

37 李睟光(1915), 『芝峯類說』上, 韓國古書刊行會, 54면

38 「李光庭 碑銘」, 『國朝人物考』 권11 卿宰 ;「李光庭 神道碑銘」

守를 지낸 沈篔의 딸이고, 재취는 양천허씨로 개성유수를 지낸 許潛[39]의 딸이다. 이광정은 3남 8녀의 자녀를 둔다. 청송심씨에게서는 아들 李核, 柳成民과 韓亨吉에게 시집간 딸이 있고, 양천허씨에게서는 2남 6녀를 두는데 이중 사위 인현왕후의 조부인 閔光勳이 사위가 된다. 즉 유형원의 할아버지인 유성민과 인현왕후의 할아버지인 민광훈은 동서지간이지만 장모가 각각 달랐음을 알 수 있다. 서인집안인 민광훈의 아들인 閔維重과 유형원의 아버지 유흠은 이종사촌지간이다. 이와같이 이광정은 당론이 심하지 않은 원만한 立朝자세와 당대 명사 집안과의 혼맥을 통한 넓은 교류로 17세기 기간에 크게 성장하였고, 당쟁속에서도 집안을 잘 유지할 수 있는 계기가 되었다.[40]

이러한 문화유씨와 여흥민씨는 혈연관계에 따른 영향은 민유중 형제가 유형원을 추천하려다가 반계가 정색하여 사양하는 바람에 그만두었다고 할 정도로 왕래가 있었다고 할 수 있겠다.[41] 현재 이광정과 그의 아버지 이주의 묘소는 경기도 파주에 소재한다.[42] 여기에 이주와 이광정의 신도비가 있는데, 이주신도비는 반계의 아버지이자 이주의 외증손인 유흠이 篆書로 썼고, 이광정신도비는 유성민의 사위인 김세렴이 篆書로 썼음을 확인할 수 있다.[43] 이는 유성민의 아들과 사위까지 延安李氏 가문과 당대 긴밀한 혈연관계를 유지하였음을 알 수 있겠다.

---

39 허잠의 손자는 현종 숙종초에 남인의 영수로서 영의정에 올라 한 때의 남인정권을 주도하던 許積(1610~1680)이다. ; 정만조(2011), 「조선후기 연안이씨 삼척공파의 근거지 확산과 파주정착」, 『한국학논총』 35, 국민대학교 한국학연구소, 124면.

40 정만조(2011), 125면.

41 「반계선생연보」, 1655년(현종 6).

42 이주·이광정묘 및 신도비는 경기도 파주시 뇌조리 산 1-20 일원에 소재하며, 현재 파주시 향토유적 제12호로 지정되어 있다.

43 「이주 신도비」(1622년), 「이광정 신도비」(1636년).

〈도 6〉 유흡이 쓴 이주신도비 篆(좌), 김세렴의 쓴 이광정신도비 篆(우) ; 파주시 조리읍 소재

또 하나 주목할 것은 반계 가문의 연혼관계에 중요한 단서가 되는 '癸酉司馬同榜契會'이다. 이것은 1573년(선조 6)에 司馬試에 합격한 사람들의 모임으로, 同榜이란 같은 해에 급제한 사람을 말하며 모두 형제같은 친분이 있어, 매해 계회를 열었다. 여기에 반계 가문과 연계되는 인물은 유위(1548~1619), 이광정(1552~1627), 심일취(1547~1616)가 있다. 유위는 반계의 증조이며, 이광정은 반계의 조부인 유성민의 장인이며, 심일취는 반계의 처할아버지이다.

1613년(광해군 5)에는 경북 안동에서 안동부사 洪履祥이 주최하였고,[44] 여기에 比安縣監 유위가 참석하였다. 1614년(광해군 6)에는 심일취의 집에서 모였는데, 여기에는 이광정이 참석하였다.[45] 다시 말해 반계의 증조 유위는 아들 유성민을 이광정의 딸과 혼인하였고, 유성민은 손자 유형원을 심일취의 손녀와 혼인시켰을 것으로 보여 同榜으로 인한 친분관계가 컸으며, 이러한 것이 連婚관계까지 이르렀음을 확인하는 좋

---

44 「癸酉司馬花山榜會錄」(1613), 모인 사람을 列記하였고, 榜會圖 1장이 있다.

45 趙應祿, 『竹溪日記』

은 사례라 할 것이다.

다음으로 유성민의 동생 유광민 가문을 살펴보겠다. 이 가문은 柳匡民(1579~1629)이 일찍이 광해군 政亂으로 연산으로 낙향한 대표적인 집안으로 여겨진다. 특히 유형원의 문인이자, 再從弟인 삼우당 유문원, 해미현감 유재원의 집안임에 주목된다.

〈도 7〉 柳匡民의 家系圖

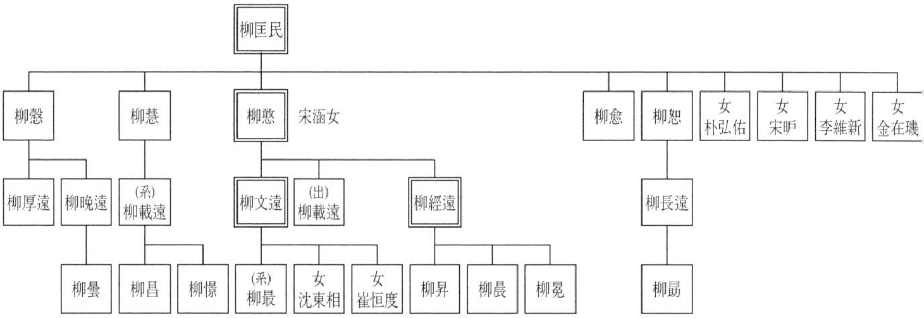

柳匡民은 유형원의 從祖이다. 자는 正淑이며 부인은 晉州鄭氏 僉知 鄭承緖(1559~1629)[46]의 딸이다. 5남 5녀를 두었는데, 아들은 瞉, 慧, 憗, 愈, 恕이며, 딸은 朴弘佑, 宋昉, 李維新, 孫翀海, 金在璣에게 시집간다. 朴弘佑(1592~1678)는 자는 汝吉, 殷栗縣監을 지냈고 현 대전 사정동에 묘가 있는 것으로 보아 회덕지역에 거주하였던 것 같다. 宋昉는 김제

46 鄭承緖의 본관은 진주, 부인은 부안김씨 金光의 딸(祖 錫良, 曾祖 後孫, 外祖 廣州 李若海)이다. 行龍驤衛中部將 基의 아들이며, 할아버지는 忠武衛副司直 世臣의 손자이다. 益山 咸悅 多松에 세거한 가문으로 묘는 논산시 양촌면 산직리 산10에 소재한다. 임진왜란에 重峰 趙憲과 같이 나가 싸우다가 부상하였다. 선조의 의주 파천에 호종하여 일등원종공신이 되어 知中樞府事가 되었다. 광해군의 廢母에 淸陰 金尙憲, 桐溪 鄭蘊과 뜻을 같이 하여 벼슬을 버리고 恩山 大岩으로 돌아왔다. 부안김씨와 사이에 3남(灌, 瀛, 淑, 沔), 3녀(柳匡民, 李時亮, 宋源)를 두었다.

금구 낙성리 하사마을에 거주하는 礪山宋氏 不老派 宋倫의 후손이다. 宋昞의 아내 유광민의 딸 문화유씨의 烈旌閣이 있다. 金在璣는 高山縣 沙溪의 門人인 陽城縣監 鳳谷 金東準(1573~1661)의 손자이다.

유광민의 셋째 아들 柳愍(1612~1671)은 文遠, 載遠, 經遠의 삼형제를 두었는데, 이 중 재원은 仲兄 柳馨에게 양자로 갔다. 유감의 부인은 부안에 세거하는 礪山宋氏로 宋涵의 딸이다.

〈도 8〉 扶安 礪山宋氏 宋世貞 家系圖

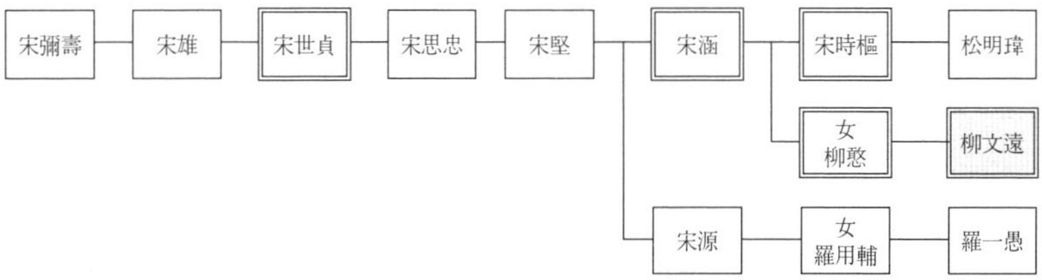

송함은 부안 淸溪書院의 주벽으로 배향된 宋世貞의 현손이다. 송세정의 조부인 송미수가 부안김씨 金璡의 사위가 되면서 여산송씨가 부안에 입향하게 되었다. 송함은 표에서 보듯이 유형원의 당숙이자 유문원의 아버지인 유감의 장인이다.[47] 부안 동림서원에 반계 유형원과 삼우당 유문원이 함께 배향되고[48], 부안읍지에 유문원이 실린 까닭도 이러한 부안의 여산송씨 송함이 외조부가 되기 때문이다. 이처럼 유감은 부안의 여산송씨 가문과 혼인을 통해 아들 유문원, 유재원이 반계 유형원과 부안지역에서 활동할 수 있는 계기를 마련해 주었다.

---

47 『礪山宋氏判書公派譜』(2003). 송함과 송시추의 묘는 현재 부안군 주산면 사산리 450-6에 소재한다.

48 『연려실기술』 별집 제4권, 巴山書院은 계유년에 세웠는데 지금의 이름은 東林書院이다. : 柳馨遠 호는 磻溪이다. 柳文遠 호는 三友堂, 진사이다. 金瑞慶 호는 澹溪이다.

송함의 아들이자 유문원의 외숙인 宋時樞(1620~1670)는 扶安 舟山에 살면서 인근 우반동에 살았던 반계 유형원과 20년간 從遊하였는데, 이는 반계의 대표적인 문인인 金瑞慶(1648~1681)[49]의 문집인 『澹溪遺稿』에 기록되어 있다.[50] 특히 김서경은 스승 반계가 죽자 반계보다 2년 먼저 죽은 송시추를 대신하여 제문을 지었고, 송시추가 죽자 송시추와 평생의 벗인 아버지 金胤弼(1623~1697)의 제문을 대신 짓기도 한다.[51]

이는 그동안 잘 알려지지 않았던 부안지역에서의 講學 활동을 확인하는데 큰 의미가 있다고 할 수 있겠다. 다시말해, 반계는 우반동를 중심으로 인근 東林里의 김윤필과 舟山의 송시추 등과 깊히 교유하면서, 김윤필의 아들 김서경, 송시추의 조카이자 반계의 6촌 동생인 유문원, 유재원에게 학문적 영향을 크게 미쳤을 것으로 판단된다.

〈도 9〉 扶安지역을 중심으로 한 柳馨遠 家系와 婚姻, 學統 系譜圖

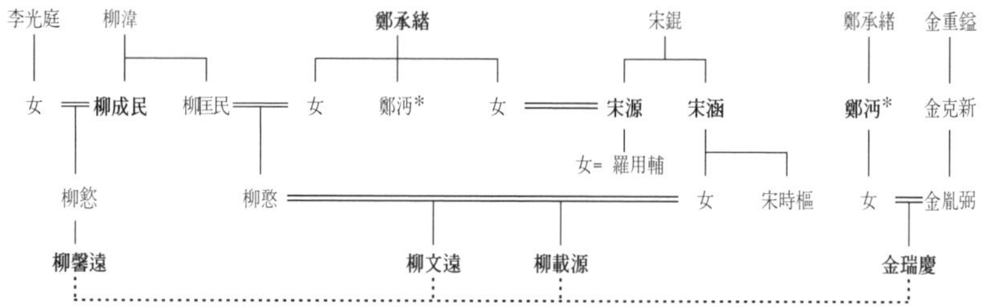

〈凡例〉 —— 血族, = 婚姻, …… 師弟

49 김서경의 문집인 『澹溪遺稿』에는 「得鐵燧齋還柳淑憨說」등을 보면, 부안 동림의 김윤필-김서경 가문, 인근 주산의 송함-송시추 가문, 함라의 유감-유문원 가문 등이 김서경과 인척관계로 맺고 있음을 확인할 수 있다. 또한 족보상에 보면, 김서경의 아들인 金昌祖(1671~1724)가 德村 梁得中(1665~1742)과 깊은 從遊가 있었고, 손자 金選萬(1700~1759)은 德村의 문인으로 기록되어 있어 주목된다.

50 「代宋淑時樞祭柳先生文」, 『澹溪遺稿』

51 「代家君祭宋公時樞文」, 『澹溪遺稿』; 『扶寧金氏族譜』(1960).

도표에 보듯이 유형원의 문인으로 알려져 있는 유문원과 유재원은 반계의 再從弟이자, 유광민의 손자이자 유감의 아들들이다. 유감의 외조부는 앞서 살펴본 바와 같이 鄭承緖이다. 정승서 사위가 유광민과 송원으로 표와 같이 유문원과 유재원 형제는 정승서의 외증손이 된다. 또한 유문원 형제의 외조부가 송함인데, 송함의 형제인 송원이 정승서의 사위가 된다. 따라서 유감의 처숙모가 宋源[52]의 부인이 되는 겹사돈을 맺고 있다. 또한 유감의 외조부가 정승서이고 外叔이 鄭洒인데, 鄭洒이 바로 반계의 門人인 김서경의 외조부가 된다. 다시말해 반계 유형원과 문인은 담계 김서경, 유문원, 유재원은 인척관계로 얽혀 있는 사이임이 확인되었다. 이는 함열의 진주정씨 정승서 가문이 부안의 여산송씨, 연산의 문화유씨 가문과 연혼관계가 됨으로 이것이 부안지역을 중심으로 한 반계 학맥의 핵심으로 확인된 셈이다.

이처럼 부안 우반동을 중심으로 한 유형원 가계와 인근 지역의 여산송씨, 동래정씨, 부안김씨와 연혼관계를 통한 학문적 계보의 단면은 지속적으로 살펴보아야 할 것으로 보여진다.

柳文遠(1638~1717)은 호가 三友堂으로, 柳懋의 종조카이자 유형원의 재종제이다. 그는 일찍이 두 사람에게 학문적 영향을 받았으며, 김장생의 문인인 柳濟民, 柳定民 두 숙부의 문하에서 수학하였기에 기호 서인의 학문도 접하였다. 그는 학행이 뛰어나 사후, 반계와 함께 부안 동림

52 최근 조사 결과, 宋源(1587~1644)의 사위인 羅用輔(1612~1683)의 묘소(현 부안군 부안읍 연곡리 412)의 묘갈과 그의 족보를 통해 나주나씨 집안과 반계 유형원이 교유한 사실을 확인할 수 있었다. 족보상에는 나용보가 반계 유형원과 相從하며, 때때로 講磨하고 詩文을 지었다는 기록이 있다. 또한,『나주나씨 대동보』에 실린 羅應參(1505~1568) 사적・행록, 羅表(1539~1626) 행록, 羅禊(1539~?) 행록 등을 반계 유형원이 저술하였으며, 집안의 문집인『八孝集』에도 반계의 시 1편이 확인되었다. 또한 나용보 묘갈명에는 전주일대의 유학자인 李尙眞, 金東準, 洪南立과의 교유에 대한 내용이 기록되어 있다.

서원에 배향되었고,[53] 유무가 배향된 충청도 논산의 休亭書院에도 배향되었다.[54]

또한 호남읍지, 함열현읍지 등에 거주지가 함열현[55]으로 나오는데, 이는 유문원이 아들이 없고 딸만 둘이 있는 것과 연관이 있을 것으로 보인다. 그는 동생 재원에게서 조카 柳最를 양자로 두었고, 딸 둘은 沈東相[56] 과 崔恒度에게 시집 보낸다. 이는 유문원이 젊은 시절에는 외가가 있는 부안에서 살다가 말년에는 익산 함열에서 살다 죽은 것으로 파악된다.

〈표 1〉 반계 유형원의 문인

성 명	생몰년대	반계와 관계	관련 지역	주요내용
柳 昰	1642~1699	아들	부안	· 유형원의 아들, 자는 태중, 음직으로 세마 벼슬 · 장인 배상유 문집《만학재집》간행 서문
柳文遠	1638~1717	재종제	부안 연산	· 유형원의 6촌 동생, 호 삼우당, 동림서원, 휴정서원 배향 · 부안 여산송씨 송함의 사위
柳載遠	1652~1713	재종제	연산	· 유형원의 6촌 동생, 사헌부감찰, 해미현감 · 1711년 반곡선생언행록, 윤증에게 반계수록 발문 요청

53 『扶安縣邑誌』, 人物 '柳文遠學行高明號三友堂入享東林書院'

54 휴정서원은 처음에 柳懋만 배향하였으나 뒤이어 유문원을 배향하였고, 1735년에는 李恒吉을, 1751년에는 金廷望과 權燧를 배향하였다. 휴정서원은 1871년 전국적인 서원 철폐령으로 철폐되었다가 1919년에 복원되었으며, 이 과정에서 배향 인물이 대대적으로 교체되었는데 이때 유문원이 배향 인물에서 제외되었다.

55 學行으로 南一面 島村(현 익산시 황등면 죽촌리)에 거주한다고 기록되어 있다 ; 『함열현읍지』 '學行柳文遠昧爽而起冠帶必飭端恭跪坐終日不解所講者格物致知誠意正心修身齊家之道教人不倦又而以爲庭實之人號曰三友堂事聞復給而入扶安書院'; 『함열군읍지』(1905) '學行 柳文遠給復南一面島村洞'

56 沈東相(1666年生)은 본관은 靑松이고, 유문원의 사위로 묘가 함열에 있다. 심동상의 선대는 鎭岑縣(현 대전 유점동)에서 세거하였다.(沈筍-沈仁祖-沈級-沈挺宇-沈瑜-沈東相)

梁　暹	1643~?	생질	서울	·유형원의 생질, 유하가 부친 행장을 부탁
裵泰來	1651~1701	유하 처남	김천	·유형원의 사돈이자 친구 배상유의 아들, 호 농수 ·강선, 강현, 박만정, 임수간 등과 도의
裵泰彙	1659~1716	유하 처남	김천	·유형원의 사돈이자 친구 배상유의 아들, 호 존덕성재 ·강현, 이식 등과 도의
金瑞慶	1648~1681		부안	·본관 부안, 호 담계, 10세때 반계 문하, 담계유고

柳載遠(1652~1713)은 유형원의 문인이면서 6촌 동생인데, 20대 이전 유형원에 학문을 익혔다. 1705년(숙종 31) 증광시 병과에 급제하여 司憲府 監察, 海美縣監[57]을 지냈다. 유재원은 외증조 정승서의 묘갈명[58]을 썼고, 또한 1711년 3월 유형원의 언행을 모아 '磻谷先生言行錄'을 완성하였다. 그리고 자신이 완성한 자료와 반계수록을 가지고 魯城縣에 살고 있는 윤증에게 반계수록 발문을 요청하기도 하였다.

유재원은 백부인 柳慧에게 양자를 가지만, 말년에 살았던 곳은 連山鳳洞[59]이었을 것으로 보인다. 이 곳은 아버지 유감과 형제인 유문원, 유경원 등의 묘가 있고, 그의 후손들이 이 곳에서 세거하였음을 통해 확인해 볼 수 있다.[60] 당파가 다른 소론의 거두 윤증에게 반계수록의 발문을 요청한데에는 이러한 지리적으로 가까운 일면도 충분히 고려해 볼 수 있겠다.

마지막으로 유형원의 부친 유흠에 대하여 살펴보고자 한다. 柳欽(1596~1623)의 자는 敬伯, 警甫, 호는 龍門이다. 1616년(광해군8) 생원시

57 『승정원일기』 숙종 34년 5월 27일 임인.

58 『晉州鄭氏族譜』, 節度使公墓碣銘, 縣監 柳載遠.

59 연산 봉동은 현 논산시 벌곡면 조동리이다. 호남고속도로 계룡IC 인근인 이곳에는 대전시과 논산시의 경계지역으로 털바우산(행상바우, 상여바우) 아래에 유문원 묘(조동리 산 2-1)와 유재원 묘(조동리 355-2)을 확인하였다.

60 유재원의 8대손 柳俊象씨(1932년생, 대전시 동구 천동 거주)를 통해 확인하였다.

에 응시하여 입격한 후 춘추관 기사관, 시강원 설서를 역임하였으며 문장과 글씨를 잘 쓴 것으로 저명하였다. 李爾瞻이 '經史를 널리 상고하였거나 문사가 화려한 나이 젊고 영민한 당하관'을 추천할 때 유흠도 포함되었는데, 이때 허적, 조익, 이민구, 이경여, 심지명 등도 같이 추천되었다.[61] 이이첨이 원접사로 임명되었을 때 能書官과 製述官을 겸할 정도로 인정받았다.[62] 유흠은 1623년(인조 즉위년) 7월 柳夢寅의 역모에 관련되었다는 무고를 입어 8월 고문으로 사망하였다.

柳欽은 여주이씨 사이에서 1남 1녀를 두는데 아들은 馨遠이고, 딸은 梁應洵에게 시집간다. 여기서는 유형원에 대한 고찰은 생략하고 유흠의 딸과 사위에 대해서만 살펴보고자 한다.

梁應洵(1617~1681)은 세종조부터 성종조까지 조선전기 대표적인 경세가인 訥齋 梁誠之(1415~1482)의 6대손이다. 양성지는 남원 출신으로 그의 후손들은 주로 경기도 김포, 시흥, 양주 일대에 세거하였는데, 양성지의 손자 梁允義는 始興 富谷에 터를 잡고 살았던 것으로 보여진다.[63]

---

61 『조선왕조실록』 광해군 11년 6월 19일 경오.

62 『조선왕조실록』 광해군 13년 2월 21일 계해.

63 『南原梁氏文襄公派世譜』에 의하면, 양윤의의 후손인 양사행, 양립, 양응순, 양섬의 묘가 시흥 부곡에 있다.

〈도 10〉 南原梁氏 梁應洵 家系圖

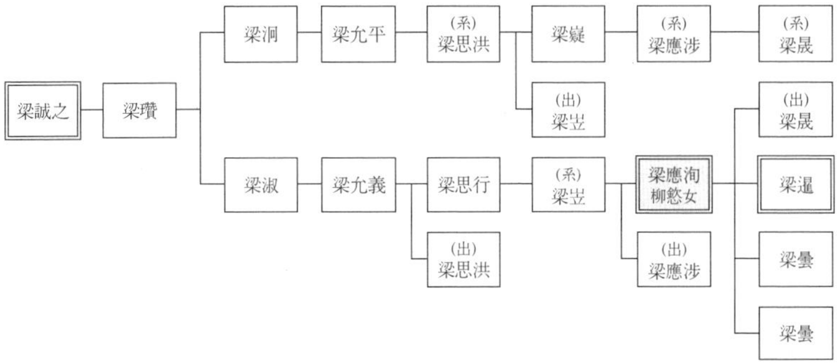

양응순의 증조인 梁允義는 무과로 급제한 후 碧潼郡守, 仁川府使, 全羅水軍節制使 등을 역임하였고, 조부 梁思洪은 義興衛後部將으로 임진왜란때 선조를 의주까지 호종하였으며, 아버지 梁岦은 忠義衛副司果로 병자호란때 倡義하였던 것으로 확인된다.[64]

양응순의 자는 季成이고, 반계 유형원의 姊兄이다. 문화유씨와 사이에서 4남 5녀를 두었는데, 첫째 梁晟(1640~1730)은 자는 明淑이고, 伯父 梁應涉(1611~1638)에게 양자갔다. 둘째 梁暹(1643~?)은 자는 退淑이고, 1666년(현종 7) 生員試에 합격하고, 禁府都事[65], 德山郡守[66]를 역임하였다. 양섬의 부인은 青松沈氏 沈晉(沈閱의 아들)의 딸로, 반계 유형원이 외숙이자 처고모부가 된다. 셋째 梁曇(1648~?)의 자는 景瑞이다. 넷째 梁昇(1651~?)의 자는 曦淑이고, 부인은 韓汝泂의 딸[67]이다. 1675년(숙종 1) 生員試에 합격하고, 泰陵直長을 역임하였다. 딸은 鄭壽碩, 李碩望, 朴

---

64 『南原梁氏文襄公派世譜』 卷1(1999).

65 『승정원일기』 숙종 2년 1월 27일 경술.

66 『승정원일기』 숙종 4년 11월 4일 신축.

67 許穆, 『記言』 별집 제16권, 「右參贊 淸川君 韓公 神道碑銘」

榭, 黃堉, 睦重廷에게 시집갔다.

특히, 양섬은 유형원이 서울에 거주할 때 수학한 것으로 보인다. 그가 유형원의 문인이고 혈족이기 때문에 반계가 죽고 2년 후에 아들 유하가 찾아와 행장을 부탁할 정도로 그에 대한 이해가 깊었다고 할 수 있겠다.

3. 유형원 가족관계의 분석

1) 유형원의 外家

유형원의 모계에 관해서는 그 아버지 유흠의 처가로서 여주이씨 李志完(1575~1617) 집안이다. 외조부 이지완은 형조판서, 우참찬을 지냈고 시문에 능하여 1606년 중국사신 朱之蕃이 왔을 때 李好閔・許筠 등과 접반하였다.

이지완의 처가는 定宗의 10男인은 德泉君의 후손으로 妻父는 李潔이다. 이결은 효종, 현종 때 영의정을 지낸 李景奭(1595~1671)과는 8촌간이 된다.[68] 이지완의 아버지는 찬성 李尙毅(1560~1624)이며, 어머니는 尹晛(1536~1597)[69]의 딸이다.

李尙毅는 명종조부터 광해조까지 대사헌, 판의금, 좌우참찬 등 두루 주요 요직을 역임하였고, 그의 자손들도 크게 현달하여 집안을 문벌가문으로 격상시키며 이후 여주이씨 중시조로 추앙받게 되는 인물이다.

---

68 정만조(2012), 273면.

69 본관은 海平, 자는 伯昇, 호는 松巒, 尹希琳의 증손으로, 할아버지는 尹忭, 아버지는 尹聃壽, 어머니는 柳沆의 딸이다. 좌의정을 지낸 尹斗壽(1533~1601)의 조카이다.

이상의는 7남 4녀에 이르는 많은 자녀를 두었다. 혼인을 맺은 사돈가의 당색을 살펴보면, 북인이 6집안, 서인의 4집안, 남인이 2집안이며, 선조임금의 조카를 포함한 왕실의 후예가 2집안으로, 당색을 고루 갖추었고, 명문가의 자녀와 혼인을 맺게 된다.[70]

그의 네 아들인 志完, 志宏, 志定, 志安은 문과에 급제하였고, 직계 현손까지 문과 18인, 무과 3인, 생원 8인, 진사 27인 등 모두 56인의 과거 합격자를 배출하며 벌열가문으로 성장하였다.[71]

〈도 11〉 驪州李氏 李尙毅 家門의 家系圖

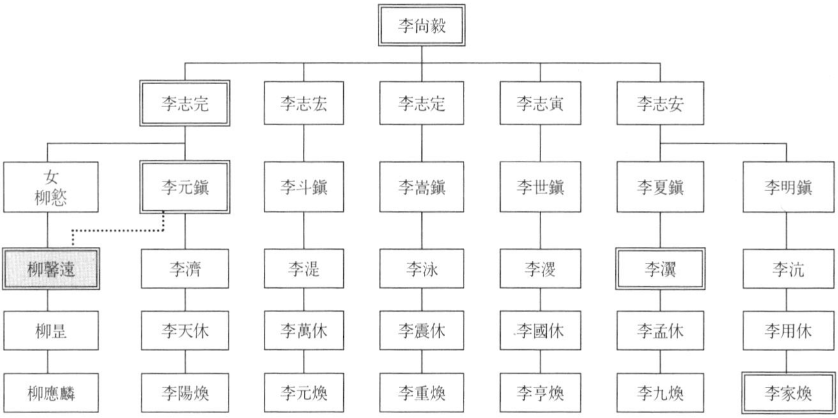

〈凡例〉 —— 血族, ……… 師弟

특히 李元鎭(1594~1665)은 하멜 일행이 표류해 왔을 때 제주목사로서 활약하였고, 반계 유형원의 외숙으로 학문에 깊은 영향을 주었고, 星湖 李瀷(1681~1763)은 반계의 학문을 계승하였기에 여주이씨 가문의

70 정만조(2012), 273~274면.

71 이성무(1997), 108면.

중요성은 매우 크다 할 것이다.[72]

太湖 李元鎭은 박학한 인물로 경전·자사에서 뿐만 아니라 음양, 병진, 지리서 등 다방면에 능한 인물로 성호 이익의 오촌 당숙이다. 유형원은 외삼촌이었던 이원진을 통해 실사구시적인 학문의 전통을 유지하여 온 여주 이씨의 가학을 이어받았으며, 이를 다시 이익에게로 학문을 전하여 기호남인의 학문 전승을 잇는 가교 역할을 하였다. 유형원은 이원진에게 경사를 배웠으며, 이익도 유형원의 학문의 연원은 太湖先生이라 하였다.[73]

이원진은 광해군 시 폐모론을 규탄했으며 지방관으로 재직할 때에는 선정을 하였다. 그런데 그는 당시 유행하던 읍지 편찬의 일환으로 제주목사 재직 시인 1653년 耽羅志를 편찬하였으며, 유형원은 동국여지지를 저술할 때에 이를 참고하기도 하였다. 또 이원진은 제주도 목사로 재직할 때 1653년(효종4) 하멜 표류사건이 있어 새로이 서양 사정에 접할 기회가 있었다. 이원진은 하멜이 제주도의 대정에 표착하였을 때 이를 처리하였다. 조선 관원에 대해 적대적 감정을 곳곳에서 표출하였던 하멜도 이원진을 이해와 식견이 있는 인물이라고 평하면서 그의 인품에 대하여 칭찬을 하고 있다.[74]

이처럼 아버지 유흠은 유몽인의 옥사로 일찍 죽고, 외가인 여주이씨 이지완 가문에서 반계는 성장하였다. 그의 외숙 이원진은 그에게 학문적 스승이 되었다.

---

72 『반계선생연보』; 6년(병인) 선생 5세 때부터 외숙 이원진, 고모부 김세렴에게 학문을 배웠다.

73 李瀷, 『增補磻溪隨錄』, 「磻溪柳先生傳」, 657면.

74 『조선왕조실록』 효종 4년 8월 6일.

2) 유형원의 妻家

유형원의 처가는 豐山沈氏 沈守慶(1516~1699) 가문이다. 심수경은 중종조 대표적인 勳舊세력인 沈貞(1471~1531)의 손자로 만포진첨절제사를 지낸 沈思遜(1493~1528)의 아들이다. 심수경은 명종대 관직에 진출한 이후 청요직을 두루 역임하고 선조대 우의정을 지냈고, 임진왜란이 일어나자 삼도체찰사가 되어 충청도에서 의병을 모집한 조선 중기의 대표적인 문신이다.[75]

〈도 12〉 豐山沈氏 沈守慶 家門의 家系圖

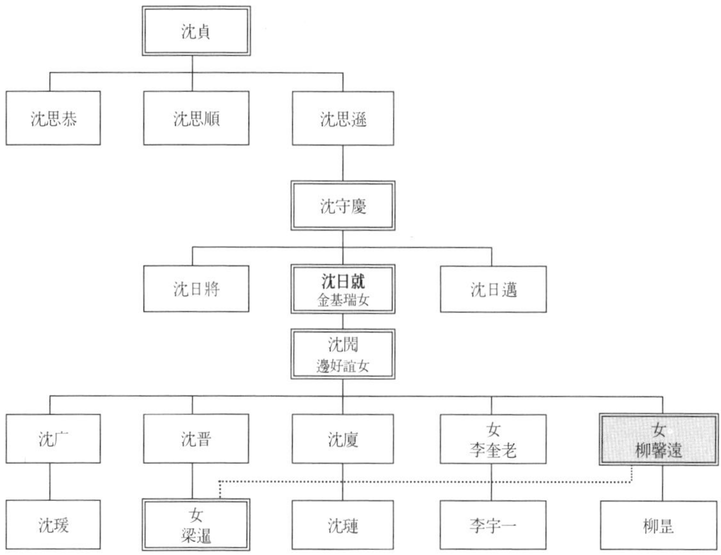

도표에서 보듯이 심수경은 日將, 日就, 日邁 아들 셋을 두었는데, 이

75 임혜련(2014). 참조.

중 이조참판을 지낸 沈日就(1547~1616)가 가장 현달하였다. 심일취는 앞서 살펴본 바와 같이 반계의 조부 유위, 유성민의 장인 이광정과 같이 1573년(선조 6) 癸酉進士에 입격하고 의금부도사, 호조좌랑, 唐津·麻田·金浦郡守를 역임하였다. 심일취의 부인은 명문 광산김씨로 현령 金基瑞의 딸(庶尹 金錫允 孫, 判決使 金克烣 曾孫)이다. 심일취는 闠, 闤, 閌 세 아들을 두는데 이 중 3째 아들 沈閌(1587~1650)이 반계 유형원의 장인이 된다.

심항은 豊山沈氏大同譜에 보면, 자는 季由이고, 武科로 鐵山府使를 역임하였으며, 1623년 인조반정 때 靖社原從功臣으로 기록되어 있다.[76] 그의 관력은 1628년(인조 6) 寶城郡守,[77] 1637년(인조 15) 豐川府使,[78] 1639년(인조 17) 五衛將[79], 1649년(인조 27) 鐵山府使[80] 등으로 확인된다. 심항의 처는 邊好誼(邊政勳 손)의 딸이며 묘는 大興 北面 屯塔洞[81]으로 나와 있다. 심항은 3남 2녀를 두는데 아들은 沈广, 沈晋, 沈廈이며, 사위는 李奎老,[82] 유형원이다.

풍산심씨 심수경은 가문의 묘역은 현재 서울 강서구 방화동에 있는데 서울특별시 유형문화재 제77호 '풍산심씨 문정공파 묘역'으로 지정되어 관리되고 있다. 여기에는 심정, 심사손, 심수경, 심일취가 묻혀 있는데 반계 유형원의 장인인 심항과 그의 후손들은 충남 예산, 홍성 일

---

76 『豊山沈氏大同譜』(1983).

77 『승정원일기』 인조 6년 5월 17일 정축.

78 『승정원일기』 인조 15년 8월 11일 병오.

79 『승정원일기』 인조 17년 12월 19일 신축.

80 『승정원일기』 인조 27년 1월 26일 을유.

81 大興縣 內寺洞 지역으로 현 충남 예산군 응봉면 후사리 일대로 확인된다.

82 李奎老는 유형원 同壻이다. 임란 때 영의정을 지낸 李陽元의 손자로, 1644년(인조 22) 冬至使行 書狀官으로 북경에 다녀왔으며, 1662년(현종 3) 진주목사를 역임하였다.

대에 묘지가 있다. 이는 심일취의 아들 심항대에 이르러 湖西지역을 입향한 것으로 보여진다.

또한 도표에서 확인하듯이, 반계 유형원의 甥姪인 梁暹이 심항의 孫壻(심진의 사위)되는데 이는 양섬이 반계 유형원의 행장를 짓고 반계의 제자가 되는 데에는 이러한 혈연적 혼인관계가 더 크게 작용했을 것으로 여겨진다. 이처럼 반계 유형원의 처가는 풍산심씨 심일취 가문으로 장인 심항은 호서지방 대흥현 일대에 거주했던 것으로 보인다.

3) 유형원의 子女

자식의 혼인으로 집안간의 사돈을 맺는 연혼관계는 가문간의 중요인물들의 친밀한 인간관계를 바탕으로 이루어진다. 이는 가문간의 결속력을 바탕으로 인적 네트워크가 당대를 조망하는 중요한 성격으로 이해할 수 있겠다. 반계 유형원의 자녀들의 연혼관계도 이러한 측면에서 접근하고자 한다.

〈도 13〉 유형원 자손 계보도

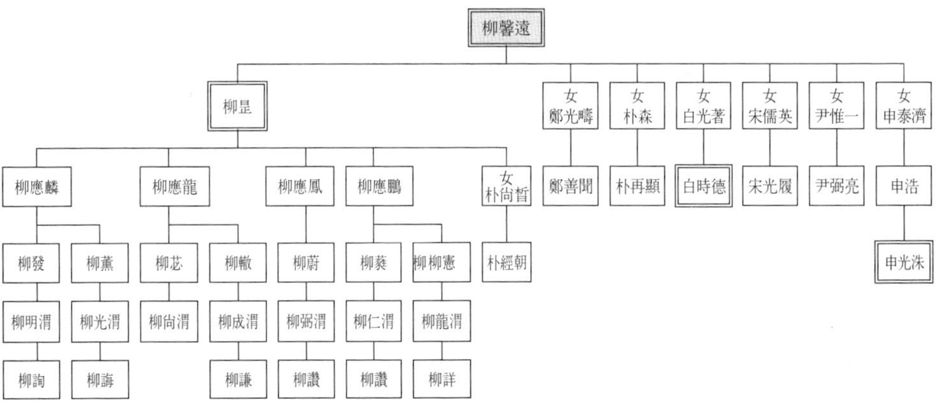

유형원은 풍산심씨와 사이에서 1남 6녀를 두었다. 먼저 외아들 柳昰(1642～1699)를 살펴 보겠다. 유하의 자는 太中, 호는 蕉窓이다. 유하는 1675년(숙종 1) 乙卯 增廣試 生員 3등으로 부안에서 합격하고,[83] 洗馬, 副率[84] 벼슬을 하였다. 이는 아버지 유형원이 1673년에 죽은 2년 후에 부안에 살면서 37세의 나이에 생원으로 합격하였음을 알 수 있다. 또한 그는 장인인 배상유의 문집인『晩學堂先生文集』의 서문을 쓰기도 하였다.

유하의 부인은 반계 유형원의 친구인 裵尙瑜(1622～1686)의 딸이다. 배상유 가문은 星山裵氏로 선대가 지금의 金泉에 세거한 집안이다. 배상유의 고조는 靈山縣監을 지낸 裵仁範(?～1575)으로 부인은 牧使 金瀷[85]의 딸이다. 배상유의 증조는 임진왜란 때 무장으로 해전에서 큰 공을 세운 裵興立(1546～1575)[86]이다. 배흥립의 初娶는 靑松沈氏 沈鉉[87]의 딸이고, 再娶는 礪山宋氏 宋繼祖[88]의 딸이다.

---

83 乙卯增廣司馬榜目』(국립중앙도서관).

84 『승정원일기』, 숙종 20년 10월 22일 병진.

85 본관은 慶州, 延恩殿參奉 金良俊의 아들로, 僉知中樞府事 등을 지냈다.

86 배흥립의 시호는 孝肅이다. 1572년(선조5) 무과에 급제한 후 선전관, 현감 등을 역임하였고, 임진왜란 때 玉浦・合浦・赤珍浦 등의 해전에 이순신의 前部將으로 참전하였고, 泗川・閑山島・釜山浦 등 해전에서 큰 공을 세웠다. 1600년(선조23) 경상우도 수군절도사, 이듬해 전라좌도 수군절도사가 되었고, 1604년에는 왜란 중에 세운 공로로 공조참판에 올랐다. 아들 時望, 時俊, 時亮, 時用을 두었다. 배시량(1604～1657)은 무신으로 전라도 병마절도사로 재직중 長水縣에서 죽었다. 배흥립의 문집인『東圃先生紀行錄』에 보면, 배흥립에 대한 行狀을 반계 유형원이 쓰고 있다.

87 심현은 경상도관찰사, 우의정 등을 지낸 沈通源(1499～1572)의 아들이다.

88 1555년(명종10) 을묘왜변때 南桃浦萬戶로 海南을 지킨 宋重器의 아들이다. 양주군 榛接面(현 남양주시 진접읍)에 묘가 있다.

〈도 14〉 星山裵氏 裵尙瑜 家門 家系圖

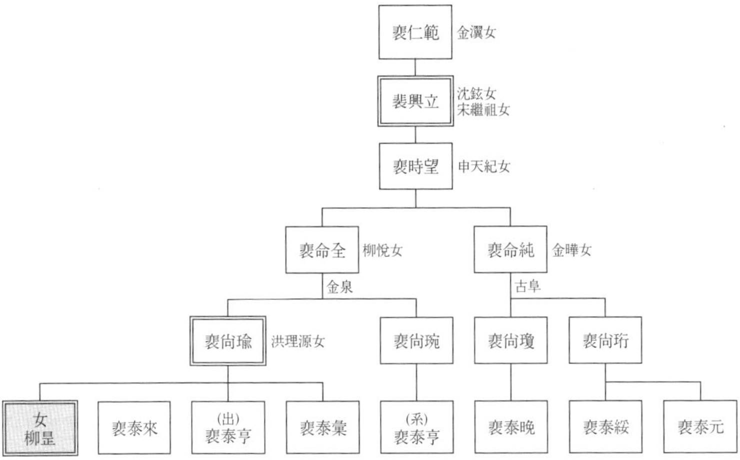

배상유의 조부는 宣務郞을 지낸 裵時望(1576~1598)으로, 23세의 젊은 나이에 정유재란에 참전했다가 康津倭戰 중에 죽었다.[89] 배시망의 부인은 平山申氏 申天紀의 딸인데 신천기는 정유재란 때 남원성전투에서 순절한 申浩(1539~1597)의 아들이다.[90]

배상유의 아버지 裵命全(1594~1642)은 慶基殿參奉, 司憲府監察, 比安縣監을 지냈으며 陽城縣에서 죽었고, 어머니 全州柳氏는 柳悅의 딸[91]이다. 배상유의 숙부 裵命純(1597~1637)은 寶城郡守, 德源都護府使를 지냈으며 1637년 병자호란때 순절[92]하였다.

---

89 성산배씨 족보에 보면 1598(선조 31) 10월 29일 康津 倭戰에서 죽었다고 기록하였다.

90 申浩 諡狀」, 『國朝人物考』 권54 倭難時立節人 被拘人附. ; 신호는 古阜 雨日里(현 정읍시 정우면) 출신으로 현재 정읍 旌忠祠(전라북도 기념물 제74호)에 배향되어 있다.

91 배명전의 부인은 소북정권의 영수였던 전주유씨 柳永慶(1550~1608)의 손녀이자, 선조의 부마 全昌尉 柳廷亮과 남매사이였다. 1613년(광해군 5) 유정량은 유영경이 실각하여 일가가 멸족될 때 古阜에 유배되었다.

92 許穆, 『記言』 別集 卷22 丘墓文, 「德源都護府使裵公墓碣」 ; 배명순의 장인은 義城金氏

이처럼 배상유의 직계 선대는 서울·경기지역에서 세거하였으며, 왜·호란를 겪으면서 증조 배홍립, 조부 배시망, 종조 배시량, 숙부 배명순 등 무신으로 활약하며 순절한 대표적인 무인 집안으로 볼 수 있다.

배상유의 자는 公瑾, 호는 晩學堂이다. 부인은 南陽洪氏 洪理源(1596~1640)의 딸이다. 아들은 泰來, 泰亨, 泰彙를 두었는데, 이 중 둘째 아들 태형은 동생 裵尙琬(1625~1656)에게 출계하였다. 배상유는 한양 城東 외가에서 태어나 외숙 柳廷亮(1591~1663)과 그의 아들 柳淰(1608~1667)[93], 雪峰 姜栢年(1603~1681)에게서 수학하였다.

배상유는 서울에서 생활하면서 동갑인 유형원을 벗으로 삼아 깊히 교유하였으며, 유형원은 배상유의 딸을 며느리로 삼았다. 1671년(현종 12) 昌陵參奉, 1677년(숙종 3)으로 임명되었으나 바로 사직하였다.[94] 그는 영남을 대표하는 葛庵 李玄逸(1627~1704)에게 유형원의 학문을 소개하면서 이를 널리 알려줄 것을 부탁하였다. 배상유는 반계수록을 1693년 숙종에게 천거하는 상소를 올리기도 했다.[95]

배상유는 평생의 지우였던 유형원이 1653년(효종 4) 부안 우반동으로 이주하자, 그도 이듬해 조모 평산신씨를 모시고 7대조 이래 세거지였던 金山 萬曆洞으로 낙향하여 은거하였다.[96]

鰲峯 金齊閔의 아들 金曄이다. 배시망의 부인은 신천기의 무남독녀로 차남 배명순으로 하여금 外家의 제사를 받들었으며, 배명순의 후손(裵尙珩-泰綏·泰元) 현재 정읍시 일원에 거주하고 있다. 정우면 수금리에는 三剛旌閭閣이 소재한다.

93 1613(광해군 5) 계축옥사로 가산이 적몰되고 유배당한 아버지 유정량을 따라 古阜에 있다가 1623년 인조반정으로 풀려 나와 한양에서 살았던 것으로 보인다.

94 박준호(2006), 「만학당 배상유의 한시에 대한 연구」, 『대동한문학』 24, 대동한문학회.

95 「반계선생연보」, 576~577면.

96 『晩學堂先生文集』; 崔柱夏, 「崇禎處士 晩學堂 裵先生 行狀」; 현 김천시 조마면 신안리이며, 三綱旌閭閣 등이 남아 있다. 裵允詢, 國賢, 仁範, 興立, 時望, 命全, 尙瑜, 泰來, 泰彙 등의 묘는 현재 김천시 구성면 송죽리 산40에 소재한다.

또한, 그의 아들 裵泰來(1651~1701)[97]와 裵泰彙(1659~1716)[98]는 가학을 계승하였고, 성산배씨족보에는 반계 유형원의 문인으로 기록되어 있어 주목된다.[99]

이처럼 유하의 처가인 성산배씨 가문은 서울, 경기지역에서 임·병란의 양란을 겪으면서 배명전의 직계 배상유는 김천지역으로, 배명순의 후손들은 고부지역에 세거하며 반계 유형원 집안과 교류했던 것으로 보여진다.

다음으로 반계의 여섯 딸의 혼인관계를 살펴보겠다. 유형원의 첫째 딸은 鄭光疇(1643~?)에게 출가하였다. 정광주의 본관은 해주, 아버지는 진사 鄭東稷(1623~1658)이며, 어머니는 洪州牧使을 지낸 昌原黃氏 黃戻(1604~1656)의 딸[100]이다. 할아버지는 鄭希聖(1589~1638)으로 자는 有立이고, 아버지는 鄭文亨이고, 어머니는 慶州鄭氏 鄭明善의 딸이다. 정희성은 李浩然의 딸과 혼인하여 아들 다섯을 두는데, 鄭東益, 鄭東稷, 鄭東卨, 鄭東奭, 鄭東龍이다.[101] 정희성은 眉叟 許穆(1595~1682)의 동문친구로 의 다섯 아들은 모두 미수의 문하에서 학문을 익힌 제자들이었다. 특히 반계와 미수가 주고받은 편지를 보면 정동직을 통해 미수는

97 자는 來甫, 호가 農叟이다. 유형원에게 학문을 배우며 교류하였다. 경학에 밝아 숙종때 관찰사의 천거로 사헌부 감찰에 제수되었지만 벼슬길에 나아가지 않았다. 강백년의 두아들 姜銑(1645~1710)과 姜鋧(1650~1733), 朴萬鼎(1648~1717), 任守幹(1665 ~1721) 등과도 의로 사귀며 강마하였다.

98 자는 彙甫, 호가 尊德性齋이다. 山林으로 학문만을 닦으며, 강현 그리고 李漵의 학통을 계승한 李栻(1659~1729)과도 의를 강마하였다. 숙종 때 세마에 제수되었지만 나아가지 않았다.

99 『星山裵氏世譜』.

100 李瀷, 「漫浪黃公墓碣銘」, 『星湖全集』 卷62. 황호의 자는 子由이고, 호는 漫浪이며, 본관은 昌原이다. 1624년(인조2) 증광시에 을과 4위로 급제하였다. 교리, 장령, 대사성, 대사간 등을 역임하였으며, 1636년에는 통신사 종사관이 되어 일본을 다녀왔다.

101 許穆, 『記言』 別集 卷21, 「處士鄭君墓碣文」

일찍부터 반계를 잘 알고 있었음을 알 수 있다.[102]

다시 말해 반계는 知友 정동직의 아들과 자신의 큰 딸을 결혼시킴으로서 양가의 유대를 강화시켰고, 뿐만 아니라 학문적 사승관계였던 미수 허목과의 연계도 지속적으로 유지하였음을 알 수 있다.

〈도 15〉 海州鄭氏 鄭希聖 家系圖

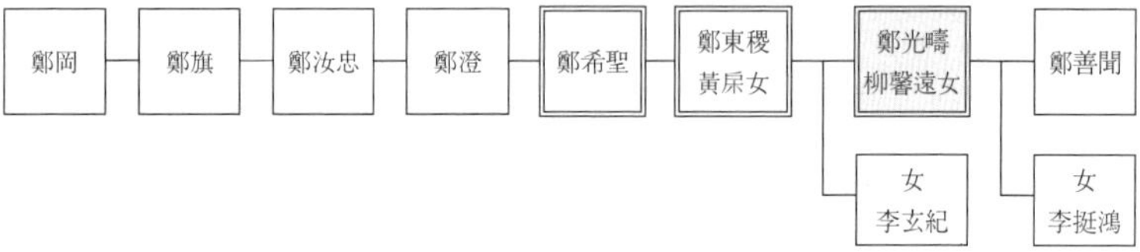

반계의 친구 정동직의 호는 廳天이며, 자는 文翁이고 묘소는 長湍의 서쪽 台藏洞에 있다.[103] 정동직와 창원황씨 사이에서 2남 1녀를 두는데, 아들은 光圖와 光疇인데, 광도는 일찍 죽는다. 딸은 생원 李玄紀(1647~1714)[104]에게 시집갔다.

반계의 사위 정광주는 자는 龜瑞이며, 1675년(숙종 1) 乙卯 增廣試 生員 二等으로 합격하고,[105] 반계 유형원의 장녀와 1660년(현종1) 11월에 혼인한다.[106] 정광주와 문화유씨 사이에서 1남 1녀를 두는데 아들은 鄭

---

102 許穆, 『記言』別集 卷6, 「與柳馨遠德夫」

103 해주정씨 정희성 가문은 연천 일대에 주로 세거하였다. 정희성의 묘는 현재 연천군 왕징면 동중리 향촌말(香木村)에 있다.

104 자는 元方이고, 호는 拙齋이며, 본관은 全州이다. 증조부는 실학의 선구자인 芝峯 李睟光이고 할아버지는 李聖求, 아버지는 李同揆이다. 1673년(현종14) 생원시에 장원을 하였고, 1676년(숙종2) 문과 정시에 병과 3위로 급제하였다. 우부승지와 대사성을 거쳐 호남과 영남의 관찰사를 역임하였다.

105 『乙卯增廣司馬榜目』, 국립중앙도서관.

106 「반계선생연보」, 569면.

善聞이고, 딸은 李挺鴻[107]에게 시집간다.

반계의 둘째 딸은 朴森에게 출가하였다. 박삼은 문화유씨 족보에는[108] 본관이 潘南이라 기록되어 있는데, 이는 誤記이며, 실제로는 忠州朴氏로 확인된다. 박삼은 충주박씨 11세손 文簡公 訥齋 朴祥(1474~1530)의 후손이다. 박상은 朴光理의 증손으로, 할아버지는 선천군수 朴蘇이고, 아버지는 진사 朴智興이며, 어머니는 생원 徐宗夏의 딸이다.

박상은 光州 芳何洞(현 서창동)에 태어나 全羅都事, 臨陂縣令, 潭陽府使, 順天府使 등을 지냈으며, 절의로 청백리에 錄選된 인물이다.[109] 박상의 둘째 아들 朴敏中(1502~1536)은 1519년(중종 14)에 사마시에 합격하였는데, 병을 얻어 일찍 죽는다. 부인은 郡守 朴以恭의 딸이며, 형인 府使 朴敏齊의 아들 朴希壽를 後嗣로 삼았다.[110]

박사하의 증조 朴希壽는 자는 德老, 호는 懷軒으로 1577년(선조 10) 蔭補로 厚陵參奉이 되고, 1592년 임진왜란 때 호남에서 高敬命 등과 함께 의병을 모집하고 군량을 조달한 공로로 형조좌랑에 이르렀고 원종공신에 녹훈되었다.

---

107 『癸酉式年司馬榜目』(국립중앙도서관); 이정홍은 1674년(현종 15)년생으로 본관은 韓山, 1693년(숙종 19) 癸酉 式年試 進士 3등으로 합격했다. 아버지는 前司䆃寺正 李喜年이고, 형은 李景鴻, 李尙鴻, 李永鴻, 李性鴻이 있다.

108 『문화유씨세보』(1765년) 20면.

109 광주 월봉서원(시 기념물 제9호)에 奇大升, 朴淳, 金長生, 金集 등과 배향되어 있다.

110 『국조인물고』 권40, 「朴敏中墓碣銘」

〈도 16〉 忠州朴氏 朴祥, 義城金氏 金齊閔 家系圖

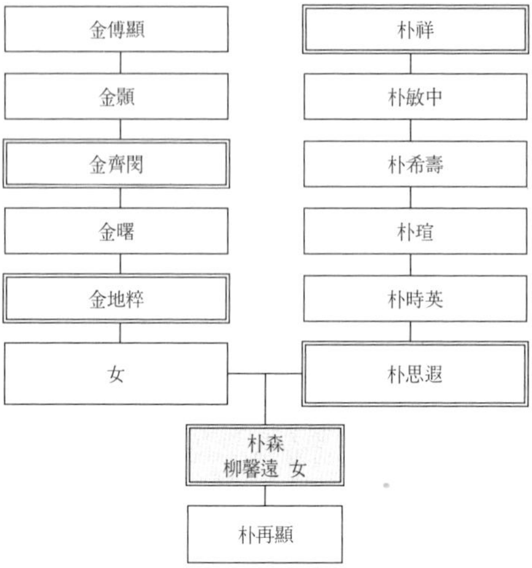

朴思霞(1617~?)의 자는 永觀이고, 1644년(인조 22) 文科 別試 丙科로 합격하였다. 1646년(인조 24)에 司錄[111], 承文院 正字[112], 承文院博士 등을 역임하였다. 박사하는 古阜郡, 光州에서 살았던 것으로 확인된다.[113] 『호남읍지』, 『고부군읍지』에서 보듯이 박사하는 눌재 박상의 5대손으로 문과에 급제하여 승문원 박사를 지내다 처가인 고부에서 우거한 것으로 확인된다. 박사하의 처는 도표에서 보듯이 임진왜란 때의 고부 출신의 의병장인 鰲峰 金齊閔(1527~1599)[114]의 증손녀이다. 박사하의 장

111 『승정원일기』 인조 24년 2월 24일 신축.

112 『승정원일기』 인조 26년 6월 22일 을묘.

113 『古阜郡邑誌』 科宦 '朴思遐文科博士'; 『호남읍지』 6책(1871), 古阜 寓居 '朴思遐 訥齋之五代孫以 金昔川地粹之壻來居文科 承文博士'; 『호남읍지』 7책(1871), 光州 '朴思遐 贈吏曹判書祥之後登第官承文院博士'; 『광주읍지』(1895), '朴思遐祥之五代孫 仁祖甲申登第中訓大夫行承政院注書歷正字著作博士薦翰林才性粹美早成文章執喪過哀服闋仍沈疾早卒'

114 본관은 義城이며, 자는 士孝, 호는 鰲峰, 할아버지는 金傅賢이고, 아버지는 金灝이며,

인인 金地粹는 부인 昌原黃氏 黃大衍의 딸로 3남 1녀를 두는데 아들은 良器, 次器, 又器이고, 딸은 박사하에게 시집간다.[115] 박삼과 반계의 딸 문화유씨 사이에 아들 朴再顯이 있다.

박사하는 반계 유형원보다 5년 연상으로 유형원과 유대가 깊었던 것으로 보이는데, 이는 부안 인근 고부지역에 살고 있는 의성김씨 김제민 가문과 연관되지 않았을까 여겨진다. 이는 앞서 살펴 본 배상유의 숙부인 배명순의 부인이 김제민의 손녀인 것과도 관련이 있을 것으로 보인다. 향후 고부의 의성김씨, 성산배씨, 충주박씨 등과 반계 유형원과의 연관성에 대한 연구가 지속적으로 요망된다.

반계의 셋째 딸은 白光著(1649～1734)에게 출가하였다. 백광저는 水原白氏로 고창군 성내면 일원의 대표적인 세거 가문이다. 고창 입향조는 趙光祖의 문인으로 명종대 兵曹參判을 지낸 休庵 白仁傑(1497～1579)의 아들 白惟咸(1546～1618)이다.

백유함의 자는 仲說이고, 선조대 弘文館直提學를 지냈다. 백인걸 가문은 파주 일대에 세거하였는데, 아들 백유함이 부안으로 유배를 오는 것이 계기가 되었고, 손자 白賢民(1583～1654)이 현 고창군 성내면 조동리에 사는 聞慶宋氏 가문과 혼인하면서 입향하게 된다. 백현민은 甲山府使를 지냈으며, 관직을 떠난 뒤 만년에 고창군 성내면 부덕리에 정착하였다.

백현민의 아들이자 백광저의 아버지인 白弘源(1620～1674)은 자는 伊

어머니는 金錫沃의 딸이다. 一齋 李恒(1499～1576)의 문인이다. 저서로 『鰲峯遺稿』가 있다.

115 『國朝人物考』 卷57, 「鍾城府使苔川金公墓碣銘」; 尹拯이 쓴 묘갈명에는 '사위는 박사하 딸은 主書 朴思遐에게 시집가서 아들 둘을 낳았는데, 朴晶과 朴森이다.'라고 기록하고 있다.

重이고, 호는 沙潭이며, 1660년(현종 1)에 생원에 합격하였다. 부인 晉州 蘇氏 蘇顯門의 딸 사이에서 白光湖(1644~1722), 白光瑀(1646~1702), 白光著, 白光瑄(1654~1733) 4형제를 두었다. 특히 백홍원은 인근 부안의 반계 유형원, 고부의 靑霞子 權克中(1585~1659) 등과 교유하였다. 유형원과 동갑인 백홍원은 그의 아들 광저와 반계의 셋째 딸과의 혼인을 통해 유대를 더욱 강화하였을 것으로 보여진다.

〈도 17〉 水原白氏 白賢民 家系圖

白仁傑 ─ 白惟咸 ─ 白賢民 ─ 白弘源 ─ 白光著 柳馨遠女 ─ 白時德 ─ 白尙暉 ─ 白師信 ─ 白東翰 ─ 白道鎭 ─ 白寬洙

백광저의 長兄인 백광호는 明齋 尹拯의 문인이다. 1688년(숙종 14) 吳道一과 함께 尹宣擧, 尹拯 부자를 비호하는 소를 올리기도 했는데, 후학 양성과 종중 교육에 힘썼다.[116] 백광저는 자는 晦淑, 호는 踈窩이며, 86세까지 장수하였다. 『興城誌』에 그가 '潛心書籍老而彌篤壽職行中樞'라 하였고,[117] 그의 묘갈명에 반계 유형원에게 깊은 영향을 받았음을 기록하고 있어[118], 그가 반계의 사위이자 문인이었을 것으로 보여진다. 그의 부인이자 반계의 딸인 문화유씨(1651~1728)도 78세까지 당시로서는 장수하였는데 슬하에 2남 1녀를 두었다. 아들은 時德, 時復이고, 딸은 羅州林氏 林英에게 시집갔다.

백광저의 아들이자 반계의 외손인 白時德(1681~1751)의 자는 彦明이고, 호가 壽村이다.『興城誌』에 '講明性理不求名利 士類欽慕 壽職同知僉

---

116 白光湖,『可笑堂集』.

117『興城誌』(1962).

118 백광저와 부인 문화유씨, 아들 백시덕의 묘는 백현민 묘소 뒤편에 1994년에 세운 묘비를 통해 확인하였다.(고창군 성내면 부덕리 산75-1 소재)

中樞府事'라에 기록되어 있듯이 학문에 뜻이 컸음을 알 수 있다.[119] 『越章甫集』이라는 문집을 가문에 남겼는데, 여기에는 반계의 손자인 柳應鵬과의 교류내용도 확인된다.

백시덕은 외조부의 저술인 반계수록 등을 높게 평가하고, 묻혀 있는 것에 대한 안타까움을 시로 남기기도 하였다. 또한 그는 주변 지역에 많은 문인들에게 영향을 끼쳤는데, 홍덕현에 사는 頤齋 黃胤錫(1729~1791)은 14세때인 1741년(영조 17)에 백시덕 문하에서 수학하였고[120], 영조대 고창 출신 유학자로 알려진 李文彦(1724~1793)도 백시덕 문하에서 수학하였다. 그가 얼마만큼 외조부 반계에 대한 영향을 받았는지는 알 수 없으나 반계수록 등을 탐독한 이재 황윤석 등 지역의 지식인들에게 적지 않은 영향을 끼쳤으리라 생각된다. 이러한 점은 그가 이재 황윤석의 스승이라는 점에서 호남실학의 계승이라는 측면에서 중요한 가교역할도 하고 있음을 생각해 볼 수 있겠다.

반계의 넷째 딸은 宋儒英(1653~1703)에게 출가하였다. 송유영은 恩津宋氏로 大田 懷德지역에 세거한 대표적인 가문이다. 회덕의 입향조는 麗末 인물로 4세 宋明誼이고, 6세 雙清堂 宋愉 이후 번성하였다. 8세 宋遙年의 후손으로 13세 同春堂 宋浚吉이, 8세 宋順年의 후손으로 14세 尤菴 宋時烈이 가문의 대표적 儒賢이다.[121]

송순년의 아들 宋汝諧(1452~1510)은 安東府使를 지냈고, 손자 宋世忠(1468~1527)은 司憲府掌令와 加平郡守 등을 지냈다. 송세충의 아들 宋麒壽(1507~1581)[122]는 명종조 형조판서와 좌참찬을 역임하였다. 송기수

119 『白氏大同譜』 권6(1982).

120 黃胤錫, 『頤齋亂藁』 제9책, 273면.

121 대전광역시(2014), 『大田의 世居姓氏』上卷, 502~504면.

122 송기수의 묘역(대전 동구 주산동 산25-6)은 현재 대전시 기념물 제47호로 지정되어 있다.

의 아들 宋應漑(1536~1588)는 예조정랑으로 명종실록 찬수에 참여하였고, 장령, 대사간 등을 지냈으며, 동·서분당 이후 동인의 중진으로 활동하였는데, 許筠의 형인 許篈과 가깝게 지내 탄핵되기도 하였다. 송응개의 아들이자 송유영의 고조 宋敬祚(1559~1619)은 사헌부 감찰을 지냈고, 증조 宋錫夢(1595~1645)은 高山縣監을 지냈다.

〈도 18〉 恩津宋氏 宋應漑 家系圖

宋順年 — 宋汝諧 — 宋世忠 — 宋麒壽 — 宋應漑 — 宋敬祚 — 宋錫夢 — 宋之明 — 宋道昌 — 宋儒英 柳馨遠女 — (系) 宋光殷

송유영의 할아버지는 宋之明(1602~1647)이며 할머니는 豐山沈氏 沈天授[123]의 딸이다. 아버지 宋道昌(1629~1695)은 1652년(효종 3) 生員試에 형인 宋道興과 함께 합격하여 安山郡守[124]를 지냈으며, 어머니는 光山盧氏 咸悅縣監 盧道一(1592~1669)[125]의 딸이다.

반계의 사위인 송유영의 자는 而實이며 호는 天均이며, 묘는 경기도 廣州 寺勤川에 있다. 송유영의 初娶는 陽川許氏 許量[126]의 딸이고, 再娶가 반계의 딸인 문화유씨이다. 또한 은진송씨족보에 보면 송유영은 자녀가 없어 동생 宋儒宏의 아들 光殷을 양자로 맞는다.

반계의 다섯째 딸은 尹惟一에게 출가하였다. 윤유일은 파평윤씨로 임진왜란때 충청도관찰사를 지낸 尹國馨(1543~1611) 5대손이다. 또한 윤국형의 아들이자 윤유일의 고조는 문인화가로 유명한 尹貞立(1571~

신도비는 象村 申欽이 짓고 芹谷 李觀徵이 썼다.

123 「清坐府君榜目」; 沈天授는 1571년(선조 4)생으로 1590(선조 23) 增廣試 進士 3등에 합격하였다. 본관은 豊山, 아버지는 忠義衛 沈應麒이다.

124 『승정원일기』 숙종 17년 3월 9일 을미.

125 李光靖, 「通訓大夫儀賓府都事盧公墓碣銘」, 『小山集』 卷11.

126 蛟山 許筠의 형인 荷谷 許篈(1551~1588)의 曾孫(許篈-許寀-許嵆-許量)이다.

1627)이다.[127] 윤정립의 자는 剛中, 호는 鶴山이며, 같은 선비화가이자 형조판서를 지낸 尹毅立(1568~1643)의 동생이다. 윤정립은 의금부도사를 지냈고 부인은 瑞興金氏 김대복의 딸이며, 묘는 파평윤씨 판도공파 세거지인 積誠 庚申洞[128]에 있다.

〈도 19〉 坡平尹氏 尹貞立 家系圖

尹希廉 ─ 尹國馨 ─ 尹貞立 ─ 尹世耇 ─ 尹以升 ─ 尹始慶 ─ 尹惟一 柳馨遠女 ─ 尹弼亮 ─ 尹濟相

윤유일의 증조 尹世耇는 선조대 이조판서를 지낸 임진왜란때 예조판서를 지낸 金瓚(1543~1599)[129]의 사위이고, 할아버지는 尹以升으로 廣興倉守를 지낸 尹璾(1582~1535)[130]의 사위이다. 윤유일의 아버지는 尹始慶으로 長城縣監을 지낸 鄭鈔[131]의 사위였다. 정진은 澤堂 李植(1584~1647)이 사위이자 畏齋 李端夏의 妹弟이다.[132]

반계의 여섯째 딸은 申泰濟(1658~1718)에게 출가하였다. 신태제는 高靈申氏로 申叔舟의 仲兄 淳昌公 申仲舟의 후손이다. 신중주는 단종 폐

127 국립중앙박물관에 소장된 老莊思想이 깃든 『觀爆圖』가 대표작이다.

128 현 경기도 양주시 남면 경신리이다.

129 蔡濟恭, 『樊巖集』 卷21, 「資憲大夫 議政府 右參贊兼知春秋館義禁府事 五衛都摠府都摠管 訥菴 金公諡狀」 김찬은 본관은 안동이고, 자는 叔珍이고, 호는 訥菴이다. 5녀 1남을 두었는데, 사위는 宋碩祚, 洪汝翼, 沈績, 趙絅, 尹世耇이고 아들은 金弘建이다. 西厓 柳成龍, 鶴峯 金誠一과 친교가 깊었다.

130 李瑞雨, 『松坡集』 卷14, 「故議政府左參贊尹公神道碑銘」, 윤제의 본관은 海平, 자는 季溫이며, 尹承吉(1540~1616)이다. 윤승길은 임진왜란 때 龜城府使로 병사모집과 군량미 조달로 공을 세웠고 강원도관찰사로 전란에 시달리는 백성을 구휼하고 장정을 뽑아 紀效新法으로 훈련을 시켜 명나라 지휘관으로부터 높은 평가를 받았으며, 1600년(선조 33) 자신의 딸을 선조의 일곱째 아들인 仁城君과 혼인시켰다.

131 『승정원일기』 인조 22년 1월 5일 갑오.

132 李端夏, 『畏齋集』 卷10, 「先妣貞夫人行狀」

위에 벼슬에 뜻을 접고 아우 申末舟[133]와 함께 전라도 순창에 은거하였다. 신태제의 고조 申永源이 牧隱 李穡의 후손인 韓山李氏 參奉 李允秀의 딸에게 장가들면서 韓山에 입향하였다.

〈도 20〉 高靈申氏 申泰濟 家系圖

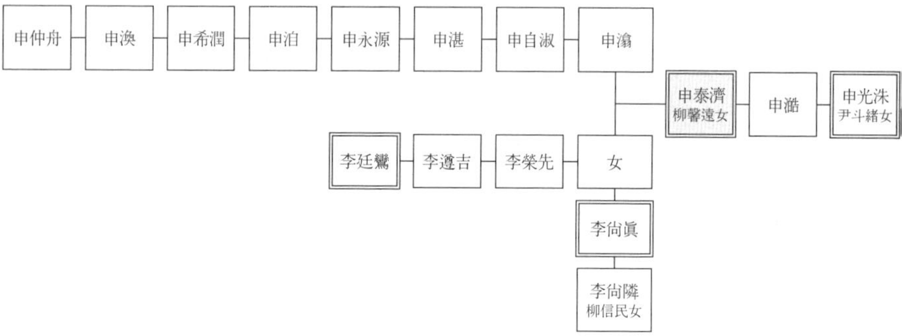

신태제의 증조 申湛(1519~1595)의 자는 沖卿, 호는 漁城으로 임진왜란 당시 全州府尹을 지냈다. 할아버지 申自淑(1594~1645)는 濟用監奉事를 지냈으며, 할머니는 順興安氏 奉事 安夢周의 딸이다.

아버지 申滃(1626~1689)의 자는 澤之, 省峴道察訪을 지냈으며, 어머니는 全義李氏 參奉 李榮先(1588~1655)[134]의 딸이다. 이영선은 자는 克家, 호는 時習齋로 全州 태생으로 할아버지는 임진왜란때 召募使를 지낸 李廷鸞(1529~1600)이다. 이영선은 尙斌, 尙倫, 尙眞, 尙隣, 尙民, 尙寅 6형제를 두었는데, 이 중 晩菴 李尙眞(1614~1690) 숙종대 이조판서, 우의정을 지내고 사후 淸白吏로 선출되었는데, 1666년(현종 7년) 반계를

133 고령신씨 신말주의 10대손으로 호남실학자 旅庵 申景濬(1712~1781)이 있다.

134 전주시 완산구 동서학동에 盤谷書院(전라북도 문화재자료 제11호)에 尹煌, 徐必遠과 함께 배향되어 있다.

벼슬에 천거한 인물이다.[135]

표에서 보듯이 만암 이상진은 반계의 사위 신태제의 외숙이고, 이상진의 동생 李尙隣(1616~1694)[136]은 유형원의 재종숙인 柳楙의 妹夫이다. 또한 이상진의 사촌인 李尙久(1617~1686)의 손녀[137]가 유형원의 증손인 柳蔚의 처로서 전의이씨, 고령신씨, 문화유씨 가문이 연혼관계를 통한 긴밀함을 확인할 수 있다. 신흡은 유형원보다 6살 어리지만 충분한 교유가 있었을 것으로 보이며, 여기에는 전주 출신으로 반계를 벼슬에 천거한 이상진이 중요한 역할을 하였을 것으로 여겨진다.

신태제는 자는 季謙이고, 1682년(숙종 8) 壬戌 增廣試에 生員, 進士 兩試에 합격하였다. 신태제의 부인은 光山盧氏 參奉 思兼의 딸과 문화유씨 유형원의 막내 딸이다.[138] 신태제(1658~1718)와 문화유씨 사이에 태어난 申澔(1687~1718)는 자는 其天이고, 僉知中樞府事를 지냈고 孝行이 있었다. 신호는 반계의 외손으로 3남 1녀를 두는데, 아들은 光洙, 光淵, 光河이고, 딸은 尹惲海에게 시집간다.

특히, 石北 申光洙(1712~1775)는 영조대 대표적인 남인계 실학파 시인으로 평가된다. 그는 반계의 외증손으로 반계의 玄孫 柳訽(1737~

135 자는 天得, 호는 晩庵이다. 부윤 李廷鸞의 증손으로, 할아버지는 李遵吉, 아버지는 參奉 李榮先이며, 어머니는 참판 閔汝任의 딸이다. 1645년(인조 23) 별시 문과에 병과로 급제하였다. 효종대 司憲府持平, 司諫院正言을, 현종대 이조참판 · 대사간, 경상도관찰사를 지냈다. 1678년(숙종 4) 이조판서 · 우의정을 역임하였다. 1689년 왕비의 폐위 문제의 부당함을 간하다가 숙종의 진노를 사 종성 · 북청 · 철원 등지로 귀양갔다 향리로 돌아가 세상을 떠났다. 1695년에는 청백리(淸白吏)에 선출되었다. 또 전주에 章甫祠院을 세우고, 1708년에는 북청에 있는 李恒福의 사당에 함께 제사 지내게 하였다. 시호는 忠貞이다. 묘는 부여군 은산면에 소재한다.

136 全義禮安李氏姓譜』(1992). 반계의 조부인 유성민의 사촌 柳信民의 사위이다.

137 이상구의 아들인 李廷徽(1636~1703)의 딸로 반계의 손자 柳應鵬에게 시집간다.

138 신태제와 반계의 딸 문화유씨의 묘는 현재 서천군 화양면 추동리 산80-1에 있고, 아들 신호의 묘는 익산시 웅포면 입점리 함라산 자락에 있다.

1803)이 석북에게 보낸 한시에서도 확인된다. 석북은 남인 蔡濟恭, 李獻慶, 李東運, 李用休, 丁載遠 등과 교유하였는데, 恭齋 尹斗緖(1668~1715)의 딸과 혼인하여 실학파와 유대를 맺었다. 특히, 석북은 당시 농촌의 피폐상과 관리의 부정과 횡포 및 하층민의 고난을 시의 소재로 많이 택하였는데, 석북은 당시 益山에 있으면서, 益山郡守 南泰普(1694~1773)의 치적을 칭송하는 「金馬別歌」를 지었는데, 당시 지역민의 민심과 삶의 모습이 생생히 남겨져 있어 실학자적 면모가 돋보인다.[139]

이처럼 반계 유형원은 부안에 살면서 인근 고부에 박심에게, 홍덕에 백광저에게, 한산에 신태제에게 딸을 시집보내며 집안간의 통혼권 교류를 확대하며 재지적 기반을 넓혀갔다.

유형원의 아들 柳昰는 성산배씨와 사이에 4남 1녀를 두었는데, 아들은 應麟, 應龍, 應鳳, 應鵬이며, 딸은 朴尙晳에게 시집 보냈다. 장손 유응린은 1673년 반계가 죽고 난후 아버지 유하를 따라 서울로 상경한 것으로 보인다. 그의 아들 유발은 星湖 李瀷(1681~1763)과 順菴 安鼎福(1712~1791) 등과 친분이 있었다. 유발은 자신의 외조부인 朴觧(1645~1725)의 묘지명을 이익에게 부탁하였다. 박해의 본관은 밀양이고, 자는 子新, 호는 處仁이다.[140] 그는 숙종 22년(1696)에 상소를 올려 조광조를 배향한 도봉서원에 송시열을 향사하는 일을 적극 반대하였다.[141] 이익은 젊어서 흠모하던 박해가 죽자 그의 손자인 유발의 요청으로 묘지명을 지었다.

이렇게 유응린의 후손들은 서울, 경기지역으로 다시 올라가서 살게

---

139 이기현(1994).

140 박해의 두 번째 부인은 梁應洵의 딸로써, 양응순은 유흠의 사위이자 유형원의 姊兄이 된다.

141 『조선왕조실록』 숙종 22년 1월 10일(정묘).

되는데, 유하의 나머지 세 아들은 그대로 부안 우반동을 일대로 호남에 그대로 세거한다. 유응룡과 유응봉의 묘가 우반동에 있고, 유응봉의 아들 柳蔚의 후손들이 아직도 부안군 보안면 상입석리 인근에 세거하고 있다. 현재 그 후손이 부안, 정읍 입암, 고창 홍덕 일대에 세거하고 있다. 다시 말하자면 반계의 직계 후손은 경기도 죽산, 과천 일대에 나머지 후손들은 전라도 부안, 홍덕, 고부 일대에 흩어져 살고 있다.

『扶風文苑』[142]에 양섬이 지은 반계의 행장을 실은 사람이 柳寅碩(1887~1960)이다. 유인석은 반계의 9대손이 된다. 부풍문원 "磻溪柳先生馨遠行狀"이라 제한 아래 줄에 "後孫寅碩奉單居保安"이라 기록되어 있으므로 이 행장을 유인석이 수단하여 수록한 것으로 볼 수 있다.

유형원의 아들은 昰이고 손자가 應麟, 應龍, 應鳳, 應鵬인데 이 중 셋째 손자 應鳳과 넷째 손자 應鵬의 묘소는 우반동에 있다고 문화유씨 세보에 기록되어 있다. 應鳳의 아들 즉 반계의 증손이 蔚인데 이 묘소도 우반동에 있다고 족보에 기록되었으나 실전했다. 현손 弼渭의 묘소도 우반동에 있다고 기록되었으며, 5대손 讚, 6대손 運晟, 7대손 興彦, 8대손 炳永, 9대손 寅碩 등으로 내려오는 동안 우반동과 부안군 보안에 세거하였다.

4. 맺음말

유형원에 대한 경세론의 실상을 재조명하고 반계학단에 대한 기초작업으로서 그에 대한 가계분석은 아직 완성된 글이 아니다. 보학적 접근

142 扶安鄕校 編,『扶風文苑』(1964)

의 한계, 사료 미비에 대한 실체규명이 어려운 부분도 있었다. 다만 이 글을 통해 분석한 결과를 정리하자면 다음과 같다.

반계 유형원은 문화유씨 시조 유차달의 22세손이다. 유형원의 9대조 하정공 유관은 중시조로 개국공신으로 청백리에 녹훈된 인물이다. 따서 조선초기의 대표적인 훈구가문으로 자리매김한다. 유관의 아들 유계문 이래 유환, 유담수, 유릉에 이르기까지 서울, 경기 일대에 세거하였다.

반계 유형원의 고조 유충록은 연산에 세거하는 광산김문과 통혼하면서 지금까지 한양 중심의 세거에서 호서, 호남지역으로 일부 후손들이 낙향하는 계기가 되었다. 유형원의 증조 유위－유광민 가문, 종조 유징－유신민 가문은 연산지역을 낙남한 대표적인 집안이었다.

하지만 유형원의 증조 유위와 조부 유성민은 여흥민씨, 연안이씨 등 서울 경기 일대의 북인, 남인 유수가문과 연혼을 통해 성장하기도 하였다. 특히 癸酉同榜으로 인연을 맺은 유위, 이광정, 심일취 가문은 서로 자손의 연혼을 통해 유대를 강화하였다.

할아버지 유성민은 하정공 유관의 사패지인 부안 우반동에 농장을 만들어 반계 유형원이 낙향할 수 있는 공간적 범위를 마련하였다. 유형원의 종조인 유광민 집안은 연산 일대에 낙남하여 세거하였는데 광민의 아들 유감은 부안의 여산송씨가문과 혼인을 통해 아들 유문원, 유재원이 반계 유형원과 부안지역에서 활동할 수 있는 계기를 마련해 주었다.

아버지 유흠은 유몽인의 옥사로 일찍 죽고, 외가인 여주이씨 이지완 가문에서 반계는 성장하였다. 그의 외숙 이원진은 그에게 학문적 스승이 되었다. 반계 유형원의 처가는 풍산심씨 심일취 가문으로 장인 심항은 호서지방 대흥현 일대에 거주했던 것으로 보인다.

반계 유형원의 자녀는 1남 6녀로 반계와 개인적 친분이 있거나 친밀한 교유인물의 가문간의 유대를 강화하는 계기가 되었는데, 지우 배상유의 딸을 며느리로, 벗인 한양의 정동직의 아들 정광주를 첫 사위로, 고부의 박사하의 아들 박삼을 둘째 사위로, 홍덕의 백홍원의 아들 백광저를 셋째 사위로, 회덕의 송도창의 아들을 넷째 사위로, 양주의 윤시경의 아들을 다섯째 사위로, 한산의 신흡의 아들을 여섯째 사위로 삼았다. 또한 손자는 응린, 응룡, 응봉, 응붕을 두었고, 외손은 학행에 뛰어난 백시덕, 외증손으로 실학파 시인으로 유명한 신광수가 있었다.

■ 참고문헌

『可笑堂集』

『國朝寶鑑』

『國朝人物考』

『金陵集』

『記言』

『羅州羅氏大同譜』

『南原梁氏文襄公派世譜』, 1999.

『澹溪遺稿』

『東溟海槎錄』

『東圃先生紀行錄』

『萬姓大同譜』

『晩學堂先生文集』

『文化柳氏世譜』, 1765.

『文化柳氏夏亭公派譜』, 2005.

『磻溪隨錄』

『白氏大同譜』, 1982.

『扶寧金氏族譜』, 1960.

『扶安金氏愚磻古文書』

『扶安縣邑誌』
『扶風文苑』
『沙溪全書』
『星山裵氏世譜』
『順菴集』
『月沙集』
『冶隱逸稿』
『礪山宋氏判書公派譜, 2003.
『驪興閔氏大同譜』, 2002.
『燃藜室記述』
『頤齋亂藁』
『竹溪日記』
『全義禮安李氏姓譜, 1992.
『芝峯類說』
『晉州鄭氏族譜』
『豊山沈氏大同譜』, 1983.
『筆苑雜記』
『韓國系行譜』
『興城誌』

고혜령(2014), 「夏亭 柳寬의 생애와 정치사상」, 『한국계보연구』 5, 한국계보연구회.
김승대(2017), 「전북지역 호남실학의 발굴과 과제」, 『문·사·철을 통해 본 황윤석의 학문세계』, 이재연구소.
김승대(2017), 「洪啓禧 經世論의 在地的 基盤」, 『한국실학연구』 33, 한국실학학회.
박준호(2006), 「만학당 배상유의 한시에 대한 연구」, 『대동한문학』 24, 대동한문학회.
신병주(1992), 「17세기 전반 북인관료의사상-김신국, 남이공, 김세렴을 중심으로-」, 『역사와현실』 8, 한국역사연구회.
오경택(2011), 『조선중기 전주지역 사족 연구』, 국민대학교 박사학위논문.
유제식(1990), 「전북유학의 전개」, 『전라문화의 맥과 전북인물』, 전북대학교 전라문화연구소.
이기현(1994), 『석북 신광수의 '금마별가' 연구」, 『한국한문학연구』 17, 한국한문학회.

이동희(1995), 『조선시대 전라도의 감사·수령명단－전북편』, 전북대전라문화연구소.

이성무(1997), 「성호 이익의 생애와 사상」, 『조선시대사학보』 3, 조선시대사학회.

임형택(2015), 「호남의 학문전통과 실학」, 『반계 유형원과 호남실학』, 전라북도.

임혜련(2014), 「조선중기 심수경의 관료활동과 평가」, 『한국인물사연구』 21, 한국인물사연구회.

정만조(2011), 「조선후기 연안이씨 삼척공파의 근거지 확산과 파주정착」, 『한국학논총』 35, 국민대학교 한국학연구소.

정만조(2012), 「성호학의 가문적 배경」, 『한국학논총』 37, 273면.

하우봉(2013), 「반계 유형원과 호남실학」, 『건지인문학』 10권, 전북대학교 인문학연구소.

하우봉(2013), 「반계 유형원과 전북의 실학사적 위치」, 『반계 유형원의 실학사상과 그 계승방안』, 반계 유형원 학술대회 자료집.

반계 유형원 초상

생애기록물에 대한 통시적 이해

양승목

1. 논의의 배경

이 글은 하나의 질문에서 출발한다. 磻溪 柳馨遠에 대한 이해는 어디까지 와 있는가? 이에 대한 답은 그간 유형원의 저작 및 관련자료를 펴낸 책들에서 그를 규정하고 있는 문구를 모아봄으로써 그 대강을 파악할 수 있다. "實學派의 鼻祖", "實學의 創始者", "實學時代의 開創者"[1]와 같은 표현들 말이다. 이러한 인식은 張志淵, 李能和, 鄭寅普 등 1세대 국학자들로부터 이어져 온 것으로, 한국 실학의 원류에 유형원을 앉히는 것은 이미 '학계의 통설'[2]이 되었다.

유형원에 대한 위의 정의는 견고할 뿐 아니라 적확하다. 그의 대표적

---

1 차례로 李丙燾(1958), 1면; 鄭求福(1973), 627면; 李佑成(1990), 1면.

2 임형택은 반계 연구의 지평을 확대해줄 『반계일고』를 발굴하였는데, 학계에 소개하며 "한국 실학은 반계 유형원으로부터 비롯되었다는 것이 학계의 통설이다."라는 문구로 첫 문장을 삼은 바 있다. 임형택(2006b), 2면; 임형택(2007), 304면.

인 저서인 『隨錄』에 대한 종합적 분석과 조선후기 실학에 대한 통시적 조망에 입각한 것이기 때문이다. 단 이것은 그의 학술사적 위상이다. 기실 유형원에 대한 연구는 그의 사상적 지향과 경세론을 규명하고 조선후기 학술사의 흐름 속에서 그 위치를 점지해주는 데 치중되어 왔다.[3] 그리고 그 성과가 두둑하게 집적되었다. 그러나 이 과정에서 다소 소홀하게 취급된 것도 있는데, 바로 유형원이라는 한 사람에 대한 이해이다. 원인은 물론 그에게 접근할 수 있는 경로가 매우 제한적이었다는 데 있다. 매우 많은 저술을 남겼다고 전해지지만, 『수록』을 제하고는 우리의 손에까지 이른 것이 거의 없는 것이다.

그러던 차에 『磻溪雜藁』의 발간과 『磻溪逸稿』의 발굴은 유형원에 대한 이해를 확장할 기회를 제공해주었다. 이를 통해 그 사상의 원형을 살펴볼 수 있는 서간과 논설을 비롯하여 그의 생력과 행적을 정리한 여러 생애기록물과 180여제에 이르는 그의 시를 볼 수 있게 되었기 때문이다. 유형원이라는 인물을 다각적으로 조명해볼 자본이 마련된 셈이다.

본고에선 이 가운데 그의 생애를 기록한 자료에 주목하고자 한다. 10편에 달하는 생애기록물은 약 100년 상간에 걸쳐 하나하나 작성된 것인데, 그 면면을 살펴봄으로써 유형원이 당대에 어떻게 인식되었고 또 시대의 흐름에 따라 그 인식은 어떤 변화를 거쳤는지, 나아가 그 궤적이 유형원에 대한 지금 우리의 인식과 어떤 관계를 맺고 있는지를 타진해 볼 수 있으리라 기대된다.

---

3 사실상 유형원에 대한 연구는 이러한 방식의 접근이 거의 전부라 해도 썩 틀리지 않다. 본고의 주제가 그의 학술과 사상을 다루는 데 있지 않으므로 따로 정리하진 않지만, 이와 관련하여 문석윤 · 김태영 · 김무진 · 최윤오 · 김선경(2013)의 부록에 실린 「반계 연구논저 목록」(446~449면)을 참조해보면 유형원에 대한 기존 연구의 지형을 일람해 볼 수 있다.

2. 유형원 관련 생애기록물 개관

유형원의 생애를 다룬 기록 가운데 가장 널리 알려진 것은 『수록』에 부록으로 실려 있는 「전」과 「행장」이다. 각각 홍계희와 오광운의 소작인데, 『수록』이 처음 간행될 때부터 합편되었기에 가장 손쉽게 접근할 수 있는 자료이기도 하다. 이 밖에도 유형원에 대한 생애기록물은 8편이 더 있다. 그 가운데 양섬의 「반계유선생행장」, 이익의 「반계유선생전」, 홍계희의 「반계유선생묘비문」, 안정복의 「반계선생연보」, 『동림서원제선생행적』에서 발견된 「반계유선생행적」 등 5편은 『증보 반계수록』(1973)에 첨부되어 출간되었고, 『반계잡고』(1990)는 이들 자료에 더하여 유재원이 지은 「반계선생언행록」을 함께 묶어 내었다.[4] 나머지 2편은 김서경의 「반계유선생행장」과 유한준의 「유형원전」으로, 『반계유고』를 통해 취합된다. 유형원의 생애에 대한 기록은 이렇게 총 10종인데, 관련정보를 간단히 정리하면 다음과 같다.

---

4 「반계선생언행록」은 『반계잡고』에 실리기 앞서 번역본이 나온 바 있다. 文化柳氏夏亭公派安肅公花樹會에서 편찬한 『磻溪柳先生言行錄』(1985)이 그것으로, 번역과 영인이 함께 이루어졌다. 단 이 책에서 대본으로 삼은 것은 필사본인데, 『증보 반계수록』과 『반계잡고』에 실린 『문화유씨세보총목』 소재 활자본에 비해 善本에 좀 더 가깝다고 판단된다. 내용은 대동소이하나, 필사본을 통해 활자본에서 종종 보이는 오탈자 및 누락된 구절과 대목을 교정·보충할 수 있다는 점에서 그러하다.

찬자(생몰년)	제명	출전	제작시기	구분
金瑞慶 (1648~1681)	磻溪柳先生行狀	『澹溪遺稿』 권3	1674	①
梁暹 (1643~?)	磻溪柳先生行狀	『文化柳氏夏亭公派家乘譜』	1675	
미상	磻溪柳先生行蹟	『東林書院諸先生行蹟』	미상	
柳載遠 (1652~1713)	磻溪先生言行錄	『文化柳氏世譜總目』	1711	
吳光運 (1689~1745)	行狀	『隨錄』 附錄	미상	②
洪啓禧 (1703~1771)	傳	『隨錄』 附錄	1747	
	磻溪柳先生墓碑文	용인시 정배산 소재	1768	
李瀷 (1681~1763)	磻溪柳先生傳	『星湖全集』 권68	미상	
安鼎福 (1712~1791)	磻溪先生年譜	필사본 단책	1775	③
兪漢雋 (1732~1811)	柳馨遠傳	『自著』 권15	1780	

생애기록물이라는 말로 이들을 묶었지만, 여기에 포함된 전, 행장, 언행록, 묘비문 등은 본디 편찬의 성격과 그에 따른 서술상의 특질이 엄연히 다른 글쓰기이다. 그럼에도 위 10편을 한 자리에 불러낸 것은 이들이 공유하고 있는 하나의 속성 때문이다. 고유의 문체적 개성이 상존함에도 불구하고, 기본적으로 특정한 인물의 출생부터 사망까지 생애 전반을 다루며 그 언행과 학덕, 인품, 업적 등을 기술하고 있는 점에서는 입지가 다르지 않은 것이다.[5]

논의의 당위성을 확보하고자 이들의 공통분모를 먼저 짚었으나, 실

5 물론 전과 언행록의 경우, 사례에 따라 생애전반을 다루지 않는 경우도 있다. 하지만 적어도 본고에서 취급하는 유형원 관련 자료 10편은 예외 없이 출생부터 사망까지를 일단 기술하고 있다.

상 논의를 위해 주의를 기울여야 할 것은 각각의 분자 즉 변별되는 요소이다. 이미 말한 문체상의 차이도 그 중 하나일 테지만, 그보다 더 많은 함의를 드러내는 지점이 있다.

각 작품이 지어진 시점에 주목해보자. 백년 남짓한 기간 동안 10편의 생애기록물이 나오는데, 각각의 제작에 직접적인 영향을 미치는 사건을 염두에 두고 이들을 몇 개의 그룹으로 나누어볼 수 있다. 첫 번째 그룹(①)은 유형원의 사망(1673)이 일차적인 찬술동기가 되는 경우로, 김서경의 행장과 양섬의 행장이 우선 눈에 띈다. 이 둘은 유형원이 타계한 직후 1~2년 내에 지어진 것으로, 유형원 관련 생애기록물의 가장 초기 형태이자 이후의 傳狀類에 대해 원형이 되는 자료들이다. 또 「반계유선생행적」은 제작시점이 명확하지 않지만 대체로 이 그룹의 주요특징을 공유하는 것으로 판단되고, 「반계선생언행록」도 40년 가까운 시간의 간격이 있음에도 기본적인 성격과 자질이 이들과 크게 다르지 않다. 다만 유재원이 찬한 언행록의 경우 나머지 세 자료와 일정한 거리가 느껴지기도 하는데, 이에 대해선 뒤에서 상술하기로 한다.

이후 조정에서 『수록』을 주목하고 公刊의 분위기가 무르익어가는 시기에 나온 것들을 두 번째 그룹(②)으로 묶을 수 있다. 『수록』의 존재가 조정에 처음 알려진 것은 1678년이지만 이때는 그리 각광을 받지 못했고,[6] 조정에서 본격적으로 『수록』에 대한 주시와 평가가 이루어지는 것은 1741년 梁得中의 상소에 대해 영조가 긍정적인 비답을 내린 후부터이다.[7] 이를 기점으로 『수록』의 가치를 극찬하고 간행을 요구하는 목소

6 유형원과 사돈지간이자 돈독한 學友였던 裵尙瑜는 『수록』의 일곱 조목을 정리하여 올리며 시행할 것을 상소했는데, 그 내용이 오활하다는 이유로 의정부에서 묵살되었다. 『肅宗實錄』 卷7, 숙종 4년 6월 20일 己丑.

7 양득중의 상소에 관한 기록은 『英祖實錄』 卷53, 영조 17년 2월 23일 戊午에 보이며, 이때

리가 연이어 나오고,[8] 마침내 영조가 직접 『수록』의 刊印을 명하는 것이 1769년이다.[9] 『수록』에 편재된 오광운의 행장과 홍계희의 전이 이러한 조류 위에서 만들어진 대표적인 자료이며, 이익의 전과 홍계희의 묘비문 역시 이 자장 속에서 찬술된다.

마지막으로 『수록』의 간행(1770) 이후에 나온 작품들이 있다. 유형원의 증손 柳發과 친분이 있었던 덕에 일찍이 『수록』을 접했던 안정복이 정리한 「반계선생연보」가 하나이고, 학문적 추종 외에는 유형원과의 접점이 마땅히 보이지 않는 유한준의 「유형원전」이 다른 하나이다. 둘은 앞 시기 『수록』의 간행논의가 활발할 때 유형원의 전장류를 찬술한 이들보다 한두 세대 뒤의 인물로, 『수록』의 가치가 완전히 공인되고 상재된 이후에 또 다시 유형원을 기록했다는 점에서 또 하나의 그룹(③)으로 떼어 따져볼 필요가 있다.

이 10편의 글을 역람하다보면 마치 만화경을 들여다보고 있다는 착각이 든다. 모두 같은 사람의 삶과 자취를 쓰고 있기에, 별다른 차이 없이 유사한 내용을 배치만 바꾸어 놓은 것처럼 느껴지는 까닭이다. 그러나 위와 같이 제작시기에 유념하여 세 개의 그룹으로 나누어 놓고 보면, 비로소 저마다의 색깔이 드러난다.

의 상소문은 1770년 『수록』이 공식적으로 간행될 때 「承旨梁得中疏」라는 이름으로 부록에도 실리게 된다.

8 權穪의 상서(『英祖實錄』 卷71, 영조 26년 6월 19일 庚寅)과 홍계희의 상소(『英祖實錄』 卷74, 영조 27년 6월 2일 丁酉)가 대표적이다.

9 『英祖實錄』 卷113, 영조 45년 11월 11일 己丑.

3. 언행과 학덕을 정리한 초기

유형원이 타계한 직후 그의 제자 김서경과 조카 양섬에 의해 작성된 두 편의 행장은 한 마디로 말해 소박하다. 분량이 적다기보다 유형원이라는 인물을 드러내고자 동원하는 질료와 방식이 소박하다는 것이다. 둘 모두 전반부에서 가계정보와 생력을 정리하고 후반부에 그의 언행과 학덕, 인품과 지향 등을 소개하는 구성을 취한다. 그런 가운데 관련된 일화와 발언을 소개하는데, 대체로 간략한 서술로 일관하고 있다. 인용하는 언행은 주로 일상의 담화 내지 훈화로, 내용에 있어 둘은 다소간 출입이 있긴 하나 많은 부분에서 유사한 에피소드를 서로 싣고 있다.

양간에 공히 이러한 특징이 나타나는 것은 각 글의 말미에서 밝힌 대로 두 행장이 모두 유형원의 장남 柳昰가 평소 부친의 언행을 적어둔 것을 기초로 작성했기 때문일 게다.[10] 아들의 기록이 토대가 된 데다 이 행장을 작성한 사람 역시 고인과 지근거리에서 관계를 맺었던 제자와 조카인지라, 일상생활의 말과 행동에서 그 위인을 볼 수 있는 장면이 많은 것이다. 반면 유형원의 저술활동 또는 저작의 내용에 대해서는 비교적 소략하게 적고 있다는 것이 또한 눈여겨볼 지점이다. 김서경의 경우 마지막에 이르러 여러 저서의 현황을 열거하며 그 성격을 간단히 부언하는 데 그쳤다. 양섬은 저서의 목록을 제시하면서 『수록』의 찬술

10 金瑞慶, 「磻溪柳先生行狀」. "先生旣沒一年, 胤子昰, 泣謂其友金某曰: '先君潛德, 子之所知也. 不肖孤將欲爲不朽之擧, 而不可以無狀, 願子幸有識也, 試草焉.' (…中略…) 謹因昰之所纂, 僭爲草次如右.; 梁暹, 「磻溪柳先生行狀」. 公歿二年, 胤子昰, 泣謂外弟梁暹曰: '吾聞先祖有媺而不傳, 不孝也. 先君子潛德懿行, 不可以無傳, 將以請於當世之立言君子, 以圖不朽, 而知先君之蘊, 宜莫如君.' (…中略…) 故謹取昰所記言行一編, 參以舊聞, 弟錄如右."

배경을 제법 길게 쓰고 있지만, 실상 그 대부분은 「書隨錄後」를 그대로 옮겨두었을 뿐 구체적인 주장이나 내용을 인용하지는 않았다. 요컨대 유형원의 학술적 성과와 업적보다는 고인의 생력과 평소의 생활상을 담담히 기록하는 데 주의를 기울이고 있는 것이다.

이러한 특징은 동림서원에서 나온 「반계유선생행적」에 그대로 이어진다. 일상에서의 품행, 담화와 훈화 등이 글의 대부분을 차지하고 있는 것이다. 물론 그 삽화들은 앞의 두 행장의 그것을 대개 그대로 수용한 것들로, 내용을 따져보면 김서경의 행장을 바탕으로 하여 양섬 행장의 내용을 부분적으로 취하며 약간의 가감과 재편이 이루어진 것으로 보인다. 서두의 가계와 생력에 대한 서술과 말미에 놓인 저술소개 부분은 매우 간소하게 적혀 있을 뿐인데, 이는 이 자료가 유형원을 배향한 서원에서 제작된 사실과 연관 지어 해석할 수 있다. 해당지역을 대표하는 유학자로서 서원에 모시기에 마땅한 그의 德儀를 그리는 것이 일차적인 목적이었을 터, 구구한 집안내력이나 家藏된 채 밖으로 나온 적이 없다고 한 책들의 세세한 내용보다는, 유형원의 학덕과 인품을 부각시키는 데 초점을 맞추고 있는 것이다. 뒤에서 살펴보겠지만 다음 시기에 찬술되는 전장류는 『수록』으로 대표되는 그의 학술적 성과와 경세가로서의 면모를 현창하는 데 무게중심이 놓인다. 「반계유선생행적」은 이와 대조되는 ①시기의 속성을 다분히 함유하고 있는 셈인데, 따라서 이 자료는 제작시기가 분명하게 알려져 있지 않음에도 앞의 두 행장과 같은 범주에서 얘기되는 것이 마땅하겠다.[11]

11 동림서원의 건립년도가 1694년이라는 정보 외에 현재로선 이 자료의 작성연대를 고증할 수 있는 다른 근거가 없는 상황이다. 다만 글의 말미에 유형원이 저술한 서명을 차례로 거명하며 마지막에 『수록』 13권을 들고 나서 덧붙인 말이 일말의 단서를 제공해줄 수는 있을 듯하다. "『隨錄』十三卷, 則平生精力, 盡輸於此, (…中略…) 未嘗輕以語人, 人亦莫之知也. 故藏於家而未出焉."이 그것인데, 『수록』에 대해 남에게 가벼이 말하지 않아 남

유형원의 육촌동생 유재원이 찬한 것으로 되어 있는 「반계선생언행록」은 위의 세 건과 유사한 속성을 가지면서도, 한편으로 또 다른 국면을 보여주는 흥미로운 자료이다. 우선 이 자료는 제목처럼 기본적으로 유형원의 언행을 취합한 것인데, 그 형식은 앞서 본 행장의 그것을 차용하고 있다. 즉 처음에 선조의 가계를 소개한 뒤 출생부터 사망까지의 생력을 정리하고, 이어 그 위인을 알 수 있는 여러 삽화를 열거하는 구성방식을 그대로 취하고 있는 것이다.

단 뼈대가 같다고 해서 몸집이 같은 것은 아니다. 앞서 본 세 편의 글에 비해 분량이 압도적으로 긴데, 새로운 화소가 대거 유입된 까닭이다. 평소의 언행을 기술한 것에도 이전에는 보이지 않던 내용이 적잖이 등장하기도 하거니와, 무엇보다 역대 조선의 명현들에 대한 찬평,[12] 중국 군왕들에 대한 평가와 명 멸망에 대한 개탄,[13] 왜란 및 호란 당시 활약한 인물들에 대한 기억,[14] 당대 국제정세에 대한 분석과 조선이 취해야 할 대책,[15] 미래의 국가적 위기에 대한 예언[16] 등은 완전히 새롭게

들이 알지 못했으며 '집에 보관된 채 나온 적이 없었다'는 말은 이 글이 『수록』의 公刊 논의가 점화되기 전인 17세기 말 내지 18세기 초 어름에 작성되었을 것이라는 추측을 가능하게 한다.

12 혹자와의 문답형식으로 최치원, 정몽주, 조광조, 이황, 서경덕 등에 대해 논평한 내용이 있다.

13 漢高祖를 비롯하여 漢文帝, 蜀漢의 昭烈帝, 唐太宗, 宋太祖 등의 위인과 도량을 간단히 포폄한 뒤, 明太祖는 만고의 호걸지사라며 극찬하고 있다. 이어 명나라 멸망의 원인은 조정의 탓으로 돌리며 입법과 사법의 폐단, 편당 짓기, 풍속의 문란함 등을 들고 있다.

14 왜란과 관련하여 이순신, 이항복, 이덕형, 유성룡, 정충신, 김덕령 등의 사적을 상세히 기억하고 있었으며, 필자 즉 유재원에게 그들에 대한 立傳을 명했다는 내용이 있다. 또 호란과 관련하여는 삼학사와 김상헌, 정온, 임경업 등의 이름이 등장한다. 언행록의 이러한 기록을 통해서 양 전란에 대한 유형원의 각별한 관심을 엿볼 수 있는데, 각 인물들에 대한 유형원의 구체적인 기억과 언급이 직접 서술되어 있지 않은 점은 아쉬운 대목이다.

15 정성공이 복건지역에 거점을 두고 중국의 남해를 장악한 상황으로부터 정성공과 일본, 청 등 삼자간의 이해관계와 속내를 따져가며 당시의 국제정세와 전망을 분석한 대목이

편입된 내용들이다. 또 그의 덕행을 조목화해서 대구의 형식으로 예찬한다든지, 六藝의 항목에 맞추어 평소의 지향을 찬미한 부분 등은 온전히 유재원의 더늠이다. 유재원의 언행록에 이르러 유형원의 다채로운 면모가 활발히 지면에 올라온 셈인데, 분량이 많아지고 색깔이 다양해졌음에도 이 삽화들은 일정한 톤 안에 있다. 다시 말해 새로이 등장한 내용 역시 거개가 유형원이라는 사람의 평소 언행과 지향, 식견 등을 보여주고 있는 것이다. 이러한 점에서 「반계선생언행록」은 ①시기의 관성을 유지하고 있다고 볼 수 있다.

그런데 이 유재원의 언행록에서는 유형원의 所作에 대한 유다른 관심이 감지된다. 곳곳에서 그의 시를 누차 인용하는가 하면,[17] 여러 저술을 소개하는 대목에 이르러서는 단순히 제목을 나열하는 데 그치지 않고 그 저작동기를 하나하나 부언하기도 한다. 나아가 『수록』에 대해서는 찬술배경과 함께 각 조목의 주요내용과 취지를 소상히 정리하고, 『수록』을 완성한 후 유형원의 後感으로 보이는 발언까지 가져와 함께 싣고 있다. 이 부분이 이 자료가 보여주는 독특한 지점인데, 아래의 기록은 그 함의를 유추할 단서를 제공해준다.

있다. 이어 그 대응책으로 국방력 강화를 역설하는데, 유형원이 우반동에서 군사적 대비를 했다는 저명한 일화와 접맥하는 대목이다.

16 아들과 천문을 보는 이야기가 짤막하게 있는데, 여기서 혜성을 가리키며 5~60년 뒤 천하에 대란이 있을 것이라는 언급이 있다. 이어 바닷가에 떠밀려온 木片을 보고 국가적 우환이 있으리라 한 대목 역시 예언화소에 해당한다.

17 유재원은 언행록의 곳곳에서 유형원이 지은 시를 창작배경과 함께 소개하고 있다. 그 대부분 『반계일고』에서 확인할 수 있는 작품들로, 소개된 시는 「京都」, 「東海賦」(『반계일고』에 없음), 「和歸去來辭」, 「四箴」, 「秋日泛舟遊海舟中作」, 「登御水臺在邊山」, 「金剛山」, 「仲春格浦船遊舟中贈李守眞」, 「東岳贈李守眞以絶句」, 「過松都」, 「感懷其二」, 「感懷【有慕於李文純】」, 「自崇禎甲申北京淪沒之後 (…中略…) 情見于詞」 등이다.

> 君(유형원)의 육촌동생 유재원이 (『수록』을) 가져와 보여주며 그 뒤에 한 마디를 써 달라 하였다.[18]

尹拯이 쓴 「跋隨錄」의 일부인데, 그에게 『수록』의 발문을 청한 사람이 바로 유재원임을 알 수 있다. 윤증은 같은 해에 유재원에게 "『수록』을 다 읽지 못했는데 병으로 정신이 혼미하니 부끄럽고 송구하다. (…중략…) 지금 그대의 말을 듣고 번복할 수 없으니 그저 몹시 부끄럽고 두려울 따름이다."[19]라는 서간을 보냈는데, 내용으로 보아 아마 저 발문을 쓰기 직전에 오간 것으로 보인다. 윤증이 저 편지를 보낸 것은 1711년 4월 2일, 「반계선생언행록」이 완성된 것은 1711년 3월 20일. 유재원이 『수록』의 淨寫本을 보내며 적극적으로 발문을 요청했다는 점과 그 어름에 언행록을 탈고했다는 점을 함께 놓고 보면, 그가 찬한 언행록이 유독 많은 분량에 전례 없는 밀도와 비중으로 저술을 소개하고 있는 이유를 간취할 수 있다. 유형원의 사후 주변인에 의해 그를 기리고자 그 생력과 행적을 간단히 정리한 종래의 행장과 달리, 이 언행록은 그에서 나아가 유형원의 저술과 사상적 성취를 현창하는 것에 또 하나의 초점을 맞추었던 것이다.

그러고 보면 감탄을 연발하게 하는 유형원의 행실과 지향을 수많은 삽화와 담화를 통해 그리고 있는 것 또한 소박하게 고인을 기억하는 追述이라기보다는 그의 氣質과 인품의 고매함을 적극 선전하고 있다는 인상이 강하다. 이는 유재원의 언행록이 중요한 변곡의 임계에 서있음을 말한다. 즉 '故人'에 대한 추모의 뜻 아래 기억을 수렴하는 글쓰기에

18 尹拯, 『明齋遺稿』 卷32, 「跋隨錄【辛卯】」, "君之堂弟載遠甫, 携以見示, 使題一言於其後."

19 尹拯, 『明齋遺稿』 卷21, 「答柳海美【載遠】○辛卯四月二日」, "『隨錄』尙未卒業, 病昏愧懼. (…中略…) 今承高誨, 無以反復, 徒切愧悚之至."

서 '偉人'의 학덕과 업적을 널리 알리기 위한 글쓰기로 넘어가는 어름에 이 언행록이 자리하고 있는 것이다. 이러한 저의는 글의 말미에 붙은 "어찌 백세 뒤에 揚子雲과 같은 이가 있어 이를 알지 못하겠는가? 공의 평소 언행의 만분의 일을 대략 기록하여 훗날 知言의 군자를 기다리노라."[20]라는 말을 통해 다시 한 번 읽을 수 있는데, 으레 쓰는 상투적인 언사라 치부할 수도 있지만 언행록의 내용과 이를 둘러싼 정황을 고려하면 그 속내가 적이 묻어나는 언급이라 하겠다.

마지막에 살펴본 언행록까지 포함하여, 이 시기 유형원 관련 생애기록물에서 가장 두드러지는 특징은 생력과 평소의 언행, 학덕 등을 통해 유형원의 인품과 지향을 드러내는 데 치중하고 있다는 점이다. 고인의 삶과 사람됨을 이해하는 데 필요한 정보를 취합하여 정리하는 것이 행장의 일차적인 찬술목적임을 상기할 때, 유형원의 타계 직후에 나온 두 편의 행장은 소박한 필치로 그 본연의 기능을 충실히 이행하고 있었다. 「반계유선생행적」 역시 이 점에서 궤를 같이 하는 자료이다. 「반계선생언행록」도 수용한 삽화가 대폭 늘어나면서 분량이 확대되긴 했지만 기본적으로 이 속성을 함유하고 있음을 부정할 수는 없다. 다만 이 자료에서 포착되는 유형원의 저술에 대한 비상한 관심과 적극적인 지면의 투자는 다음 시기의 생애기록물들이 보여주는 국면과 접맥하는 지점이 있는바 특기해둘 필요가 있다.

20 柳載遠, 「磻溪先生言行錄」, "安知夫百世之下, 不有揚子雲者知之耶? 略記公平日言行之萬一, 以待日後知言之君子."

4. 『수록』의 현창과 전장류의 재작성

이 시기의 생애기록물을 대면하여 가장 먼저 드는 의문은, 행장이 이미 두 편이나 나와 있는데 왜 또 다시 행장을 썼는가이다. 더구나 예의 두 편은 유형원의 직계제자와 생질이 쓴 것이다. 고인의 주변사람이 행장을 찬술하는 것이 일반임에 반해, 오광운은 유형원이 죽고도 16년이 흐른 뒤에 태어난 인물이다. 물론 후인이 추앙의 뜻을 담아 선대 인물의 행장을 쓰는 경우가 없진 않다 해도, 행장을 전면적으로 새로 작성하는 것은 심상한 일이 아니다. 이 의아함은 내용을 찬찬히 뜯어보며 풀어가야 한다.

> 7세에 「禹貢」편을 읽다가 冀州 대목에 이르러 불현듯 일어나 춤을 추었다. 왜 그러느냐 물으니, "두 글자의 높고 중함이 이에 이를 줄 생각지 못했습니다."라고 하였다.[21]

오광운의 행장에서 처음으로 등장한 이야기이다. 앞 시기 자료들에서도 어린 시절 유형원의 배움에 대한 열의와 일람강기의 천재성을 적긴 했지만, 이런 식의 서술은 전혀 없었던 것이다. 특히 유형원에 관해 가장 다채로운 서술을 하고 있는 언행록에서도 이런 내용은 없었다. 그렇다면 이 구절은 오광운에 의해 공식화된 유형원의 행적이라 하겠는데, 이것이 함의하는 바는 무엇인가? 우선 저 내용이 사실이라면 저 네 편의 자료 외에 또 다른 소스가 있었다는 얘기가 되는데, 현재로선 그 정체를 확인할 수 없으니 사실여부와 전승관계를 따지는 것은 차치

21 吳光運, 「行狀」, "七歲, 讀禹貢, 至冀州, 翻然起舞. 問之, 對曰: '不圖二字之尊重至於此也.'"

해두자. 다만 여기서 논할 수 있는 것은 오광운이 유형원의 행장을 작성하며 왜 저 화소를 새로 지면에 올렸느냐이다. 더구나 이 화소는 오광운이 행장에 쓴 이래 홍계희의 전과 묘비문,[22] 안정복의 「반계선생연보」,[23] 유한준의 「유형원전」[24] 등에 꾸준히 취택된다는 점에서 더욱 주목을 요한다.

이 대목의 함의를 찾기 위해서는 우선 「우공」편에서 '기주'가 의미하는 바를 알아야 한다. 알다시피 「우공」은 九州의 경계와 수로, 특산, 토질 등을 기록한 내용이다. 기주는 皇都가 속한 지역으로 첫머리에서 거론되며 나머지 지역과 달리 경계에 대한 설명이 빠져 있다. 이에 대해 晁錯은 "京師를 존숭한 것으로 왕에게는 밖이 없다는 뜻을 보인 것"이라 주석한 바 있는데,[25] 요지인즉 기주를 둘러싼 여덟 주의 경계를 밝히는 것만으로 王都는 자연히 밝혀진다는 것. 그렇다면 이 화소는, 田地 제도의 개혁을 줄기차게 외친 유형원인 만큼, 어린 시절부터 토지 分劃에 비상한 깨우침이 있었음을 부각한 것이라 볼 수 있다. 『수록』 26권 가운데 1권부터 8권까지가 모두 '田制'에 관련한 내용이라는 점, 유형원 스스로 田地의 공정한 분배가 王政의 시작이라 누누이 역설한 점, 저 이야기를 채택한 오광운이 행장에서는 물론 「隨錄序」에서도 유형원이 주장한 公田制의 취지와 의미를 특히 강조하여 소개하고 있는 점 등을

---

22 洪啓禧, 「傳」, "七歲, 讀禹貢, 至冀州, 詠歎不已, 至於起舞曰: '此二字, 何其尊體識例也?'"; 「磻溪柳先生墓碑文」, "七歲, 讀禹貢, 至冀州, 咏歎之不足, 至於起舞, 蓋已見大意矣."

23 安鼎福, 『磻溪先生年譜』, "先生七歲. ○是歲, 讀書經, 至禹貢冀州二字, 翻然起舞. 太湖公問其故, 對曰: '二字之尊體, 拔例如此, 不圖爲樂之至於斯也.'"

24 兪漢雋, 「柳馨遠傳」, "七歲, 從金世濂, 受禹貢, 至冀州, 擊節曰: '尊重哉文也!'"

25 晁錯의 언급은 蔡沈의 주석에 옮겨져 있는데, 채침 역시 같은 맥락으로 冀州의 의미를 푼다. 참고로 해당부분의 주석 전문은 다음과 같다. "冀州, 帝都之地, 三面距河, 兗河之西, 雍河之東, 豫河之北. 『周禮』·「職方」, 河內曰冀州, 是也. 八州皆言疆界, 而冀不言者, 以餘州所至, 可見. 晁氏曰: '亦所以尊京師, 示王者無外之意.'"

벌여놓고 보면, 마땅히 도출되는 자연스럽고 합리적인 해석이다.

그러나 이것이 저 일화의 登板에 깔린 함의의 전부는 아니다. 오광운의 행장이, 『수록』에 편재되기도 하지만, 그에 앞서 유형원에 대한 추증이 논의되는 즈음에 작성되었다는 사실에 유념하여 맥락을 따져볼 필요가 있다.[26] 이전까지 유형원은 벽촌에 은거한 高士 정도로 알려져 있었고,[27] 그의 주장은 오활하다는 이유로 큰 주목을 받지 못했던 터였다.[28] 본인도 중앙지향적이 아니었고 중앙에서도 그를 찾지 않았던 것이다. 그럴 수밖에 없는 것이, 유형원이란 인물은 當朝에 대한 비판적 태도를 좀체 숨기는 법이 없었다. 『수록』의 곳곳에서도 그 날선 비판의식을 느낄 수 있지만, 특히 「반계선생언행록」에 기록된 다음과 같은 대목은 이러한 그의 성격을 여실히 보여준다.

> 저 중국사람들이 이러한 계산을 하였다면 우리나라의 백성들은 또다시 병란의 괴로움을 겪을 것이다. 우리나라를 위한 지금의 계책은 군사 20만을 선발하고 군량미를 비축하여 불우의 환란을 대비하는 것보다 나은 것이 없으나, 편안히 즐기며 세월만 보낼 뿐 國事를 책임지고 맡은 이라곤 한 사람도 없다. 이제 어찌한단 말인가?[29]
>
> 우리나라는 항복을 구걸하는 것을 상책이라 여긴다. '降'이라는 한 글

26 유형원은 1753년 통정대부 및 집의 겸 세자시강원진선에 추증된다. 오광운이 행장을 제작한 시기는 명확치 않으나, 그가 「隨錄序」를 쓴 1737년과 멀지 않을 것으로 추정된다.

27 유형원과 교유를 맺었던 인사들이 그의 덕행·학업이 대단하다고 입을 모았다는 사실과 당대 조정을 비롯한 주류사회의 인식 및 평가를 섣부르게 등치하거나 혼동해서는 곤란하다.

28 주6) 참조.

29 柳載遠, 「磻溪先生言行錄」, "彼中國之人, 若得此算, 則東國民生, 且苦兵矣. 爲我國今日計, 莫如選兵二十萬, 且蓄軍餉, 以備不虞之患, 而恬憘度日, 無一人擔當國事者, 其將奈何?"

> 자가 여전히 있으니, 무슨 걱정이 있겠는가![30]

그러나 유형원의 업적과 『수록』의 가치를 강조하고 왕과 조정의 호의와 긍정을 이끌어내려면, 사회비판적인 재야의 방외인사라는 이미지가 부각되어선 곤란한 일이다. 따라서 어린 나이에 이미 '王者의 尊重함'을 깨달았다는 이야기를 전면에 내세움으로써, 그러한 종래의 반골적 인상을 탈색하고 王廷에 도움이 되는 사람임을 강조하려 했다는 해석도 가능해진다. 가볍게 보면 유형원의 천재성을 부양시키기 위한 에피소드로만 보이지만, 맥락을 따져보면 그 함의가 녹록치 않은 구절인 것이다. 유형원을 중앙에서 쾌히 끌어안을 수 있는 인물로 부각시키기 위한 노력은 이에 그치지 않는다.

> 그 때 永曆皇帝가 남방에서 즉위했는데, 혹은 망했다고 하고 혹은 망하지 않았다고도 했다. 임인년(1662) 北使가 頒赦하고자 이르렀을 때 사로잡혔다고 했으나,[31] 우리나라에서는 여전히 그 진위를 모르고 있어 공이 애통해하였다. 정미년(1667)에 중국배가 제주도에 漂迫한 일이 있었는데, 모두 복건사람들로 중화의 복제를 하고 머리를 깎지 않은 채였다. 공이 가서 만나보고 중국어로 皇朝의 일을 물었다. 그 중 글을 할 수 있었던 鄭喜, 曾勝 등이 눈물을 흘리며 "영력황제는 남방의 네 성을 지키고 있으며 올해가 영력21년이다."라 하였다. 행장 속의 역서를 꺼내 보여주는데 과연 그러했다. 공은 슬프면서도 기쁜 나머지 시를 지었다.[32]

---

30 柳載遠, 「磻溪先生言行錄」, "我國以乞降, 爲上策. 降之一字尙在, 夫何患之有哉!"

31 北使는 청의 사신을 가리킨다. 頒赦는 임금의 즉위 등에 맞추어 사면을 반포하는 것을 말하는데, 여기서는 1662년 강희제의 즉위에 따른 것으로 보인다. 참고로 영력제는 같은 해에 吳三桂에게 붙잡혀 피살되었다.

32 吳光運, 「行狀」, "時永曆皇帝, 卽位於南方, 或謂之亡, 或謂之不亡. 壬寅北使頒赦來者至, 謂之擒焉, 我國猶未知其虛實, 公慟之. 丁未, 有唐船漂泊耽羅, 皆福建人, 華制不薙髮.

이 역시 초기의 두 행장에는 전혀 언급되지 않았던 화소이다. 유재원의 언행록에서 관련한 이야기가 있긴 하나 아주 소략한 정도로만 서술되었다가,[33] 오광운의 행장에 이르러 저렇게 살이 붙은 것이다. 홍계희는 유형원을 입전하며 이 부분을 거의 그대로 가져온다. 단 그 앞에 "그 尊周攘夷의 의리는 천성에 뿌리하였다."[34]라는 말을 붙이고, 바로 이어 유형원이 우반동에서 復雪을 위한 준비를 하고 있었다는 기술[35]을 더한다. 뿐 아니라 이 화소를 묘비문에도 거의 진동 없이 轉載하는데, 역시 "춘추복설의 의리에 더욱 마음을 썼다"[36]라는 언급을 함께 놓는다. 유형원이 이른바 '反淸復明'의 의지가 투철했음을 강조한 것인데, 바로 이 점에 힘입어 훗날 추증이 이루어진다는 사실을 상기하지 않을 수 없다.[37]

주지하듯 『수록』에 보이는 유형원의 주장은 비록 상고주의를 표방하지만 기실 상당히 개혁적인 내용으로, 기득권을 보유한 왕과 조정대신들에게 선뜻 받아들여지기 어려운 것이 사실이다. 배상유의 상소가 의정부에서 묵살된 사건도 그러한 상황을 단적으로 보여준다. 그런 가운데 오광운은 메시지의 날카로움을 메신저의 신뢰할 만한 품행과 지향

公往見, 操漢音, 問皇朝事, 中有能文者鄭喜・曾勝等, 流涕言: '永曆皇帝, 保有南方四省, 今年爲永曆二十一年云.' 取裝中曆書示之, 果然. 公悲喜作詩."

33 柳載遠, 「磻溪先生言行錄」. "嘗聞永曆皇帝, 都四川之報, 感歎作詩.; 丁未年間, 漂海福建人曾勝等, 執送北京, 痛歎不已."

34 洪啓禧, 「傳」, "若其尊周攘夷之義, 根於天性."

35 洪啓禧, 「傳」, "所居濱海, 常置大船四五, 制極便利. 畜駿馬, 日可行數百里, 藏良弓美箭及鳥銃數十, 以敎家僮及村氓, 至今愚磻一里, 多有以善砲名者. 嘗裒聚水路朝天記及漂海人所錄, 以記諸站, 某處險・某處夷, 歷歷如指掌."

36 洪啓禧, 「磻溪柳先生墓碑文」, "尤於春秋復雪之義睠睠焉."

37 洪啓禧, 「磻溪柳先生墓碑文」, "癸酉, 命贈執義兼進善, 表章先生德行及尊周之義也.; 安鼎福, 「磻溪先生年譜」. 二十九年癸酉九月, 贈通訓大夫・司憲府集義兼世子侍講院進善.【以學行純備, 且有尊周節義. 贈職事, 承傳.】"

으로 완충하는 방법을 택한 셈이다. 다시 말해 유형원의 보수적인 대중국사관을 부각함으로써, 『수록』의 개혁성을 중화하고 주류사회에서 그를 포용할 수 있는 근거를 마련하고 있는 것이다.

> 이웃에 叢祠가 있어 사람들이 아주 붐볐는데, 공이 사당을 헐고 나무를 베니 폐단이 마침내 그쳤다.[38]

아주 짤막한 서술이지만, 이 구절에 함축된 의미 역시 가볍지 않다. 저 대목에서 소위 미신을 타파하는 정통의 儒者象을 엿볼 수 있는데, 이 시기 전장류에서 이와 같은 맥락은 유사한 대목이 있느냐보다 이에 반하는 화소가 없다는 사실을 통해 읽어내야 한다. 정확히 말하자면, 없는 것이 아니라 없어진 것이다.

기실 앞 시기 유형원의 생애기록물에 실린 삽화 가운데는 덕행이 높은 '유학자'의 이미지와 충돌하는 이야기가 종종 등장한다. 거의 모든 전장류에서 짧지만 항상 나오는 천문·지리·음양·율려·의약·복서 등의 술수지학을 섭렵했다는 언급은 말할 것도 없고, 유재원의 언행록에 이르면 이런 성격의 삽화가 더욱 다양하게 보인다. 이를테면 젊을 적 堪輿術 즉 풍수에 스스로 방통했다거나, 다음 해의 대기근을 예견하고 곡식을 미리 마련하여 백성을 구제했다든지, 혜성을 보고 수십 년 뒤에 천하에 대란이 있을 것이라 예언했다는 등[39]이 그러한 예이다. 이런 대목은, 물론 그 자체로 흥미로운 행적이지만, 이른바 고매한 학자

---

38 吳光運, 「行狀」, "隣有叢祠, 人甚奔波. 公毁其堂伐其樹, 而弊遂止."

39 柳載遠, 「磻溪先生言行錄」, "公少時, 傍通堪輿之述, 卜得累世葬地於竹山, 以遂窆禮後, 不復留心於山家.; 己酉庚戌年間, 多賣家中雜物及牛馬田土, 貿得米租及菽粟, 人不知其意. 至辛亥之夏, 人多餓死, 濟活百口之餘, 亦救人死命者多矣.; 仍指西方慧星而謂曰: '其長竟天, 變遲而禍大. 五六十年之後, 天下大亂, 將有革舊布新之事也.'"

의 상과는 맞지가 않는 것이다.[40]

이러한 화소들은 이 시기에 들어 거의 채택되지 않는다. 흉년을 예견하여 사람들을 구제했다는 화소만이 홍계희의 전에서 간소화된 채 수용되었는데, 그나마도 바로 앞에 이른바 新倉津에서의 활인담[41]을 붙여 놓음으로써 독자의 注眼을 예언보다 '活人救民'으로 끌어당기고 있다. 유형원의 행적을 기술함에 비교적 구애가 적었던 이전에 반해, 높은 성취를 이룬 선비라는 상을 훼손할 소지가 있는 이야기는 확실히 배제하고 있는 것이다. 이 또한 유형원을 왕 또는 조정이 기꺼이 기릴 수 있는 사람으로 그리려는 의도 하에 있다 하겠다.

> 그 규모가 광대하고 체제가 정밀하여 앞의 현인들이 발하지 못했던 지점을 넓혔다고 할 만하니, 우리 동방에 일찍이 없었던 책이다.[42]

> 그 평생의 공부가 이 한 1부의 책에 담겼으니, 그 내용은 모두 근본한 바가 있는 것이다. 실로 우리 동방에 일찍이 없었던 책이다.[43]

이러한 褒彰들은 결국 그의 학문적 업적, 즉 『수록』이라는 걸작과 그에 담긴 사상, 경세론을 극찬하는 것으로 수렴된다. 위에 든 단발의 호평에서도 그러함을 볼 수 있지만, 오광운과 홍계희는 이에 그치지 않고

---

40 물론 유재원 역시 이러한 이야기와 함께 어디까지나 이런 것은 餘技이자 餘事였으며, 항상 유학자로서의 학업과 수양에 중점을 두었다는 말을 항상 첨부하고 있다. 그러나 이런 화소들을 배제하지 않고 기록했다는 것 자체가, 유형원의 상을 그리는 데 있어 ②시기에 비해 확실히 자유로웠음을 말해준다.

41 신창진에서 난파된 行船의 사람들을 건져내어 보살펴 거의 죽은 사람을 살려냈다는 이야기로, 김서경과 양섬의 행장에 공히 실려 있는 화소이다.

42 吳光運, 「行狀」, "其規模廣大, 條例縝密, 可謂擴前賢之未發, 而我東方所未有之書也."

43 洪啓禧, 「傳」, "蓋其平生用功在此一部, 而其言皆有所本, 實我東方所未有之書也."

『수록』의 주요한 대목을 적극적으로 인용하고 때로는 주장의 요지를 명료하게 정리해 제시하기도 한다. 오광운은 전체 행장의 3분의 1 가까운 지면을 『수록』과 그의 저술 및 주장을 소개하는 데 쓰고 있으며, 홍계희 역시 이에 못지않은 분량을 할애한다. 특히 홍계희는 이에서 더 나아가 자신이 『수록』을 접하게 된 계기, 그로부터 감발한 바를 적고, 『수록』에 대한 세인의 비판에 대해 대리변론까지 마다하지 않는다. 묘비문에서도 이러한 경향은 계속 되는데, 그 첫 문장에서부터 『수록』을 예찬해 마지않는 것이다. 또한 유형원을 심히 존모하고 사숙했던 이익은 「반계유선생전」을 찬술하며 생력과 언행을 극히 간략하게 줄이는 대신, 반 이상의 분량을 『수록』과 여타 저작을 소개하고 유형원이 직접 쓴 「서수록후」의 상당부분을 인용하는 데 사용한다. 유형원을 입전한 것인지 그의 저술을 입전한 것인지 모호해지는 지경까지 이른 것이다.

이렇게 이 시기의 생애기록물은 예외 없이 그 최종의 초점이 『수록』을 소개하고 그 가치를 설파하는 데 맞추어진다. 이러한 변화를 추동한 배경으로 『수록』의 주장에 공감한 이들이 이 책의 간행을 활발하게 요구했던 당시의 시대적 분위기를 떠올리지 않을 수 없다. 당초의 의아함, 즉 왜 다시 썼는가라는 질문의 답은 이 두 사실을 접맥시켰을 때 찾을 수 있다. 문제는 기존의 행장과 언행록이 『수록』의 公刊이라는 목적을 달성하기에 부적절했다는 것이다. 때문에 유형원이 단연 '王佐才'[44]임을 강조하는 화소를 적극적으로 지면에 올리고 그에 반하는 화소는 배제해가며, 유형원과 『수록』에 대한 조정의 公認을 받아내기에 최적화된 전장류를 다시 생산한 것이다. 유형원이라는 생활인의 다채

44 '王佐才'는 오광운과 홍계희가 행장과 묘비문에 실제로 쓴 표현이다. 물론 그 앞의 ①시기에선 사용되지 않았던 말이다.

로운 면모는 초점에서 벗어나 후경화되는 반면 그가 내놓은 주장과 저술이 비약적으로 많은 지분을 차지하게 된 것은 이러한 조류의 당연한 귀착일 터다.

5. 『수록』 간행 이후의 두 사례

1770년 『수록』이 공식적으로 간행된 뒤에 두 편의 자료가 더 나온다. 1775년에 제작된 안정복의 「반계선생연보」와 1780년에 지어진 유한준의 「유형원전」이 그것이다. 이 둘은 서로 가까운 시기에 만들어졌지만, 각각의 성격은 거리가 있다.

논의의 흐름 상 유한준의 전을 먼저 짚고 가는 것이 적절하겠다. 「유형원전」은 우선 양이 상당한데, 눈길을 끄는 것은 그 많은 분량을 통틀어 유형원의 생력과 언행에 대한 서술은 1할에 채 못 미친다는 점이다. 말미에 붙은 짤막한 작자의 찬평을 제외한 나머지 9할 가까운 분량은 온전히 『수록』의 내용를 소개하는 데 할애되고 있다. 더욱이 그 밀도는 ②시기와는 비교도 안 될 정도로 촘촘하다. 토지의 배분과 賦稅, 인재의 교육과 선발, 행정조직 및 행정구역 개편, 군대조직의 재편과 운용, 각종 조세의 개혁 등 『수록』에서 다루는 주요한 사안의 핵심을 일일이 열거하며 설명하고 있다. 『수록』의 원전을 자주 인용하되 필요한 부분을 적절히 절취해서 요지를 명확하게 드러내고 있으며, 내용을 소화하여 자신의 문장으로 바꾸어 적은 곳도 왕왕 포착된다.

전체 분량의 절반 이상을 차지하는 『수록』의 주요내용 소개가 끝난 뒤, 유형원의 입으로 『수록』을 쓴 연유를 밝힌 부분이 이어진다. 유형원의 절친이자 학우였던 鄭東稷과 裵尙瑜[45]가 '옛 제도를 지나치게 따르려는 것 아니냐, 지금의 제도를 고치는 것은 현실적으로 어렵거니와 위태로운 지경이 아닐 터면 굳이 고칠 필요가 있는가'라는 취지의 질문을 하자 그에 대한 답변으로 제시된 부분인데, 그 출처가 불분명하다. 『수록』이 아님은 물론이고,[46] 그간 전장류에서 종종 인용되었던 유형원의 「서수록후」와도 거의 일치하지 않기 때문이다. 현전하는 유형원 관련 자료에서는 동일한 내용의 기사를 발견할 수 없어, 이 부분은 유형원 스스로 『수록』에 대한 세인의 반론을 재반박한 자료로서 일정한 가치가 있다고 해두는 수밖에 없다.

이처럼 유한준 역시 『수록』을 통해 유형원을 입전하고 있다. 반해 유형원에 대한 일차적인 인적정보에 대해서는 거의 관심을 두지 않는데, 이 점에서 「유형원전」은 ②시기의 특징이 극대화된 결과물이라 하겠다. 헌데 그 얼마 안 되는 유형원에 대한 서술 가운데 흥미를 끄는 대목이 있다.

> 나는 유형원의 사람됨이 明正公平하다고 들었다. 崔永慶이 죽었을 때 그 黨人들은 鄭澈이 얽어 죽인 것이라 하며 정철을 괴롭히길 그치지 않았다. 그러나 오직 유형원만은 정철이 최영경을 죽인 것이 아님을 속으로 알았다. 젊어서는 尹鑴와 사이가 좋았는데, 효종 때 조정에서 윤휴를 중용하려 하였다. 어떤 이가 유형원에게 "윤휴는 어떤 사람인가?"라고 물었더니, 유형원은 "윤휴는 자기 뜻대로 하길 좋아하니, 그를 쓰면

45 「유형원전」에는 '裵聖瑜'로 표기되어 있는데, 裵尙瑜의 착오로 판단된다.

46 정동직과 배상유의 질문에 대한 답으로 제시된 단락 가운데, 일부는 『수록』의 본문 및 세주와 부분적으로 겹치는 대목이 있기도 하다. 그러나 이 역시 절취하여 대조했을 때 몇몇 구절이 같은 정도에 불과하고, 그 수도 많지 않다. 따라서 이 부분은 앞과 달리 『수록』을 토대로 재편한 것이라 보기 어렵다.

반드시 실패할 것이오."라고 답했다. 얼마 후 과연 실패하였다.[47]

「유형원전」의 마지막에 있는 부분인데, 본고에서 다루는 어떤 생애 기록물에도 나오지 않는 내용이다. 우선 유한준은 모두에서 두 삽화를 해석할 방향을 제시하고 있다. '明正公平'라는 언급이 그것으로, 이를 지남 삼아 이 대목에 대한 이해의 실마리를 찾아갈 수 있다. 일단 유형원은, 당색으로 재단될 인물이 아니지만, 서인계열에 서진 않았다. 부친 유흠은 북인에 속했다고 알려져 있고, 유형원 자신은 남인 쪽에 좀 더 가까웠다고 보이는 까닭이다.[48] 그렇다면 최영경의 죽음에 정철이 무관하다고 생각했다는 것은 당파를 초월한 공정한 판단을 내린 것이 된다. 단 이것은 유한준이 서인 정확히는 노론계열의 사람이어야 설득력을 갖는데, 유한준이 그가 송시열의 열렬한 추종자였으며 그의 선조가 대대로 서인의 입장에 서있었다는 사실은 꽤 알려져 있다. 그렇다면 이제 앞뒤가 맞다. 저 대목은 유형원을 끌어안으려는 유한준의 노력이라고 보는 것이 타당하겠다. 마음속으로 알고 있었던 것[心知]을 타인이 알 수도 없거니와, 여타의 기록에서 저러한 유형원의 태도를 암시하는 어떤 단서도 보이지 않기 때문이다.

---

47 兪漢雋, 「柳馨遠傳」, "余聞馨遠, 其爲人明正公平. 崔永慶死, 永慶黨謂鄭澈搆殺, 持澈不已, 獨馨遠, 心知澈不殺永慶. 少與尹鑴善, 孝宗時, 朝廷欲尊用鑴, 客問於馨遠: '鑴何如人?' 馨遠曰: '鑴好自用, 用則必敗.' 已而果敗."

48 유형원이 남인쪽에 가까웠다는 것은 남인의 영수였던 許穆과 친하게 지냈다는 점 외에도, 1차 예송논쟁 당시 남인의 입장을 지지하고 있었다는 점에서 엿볼 수 있다. 물론 이를 표면적으로 드러내지는 않았다고 하는데, 유재원의 「반계선생언행록」을 통해 확인할 수 있다. "己亥論禮時, 有來問朝家得失, 辭以不學禮, 終不答一語, 竊歎曰: '朝家將有不幸景象矣!' 或有强辨, 則曰: '經傳現在, 自可得見, 何心問之於人也?' 雖一家子弟, 終不言其是非. (…中略…) 又曰: '天子諸侯之禮, 與大夫異也.'" (이 부분은 필사본에 있음. 문화유씨하정공파안숙공화수회(1985), 255~256면.)

유한준의 이러한 제스처는 윤휴에 대한 이야기에서도 읽힌다. 윤휴는 약관 무렵 송시열에게 학문으로 허여 받은 바 있으나, 이후 정치일선에선 서로 극렬하게 대립한 남인이었다. 윤휴에 얽힌 일화는 표면적으로 유형원이 개인적인 교분과는 별도로 인물에 대한 객관적인 평가를 내렸음을 말하고 있지만, 그 이면에는 송시열과 불구대천으로 대립했던 윤휴에 대해 유형원도 일정정도 거리를 두었다는 암시를 던지고 있는 것이다. 유한준의 이러한 시도는 학문적으로 존경해마지 않지만 정치적으로 거리가 있는 유형원을 색다른 방식으로 감싸 안는 것으로 독특한 지점이다.[49]

한편 안정복은 또 다른 형태의 생애기록물을 내놓는다. '연보'의 형식을 취한 것인데, 가히 유형원의 생력과 행적에 대한 집대성이라 할 수 있다. 발문에서 밝힌 대로 이 연보가 작성될 수 있었던 것은 유형원의 증손 柳發(1683~1775)의 草錄이 있었던 덕분이었다. 이 초록이란 애초 김서경과 양섬에게 행장을 청할 당시 갖고 있었다는 유형원의 장남 유하의 기록과 접점이 있을 법한데, 아쉽게도 직접적인 증거가 포착되진 않는다. 다만 연보의 기술 가운데 혹간 김서경과 양섬의 행장에서 서술된 바와 같은 부분이 있고, 집안 식구들이 아니면 알기 어려운 정보[50]가 기재된 경우도 있어, 家傳되던 자료가 바탕이 되었을 것이라는 추측은 가능하다.

---

49 유한준이 당파적으로 거리가 있는 유형원을 입전한 것은 이미 주목을 받은 바 있다. 박경남은 유한준이 「유형원전」을 짓게 된 배경과 과정, 실증적인 입전 태도 등을 소상히 밝히고, 이를 토대로 이 작품이 갖는 중요한 의의로 당파적 편견을 초월하여 타자를 긍정하는 유한준의 글쓰기 태도를 확인할 수 있음을 꼽았다.(박경남(2009), 107~114면.) 유한준이 당색에 구애되지 않고 진솔한 자세로 여러 인물과 학설을 수용했다는 지적에 깊이 공감하는 바인데, 이와 함께 위에서 분석한 대로 상호간의 정치적 거리를 좁히려는 시도를 했다는 점 역시 눈여겨 볼 필요가 있다고 생각된다.

50 이를테면 유형원이 태어난 시각과 구체적인 장소를 적어둔 것이다.

이 말은 유발의 초록, 나아가 안정복의 연보가 단순히 이전에 나온 전장류를 되새김질한 것이 아니라는 뜻이다. 기존의 자료에 실린 정보와 겹치는 기록이 상당량을 차지하긴 하지만,[51] 연보를 통해서만 알 수 있는 정보들도 있다. 예컨대 거주지 이동과 유람의 동선, 『반계일고』에 수렴되지 못한 逸文의 제목,[52] 현전하지 않는 저작의 서발문을 간단히 초록해둔 것 등이 그러하다. 이를 통해 유형원의 행적에서 음영을 한층 더 걷어낼 수 있게 되었음은 물론 「반계선생연보」의 공이다. 그러나 단순히 유형원에 대한 제 정보의 총집이라는 것만으로 이 연보의 가치를 가름해서는 안 된다.

주시해야할 부분은 바로 이 정보들이 연차순에 따라 기입되어 있다는 점이다. 이로써 종래의 생애기록물에서 대개 화소의 친연성을 기준으로 나열되어 있던 정보들을 비로소 '시간의 축' 위에 정연하게 놓을 수 있게 되었다. 덕분에 유형원의 인품과 학행뿐만 아니라 각 저작의 집필시점, 연대별 이동의 상황, 그 대강의 경로 등을 알 수 있게 된 것이다.

유형원에 대한 이러한 방식의 접근은 앞 시기 생애기록물의 그것과 분명한 차이가 있다. 그의 생력과 활동에 관해 취합할 수 있는 거의 모든 정보를 집성하여 순차적으로 정리한 이 연보는, 저술이나 언행 같은

51 이전 시기의 여러 생애기록물과 중복되는 기술이 다수 발견되는데, 연보가 이들을 수용해서 제작된 것인지 아니면 앞 시기의 전장류가 유발이 갖고 있었다는 초록을 토대로 해서 지은 것인지는 단정할 수 없다. 다만 ②시기의 작품들이 제작되는 즈음 유발은 50~60대였고 당시 서울 도화동 근처에 살며 이익, 홍계희 등 당대 인사들과 교유하고 있었음에 비추어, 후자의 가능성이 낮지 않으리라 추정된다.

52 「반계선생연보」에서 소개된 소작 가운데 「李子時傳」(1646), 「書佛師碑後」(1647), 「答閔監司維重書」(1665), 「上眉叟許先生書」(1666), 「東溟金先生行狀」(1667), 「答鄭伯虞問隨錄書」(1671), 「書戒尹希仲」(1672) 등은 『반계잡고』나 『반계일고』에서 그 이름을 볼 수 없는 것들이다.

그의 특정한 면모를 주목하고 부각시키는 것이 아니라, 한 개인에 대한 종합적인 이해를 가능하게 한다. 3편의 행장과 2편의 전, 하나씩의 행적과 묘비문, 또 방대한 분량의 언행록까지 유형원을 다룬 생애기록물 8편이 기존함에도 불구하고 다시 연보를 제작한 동기는 이러한 맥락에서 해명되어야 한다. 요컨대 덕행이 높은 선비나 훈도에 성실했던 교육자 나아가 대단한 저술을 남긴 학자 또는 불세출의 경륜가 등 각각의 글편에서 陽刻되었던 면모들을 종합하여, 한 사람으로서 유형원의 온전하고도 입체적인 상을 그리고자 했던 것이다. 일정한 서사적 논리나 견인력을 전제하지 않은 채 시간의 흐름에 따라 제 정보를 채워가는, 또는 그렇게 읽어가게 되는 연보는 이를 용이하게 달성할 수 있는 틀이었던 셈이다. 안정복이 편수한 연보가 갖는 진정한 가치는 여기에 있다 하겠다.

6. 정리 및 남는 문제

이상 유형원을 다룬 생애기록물을 시기별로 묶어 각각의 특징을 살펴보았다. 그 결과 같은 구간 안에 속한 작품들끼리는 대체로 유사한 속성을 공유하고 있으며, 구간과 구간의 경계에는 변곡의 지점이 포착됨을 확인할 수 있었다.

유형원의 타계 직후에 나오는 초기의 자료들은 유형원과 가까운 관계에 있었던 인물에 의해 작성된 것으로, 그 삶의 이력과 평소의 언행 및 학덕을 기리는 데 초점이 맞추어져 있었다. 반면 『수록』의 간행을 향해 있는 시기에 제작된 네 편의 생애기록물은 『수록』을 읽고 감발한 이들에 의해 지어지며, 그의 최대의 학문적 업적이자 경세론의 결정체인 『수록』의 주장을 소개하고 그 가치를 현창하는 데 무게중심이 있었다. 물론 전시기의 행장과 언행록을 바탕 삼아 그의 생력을 비롯한 여러 화소를 흡수하고 있지만, 유형원과 『수록』이 당대 조정에서 긍정적인 조명을 받을 수 있도록 경우에 따라 取捨와 抑揚을 적절히 병행해가며 새로운 경향의 결과물을 탄생시킨 것이다. 유형원의 사람됨과 행적을 기록하고 추모하던 것에서, 그의 업적과 성취가 전면을 차지하게 된 것으로 흐름이 넘어간 것이다.

『수록』의 간행 후에 나온 두 건은 서로 다른 방향으로 전대의 결과물에 반응하고 있었다. 「유형원전」의 경우 철저하게 저술과 주장에 대한 소개로 일관하고 있었는데, 『수록』으로 유형원을 그려내던 앞 시기의 관성이 정점에 이른 결과물이라 하겠다. 한편 「반계선생연보」는 이러한 흐름만으로 설명될 것이 아니었다. 물론 『수록』을 비롯한 여러 소작을 간단히 抄錄해둔 부분도 보이는바 앞에서부터 이어지는 경향성을 완전히 벗어났다 할 것은 아니겠으나, 또 다른 차원의 성취를 보여주었다는 점에 주목하지 않을 수 없는 것이다. 연보의 성취가 유다르다 함은 유형원의 행적과 교유, 언행, 시문창작, 저술활동 등을 시공간의 좌표 위에 올려놓았다는 것에 기인한다. 이를 통해 그의 삶에 대한 보다 종합적인 이해가 가능해졌다는 점에서 독보적인 가치를 부여해야 할 것이다.

이번 논의를 통해 하나의 성과를 얻었고 하나의 문제가 던져졌다. 성과라 함은 그간 발굴된 유형원 관련 생애기록물을 통시적으로 검토함으로써 유형원이라는 역사적 인물의 상이 어떻게 확립되어 왔는지, 또 각각의 자료는 그 속에서 어떠한 입지를 갖고 있는지를 실증해본 것이다. 이 과정의 끝에 다시 서두에서 던졌던 질문과 마주해야 한다. 지금 우리의 유형원에 대한 이해는 어디까지 와 있는가? 유형원에 대한 인식과 이해가 어떤 궤적을 그려왔는지를 살펴본바, 우리가 그리고 있는 유형원의 상은 ②기의 자장과 ③기의 모습을 크게 벗어나 있지 못하다. 말하자면 그의 사상과 업적, 학술사적 위상이라는 단색의 펜으로 정교한 소묘를 할 수는 있으되, 그 위에 채색은 하지 못하고 있는 것이다. 단색의 소묘에 색을 입힐 수 있는 것은 유형원이라는 한 사람을 여러 관점에서 보다 다층적으로 조명하는 작업일 터다. 물론 이는 관심이 없던 것이 아니라 재료가 없었기 때문에 시도하지 못했던 바인데, 근간되는 『반계유고』의 번역이 그 길을 터주리라 기대된다. 「반계선생언행록」을 비롯한 여러 생애기록물에 녹아있는 수많은 일화들과 함께 180여제의 시 역시 물감의 역할을 해줄 것이라 생각되는바, 이에 대한 차기의 연구를 기약한다.

■ 참고문헌

『肅宗實錄』 卷7.

『英祖實錄』 卷71 · 74 · 113.

尹拯, 『明齋遺稿』 卷21 · 32.

문화유씨하정공파안숙공화수회 편, 『磻溪柳先生言行錄』, 범일사, 1985.

문석윤 · 김태영 · 김무진 · 최윤오 · 김선경 저(2013), 재단법인 실시학사 편, 『반계 유형원 연구』, 사람의 무늬.

박경남(2009), 「兪漢雋의 道文分離論과 散文 세계」, 서울대학교 박사논문.

이병도(1958), 『磻溪隧錄』, 동국문화사.

이우성(1990), 『磻溪雜藁』, 여강출판사.

임형택(2006a), 「『磻溪逸稿』 원문」, 『한국한문학연구』 38, 한국한문학회.

임형택(2006b), 「『磻溪逸稿』의 고찰: 실학과 실학파문학의 원류」, 『한국한문학연구』 38, 한국한문학회.

임형택(2007), 「한국실학 개창자의 시문집」, 『우리 고전을 찾아서』, 한길사.

정구복(1974), 『增補 磻溪隧錄』, 경인문화사.

반계 유형원의 역사의식과 동국사 서술 구상*

『반계잡고』 소재 기록을 중심으로

정용건

1. 서론

磻溪 柳馨遠(1622~1673)은 일찍부터 17세기를 대표하는 실학자로 주목되어, 그가 주창한 정치, 경제 개혁론에 관한 연구 성과가 학계에 이미 상당한 분량으로 축적되어 있다. 다만 그는 경학, 역사학, 지리학 등 다양한 분야에 걸쳐 방대한 저술을 남긴 학자였음에도 불구하고, 完著로서 현전하는 그의 저서는 『磻溪隨錄』과 『東國輿地誌』 두 편에 불과하다.[1] 때문에 생전에 그가 이룩한 사상의 전모를 파악하는 데에는 여전히 일정한 한계가 존재하는 실정이다. 그러던 것이 90년대 이후 유형원의 殘編인 『磻溪雜藁』와 『磻溪逸稿』가 차례로 소개되면서,[2] 性理說,

* 이 논문은 BK21 플러스 고려대학교 한국어문학 미래인재육성사업단의 지원으로 작성되었음.

1 유형원이 남긴 저술 목록은 吳光運의 「行狀」, 李瀷의 「磻溪柳先生傳」, 洪啓禧의 「柳馨遠傳」 등 그에 대한 전기 자료를 통해 파악할 수 있다. 이는 '이형성(2015), 432~435면'에 상세히 정리되어 있기도 하다.

詩文學 등 그의 학문 세계의 보다 다양한 측면을 살필 수 있는 계기가 마련되었다. 그중에서도 특히 『반계잡고』에는 그간 충분히 고구되지 않았던 유형원 역사의식의 大綱을 이해할 수 있는 자료들이 수록되어 있어 주목을 요한다.

물론 기존 연구에서도 유형원의 역사관이 다루어지지 않았던 바는 아니다. 『동국여지지』를 바탕으로 그의 역사지리 인식을 살펴보고자 한 시도가 꾸준히 진행되어 왔거니와,[3] 『반계잡고』가 소개된 이후로는 順菴 安鼎福(1712~1791)의 역사관 및 그의 『東史綱目』 저술이 유형원의 견해에서 상당한 영감을 받았다는 사실이 밝혀지기도 하였다.[4] 다만 이와 같은 성과들은 연구 대상을 『동국여지지』만으로 제한하여 고찰하였거나, 유형원의 역사의식을 안정복 『동사강목』과의 관련성 하에서 부수적으로 언급하는 데 그쳤다는 점에서 아쉬움을 남겼다. 요컨대, 유형원의 역사관을 다룸에 있어 현존 자료 중 가장 풍부한 인식을 담고 있는 『반계잡고』 내 기록들은 아직까지 그 자체로 온전한 조명을 받지 못하였다는 것이다.

이러한 문제의식 하에서, 본고는 『반계잡고』에 수록된 유형원의 역사 관련 기록들을 검토함으로써 그의 역사의식 및 그가 구상하였던 東國史 서술 구도에 대해 논해보고자 한다. 이는 안정복의 『동사강목』을 위시하여 조선 후기 두드러졌던 私撰 歷史書의 흐름에 있어 유형원이 수행한 선구적 역할을 이해함은 물론, 그간 '경세가'의 이미지에 가려

---

2 『磻溪雜藁』는 유형원 유고에 있던 일부 저작을 順菴 安鼎福이 초록해 둔 것으로, 1990년에 발굴되어 출간되었다.(柳馨遠, 『磻溪雜藁』, 驪江出版社, 1990.) 또한, 『磻溪逸稿』는 유형원의 시문 저작이 다수 실려 있는 자료로서, 2006년 임형택에 의해 학계에 소개되었다.(임형택(2006); 한국한문학회(2006))

3 박인호(1989); 한지영(2012).

4 이우성(1990); 강세구(1990); 강세구(1995); 임형택(2017).

충분히 주목받지 못했던 '역사가'로서 유형원의 면모를 발견케 해 주리라 기대한다.

2. 예비적 고찰

1) 유형원 역사의식의 형성 배경

본격적인 논의에 앞서 유형원이 동국 역사에 특별한 관심을 지니게 된 배경에 대해 간략히 언급해두고자 한다. 이는 크게 시대와 개인 두 층위로 나누어 설명할 수 있겠다.

먼저 시대적 요인으로서, 조선 개국부터 17세기 초까지 꾸준히 축적되어 온 역사 및 지리 분야에 대한 관심과 성과를 꼽을 수 있다. 즉, 權近의 『東國史略』(1403), 『高麗史』(1451), 『東國通鑑』(1485), 朴祥의 『東國史略』(16C 初), 吳澐의 『東史纂要』(1606) 등의 역사서, 『東國輿地勝覽』(1481)과 『新增東國輿地勝覽』(1530), 韓百謙의 『東國地理誌』(1615) 등의 지리서가 유형원 당대까지 지속적으로 편찬되었으며, 이에 따라 동국 역사에 대한 사회적 인식의 제고는 물론 기존 자료에 대한 문제제기나 반박 역시 용이하게 이루어질 수 있는 환경이 조성되었다. 실제로 『반계잡고』에서 유형원이 인용 혹은 비판하며 논의의 바탕으로 삼는 대상에는 古記, 『三國史記』와 같은 고려 시대 이전 자료는 물론 위와 같은 近世의 저작까지 망라되어 있다.

또한, 성리학이 심화되어 가던 17세기 중반의 학적 분위기 역시 역사 서술 구상의 주요한 계기 중 하나로 작용한 것으로 보인다. 16세기 이후 성리학이 점차 공고한 사회 이념으로 자리를 잡아가면서, 이러한 가치관을 역사학에도 적용하고자 하는 의식이 고조된 것이다. 이후 다루겠지만, 실제 유형원이 구상한 역사 서술 구도를 살펴보면 기존의 동국사를 성리학적 기준에 의해 재편하고자 한 의도가 강하게 묻어난다.[5]

유형원 개인의 영역에서 역사의식 형성의 요인을 논해보자면, 먼저 '博學'의 학풍으로 요약되는 17세기 近畿南人[6]으로서의 학적 경향을 꼽을 수 있다.[7] 그는 어린 시절부터 經史를 숙독하여 大義를 이해하고 있었음은 물론, 諸子百家의 학문에까지 깊은 관심을 두어 이를 섭렵하고 있었다고 한다.[8] 특히 어렸을 적부터 따르며 수학한 고모부 金世濂과 외숙 李元鎭 등은 박학의 학문을 지향한 인사들로서, 유형원이 다양한 분야의 학문에 관심을 가지는 데 적지 않은 영향을 주었으리라 생각된다.[9]

아울러, 그가 젊은 시절부터 동국 여러 지역을 두루 경험한 사실 역시

---

5 유형원은 성리설에도 해박한 지식을 지닌 인물이었다. 그는 생전에 『理氣總論』, 『論學物理』, 『經說問答』 등 성리학 관련 저서들을 다수 짓기도 하였거니와(洪啓禧, 『磻溪隨錄・附錄』, 「柳馨遠傳」), 『반계잡고』에도 성리학에 대한 그의 조예를 엿볼 수 있는 저작이 다수 수록되어 있다.(『磻溪雜藁』, 「與鄭文翁東稷論理氣書」; 「又論人心道心書」; 「答裵公瑾」; 「答梁退叔」)

6 주지하다시피 유형원은 본래 北人 출신이었으나 그들의 정치적 몰락에 따라 이후 南人에 편입되어 간 것으로 이해된다. 그의 부친 柳欽(1596~1623)은 당색으로 볼 때 북인에 속하는 인물이었는데, 광해군의 복위를 꾀하였다는 혐의로 柳夢寅의 옥사가 일어나자 이에 연루되어 사망하였다. 이 사건은 유형원의 가문은 물론 북인 전체가 몰락한 계기가 되었다.(신병주(1997), 166면. 참조)

7 17세기 중・후반 近畿南人은 徐敬德・曺植 등 북인으로부터 상당한 학문적 영향을 받았는데, 이들의 학풍은 학문적 다양성 및 개방성, 사회경제 개혁에 대한 관심 등으로 요약된다. 근기남인의 학문이 지니는 이러한 '박학'의 성향에 대해서는 신병주(1997). 참조.

8 安鼎福, 『磻溪雜藁』, 「磻溪先生年譜」, 294면. "【先生八世. ○講讀經史, 已曉大義, 儀度若成人, 長老見者, 咸以遠大期之.】" "【先生十世. ○是歲, 經傳外, 涉獵百家, 皆能領會. 李金二公, 與之論難, 嘆曰: '古或有如此人哉!'】"

9 신병주(1997), 167, 178면; 정호훈(2015), 211면. 참조.
安鼎福, 『磻溪雜藁』, 「磻溪先生年譜」, 293면. "【受業于太湖李公及姑夫東溟金判書世濂, 讀不過數遍, 輒誦不忘, 二公甚器重之. 先生, 既知讀書, 自立課程. 雖羣兒喧豗, 若不見聞, 誦習不輟. 是歲通算數, 至如博奕雜戲, 亦皆通曉.】"

역사의식 형성의 중요한 계기 중 하나로 거론할 수 있다. 서울에서 태어난 그는 병자호란 당시 강원도 원주에서 피난 생활을 하였으며, 22세 때에는 함경도와 평안도 관찰사에 연달아 제수된 김세렴을 방문하여 북방지역의 면면을 체험하기도 하였다. 그러고는 마침내 전라도 扶安 愚磻洞으로 들어가 종신토록 은거생활을 하였다.[10] 이처럼 국토 곳곳을 누비며 그곳의 역사와 삶을 직접 보고 듣는 과정 속에서, 그는 역사지리에 관한 의식을 자연스럽게 성장시킬 수 있었던 것으로 보인다.[11]

하지만 그의 역사의식 배경에 있어 무엇보다도 주목해야 할 지점은, 역시 시대와 개인의 층위를 아우르는 '明 멸망과 淸의 중국지배'라는 당대적 현실이다. '오랑캐' 청에 의해 '문명국' 조선의 임금이 고개를 숙인 굴욕적 상황, 正統 왕조인 명이 붕괴하고 청이 중국을 지배하게 된 현실, 이와 같은 顚倒的 상황은 대부분의 조선 지식인들을 혼란과 분노에 빠뜨렸다. 유형원의 경우에도 이는 마찬가지였다. 그는 명청 교체 과정의 한 가운데를 정통으로 살아간 인물로서, 1653년 전북 부안 愚磻洞에 기거하게 된 데에는 명 멸망에 따른 상실감이 중요한 동기 중 하나로 작용하였다.[12] 이 은거 기간 동안 그는 「中興偉略」이라는 글을 지어 문명 재흥의 의지를 보였던가 하면,[13] 지역민들을 단련시켜 혹시 모를 청

10 安鼎福, 『磻溪雜藁』, 「磻溪先生年譜」, 294면. "【先生十五歲.】 十二月, 奉王父母·母夫人及兩姑, 避虜亂于原州." "【先生二十二歲.】 ○冬, 往拜東溟金先生于咸興. 【時東溟, 爲北伯, 尋授關西伯. 先生此行, 縱觀西北山川而歸.】" "【先生三十二歲.】 ○冬, 移居于扶安縣愚磻洞."

11 유형원의 국토 체험 상세와 그것이 역사지리의식 형성에 미친 영향에 대해서는 다음의 연구 성과를 참조.(양보경(1992), 34~35면; 신병주(1997), 167, 171면.)

12 兪漢雋, 『自著』, 「柳馨遠傳」, 260면. "明烈帝十七年, 淸人寇陷燕京, 自立爲帝. 馨遠自以明陪臣義不出, 隱於愚磻山谷中."
물론 유형원이 우반동에 은거한 것은 당쟁의 소용돌이 속에서 그가 더 이상 관직에 나갈 뜻을 잃어버렸기 때문이기도 하다.(安鼎福, 『磻溪雜藁』, 「磻溪先生年譜」, 307면. "先生, 生於黨議橫流之際, 遯世無悶, 著書自樂.")

전복의 기회에 대비하고 중국까지 이르는 해로를 미리 상세히 파악해 두는 등[14] 崇明排淸 의식 및 北伐에 대한 집념을 강렬하고도 구체적인 방식으로 내비치고 있었다. 이처럼 명에 대한 의리와 문명 회복에 대한 갈망이 생의 중요한 목표 중 하나로 자리 잡게 됨에 따라, 성리학적 의리론과 중화의식에 입각하여 동국 역사를 재편하고자 했던 그의 의지 역시 점차 공고해져 간 것으로 추측할 수 있다.

이처럼 17세기라는 전환기적 시대상과 그러한 시대의 한가운데를 가로지르며 축적된 다양한 개인적 경험들은 유형원이 그만의 역사의식을 형성해 나가는 데 적지 않은 영향을 끼쳤다. 그리고 그렇게 형성된 의식의 소산들은 오랜 세월 동안 묻혀 있다가 20세기 후반에 이르러서야 『반계잡고』라는 모습으로 그 흐릿한 윤곽을 드러내게 되었다.

2) 『반계잡고』 소재 역사 관련 기록 개황

그렇다면 유형원의 역사 인식이 담긴 『반계잡고』는 어떠한 책이며, 여기에 실린 역사 관련 기록에는 어떠한 것이 있는가?

현전하는 『반계잡고』는 순암 안정복이 유형원의 증손자 柳發(1683~1775)에게서 유형원의 遺稿를 얻어 본 후 자신에게 필요한 부분을 옮겨 적어둠으로써 남아 있게 된 자료이다.[15] 즉, 이는 유형원의 온전한 원고

---

13 安鼎福, 『磻溪雜藁』, 「磻溪先生年譜」, 294면. “【先生十五歲.】 ○『中興偉略』始草. 【先生, 以大明淪亡, 國恥未雪, 深以爲恨. 其在扶安, 每於月夜, 以漢音操琴自彈, 聲出金石, 每登舍後絶頂, 北望抆涕, 人莫知其故. 常講究復雪之策. (中略) 至是, 始草『中興偉略』. 書未成, 而先生卒.】”

14 洪啓禧, 『磻溪隨錄・附錄』, 「柳馨遠傳」, “所居濱海, 常置大船四五, 制極便利. 畜駿馬, 日可行數百里, 藏良弓美箭及鳥銃數十, 以敎家僮及村氓, 至今愚磻一里, 多有以善砲名者. 嘗裒聚水路朝天記及漂海人所錄, 以記諸站, 某處險・某處夷, 歷歷如指掌. 卽此數事, 而可以略揣其志之所存. 噫其悲夫! 是未可與俗人道也.”

15 강세구(1995), 114~117면. 참조.

가 아니라 어디까지나 안정복의 관점과 필요에 의해 취사선택된 저작 모음집인 것이다. 따라서 『반계잡고』에 수록된 역사 기록들을 다룰 때에는 그와 같은 편찬 배경을 염두에 두어야 함은 물론, 여기에서 보이는 유형원의 발상이 훗날 안정복에게 어떠한 영향을 미쳤는지에 대한 부분 역시 필히 함께 검토되어야 한다.

『반계잡고』에서 역사 관련 기록이 차지하는 비중은 전체의 약 1/3 가량이다. 그 수록 내용을 목록으로 정리하면 다음과 같다.

『磻溪雜藁』 소재 유형원의 역사 관련 기록

제목	창작연도	내용
與朴進士自振論東國地志	1656년(35세)	동국 역사서 「地志」에 존재하는 부정확·불확실한 기록에 대한 논증 및 반박
東史綱目凡例	1665년(44세)	『자치통감강목』에 근거하여 동국 역사 서술의 원칙 제시
東史怪說辯	1665년(44세)	동국 역사에 전해오는 괴이한 설들에 대한 비판과 변증
三韓說後語	미상	기존 역사서에서의 三韓 및 三國 서술 방식에 대한 의문 해명
三京說	미상	고려 때 주창된 南京(漢陽) 천도론의 전말에 대한 발췌 기록

「與朴進士自振論東國地志」는 역대 역사서 및 지리지에 기록된 동국 지명의 연혁 및 위치에 오류가 많았음을 지적하면서, 여러 사료 및 정황 증거를 폭넓게 제시하여 이를 재검토한 글이다. 이 글에서 거론된 논의들은 유형원이 같은 해 편찬한 『동국여지지』에 대부분 실려 있다. 「東史綱目凡例」는 「東史條例」, 「東史綱目條例」라고도 불리는 작품으로,[16] 동국의 역사를 서술함에 있어 朱熹의 『資治通鑑綱目』을 준용해야

한다는 원칙을 천명한 기록이다. 이미 알려진 바와 같이, 이 범례는 훗날 안정복이 『동사강목』을 저술하는 데 중요한 참고점을 제공해 주었다. 다음으로, 「東史怪說辯」은 동국 역대 역사서에 괴이하고 황당한 내용이 적지 않게 발견된다는 점에 문제의식을 느낀 유형원이, 이성적 관점에 입각해 이를 변증해냄으로써 보다 합리적인 역사 서술의 가능성을 탐색한 글이다. 또한 「三韓說後語」는 기존 역사서의 三韓 및 三國 관련 서술에서 의문을 가질 법한 지점에 대해 문답 형식을 빌려 나름의 논리적 해답을 제시한 글이다. 후술하겠지만, 「東史怪說辯」과 「三韓說後語」 역시 체제와 내용 모두에서 안정복 『동사강목』을 통해 일정한 형태로 계승된다.

『반계잡고』 내 수록된 역사 관련 기록들은 모두 유형원의 은거생활 이후에 지어졌다. 특히 「동사강목조례」와 「동사괴설변」은 그가 44세 되던 1665년에 지어졌고, 비록 현전하지는 않지만, 후일의 참고에 대비하여 동국에 대한 언급이 담겨 있는 중국 사료들을 모아 엮은 『歷史東國可考』 역시 같은 해 편찬되었다.[17] 이점을 통해, 유형원이 그의 역사의식을 구체적인 서술로서 본격화하기 시작한 것은 바로 이 시기부터였음을 알 수 있다. 다만 그의 동국사 재서술에 대한 꿈은 『동국여지지』에서 일부 이루어진 것을 제외하면 대부분 실제 저술까지 이어지지는 못하였다.[18] 때문에 미처 매듭지어지지 못한 그의 역사 구상은 『반계잡

16 李瀷이 찬한 「磻溪柳先生傳」에는 「東史條例」, 安鼎福의 「磻溪先生年譜」 및 洪啓禧의 「柳馨遠傳」에는 「東史綱目條例」로 되어 있다.

17 安鼎福, 『磻溪雜藁』, 「磻溪先生年譜」, 301면. "【先生四十四歲.】 ○編『歷史東國可考』. 【題後曰, 自『史記』·『漢書』以下, 歷代史傳及『通典』·『通考』等書, 取東國所付者, 聚錄之, 以備參考. 北夷倭人, 土地連近, 事或有相考者, 則亦仍幷載之.】"

18 「동사강목범례」 말미에 담긴 유형원의 한숨어린 탄식에는, 그 원대한 계획을 미결 상태로 남겨둘 수밖에 없었던 한 그의 안타까운 심정이 고스란히 담겨 있다.
柳馨遠, 『磻溪雜藁』, 「東史綱目凡例」, 140면. "歲月侵尋, 疾病沈綿, 本領急務, 多負素

고』의 작품들을 통해 파편적인 형태로 이해해야 할 따름이다.

3. 東國史 서술 구상에 나타난 역사의식의 특징

그렇다면 유형원이 구상한 동국의 역사는 구체적으로 어떠한 모습을 띠었는가? 이 장에서는 『반계잡고』 내 자료를 토대로 그 역사의식의 특징적인 국면들을 살펴봄으로써, 그가 꿈꾸었던 동국사 서술의 전체상을 재구해 보도록 하겠다.

1) 체계성: 성리학 기반의 서술 체제 구축

유형원의 동국사 서술 구상으로서 가장 먼저 논할 수 있는 것은, 그가 보기에 일정한 기조나 체계 없이 서술되어 왔던 동국의 역사를 분명한 원칙과 기준 위에서 다시 편성하고자 하였다는 점이다. 그러한 인식은 「동사강목범례」에 잘 나타나 있다. 「동사강목범례」는 유형원이 추후 수행하고자 했던 동국사 재구성에 대한 기초 계획을 '범례'의 형태로 제시한 저작이다. 물론 이는 그의 실제 역사 서술로 이어지지 못하였고 현전하는 내용도 총 5조목에 불과하여 온전한 범례라 하기에는 다소 부족하다.[19] 그러나 유형원이 고민했던 역사 서술의 대원칙을 파악할 수 있다는 점에서 의미 있는 자료이다.

志, 於此等事, 恐終有所未暇也. 嘗念古人成就許多事, 有何精力而能若是乎? 重爲慨然也. 後之君子, 倘或有以成之, 亦一幸事也."

19 『자치통감강목』이나 안정복 『동사강목』의 「범례」가 '統系', '歲年', '名號' 등의 20여 개의 항목을 갖추고 이에 대해 상세한 서술 기준을 마련해 둔 것에 비하면, 현재 남아 있는 유형원의 범례는 매우 소략한 수준이다.

다음은 「동사강목범례」 창작 동기에 관한 그의 언급이다.

> 예전에 내가 동국의 역사를 읽을 적에, 볼만한 일이 없을 뿐 아니라 일을 기록함에 義例가 전혀 없어 마음속으로 깊이 탄식하였다. 그리하여 매양 주자의 『자치통감강목』을 대략 본떠 한 책으로 엮어 보기에 편리하도록 하고자 하였다. 대개 범례는 일체 『자치통감강목』의 書法을 쓴다. 다만 우리 동국은 중국에 신하로서 예속되어 있었음에도 받들어 섬기는 體例는 간혹 중국이 군림하여 제어한 것과 다른 점이 있으니, 이는 다시 따져 처리해야 할 지점이다.[20]

그는 동국의 역대 역사서에 볼만한 내용이 없을 뿐 아니라 그마저도 일정한 義例 없이 서술되어 왔던 것에 불만을 느꼈다. '일정한 義例가 없다'는 것은 곧 역사를 기술하는 데 요구되는 '義理 중심의 기조와 체계'가 부재하였음을 뜻하는 말이다. 물론 『三國史記』, 『高麗史』, 『東國通鑑』 등 이전의 역사서에도 나름의 서술 체계가 존재하지 않았던 것은 아니다. 다만 유형원은 이보다 더 엄격한 기준의 적용을 원하였다. 즉 '성리학'이라는 사상적 원칙이다. 이러한 인식 하에서 그는 朱熹의 『資治通鑑綱目』의 書法을 준용하여 동국 역사를 다시 써내려갈 것을 제안하였다.

주지하다시피 『자치통감강목』은 주희가 司馬光의 『資治通鑑』을 『春秋』의 체제에 따라 '大要[綱]'와 '詳細[目]'로 나누어 재편집한 역사서이다. 이는 각 왕조를 '正統'과 '非正統'으로 구분하고 義理에 따른 포폄을 가하여 각 사안을 서술하는 등 성리학적 가치관을 강하게 반영하고 있는

20 柳馨遠, 『磻溪雜藁』, 「東史綱目凡例」, 140면. "昔余讀東史, 非但事無可觀, 又其記事, 全無義例, 心竊悼歎. 每欲略效朱子綱目, 編成一書, 以便省覽. 蓋其凡例, 雖一用綱目書法, 而但我東國, 臣屬中國, 其承事體例, 間有所異於中國之自爲臨制者, 此其更費區處處耳."

저작으로 꼽힌다. 유형원이 이러한 『자치통감강목』의 원칙을 따르고자 했다는 것은, 곧 성리학적 기준에 따라 동국의 역사를 재편하겠다는 뜻을 분명히 한 것이라 할 수 있다.[21]

그렇다면, 유형원이 구상한 실제 범례의 내용을 살펴보자.

「東史綱目凡例」 각 조목 요약

조목	내용
1	범례는 일체 주희의 『자치통감강목』을 따름
2	삼국 시대 이전은 증거할 만한 문헌이 없어 編年이 곤란하므로, 삼국 시대부터 서술을 시작할 것임
3	중국에 대한 臣屬 여부를 따져 중국에서 발생한 大事를 기록함
4	紀年은 『春秋』의 예에 따라 동국을 기준으로 함
5	중국의 상황 및 正朔 수용 여부에 따라 중국 왕조를 달리 칭함

유형원은 먼저 자신의 역사서는 일체 『자치통감강목』의 기준을 따를 것이라며 서술의 대전제를 범례 첫머리에 명시해 둔 후,[22] 역사 서술에 있어 '編年'의 문제를 두 번째 조목에서 언급하였다. 그는 삼국 시대 이전 역사는 증거로 삼을만한 문헌이 부족하여 연도별로 상고하기 어렵다는 이유를 들며, 자신은 삼국 시대부터 동국사를 서술해 나갈 것이라 하였다. 다만 상고 시대의 역사를 아예 외면할 수는 없으므로, 『자치통

21 한편, 유형원은 明代의 商輅가 편찬한 『續資治通鑑綱目』이 筆法이 근엄하지 않고 부족한 부분도 많다는 점에 아쉬움을 느껴 『續綱目疑補』를 편찬하기도 하였다. 『자치통감강목』 식 역사서술에 대한 그의 깊은 관심과 이해를 반영하는 대목이다.
安鼎福, 『磻溪雜藁』, 「磻溪先生年譜」, 301면. "【先生四十四歲.】 ○先生又嘗恨『續綱目』, 筆例無謹嚴之意, 又多疏漏, 撰『疑補』一卷."

22 柳馨遠, 『磻溪雜藁』, 「東史綱目凡例」, 139면. "一, 凡例一依朱子『綱目』."

감강목』의 예에 따라 시작 부분에서 삼국 이전 상황의 대략에 대해 註를 달아 표시한다거나, 檀君 이후부터 삼국 시대 이전의 사실을 따로 분리하여 한 편으로 만드는 방안을 고려하였다.[23]

유형원이 「동사강목범례」에서 가장 중점을 둔 부분은 역시 '중국 왕조와의 관계'를 어떻게 서술할 것인가에 관한 지점이다. 이에 대한 원칙을 정립하기 위해 그가 주로 참고한 것은 유가 역사서의 또 다른 전범인 『春秋』였다. 그는 기본적으로 중국과 동국의 관계를 春秋時代의 天王-諸侯 관계에 대입하여, '황제국'인 중국을 섬기는 '제후국'으로서 동국을 인식하였다. 때문에 역대 왕조마다 그들이 중국에 예속되었는지 여부를 반드시 써서 드러내고자 하였고, 동국이 册命을 받은 일, 朝聘한 일, 중국 황제의 사망 및 즉위와 같은 大事 역시 빠짐없이 기록하고자 하였다.[24] 또한, 황제의 사망을 기록함에 있어 '周'라는 국호를 드러내지 않고 곧바로 '天王崩'이라 썼던 『춘추』의 예를 따라 '皇帝崩'이라 표시하고자 하였다.[25] 뿐만 아니라 紀年의 문제에 있어서도, 동국은 중국에게 臣屬된 나라이므로 이치상 그들의 연호를 사용해야 할 듯하지만, 이 역사서는 어디까지나 동국의 것이므로 魯나라를 기년의 기준으

23 柳馨遠, 『磻溪雜藁』, 「東史綱目凡例」, 139면. "一, 三國以前, 文獻無徵, 不可成編年, 託始於三國. 而其前事實, 略爲分載於三國初年下, 如綱目首年晉大夫下, 分註其前事例, 可也. 【或檀君以下三國以前事實, 別爲一編, 如綱目前編之例爲可.】"
한편, 안정복의 『동사강목』은 箕子 대부터 서술을 시작하고 단군 관련 사적을 그 아래 부기하여, 유형원과는 다른 방법을 취하였다.(安鼎福, 『東史綱目』, 「凡例・統系」, "凡統系, 爲史家開卷之第一義, 而『通鑑』以檀箕事蹟, 別爲外紀, 其義不是. 今正統始于箕子, 而檀君附見于箕子東來之下, 倣『通鑑綱目』篇首三晉之例.")

24 柳馨遠, 『磻溪雜藁』, 「東史綱目凡例」, 139면. "一, 東國歷代, 臣屬中國, 其屬否離合, 必謹以書, 冊命朝聘亦書. 【其年例節使, 則致詳於初, 而曰自此遂以爲常, 而不必每年皆書. ○詔使之例來者, 亦不必盡書, 因事乃見.】 皇帝崩立, 凡廢興大事必書."

25 柳馨遠, 『磻溪雜藁』, 「東史綱目凡例」, 139면. "【不著國號, 直書皇帝崩, 如春秋天王崩例, 而書皇太子, 卽註著是爲某皇帝, 若創業廢簒事義非常者, 隨事異文.】"

로 삼았던 『춘추』의 사례를 따라 자신도 동국을 기준으로 기년할 것임을 밝혔다.[26]

그러나 중국을 '황제국'으로, 조선을 '제후국'으로 표현하고자 할 때 문제되는 부분이 있었다. 이는 周나라 임금이 형식적으로나마 오랜 기간 천왕으로 군림하였던 춘추시대와는 달리, 중국 왕조들은 역대로 복잡한 興亡의 과정을 거쳤으며, 그 왕조들에 대한 동국 국가들의 臣屬 여부 역시 모두 제각각이었다는 점이다. 때문에 유형원은 서술하는 각 시대별로 중국 왕조를 어떻게 지칭하고 표현할 것인가에 대한 나름의 기준을 별도로 마련할 필요가 있었다.

이를 위해 유형원은 먼저 『자치통감강목』의 서법에 따라 중국 역대 왕조를 '정통'과 '비정통'으로 구분하여 서술하고자 하였다. 예컨대, 漢, 明과 같은 漢族이 세운 나라는 정통으로 분류한 반면,[27] 遼나 金 같이 이민족이 세운 나라에 대해서는 동국이 비록 稱臣을 하였음에도 '황제국'으로 표현하기를 거부한 것이다.[28]

다만 그는 중국에 대한 표현에 있어 그들 왕조의 정통 여부만을 유일한 기준으로 삼지는 않았다.

---

26 柳馨遠, 『磻溪雜藁』, 「東史綱目凡例」, 139면. "一. 承用正朔時, 則似當紀以中國之年. 然春秋乃尊王之書也, 而本魯史, 故直以魯公紀年. 今旣是東史, 則當依春秋例, 以本國紀年.【但各於元年下, 註標中國之年, 中國元年, 則亦標見於其年下, 以便考檢, 可也.】"
한편, 유형원이 세운 이러한 기준은 안정복의 『동사강목』에도 그대로 반영되었다.(安鼎福, 『東史綱目』, 「凡例・歲年」, "東國歷世, 承用中國正朔, 則似當紀以中國之年, 然春秋尊王之書也, 本魯史, 故直以魯紀年. 今旣是東史, 則依春秋之例, 以本國紀年.")

27 柳馨遠, 『磻溪雜藁』, 「東史綱目凡例」, 139~140면. "在漢則正統." "至如明, 明及本國, 則事義尤別, 旣是正統."

28 柳馨遠, 『磻溪雜藁』, 「東史綱目凡例」, 139면. "【遼金, 雖力屈稱藩, 不可以爲天下主, 亦不在此例, 因事乃見, 書法亦變.】"

> 元은 비록 夷狄이지만 천하를 통치하였으니, 동국이 신하로 예속됨에 있어 압박을 받아 정삭을 받들기만 한 前代의 경우와는 비교할 수가 없다. 그러니 또한 '帝'라고 칭하는 것이 마땅하다. 그러나 入朝한 경우와 사신을 보낸 경우는 '왕이 원에 갔다.'거나 '아무 벼슬에 있는 아무개를 원에 사신으로 보냈다.'라고 쓴다. 明의 경우에는, 명과 본국은 事義가 더욱 자별하다. 명이 이미 정통일 뿐 아니라 冊命을 받고 號令을 받들어 대대로 한 나라와 같았으니 '帝'라 칭하며 '명'이라 칭할 수 없다. 사신을 보낸 경우에도 마땅히 '아무개를 京師에 사신으로 보냈다.'라 써야 한다.[29]

위 제시문은 元과 明의 호칭 문제에 대한 유형원의 입장을 밝힌 대목이다. 그는 '정통' 왕조인 '明'에 대해서는 말할 것도 없이 황제국으로서 높여 대우해야 한다고 하였다. 그러나 '元'의 경우에도, 그들이 비록 夷狄이기는 하지만 중국 전체를 장악하였을 뿐만 아니라 고려가 그들을 깊이 섬겼으므로 '帝'라 칭하는 것이 마땅하다고 하였다. 물론 사신을 파견하는 문제에 있어서는 明의 경우 '遣某如京師'라 표현하고, 元의 경우 '遣某官某如元'라 표현하여 일정한 차등을 두었지만, 중국 왕조의 '정통' 여부에서 벗어나 당시 동국의 실제 臣屬 여부를 호칭의 기준으로 삼았다는 점은 특징적인 대목이다. 안정복의 『동사강목』에서 정통 中華와의 구분을 명확히 드러내기 위해 元을 遼, 金의 사례와 함께 묶어 처리한 점과 비교해 보면 그러한 특이점은 더욱 두드러진다.[30]

---

29 柳馨遠, 『磻溪雜藁』, 「東史綱目凡例」, 139~140면. "元則雖是夷狄, 統御天下, 又東國之臣屬, 非如前代羈縻止承正朔之比, 亦當曰帝. 然其入朝乃使聘, 則曰'王如元', '遣某官某如元'. 至如明, 明及本國, 則事義尤別, 旣是正統, 而受冊命奉號令, 世同內服, 曰帝, 不可稱明. 其使聘, 亦當曰'遣某如京師'"

30 安鼎福, 『東史綱目』, 「凡例・朝會」, "元承正統而高麗之臣雖別, 然以遼金之例處之者, 以別乎中華之正統也."

이처럼 유형원은 중국에 대한 호칭 설정에 있어 그들의 '정통' 여부만을 전적인 기준으로 삼지 않고, 서술의 주체가 되는 동국의 실제 상황 역시 중요하게 고려하였다. 이러한 태도는 다음의 언급에서도 엿볼 수 있다.

> ①삼국 시대에는 비록 중국과 通交는 하였으나 그들을 섬기기도 하고 그렇지 않기도 하여 聲敎가 한결같지 않았다. 그러니 이러한 예(황제와 관련한 大事를 기록하는 것:필자 주)를 두지 않는다.[31]

> ②무릇 중국이 동국에 교화를 내리고 동국이 중국과 교류하고 섬길 적에는, 그 名號의 예가 역대에 걸쳐 하나의 事體가 아니었다. 중국 왕조가 正統이 아닐 때는 우선 말할 것도 없거니와, 漢나라의 경우에는 정통이고 또 그들이 동국에 郡을 설치하였음에도 신라·고구려·백제 등은 正朔을 받들 줄 몰랐다. 그러니 중국을 섬기거나 그들과 교섭한 경우 '한'이라 칭하는 것이 마땅하지만 '중국'이라 칭하기도 한다. 唐의 경우 또한 '당'이라 칭하되, 황제에게서 명이 나온 경우 '帝'라고 칭하니, 이는 정삭을 받들어 썼기 때문이다. 宋의 경우 또한 그렇게 하되, 요와 송을 함께 섬긴 뒤의 시기는 '송'만 일컫는다. 【주 가운데서는 혹 文勢에 따라 적당한 바를 따른다.】[32]

---

31 柳馨遠, 『磻溪雜藁』, 「東史綱目凡例」, 139면. "【三國之際, 雖通中國, 而或事或否, 聲敎未一時, 則不在此例. ○遼金, 雖力屈稱藩, 不可以爲天下主, 亦不在此例, 因事乃見, 書法亦變.】"

32 柳馨遠, 『磻溪雜藁』, 「東史綱目凡例」, 139면. "凡中國施於東國, 東國交事中國, 其名號之例, 歷代事體非一. 其非正統時, 姑勿論, 在漢則正統, 又置郡於東國, 然新羅高句麗百濟之類, 未知承奉正朔. 則凡事涉中國者, 當稱曰漢, 或稱中國. 在唐亦稱唐, 而其命出於帝者, 則稱以帝, 承用正朔故也. 在宋亦然, 而其竝事遼宋以後, 止稱宋. 【凡其註中, 則或因文勢隨所宜.】"

①에서 그는, 삼국 시대 당시 동국이 중국과 교류를 하기는 하였으나 모든 왕조가 모든 시기에 걸쳐 그들을 섬긴 것은 아니었다고 하며, 중국 왕조를 전부 황제의 예로서 기술할 필요는 없다고 하였다. 이러한 입장은 ②도 마찬가지이다. 삼국이 正朔을 받들어 쓰면서 중국을 황제국으로 섬기지 않았을 시기에는, 漢, 唐과 같은 정통 왕조일 경우에도 '帝'라 지칭하지 않고 그들의 국명으로써 호명하겠다는 것이다. 宋의 경우에도, 고려가 송의 정삭을 받들었을 때에는 '帝'로 칭해야 하겠지만, 중기 이후 고려가 요와 송을 동시에 섬겼을 때는 '宋'이라는 국명을 그대로 노출해 쓰겠다고 하였다. 이처럼 중국 왕조의 '정통성' 자체는 인식하면서도 그 정통 여부에 일방적으로 구애받지 않고 당시 동국의 실제 臣屬 여부에 따라 호칭 문제를 달리 설정한 점은, 당대 실제 상황에 즉하여 역사를 서술하고자 한 유형원의 실증적 태도를 반영한다.

이상 살펴본 바와 같이, 유형원은 그간 일정한 義例 없이 서술되어 온 동국사에 대해 문제의식을 느껴, 『자치통감강목』을 서술의 뼈대로 삼고 『춘추』를 세부 기준으로 삼는 새로운 역사 서술 체제를 구상하였다. 몇 조항 되지 않는 범례 대부분의 내용이 중국과의 관계 및 그에 대한 호칭 문제에 대한 고민으로 채워져 있다는 점에서, 對中國 義理를 중시한 그의 성리학적 역사관을 엿볼 수 있다. 다만 정통 여부만을 중국 왕조 호칭의 일관된 기준으로 설정하지 않고 동국 왕조의 당대 사정을 함께 고려하여 서술하고자 하였던 점은, 역사의 실제성을 추구한 그의 서술 태도를 보여주는 대목이라 하겠다.

2) 합리성: 怪說 배격을 통한 사실적 내용 추구

앞서 살핀 바와 같이, 유형원은 『자치통감강목』과 『춘추』라는 역사서의 전범을 활용하여 동국사의 전체 체계를 '성리학적 골격'으로 재편하고자 하였다. 이어서 그는 동국의 역사를 보다 사실적이고 합리적인 내용으로 채워나갈 방안에 대해 고심한다. 그러한 고민의 과정에서 제출된 글이 「東史怪說辨」이다.

「동사괴설변」은 제목에서 알 수 있듯, 동국 역사에 보이는 괴이한 설들에 대해 유형원이 나름의 합리적 설명을 통해 그 허위성을 논파한 저작이다. 유형원은 평소 동국의 역사서를 읽으면서, 朴赫居世, 閼英, 脫解 등 삼국 시대 초기 기록이 怪說로 점철되어 있는 것에 대해 의문과 불만을 품었다. 그는 중국과 동국은 거리상으로 얼마 떨어져 있지 않아 문화나 풍습에 있어 큰 차이가 존재하지 않았을 것임에도, 동국의 역사서에 황탄한 이야기가 유독 많이 실려 있는 점은 '문명국'의 역사에 걸맞은 모습이 아니라고 하며 이를 특별히 문제시하였다.[33] 그는 이러한 폐해가 발생한 원인으로, 이전의 역사가들이 기록의 부족을 이유로 민간에서 떠도는 이야기들을 역사서에 무비판적으로 수록한 점을 지목하였다. 그리고는 이처럼 허무맹랑한 설들로 엮인 기록은 결코 '믿을 만한 역사[信史]'라 할 수 없다며 그들의 안이한 서술 태도를 신랄하게 비판하였다.[34]

---

33 柳馨遠, 『磻溪雜藁』, 「東史怪說辯」, 140～141면. "余嘗東史, 三國之際, 怪異之事甚多. 若赫居世・閼英・脫解・閼智・首露・許妃・金蛙・朱蒙之生, 及迎日・耽羅之事, 以至桓因・桓雄・檀君・夫婁・聖骨將軍・作帝建・龍女之說, 無不荒怪. 噫! 東國與中國, 相去不滿數千里, 地形風氣, 不甚相遠. 以麗朝以後七八百年之間觀之, 風氣人事, 每相表裡. 三國之時, 中國之聲教, 雖不甚通, 其風氣人事, 則以此推之, 亦可知矣. 三國之興, 俱在漢宣帝以後, 則在中國已爲近代, 在鴻濛鑿古之初已遠矣, 安有氣化物變有若此者乎? 況其箕子東來, 君主朝鮮? 東國雖無徵, 而漢史所記, 未聞有可怪之事. 漢武東征以後, 則載記已詳, 而未聞有可怪之事, 其在三國, 而反有若是荒怪之事乎?"

34 柳馨遠, 『磻溪雜藁』, 「東史怪說辯」, 141면. "蓋三國之時, 文獻無徵, 習俗朴陋, 此等說, 本出於野人無知之口, 不過嗤氓評話之傳, 而高麗中葉以後, 始作史者, 悶其前代載記闕焉, 無事可錄, 反取此等說, 載之於史, 以傳後世. 是以今觀東史, 三國爲記, 其事有見於

그렇다면 유형원은 이러한 역사서의 폐단을 바로잡기 위해 어떠한 방법을 고안하였는가? 그의 비판에 이어지는 다음 대목을 보자.

> 金富軾의 역사서는 우선 논할 것도 없다. 근세에 吳澐이 동국의 여러 역사서를 취하여 하나의 책으로 만들고 이름을 『東史纂要』라고 하였다. 이 책은 동국의 역사에 있어 거의 요령을 얻었는데, 이러한 괴이한 설에 있어서는 번다한 말들을 생략하되 완전히 제거하지는 못하였다. 때문에 그 책 또한 충분하다고 하기는 어렵다.
>
> 무릇 번다한 말들을 제거하여 간략하게 만드는 것은 그 내용이 황탄한 것임을 알아서 원래 있던 말을 다 싣지 않으려 하기 위함이다. 그러나 말이 점점 간략해질수록 일은 점점 알맹이만 남게 되니, 이것을 세상에 전하면 더욱 의문을 불러일으키게 된다. 왜 그런가? 후세의 사람들은 본래의 괴이한 말이 이처럼 우습다는 점은 알지 못한 채 간소해진 책만을 보기 때문이다.
>
> 이제 괴이한 설들을 아래에 모아 본래의 말들을 전부 실어, 보는 사람들마다 모두 그것이 황탄하고 이치가 없어 한 번 웃기에도 부족하다는 점을 알아 절로 의문을 없게 하고자 한다. 아! 이러한 설들은 본래 분변할 것도 없는 것이지만 기왕 역사책에 실려 있는 까닭에 분변하지 않을 수 없다. 후세에 역사를 편찬하는 사람들은 이전 역사에 전해오는 것이라 하여 구차하게 그 잘못을 따르지 말고 일체 삭제해 버려야 할 것이다.[35]

中國載記, 而因以記之者, 則已爲衰世之事, 其因其俚俗之所傳, 則眞爲邃古之初, 同是一時之事, 而其氣象人事, 便若千百世之相遠, 此何等史乎? 是以其爲書也, 事實乖抵, 言語雜陋, 不成模樣, 一對東史, 令人輒掩卷不欲觀矣. 彼無知誣說, 固不足誅, 記評話於信史, 以傳於後世, 作史者之罪也."

35 柳馨遠, 『磻溪雜藁』, 「東史怪說辯」, 141~142면. "金富軾之史, 姑無論已, 近世吳澐氏取東國諸史, 撮爲一書, 名曰『東史纂要』. 其在東史, 庶爲要實, 而於此等說, 略其煩語而不能全去, 故其爲書亦不足可矣. 夫其刪煩取略者, 知其誕妄而不欲備載本語也. 然語漸簡而事漸實, 以此傳世, 則愈起疑信之端矣, 何也? 後之人, 莫見其本語之若是可笑, 而徒見

유형원은 유가적 관점에서 찬술되었다고 일컬어지는 金富軾의 『三國史記』부터 怪說이 다수 등장하는 점은 말할 것도 없거니와, 근세의 吳澐이 편찬한 『東史纂要』의 경우를 보더라도 비록 괴설을 대폭 축소 서술하기는 했지만 그러한 방식이 오히려 후세 사람들로 하여금 괴설을 더욱 믿게 만들어버리는 결과를 초래한다고 말한다. 해당 괴설의 황당함에 대한 충분한 辨說 없이 대략의 내용만을 요약 서술하는 데 그친다면, 괴설의 알맹이는 그대로 존재하여 기록을 접한 사람들이 이를 무비판적으로 신뢰해 버리고 만다는 것이다. 때문에 그는 괴설을 축소해 제시하기보다는 오히려 全文을 드러내고 이에 대해 조목조목 반박을 가함으로써, 그것들이 얼마나 어처구니없고 가소로운 이야기인지 폭로해야 한다고 주장하였다. 그러한 이성적 辨證 작업이 제대로 이루어질 때, 비로소 후대 역사가들이 설화의 황당함을 인식하고 역사에서 이를 과감히 삭제해버릴 수 있다는 것이다. 유가적 합리성에 입각하여 사실적인 동국 역사를 서술하고자 한 의지를 읽을 수 있는 대목이다.

실제로, 「동사괴설변」의 내용들은 대부분 유가적인 사유하에서 신뢰하기 어려운 대목에 대한 노출과 폭로로 이루어진다. 몇 가지 예를 들어보면 다음과 같다.

> | 석탈해 | 多婆那國은 왜국에서 동북 쪽으로 1천 리 거리에 있는데, 일명 龍城國이라고도 한다. 그 나라의 임금 含達婆는 女國의 왕녀를 취하여 왕비로 삼았는데, 그녀는 임신한 지 7년이 지나 큰 알을 낳았다. 운운.

就簡之書故也. 今聚集其說於左, 具載本語, 使觀者人人皆知其荒誕無理, 未滿一笑, 而自無疑焉. 嗟乎! 此等說, 本不足辨, 而旣載信史, 故不得不辨. 後之編史者, 不可以前史所傳而苟仍其累, 宜一切去之可也."

○살피건대 석탈해는 해외의 멀리 떨어진 나라에서 알로 표류하다가 신라에 도착한 뒤에야 비로소 부화하였다. 그러니 다파나국에서 왔다는 사실을 어떻게 알 수 있단 말인가? 또 '그 나라 임금의 이름'이나 '그가 여국의 왕녀를 취하였는데 그녀가 임신한 지 7년이 지나 낳았다'는 등의 일은 또 어떻게 자세히 알 수 있었단 말인가?

그 집을 가지고 다투었다는 이야기 또한 웃음거리에 지나지 않는다. 석탈해는 이미 본토 사람이 아니라고 말하였는데, 자기 선조의 집이라고 이야기할 수 있겠는가? 또 일찍이 대장장이로서 숯을 땅에 묻었다는 말을 하지 않다가 송사할 때가 되어서야 대장장이라고 사칭하였으니, 설득력을 얻을 수 있었겠는가? 더구나 瓠公은 당시 재상이었는데, 이러한 말로 이길 수 있었겠는가?

이와 같은 이야기는 황탄하고 사리 없는 것이라 분변할 것도 없이 서로 모순이 되고 말이 되지 않는다. 이런 따위는 곧 아이들의 숨바꼭질 놀이에 불과할 따름이다. 김부식은 세상에서 박식한 학자로 일컬어짐에도 이러한 이야기를 가져와 역사책에 실었으니, 비루한 일이다.[36]

제시한 내용은 신라의 4대 임금 昔脫解 관련 괴설과 그 허구성에 대한 유형원의 논리적 반박이다. 석탈해가 多婆那國이라는 이국에서 알로 태어나 신라로 건너왔다거나, 신라 귀족 瓠公의 집터를 보고 속임수를 써서 그 집을 빼앗았다는 등의 이야기는 『三國遺事』, 『三國史記』 등 유수의 역사서를 통해 전해지는 유명한 설화다. 하지만 유형원에게는 어

36 柳馨遠, 『磻溪雜藁』, 「東史怪說辯」, 143면. "脫解, 多婆那國, 在倭國東北一千里, 一名龍城國. 其國王含達婆, 取女國王女爲妃, 有娠七年, 乃生大卵云云. ○按脫解旣以海外絶國之卵, 漂到而始化, 則其自多婆那國, 何從而知之? 其國王之號, 及娶女國王女, 姙娠七年等事, 又何從而詳乎? 其訟宅之說, 亦未滿一笑. 脫解旣謂非本土之人, 而吾祖家屋, 可乎? 又不言嘗爲冶匠而埋炭, 就訟之際, 詐稱冶匠, 其可得乎? 且瓠公其時宰輔, 則以此而能取勝乎? 此等說, 誕妄愚騃, 固不足辨, 而自相抵牾, 不成說話. 類此, 直兒童迷藏戲耳. 金富軾, 世稱博學人而取以爲史, 陋矣."

디까지나 怪力亂神에 가까운 이야기일 뿐이다. 때문에 그는 이를 논파하는 방식으로서, 해당 괴설이 등장하는 대목을 원전 그대로 노출해 보인 후 그 아래 按說을 달아 그것이 허황된 이유를 일일이 밝혀 보인다.

그는, 설화에 따르면 석탈해는 신라까지 오는 내내 알 속에 있었던 것으로 되어 있는데, 자신이 다파나국에서 왔다거나 왕비가 자신을 임신한 지 7년 만에 낳았다는 등의 사실을 어떻게 알 수 있었겠느냐며 이야기 자체의 무논리성을 공격한다. 또한 석탈해가 訟事를 통해 호공의 집을 빼앗는 이야기의 경우도, 애초에 타국에서 건너온 석탈해가 호공의 집을 자기 조상의 집터라 우기는 것부터 어불성설일 뿐 아니라 당시 재상이었던 호공의 집을 이방인에 불과한 석탈해가 소송으로 쟁취한다는 것도 말이 되지 않는 이야기라고 비판한다. 그리고는 조금만 살펴보면 숱한 모순점을 발견할 수 있는 이러한 괴설을 역사책에 실어둔 자체가 잘못된 일이라고 하며, 소위 박식하다고 일컬어지는 김부식의 비루함을 힐난한다. 결국 괴설의 차단에 있어 중요한 것은 어떠한 이야기를 역사서에 담을 것인지 결정하는 역사가의 안목과 태도라는 것이다.

또 다른 예를 보자.

> ㅣ桓因·檀君ㅣ 옛날에 천신 환인이 서자인 桓雄에게 명하여, 天符印 세 개를 가지고 삼천 명을 거느리고 태백산 정상 신단수 아래로 내려가도록 하였다. 환웅은 그곳을 神市라 일컫고 인간 세상의 360여 가지 일을 주관하였다. …… (夫餘) 帶素에 이르러 고구려 大武神王에게 멸망을 당하였다.【古記에 나와 있다.】
>
> ○이 기록은 더욱 불경함이 심하다. 동국 史書에 기록된바 단군·부루·금와 등에 대한 설은 상세하고 간략함에 차이가 있는데, 이야기를

가져온 출처가 달리 있는 것인가? 만약 이러한 기록에 근거하여 산삭하고 간략하게 만든다면 또한 황탄함을 면치 못할 것이다. 단군은 우리 동국에서 처음 출현한 임금이니, 필시 그 인물은 신성한 덕을 지니고 있었을 것이다. 때문에 사람들이 모두 그를 임금으로 받든 것이다. 옛날에 신령한 인물이 출현하는 경우에는 물론 그에게 보통 사람과는 다른 점이 있었겠지만, 어찌 이처럼 심하게 허황된 점이 있었겠는가? (中略)

대개 단군은 堯임금과 동시대 때의 인물로, '檀君'이라는 이름만 어렴풋하게 겨우 전해져 온 것이다. 그렇다면 후세 사람들이 또 어떤 기록을 통해 단군이 누구를 부인으로 맞아들였는지 알았단 말인가? 【대개 古記와 같은 것은 신라 때 속설에서 비롯되어 고려 때 정착된 것이다.】 단군이 河伯의 딸을 부인으로 맞아들였다고 하였는데 고구려 東明王의 어머니 또한 하백의 딸로 되어 있다. 단군으로부터 삼국, 고려조에 이르기까지 군왕이 흥기한 사례가 많은데, 그들은 모두 알에서 나오지 않았으면 금궤에서 나왔으며, 왕비는 하백의 딸이 아니면 필시 龍女라고 하니, 이 두 가지 경우 외에는 다른 이야기가 없다. 황탄한 말을 만들어 내는 재주 또한 좁고 넓지 못했다고 하겠다.[37]

위에서 공격하는 대상은 『삼국유사』를 비롯한 각종 古記에 전하여 익히 알려진 檀君 설화이다. 유형원은 이 설화에 대해 그 허황된 면모가 특히나 심하다고 한다. 그에 의하면, 단군은 물론 일반인에 비해 훌

---

37 柳馨遠, 『磻溪雜藁』, 「東史怪說辯」, 144~145면. "桓因檀君, 昔有天神桓因, 命庶子雄, 持天符三印, 率徒三千, 降於太伯山頂神檀樹下. 謂之神市, 主人間三百六十餘事云云. 至帶素而爲高句麗大武神王所滅.【古記】 ○按此說, 尤甚不經. 東史所記, 檀君・夫婁・金蛙等說, 詳略有異, 未知其所取有他出處否乎? 若因此而刪以就簡, 則亦荒矣. 夫檀君東國首出之君, 必其人有神聖之德, 故人皆就以爲君. 古之神聖之出, 固異於衆人者, 亦安有若此無理之甚乎? (中略) 蓋檀君之生, 與堯竝時, 故檀君之號, 若存若亡, 僅傳二字, 後人又何從而知其娶某氏耶?【大槩古記之類, 出於新羅俚俗之稱, 而成於高麗.】 謂檀君娶河伯女, 而東明之母, 又是河伯女矣. 自檀君以至三國麗祖, 王者之興多矣, 而不出於卵, 則必出於金櫝, 王妃不是河伯之女, 則必是龍女, 二者之外, 更無他端. 其造詭之術, 亦狹而不博矣."

륭한 점을 지니고 있었기에 동국의 첫 임금으로서 추대된 것일 테지만, 그가 아무리 뛰어나다고 해도 이와 같은 허황된 경위를 통해 동국에 군림하지는 않았을 것이라 한다. 또한, 단군은 중국 堯임금과 같은 시대를 살았던 먼 옛날의 인물로서 어렴풋이 이름만 전하고 있는 존재인데, 그가 河伯의 딸을 부인으로 맞았다는 등의 이야기를 후대 사람들이 어떻게 알 수 있었겠느냐고 반문한다. 이에 더 나아가, 그는 동국의 건국 설화라는 것은 기본적으로 황당하기 그지없는 말들일 뿐 아니라 그 내용 역시 '어떤 왕이 알[금궤]에서 나왔다'거나 '어떤 왕비는 河伯[龍]의 딸이다'라는 식으로 같은 소재를 반복하는 데 그치고 있어 이야기를 빚어내는 상상력마저 매우 빈약한 수준이라며 강한 비난을 가한다.

괴설에 대한 그의 공격은 불교를 숭상하던 당대 풍속에 대한 비판으로도 이어진다. 그는 설화 내에 阿踰陀國·阿蘭弗·迦葉原 등 불교 용어가 다수 섞여 있다는 점이나 고려 王建의 건국 설화에 불교적인 요소가 다분하다는 점을 거론하면서, 황탄하고 괴이한 설이 횡행한 원인으로 불교가 성행하던 당대의 풍속을 지목하였다. 백성들은 무지하고 집권층은 교화를 시행하지 않은 결과, 불교에서 숭상하는 신이한 이야기가 낭자하게 역사책에 수록되고 말았다는 것이다.[38] 그가 추구한 합리적·

38 柳馨遠, 『磻溪雜藁』, 「東史怪說辯」, 142면. "其所謂多婆那國·阿踰陀國·桓因·阿蘭弗·迦葉原等語, 其他名稱語意, 皆是僧談, 其時俗尙, 因可想也. 其荒誕好怪, 蓋有由矣. 嘗觀僧人所持金剛山記云: "山自西域漂海而來, 住於東國." 又"木石能語." "人物變化." 其他諸說莫不然, 何其與此相近之甚也?"
柳馨遠, 『磻溪雜藁』, 「東史怪說辯」, 146면. "高麗之先, 史闕未詳. 『太祖實錄』卽位二年, 追王三代云云.【此以下, 高麗史世係.】 ○金寬毅, 『編年通錄』云云.【閔漬, 『編年綱目』云云.】 ○李齊賢曰: '金寬毅云, 聖骨將軍云云.' ○又曰: '金寬毅云, 懿祖得唐父所留弓矢云云.' ○又曰: '金寬毅云, 道詵見世祖松岳南第曰云云.' ○按三國之際, 固無足論. 至於麗朝, 則宜有可觀, 而亦未免荒蒙. 安有王室祖考追崇所及, 而傳說之紊亂若此者乎? 麗之君臣, 冒僞誣祖, 至於見譏於中國, 可醜也已. 原其所由, 蓋是人心無知, 俗習佞佛而然. 上無以敎則其害無所不至哉!"

사실적 역사관이 불교 등 이단 사상에 대한 배척의식과 긴밀히 맞닿아 있었음을 시사하는 대목이다.[39]

이처럼 유형원은 유가적 합리성에 입각하여, 괴이한 이야기를 배제하고 이치에 타당한 기록들만을 역사에 실어두고자 하였다. 그에게 있어 역사는 말 그대로 '信史', 즉 믿을 만한 이야기들로 채워져야 하는 것이었다. 괴설로 얼룩진 기존 역사를 정리하고 유가적 사실에 부합하는 내용들로 역사를 재정리 할 때, 동국은 비로소 문명국에 어울리는 '역사다운 역사'를 가질 수 있다는 그의 확고한 신념을 읽을 수 있다.

3) 실증성과 논리성: 폭넓은 자료 검토와 정합적 해석을 통한 설득력 확보

마지막으로 살펴볼 부분은, 특히 역사지리학 분야에서 두드러진 유형원의 실증적·논리적 태도이다. 이는 「與朴進仕自振論東國地志」와 「三韓說後語」에 잘 드러나 있다.

「여박진사자진논동국지지」는 『高麗史』 「地志」, 『東國輿地勝覽』 등 동국 역사의 「地志」에서 발견되는 여러 오류를 지적하고 이를 바로잡으려 한 글이다. 유형원은 이 글의 도입부에서 '동국의 四郡·三韓의 설은 久庵 韓百謙이 이미 변증을 하였는데, 그 뒤 역대로 여러 서적들을 상고해보면 하나하나 들어맞으니 우리 동방의 圖志에 있어 한구암에게 공이 있다고 평가할 수 있다.'[40]고 하며, 고대사 분야에서 한백겸의 『東

---

39 이단 사상에 대한 그의 강력한 비판의식은, 그가 우반동에 은거해 있을 당시 남쪽 지방에 다수 존재하고 있던 淫祠들을 훼철해 버린 사실을 통해서도 파악할 수 있다.
安鼎福, 『磻溪雜藁』, 「磻溪先生年譜」, 297면. "【先生三十三歲.】 ○毁淫祠【南俗好鬼, 多淫祠. 先生所居洞中, 有淫祠三所, 遠近男婦, 雜遝祈禱, 先生使人毁其祠, 伐其樹. 先生家居, 內外斬斬, 巫瞽之屬, 不敢入門.】"

40 柳馨遠, 『磻溪雜藁』, 「與朴進士自振論東國地志」, 149면. "東國四郡三韓之說, 韓久庵已

國地理誌』가 이룩한 성과를 인정하였다.[41] 다만 이 책에서도 삼국 시대, 특히 고구려 영토에 대한 사항을 분명히 밝혀내지 못한 점은 못내 아쉬워하였다. 이에 그는 이 글을 통해 중국 측의 여러 사료를 종합적으로 검토하고 논증함으로써 북방 지역의 연혁 및 위치에 대한 보다 실제에 근접한 설명을 내놓고자 하였다.[42]

다음은 고구려의 평양 천도 과정에 대해 논증한 「여박진사자진논동국지지」의 한 대목이다.

> 고구려 도읍인 평양은 『三國史』「高句麗地志」에, "長壽王 15년(427)에 國內城로부터 平壤으로 도읍을 옮겼다."라고 되어 있고, 그 「本紀」에는 "山上王 13년(209)에 國內城으로부터 丸都城으로 도읍을 옮겼고, 東川王 21년(247)에는 平壤으로 옮겼으며, 故國原王 12년(342)에는 다시 丸都로 옮겼다. 14년(344년)에 평양의 東黃城으로 다시 옮겼다가 長壽王 15년에 다시 평양성에 도읍하였다."고 되어 있는데, 두 說이 상충되어 어느 쪽이 옳은지 모르겠다.
>
> 杜佑의 『通典』을 살펴보면, "고구려는 東晉 이후에 平壤城에 자리잡았는데, 또 長安城이라고도 한다."고 되어 있다. 또 『元史』의 지리지에도 "고구려 평양성은 달리 長安城이라고도 하며, 漢의 樂浪君이다. 晉 義熙(405~418) 후에, 그 왕 高璉이 처음 平壤城에 자리잡았다."고 되어 있다. 『一統志』에 또, "平壤城은 漢 樂浪郡의 治所인데, 晉 義熙 후에 그 왕인 高璉이 처음 이 성에 자리잡았다."라 하였다. 그렇다면 장수왕이 처음 平壤에 도읍했다고 한 것은 아마도 옳은 듯하다. 그러나 山上

有辨, 其後歷考諸書, 節節符合, 於東方圖志, 久庵可謂有功矣."

41 유형원의 역사지리 인식이 韓百謙의 『東國地理誌』 영향을 강하게 받았다는 사실은 이미 여러 연구를 통해 지적된 바 있다.(정구복(1987), 184면; 문창로(2011), 74면. 참조.)

42 柳馨遠, 『磻溪雜藁』, 「與朴進士自振論東國地志」, 149면. "大抵三國中高句麗沿革地理尤難爲據, 本國雖無文獻可徵, 中國傳記, 必有可考之說, 若得覰破, 則亦爲快事也."

王부터 長壽王에 이르기까지 200년 동안 11명의 왕이 다스렸는데, 魏의 毋丘儉이나 燕의 慕容氏와 서로 싸워 丸都를 멸하였다는 등의 「本紀」 기록은 魏·晉의 역사서들과 서로 부합하니, '國內城에서 丸都로 천도하고 丸都에서 平壤으로 천도하였다.'고 할 때의 '平壤'은 매우 분명하다. 그렇다면 장수왕이 國內城에서 平壤으로 옮겼다고 한 것은 아마도 빠지거나 잘못된 점이 있는 것이다. 또 長壽王 이전 「本紀」에 수록된 내용 중에 平壤에 자리 잡았을 때의 일이 많이 보인다. 그렇다면 고구려가 平壤을 얻은 것은 이미 長壽王 전에 있던 일인 것이, 어찌 일정한 곳 없이 옮겨 다니다가 長壽王 때 이르러서야 도읍으로 정하게 된 것이겠는가?[43]

다소 긴 편폭이지만, 유형원의 사료 검토 및 논증 방식을 보여주기에 적합한 사례이기에 인용하였다. 유형원은 고구려의 평양 천도 과정에 대해, 『삼국사기』 「지지」에서는 長壽王 때 '國內城에서 平壤'으로 곧바로 천도했다고 하였고, 「본기」에서는 평양에 정착하기까지 '國內城 → 丸都城 → 平壤 → 丸都城 → 東黃城 → 平壤'의 순차적인 과정을 거쳤다고 하여, 두 기록이 서로 일치하지 않는 점에 의문을 품었다. 이에 대한 논리적인 해답을 내놓기 위해 그는 杜佑의 『通典』, 『元史』 「地理志」,

---

43 柳馨遠, 『磻溪雜藁』, 「與朴進士自振論東國地志」, 156~157면. "高句麗都平壤, 『三國史·高句麗地志』, '長壽王十五年, 自國內徙都平壤.' 其『本紀』, 則謂'山上王十三年, 自國城移都丸都城, 東川王二十一年, 徙都平壤, 故國原王十二年, 復移丸都, 十四年, 還移平壤東黃城. 長壽王十五年, 復都平壤城.' 二說自相牴牾, 未知孰是. 按杜佑『通典』云, '高句麗自東晉以後, 居平壤城, 亦曰長安城.' 又『元史·地志』, '高句麗平壤城, 亦曰長安城, 漢樂浪郡也. 晉義熙後, 其王高璉, 始居平壤城.' 『一統志』亦云, '平壤卽漢樂浪郡治, 晉義熙後, 其王高璉始居此城.' 則謂長壽王始都平壤者, 似爲得之. 然自山上至長壽, 其間十一王, 二百餘年中, 『本紀』所書與魏毋丘儉·燕慕容氏相戰殘破丸都等事, 與魏晉諸史相符, 其自國內徙丸都, 自丸都徙平壤, 平壤則明甚. 其謂長壽王自國內徙平壤者, 恐有脫誤也. 又長壽王以前『本紀』所載, 多見居平壤時事, 高句麗得平壤, 已在長壽之前, 豈遷徙無常而至長壽乃爲定都耶?"

『大明一統志』 등 평양에 관해 기록되어 있는 중국 측 자료들을 모두 동원하고 이를 하나하나 나열하며 검토해 나간다. 이러한 과정을 거쳐, 그는 장수왕 때 평양성으로 천도한 것은 맞지만 그 전에 환도성, 동황성 등으로 천도한 것 역시 사실로서, 『삼국사기』 「지지」에 '장수왕이 국내성에서 평양으로 천도했다'라 한 내용은 그러한 과정이 누락된 기록이라는 결론을 내린다. 동국의 사료만으로는 이해하기 어려운 부분을 해명하기 위해 방대한 자료를 종합적으로 검토하여 역사적 사실에 조금 더 다가가고자 했던 유형원의 실증적 태도를 단적으로 보여준다.

그는 이러한 방식을 활용하여 대대로 잘못 기록되어 왔던 일부 지역의 연혁에 대한 오류를 바로잡기도 하였다. 다음은 역대 「지지」에 수록된 '南原府'의 연혁에 엉뚱한 기록이 전해 오던 사실을 지적한 대목이다.

> 지금의 南原府는 鄭麟趾의 『고려사·지지』에 "본래 백제 古龍郡인데, 후한 建安 연간에 帶方郡이 되었고, 曹魏 때에는 南帶方郡이 되었다. 신라가 백제를 병합함에 唐 高宗이 劉仁軌에게 조칙을 내려 檢校帶方州刺史로 삼았으며, 신라 神文王 4년(684)에는 小京을 설치했다."라 되어 있다. 【『동국여지승람』에도 이 기록이 인용되어 있다.】 나는 일찍이 한강 이남의 지역은 당나라 이전에는 중국이 경영한 사실이 없는데 유독 남원 한 고을에 대해서만 漢 獻帝와 위나라 때 대방군으로 삼았다고 하였으니, 어디에 근거한 말인지 알 수 없었다.
>
> 지금 『전한서』와 『후한서』의 「지리지」를 상고해보건대, "요동군과 낙랑군은 모두 幽州의 소관이다. 요동군의 屬縣으로는 無慮, 安市, 西安平 등 18현이 있고, 낙랑군의 속현으로는 朝鮮, 含資, 帶方, 屯有 등 25현이 있다. 함자현에는 帶水가 있는데 서쪽으로 대방에 이르러 바다로 들어간다."라고 되어 있다. 또 『후한서』에는, "質帝와 桓帝 연간에 고구려가 다시 요동의 서안평을 침범하여 帶方領을 살해하고 樂浪太守

> 의 처자를 빼앗아갔다."라고 나와 있다. 『삼국지』를 상고해보건대, "건안 연간에 公孫度가 둔유 이남의 거친 땅을 분할하여 대방군으로 삼았다."라 나와 있다. 『晉書』를 상고해보건대, "대방군은 공손도가 설치하였고, 魏 武帝가 제패하여 그대로 다시 군을 두었다."라 되어 있다. 거기에 소속된 대방, 함자 등 7현은 모두 한나라 낙랑군의 속현이었던 셈이다. 그렇다면 공손도와 위나라에서 설치하였던 대방군이란 한나라 낙랑군의 대방현 등을 군으로 분리해낸 곳이요, 요동의 경계에서 멀지 않은 바닷가 지역으로, 지금의 남원이 아님은 분명하다. (中略) 정인지는 이러한 사실을 살피지 못한 채 남원이 옛날에 대방이라 일컬어졌다는 이유로 평주 대방의 일을 남원에 잘못 덮어씌웠으니, 그 오류가 매우 심하다.[44]

유형원은 한강 이남 지역은 당나라 이전에는 중국에게 지배를 받았던 때가 없었는데, 유독 전라도 남원만 '대방군'이라는 이름으로 한나라와 위나라의 지배를 받은 사실이 『고려사』 「지지」나 『동국여지승람』에 실려 왔던 이유에 대해 의문을 품었다. 이에 그는 『전한서』, 『후한서』, 『삼국지』, 『진서』 등 중국 측 자료를 동원하여, 한나라와 위나라에서 설치하였다는 '대방군'이란 전라도 남원이 아니라 요동 근처에 위치한

---

44 柳馨遠, 『磻溪雜藁』, 「與朴進士自振論東國地志」, 160~161면. "今南原府, 鄭麟趾『高麗史・地志』曰: '本百濟古龍郡, 後漢建安中, 爲帶方郡, 曹魏時, 爲南帶方郡. 新羅竝百濟, 唐高宗, 詔劉仁軌, 檢校帶方州刺史, 神文王四年, 置小京'云云. 【『勝覽』亦引此.】 嘗疑漢水以南, 唐以前, 擧無自中國經略之時, 而獨於南原一邑, 謂漢獻帝曹魏時, 乃爲帶方郡, 未知何所據也. 今考『前後漢・志』, 遼東・樂浪郡, 皆幽州所領, 而遼東郡屬縣有無慮・安市・西安平等十八縣, 樂浪郡屬縣有朝鮮・含資・帶方・屯有等二十五縣. 含資縣有帶水, 西至帶方入海. 又『後漢書』云: '質・桓之間, 高句麗復犯遼東西安平, 殺帶方令, 掠得樂浪太守妻子.' 按『三國志』, '建安中, 公孫度, 分屯有以南荒地爲帶方郡.' 考之『晉書』, '帶方郡, 公孫度置, 魏武定覇, 仍復置郡'云, 而其所屬帶方・含資等七縣, 皆是漢樂浪郡屬縣也. 然則公孫度・曹魏所置帶方郡, 乃分出漢樂浪郡之帶方等縣爲郡者, 而遼界不遠濱海之地也, 非今南原明矣. 麟趾不察, 以南原舊號亦稱帶方, 故以平州帶方之事, 誤冒於南原, 其舛謬甚矣."

북방 어느 지역이라는 사실을 밝혀냈다. 이는 남원이 옛적에 '대방군'이라 불렸다는 사실만으로 요동 대방군의 사적을 남원에 기록해 둔 데에서 발생한 오류라는 것이다.[45]

이밖에도 「여박진사자진논동국지지」에는 玄菟, 國內城, 丸都城, 蓋馬大山, 卒本 등 역대 지지에서 부정확하거나 불명확하게 비정되었던 지역을 실제에 가깝게 고증하고자 노력한 흔적이 다수 발견된다. 물론 대부분의 경우 본인도 정확한 위치를 확신하지 못하여 가능성만 제시한 채 미결 상태로 논의를 남겨두고 있다. 그러나 기존 지리지의 안이한 인식을 비판하며 방대한 자료를 동원해 실제에 근접하고자 한 태도만큼은 주목할 만하다.

한편, 동국의 역사지리에 대해 논리적 해명을 시도하고자 한 유형원의 고민을 살필 수 있는 또 하나의 저작으로 「三韓說後語」가 있다. 이는 三韓 및 三國 시대 관련 기록에 대해 일반적으로 품을 수 있는 의문에 대해 유형원이 문답의 형식을 빌려 해명을 시도한 글이다.

「삼한설후어」는 총 두 개의 큰 문답으로 구성되어 있다. 첫 번째 물음은, 三韓 지역은 백제와 신라의 흥기와 함께 얼마 지나지 않아 양국에 병합되었음에도 중국 측 기록에 여전히 '삼한'이라는 명칭이 보이는 이유에 대한 것이다.[46] 이에 대해 그는 다음과 같이 대답한다.

---

45 이와 비슷한 예로, 유형원은 역대 「지지」에 載寧郡 息城과 重盤의 연혁을 安州에 잘못 붙여놓은 사례를 발견하여 이를 바로잡기도 하였다.
柳馨遠, 『磻溪雜藁』, 「與朴進士自振論東國地志」, 161면. "此如『輿地勝覽』之誤以載寧郡之息城・重盤等沿革, 冒錄於安州也.【今載寧郡, 本高句麗息城郡, 新羅時改重盤郡, 高麗改安州, 後爲載寧. 今安州本高麗初彭原郡, 後置安東府, 後爲寧州, 後爲安州. 『麗・志』明甚, 本無可疑, 而『勝覽』, 公然以一事, 疊錄於兩邑, 蓋緣安州之號, 而失卻昭檢以致誤也.】"

46 柳馨遠, 『磻溪雜藁』, 「三韓說後語」, 162~163면. "或又謂: '三韓旣爲百濟・新羅所據, 新羅以漢宣五鳳中, 起於辰韓, 未久竝有弁韓, 百濟以漢成鴻嘉中, 起於馬韓, 王莽時襲滅馬韓, 而至東漢末・魏晉世, 猶有三韓, 見於中國所記, 何也?"

신라와 백제는 비록 한나라 때 건국되었지만, 초기에는 세력이 미미하여 아직 여러 소국들을 병합하지 못하였고 중국과 멀리 떨어져 있어 通交하지 못하였다. 특별히 중국과 우호를 맺게 된 것은 백제는 東晉 때부터, 신라는 苻堅 때부터이다. 때문에 백제와 신라가 일어난 뒤에도 중국 측 역사에는 매번 '삼한'으로 일컬어졌던 것이다. 그러나 『후한서』에, '삼한은 모두 78국이니, 백제는 그 중의 한 나라이다.'라 하였으니, 여기에서 또한 이미 백제가 건국되었음을 알 수 있다. 후에 점점 강대함으로 이름을 알려 중국과 우호를 맺게 되었기 때문에 『南史』와 『北史』에 백제와 신라는 있지만 '삼한'이라는 명칭은 없는 것이다."[47]

그에 의하면, 백제와 신라는 비록 한나라 때 건국되었지만, 초기에는 세력이 미미하여 주변 세력을 완전히 통합하지 못하였고 중국과의 교류도 이른 시기부터 이루지 못하였다. 때문에 삼한 멸망 이후에도 중국 측 기록에 그 이름이 그대로 전해지는 것이며, 중국과 정식으로 통교한 뒤에 이르러서야 비로소 그들 역사서에서 '백제', '신라'라는 명칭이 등장하게 된 것이라고 한다.

또한, 중국 역사서에 언제나 신라보다 백제가 먼저 기록되어 있는 이유를 묻는 두 번째 질문에 대해서는, 백제가 신라보다 일찍 강성하였으며 지리상으로도 중국과 교섭하기 유리한 조건이었던 반면, 신라는 세력을 정비한 것이 상대적으로 늦었고 '신라'라는 국호를 정한 것도 한참 후대의 일이었기 때문이라는 말로 설명한다.[48] 중국 史書, 동국의 연혁

---

47 柳馨遠, 『磻溪雜藁』, 「三韓說後語」, 163면. "曰: '新羅・百濟雖起於漢世, 然其初微眇, 尙有諸小國未竝合者, 且與中國隔遠, 不能相通. 其自別通聘也, 百濟始於東晉時, 新羅始於苻堅時. 是以雖濟・羅起後, 中國史每以三韓仍稱之. 然『後漢書』云: 「三韓凡七十八國, 百濟是其一國焉.」 則此亦可見其已有起也. 後漸强大著聞通聘. 故至『南・北史』, 則有百濟・新羅, 而無三韓之名矣.'"

48 柳馨遠, 『磻溪雜藁』, 「三韓說後語」, 163면. "或又曰: '中國所記, 每先百濟而後新羅, 何

및 지리에 대한 해박한 지식을 바탕으로 고대사 상의 의문점에 대한 나름의 논리적 해명을 내놓았다는 점이 「삼한설후어」가 지니는 가장 큰 특징이다.

이상 살펴본 바와 같이, 유형원은 동국 역사에서 부정확하거나 불명확하게 서술되어 의문을 남기고 있는 지점들에 대해 각종 자료 및 당대 정황을 폭넓게 고려하여 최대한 사실에 가까운 결론을 도출해내고자 하였다. 역사지리 분야에 있어 그가 보인 이와 같은 실증적이고도 논리적인 역사 접근 태도는 후에 『동국여지지』와 같은 실제 성과로 연결되기도 하였다.[49]

4. 유형원 역사의식의 史的 의의

『반계잡고』에서 발견되는 유형원의 역사의식은 『자치통감강목』에 기반한 '동국 역사의 체계화', 怪力亂神의 배제를 통한 '서술 내용의 합리화', 그리고 방대한 자료 검토를 통한 '실증성 및 논리성 확보' 등의 특징으로 요약된다. 즉, 그의 동국사 재편 구상은 '성리학적 합리성과 논리성'이라는 선명한 방향성 하에서 진행되었던 것이다.

그렇다면 이와 같은 면모를 보인 유형원의 역사관은 당대의 史的 맥락 속에서 어떠한 의미를 지니는가? 사실 유형원이 살았던 17세기 중엽

也?' 曰: '濟・羅其初, 雖皆微眇. 然百濟比新羅則稍大, 其越海相通亦稍易. 新羅則尤微側, 今之嶺南一道, 新羅起後, 尙有駕洛・沙伐等諸小國, 數百年而後, 乃能爲一國. 無定號, 初稱徐耶伐, 或稱斯盧, 或稱新羅, 至其二十世後, 始定爲新羅, 此所以每次於百濟, 而新羅之名, 亦名小見於前代者也.'"

49 예컨대, 본고에서 거론한 '평양 천도' 내용은 『東國輿地誌』 「平安道・平壤」조에, '남원부' 내용은 「全羅道・南原」조에 각각 실려 있다.

은 역사학에 있어 『자치통감강목』에 대한 관심이 두드러진 시기이다. 이는 단순히 『자치통감강목』을 숙독하거나 새로 요약 편찬해 내는 차원을 넘어, 동국의 역사를 '강목체'에 따라 재서술하는 새로운 역사서 찬술 경향으로 이어졌다.[50] 兪棨(1607~1664)의 『麗史提綱』(1667), 洪汝河(1620~1674)의 『東國通鑑提綱』(1672), 林象德(1683~1719)의 『東史會綱』(1711) 등의 私撰 역사서는 그러한 흐름 속에서 탄생한 저작들이다. 이러한 현상은 무엇보다도 명청 교체로 인해 전통적인 華夷觀이 붕괴한 현실 속에서, '性理學的 正統論'의 확립을 통해 학문 차원에서의 중화회복에 대한 의지를 드러내고자 한 당대 지식인들의 의식에 기인한다.[51]

청나라의 중원 지배로 인한 상실감과 강목체에 의거한 성리학적 의리론의 주창, 이는 곧 앞에서 살펴보았던 유형원 역사의식의 배경 및 그가 제시한 동국사 서술 원칙과 매우 닮아 있다. 실제로 이 시기 강목체로 서술된 역사서의 편찬 체계를 살펴보면, 유형원이 견지했던 역사관점 및 방법론과 유사한 지점들을 적지 않게 발견할 수 있다.

> 우리 동방은 箕子 이후로 줄곧 기록이 있었으나 증거로 삼을 만한 文籍이 남아 있지 않으며, 삼국 시대에도 각기 역사 기록이 있었으나 또한 대부분 전하지 않는다. 金富軾이 『三國史記』를 편찬하였으나, 수록된 내용이 대부분 荒誕한 것이라 믿을 수 없다. (중략) 본국은 비록 해마다 중국의 正朔을 받들어 사용하였다. 그러나 이 책은 본국의 私的인 기록이므로 본국을 기준으로 紀年하고, 중국의 연호를 그 아래에 나

50 허태용(2006), 91~98면. 참조.

51 허태용은 전통적 중화질서 붕괴라는 현실에 직면한 조선 지식인들은 강력한 '중화회복의식'을 표출하였고, 그것이 사상적으로 발현된 것이 당대 역사학에서의 '正統論' 구축이라 보았다. 즉, 과거에 존재했던 많은 국가들을 엄격한 華夷論의 기준으로 평가함으로써, 무력에 의한 청의 중원 지배가 곧바로 지배의 정당성을 보증하는 것은 아니라는 점을 강조하고자 하였다는 것이다.(허태용(2006), 106~107면. 참조.)

> 누어 주석을 달아 둔다.[52]
>
> —兪棨, 『麗史提綱』, 「凡例」

> 삼국 시대 시조의 탄생 설화는 어리석은 세속 사람들이 입에서 입으로 전한 허망하고도 망령된 이야기에서 비롯된 것이므로, 史法 상 기재하지 않고 대략 刪節을 가하여 기록하였다. 荒誕하고 怪異함이 특히나 심한 것들은 삭제하였다.[53]
>
> —洪汝河, 『東國通鑑提綱』, 「凡例」

위 내용은 유계의 『여사제강』과 홍여하의 『동국통감제강』 범례에서 발췌한 것으로, 삼국 시대 설화의 황탄함을 배척한 대목이나 동국을 기준으로 紀年하겠다는 대목 등이 앞서 살펴본 유형원의 견해와 흡사하다. 강목체를 바탕으로 동국사를 편찬한 유계·홍여하 등과 유형원의 역사의식이 동일한 사상적 지향과 목표 하에서 싹튼 것임을 단적으로 보여주는 대목이다.

흥미로운 사실은 이들의 역사 서술 구상이 임상덕의 『동사회강』을 제외하면 거의 동시기에 이루어졌는데, 역사서 찬술에 있어 상호 간에 영향을 주고받았다는 정황은 발견하기 어렵다는 점이다.[54] 이는 곧 17

52 兪棨, 『麗史提綱』, 「凡例」, "我東方, 自箕子以後, 卽有文字, 而載籍無徵, 三國分爭, 各有文史, 然亦多不傳. 金富軾撰三國史, 所載類多荒誕, 不足憑信. (中略) 本國雖歲奉中國正朔, 而此書乃本國私紀. 故以本國紀年, 而分注中國年號於其下."

53 洪汝河, 『木齋家塾東國通鑑提綱』, 「凡例」, "三國始祖誕生之說, 出於愚俗傳訛, 矯誣妄誕, 史法不載, 略加刪節而書之. 其荒怪尤甚者, 削之."

54 다만 시기적으로 다른 이들에 비해 다소 늦게 제출된 임상덕의 『동사회강』은 유계의 『여사제강』에 다분히 영향을 받았다.
林象德, 『老村集』, 「東史會綱序」, 61면. "兪氏提綱之書, 取法於朱子綱目, 事辭詳略, 頗適厥中, 而恨其提頭無始, 體段不完. (中略) 至其權度繩墨, 則一皆稟之綱目, 以述夫市南氏之遺意而增廣之, 起自新羅始祖元年, 迄于高麗恭愍二十三年, 約爲十卷, 名之曰『東史會綱』."

세기 중엽 이후 성리학적 역사관의 수립을 통해 顚倒的 현실을 타개하고자 한 지식인들의 사상운동이 지역과 당색을 불문하고[55] 전 방위적으로 일어나고 있던 시대적 흐름을 반영해 준다. 이와 같은 거대한 학적 조류 하에서, 유형원의 역사의식은 고려사만 다룬 유계나 『동국통감』을 편찬의 바탕으로 삼은 홍여하와는 달리 '동국사 전체'를 '전면적으로' 재편하고자 하였다는 점에서, 강목체 역사서 편찬에 대한 선구적 의의를 지닌다.

뿐만 아니라, 유형원의 역사의식은 그가 설계한 동국사 구상이 18세기 후반 안정복의 『동사강목』을 통해 실제적으로 구현되었다는 점에서도 의미가 있다. 안정복은 『동사강목』 저술에 있어 단순히 '동사강목'이라는 명칭 뿐 아니라, 범례 및 구체적 내용에 이르기까지 적지 않은 부분을 유형원의 역사 서술 방안에서 빌려 왔다. 예컨대, 그는 「東史綱目凡例」에서 '『資治通鑑綱目』의 서법을 따라야 한다'는 대전제는 물론 범례의 주요 내용들까지 두루 참고하여 『동사강목』의 체제를 기획하였다. 또한, 「東史怪說辨」에서 영감을 얻어 본인의 『동사강목』에 「怪說辨證」이라는 항목을 배치하고, 유형원이 다룬 怪說 및 비판 논리를 여기에 대부분 수록해 두기도 하였다. 그런가하면, 「與朴進士自振論東國地志」에서 제시된 유형원의 견해들은 『동사강목』 「지리고」에 일정하게 반영되었으며, 「三韓說後語」에서 고안된 문답식 구성 방식과 내용들은 안정복이 『동사강목』에 「三韓後說」이라는 항목을 배치하는 데 참조점을 제공하였다.

55 당색으로 보면 유형원은 근기남인, 유계는 노론, 홍여하는 영남남인에 속한다.

유형원의 안정복 『동사강목』에 대한 영향 관계

柳馨遠의 역사 구상		安鼎福의 『東史綱目』
「東史綱目凡例」	⇒	『東史綱目』의 명칭 및 체제와 범례의 대강
「東史怪說辨」		「怪說辨證」 항목의 배치 및 주요 내용 수록
「與朴進士自振論東國地志」		「地理考」 항목에 일부 내용 비판적 수록
「三韓說後語」		「三韓後說」 항목의 배치 및 기본 형식 수용

이처럼 안정복의 『동사강목』 저술은 유형원이 제시한 동국사 서술 모델에 힘입은 바가 크다.[56] 유형원이 생전에 미처 이루지 못한 미완의 꿈은 결국 그의 바람대로 '훗날의 군자' 안정복을 만나 완수될 수 있었던 것이다.

이상 살펴본 바와 같이, 유형원의 동국사 서술 구상은 17세기 중엽 이후 두드러진 '綱目體 동국사 편찬'의 양상을 보여주는 가장 이른 시기의 자료이다. 뿐만 아니라, 조선 후기 역사서의 중요한 성과로 꼽히는 안정복의 『東史綱目』 편찬에 직접적인 영향을 끼치기도 하였다. 바로 이러한 지점이, 온전한 저술로서 결실을 맺지 못한 채 『반계잡고』라는 형태로 散見될 뿐인 유형원의 역사의식에 분명한 사적 지위를 부여할 수 있는 근거가 된다.

56 물론 안정복은 『동사강목』 저술에 있어 유형원의 논의 뿐 아니라 다른 역사가들의 견해 역시 두루 참조하였으며, 유형원의 견해도 비판적으로 수용한 대목이 많다. 예컨대, 유형원은 「여박진사자진논동국지지」에서 盖馬大山의 위치를 寧遠·孟山·咸興·永興 일대로 비정한 데 비해, 안정복은 요동 襄平로 비정하며 유형원의 견해를 반박하였다.(安鼎福, 『東史綱目』, 「附錄·盖馬大山考」)

5. 결론

본고에서는 『반계잡고』에 담긴 역사 관련 기록을 중심으로 유형원의 역사의식과 동국사 서술 구상에 대해 알아보았다.

「東史綱目凡例」에서 유형원은 朱熹의 『資治通鑑綱目』을 역사 서술의 기준으로 삼아야 한다고 하면서, '성리학적 의리론'이라는 동국사 서술의 기본 원칙을 제시하였다. 「東史怪說辨」에서는 동국 역대 역사서에 전해 오는 괴이하고 황당한 내용들을 성리학적 관점에서 반박하고 배제함으로써 보다 합리적인 역사 서술의 가능성을 탐색하고자 하였다. 그런가 하면, 「與朴進士自振論東國地志」와 「三韓說後語」는 그간 부정확·불확실하게 설명되어 왔던 동국의 지리 및 그 연혁에 대해 방대한 자료 검증 및 논리적 설명을 통해 나름의 해답을 제시한 글들이다.

유형원이 남긴 역사 관련 자료는 그 수가 많지 않고 다루는 주제도 하나로 일관되지 않아, 언뜻 散亂한 것으로도 보인다. 그러나 성리학적 의리론에 기반한 '동국 역사의 체계화', 怪力亂神의 배제를 통한 '서술 내용의 합리화', 그리고 방대한 자료 검토를 통한 '실증성 및 논리성 확보' 등의 특징으로 요약되는 역사관의 면면을 마주하면, 거기에는 선명하고도 일관된 방향성이 존재하고 있음을 발견할 수 있다. '성리학적 합리성과 논리성'이라는 원칙이 그것이다. 그는 이러한 방식을 통해, 역사의 영역에서 의리론과 정통론을 확고히 수립함으로써 청의 중원 지배라는 전도적 현실을 타개할 학문적 방안을 모색하였던 것이다.

이와 같은 유형원의 역사의식은 당대의 불안한 정세를 성리학이라는 사상적 수단으로 극복하고자 했던 17세기 중엽 역사학의 조류를 반영하고 있음은 물론, 18세기 후반 안정복의 『동사강목』 편찬에 중요한 참조점을 제공해 주었다는 점에서 분명한 사적 의의를 지닌다. 그리고 이러한 면모는, 그간 '경세가'로서의 면모에 가려 충분히 조명 받지 못했던 '역사가' 유형원의 모습을 새롭게 발견하도록 해 준다.

■ 참고문헌

柳馨遠, 『磻溪雜藁』, 驪江出版社, 1990.

柳馨遠, 『磻溪隨錄』, 麗江出版社, 1991.

柳馨遠, 『全國地理志 3: 東國輿地誌』, 亞細亞文化社, 1983.

安鼎福, (국역)『東史綱目』, 민족문화추진회, 1989.

兪漢雋, 『自著』, 한국문집총간249.

兪棨, (국역)『麗史提綱』, 세종대왕기념사업회, 1997.

林象德, 『老村集』, 한국문집총간206.

林象德, 『東史會綱』, 亞細亞文化社, 1974.

洪汝河, 『木齋家塾東國通鑑提綱』, 東洋文化社, 1976.

한국고전번역원 한국고전종합DB http://db.itkc.or.kr

강세구(1990), 「安鼎福의 歷史考證方法」, 『역사와실학』, 역사실학회.

강세구(1995), 「柳馨遠·李瀷과 安鼎福의 學問的 傳承關係」, 『역사와실학』 5·6.

김남일(2011), 「『동사강목』의 편찬 배경과 강목체 기년」, 『韓國史學史學報』 24, 한국사학사학회.

문창로(2011), 「조선 후기 실학자들의 삼한 연구: 연구 추이와 특징을 중심으로」, 『韓國古代史硏究』 62, 한국고대사학회.

박인호(1989), 「柳馨遠의 東國輿地志에 대한 일고찰 –歷史意識과 關聯하여」, 『청계사학』 6.

신병주(1997), 「17세기 중·후반 近畿南人 학자의 학풍 : 허목, 윤휴, 유형원을 중심으로」, 『한국문화』, 서울대학교 한국문화연구소.

이우성(1990), 「『磻溪雜藁』 解題」, 『磻溪雜藁』, 驪江出版社.

이형성(2015), 「磻溪 柳馨遠의 저술 재검토와 후학의 관련 자료 고찰」, 『韓國思想과 文化』 79, 한국사상문화학회.

임형택(2006), 「『磻溪逸稿』의 고찰 –실학과 실학파문학의 원류」, 『韓國漢文學硏

究』 38, 한국한문학회.

임형택(2017), 「반계 유형원의 신발굴 저술을 통해 본 학문과 사상」, 『국제적 시각에서 본 반계 유형원의 실학사상』, 학술실학학회·전북대학교 이재연구소.

정구복(1987), 「韓百謙의 史學과 그 影響」, 『진단학보』 63, 진단학회.

정호훈(2015), 「유형원, 조선을 넘어서는 새로운 국가를 구상하다」, 『내일을 여는 역사』 59, 내일을 여는 역사.

한국한문학회(2006), 「자료소개 : 『磻溪逸稿』 원문」, 『韓國漢文學研究』 38, 한국한문학회.

한지영(2012), 「『東國輿地志』를 통해 본 柳馨遠의 '東史' 인식」, 경희대학교 석사학위논문.

허태용(2006), 「17세기 중·후반 중화회복의식의 전개와 역사인식의 변화」, 『한국사연구』 134, 한국사연구회.

반계가 바라본 명청 교체와 명 유민

손혜리

1. 머리말

磻溪 柳馨遠(1622~1673)은 필생의 역작인 『磻溪隨錄』이 세상을 경륜하고 구제할 저술로 주목되면서 한국 실학의 비조로 상정된 인물이다.[1] 『반계수록』에 대한 연구는 정치, 경제, 사상, 사회, 제도, 문화, 군사, 지리 등 실로 다양한 분야에서 이루어졌으며, 그 성과 또한 축적되어 있다.[2] 반계는 이 외에도 많은 저술을 남겼다고 하는바,[3] 『반계수록』을

1 爲堂 鄭寅普가 『星湖僿說類選』에 쓴 서문(1929년)에서 "조선 근고의 학술사를 종합해 보면 반계가 1祖, 다음이 이익, 그 다음이 정약용이다."라고 하여 실학의 계보를 柳馨遠·李瀷·丁若鏞으로 규정한 이후 학계에서 반계는 실학의 비조로 공인받는다.

2 반계의 연구논저에 대해서는 김태영(2013), 446~449면에 자세하게 소개되어 있다.

3 星湖 李瀷은 「磻溪柳先生傳」에서 "저서로 『隨錄』 13권, 『理氣總論』 1권, 『論學物理』 2권, 『經說』 1권, 『詩文』 1권, 『雜著』 1권, 『問答書』 1권, 『續綱目疑補』 1권, 『郡縣制』 1권, 『東史條例』 1권, 『正音指南』 1권, 『紀行日錄』 1권 및 편서로 『朱子纂要』 15권, 『東國文』 11권, 『紀效節要』·『書說』·『書法』 각 1권, 『遁翁稿』 3권, 『輿地志』 13권이 있다."고 하여, 반계의 저술을 소개한 바 있다. 반계의 우반동 시절 제자인 金瑞慶은 『반계

제외한 저술은 간행된 것이 없었다. 그러다 『磻溪雜藁』가 세상에 그 모습을 드러내면서[4] 반계 연구는 보다 심화 확장될 수 있는 기반을 마련하였다. 또 반계의 시문이 수록된 『磻溪逸稿』가 소개되면서[5] 『반계수록』에 집약된 반계의 事業과 함께 德性을 고찰할 수 있는 중요한 전환점이 되었다.[6] 그러나 『반계일고』가 학계에 소개된 것도 어느덧 10여 년이 지났다. 『반계잡고』와 『반계일고』를 발굴한 연구자들의 자료 소개를 바탕으로 한 논문이 발표된 이후 지속적 연구가 소략한 실정이다.[7] 반계 연구를 위한 보조 자료로서의 역할도 신통치 않다. 이는 『반계수록』이 국가 경제와 개혁에 대한 大綱과 萬目을 구체적으로 제시한 것이라 평가받는 만큼 조선 후기뿐만 아니라 작금의 상황에도 여전히 유효하여 연구자들의 집중적인 관심을 끌었기 때문이다. 게다가 반계 자신이 "문장은 餘事이다."[8]라고 언명하여, 문인적 감성 대신 '載道之文'으로서 '辭達'의 본령에 치중한 학자적 시인으로서의 면모가 부각된 이유도 있다.

반계가 위로는 함경도부터 아래로는 전라남북도에 이르기까지 천하

수록』을 제외하고 반계의 저술로 8권(『시』 1권, 『문』 1권, 『이기총론』 1권, 『논학물리』 2권, 『경설』 1권, 『문답서』 1권, 『기행일록』 1권)이 있다고 했으며, 생질인 梁暹 역시 8권이라고 말했는데, 둘 사이에는 약간의 출입이 있다. 이에 대한 자세한 것은, 임형택(2006), 9~10면. 참조.

4 柳馨遠 저, 李佑成 편(1990), 『磻溪雜藁』, 여강출판사.

5 임형택(2006), 부록.

6 金瑞慶, 『磻溪逸稿』, 「磻溪柳先生行狀」, "顧嘗供灑掃於門庭, 而辱知最厚於先生事, 義不可終辭者, 謹因是之所纂, 僭爲草次如右, 其於發揚大人君子之幽光, 雖不能妄謂, 而<u>其德行著於文集, 事業明於隨錄</u>, 知德能言之君子, 或有考據而裁幸焉, 則庶幾有所取云爾."

7 『반계잡고』와 『반계일고』를 중심으로 한 연구논저는 다음과 같다. 이우성(2000); 이의강(2013); 이의강(2016); 임형택(2006); 임형택(2016).

8 柳馨遠, 『磻溪逸稿』, 「次趙丈韻趙完」, "驚世文章是餘事, 別區泉石可安躬."; 「酬永叔, 兼柬文翁」, "君侯抱大志, 卓犖才俱奇. 文詞匪足論, 道義求深資."

를 두루 유람한 것은 잘 알려진 사실이다.[9] 승경이 아름답기로 유명한 부안을 비롯하여 조선의 명승지를 유람하면서 남긴 시 중에는 청신한 풍격과 감각 및 섬세한 묘사가 표출된 시들이 있다.[10] 부안으로 이거한 후 수 차례 도성을 오가면서 체험한 인척 및 벗들과의 이별의 정회는 참으로 서글프면서 처연하다.[11] 이거 초창기에는 낯선 곳에서의 외로움과 고단함이 잘 묻어나기도 한다.[12] 물론 반계의 시는 典雅하고 平淡自然한 詩境이 주를 이룬다.[13] 그러나 위에서 언급한 시편들이 많은 비중을 차지하는 것은 아니지만, 반계의 인간적 면모와 취향 등이 오롯이 녹아 있어[14] 시인적 감성을 확인하기에 부족함이 없다. 또『반계일고』

---

9 반계는『반계일고』에서 여러 차례 산수 유람에 대한 강한 의지와 趣를 표출한 바 있다. 柳馨遠,『磻溪逸稿』,「丁酉秋, 遊歷南方諸郡, 於靈光道中有作」, "歷盡全南地, 靈光又我行. 浮雲迷海國, 嶺樹杳孤城. 長道驂騑遠, 秋風鬢髮明. 男兒四方志, 不獨爲功名.";「長興道中」, "苒苒今秋暮, 行行幾處觀. 征驂時自駐, 雄劍醉頻看. 湖海雲烟積, 風塵道路難. 平生四方志, 中歲敢求安."

10 柳馨遠,『磻溪逸稿』,「庚子春日, 偶遊王浦, 樂甚, 賦得春洲三律」 제1수, "扶城二月暮, 暇日行春洲. 潮水忽迷岸, 歸帆遙逆流. 忘機鳥自狎, 得意魚相游. 浩蕩樂無極, 隨波弄小舟."; 제2수, "今日忽云樂, 春洲隨意遊. 雲烟江日暝, 梅柳渚村幽. 掠水輕飛燕, 眠沙自在鷗. 誰知塵世外, 漁父傲公侯."; 제3수, "爲坐滄江上, 滄江水急流. 遠帆歸極浦, 芳草遍平洲. 雨霽沙疑洗, 潮來地欲浮. 春風吹未已, 隨意伴鳴鷗.";「邊山望日出」, "金鷄啼罷曉暉通, 銀海新開大地東. 散射赤光三萬里, 日輪初湧上瑤空."

11 柳馨遠,『磻溪逸稿』,「將歸南中, 隣人乘夕來餞, 夜分乃罷, 詩以作別」, "相逢月初出, 相送月猶明. 別後如相憶, 淸輝夜夜生."

12 柳馨遠,『磻溪逸稿』,「東津客懷」, "十月寒猶重, 天南客未歸. 波濤海國闊, 烟樹野村稀. 京洛何時達, 情親異地違. 夜深仍不寐, 星斗轉依依.";「次韻寄洛中諸從」 제1수, "忽忽驚時晚, 悠悠費夢思. 南鄕非樂土, 何事久躕踟."; 제2수, "已厭南中苦, 遙憐漢上春. 東風如有意, 吹傍未歸人."

13 임형택 교수는 반계의 詩境으로 '平淡自然'을 제시하고 이를 '실학파문학의 특징적 성격'으로 규정하였다. 이에 대한 자세한 것은, 임형택(2006), 21~25면. 참조.

14 반계의 제자 김서경은 선생의 행장에서 "其於文詞, 略不用功而炳然, 筆出渾然章成, 讀之, 令人心融理通, 蕩滌査滓, 眞所謂有德而有言矣."라고 하여, 文詞의 의미에 대해 언급한 바 있다. 그리고 이우성 교수는 반계의 시에 대해 "선생의 학문에 있어서 큰 비중을 차지하는 것이 아닌 것 같지만 선생의 性情·氣象·敎養·趣味 등 인간면모를 살피는

는 시가 시간 순으로 수록되어 반계의 행적을 확인하는데 용이하다는 장점이 있다.

이제 『반계잡고』와 『반계일고』를 중심으로 반계에 대한 傳과 行狀, 遺事, 墓碑文, 祭文, 言行錄, 上疏 등을 수합하여 문집의 체재를 갖춘 뒤 완역한 『반계유고』가 출간을 앞두고 있다.[15] 이를 통해 한국 실학의 비조로서 반계의 상을 보다 입체적으로 조감하고, 그의 덕성을 이해하는데 도움이 되기를 기대한다.

본고는 『반계일고』에 수록된 明 遺民에 대한 시를 중심으로 살펴보고자 한다. 이때 명 유민이란 현종 8년(1667) 제주도에 표류된 福建省 출신의 상인인 陳得·林寅觀·鄭喜·曾勝 등 95인을 말하는 것이다. 반계에 대한 전과 행장 및 연보와 언행록 등에 어김없이 등장하는 중요한 사건이고, 『반계일고』에서도 비중 있게 다뤄진 만큼 관련 기록들을 면밀히 검토하고 이를 형상화한 시를 분석함으로써 반계의 명칭 교체와 명 유민에 대한 시선에 대해 논의할 것이다.

2. 조선 후기 문헌 속의 명 유민

반계에 대해서는 조선 후기 지식인들의 전과 행장, 묘비문, 연보, 언행록 등이 있어 그의 생평을 일목요연하게 잘 보여준다. 이들의 기록에

데 뺄 수 없는 것이다."라고 평가하였다. 이우성(2000), 279~280면. 참조.

15 임형택 교수가 지도하는 익선재 강독회에서 2013년 2월에 『반계일고』의 「四箴」을 시작으로 2017년 12월 『반계일고』와 『반계잡고』에 이어 조선 후기 지식인들의 반계 관련 시문 및 반계가 제향된 東林書院과 『부안읍지』 등의 자료를 두루 수합하여 강독하고 번역한 뒤 문집의 체재를 갖추어 『반계유고』의 출간을 앞두고 있다.

어김없이 등장하는 반계의 행보가 있으니, 다름 아닌 현종 때 제주도에 표류한 명 유민 95인을 만난 일화이다. 『반계일고』에서는 드물게 7언 율시 1수, 7언 절구 1수, 5언 율시 3수가 연이어 수록되어 있다. 단일 주제로서 분량과 편수가 적지 않다.[16] 그 자신 '수작하는 것을 좋아하지 않는다.'[17]고 고백했던 만큼, 이 문제에 대한 반계의 비상한 관심을 확인할 수 있다. 그 중 반계의 증손인 秀村 柳發(1683~1775)이 초안하고 이를 바탕으로 順菴 安鼎福(1712~1791)이 편찬한 「磻溪先生年譜」에 이 사건의 개요가 비교적 자세하게 기록되어 있다. 현종 8년(1667, 丁未) 여름의 기록으로, 이때 반계의 나이는 46세였다.

> 숭정 갑신년 북경이 함락되고 홍광제가 남경에서 뒤를 이어 일어섰으나 곧 무너졌다. 전문에 의하면, 영력 황제가 남방에서 즉위했다고 하는데 임인년에 청나라 사람들이 영력황제를 사로잡고 頒赦가 오는데 이르렀으나 역시 사실 여부를 알지 못하고 있다. 이때 중국 배 한 척이 일본에 장사하러 갔다가 표류하여 제주에 이르렀는데 함께 탄 자가 95명으로 복건성 장주 사람이고 모두 중국 복색이었다. 그 중에 진득·임인관·정희·증승 등 네 사람은 글을 할 수 있었기에 선생이 가서 그들을 만나 보았다. 당시 여러 고을에서 대접한 음식 중에 황권채가 있었는데 중국 사람들은 어떤 음식인지 몰라 그 이름을 물었다. 우리나라 사람들이 우리말의 이름으로 대답하니 중국 사람들이 이해하지 못하였다. 선생은 본디 중국어를 잘 알아 중국 발음으로 "이 음식의 이름은 황떠우야주이다."고 하였다. 중국 사람은 크게 기뻐하고 드디어 선생과 문답하면서 "영력 황제가 남방의 4개 성을 보유하여 명나라의 종사가 끝나지 않았고 의관도 옛날 그대로이며 금년은 영력 21년이다."라고 하는데, 그

16 『반계일고』는 필사본 46장으로, 箴銘 7편, 시 169題, 산문 3편에 불과한 소책자이다.
17 柳馨遠, 『磻溪雜藁』, 「答朴初標」, "且余性不喜酬唱. ……"

> 들이 가진 책력을 보니 역시 그러했다. 선생은 이 말을 듣고 기쁨이 극에 달해 슬픔이 와서 시를 지었다.[18]

이 대목은 반계의 생평에 관한 기록을 남긴 이들의 것과 큰 줄기는 다르지 않다. 다만 밑줄 친 부분은 「반계선생연보」에서만 확인되는 일화로, 반계가 중국어를 잘하여 진득·임인관 등 명 유민과 좀 더 빨리 허심탄회하게 속내를 토로할 수 있게 된 계기가 되었음을 짐작할 수 있다. 그 밖에 제주도에 표류한 명 유민에 관한 조선 후기 지식인들의 기록 중 이 연보와 중복되지 않는 내용을 몇 가지 소개한다.

먼저 藥山 吳光運(1689~1745)은 반계에 대한 행장에서 "당시 영력 황제가 남방에서 즉위했는데, 혹은 죽었다고 하고 혹은 죽지 않았다고도 했다. 임인년에 청의 사신이 사면령을 반포하기 위해 와서 그를 붙잡았다고 말했으나, 우리나라에서는 아직 사실 여부를 알지 못하여 공은 통탄해 마지않았다."[19]라고 하였다. 영조의 명으로 반계의 전과 묘비문을 지은 淡窩 洪啓禧(1703~1771)도 "현종 임인년에 청나라가 사면령을 반포하러 와서 영력 황제를 붙잡았다고 했는데, 우리나라에서는 사실 여부를 알지 못했다. 그는 '황조의 존망이 어찌 작은 일이겠는가? 그럼에도 막연히 알지 못하고 있다니?' 하고 탄식했다."[20]라고 하여 오광운과

---

18 安鼎福, 『磻溪雜藁』, 「磻溪先生年譜」, "自崇禎甲申, 北京淪沒, 弘光繼立南京, 旋卽顚覆. 傳聞有永曆皇帝, 位於南方, 至壬寅歲, 北人擒永曆, 頒赦來, 而亦未知其虛實. 至是, 唐船一隻, 往販日本, 漂到濟州, 同載九十五名, 福建漳人, 而皆唐服色, 其中陳得·林寅觀·鄭喜·曾勝等四人, 乃能文者也. 先生就而見之. 時列邑供饋饌物, 有黃卷菜, 唐人不識爲何物, 問其名, 我人以俗名對, 唐人不解. 先生素曉漢音, 以漢語對曰: '此名黃豆芽葅.' 唐人大喜, 遂與先生問答, 謂永曆皇帝, 保有南方四省, 宗祀不替, 衣冠依舊, 今年爲永曆二十一年云云, 而取見其所持曆書, 亦然. 先生聞之, 喜極而悲, 因作詩."

19 吳光運, 『磻溪逸稿』, 「磻溪柳馨遠行狀」, "時永曆皇帝卽位於南方, 或謂之亡, 或謂之不亡. 壬寅北使頒赦來者至, 謂之擒焉, 我國猶未知其虛實. 公慟之." 이하 번역은 익선재 강독회에서 출간이 예정된 『반계유고』를 참고하였다.

비슷한 맥락의 발언을 하였다. 두 기록을 통해 당시 반계는 영력 황제의 생존 여부에 대해서 알지 못했던 것이 분명하다. 따라서 이러한 사실을 확인할 요량으로 임인관 등 표류인들을 만나기 위해 먼 길을 달려간 것이다.[21] 실제 명의 마지막 임금인 영력 황제는 중국의 서남쪽 변방을 근거로 청에 항거했으나 패하여 緬甸까지 달아났다가 吳三桂에게 붙잡혀 1662년 4월 昆明에서 피살되었다. 조정에서도 이미 이러한 사실을 알고 있었음이 확인된다.[22]

특히 홍계희의 기록에서 중요한 지점이 포착된다. 즉 반계는 우거하고 있던 우반동 바닷가에 큰 배 4, 5척을 마련해 놓고, 하루에 수백 리를 갈 수 있는 준마를 길렀으며, 좋은 활과 화살 및 조총 수십 자루를 비치해 자신의 종과 마을 백성들을 훈련시켰다. 또 바닷길로 사행을 갔던 海路朝天記와 표류한 이들의 기록을 두루 수집하고 중국으로 가는 역참들의 지세가 어떠한 지 상세하게 기록해 두었다. 반계의 시선이 향하는 곳을 짐작할 수 있는 대목이다.[23] 홍계희는 이에 대해 "尊周攘夷를 주장한 것은 그 의리가 천성에서 나온 것이다.", "선생은 春秋復雪의 의리에 대해 관심을 깊이 가졌다."라고 평하였다.[24] 그는 반계를 '王佐才'

---

20 洪啓禧, 『磻溪逸稿』, 「柳馨遠傳」, "當顯廟壬寅, 北人頒赦, 稱獲永曆皇帝, 我國未知虛實. 馨遠歎曰: '皇朝存沒, 豈是細故, 而漠然不知耶?'" 홍계희는 영조의 명을 받아 1747년에 「유형원전」을 저술하고, 반계의 증손인 유발의 요청에 의해 1768년에 묘비문을 작성하였다. 그는 「유형원전」에 썼던 내용을 취하여 「柳馨遠墓碑文」을 작성하였다고 한 만큼 「유형원전」과 「유형원묘비문」의 내용은 거의 비슷하다.

21 吳光運, 『磻溪隨錄』 권1, 「隨錄序」, "先生以不知永曆皇帝存亡爲恥, 遠訪福建漂海人問之, 遂相對流涕."

22 『顯宗實錄』 3년 壬寅(1662) 4월 11일, "淸兵入小雲南, 執永曆皇帝以歸, 大明絶不祀."

23 洪啓禧, 위의 책, "所居濱海, 常置大船四五, 制極便利. 畜駿馬, 日可行數百里, 藏良弓美箭及鳥銃數十, 以教家僮及村氓, 至今愚磻一里, 多有以善砲名者. 嘗裒聚水路朝天記及漂海人所錄, 以記諸站, 某處險・某處夷, 歷歷如指掌. 卽此數事, 而可以略揣其志之所存. 噫其悲夫! 是未可與俗人道也."

라 극찬하고, 『반계수록』은 全體大用이 다 포함된 저술이라 고평하며 영조에게 적극적으로 추천한 인물이기도 하다.[25] 그러한 인연으로 반계의 전과 묘비문을 기록한 것이다. 홍계희 자신이 균역법을 제정하는 등 실제 정책을 입안하고 국가 경영을 위해 필수적인 제도와 문물의 정비에 힘쓴 경세론자였다.[26] 그가 『반계수록』의 가치를 제고하고 위에 소개한 반계의 행적을 특별히 주목한 것은 당연한 논리이다.

한편 반계로부터 지대한 학문적 영향을 받았으며 그의 뒤를 이어 실학의 2祖라고 평가받는 星湖 李瀷(1681~1763)은 「磻溪柳先生傳」과 「磻溪柳先生遺集序」를 지었는데, 여기에는 반계가 진득과 임인관 등의 표류인을 만났다는 기록이 보이지 않는다. 이익이 영조 34년(1758)에 安百順에게 보낸 편지에서 그 이유를 짐작할 수 있다. "바다를 표류해 왔던 사람에 대한 일기가 나의 집에 있습니다. …… 영력제가 緬甸 너머까지 달아났다가 몇 년 되지 않아 오삼계에게 사로잡혔으니, 어찌 21년의 연호가 있을 수 있습니까."[27] 바다를 표류해 왔던 사람에 대한 일기란 제주목사 李㥠의 『漂人日記』 즉 『漂人問答』을 말하는 것이다.

이익은 이 사건이 발생한 후로부터 근 백년 뒤의 사람으로 사건의 진실에 대해서 판단할 수 있는 시간적 거리를 확보함에 따라 사실 정보에 대해 정확하게 파악하고 있었던 듯하다. 물론 오광운과 홍계희도 영

---

24 洪啓禧, 『磻溪逸稿』, 「柳馨遠傳」, "若其尊周攘夷之義, 根於天性."; 「柳馨遠墓碑文」, "尤於春秋復雪之義睠睠焉."

25 洪啓禧, 위의 책, 「柳馨遠墓碑文」, "磻溪柳先生卒三十年, 而所著『隨錄』出. 噫! 先生王佐才也. 全體大用, 盡於是書."; 「柳馨遠傳」, "臣於昨年登對時, 偶及馨遠之說, 自上俯詢其人本末, 臣敢有所對." 홍계희의 『반계수록』 간행과 배포에 대해서는, 정호훈(2016), 16~17면에 자세하게 소개되어 있다.

26 김승대(2017), 90면. 참조.

27 李瀷, 『星湖全集』 제26권, 「與安百順 戊寅」, "漂海人日記, 吾家有之矣. …… 永曆逃之緬甸之外, 不數年爲吳三桂等所擒, 豈有二十一年之曆?"

력황제가 이미 죽어 진득과 임인관 등이 반계에게 보여준 영력 21년의 책력이 허위라는 사실을 알고 있었을 것이다. 그러나 이들은 반계의 전과 행장, 묘비문을 쓰면서 반계의 행적에 초점을 두었기 때문에, 반계가 1667년에 당나라 복색을 한 표류인들을 만나 문답하고 영력 21년의 책력을 보고 온 사실 그 자체에 주목하였다. 이 역시 반계의 중요한 행적 중 일부이기 때문이다. 따라서 견문한 바에 의거하여 이 사건을 서술한 것이다. 이익도 반계가 표류인들을 만났다는 것을 알고 있었을 것이다. 그러나 당시 영력황제는 이미 죽었기 때문에 표류인들이 보여준 영력 21년의 책력은 거짓이라고 강하게 비판하면서[28] 역사적 사실과 다른 부분을 반계의 전과 문집서에서 빼 버린 것이다. 선생이 잘못된 정보를 믿고 기뻐하며 슬퍼한 사실을 기록하는 것이 제자로서는 기휘되었던 것으로 보인다.

이제 반계가 진득과 임인관 등 명 유민을 만나는 대목을 좀 더 구체적으로 살펴보기로 한다. 이에 대해서는 研經齋 成海應(1760~1839)의 『丁未傳信錄』을 참고할 만하다. 대체적인 내용은 위의 서술과 별반 다르지 않은데, 한 가지 주목할 것은 그 출처가 「柳馨遠遺事」라는 사실이다. 「유형원유사」는 현재 전하는 반계의 저술에서는 확인되지 않는 기록이다. 아울러 이 글에서 제주에 표류된 명 유민이 서울로 압송되던 중 정읍참에 도착했을 때 당시 부안에 거주하던 반계가 직접 가서 이들을 만난 사실을 확인할 수 있다.[29] 반계가 정읍에서 명 유민을 만난 것

28 李瀷, 위의 책, 「經史門」, "後六年丁未, 福建島人林寅觀陳得曾勝等九十五人, 漂到大靜縣. 其時濟州牧使李埴家有日記, 余得觀知其詳. 渠自謂藩王鄭成功, 抵書日本人. 出其書示之, 且以永曆二十一年曆書爲證, 成切者, 芝龍之子也. 大明旣亡, 成功之族, 皆逃入海中, 永曆被擒, 亦已六年, 安有曆書在? 其詐瞞無疑, 然人猶以爲信, 然是可咍. 至今日, 猶有藉口爲談, 東俗之迷罔, 每每如此."

29 成海應, 『研經齋全集』 外集 권34, 『丁未傳信錄』, 「思漢編」, "柳馨遠遺事曰: '崇禎後丁未

역시 처음 소개되는 부분이다.

> 저희들은 복건성에서 태어나 대대로 황제의 은혜를 받았는데 나라의 난리로 인해 구차한 목숨을 연명한 지 이십여 년입니다. 지금 우리 영력황제가 사천성에 도읍하고 네 성의 땅을 아울렀는데 복건에 우리 延平藩王을 봉하여 지키도록 하였습니다. 군수품이 많이 필요하기에 임군에게 네 척의 배를 거느리고 일본으로 가서 무역하게 하였습니다. 지난 5월 23일 바다 가운데에서 풍랑을 만나 세 척의 배는 모두 일본 장기항에서 거두어 주었는데 우리 배는 불행히도 돛대와 상앗대를 잃어버려 표류하다가 제주에 이르렀고 배는 부서지고 말았습니다. 집안의 부모와 처자는 사정을 모르니 그리운 마음에 근심과 답답함이 그지없을 것입니다. 지금 다행히 조정에서 우리를 불러 도성에 이르게 한다고 합니다. 우리가 명나라 사람임을 생각하여 이와 같이 잘 대해 주시니 그 은덕을 다 갚을 수 없을 것입니다. 하지만 돌아갈 때가 언제인지를 알지 못합니다. 우리들은 중국에서 태어나 말과 음이 같지 않고 조정의 집정 대신의 성명을 알지 못하오니, 부디 편지를 써서 보여주시기를 바랍니다. 저희들이 도성에 들어갔을 때 (그 집정대신에게) 만약 간절히 부탁드린다면 반드시 불쌍히 여겨 우리를 대신해 계달하여 일찍 본국으로 돌아가게 될 것입니다. 이는 모두 여러분의 은혜를 입은 것이니, 간절히 바라고 바랍니다.[30]

夏, 唐船一隻漂到濟州, 自謂福建泉漳人. 同船九十五人, 皆唐服色, 不剃髮. 其中鄭喜, 曾勝, 林寅觀, 陳得四人, 皆文士也. 自濟州押送京城, 到井邑站, 皤溪柳馨遠往見, 以漢語酬酢, 四人驚喜, 問答皇朝事, 相對涕泣, 仍謂永曆皇帝保有南方四省, 宗社不替, 衣冠依昔, 今是永曆二十一年云, 啓見其裝中曆書則果然云.'" 이 글은 「思漢編」 四則 중 제1칙이다.

30 成海應, 위의 책, 「林寅觀從人投示耽羅書」, "僕等生於福建省, 世受皇恩, 因國家板蕩, 苟安二十餘載矣. 今我永曆皇帝建都在四川省, 共四省地方, 而福建封我延平藩據守也. 因軍需浩大, 故委林君領駕四船, 前來日本貿易也. 去五月廿三日, 洋中遇風, 三船俱收日本長崎澳, 我船不幸失壞桅篙, 漂到濟州敗船也. 家中父母妻子未知情由, 懷思之事, 愁菀萬千. 今幸朝廷召到京國, 念我大明之人, 如此款待, 恩德莫酬, 不知歸期何時. 僕等生于中

이 글 역시 성해응의 『정미전신록』에 수록된 것으로, 임인관의 從人이 제주 목사에게 보낸 편지이다.[31] 그런데 흥미로운 것은 제목 옆의 세주에 '出磻溪柳馨遠所錄'이라고 하여, 이 글의 출전이 반계의 저술임을 알 수 있다. 이 글도 현재 반계의 저술에서 확인되지 않는 것으로 자료적 가치를 주목할 만하다. 그렇다면 「林寅觀從人投示耽羅書」가 수록된 『정미전신록』에 대해 보다 구체적으로 살펴볼 필요가 있다. 제주 목사 李㥠은 1667년 6월 15일부터 9월 4일까지 표류인들과 나눈 필담을 일기체로 기록하여 『漂人問答』을 저술하였다. 그리고 李書九(1754~1825)는 嵺嵺齋 金用謙(1702~1789)의 집에서 『표인문답』을 열람한 바 있다. 또 家藏 古書 중에서 『黃陳問答』을 발견하였는데, 이는 黃功과 陳得이 1667년 9월 28일부터 10월 2일까지 문답한 내용이 일기체로 기록된 책이다. 황공은 杭州人으로 봉림대군이 심양에 볼모로 있다가 귀국할 때 조선에 따라 들어온 인물이다. 임인관 일행이 홍제원에 도착한 이후 북경으로 압송되는 것을 거부할 때 이들을 설득한 이가 황공이다.

國, 語音不同, 不知朝廷執政何姓何名, 幸乞書示. 僕等入京時, 若求懇懇, 必然憐憫, 代我啓達, 早得還歸本國, 皆受諸君之恩, 懇切懇切."

31 이 지점에서 한 가지 언급할 것이 있다. 임인관의 從人이 누구인가 하는 문제인데, 반계는 표류인들을 언급할 때면 으레 陳得·林寅觀·鄭喜·曾勝 등의 순으로 들고 있다. 그런데 제주에 표류된 이들의 나이와 관직 등을 고려할 때 실제 우두머리는 임인관(44세, 官商)이다. 成海應은 『丁未傳信錄』(『研經齋全集』 外集 권33, 『丁未傳信錄』, 「計開」)에서 이들 95명의 이름과 본적, 나이, 관직명에 대해서 자세하게 기록해 두었는데 임인관을 가장 먼저 언급하였다. 그리고 이러한 사실은 실록에서도 확인되는 부분이다.(『현종실록』, 현종 8년 6월 21일, "其中林寅觀, 曾勝, 陳得三人, 稍優者也."; 22일 乙未 2번째 기사, "全羅監司洪處厚, 因濟州牧使洪宇亮牒報, 馳啓略曰: …… 招致其中爲首者林寅觀等, 書問其居住及漂到之由, 則以大明福建省官商人, 將向日本商販, 洋中遇風, 以至於此云.") 성해응의 「計開」에 의하면, 陳得은 財副라는 직책을 가진 21세의 청년으로 임인관에 이어 두 번째로 기록되어 있다. 아마도 진득이 임인관을 최측근에서 보좌했던 인물로 보여진다. 이러한 연유로 반계와의 대화에서도 진득이 먼저 나섰으며, 반계는 표류인을 거론할 때 진득을 가장 먼저 든 것이 아닌가 한다. 따라서 「林寅觀從人投示耽羅書」에서 말하는 임인관의 종인이란 진득인 것으로 추정된다.

조정에서 같은 고향 출신임을 염두에 두고 그를 보내 설득하도록 한 것이다.

이서구는 『표인문답』과 『황진문답』을 바탕으로 관련 기록을 모아 1775년 12월에 『정미전신록』을 편찬하였다.[32] 그리고 성해응은 이 책에다 南中人士들과 필담 창수한 자료 및 여타 서적에 산견된 자료를 두루 취재하여 1798년에 『정미전신록』 증보본을 편찬하였다.[33] 바로 여기에 위에서 소개한 「柳馨遠遺事」와 「林寅觀從人投示耽羅書」가 수록된 것이다. 「유형원유사」의 저자가 누구인지, 반계는 어떤 경로로 「임인관종인투시탐라서」를 입수하게 된 것이지 분명하지 않다. 다만 지금껏 알려지지 않은 반계 관련 시문을 소개하고 새로운 사실을 전달한 것에 일정한 의미가 있다고 평가할 수 있다.[34]

임인관 일행은 자신들을 본국 즉 남명으로 보내주기를 간절히 기원하였다. 그러나 조선 조정은 청과의 관계 악화를 우려하여 그들을 청으로 송환할 것을 결정하였다. 대명의리와 대청현실의 사이에서 현실적 실리를 선택한 것이다. 이 같은 소식이 알려지자, 조선의 조야는 크게

---

32 李書九, 『丁未傳信錄』 卷首, 「序」, "寅觀事, 世少知者. 余嘗從嘐嘐金公, 見李公墳所著漂人日記. 今年秋, 與從弟, 偶檢家藏古書, 復得攷所爲問答. 因輯成是書, 名曰丁未傳信錄, 遂爲之序如此." 이 책은 서울대 규장각한국학연구원에 저자 미상인 상태로 소장되어 있었는데, 김문식 교수가 이서구의 저술로 고증하였다. 이에 대해서는 김문식(2012). 참조. 아울러 이 책의 서문에는 이인의 저술이 『漂人日記』로 되어 있으나, 실제 문집에 『漂人問答』으로 되어 있고 성해응의 『정미전신록』에도 『표인문답』으로 기록된 만큼 이를 따르기로 한다.

33 成海應, 『研經齋全集』 권31, 「丁未傳信錄序」, "始薑山尙書得濟洲牧使李公墳所記及黃功所著問答, 爲丁未傳信錄. 余又得南中人士以筆談相酬者及散見他書籍者, 補爲二編." 『정미전신록』의 초고본과 증보본의 편찬 과정과 목차에 대해서는, 김문식(2012), 95~100면에 자세하게 밝혀져 있다.

34 이우성 교수는 "반계의 시가 선생의 학문에서 큰 비중을 차지하는 것은 아니지만 인간면모를 살피는 데 뺄 수 없을 뿐만 아니라, 선생의 片言隻字를 주옥같이 소중히 여겨야 한다는 의미에서도 바람직한 것이다."라고 한 바 있다. 이우성(2000). 참조.

동요하였다. 남명 출신 유민들에 대한 처리가 춘추대의와 결부되어 이슈화되었던 이때의 일은 조선 왕조가 華夷論에 입각한 중화주의적 세계관을 유지하는 한 두고두고 문제가 될 사안이었다. 남명 황제의 책력을 지녔다고 주장한 그들을 청으로 송환한 사실은 조선 조정이 앞장서서 중화의 가치를 포기하고 夷狄에 臣服한 행위로 간주되었다.[35] 이에 대해 성해응은 남한산성의 항복과 毛文龍의 椵島 정벌과 명청교체의 분수령을 이룬 錦州 전투 파병과 더불어 조선 왕조가 명에 대한 의리를 저버리고 청에 굴복했던 대표적 사례로 지목하기도 하였다.[36]

이상을 통해 1667년 여름 중국 복건성 출신의 임인관 등 95인이 풍우를 만나 제주도에 표류하였다가 한양으로 압송되는 길에 정읍에서 반계와 만난 사실을 확인하였다. 반계는 이들이 명의 복색에다 변발하지 않은 모습을 보고 명의 유민임을 확신하였다. 그리고 이들로부터 그가 가장 궁금해 하던, 영력 황제가 살아 있다는 소식을 전해 들었다. 더욱이 영력 21년이라는 책력을 직접 확인함으로써 반계의 감동과 슬픔은 배가되었다. 명이 아직 명맥을 유지하고 있다는 사실에 감동하고 오랑캐에게 國恥를 당했다는 사실에 명의 陪臣으로 자처한[37] 그로서는 슬펐던 것이다. 이에 이러한 심경을 담아 여러 편의 시를 지었다.

35 우경섭(2013), 139면. 참조.

36 成海應, 『研經齋全集』 권33, 「風泉錄」 2, 〈尊周彙編條議〉, “南漢之講和也, 椵島之助兵也, 錦州之赴戰也, 林寅觀等之入燕也, 並不得已也, 不忍道也.”

37 兪漢雋, 『自著』 권15, 「柳馨遠傳」, “明烈帝十七年, 淸人寇陷燕京, 自立爲帝. 馨遠自以明陪臣義不出, 隱於愚皤山谷中.”

3. 명청 교체와 명 유민에 대한 반계의 시선

「숭정 갑신년 북경이 함락된 이후 홍광제가 남경에서 뒤를 이어 일어섰으나 곧 무너졌다. 전해 듣건대 영력황제가 남방에서 즉위했다고 하는데 정확한 소식인지 알 수 없었다. 임인년에 청나라 사람들이 영력황제를 사로잡고 천하를 통일하여 頒赦가 오기까지 하였으나, 역시 사실 여부는 알지 못하고 있다. 전후로 우리나라에서 북경에 사신이 오고 가는 걸음이 이어졌으나, 실상을 탐문한 사람이 하나도 없다. 명나라의 흥망이 어찌 작은 문제이겠는가. 그럼에도 막연하여 알지 못하니, 초야의 인사로서는 한갓 천장만 쳐다볼 따름이다. 정미년 여름에 중국 배 한 척이 제주에 표류해 닿았는데, 이 배에 탄 사람이 95명으로 복건성 천장지역 사람들로 다들 모두 중국 복식을 하고 머리를 깎지 않은 상태였다. 이들 중에 진득·임인관·정희·증승 등 네 사람은 글을 할 수 있었다. 영력황제가 남방의 4개 성을 보유하여 명나라의 종사가 끝나지 않았고, 의관도 옛날 그대로라고 하였다. 금년은 연호가 영력 21년이라고 하는데, 그들이 가진 책력을 보니 역시 그러했다. 여러 해 동안 명의 흥망을 알지 못한 나머지 문득 이런 소식을 듣게 되니, 기쁨이 극에 달해 슬픔이 와서 나도 모르게 눈물이 한없이 나왔다. 이에 시구를 읊었는데 글속에 감회가 들어있다(自崇禎甲申北京淪沒之後, 弘光繼立南京, 旋卽顚覆, 傳聞有永曆皇帝, 位於南方, 而未知的否. 至壬寅歲, 北人稱擒得永曆, 混一天下, 至於頒赦來, 而亦未知其虛實. 前後我使之往返北京者, 相望於道, 無人探問者. 皇明存滅, 豈是細故, 而漠然不知, 草野之士, 徒仰屋而已. 今丁未夏, 唐船一隻, 漂到濟州, 同載九十五名福建·泉漳人, 而皆唐服色, 不削髮, 其中陳得·林寅觀·鄭喜·曾勝等四人, 乃能文者也. 謂永曆皇帝, 保有南方四省, 宗祀不替, 衣冠依舊, 今年爲永曆二十一年云云, 而取見其所持曆書, 亦然云. 積歲未知存亡

之餘, 忽得此信, 喜極而悲, 自不知感涕之無窮也. 因成拙句, 情見于詞)」라는 긴 제목을 가진 시가 『반계일고』에 수록되어 있다.[38] 이 시의 제목은 안정복이 편찬한 반계연보와 내용이 거의 비슷하다. 아마도 연보의 초안을 쓴 반계의 증손자 柳發이 이 시를 보고 기록해 두었으며, 안정복은 이를 바탕으로 후세에 들은 黃券菜 일화를 덧붙여 연보를 작성했기 때문으로 보인다.

皇家消息廿年餘, 皇家의 소식을 20여 년 만에
今日初聞淚滿裾. 오늘 처음 듣고 눈물이 옷깃을 적시누나.
尙有衣冠全海甸, 아직도 의관이 남아 海甸에 온전하고
應勤謨略壯戎車. 勤王의 책략 戎車도 장하다니.
天心眷德人思奮, 하늘의 뜻 덕을 펴려하매 사람들 생각 떨쳐 일어나려 하니
胡運垂亡賊易除. 夷狄의 운수 멸망의 길로 들어서 곧 제거될 터라.
從此吾皇恢舊業, 이로부터 우리 황가의 구업을 회복할지니
幾時奇烈勒巫閭. 어느 때나 빼어난 공적으로 의무려 쪽을 제압할 건가.

---

38 이 시는 앞서 살펴본 바 있는 成海應의 『研經齋全集』 外集 권34, 『丁未傳信錄』, 「宋子大全 九則」에 시 6수를 포함한 全文이 수록되어 있다. 제목에서 짐작할 수 있듯이, 성해응은 宋時烈의 『宋子大全』에서 임인관과 진득 등에 관한 사적 9칙을 뽑아 『정미전신록』에 補入한 것으로 보인다. 그런데 성해응은 이 시의 작자가 반계인 것을 몰랐던 듯하다. 다른 8칙은 '靜觀齋李公端相 神道碑曰' '沂川洪公命夏 神道碑曰' 등과 같이 작자와 출전을 명시하면서 시를 소개한 것과 달리 이 시는 '志感詩'라고 시작하면서 세주로 '幷序'라고 써 놓은 뒤 위 제목으로 알려진 부분이 수록되어 있고 6수의 시가 이어진다. 즉 이 시의 제목은 「志感」이고 제목으로 알려진 부분은 幷序인 것이다. 다른 8칙은 모두 『송자대전』에서 확인이 가능한데 이 시만은 어쩐 일인지 누락되어 있어 정확한 사실을 파악하기에 쉽지 않지만, 제목이라고 하는 부분이 지나치게 긴데다 文勢의 흐름상 幷序로 보는 것이 타당할 듯하다. 다만 제목을 「志感」으로 확정하는 것은 좀 더 신중할 필요가 있다. 반계 자신이 「志感」으로 지은 것인지, 아니면 서문에 이어 바로 시를 읊었기 때문에 후인들이 '감회를 기록하다'는 의미에서 임의로 붙인 것이 추후 고착된 것인지에 대해서는 좀 더 자세한 논의와 고증이 필요하다.

自古艱危開聖業, 예로부터 위기에서 聖業을 여는 것은
天心行合掃腥膻. 천심이 동해 누린내를 씻어내려는 뜻이라.
唯將海外孤臣淚, 오직 해외 멀리 외로운 신하
沾洒重冥日御邊. 넓은 바다 해질 무렵에 눈물을 뿌리노라.

반계는 현종 8년(1667) 여름에 진득과 임인관 일행을 전라도 정읍 땅에서 만났다. 1644년에 명이 망하고 남경으로 옮겨 간 영력황제의 생존 여부가 정확하게 확인되지 않은 지 20여 년의 세월이 흘렀다. 임인관 등 95인은 1667년 5월 10일 복건성을 출발하여 청과의 대치를 위한 군수 물자를 확보하기 위해 일본의 나가사키로 출발하였다. 그러다 중간에 풍랑을 만나 표류하다가 5월 23일 제주에 도착하였다. 제주목사 李壙은 6월 15일에 이들을 만나 이름과 나이, 거주지, 소속 등을 파악하고 전라관찰사 洪處厚에게 보고하였으며, 홍처후는 6월 21일에 이러한 사실을 조정에 보고하였다. 같은 달 23일 조정에서는 이들을 청으로 압송할 것을 결정하였다. 이후 8월 2일에 비변사 낭청 崔元泰와 역관 李承謙이 제주에 도착하여 다음 날 압송을 통보하였다. 이들은 강하게 저항했으나, 결국 9월 2일에 제주를 출발하여 10월 2일 홍제원에 도착하였다. 그러니 반계가 정읍을 지나던 임인관 일행을 만난 것은 1667년 9월의 어느 날이었다.[39]

반계는 이들이 정읍을 지나가고 있다는 소식을 듣고 부안에서 한걸음에 달려갔다. 그리고 마침내 정읍참에서 중국 복색에다 변발하지 않은 명의 유민을 만난 것이다. 황권채의 이름을 묻는 이들에게 중국어로 '황떠우야주(黃豆芽菹)'라고 가르쳐주면서 이들의 대화는 시작된다. 이

39 임인관 일행의 표류와 압송에 관한 구체적인 사항에 대해서는, 成海應, 『研經齋全集』 外集 권33, 『丁未傳信錄』, 「問答」 上, 〈漂人問答[李壙]〉 참조.

들은 중국어를 잘하는 반계에게 보다 친근감을 느꼈던 모양이다. 그래서 반계가 가장 궁금해 하던, 영력황제가 아직 살아 있으며, 그것도 남방의 4개 성을 보유하고 있을 만큼 세력이 굳건하며, 명의 종묘사직과 의관이 그대로 남아 있다고 말해 주었다. 아울러 영력 21년이라는 책력을 보여주면서 자신들의 말을 입증하였다. 반계는 명이 망한 후 20여 년 동안 가장 궁금해 하던 명의 존립과 영력 황제의 생사에 대해서 확인하게 된 것이다. 그것도 명이 존재하고 있으며 영력 황제가 살아서 후일을 도모한다는 기쁜 소식을 들었다. 그러면서 한 치 앞을 장담할 수 없는 명의 상황과 청에게 짓밟힌 지난 삼전도의 굴욕이 연상되면서 그의 마음은 복잡해진다. 그야말로 기쁘면서도 슬픈 것이다. 이러한 심경이 위 두 수에 오롯이 표출되어 있다.

1수는 몇몇 부사를 통해 반계의 심경이 좀 더 선명하게 전달된다. 즉 2구에서 명이 망한 뒤 20여 년 만에 '처음[初]'으로 명의 소식을 듣게 되어 감회가 남다르며, 3구에서 명의 복식과 머리를 한 임인관 일행을 보고 '아직도[尙]' 중국의 복식이 복건성에 남아 있는 사실에 감격하였다. 그리고 4구에서 '마땅히[應]' 훌륭한 책략을 세워 병력을 키워야 함을 강조하였다. '初' '尙' '應' 등의 부사를 적절하게 배치하여 자신의 심경을 드러내는 데 효과적으로 활용하였다.

이 시에서 승구를 주목할 필요가 있다. 앞서 언급한 바 있듯이, 반계가 중국어를 잘하고, 자신의 집 근처에 4~5척의 큰 배를 마련해 놓고 하루에 수백 리를 달리는 준마를 길렀으며 좋은 활과 화살, 조총을 비치해 두고는 집안의 종과 인근 백성들을 가르쳤다는 부분과 긴밀하게 연동되기 때문이다. 명나라의 황통이 아직 살아있다는 사실을 확인한 반계는 남명이 청을 대적할 수 있을 만큼 병력이 증강되기를 기대하였다. 그래서 그 자신도 이처럼 군사적 대비를 한 것이다. 이는 언젠가 남명과

손을 잡고 청을 칠 수도 있음을 의미한다. 이러한 의지는 전구에서 더욱 심화되었다. 영력황제가 살아있어 남명과 조선이 힘을 합친다면 '胡'를 없앨 수 있다는 논리이다. '胡'가 무엇을 가리키는 지는 자명하다. 결구에서는 이 시를 지은 의도를 드러낸 바, 무너진 명의 황통을 회복하여 언젠가 중원을 차지하겠다는 희망과 의지를 강하게 피력하였다.

이러한 속내는 이어지는 시에서 심화 확장되어 표출된다. 특히 2구의 '掃腥膻'에서 반계의 청에 대한 인식이 여실히 포착된다. 반계는 '腥膻'이라는 시어를 종종 사용하는데, 그에게 있어 청은 '소탕해야 할 누린내 나는 오랑캐'일 뿐 것이다. 3~4구는 반계의 사상과 문학을 논의할 때 어김없이 인용되는 명구이다. 명의 陪臣으로서 명이 멸망하는 것을 속수무책으로 지켜볼 수밖에 없었던 죄책감[40]과 우리 임금이 저들에게 무릎 꿇으면서 느꼈던 수치심과 굴욕감을 상기하며, 반계는 저 깊은 바다에 눈물을 뿌리면서 설욕을 다짐하였다. 이어서 「再賦二首」라는 제목으로 5언 율시 2수를 더 짓는다.

忽得皇家信,	뜻밖에 황가의 소식을 들으니
還如父母廻.	부모님 돌아오신 듯싶어라.
蒼天存漢曆,	하늘이 한나라 책력을 보존토록 하니

40 이러한 심경은 반계의 육촌 동생인 柳載遠이 쓴 「磻溪先生言行錄」에 잘 나타난다. 반계는 북경이 함락된 후 숭정황제가 직접 딸을 죽이고 손가락을 깨물어 조서를 쓴 뒤 자결한 사건에 대해 말할 때면 늘 오열하면서 "천하에 일찍이 한 명의 의사가 없구나. 어찌 지금처럼 적적하단 말인가? 우리나라가 한인을 공격하는 것을 도운 날, 한인은 큰 소리로 외쳐 말하기를 '고려여, 고려여, 너희들은 어찌 옛날 중국의 은혜를 잊고 이처럼 우리들을 죽인단 말인가? 심하구나.'라고 할 것이다."고 하여 강한 죄책감을 드러낸 바 있다. 柳載遠, 『磻溪雜藁』, 「磻溪先生言行錄」, "崇禎皇帝手劍皇女 咋指題詔之後, 蒙面而死社稷. 公未嘗不嗚咽流涕曰: '天下曾無一箇義士耶! 何至今寂然也?' 我國助攻漢人之日, 漢人大聲而呼曰: '高麗! 高麗! 汝何忘昔日中國之恩, 而殺戮我人若是.' 其滋甚也."

聖德必重恢.　　盛德이 필시 회복되리로다.
喜極眶先淚,　　기쁨이 극하여 눈물이 먼저 나오고
傷深骨欲摧.　　아픔이 깊으매 뼈가 부러질 듯.
長吟出師表,　　출사표를 길이 읊조리다가
沾洒望河魁.　　눈물을 닦으며 河魁 쪽을 바라보노라.

痛念燕京覆,　　애닯다. 연경이 전복되던 때
年今卄四還.　　이제 24년이 되었구나.
腥膻何日掃,　　누린내 언제나 씻어낼까?
社稷一隅艱.　　우리의 사직은 한 모퉁이에서 어렵기 그지없네.
志士思捐命,　　지사는 목숨 바칠 생각을 하는데
天心合去頑.　　하늘의 뜻도 오랑캐를 제거하는 데 함께하리라.
北辰高夜夜,　　북극성은 밤마다 높이 떠서
悵望淚長潸.　　바라볼수록 눈물만 줄줄 흐르네.

첫 번째 시의 기구에선 명 유민에게 전해들은 명나라 소식이 마치 부모님이 살아오신 것과 같다 하여 기쁨을 극대화하고 있다. 「숭정 갑신년 북경이 함락된 이후……」의 3구에서 명나라 의관이 그대로인 점을 주목했다면, 이 시의 승구에선 명나라 책력이 여전히 통용되고 있다는 사실을 들어 명의 정통성이 회복되기를 기대하였다. 특히 이 시에서는 전구를 유념해서 보아야 한다. 너무 기뻐 눈물이 먼저 흐르고 마음 아파 뼈가 부러질 지경이라 한다. 반계의 현재 심경을 더할 나위 없이 적실하게 표현한 것이다. '喜極'과 '傷深'이라는 자안은 여기서 처음 나온 것이 아니다. 이미 이전에 살펴보았던 두 시의 제목에서 표류인을 만나고 난 뒤의 심경을 '喜極而悲'라고 언급한 바 있다. 유민을 만나 명의 소식을 듣게 된 것이 매우 기쁜 만큼 그에 동반하여 죄책감, 수치심,

굴욕감 및 현재 녹록치 않은 여러 정치적 상황까지 자연스레 연동되면서 그의 슬픔은 더해졌다. 그래서 「出師表」를 부르고 눈물 흘리며 영력황제가 있는 곳을 바라본 것이다. 「숭정 갑신년 북경이 함락된 이후……」가 무너진 명나라를 조만간 다시 회복할 수 있을 것이라는 희망적 메시지가 강하다면 이 시에서는 애상적 정조가 보다 짙게 드리운다. 아마도 명 유민을 만난 기쁨보다 명나라 중홍이 쉽지는 않을 것임을 알기에 슬픔이 더 크게 다가왔을 것이다.

두 번째 시에서도 '腥膻'이라는 시어가 나오면서 반계의 청에 대한 인식을 다시금 확인할 수 있으며, '何日掃'를 통해 명나라 중홍에 대한 그의 절실함이 잘 드러난다. 뜻 있는 선비는 목숨을 바칠 준비가 되어 있고 하늘도 이들을 도와 누린내 나는 오랑캐를 제거할 때가 되었다는 것이다. 결과론적으로 반계의 이러한 생각은 부질없는 것이 되고 말았지만, 당시 중국에서는 반청 운동이 빈번하게 일어나 중원에 대한 청의 지배가 불안할 때라 누린내 나는 오랑캐를 소탕하여 사직을 회복하고자 하는 반계의 바램은 더욱 간절하기만 하다. 이제 반계는 마지막으로 「又賦一首」를 지어 자신의 심경을 마무리한다.

洪武涒灘歲,	홍무 涒灘의 해로부터
于玆五匝還.	다섯번 돌아서 오늘에 이르러.
血書那忍讀,	혈서를 어찌 차마 읽어보랴
天步至今艱.	하늘의 운세 이제 어렵지만.
社稷行恢業,	사직의 구업을 회복해야 하니
戎車待討頑.	융거는 오랑캐를 토벌하길 기다린다.
蒼茫東海外,	아득한 동쪽 널리 이 땅에서
拜日涕潸潸.	태양에 절하는데 눈물만 그렁그렁.

洪武는 명나라 태조의 연호(1398~1398)이며, 涒灘은 반계가 주석에서 밝혔듯이, 朱子의 시에서 유래한 것으로 古甲子 申의 이름이다.[41] 명나라가 건국한 무신년을 말한다. 즉 명의 건국으로부터 5周甲을 돌아 지금 1667년 정미년이 되었다는 말이다. 다음 해인 1668년이 마침 무신년이기에 이를 원용한 것이다. 3구에도 '崇禎皇帝自縊崩時, 有血書遺詔'라는 원주가 붙어 있어 이해를 돕는다. 李自成의 공격으로 인해 더 이상 숨을 곳이 없었던 숭정황제가 자신의 처첩과 딸을 직접 죽이고 손가락을 베어 혈서를 쓰고 난 뒤 자금성 북쪽에 있는 景山에 가서 목매달아 죽은 사실을 말하는 것이다. 앞의 4구에서 명의 건국과 멸망에 대해 개괄한 뒤 뒤의 4구에서 명의 부흥과 완악한 오랑캐의 토벌을 간절하게 기원하였다.

반계는 세주를 통해 시의 주제를 직접 밝혔다. "변방의 후생으로서 황가의 흥망에 대해서 눈과 귀로 보고 들을 길이 없는데 하물며 그 밖에 다른 말을 할 수 있으랴. 알지 못하겠다. 이 세계의 몇 사람이나 능히 충의의 뜻을 실현하여 배운 바를 저버리지 않을 수 있을까. 다만 하늘을 우러러보며 끝없는 감회에 눈물만 흘릴 따름이로다."[42] 명청 교체에 대한 반계의 시선이 단적으로 드러난다.

---

41 柳馨遠, 『磻溪逸稿』, 「又賦一首」, "涒灘古辰申名. 朱子詩有曰: '極知此道無終否, 明年大歲又涒灘.' 宋祖開運, 是庚申之歲, 朱子當慶元己未, 作此詩, 其所感者深矣. 每覽之, 不覺淚下."

42 柳馨遠, 위의 글, "偏荒末生, 於皇家存沒, 耳目見聞, 亦不可得, 況敢言其他乎. 未知海內有幾人, 能效忠義之願, 而不負所學耶. 只得仰天感涕無窮而已."

4. 맺음말

磻溪 柳馨遠(1622~1673)은 한국 실학의 비조로 평가받는 인물이다. 그리고 중심에는 『磻溪隨錄』이 있다. 經綸의 계책과 세상을 구제하는 도구가 그 안에 담겨 있기 때문이다.[43] 반계의 事業은 『반계수록』에, 그리고 덕행은 文集에 전한다고 하였다. 이제 그 문집인 『磻溪雜藁』와 『磻溪逸稿』가 완역되어 『반계유고』로 출간되면서 반계의 덕행, 즉 인간적인 면모를 보다 구체적으로 확인할 수 있게 되었다. 이는 반계의 온전한 상을 그리는 데 적지 않은 도움이 될 것이다.

본고는 『반계일고』에 수록된 명 유민에 관한 시 5수를 중심에 두고, 조선 후기 지식인들의 반계에 대한 전과 행장, 유사, 묘비문, 제문, 연보, 언행록 등을 참고하여, 반계가 바라본 명청 교체와 명 유민에 대해 논의하였다. 현종 8년(1667) 여름, 중국의 복건성에서 일본으로 향하던 배가 표류하면서 제주도에 도착하였다. 명나라 복색과 머리를 한 임인관 등 95명은 명의 유민이었던 것이다. 반계는 마침 한양으로 압송되던 중 정읍 땅을 지나는 이들을 만나기 위해 한 걸음에 달려갔다. 그리고 그가 가장 궁금해 하던 영력 황제의 생존 여부에 대해 전해 듣게 된다. 아울러 영력 황제의 21년 책력을 직접 확인한 뒤 심경을 담은 5수의 시를 지었다. 이 중 7언 율시의 첫 번째 수(「自崇禎甲申北京淪沒之後……」, "皇家消息廿年餘, 今日初聞淚滿裾.……")와 5언 율시의 첫 번째 수(「再賦二首」, "忽得皇家信, 還如父母廻.……")는 「반계선생연보」와 「반계선생언행록」에도 수록되어 있어 반계의 華夷觀을 논할 때면 많이 언급되어진다. 아무래도 자료의 접근성이 용이한 때문으로 짐작된다. 이 5수의 시는

---

43 金瑞慶, 『磻溪逸稿』, 「祭磻溪柳先生文」, "經綸之策, 濟世之具. 可底於績, 孰云其睽."

연작시이다. 앞서 제시한 2수를 제외하곤 『반계일고』에서만 확인할 수 있다. 따라서 이 5수의 시를 통해 『반계일고』의 자료적 가치는 한층 제고될 수 있을 것이다.[44]

연작시의 주제는 비교적 선명하다. 반계가 명 유민을 만난 뒤 느낀 '기쁨과 슬픔[喜悲]'이 오롯이 표출되어 있기 때문이다. 이때 기쁨이란, 반계가 그동안 가장 궁금해 하던 명나라 영력 황제의 생사를 확인한 것이며, 슬픔이란 작금의 상황이 중국과 조선 측 모두에게 참담한 것을 말한다. 영력 황제는 북경이 함락된 뒤 이자성 일당을 피해 남경으로 옮겨 갔고, 조선은 우리 임금이 저들에게 무릎 꿇는 國恥를 당했다. 조선의 지식인으로서는 쉽게 받아들일 수 없는 상황이 벌어진 것이다. 반계는 시에서 "누린내 언제나 씻어낼까?(腥膻何日掃)"라고 반복하여 말하고 있다. 반계에게 있어 저들은 '누린내 나는 오랑캐'일 뿐으로, 저들을 소탕하는 것이 그의 숙원이었다. 반계가 기실 부안으로 이거한 것도 명이 오랑캐라 여기던 청에게 멸망당했기 때문이었다.[45] 반계는 명과 조

---

44 1667년 제주도에 표류한 임인관 일행의 처리 문제를 두고 대명의리론과 대청현실론이 첨예하게 충돌하면서 큰 파열음을 냈던 만큼 이에 관한 많은 기록들이 후대에 전해졌다. 5수의 연작시를 통해 표출된 반계의 대명에 대한 의리는 17세기 후반 조선 지식인들의 일반적인 정서와 크게 다르지 않다. 그런데 한국고전종합DB 사이트(한국고전번역원)를 통해 임인관 일행의 표류와 처리 문제에 관한 기록을 검색한 결과 도출된 104건 중에는 임인관 등 명 유민이 제주도에 표류하고 한양으로 압송되어 청으로 송환된 사실을 직서적으로 서술한 것이 대부분이다. 물론 이들이 청으로 송환되고 그 후 처형된 것에 대해 울분과 죄책감을 드러낸 기록도 있긴 하나, 반계처럼 '喜悲'에 바탕을 둔 '胸懷의 妙'가 애절하고도 적극적으로 표출된 경우는 찾아보기 힘들기에 이 연작시의 의미와 가치가 한층 제고될 수 있다.

45 吳光運, 『磻溪逸稿』, 「磻溪柳馨遠行狀」, "公旣志學甚早, 又自神州陸沈, 超然遐擧, 益專精於學問, 刻意覃思, 夜以繼日."; 兪漢雋, 『自著』 권15, 「柳馨遠傳」, "明烈帝十七年, 淸人寇陷燕京, 自立爲帝. 馨遠自以明陪臣義不出, 隱於愚磻山谷中." 박철상 선생은 반계가 『陶靖節集』을 편찬하고 「和歸去來辭」를 기록한 것으로 인해, 반계를 우반동으로 이끈 動因이자 반계의 삶을 지탱시켜 준 힘이 된 것으로 '逸民意識'을 든 바 있다. 이에 대한 것은 박철상(2006). 참조.

선이 당한 국치를 설욕하고 명의 중흥을 위해 나름의 자구책을 준비한다. 하나는 국가개혁론을 담은 『반계수록』을 저술한 것이고, 또 하나는 중국어를 배우고, 큰 배와 준마, 좋은 활과 화살, 조총 등의 무기를 마련하여 군사적 대비를 한 것이다. 혹시라도 벌어질 저들과의 전쟁에 대비하기 위해서였다. 이론과 실전을 모두 고려한 '거대한 계책(偉略)'이었던 셈이다. 반계는 실상 이러한 계책을 구체적으로 기록한 『中興偉略』을 저술하였는데 미처 완성하지 못하고 죽었다.[46] 그 내용을 확인할 길은 없으나 미루어 충분히 짐작할 수 있다.

본고는 『반계일고』에 수록된 명 유민에 관한 5수의 연작시를 면밀하게 검토한 결과 명청 교체와 명 유민에 대한 반계의 '喜悲'를 확인하였다. 결국 반계의 시선이 향하고 있는 곳은 '悲'로서 이를 한마디로 표현하면 '腥膻何日掃'로 요약할 수 있다. 반계는 이러한 상황을 야만에 의한 문명의 전복으로 인식하고, 만청의 폭력적 중국지배는 문명적 위기라고 결론지었다.[47] 그래서 명이 멸망하고 국치를 아직 씻지 못한 것을 한스럽게 여기면서 항상 復讎 雪恥할 방책을 강구하였던 것이다.[48] '복수 설치'를 생각하면서 성숙한 반계의 실학은 중국 중심의 주자학적 세계관, 특히 중화문명 중심의 가치관에 깊이 침잠하고 있었던 것으로 풀

46 安鼎福, 『磻溪雜藁』, 「磻溪先生年譜」, "三年壬寅. 先生四十一歲. 十日月, 入京師, 仍留貞陵洞. 中興偉略始草 …… 至是, 始草中興偉略, 書未成, 而先生卒."

47 임형택(2016), 8~9면. 『반계일고』를 발굴한 임형택 교수는 특별히 '腥膻何日掃'를 거론하고, 이러한 반계의 통탄에 대해 "야만에 의한 문명의 전복으로 인식한 때문"이라 한 뒤 "만청의 폭력적 중국지배는 문명적 위기"라고 결론지었다. 또 당시 북벌이라는 체제 이데올로기와 반계의 반청 논리가 외형적으로는 별로 다르지 않으나, 정치적 이데올로기로 외화한 방식이 아니라 자아의 각성으로 내화하는 방식이라 평가하면서 반계의 명청교체에 대한 인식을 논리화하였다. 여기에 대해서는, 임형택(2006), 17~18면 참조할 것.

48 安鼎福, 『磻溪雜藁』, 「磻溪先生年譜」, "先生以大明淪亡, 國恥未雪, 深以爲恨. 其在扶安, …… 常講究復雪之策, 家畜駿馬, 日行三百里, 以良弓鳥銃, 敎家僮, 以及里人, 暇日習之, 皆爲妙手, 至二百餘人."

이된다. 그러면서도 그는 결국 조선왕조의 국가체제를 독자적으로 변혁하는 국가개혁론을 통해 왕정의 구현을 독자적으로 강구하면서 구체적 절목까지 제시하였다.[49] 바로 이 점에서 한국 실학의 비조로 상정된 반계의 대명의리는 현실개혁론과 조화를 이루었다고 평가할 수 있다.

■ 참고문헌

成海應, 『硏經齋全集』, 한국문집총간 277, 한국고전번역원.

宋時烈, 『宋子大全』, 한국문집총간 113, 한국고전번역원.

兪漢雋, 『自著』, 한국문집총간 249, 한국고전번역원.

柳馨遠, 『磻溪隨錄』·『磻溪雜藁』·『磻溪逸稿』

李書九, 『丁未傳信錄』, 서울대 규장각한국학연구원.

李　瀷, 『星湖全集』, 한국고전번역원.

『顯宗實錄』·『正祖實錄』

김문식(2012), 「성해응이 증보한 『정미전신록』」, 『진단학보』 115, 진단학회.

김승대(2017), 「홍계희 경세론의 재지적 기반」, 『한국실학연구』 33, 한국실학학회.

김태영(2011), 『국가개혁안을 제시한 실학의 비조 유형원』, 실학박물관.

김태영(2013), 「반계 연구논저 목록」, 『반계 유형원 연구』, 사람의 무늬.

박철상(2006), 「반계 유형원이 엮은 『陶靖節集』과 그의 일민의식」, 『한국실학연구』 11, 한국실학학회.

우경섭(2013), 「조선후기 지식인들의 南明王朝 인식」, 『한국문화』 61, 규장각한국학연구소.

육형원 저, 임형택 외 편역(2017), 『반계유고』, 창비.

이우성(2000), 「반계잡고」, 『한국고전의 발견』, 한길사.

이의강(2013), 「반계 유형원의 부안 우반동 은거를 전후한 한시 작품의 정서」, 『한문고전연구』 26, 한국한문고전학회.

이의강(2016), 「반계 유형원의 한시에 투영된 그의 실학자적 면모」, 『한국한문학연구』 62, 한국한문학회.

---

49 김태영(2011), 168~169면 참조.

임형택(2006), 「『반계일고』의 고찰－실학과 실학파문학의 원류」, 『한국한문학연구』 38, 한국한문학회.

임형택(2016), 「반계 유형원의 신발굴 저술을 통해 본 학문과 사상」, 『국제적 시각에서 본 반계 유형원의 실학사상』, 호남실학 재조명을 위한 국제학술대회.

정인보(1929), 「星湖僿說類選序」, 『星湖僿說類選』.

정호훈(2016), 「『반계수록』과 조선 후기 정치사상」, 『국제적 시각에서 본 반계 유형원의 실학사상』, 호남실학 재조명을 위한 국제학술대회.

반계 유형원의 시조 한역에 대하여*

조해숙

1. 서론

이 글의 목적은 사상가로서 주로 알려져 온 磻溪 柳馨遠(1622~1673)이 남긴 시조 한역 작품 「翻俗歌」 17수를 분석해 시가사적 의미를 살피고, 이를 통해 그의 문인 의식을 밝히는 데 이바지하려는 것이다.

「번속가」는 2006년 임형택 교수가 소개한 『磻溪逸稿』에 수록되어 있는 자료이다. 『반계일고』의 다수를 차지하는 시편 169제는 창작 시기별로 실려 있는 반면, 시조 한역 작품들은 「번속가」라는 제목 아래 일련의 작품이 시부 말미에 수록되어 정확한 창작 시기를 추정하기 어렵다. 유형원의 대다수 시편들처럼, 생애 후반기에 해당하는 17세기 중반

* 이 논문은 2017년 한국실학학회 반계국제학술대회(2017, 10, 13~14, 고려대 민족문화연구원)에서 발표한 내용을 수정·보완한 것이다. 당시 토론을 맡아 작품의 해석과 의미 확장에 적확한 조언을 주신 이화여대 최재남 선생님과 이후 여러 선생님들의 조언에 깊이 감사한다.

무렵에 시조 한역 작업이 이루어졌다고 가정한다면, 그 시기는 시조 음악이 자리 잡기 시작하면서 사대부의 관심도 활발해지던 때에 해당한다. 또한 세상에 유행하는 시속의 노래, 곧 '時調'를 한시 형식으로 옮겨 놓으려는 본격적인 시도들이 일반화하지 않았던 시기이며, 김천택에 의해 최초의 시조집 『靑丘永言』(1728)이 엮어지기 50년 이상 이전 시기이다.

임형택 교수는 『반계일고』를 소개하는 글에서 「번속가」를 주목하고 상당수의 원시조를 찾아 놓았으며, 차후 국문학적으로 면밀한 분석이 이루어질 것을 요망한 바 있다.[1] 김명순 교수는 선행 연구에서 밝혀진 원시조 작품을 중심으로 내용상 형식상 특징을 지적하면서 「번속가」에 수용된 대부분의 작품들이 이후 19세기 말까지 널리 유행되고 폭넓게 전승된 사실을 밝혔다.[2]

본고에서는 해당 자료를 한역 방식과 주제 면에서 좀 더 세밀하게 분석해 시가사적 가치를 평가하고자 한다. 이를 위해 「번속가」 작품 전체를 대상으로 삼아 유형원의 생애나 한시 세계와 견주어 보고, 한역 시기의 시조 향유 분위기를 고려해 일부 원시조를 찾고 수정하는 과정을 거친다. 그러한 분석과 확정의 결과를, 유형원의 한역 전후 경향과 비교함으로써 「번속가」의 전반적 의미와 가치를 평가하는 일은 이 작업의 마지막 과제가 될 것이다.

---

1 임형택(2006). 참조. 「번속가」 17수 가운데 12수의 원시조를 확인해 소개했다.

2 김명순(2008). 참조.

2. 「번속가」의 시조 한역 양상과 특징

시가사에서 시조의 한역이 이루어진 것은 사대부들이 민간에 유행하던 우리말 노래에 관심을 갖고 그 기록이 필요하다고 여겼기 때문이다. 학계에서는 일찍부터 申緯(1769~1845)를 위시한 이른바 '小樂府' 시 작가들의 시도를 19세기 한시단에 끼친 자극과 영향이라는 관점에서 주목했다. 이후 연구가 진척되면서 시조를 한역하는 작업이 조선 중기 이후 지속적으로 이루어졌으며, 각 시기마다 특성을 달리하며 당대의 문학사적 요청을 반영한 것이라는 의미를 부여받게 되었다.

개인적인 시조 한역이 이루어지기 시작한 것은 16세기 초반부터로 추정된다. 자작시를 한역하거나 개인적으로 관심 있는 몇 편의 시조를 한역한 사례들이 발견되는 것이다.[3] 이후 한 사람이 10수 이상의 시조 작품을 본격적으로 한역함으로써 당대에 유행한 시조의 성격과 향유 양상을 추정할 수 있게 하는 사례가 등장한 것은 대개 16세기 말 17세기 초이다. 李民宬(1570~1629)의 문집에 「聞人唱俚歌韻而詩之」란 제하에 소개된 시조 한역 12수가 현재 알려진 첫 작품이다.

따라서 17세기 중후반에 이루어진 유형원의 「번속가」는 시기 면에서 이른 성과에 해당한다. 유형원과 비슷한 시기에 시조 한역을 한 사례는 南九萬(1629~1711)의 「翻方曲」 11수, 李基休(1650~1710)의 「短歌十九章」, 李衡祥(1653~1733)의 「浩皤謳」 16수 및 「今俗行用歌曲」 등이다. 이들 세 사람은 생몰시기가 17세기 후반에서 18세기 초반에 걸쳐 있는데다가, 이형상의 경우 구체적 한역 시기가 18세기 초반으로 확인되므로[4] 유형원의 한역 시기와는 꽤 거리가 멀어진다. 이런 점을 고려

3 최재남(2015), 19~22면. 참조.

할 때 유형원의 「번속가」는, 17세기 초의 시조 한역과 17세기 말에서 18세기 초 한역시들의 사이에 공백으로 남아 있던 시기 시조 한역의 모습을 구체적으로 보여주는 자료로 주목된다. 또한 「번속가」는 최초의 가집 이전에 존재한 시조의 향유 및 실상을 전하는 자료로서 시조사적으로도 소중하다.[5]

유형원은 시 짓기를 전공으로 삼거나 즐기기보다 살아가면서 情境이 맞아 일어난 감흥을 읊은 경우가 많았기에, 그가 창작한 시는 '시인의 시'가 아닌 '학자의 시'에 가깝다.[6] 그런 그가 시조에 관심을 갖고 한역에까지 이르게 된 동기는 무엇일까.

우선 그의 시조에 대한 인식이나 시조를 한역하는 작업에 대한 의식은 「번속가」라는 제목에서 알 수 있다. 그는 시경과 악부시 전통과 관습을 수용해 자기 시대 민간의 노래를 옮겨 기록한다는 의식을 지녔던 것 같다. 그가 선택한 원시조의 경향과 한역시의 형식을 살피면서 이 점을 더 구체적으로 살펴보자.

유형원의 시조 한역은 한번에 일시적으로 이루어진 것이 아니라, 「翻俗歌」 3수를 만들고 이후 「又翻俗歌」라는 이름으로 3차례(각각 10수, 3수, 1수) 더해 총 4회에 걸쳐 행해졌다. 한역시는 각 단계마다 원시조의 성향 및 한역 형식에 있어서도 차이를 보인다.

1) 시조 한역 방법의 고민과 모색

가장 먼저 한역된 「번속가」 세 수를 보자.

---

4 「호파구」가 실려 있는 문집은 1715년 이후의 것이고, 「금속행용가곡」은 1706년에 저술한 『芝嶺錄』에 실려 있다.

5 김명순(2008), 300면.

6 임형택(2006), 21면.

①[7] 竹爲雪壓 孰謂竹曲
如其曲兮 雪裡綠兮

눈 마자 휘어진 대를 뉘라셔 굽다든고
구블 節이면 눈 속에 프를소냐
아마도 歲寒孤節은 너뿐인가 ᄒᆞ노라. #391[8]

② 謂玉爲石 其可惜兮
彼博物子 猶或識之
識而不知 我心劃兮

玉을 돌이라 ᄒᆞ니 그려도 ᄋᆡ드ᄅᆡ라
博物君子는 아ᄂᆞᆫ 法 잇건마ᄂᆞᆫ
알고도 모로ᄂᆞᆫ 쳬ᄒᆞ니 글노 슬허 ᄒᆞ노라. 瓶歌#176

①은 4언4구 형식을 써서 원시조를 한시화했다. 당대 유행 노래인 시조를 한역하는 데 시경체의 기본 형태가 적절하다고 여겼던 것 같다. 원시조의 초장은 제1,2구에, 중장을 제3,4구에 그대로 옮겼다. 이처럼 압축된 간결한 형식으로는 시조의 6구를 전부 수용할 수 없어 종장은 생략되고 말았다. 일반적으로 시조의 종장이 주제부를 지니는 예가 많고 #391 작품의 주제 역시 '歲寒孤節'이라 일컬어지곤 한다. 따라서 원시조를 인식해야 하는 한역자의 입장에서 보자면 종장을 생략한 4언4구 한역 방식은, 어떤 의도를 보여주는 것이거나 어느 정도 부담을 안

7 작품 소개와 설명을 위한 일련번호는 『일고』에 실린 한역시 순서에 따라 차례로 붙인 것이다.

8 원시조의 표기 형식과 가번(歌番)은 김천택 편 『청구영언』의 것이다. 『청구영언』에 수록되지 않은 원시조는 『역대시조전서』(심재완, 1972)의 표제 작품을 사용하되, 한역시의 내용상 특별히 다른 이본 작품을 가져온 경우 그 이유와 수록 가집을 밝혔다.

아야 하는 방식이었을 가능성이 있다.[9]

②에서는 4언6구 형식으로 이러한 문제를 해결했다. 제시된 원시조는 19세기 초 『甁窩歌曲集』에 실린 작품으로 洪暹의 작이라 되어 있다. ②의 한역시 제5,6구는 "알고도 모르는 체 하니, 내 마음을 그어놓는구나"라고 해 원시조 종장 마지막 구의 의미를 한역자의 의도를 담아 한시답게 옮겨 놓았다. 이로 보아 해당 시조는 이미 17세기부터 불렸던 노래라 할 수 있다. 한역시에서 4언4구 대신 4언6구 형식을 사용하게 되자 시조의 의미는 좀더 온전히 전달될 수 있었다.

③ 君莫道	그대 말하지 말라
山不高	산이 높지 않다고
上出干雲霄	위로 솟아오르면 은하수를 침노한다네
君莫道	그대는 말하지 말라
谷口深	골짜기 어귀 깊다고
臨門來海潮	문에 다다르면 바다 물결 밀려올 테니
此身雖無朋	이 몸 비록 벗이 없건만
君不見	그대는 보지 못했나
浩蕩沙鷗	자유로이 노니는 갈매기들
相親相近暮又朝	아침이나 저녁이나 서로 친근하게 날아드는 것을.[10]

③은 원시조를 찾지 못한 한역시로, 5·6·7언 장단구 형식이다. 원

9 유형원은 「번속가」 ⑤도 원시조의 종장을 생략하고 한역했다. 다른 시조 한역시 작품들 중에서도 종장 전체가 생략된 예는 있으나 대체로 원시조보다 한시의 미감과 형식을 존중하는 후기 한역 방식에서 발견된다. 그러므로 실학자이자 초기 한역자인 유형원이 종장을 옮기지 않은 의도는 달리 생각해 보아야 할 터인데 이 점은 본문 제2장 제2절 ⑤의 해석에서 다루기로 한다.

10 한역시 해석은 『국역 반계일고』(2017)의 것을 바탕으로 일부 손질했다. 노고가 깃든 자료를 제공해 주신 역자들께 감사의 마음을 전한다.

시조의 시적 자아는 바다와 인접해 있는 그리 높지 않은 산 속 골짜기 깊은 곳에 은거하면서 때로 바닷가에 나와 갈매기를 벗하며 소일하는 은자의 모습이다. 초장과 중장은 각각 2구(6언+5언)의 동일한 형태로 옮기고, 종장은 3구(5언+7언+7언)로 옮겨 다르게 했는데, 원래 노래를 상정해 보아도 한역시 내용은 지나치게 부연된 느낌이다. 특히 종장을 옮긴 한역시 제5,6,7구는 시적 자아의 내면을 지나치리만큼 자세히 설명하고 있어, 노래의 함축성이나 여운을 느끼기 어렵다. 이 점을 어떻게 이해할 수 있을까.

우선 ①,②의 한역 방식으로 충분히 반영되지 못한 시조 의미에 대한 보충 설명을 기한 것, 곧 원 노래의 의미에다 한역자 스스로의 해석을 더한 탓으로 볼 수 있다. 혹은 특별히 길어진 한역시를 필요로 할 만큼 원시조의 사설이 길어진 경우, 즉 사설시조를 대상으로 한 한역시일 가능성도 조심스럽게 제기할 만하다.[11] 어느 경우이든지 시조에서 장별로 다른 정보량을 한역시의 형식에 반영하고 숨은 의미까지 옮겨 보려는 한역자의 고민이 포착된다.

이상 「번속가」 3수의 형식과 내용으로부터, 유형원이 초기 한역 단계에서 한시 악부의 다양한 형식을 활용해 국문 노래를 번역하려고 시도했음을 알 수 있다. 이처럼 한역 방식을 실험할 수밖에 없었던 이유는, 선행 한역 작업을 접해보지 않은 상태에서 나름의 고민과 모색을 거듭할 수밖에 없었기 때문일 것이다. 한역 대상으로 선택한 원시조의 내용은, 사물의 본질을 알아채지 못하고 겉모습만으로 그릇된 평가를 일삼는 세태를 경계하면서 志節과 隱逸을 강조한다는 공통점을 지닌다.

---

11 만약 사설시조가 원시조라면 한역시에서 원시조의 중장보다 종장에 해당할 뒷부분이 3구로 더 길어진 사실을 어떻게 설명할 수 있을지 궁구해야 한다. 사설시조의 초기 형태나 18세기 이후 사설시조의 한역시 형식들에 대한 고찰과 비교가 필요할 것이다.

2) 형식의 정제와 질박한 정서 표출

다음 살필 한역시는 「又翻俗歌」 10수이다.

④ 今日復今日 明朝亦今日
　每日若今日 何爲愁不樂

이 한역시의 내용은, 시조의 발생과 기원에 관한 논의에서 16세기 이래 「心方曲」으로 잘 알려진 이른바 '오ᄂᆞ리…' 류의 노랫말을 연상시킨다.[12] 현재를 중시하고 주관적인 시간을 연장함으로써 영원성을 추구하는 태도와 시간의식을 표현한 이런 유형의 노래는 김천택 편 『청구영언』에서도 두드러지게 발견된다.

*오ᄂᆞᆯ이 오ᄂᆞᆯ이쇼셔 每日에 오ᄂᆞᆯ이쇼셔
졈그디도 새디도 마르시고
새라난 ᄆᆡ양 쟝식에 오ᄂᆞᆯ이쇼셔. #001[13]

樂只쟈 오ᄂᆞᆯ이여 즐거온쟈 今日이야
즐거온 오ᄂᆞᆯ이 힝혀 아니 져물셰라
每日에 오ᄂᆞᆯ ᄀᆞᆺ트면 므슴 시름 이시리. #092

*오ᄂᆞᆯ도 죠흔 날이오 이 곳도 죠흔 곳이
죠흔 날 죠흔 곳에 죠흔 사람 만나이셔
죠흔 술 죠흔 안쥬에 죠히 놀미 죠해라. #460

---

12 시조의 원초를 「심방곡」에서 찾는 논의는 권두환(1993). 참조.

13 *표시를 한 작품은 해당 한역시의 원시조와 유사 내용을 담고 있으나 한역시와 내용 및 분위기 면에서 차이가 있어 원시조로 확정하기 어려운 작품들이다.

#001은 18세기 들어 중대엽 곡으로 바뀐 후 초중대엽 대표곡으로서 대다수 가집의 첫머리에 놓일 만큼 18세기 내내 노래의 상징성을 부여받은 작품이다. 18세기 말부터 점차 빈도수가 잦아들다가 19세기 이후 가집에서는 자취를 감추었다. '저물지도 새지도 말고 (만약) 새려거든 항상 변치 말고 오늘(과 같은 날)이 되게 하소서'라고 하여 현재의 지속과 연장을 추구하는 의식을 보인다. 이와 유사한 의식을 표현한 #092는 이삭대엽 노래로, 즐거운 오늘을 만끽하고 오늘과 같은 시간을 매일에 연장하여 살고 싶다는 소망을 직설하고 있다. 낙시조에 속한 #460은 여기에다 현실의 공간을 더하여 '오늘－이곳'을 내세우는데, "죠흔"이란 직설적 감정을 반복적으로 표현하여 시적 흥취를 고조시킴으로써 유흥적 분위기를 조성하는 데 목적을 둔 노래이다.

이상의 유사 의미의 노래 가운데 ④가 원시조로 삼은 것은 어떤 것이었을까.

한역시의 제1,2구로 미루어 이들 중 대표 노래인 #001을 연상하기 쉬우나,[14] 제3,4구는 #092의 종장 내용을 그대로 옮긴 것이 분명하다. 그렇다면 이들 '오ᄂᆞ리' 류의 노래가 유행하던 당대 시조 향유의 분위기 속에서, 구전 과정상 #001 초장의 "오늘이 오늘이소서 내일도 오늘이소서"로 변화한 노랫말에 #092 중·종장이 결합한 작품이 생겨났을 개연성이 있다. 위 세 시조 가운데 #092만 18세기는 물론 19세기 후반『가곡원류』이후에 이르기까지 23종의 가집에 나타나고 있다는 사실은 이 가설을 뒷받침해 준다.[15] 따라서 현전하는 노래로서 원시조를 삼는다면 #092가 적절하다고 판단된다.

---

14 임형택(2006) 및 김명순(2008)에서 #001을 ④의 원시조로 보았다.

15 심재완(1972), 169～170면. #001은 18세기 이전에 나온 8종 가집에 보이며, #460은 김천택 편『청구영언』외 가집에 한 번 실렸을 뿐이다.

다음으로 한역자의 의지와 절개를 보여주는 작품을 보자.

⑤ 此身若化物 將化爲何物
崑崙第一峯 落落參天栢

*이 몸이 주거 가셔 무어시 될쏘ᄒᆞ니
蓬萊山 第一峰에 落落長松 되야이셔
白雪이 滿乾坤홀 제 獨也青青 ᄒᆞ리라. #016

이 몸이 되올진ᄃᆡ 무엇이 될고ᄒᆞ니
崑崙山 上上峰에 落落長松 되얏다가
群山에 雪滿ᄒᆞ거든 혼ᄌᆞ 웃뚝ᄒᆞ리라. 병가#202

⑫ 此身死復死 一百回復死
白骨魂有無 丹心寧改已

이 몸이 주거 주거 一百番 고쳐 주거
白骨이 塵土ㅣ 되여 넉시라도 잇고 업고
님 向ᄒᆞᆫ 一片丹心이야 가싈 줄이 이시랴. #008

한역시의 의미만으로 원시조가 금방 연상되는 작품들이다. 창작의 정황과 함께 노래가 널리 알려진 까닭이다. 원시조들은 모두 이삭대엽 노래들로, #016 작품은 성삼문의 생애와, #008은 정몽주가 이방원의 노래에 답한 사건과 관련되어 대표적 절개 노래로 회자되었다.

그런데 ⑤의 제1구 의미나 제3구 시어들을 들여다보면 그것이 한역 대상으로 삼은 원시조는 #016이라기 보다는 병가#202에 가깝다고 생각된다. 이 역시 앞서 ④의 경우처럼 당대에 유행하던 유사 노래들이 존재하고 있었고, 그 가운데 유형원은 병가#202 노랫말을 대상으로 삼아 한시화한 것으로 보는 것이 타당하다.[16] ⑫의 한역 과정은 보다 분명하다. 원시조 #008의 초장은 한역시 제1,2구에 거의 그대로 옮겨졌고, 중장은 제3구에, 종장은 제4구에 각각 함축적으로 재현된 것이다. 이처럼 원시조의 의미를 재현하면서도 한시의 자구 제약 때문에 일부를 함축적으로 표현하는 것은 4구 형식 한역시에서 불가피한 방식이었다.[17] ⑤는 원시조의 초장을 한역시 제1·2구로, 중장을 제3·4구로 옮기면서 종장은 과감히 생략했다. 유형원에게 이 방식은 이미 ①에서 시도한 바 있는 익숙한 것이기도 하다.[18] '志節'을 다룬 원시조 종장의 '세한고절'이나 '독야청청'을 굳이 강조하지 않더라도, 그는 초·중장의 상황을 옮기는 것만으로 시적 자아의 의지를 충분히 드러낼 수 있다고 본 것이다.

유형원이 한역 대상으로 택한 노래들에서 시적 자아의 의지가 자연스럽게 '戀君'을 향하고 있는 것도 있다.

⑩ 秋天雨晴色 掇貯珊瑚箱
誰是北去者 欲寄夫君傍

*가을 하늘 비긘 빗츨 드는 칼노 말나닉여
金針 五色실노 繡노하 옷슬 지어
님겨신 九重宮闕에 드리오려 ᄒᆞ노라. 병가#790

---

16 이 유형의 시조 한역시 중 「번속가」와 시기적으로 가장 근접한 이형상의 한역을 대비하면 원시조 간의 거리가 더욱 분명해 보인다. "此身雖一死, 餘氣想不蟄. 蓬萊第一峯, 願作長松立. 風雪滿乾坤, 獨也青以直." 이형상, 「호파구」16, 〈節操祝〉.

17 유형원과 동시대 인물인 남구만은 동일 시조를 6구 형태를 사용해 다음과 같이 거의 축자적으로 옮겼다. 남구만, 「번방곡」1. "此身死復死, 百死又千死. 白骨爲塵土, 魂魄復何有. 向君一片丹心, 到此猶未已."

18 본문 제2장 제1절 주9) 참조.

⑪ 江湖有期約 十載久不歸
君恩猶未報 鷗鳥莫相譏

江湖에 期約을 두고 十年을 奔走ᄒᆞ니
그 모른 白鷗는 더듸 온다 ᄒᆞ건마는
聖恩이 至重ᄒᆞ시니 갑고 가려 ᄒᆞ노라. #102

위 두 한역시는 '北去者', '君恩'과 같은 시어를 통해 주제를 분명히 하고 있는 작품이다.[19] 그런데 한역 과정에서 원시조의 의미가 변이된 부분이 보인다. ⑩은 제1구는 원시조의 초장 첫 구를 옮겼고, 제3,4구는 종장과 큰 뜻은 같지만 세부적 의미는 달라졌다. 더구나 원시조 중장에서 맑은 가을 하늘을 옷감으로 삼아 수를 놓은 귀한 옷을 마련하고 싶다는 의미가 한역시 제2구에서는 산호로 만든 상자에 저장해둔다는 다른 비유로 옮겨졌다. ⑪은 원시조 초장을 제1구와 제2구에 옮기고, 종장 의미를 일부 탈락시킨 채 제3구로 변형했으며, 제4구는 "갈매기야 (나를) 꾸짖지 말라"고 하여 원시조 중장의 뜻을 강화시켜 변형하였다.

한역 과정에서 ⑪처럼, 시조의 의경을 따르되 원노래의 의미를 강조, 부연함으로써 특정 주제에 대한 한역자의 의식을 부각하는 예는 흔하나,[20] ⑩처럼 소재와 설정 자체가 이질적인 경우는 찾기 어렵다. 따라서 ⑩의 원시조를 병가#790으로 확정하기 보다는 그와 유사한 17세기의 다른 노래가 존재했다고 상정하는 편이 합리적이다.

#102는 유형원의 스승이자 고모부인 金世濂(1593~1646)에 의해서도

19 ⑩은 '夫君'이라는 시어를 사용하고 있어서 이때의 '임'의 존재를 어떻게 상정해야 하는지가 모호하다. 다만 원시조로 추정되는 작품을 고려해, '부군'은 단순한 임이 아니라 '임금'을 뜻한다고 보았다. 이후 제시되는 ⑯에 쓰인 '夫君' 해석도 마찬가지이다.

20 조해숙(2005), 66~79면.

5언절구 형태로 한역되었다.[21] 그의 집안에서 이러한 주제의 노래가 각별한 의미를 지녔다고 할 수 있는데, 유형원이 같은 시조를 김세렴과 다른 형태로 한역하고자 한 점도 주목할 점이다.

다음은 인간 삶에 대한 '無常'과 '警世'를 다룬 작품들이다.

⑦ 靑天一片月 我今問一言
萬古幾英雄 吾輩亦何人

靑山아 말 무러보쟈 古今을 네 알리라
萬古英雄이 몃몃치 지ᄂᆞ더냐
이 後에 뭇너니 잇거든 날도 함ᄭᅴ 닐너라. 源國#198[22]

⑨ 勿謂西日高 서산 해 높다 이르지 말고
勿謂濁水淺 탁한 물 얕다 이르지 말라
斟酌在君心 짐작하는 건 임의 마음이니
早暮隨時善 이르거나 늦거나 때에 좋은 것을 따르리라.

흐린 믈 엿다ᄒᆞ고 ᄂᆞᆷ의 믄져 드지 말며
지ᄂᆞᆫ ᄒᆡ 놉다ᄒᆞ고 藩外에 길 예지 마소
어즈버 날 當짐 말고 네나 操心 ᄒᆞ여라. 靑詠#41[23]

한역 방식을 보면 ⑦은 제1·2구에 원시조의 초장 첫 구의 의미를 풀어 옮기는 대신 초장 둘째 구는 생략했다. 원시조 중장과 종장의 내용은 한역시 제3구와 제4구에서 "만고의 영웅은 얼마나 되는가 우리들

21 김세렴, 『東溟集』 卷1, 「樂府」, 23면. "十載江湖約, 沙禽怨不歸. 君恩一何重, 不敢著荷衣."
22 국악원본 『歌曲源流』. 金相玉의 작으로 되어 있다.
23 가람본 『靑丘詠言』. 鄭希良의 작으로 되어 있다.

은 또 어떤 사람인가"라고 압축해 한역했다. 한역 과정에서 탈락된 '古今 일을 네 알리라'라는 물음의 구체적 내용은, 한역시 제2구의 '我今', 제3구에 쓰인 '萬古'라는 시어들의 조합으로 은연 중 짐작할 수 있게 했다. 또 종장의 '함께 일러라'라는 직설적 표현 대신 제4구에서는 은근한 자부심을 전하는 태도로 변형되었다. 원 노래의 분위기를 살리면서도 한시다운 서정과 미감을 반영하려는 한역자의 의도가 엿보인다.

문제는 원시조와 한역시에서 질문의 대상이 다르다는 것이다. 만고에 변함없이 인간사를 내려다 볼만한 존재로서 시조에서는 '青山'이, 한역시는 '青天一片月'이 등장한다. 사실 한역시 제1·2구는 '青天을 우러러 달더러 무론 말이' 정도의 노랫말을 연상시킨다. 이 원시조의 이본에 해당하는 노래가 18세기 이전부터 20세기 초 가집에까지 20여 종 남았을 만큼 그 시상이 대단히 유행했다고 보면,[24] 실제로 청산이 아닌 청천의 달이 등장하는 노래를 유형원이 한역했을 가능성도 있고[25] 청산보다 청천월을 상정하는 것이 적절하다고 판단해 한시화했을 수도 있다.

⑨는 원시조의 초장과 중장의 순서를 바꾸어 제2구와 제1구로 옮기면서 일부 내용을 생략했다. 지는 해가 머무를 시간을 임의로 짐작해 에두르다가 너무 늦어지거나, 깊이를 가늠키 어려운 흐린 물에 남보다 서둘러 들어가는 일을 경계하는 원시조의 내용을 한역 과정에서 '勿謂…' 이하의 간결한 지시어로 표현했다. 대신 제3·4구에서는 그러한 금기의 이유를 완곡하고 점잖게 언급함으로써 원시조의 종장 내용이 지닌 직접적이고 표면적인 언술과는 깊이를 달리했다. 모든 것에 때를 따름이 중요하다는 유형원의 의식이 잘 드러난 한역이라 하겠다.[26]

---

24 심재완(1972), 1047면.

25 다음 시조가 유사하다. "옷버서 아희주어 술집이 볼모ᄒᆞ고/ 青天을 우러러 ᄃᆞᆯ더려 무른 말이/ 어즈버 千古李白이 날과 엇더ᄒᆞ던뇨." 병가#471.

다음 작품들은 한역 당시 유형원의 생활 모습을 떠올리게 한다.

⑥ 綠酒淡若空　녹주는 맑아 하늘 같으니
見之猶可愛　보기에도 사랑스러워라
對此胡不飮　이를 앞에 두고 어찌 마시지 않으랴
春風不相待　봄바람은 기다리지 않을 텐데.

⑧ 山高水淸處 月釣耕雲裡
豈云生涯足 而無外羨事

山 됴코 물 됴흔 곳의 바회 지혀 쒸집 짓고
ᄃᆞᆯ 아래 고기 낙고 구름 속의 밧츨 가니
生理야 足ᄒᆞᆯ가마ᄂᆞᆫ 불을 일은 업세라.　古今#134[27]

⑥은 원시조를 알 수 없는 작품이다. 감미로운 봄바람 속에 맑은 하늘빛 청주를 대하는 가볍고 한가로운 풍경을 읊은 작품이어서, 앞서 본 어떤 작품들보다 평화롭고 느긋한 심사가 묻어난다. ⑧ 또한 여유로운 일상에 자족하는 모습을 그렸다. 공간적 배경은 '산 높고 물 맑은 곳'이라는 제1구의 표현으로 원시조의 초장 둘째 구를 생략하고도 산뜻하고 분명히 묘사했다. 구체적 일상사를 노래한 중장은 한역시 제2구에서 한시만의 함축어 속에 한층 효과적으로 옮겼다. 아마도 한역자는 종장의 시적 자아의 심사를 내면적으로 동일시하였다고 여겨지는데, 한역시 제

26 유사한 의식이 유형원의 한시 작품에도 보인다. 『반계일고』, 「秋懷 其四」. "物固有榮謝, 運行無窮旣. 所以君子心, 適時乃爲貴. 動靜各有養, 無令歌自愾.(만물은 본디 성하고 시들고 하여 그 변화가 다함이 없다네. 그래서 군자의 마음은 때에 적합한 것을 귀히 여기나니, 동(動)과 정(靜)에 각기 양(養)이 있으니 탄식하는 노래 스스로 부르지 말지어다.)

27 『古今歌曲』의 작품이다.

3구와 제4구에서 거의 동일하게 의미를 재현해 냈다.[28] 이 원시조는 19세기 말 무렵의 가집 두 곳에만 전하고 있어서 당대에 그리 대중화하지는 못했다. 그럼에도 유형원이 이를 한역한 것은 자신의 생활과 내면 풍경을 대변한다고 여겼기 때문이리라. 한시 작품 속에서도 즉흥적 감상을 읊는 경우는 드물지만, 부안동으로 이주해 얼마간의 시간이 흐른 이후 간혹 그러한 심사를 표현하기도 한다.[29] 감상의 토로가 드물었던 유형원에게 이들 한시나 우리말 노래는 유일하고 유용한 출구였던 셈이다.

위 작품들이 평소 유형원의 부안 생활의 일상과 태도를 보여준다면, 다음 작품은 그가 품고 있던 현실 인식을 드러낸다.

⑬ 匈奴斬滅盡　오랑캐 목 베어 다 없애고
謁帝入明光　황제를 알현하고 광명에 들어가리
洗劍鴨江波　장검은 압록강 물결에 씻고
歸來報我王　우리 임금에게 돌아가 보고하리.

⑬도 현재로서 명확히 일치하는 원시조를 찾기 어려운 한역시다. 하지만 내용으로 보아 유형원이 평소 품었던 사상과 의지가 시조 선택에 반영되었음을 단번에 알 수 있다. 인조반정과 병자호란, 명·청 교체기의 혼란기를 거친 유형원의 생애에서 자신과 집안이 그 소용돌이 한가운데를 겪어야 했고 결국 부안 우반동으로의 피세(避世)로 이어졌음은

28 한역시를 참고하면 원시조 종장 첫 구는 본래 '生涯야'로 불린 것으로 추정할 수 있다. 이처럼 의미가 모호한 시조 부분들이 한역시와의 대비를 통해 역교정이 가능하다.

29 『반계일고』, 「愚磻春日卽事」. "柳綠花如雪, 風輕日又晴/ 草堂無一事, 春晝夢松聲"(초록빛 버들 꽃 눈 같고 바람 가볍고 날씨 또한 개었네./ 초당에 한 가지 일도 없고 봄날 대낮 솔바람 소리에 꿈꾸네.)

잘 알려진 바이다. 하지만 그에게 명은 아직 현실 속에 존재하고 있었다. 그가 부안의 우반동에 은거한 것 또한 逸民意識의 소산으로서 단순히 세상의 혼란을 피해 숨은 것이 아니라 현실의 상황을 받아들일 수 없어 세상 밖으로 걸어 나갔을 뿐[30]이었던 것이다.

⑬와 유사한 대명의식을 보여주는 그의 한시 작품도 있어 이러한 한역 의식을 뒷받침해 준다. 1667년 여름 중국인 95명이 타고 있던 배 한 척이 제주에 표류해 온 사건이 일어나자 거기 타고 있던 福建省 출신의 陳得, 鄭喜 등 반청 세력들과 글을 주고받은 경위를 자세히 적고[31] 그에 따른 감회를 시로 적은 것이다. 『반계일고』의 詩作 가운데 예외적으로 여러 차례 격정적으로 감정을 토로한 사례로서, 그의 대명의식을 잘 나타낸다.[32]

이상에서 고찰한 바 「우번속가」 ④~⑬의 10수는 모두 5언4구 형식을 취했다. 종장이 생략되거나 각 장의 일부가 탈락된 부분이 보이나 처음 시도에 비한다면 대체로 시조의 원 의미를 충실히 재현하면서 한역자의 미감과 의도를 반영할 수 있는 형태라고 하겠다.

---

30 박철상(2006), 234면.

31 『반계일고』, "今丁未夏, 唐船一隻, 漂到濟州, 同載九十五名福建泉漳人, 而皆唐服色不削髮, 其中陳得林寅觀鄭喜曾勝等四人, 乃能文者也. 謂永曆皇帝, 保有南方四省, 宗祀不替, 衣冠依舊, 今年爲永曆二十一年云云, 而取見其所持曆書, 亦然云. 積歲未知存亡之餘, 忽得此信, 喜極而悲, 自不知感涕之無窮也. 因成拙句, 情見于詞."

32 『반계일고』, 「再賦二首 其二」, 시작(詩作)은 7언시 두 수와 5언시 두 수, 그리고 5언시 한 수를 더해 모두 5수이다. 한 사건이나 주제에 대해 이렇듯 한시 여러 작품을 지은 것은 『반계일고』 전체에서 매우 예외적이다. 그 중 한 수만 소개하면 다음과 같다. "痛念燕京覆, 年今廿四還/ 腥膻何日掃, 社稷一隅艱/ 志士思捐命, 天心合去頑/ 北辰高夜夜, 悵望淚長潸(북경이 무너진 날 애통히 생각하니 지금 24년이 지났구나./ 누린내 나는 오랑캐 언제 소탕할까 사직이 온통 위태롭다네./ 지사는 목숨 버릴 것을 생각하고 천심은 완악함 제거하기에 적합하네./ 북극성은 밤마다 높이 떠있는데 슬피 바라보니 눈물 줄줄 흐르네.)

유형원은 두 번째 시조 한역에서 왜 5언4구 형태를 시도했던 것일까. 의문의 답을 찾고자 유형원 직전에 10여 수의 시조를 한역했던 이민성의 경우를 떠올려 본다. 17세기 초 이민성의 시조한역은 실험적이고 단편적인 작업이었다. 한시 창작에 능한 사대부 작가가 국문시가에 관심을 표명하고 한역을 시도한 사실만으로도 대단히 중요한 시가사적 의미를 띠는데, 그 역시 5언4구라는 양식을 택했다. 유형원이 「번속가」 ①~③을 통해 한역의 다양한 방식을 시도하다가 「우번속가」에서는 한결같이 5언4구 형식을 활용한 것도 근체시의 구속과 제약에서 벗어나 시속의 노래를 옮기는 방식에 5언4구 형태가 적합하다고 여겼기 때문인 듯하다.

한역의 형식과 시조의 취택 기준 등을 모두 스스로 마련해야 했던 이 시기에 근체시보다 형식적 구속력이 덜한 방식을 택했으나, 5언4구의 분량으로는 시조의 정감과 표현을 수용하기 어려웠다. 따라서 시조 일부를 탈락시키고, 곡진한 표현과 미묘한 분위기의 전달은 제약을 받을 수밖에 없었다. 그러면서도 한시의 미감과 장점을 활용해 원의미를 효과적으로 전하고 때로는 원시조와 달리 우아하고 근엄하게 주제를 제시해 전체 분위기를 새롭게 만들기도 한다. 이에 대해 시조의 형식과 노랫말보다 한시 형식미와 의미를 우선[33]했던 의식이라고 평가할 것은 아니다. 평담하고 질박한 경지를 보인 그의 한시 정서가 시조 한역시의 경우에도 반영되었으며, 주제나 분위기의 변용은 자신은 물론 한역시의 독자들을 고려한 결과라고 이해하는 것이 타당하다. 그가 선택한 한역 대상 시조들은 당시 그의 생활이나 사상을 반영한 것이다.

33 김명순(2008), 308면.

3) 원시조의 분위기와 의미 재현

「우번속가」를 마련한 후에도 유형원의 시도는 계속된다. 또 다른 「우번속가」라는 제목 아래 두 차례 각각 3수, 1수씩 시조 한역을 재차 시도하면서 이번에는 5언6구 형식에 시조를 담고자 했던 것이다.

⑭ 太岳雖云高 亦是天下山　泰山이 놉다ᄒᆞ되 하ᄂᆞᆯ 아레 뫼히로다
登登又登登 本無登之難　오르고 ᄯᅩ 오로면 모[못] 오를 理 업건마ᄂᆞᆫ
世人自不登 徒謂山峥嶸　사ᄅᆞᆷ이 제 아니 오르고 뫼ᄒᆞᆯ 놉다 ᄒᆞᄂᆞ니. #374

⑮ 盲人騎瞎馬 日暮西郊天　소경이 눈 먼 말을 타니 서교에 날 저무네
不知行近遠 何更催揮鞭　갈 길 얼마인지 모르는데 어찌 다시 급히 채찍질하나
前路有深池 愼旃加愼旃　앞길에 깊은 못 있으니 조심하고 또 조심하오.

*宵鏡이 야밤中의 두 눈 먼 말을 ᄐᆞ고
大川을 건너다가 ᄉᆡ지거다 져 宵鏡아
아이에 건너지 마던들 ᄉᆡ질 줄이 이실야. 海周#333

⑯ 如玉兮三角　옥 같은 삼각산이여
如銀兮白岳　은 같은 백악이로다
見之心自喜　보면 내 마음 절로 기쁠 텐데
不見長相望　보지 못한 채 멀리서 그리기만 하노라
其下夫君在　그 아래에 임이 계시니

自然未敢忘　　　자연히 잊지를 못한다오.

이렇게 시도한 「우번속가」 첫 3수이다. ⑭에서 보듯 원시조 초·중·종장의 각 장을 한역시 각각 두 구씩에 정확히 배당하고, 노래의 의미 또한 거의 그대로 옮겼다. 앞서 5언4구 한시 양식으로는 원시조의 압축과 탈락이 불가능했던 점을 보완해 원가의 뜻은 물론 분위기까지 온전히 옮기려는 의도에서 새로운 방식을 실험했다고 생각된다. 5언6구는 시조의 내용과 형식을 가장 잘 전달할 수 있는 시조 한역 양식으로 인식되어, 비슷한 시기에 남구만이나 이기휴도 시조 한역에 주로 활용했으며 이형상은 「호파구」는 16수 전체를 5언6구로 옮겼다. 유형원과 이들 한역 작가들 사이에 직접적인 영향 관계를 입증할 수는 없지만 5언6구 양식을 택하는 것이 원시조의 재현 의도와 관계가 깊다는 점은 분명하다.

원시조를 찾지 못한 ⑯도 한역시 의미만으로 원시조를 연상할 수 있을 만큼[34] 축자적으로 번역되었음을 느낄 수 있다. 그렇다면 ⑮ 역시 원시조에 매우 근접한 한역일 터이나 현재 찾을 수 있는 유사 원시조는 한역시와 거리가 있으며 주제부인 종장의 의미는 사뭇 다르다. 한역시의 주제는 물에 빠진 소경의 모습을 비웃거나 탓하려는 데 있는 게 아니라, 눈 먼 이가 위태로운 앞길을 더듬는 것 같은 인생살이에서 조심을 당부하는 데 있다. 더욱이 해당 원시조는 『주씨본 해동가요』에만 李鼎輔(1693~1766)가 작가로 올라 있는 노래여서, 유형원의 한역 시기와도 어긋난다. 한역시와 더욱 근사한 원시조를 찾지 못한다면,[35] 해주

34 가능한 시조 노랫말을 구상해 본다면 다음과 같다.
"옥 같은 삼각산 은 같은 백악산이여/ 바라볼 제 기뻤건만 그린 지 오래로다/ 그 아래 임금 계신 곳 잊을 줄이 있으랴."

#333은 17세기의 노래가 상당히 변형되어 한 세기 이후 나타난 정도로 참조할 만하다.

⑰ 孰謂我衰老 老人豈如斯
看花眼自明 把酒興相隨
任他春風裏 垂垂千丈絲 一作星星雙鬢垂

뉘라셔 날 늙다ᄂᆞᆫ고 늘근이도 이러ᄒᆞᆫ가
곳 보면 반갑고 盞 보면 우음 난다
春風에 흣ᄂᆞᆫ 白髮이야 낸들 어이ᄒᆞ리오. #292

「번속가」의 마지막 작품이다. 초장과 중장 의미는 한역시 제1·2구와 제3·4구에 선명하게 재현해 냈다. 제5·6구에서 "춘풍 속 천 길 실처럼 날리는 것은 그에게 맡기네."라고 하여 종장의 우리말 표현을 최대한 살려냈다. '任他'의 '他'는 춘풍 그 자체를 의미하는 것으로, 천 길 실처럼 흩날리는 백발을 봄바람에 그대로 맡겨두는 경지를 이렇게 옮겼다. 또한 이 부분을 달리 "星星雙鬢垂"라고 한역해 본 예도 부기해 원시조의 의미를 어떻게 옮길 것인가 고심한 흔적을 짐작하게 한다.

흥미로운 것은 #292가 김천택 편 『청구영언』 이삭대엽 항목에서 유명씨 작품 중 마지막 '年代欠考' 항목에 李仲集의 작으로 실려 있다는 점이다. 「연대결고」는 사대부 작품 중 연대를 확정할 수 없는 작품 셋을 일부러 따로 분류해 놓은 것이어서 김천택이 어떤 의도로 행했는지 궁금증을 자아내곤 했다. 그런데 유형원과 비슷한 시기에 남구만이 같

35 부분적으로 의미가 연결되는 다음 작품이 있다.
"전나귀 건노라ᄒᆞ니 西山의 日暮ㅣ로다/ 山路ㅣ 險ᄒᆞ거든 澗水나 殘ᄒᆞ렴은/ 遠村에 聞鷄鳴ᄒᆞ니 다 왓ᄂᆞᆫ가 ᄒᆞ노라" 병가#727

은 시조를 한역한 작품도 전하고 있으므로[36] 이 작품은 『청구영언』이 편찬되기 직전 시기에 다른 작가에 의해 두 차례나 한역된 것이다. 이로부터 당대 시조 연행 분위기에서 제외하기 어려울 정도로 유행했거나 중요하게 취급된 작품이라는 추정이 가능하다.

이상에서 살핀 바, 유형원이 마지막 단계에서 5언6구 형식으로 한역한 작품들은 원시조의 재현 의도를 지니고 노래의 분위기와 의미를 살리는 쪽을 택했다. 원시조 내용은 세태에 대한 경계(⑭⑮), 연군(⑯)으로 다른 한역시와 차이가 없지만, 마지막 작품은 백발을 소재로 늙음(⑰)을 다룬 유일한 것이어서 이채롭다.

지금까지 유형원의 시조 한역 작품 17수를 한역자의 의도와 생애를 참조하면서 한역의 방식과 주제 면에서 세밀히 살폈다. 이제 유형원의 한역 작업을, 17세기의 시조 한역을 포함한 전반적 시조 향유 경향 속에서 고찰하면서 그 의미와 가치를 짚어 볼 차례이다.

3. 17세기 시조 향유의 경향과 「번속가」

유형원이 시조를 얼마나 어떤 방법으로 즐겼으며 왜 한역하고자 했는지 직접 알려주는 기록은 없다. 그가 살았던 시기는 안팎의 부침이 심했던 때이다. 인조반정과 병자호란에 이어 명청 교체의 상황까지 거치는 격랑 속에서 조선 지식인으로 감당해야 할 정신적 충격과 문명적 갈등은 컸다. 개인적으로 출생 이듬해 부친의 비극적 죽음을 겪고 결국

---

36 남구만, 『藥泉集』, 「翻方曲」 6, "誰謂余爲老 老者乃能如此耶 看花笑自發 把杯興還多 只此春風亂白髮 渠自生來吾柰何."

세거지였던 서울을 떠나 부안으로 피세의 길에 오르기에 이르렀고, 북인계열에 속했던 집안의 정치 성향 또한 남인으로 돌아서게 된다.[37] 이 과정에서 그의 의지처가 된 인물 가운데 한 사람은 고모부 김세렴이었는데, 김세렴도 문집에 「樂府」 제하에 시조 한역시 2수를 남기고 있어서[38] 유형원 역시 이로부터 영향을 받았을 가능성은 있다.

유형원의 한시 세계나 시적 분위기 속에서도 민간 악부시라든지 시조에 대해 관심을 가졌던 정황을 발견할 수 있다. 그는 시 짓기에 골몰하지는 않은 편이며 남겨 놓은 작품도 다수라고는 할 수 없으나, 창작 시기 별로 수록된 『반계일고』의 한시 작품을 살피건대 조모, 모친, 조부 등의 상중에 있을 때를 제외하고는 매해 꾸준히 한시를 창작해 자신의 생활감정을 표현하고 있다.[39] 여기 실린 그의 한시 작품은 총 169題 200여 수에 이르는데, 이 가운데 150여 수가 5언시이다. 그가 스스로 정신적 지주로 삼았던 李滉을 추모하는 시에서는 「도산십이곡」의 '幽蘭이 在谷하니…'를 연상케 하는 시구가 보이기도 하고,[40] 「擬古」에서는 임과 떨어져 있는 여성 화자의 애절한 그리움을 읊는가 하면,[41] 민속과 민가를 소재로 한 민요풍의 한시 「洗鋤歌」[42] 등도 남아 있다. 이로 보아 유형원은 악부시나 민가에 두루 관심을 기울이고 적극적으로 한시화하려는 의식을 지녔던 것으로 보인다. 네 차례에 이르는 시조 한역도

---

37 안재순(2009); 임형택(2006), 12~13면.

38 본문 2장 2절 주21)에서 소개한 작품 외에 다른 한 수는 다음 작품이다.
"夢中逢項王, 提刀更太息. 至今不渡江, 我亦不自識." 金世濂, 『東溟集』 卷1, 「樂府」, 23면.

39 이의강(2013); 이의강(2016), 145~147면.

40 『반계일고』, 「感懷－有慕於李文純」, "幽蘭在空谷, 自與衆卉別. 燦燦敷華秀, 郁郁芳馨烈."

41 『반계일고』, 「擬古」, "夫君在萬里, 十年長離居. 妾心那敢言, 君情定何如." 其二 "陽雁向南飛, 寄與一札書. 但願加飡飯, 不敢恨離居."

42 "長歌復短歌, 洗鋤樂如何. 去年太失農, 今年刈鑊多."

그러한 의식과 연결된다.

초창기 한역자로서 시조를 한역하는 방식은 그에게 고민거리였을 터이다. 처음에는 4언4구, 4언6구, 그리고 5·6·7언 장단구 등의 형식을 취해 원시조의 탈락이나 변이, 의미 보완 등 다양한 방식을 시도한 후, 다음 단계에서는 5언4구 형식의 한역시 10수를 거듭 한역함으로써 의미의 축약, 주제부의 강조, 함축적 재현 등 시조 고유의 정서를 한시 미감으로 치환하는 방법을 모색하고, 마지막으로 5언6구 형태의 한역시 4수에서는 시조의 시어나 분위기를 온전히 재현하는 방식에 이르기까지 거듭 변화를 꾀했다. 「번속가」 전체 한역 작품 수는 많다고 할 수 없으나, 이처럼 한 사람의 한역 작가가 이질적인 한역 방식을 계속 바꾸어 실험한 경우는 유형원 외에 찾기 어렵다. 이러한 방법적 모색 과정과 단계는 그의 시조 한역이 한문학권에 속한 사대부의 일시적인 호사가적 취향이 아니었음을 말해준다. 시조의 '기록'과 '詩化'라는 한 가지 한역 목적에 기울지 않은 초창기 내지 과도기 시조 한역 모습이라 할 수도 있고, 한편으로 "'雜'을 '純'으로 바꾸고 浮華한 것을 제거해서 樸實을 회복하는 것"을 미학적 과제[43]로 삼는 실학적 관점과 부합하는 것이라고도 여겨진다.

「번속가」와 원시조의 주제는 '警世'가 가장 많고 '志節', '강호한정 및 隱逸', '戀君'이 비슷비슷한 비중을 차지한다. 대명의식을 드러낸 작품은 비록 한 수이나 앞의 주제들과 함께 한역자 유형원의 의식과 현실을 반영한 주제이다. 곧 한역 대상으로 취택한 주제 면에서도 그의 한역 작업은 문화적 향유의 부가 생산 과정이 아닌, 실제로 그의 한시 세계 등에서 엿볼 수 있는 문인으로서의 의식과 연결되는 것이다.[44]

---

43 임형택(2006), 19~21면.

그렇다면 「번속가」의 한역 방식이나 주제는 17세기 전반의 시조 한역의 사례나 시조 향유 경향과는 어떤 연관 혹은 차이가 있을까.

유형원보다 앞서 시조를 집중적으로 한역한 바 있는 이민성은 한역시 12수 중 戀情 혹은 別恨의 주제를 담은 시조를 가장 즐겨 한역해 7수를 차지한다. 이 밖에 隱逸·超脫 및 醉興·遊樂이 각각 2수, 기타 1수이다. 한역시의 형식은 5언4구로 동일하고, 시조가 밝혀진 7수 중 초장·중장을 각각 한시 한 구씩에, 종장을 두 구에 배당한 경우가 3수로 가장 많다.

유형원의 한역 이후 17세기 후반에 이르러 시조의 향유는 보다 보편적 현상이 되었고 한역의 시도 또한 다양한 경로로 나타난다. 남구만은 「번방곡」 11수에서 5언6구 3수, 7언6구 2수를 제하면 대부분 6구 장단구를 한역 형식으로 하고, 주제 면에서는 戀情이 주가 되며 忠義(頌祝), 無常 및 懷古, 田園, 歎老의 노래를 택했다. 이기휴의 한역 배경은 확인할 수 있는 바가 적은데, 19수 한역시 가운데 5언6구 형식이 중심이며 나머지도 6구체 고시이며, 한역 작품의 내용은 江湖(隱逸, 脫俗)를 노래한 것이 대부분이고 無常과 懷古, 戀情, 醉樂, 諷諭 등의 노래들도 있다.

이형상은 지방과 서울을 오가면서 중국과 우리나라의 역대 음악에 대해서도 조예가 깊었던 인물로 가장 많은 시조 한역 작품을 남겼다. 서로 다른 성격의 한역 자료를 남겼는데, 문집에 수록된 「浩皤謳」 16수는 대부분 작자 미상의 원시조를 5언6구 형식으로 한역했다. 형식의 엄격함을 따르려다 보니 한시화 과정에서 상당 부분 노래를 변개한 흔적

44 「번속가」의 대상 원시조 주제와 18세기 초 가집에 수록된 시조들의 주제를 대비하면 이 점이 뚜렷해진다. 김천택 편 『청구영언』 내 평시조 작품 462수의 주제 비율은 강호한정 33%, 송축 3%, 윤리도덕 17%, 탄로 5%, 연군 4%, 사랑과 그리움 9%, 무상·회고·취락 13%, 세태비판 10%, 생활묘사 2%, 기타 3% 등이다. 조해숙(1999), 30면. 참조.

이 많다. 전체 경향은 隱逸과 脫俗, 歎老 노래가 대부분으로 개인적 취향을 띤다. 다른 자료는 「今俗行用歌曲」으로 평시조 한역 작품 55수와 사설시조의 한역으로 보이는 長歌 4수이다. 서문에 해당하는 글을 싣고, 주로 유명씨 시조의 한역 작품을 원시조에 따른 곡조별로 분류했다. 형식은 4언6구와 5언6구 등 齊言體가 23수, 장단구체는 32수이고, 대부분 시조를 거의 그대로 옮기는 데 충실한 방법을 택했다. 「호파구」와 마찬가지로 각 작품마다 '村居樂', '江興獨'처럼 3자의 제목을 붙여 주제를 명시했다. 「금속행용가곡」이 당시 널리 통용되던 노래를 취사선택해 '記錄'하는 데 의의를 둔 자료라면, 「호파구」는 '樂府' 창작 관습에 따라 당시의 노래를 개인적으로 '詩化'한 결과이다. 한역의 태도 또한 전자는 원시조를 충실히 '재현'하려는 기록자의 것인 반면, 후자는 원래의 의경을 '변이'하고 '재창작'함으로써 노래의 본질적인 의미를 살리는 시인의 태도를 지닌다.[45]

이 같은 17세기의 시조 한역 경향과 대비할 때 유형원의 시조 한역이 지닌 특성은 분명해진다. 시기적으로 이민성 이후 아직 시조 한역이 본격화하기 전 시기임에도 시조를 한시답게 옮기려는 방식을 단계적으로 실험했고, 한역 대상 시조를 선택하는 기준을 자신의 현실과 의식 자체에 두었다.[46] 그가 보여준 이러한 형식 면의 다양한 시도나 원시조의 주제를 고려한다면, 유형원의 한역 태도는 전반적으로 한시보다는 원가에 더 중점을 두었다고 평가할 수 있다. 이 점은 17세기 한역 작가들과 구별되는 점이자 이후 18세기 시조 한역 작가들의 의식과 연결되기에 주목할 만하다. 요컨대 시조 한역 작가로서 그는, 실학파문인이라는 가

---

45 17세기 말 18세기 초 시조 한역 추이는 조해숙(2005), 197~209면. 참조.

46 이민성이 5언4구 형식을 먼저 시도한 것이나 「번속가」 이후 한역 작가들이 5언6구 형식을 활용한 점은 그들 간의 직접적 영향력을 입증할 만한 근거는 없지만 주목할 부분이다.

장 그다운 길을 보여준 셈이다.

한편, 당대 시조 음악적 측면에서 「번속가」의 원시조들을 주목할 필요가 있다. 권순회 교수는 조선 후기 시조 한역 문제를 가곡 연행 측면에서 재검토해야 함을 역설하면서, 17세기 말에서 18세기 전반은 중대엽의 성행 속에 삭대엽 악곡이 분화되기 시작하던 시기로서 이때 이루어진 시조 한역 작품들은 당대에 중대엽 창사로 불리던 사설들을 한역한 것이라 보았다.[47] 그런데 우리가 앞서 살핀바 「번속가」의 원시조 작품들은 예외 없이 18세기 초 이후 가집에서 중심을 이루는 이삭대엽 노래의 창사로 불렸다. 김천택 편 『청구영언』과 「번속가」의 거리가 반세기 정도라면 그 시간 안에 중대엽 곡들이 전부 삭대엽 곡들로 바뀌었다고 해석하는 것은 다소 무리가 있다. 그보다는 17세기 중반 이후 유형원이 시조에 관심을 갖던 시기에 이미 삭대엽 곡들이 대중화하며 가곡창의 중심으로 자리 잡았다고 보는 가설이 설득력을 가진다. 그처럼 대중화한 노래들 가운데 유형원 개인의 취향과 의식이 투영된 창사 일부가 「번속가」로 옮겨질 수 있었던 것이다.

4. 유형원 시조 한역의 의미와 남은 과제: 결론을 대신하여

『반계일고』의 발굴 덕분에 사상가로 조명되어 온 유형원의 문학의식과 세계관을 고찰할 수 있게 된 것은 학계에 커다란 행운이다. 그 일부인 「번속가」 17수는 유형원 개인의 문학세계를 조명하는 자리에서는 물론이거니와 시조사와 관련해서도 다채로운 역할과 평가를 가능하게

---

47 권순회(2012). 참조.

할 소중한 자료이다. 유형원의 문학은 당대인조차 "문학에 있어서는 공력을 들이지 않는 것 같지만, 붓 끝에서 나온 것이 저절로 빛이 나서 문장을 아름답게 이루었다. 그 글을 읽어보면 사람으로 하여금 마음에 녹아들고 이치가 통해서 속의 찌꺼기가 깨끗이 씻기는 듯했다."[48]고 평가한 바 있는데, 「번속가」의 성격 또한 그런 평가에서 멀지 않다.

유형원의 시조 한역 작업은 시가사의 측면에서, 그리고 실학파 문인 내부의 영향 관계와 관련해 의미와 과제를 동시에 던져 준다. 「번속가」의 존재로 인해 16세기 말 17세기 초의 시조 한역과 17세기 말 18세기 초의 시조 한역 성격을 매개할 구체적 자료가 확보되었다. 전후 한역시들과 형식상 내용상 변별점과 유사점을 공유한 자료라는 점이라든지 시조 한역의 비교적 이른 시기 모습을 보여준다는 점에서 한시와 국문시가 양쪽에서 활용 가치가 높다. 한편으로 1728년 김천택 편 『청구영언』이 등장하기 전의 시조 향유 모습을 반영한다는 점에서도 소중한 자료이다.

마지막으로, 실학파 문인들의 세계관이나 의식이 시조 향유와 어떻게 연결되는지도 관심거리이다. 국문시가를 향유하고 적극 수용하는 행위가 실학파문인들에게 어떤 의미였던가를 설득력 있게 밝히는 작업도 필요하다. 그런 점에서 柳得恭(1748~1807)의 시조 한역시 15수의 발굴은 반갑다.[49] 19세기에 '소악부' 유형의 시조 한역을 주도하게 되는 신위와 특별한 교분을 나누었던 유득공이 5언절구 형태를 취해 어떤 내용의 시조들을 한역했는가를 밝히는 일은, 「번속가」가 후대 실학파 문인에게 끼친 영향을 살피는 데나, 실학파 문인들의 의식과 특성을 새로운 관점에서 이해하는 데도 도움을 줄 것이다. 지금까지 밝힌 「번속가」

48 『반계잡고』, 「반계유선생행적」, "其於文詞 略不用功而炳然筆出 渾然章成, 讀之, 令人心融理通, 蕩滌渣滓"

49 김윤조(2007). 참조.

의 성격을 유형원의 다른 한시 작품 세계 속에서 구체적으로 비교하는 한편, 유득공을 비롯한 후대 실학자들의 한역시에 관심을 갖고 서로 견줌으로써, 실학자의 의식과 시조 혹은 시조 한역 사이의 관련성과 의미를 고찰하는 일을 후속 과제로 삼는다.

■ 참고문헌

『국역 반계일고』, 익선재 강독반 역, 2017.

『교감역주 반계잡고』, 익선재 강독반 역, 2016.

김문기・김명순 편, 『시조・가사 한역가전서』 1, 태학사, 2009.

권두환(1993), 「시조의 발생과 기원」, 『관악어문연구』 18, 서울대학교 국어국문학과.

권순회(2012), 「조선 후기 時調 漢譯의 재검토」, 『우리어문연구』 44, 우리어문학회.

김명순(2008), 「반계 유형원의 시조 한역 양상과 의미」, 『국어교육연구』 42, 국어교육학회.

김윤조(2007), 「『고운당필기』 연구: 諸 異本에 대한 검토」, 『대동한문학』 26, 대동한문학회.

박철상(2006), 「磻溪 柳馨遠이 엮은 『陶靖節集』과 그의 逸民意識」, 『한국실학연구』 11, 한국실학학회.

안재순(2009), 『조선 후기 실학의 비조 유형원』, 성균관대학교출판부.

이의강(2013), 「반계(磻溪) 유형원(柳馨遠)의 부안 우반동(愚磻洞) 은거를 전후한 한시(漢詩) 작품의 정서」, 『한문고전연구』 26, 한국한문고전학회.

이의강(2016), 「磻溪 柳馨遠의 漢詩에 투영된 그의 實學者的 面貌」, 『한국한문학연구』 62, 한국한문학회.

임형택(2006), 「『磻溪逸稿』의 고찰: 실학과 실학파문학의 원류」, 『한국한문학연구』 38, 한국한문학회.

조해숙(1999), 「시조에 나타난 시간의식과 시적 자아의 관련 양상 연구: 『청구영언』과 『가곡원류』의 비교 검토를 중심으로」, 서울대학교 박사학위논문.

조해숙(2005), 『조선후기 시조한역과 시조사』, 보고사.

최재남(2015), 「17세기 전반 시가사 이해를 위한 예비적 고찰」, 『한국시가연구』 39, 한국시가학회.

제3부

반계학의 전승과 콘텐츠화

양득중의 실사구시와 『반계수록』 추천

김태희

1. 머리말

반계 유형원(1622~1673)을 실학의 비조라 일컫게 만든 그의 『반계수록』은 저술 후 100년 만에 간행되었다. 이 책은 1652년(효종 3)에 저술하기 시작하여 1670년(현종 11)에 완성되었는데, 영조의 명에 의해 경상감영에서 간행된 때가 1770년(영조 46)이었다. 유형원의 집안은 정치적으로 실세하여 그의 저서가 인정받기는 어려웠던 것이다.

이 책은 1741년(영조 17) 소론의 영수인 명재 윤증(1629~1714)의 제자 덕촌 양득중(1665~1742)이 영조(1694~1776)에게 추천함으로써 세간의 주목을 받게 되었다. 덕촌이 영조에게 반계의 『반계수록』을 추천하게 된 경위는 어떠했는가? 덕촌이 『반계수록』을 추천하기 전에 줄곧 '실사구시'를 강조했다. 우리에게 익숙한 실사구시란 단어를 당대의 실학자들이 일반적으로 사용하지는 않았다. 덕촌이 말하는 실사구시의 의미가 무엇인가?[1] 『반계수록』 추천을 둘러싸고 명재·덕촌과 반계의 사상에는 어떤 연관성을 찾을 수 있는가? 그리고 그 정치적 의미는 무엇인가?

이상의 문제를 『덕촌집』에 실린 '상소문'과 '등대연화', 그리고 '실록'을 중심으로 살펴본다. 그리고 덕촌의 양명학적 경향, 스승인 명재 윤증의 사상적 정체성, 반계 유형원의 실리론 등에 관한 선행연구의 결과를 대략 간추려 보면서,[2] 그 사상적·정치적 맥락과 의미를 살펴본다.

2. 양득중과 『반계수록』

덕촌이 영조에게 『반계수록』을 소개한 것은 나이 77세 때다. 덕촌이 78세로 세상을 뜨기 한 해 전이다. 이 사실은 신유년(1741, 영조17) 실록 기사에 나와 있다.[3] 『덕촌집』에도 실려 있는데, 「소명을 사양하는 상소문(又辭疏)」(辛酉)에 나온다. 『덕촌집』에 실린 20편의 상소문 가운데 마지막 편이다. 연보 기록에 따르면, 생애 마지막 상소로 보인다.

덕촌은 경연에서 『주역』이나 『주자어류』를 진강한다는 사실을 비판

1 양득중의 '실사구시'를 비롯한 '실사구시' 용어의 사용례에 관해서는, 임형택, 「실사구시의 학적 전통과 개화사상」, 『실사구시의 한국학』, 창작과비평사, 2000 참조. 우리가 말하는 조선후기의 실학자들이 '실사구시'란 용어를 일반적으로 사용하고 있지는 않았다. 그리고 김정희가 말하는 '실사구시'는 오늘날 '실증주의'의 의미여서, 양득중이 말하는 '실사구시'의 의미와 차이가 있다.

2 덕촌 양득중의 양명학적 경향에 관해서는, 유명종, 「덕촌 양득중의 실학사상－양명학과 실사구시의 절충」, 『한국학보』(6), 1976 ; 한정길, 「덕촌 양득중 학문의 양명학적 성격에 관한 연구」, 『양명학』(34), 2013 등 참조. 명재 윤증 사상의 성격에 관해서는, 한우근, 「명재 윤증의 실학관」 ; 유명종, 「명재 윤증의 무실 실학」 ; 윤사순, 「명재 윤증의 성리학적 실학」 (이상 『무실과 실심의 유학자, 명재 윤증』, 청계, 2001) ; 황의동, 「조선조 무실사상의 전개와 그 사상사적 의미」, 『한국사상과 문화』(65) ; 김용흠, 「조선후기 사상사에서 명재 윤증의 위상」, 『민족문화』, 2011 등 참조. 반계 유형원의 실리론에 관해서는, 문석윤, 「반계의 실리론」, 『반계 유형원 연구』, 사람의무늬, 2013 등 참조.

3 『영조실록』 53권, 영조 17년 2월 23일(무오) 3번째 기사.

했다. 경연에서 강설이 부족한 것이 문제가 아니라 강설만 있고 시행이 없는 것이 문제인데, 그런 책을 강설하는 것이 실사에 도움이 되지 못하며, 그 책을 강하는 것이 급선무가 아니라는 것이다. 그것보다 실사에 도움이 되는 『반계수록』을 구비해 을람하고, 옥당에서 강론케하고, 중외에 분포하여 시행하면 다행이겠다고 했다.[4] 『반계수록』이 1670년(현종 11)에 완성된 지 71년 만의 일이었다.

그런데 『반계수록』은 이미 숙종 4년(1678)에 배상유(裵尙瑜, 1610~1686)가 상소하여 시행하기를 청한 바 있었다. 반계의 절친한 벗인 배상유가 저서 완성된 지 8년 만에 조정에 추천했던 것이다. 그때는 묘당(廟堂)에서 "오활(迂濶)하다"고 평가해서 내버려 두었다.[5] 또 숙종 20년(갑술년, 1694)에 경외유생 진사 노사효(盧思孝) 등이 『반계수록』과 저자인 반계를 추천했던 바 있었다.[6] 그로부터 다시 약 50년이 지난 후 반계와 별 관련이 없었던 덕촌이 임금에게 추천한 것이다.

덕촌은 『반계수록』을 추천하면서 책에 대한 평가로 먼저 스승 명재의 말을 인용했다. "이 책은 옛 성왕(聖王)의 유법(遺法)을 잘 다듬어 그 본뜻을 잃지 않았다. 국가가 왕정(王政)을 행하고자 한다면 이를 시행하는 데 달렸을 따름이다."[7]

---

4 『덕촌집』 권2, 「又辭疏」(辛酉). "逐事論思. 日不暇給. 何暇遽及於周易與語類耶. 臣竊以是而揣摩之. 則可以知其 經筵之上. 不復知講學有論思之實事矣. 此臣前疏所謂今日之所欠. 不在於講說之不足. 惟在於徒講而不行之爲病也. 無補於講學之實事. 而貪戀 恩寵. 憧憧往來. 內而欺其心. 外而欺 朝廷. 上而欺吾君. … 伏望殿下特命其邑守臣, 就其子孫之家, 取其書來獻, 以備乙覽. 仍令儒臣齊會玉堂, 極意講明, 分布中外, 以次施行, 不勝幸甚."

5 『숙종실록』 권7, 숙종 4년 6월 20일(기축).

6 『磻溪隨錄』 附錄, 「京外儒生進士盧思孝等疏」(甲戌三月, 封進)

7 『德村集』 卷2 「又辭疏」(辛酉). "臣嘗見之於臣之亡師臣尹拯之家. 臣之亡師嘗爲臣言. 此書乃古聖王遺法而修潤之. 不失其本意. 國家若欲行王政. 則惟在擧而措之而已. 蓋其人杜門獨學. 不求聞知. 故世無知者. 而獨幸見知於亡師耳."

그렇다면 명재는 어떻게 『반계수록』을 접하게 되었는가? 명재가 이 책을 접한 것도 이 책이 완성된 지 한참 후였다. 반계의 육촌 동생 유재원이 이 책을 가져와 보여주면서 한 마디 써달라고 부탁해서였다. 그래서 간단한 발문을 적어주었다. 명재 나이 83세 때(1711, 숙종 37)의 일이다. 발문 내용은 대략 다음과 같다.

"책을 통해 규모가 크고, 재주와 식견이 높음을 생각해볼 수 있다"고 평했다. 그리고 반계가 뜻을 펴지 못하고 숨어 지내다 일생을 마친 것을 애석해했다. 그러면서도 책은 남아 있어 세상의 일에 뜻이 있는 자라면 취해서 쓸 수 있으니 저술의 공이 드러날 수 있을 것이라는 기대감을 보였다. 하지만 아직 다 읽지는 못했다면서 구체적인 평은 유보했다.[8]

그런데 발문에서 명재가 반계와 세상을 함께 하면서도 평생 일면식이 없었다며 부끄러워하기도 했다. 명재가 반계보다 7년 뒤에 태어나 반계가 먼저 세상을 뜨기까지(반계 52세, 명재 45세) 40여년을 함께 살았다. 그런데도 일면식이 없었던 것이다. 그리고 저술이 완성된 지 41년 만에, 반계가 세상을 뜨고 나서 38년 만에 『반계수록』의 발문을 쓴 것이다.

유재원에게 쓴 편지에도 같은 내용이 담겨 있다. 병으로 독서가 어려운 상황을 호소하는 한편, 책을 펼쳐 읽을 때마다 책에 감탄하고 저자

---

8 『明齋遺稿』 卷32, 「跋隨錄」(辛卯). "隨錄者. 故處士柳君馨遠之所述也. 觀於此錄. 其規模之大. 才識之高. 可以想見矣. 獨惜夫不得少見於時. 以展其志. 而沈冥歿身. 齎以入地也. 自古有抱負而不肯輕以投俗人耳目. 寧之死無聲者. 往往類此. 後之志士. 必有擊節痛恨於當世者矣. 若余則重有愧焉. 旣與之並世. 而平生不識其面. 苟有好善之誠. 雖千里之遠. 猶可以神交. 況所居又壤地相比者耶. 令人不覺掩卷而歎也. 然其人雖歿. 其書猶存. 有意於世務者. 或能取而行之. 則君之著述之功. 於是乎著矣. 豈有終至泯滅之理哉. 君之堂弟載遠甫. 携以見示. 使題一言於其後. 余謂後世自有知者知之耳. 不待人之發揮也. 且以衰病已甚. 目暗神昏. 不能一一披閱. 究極底蘊. 何能有所贊論於其間. 虛辱盛貺. 亦可慙也. 遂略書所感於私心者. 如右而歸之云."

를 살아 있을 때 만나보지 못해 아쉽다고 토로했다. 그러면서 평생 책 속의 얘기[卷中之談]만 했지 맹자 이후 장횡거가 하고자 했던 것을 강구하지 못했음을 스스로 부끄러워했다.[9]

장횡거가 하고자 했던 것이 무엇이었는가? 바로 정전제(井田制)라는 토지제도였다. 토지제도에 관한 논의는 매우 근본적인 성격을 띨 뿐만 아니라 실행가능성을 확보하는 것도 용이하지 않아서 그 논자는 제한적이었다. 83세의 명재는 그러한 강구를 하지 못했음을 아쉬워하면서, 대신 토지문제를 일순위로 다룬 『반계수록』을 '왕정'에 필요한 책으로 높이 평가했던 것이다.

명재가 『반계수록』의 발문을 쓸 때에 덕촌은 명재의 제자로 나이 47세였다. 명재의 『반계수록』에 대한 이러한 평가는 덕촌에게 전해졌을 것이라 추측해볼 수 있다. 덕촌은 『반계수록』을 거명하면서 간략하게 소개하기를, 법제(法制)를 강구하여 전제(田制)로부터 시작하여 설교(設敎)·선거(選擧)·임관(任官)·직관(職官)·녹제(祿制)·병제(兵制) 등에 이르기까지 세세하게 구비했다고 했다.[10]

덕촌은 그에 앞서 먼저 『맹자』의 말을 인용했다. "요순의 도(道)로도 인정(仁政)을 쓰지 않으면 천하를 평화롭게 다스릴 수 없다(堯舜之道 不以仁政 不能平治天下)"(「離婁 上」)는 말과, "인정은 경계(經界)로부터 시작된다(仁政必自經界始)"(「滕文公 上」)는 말이다. 전자는 제도화의 필요성

---

9 『明齋遺稿』 권21, 「答柳海美(載遠)」 ○[辛卯四月二日] "隨錄尙未卒業. 病昏愧懼. 每一披覽. 未嘗不歎其規模之大. 識趣之高. 而並世不相遇之恨. 殆不可勝也. 所教別紙. 又得竊觀. 感古之盛意. 爲之喟然歎仰. 庸學之書. 不及於節目上. 則不見於其書. 似無可疑. 孟子之後. 唯橫渠欲爲而未能. 可知復古之難也. 平生只作卷中之談. 橫渠所欲爲者. 亦未能講究. 今承高誨. 無以反復. 徒切愧悚之至." (辛卯四月二日)

10 『德村集』 卷2, 「又辭疏」(辛酉). "近世有湖南儒生柳馨遠者. 乃能爲之講究法制. 粲然備具. 始自田制. 以至於設敎選擧任官職官祿制兵制. 纖微畢擧. 毫髮無遺. 書旣成而名之曰隨錄. 凡十三卷."

이고, 후자는 토지제도의 중요성이었다.[11]

『반계수록』은 바로 '경계(經界)', 즉 토지문제를 제1 주제로 다루었다. 책의 제1편 「전제(田制)」편은 이렇게 시작한다. "옛 정전법은 지극하다. 경계가 한 번 바로 서면 만사가 끝난다. 백성은 항업(恒業)을 갖게 되고 병사는 수괄(搜括)하는 폐단이 없어져 귀천(貴賤)·상하(上下)가 각기 그 직업을 갖지 않는 사람이 없게 될 것이다."[12]

덕촌은 또한 스스로 『반계수록』을 이렇게 평가했다. "천리자연(天理自然)의 공(公)이 있고 인위안배(人爲安排)의 사(私)가 없으며, 질서정연한 조리가 있어 어지럽지 않고 빛나는 문채가 있어 싫증나지 않는다." 또한 쉬워서 알기 쉽고, 간단해서 따르기 쉽다고 상찬했다.[13]

여기서 '천리자연'과 '인위안배'를 대립시킨 덕촌의 말은 평소 주장한 '물정물조장설(勿正勿助長說)'을 연상시킨다. 이미 덕촌은 실사구시와 물정물조장설은 누차 영조에게 진언했던 주장이다. 그동안 덕촌은 영조에게 무슨 말을 했던 것일까?

덕촌은 이미 영조에게 상당한 신망을 얻고 있었다. 영조 1년(1725)에 정언 한덕전이 덕촌이 전 해에 김제군수로 있으면서 부정이 있었다고 주장하자,[14] 명재의 제자란 점에서 공격받는 것이라 추측한 영조가 답

---

11 『德村集』 卷2, 「又辭疏」(辛酉). "臣謹按孟子曰. 離婁之明. 公輸子之巧. 不以規矩. 不能成方圓. 堯舜之道. 不以仁政. 不能平治天下. 又曰. 仁政必自經界始. 是知經界之於仁政. 猶規矩之於方圓. 此五帝三王爲生民開物成務之第一義也. 古人大事. 專在於此. 大禹之卑宮室而盡力乎溝洫者此也." *『德村集』은 한국고전번역원 DB 원문 활용 및 번역(박명희, 김석태 공역) 참조.

12 『磻溪隨錄』 卷1, 「田制」 上, 「分田定稅節目」. "古井田法至矣. 經界一正而萬事畢. 擧民有恒業之固, 兵無搜括之弊, 貴賤上下, 無不各得其職."

13 『德村集』 卷2, 「又辭疏」(辛酉). "臣亦嘗得其書而私自細繹. 則有天理自然之公. 無人爲安排之私. 秩然有條而不亂. 煥然有文而不厭. 易曰. 乾以易知. 坤以簡能. 易則易知. 簡則易從. 信乎其易知而易從. 深得乾坤易簡之理. 益信亡師之言爲不誣矣." '乾以易知 坤以簡能 易則易知 簡則易從'은 『주역』 「계사전 상(繫辭傳上)」에 나오는 말.

했다.

> 양득중(梁得中)은 일찍이 계방(桂坊, 세자 익위사(世子翊衛司)의 별칭.) 에서 보니 성격이 본래 질실(質實)했는데, 윤문(尹門)에서 수학(受學)했다는 것 때문에 갑자기 탐장(貪贓)의 죄과를 입었으니, 이것은 사리(事理)를 바로 살펴보아야 할 부분이다.[15]

덕촌은 1665년(현종 6, 을사년) 전라도 영암 영계리에서 태어났다. 어려서 총명하여 13세 때(1677, 숙종 3), 영광에 유배와 있던 구천 이세필의 주목을 받았다. 17세 때(1681, 숙종7) 아천(鵝川) 박태초(朴泰初, 1706~1762)를 만나 가르침을 받았다. 30세 때(1694, 숙종 20), 박세채와 남구만의 천거를 받았고, 40세 때(1704, 숙종 30) 명재 윤증의 문인이 되어, 소론계 인물로 분류되었다. 그리고 58세 때(1722, 경종 2) 세제익위사(世弟翊衛司) 사어(司禦)·익위(翊衛)에 제수되었으며, 60세 때에는 세제익위사 익찬(翊贊)에 제수되었다. 또 김제군수 등을 역임했다.

덕촌이 처음 영조를 만난 것은 영조가 왕세제인 때였다. 이때 영조는 덕촌이 질실(質實)한 사람이라는 신뢰를 갖게 되었다. 그리하여 그에 대한 공격에는 그가 소론이라는 당색이 작용한 것이라 판단했던 것이다. 영조는 또한 그가 경술(經術)이 있다고 평가했다.[16] 조정의 신료들은 덕촌을 시골뜨기 정도로 얕잡아보았는데, 영조는 그런 태도를 일축하고 시종 그를 예우하고 그의 주장을 경청했다.[17]

---

14 『영조실록』 권5, 영조 1년 4월 9일(병자). "金堤郡守梁得中, 行已多疵, 不齒鄕里, 偸竊災結, 私出官糴."

15 『영조실록』 권5, 영조 1년 4월 9일(병자). "梁得中曾於桂坊見之, 性本質實, 而以受學尹門, 忽被貪贓之科, 此正觀理處也."

16 『영조실록』 권58, 영조 19년 9월 5일(갑신).

64세 때(영조 4년, 1728, 무신년) 영조는 그에게 사헌부 장령을 제수했다. 이 해는 이인좌의 난으로 영조가 즉위 초기 최대의 위기에 처했던 시기다. 이후 영조가 덕촌에게 벼슬을 주고 불러서 만남으로써 덕촌은 발언 기회를 얻게 되었다. 특히 이듬해 기유년에 덕촌은 경연에 참가하여 허위의 폐단 등 세 가지 설을 진언하는 등 활발한 활동을 했다.

3. 양득중의 실사구시론

65세 때(1729, 영조 5, 기유년) 1월 14일에 광흥창 수가 되어 숙배하면서 영조를 만난 덕촌은 탕평(蕩平)과 양역(良役)에 관해 소견을 피력했다. 이밖에 화폐와 염우(廉隅)에 관해 영조의 질문이 있었다. 다시 2월 5일에 종부정 겸 춘추관 편수관으로 이배되어, 2월 7일에 숙배하고서 경연에 참여했다. 여기서 두 가지 설을 되풀이하여 보완했다.

첫째, 탕평에 관한 것으로, 아무리 좋은 취지라도 조급하게 억지로 조장하면 역효과가 날 것을 경계하며 물정물조장설(勿正勿助長說)을 제시했었는데,[18] 여기에 화이부동(和而不同)을 덧붙여 주장을 되풀이하며

---

17 『영조실록』 권55, 영조 18년 1월 4일 갑자 1번째 기사 ; 『영조실록』 55권, 영조 18년 4월 5일 갑오 2번째기사 / 전 승지 양득중의 졸기 ; 『영조실록』 127권, 부록 / 영조 대왕 행장(行狀)

18 덕촌은 첫 대면에서, 덕촌은 그 취지에 찬동하면서도 탕평을 일부러 표방하지 않고 의리가 귀착되는 취지를 강론하여 신료들이 각자의 의견을 충분히 개진한 후 마음으로 동의하게 만들 것을 권한 바 있었다. 『德村集』 卷3, 「登對筵話」. "第伏念欲施蕩平之化, 不須預將'蕩平'二字, 作爲標榜, 但於遇事之時, 講論義理之歸趣而已. 事到面前, 宜令大少臣僚齊會於殿下之前, 使之各陳其意見. 如文人之以文會友, 講論文義, 相與可否, 相與是非, 曰可、曰否, 曰是、曰非, 各盡其意見之所極, 則此乃一門內事也. 以一門內事而公是非, 論難於殿下之前, 雖或平日有些疑阻, 情志不通者, 而豈忍於此時, 有所介懷耶?如是而殿下在上觀之, 豈不樂乎?臣僚之披腹心論事理於聖主之前, 所謂外托君臣之義, 內結父子之

보충했다. 덕촌은 '의리가 지극한 곳에는 스스로 인심이 같아지는 바가 있으므로, 이치에 닫는 말에는 동의하지 않을 수 없다'는 점을 강조했다. 그래서 조금도 사의(私意)를 개입시키지 않고 지성(至誠)으로 행하며 세월을 두고 고생한다면 탕평을 기약하지 않아도 저절로 점차 탕평의 경지에 이를 텐데, 얼른 탕평의 효과를 얻으려 대들면, 이견을 말하지 않아 의리의 궁극점이 자리 잡을 시간이 없게 된다는 것이다.[19] 둘째, 양역 변통의 대책에 관한 것으로 율곡 이이의 해법을 소개했던 것인데, 『동호문답』의 한 단락을 글로써 추가하여 보충했다.

그리고는 세 번째로 '실사구시'를 얘기했다.

> 두 견해가 이와 같은데, 이것을 하는 데는 방법이 있으니, 실심(實心)으로 실사(實事)를 행하는 것을 말합니다. 『중용』에 말하기를, '성(誠)이란 사물의 끝과 처음이니, 성(誠)하지 못하면 사물도 없다(誠者物之終始 不誠無物)'고 했습니다. 천하의 일에 어찌 성(誠)하지 않고서 이룰 수 있는 게 있겠습니까?[20]

> 근래 허위지풍(虛僞之風)은 위로 공경(公卿)부터 아래로 사림(士林)까지 헛되이 명호(名號)만 꾸며 표치(標致)를 높게 하고서는 자기 분수

恩, 士生於世, 人間至樂, 豈有踰於此乎?誠如是則義理之極處, 自有人心之所同然. 不可移易者, 人心所同, 義理究極然後以此發號施令, 則中外豈不心悅而誠服乎?今日行一事, 明日行一事, 事事如此, 使遠近大小, 擧皆心悅而誠服, 則不期於蕩平而自底蕩平之域矣."

19 『德村集』 卷3, 「登對筵話」. "義理之極處, 自有人心之所同然, 理到之言, 不得不服. … 不以一毫私意介於其間, 至誠行之, 磨以歲月, 則不期於蕩平而自然漸至於蕩平之境矣. 此所謂'順而循之', 自有無限滋味也. 苟爲不然而先以'蕩平'二字, 作一箇標榜, 必欲於目前見蕩平氣像, 卽今得蕩平效驗, 則同異之見, 無自以陳, 義理之極, 無時歸宿, 依違羈縻, 泮過時日. 自外觀之, 雖似稍有蕩平之漸, 而儘有無限病敗藏在其中. 此臣所以必以'勿正勿助長'之說仰白者也."

20 『德村集』 卷3, 「登對筵話」. "此兩說如此, 而爲此者有道, 以實心做實事之謂也. 『中庸』曰'誠者物之終始, 不誠無物', 天下之事, 豈有不誠而可做者乎?" 중용장구 25장.

에 '실사구시'의 뜻은 전혀 마음에 두지 않습니다. 『한서(漢書)』에 하간헌왕(河間獻王)의 행동을 칭찬하여 말하길, '修學好古 實事求是'라 했습니다. 이는 일마다 자신의 심신에 돌이켜보아 그 실시(實是)를 구했다는 말입니다. … 금세의 허위지풍은 실사구시의 뜻이 있다는 것을 전혀 모르면서 공공연히 헛된 곳으로 치달립니다. 이는 대체로 국가에 숭유중도(崇儒重道)의 문화가 오래되어 생긴 폐단에서 온 것이며, 조장(助長)의 병이 있어 이와 같은 데 이른 것입니다.[21]

덕촌은 탕평과 양역에 공통되는 자세로서 실심으로 실사를 해야 한다고 했다. 이어서 '실사구시'라는 단어를 소개하면서, 그 의미를 해석하기를, "일마다 나의 심신에 비추어 그 실시를 구한다(每事 反之吾心身 求其實是)"고 했다. 또한 허위지풍의 원인으로 숭유중도(崇儒重道)의 문화를 지적했다. 숭유중도란 본디 자랑스럽게 여기는 문화다. 그런데 그 문화로 명교(名敎)가 크게 밝혀졌지만 오래되자 폐단이 생겼다는 것이다.

덕촌은 숭유중도(崇儒重道)의 문제점을 이듬해 올린 상소문에서 부연하여 설명했다. 즉 옛날 삼대(三代)에는 천하에 선비[儒] 아닌 사람이 없었고, 일용(日用)에 도(道) 아닌 것이 없었다. 그래서 무엇을 숭상하고 무엇을 중요시한다는 말을 할 게 없었다는 것이다. 그래서 "사람은 각기 본성에 따라 도를 삼고, 사람은 각기 도를 닦아 가르침을 삼으니, 누구를 중요시하고 누구를 높일 것인가? 이것이 바로 실사(實事)요, 그 사이에 조금의 허위(虛僞)도 허용하지 않았다." 그런데 후대에 내려와 유자(儒者)가 있어 따로 높이고, 도(道)가 있어 따로 중요시하는 숭유중

---

21 『德村集』 卷3, 「登對筵話」. "近來虛僞之風, 上自公卿, 下至士林, 莫不虛冒名號, 高作標致, 而於自己分上實事求是之義, 全不留意. 『漢史』稱河間獻王之行曰: '修學好古, 實事求是.' 此言每事, 反之吾心身, 求其實是也. 河間王盛德, 謂禮樂可興, 而以此四字, 形容其德, 此非等閒語也. 今世虛僞之風, 全不知有實事求是之義, 而公然馳騖於虛無空中. 此蓋由於國家崇儒重道之化久而生弊. 有助長之病而至於如此也."

도의 상황이 생겼다. 그 결과, "유학은 우리의 별다른 물사(物事)가 되고, 우리의 도는 몸 밖의 물건이 되었다."[22]

같은 상소문에서 덕촌은 이(理)와 의리에 관한 입장을 피력했다. "천하의 이(理)는 일본만수(一本萬殊)이고, 일본의 이(理)는 각기 내 몸에 있다"고 주장했다. 양심(良心)과 진정(眞情)이 성대하게 발하여 가까운 곳에서 먼 곳으로 절로 차등이 있으니 이를 일러 일본(一本)이라 하고 이를 일러 거짓없음[無僞]라 한다는 것이다. 그런데 일본이 내 몸에 있지 않는다면 처한 곳마다 스스로 일본을 만들어야 하고 처한 곳마다 따로 의리를 강구해야 한다. 이것이 이른바 이본(二本)이요, 이것이 이른바 거짓[僞]라는 것이다.[23]

덕촌은 또한 허위지풍의 원인으로 군신의 일과 도(道)를 분리하는 태도를 비판했다. 모든 관직은 하늘의 일을 대신하는 것이라 군신 상하가 각자 직분을 다하면 하늘의 도가 밝아지고 하늘의 도가 행해질 터이다. 그런데 하늘이 준 지위에서 하늘의 일을 맡은 사람이 눈앞의 직분에 도가 있는 것을 모르고, 도라는 것은 사림의 부류에 있다고 여긴다. 출사하여 군주를 섬기고 세상일을 담당하면 속류라 말하고, 사림이 주장하는 언론을 도가 존재하는 곳이라 말하여, 세상일[世務]과 도[吾道]를 구

---

22 『덕촌집』 권2, 「辭召旨疏」(庚戌). "昔者三代盛時, 聖王之爲天下也, 自王宮、國都, 以及閭巷, 莫不有學, 自天子之子, 以至於凡民俊秀, 莫不入學. 當是之時, 天下無非儒也, 日用無非道也, 尙何崇與重之可言哉?人各率其性而爲道, 爲誰重之, 人各修其道而爲教, 爲誰崇之?此便是實事, 不容一毫虛僞於其間也. 降及後世, 始有崇儒重道之號, 則已是衰世之意, 而因而去古漸遠, 世道益下, 至於今日, 則旣有儒者, 而又別有所謂崇之者. 旣有道矣, 而又別有所謂重之者. 於是儒學爲吾人別件物事, 而吾道便作身外之物矣."

23 『덕촌집』 권2 「辭召旨疏」(庚戌). "蓋天下之理, 莫非一本萬殊, 而一本之理, 莫不各在吾身. 良心眞情, 藹然而發, 由近及遠, 自有差等, 是之謂一本, 是之謂無僞也. …自其一本而推之, 故推之萬事, 無處不達, …一本旣不在吾身, 則身外一步地, 氣脈已不相關, 尙何有可推之路乎? 氣脈不相關, 一本推不去, 則只得隨處自作一本, 隨處別討義理, 以濟一己之私而已, 此所謂二本也, 此所謂僞也."

별하여 둘로 만든다.[24] 그래서 본디 명리를 좇는 사람은 말할 것도 없이 명검(名檢)을 소중히 여기는 사람도 눈앞의 자신의 일을 버려두고 사림이 주장하는 언의(言議)에 힘쓴다.

> 이른바 사림(士林)도 바람에 휩쓸려 자기의 직분(職分)의 일을 버리고 종신토록 사람의 장단점을 논하고 정법(政法)의 시비를 가리느라 분주합니다. 그러면서 이를 세도(世道)를 지키고 세교(世敎)를 붙든다고 말하니, 사풍(士風)의 야박함이 날로 심해짐을 이루 다 이를 수 있겠습니까?[25]

일반의 선비[士]에게서도 허위지풍은 나타난다. 선비의 일은 농사를 짓고, 경전을 송독(誦讀)하고 수기치인의 도를 강(講)하는 것이다. 선비의 행신(行身)·절도(節度)는 출(出)과 처(處) 두 가지로, 궁하면 홀로 자신을 선하게 하고, 영달하면 겸하여 천하를 선하게 하는 것이다. 그런데 자신이 있고 가정이 있음을 알지 못한다. 독서·강학의 일이 아닌 다른 일에 분주하다.

> 상하가 선동하여 그 생업은 버리고 자기 심신은 잊은 채 다른 일에 분주합니다. 허위지풍은 오랜 습관으로 익숙해져 전전(輾轉)하여 명리의 진흙탕[名利塗場]을 만들고, 윗사람을 속이고 사리(私利)를 꾀하기에 이르기까지, 이를 수 없는 데가 없어 이를 괴이하게 여기지 않게 되었다.[26]

---

24 『德村集』 卷3, 「登對筵話」. “今世之居天位任天職者, 不知其目前職業, 便是道之所存, 以爲所謂道者, 乃在於士林之流, 以己之出身事主擔當世務, 謂之俗流, 而以士林之主張言論, 謂之道之所存, 以世務與吾道, 判而爲二.”

25 『德村集』 卷3, 「登對筵話」. “所謂士林, 亦爲其所風動, 捨自己職分內事, 終身奔走於論人長短是非政法之間. 因謂之衛世道、扶世教, 而士風之偸薄, 日甚一日, 可勝喩哉?”

덕촌은 지방 현지에서 발생한 구체적 사례를 들기도 했다. 홍학(興學)의 실적을 내고자 현장의 실정에 맞지 않는 공문을 내린 결과 전혀 실효성 없는 일이 된 사례였다. "만약 조금이라도 실지(實地)에 발을 딛는 데 유의하여 자기 일처럼 했다면, 어찌 그것이 결국 근거할 데가 없는 일임을 모르겠습니까? 이것이 어찌 허위의 심함이 아니겠습니까? 이것이 신이 반드시 실사구시의 주장을 아뢰는 까닭입니다."[27]

영조는 매우 흡족했다. 이미 질실하다는 것을 알고 있었으나 산림을 자처하지 않음에서 더욱 질실의 뜻을 보았고, 더욱이 논의에 식견이 뛰어남을 알게 되었다고 말했다. 그리고는 '실사구시' 넉자를 벽에 걸어두고 보고자 했다. 사람을 시켜 당호(堂號)처럼 작은 크기로 적어 올리도록 했다.

덕촌이 이어서 폐해를 바로잡는 계책이라며 말했는데, 다른 특별한 것이 아니고 마음이었다. "자기의 병통을 알고 없애려 한다면 바로 그 마음이 곧 약이 된다"는 주자의 말을 인용했고,[28] 맹자의 과화존신(過化存神)과 그에 관한 주자의 주석을 인용했다.[29] 또 "아랫사람이 윗사람을 따르는 것은 그림자나 메아리보다 빠르다" "백성들은 생각을 따르지 명령을 따르지 않는다" 등의 말을 했다.[30] 모두 마음을 중요시하는 말이

---

26 『德村集』 卷3, 「登對筵話」. "上下煽動, 棄其業次, 舍自已身心而奔走於外事. 虛僞之風, 積習恬安, 輾轉作名利塗場, 以至於誣上行私, 無所不至而莫之爲怪."

27 『德村集』 卷3, 「登對筵話」. "若少留意於脚踏實地, 如自己事, 則豈不知其終無可據之地乎?此豈非虛僞之甚乎?此臣所以必以實事求是之說仰白者也."

28 『德村集』 卷3, 「登對筵話」. "所謂救弊之策亦非別有他道也. 朱子曰: '知其病而欲去之, 便是能去之藥.'"

29 『德村集』 卷3, 「登對筵話」. "聖人過化存神之玅, 元來如此." "所過者化 所存者神"라는 구절이 『맹자』 「진심 상(盡心上)」에 나옴. 주자의 주는, "所過者化 身所經歷之處 卽人無不化 …… 所存者神 心所存主處 便神妙不測 …… "

30 『德村集』 卷3, 「登對筵話」. "古語曰'下之化上, 捷於影響', 又曰'百姓從其意, 不從其令',

었다.

앞에 소개한 경연의 대화에 관해서 실록 기사는 간략하게 이렇게 기록하고 있다.

> 덕촌: "사문시비(斯文是非)가 하나의 번복기괄(翻覆機括)을 만듭니다. 이른바 '세도를 붙들고 사문을 지킨다[扶世道衛斯文]'는 여섯 글자는 참으로 허위요 가식일 뿐입니다."
> 영조: "그대[儒臣]의 말은 시의(時議)를 크게 놀랍게 함을 면치 못할 것 같소. 나는 그대의 마음을 알고 있소."
> 덕촌: "근래 허위(虛僞)가 널리 풍속을 이뤘습니다. 하간왕(河間王) 덕(德)은 한(漢)나라 때의 어진 공족(公族)이었는데, 그의 말에 '실사구시(實事求是)'라 했으니, 참으로 격언(格言)입니다."
> 임금이 승지에게 '실사구시(實事求是)' 네 글자를 써서 들이라고 명했다.[31]

'사문시비(斯文是非)'의 본질을 너무 날카롭게 지적하자, 영조가 뜨끔했던 모양이다. 오히려 그대 마음을 안다고 두둔했다. 덕촌이 보기에, 사문이니 세도니 의리니 내세우지만, 기실은 허위요 가식이었던 것이다. 상대방을 공격하고 권력을 쥐기 위한 구실이었던 것이다. 영조가 시의를 놀랍게 할 것이라 평가했던 것은 주류인 노론을 의식했을 것이다. 덕촌의 지적은 노론의 행태를 겨냥하는 말임을 짐작할 수 있기 때문이다.[32]

理自如此, 不可誣也."

31 『영조실록』 21권, 영조 5년 2월 6일 신사 1번째 기사(1729년) ○辛巳/行召對, 引見宗簿正梁得中, 得中言: "斯文是非, 作一翻覆機括. 所謂扶世道衛斯文六字, 眞虛假耳." 上曰: "儒臣之言, 似不免大駭時議, 而予則知儒臣之心矣." 得中又言: "近來虛僞成風. 河間王德, 漢世賢公族, 其言曰實事求是, 眞格言也." 上命承旨, 書四字以入.

32 한정길, 앞의 글, 2013, 92쪽 같은 취지.

덕촌은 자신의 문집에서 20편의 상소문을 실은 후, 자신의 상소를 총괄하여 부기했다. 그 목표가 허위 풍조를 말하는 데 있었다는 것이고, 의리를 가탁하고 허위를 숭상하면서 각각 그 문호를 경영하여 그 무리가 실로 많음이 곧 지금의 고질적인 폐단이라는 것이다.[33]

이와 같은 경연에서의 대화 내용은 뒤이은 상소문에서 반복되어 덕촌의 의도를 살필 수 있다. 그는 '실사구시'로 허위의 폐단을 바로잡는 요결로 삼아야 한다고 했다.[34] 그의 말에서 허위 풍조가 심하다는 것은 실사구시가 없거나 필요하다는 것이기에 결국 같은 내용인 셈이다.

영조가 지적한 문승(文勝)에 대해서, 덕촌은 허위와 문승을 구별했다. 문승은 꾸밈[文]이 바탕[質]보다 지나쳐 불균형인 것을 말하지만, 허위는 꾸밈이 바탕을 멸하여 문도 더불어 허위로 돌아가는 것이라 설명했다.[35]

의리에 가탁하여 허위를 높이는 풍조가 만연함을 지적했다. "허위의 풍조는 인심(人心)을 구렁에 빠뜨리고 세도(世道)를 무너뜨리는 근본이다. 국세(國勢)와 민생(民生)이 이 지경에 이른 것은 오로지 여기에 관련되어 있다."[36] 허위의 상황을 이렇게 설명했다.

---

33 『덕촌집』에 권1과 권2에 걸쳐 상소문이 모두 20편이 실려 있다. 마지막 편에 다음과 같이 부기하여 정리했다. 『德村集』 卷二 「又辭疏」(辛酉). "前後諸疏, 其大指惟在於虛僞之風之說, 而其設弊則每以祠宇書院爲言, 人之見之者, 皆以爲當今時弊, 其無大於此者乎. 而究其實則假義理崇虛僞, 各營門戶, 寔繁有徒, 乃當今之痼弊. 而若無祠宇書院, 則此輩將無所托其身而售其用, 正如夜叉之神叢. 此所以爲當今時弊之根柢而不可以枝葉看也. 噫! 所假者聖賢之義理; 所憑者吾君之寵靈; 所盜者國家之物力, 而陷人心壞世道, 至於此極, 此豈細故而可以忽之哉?"

34 『德村集』 卷1, 「辭掌令疏」(己酉). "頃日筵對時, 臣以近日虛僞之弊仰達, 而仍以實事求是四字, 爲救弊之要訣."

35 『德村集』 卷1, 「辭召旨疏」(己酉). "若夫虛僞之風之說, 則所謂虛僞與文勝有異. 文勝云者, 文勝於質而不能彬彬也. 虛僞云者, 文滅其質, 而并與其文而歸於虛僞也."

36 『德村集』 卷1, 「辭召旨疏」(己酉). "其中虛僞之風之一說, 乃陷人心壞世道之本根. 而國勢民生之所以至於此極, 所關專在於此."

의리의 담론이 끊이지 않지만 지금처럼 의리가 꽉 막힌 때가 없고, 언필칭 염우(廉隅)이지만 염치의 도가 상한 것이 지금보다 심한 적이 없다. … 의리로써 천하가 어지러운 것이 어찌 이 지경에 이를 수 있겠는가?[37]

그 구호를 들으면 아름답고 그 외양을 보면 의리가 밝게 걸려 있어서 천고에 일찍이 없었던 것이나 그 근본이 없음은 어찌하겠습니까. 그 거짓되어 진실하지 않음은 어찌하겠습니까? 이것이 곧 금세(今世)의 대의리(大義理)가 인심(人心)을 빠뜨리고 세도(勢道)를 무너뜨리는 창귀(倀鬼)가 되었다는 것입니다. 이것이 신이 말하는 '의리로써 천하를 어지럽히는 것'이 실로 천지가 있고서 아직 없었던 세변(世變)이라는 것입니다. 이래서 사람은 내 마음이 의리를 지님을 모르고, 의리가 내 마음속에 있음을 모르고, 또 천하국가가 모두 내 몸에 근본하는 것임을 모릅니다. 허위로 치달아 마침내 풍속을 이루고, 백 가지 폐단이 함께 생겨나 그치지 않아서, 현란하고 장황하게 윗사람을 속여 사리를 꾀해도 그 잘못을 자각하지 못합니다.[38]

이른바 허위의 풍조라는 것은 오늘날 백 가지 폐단의 근원이며 유래가 이미 오래 되었습니다. … 의리를 가탁하고 허위를 높여 꾸미며, 대소가 서로 취하여 각자 욕구를 채웁니다. 명리를 좇는 것이 이미 습속으로 이뤄졌고, 권세가 있는 곳에 영합하지 않음이 없습니다.[39]

---

37 『德村集』 卷1, 「辭召旨疏」(己酉). "目今大同之俗, 口不絶義理之談, 而義理晦塞, 莫此時若. 言必稱廉隅, 而廉恥道喪, 未有甚於今日. 虛冒名號, 眩曜張皇, 誣上行私, 無所不至. 大抵天下之生久矣, 一治一亂, 從古爲然, 氣數推盪, 莫之爲而爲, 而豈有以義理而亂天下至於此極耶?"

38 『德村集』 卷1 「辭召旨疏」(己酉). "聞其號則美矣, 觀其外則義理之昭揭, 千古之所未有, 而其如無本何?其如僞而不誠何?此乃今世之大義理, 而爲陷人心壞世道之倀鬼. 此臣所謂 '以義理而亂天下, 實有天地以來, 所未有之世變也'. 由是而人不知吾心之有義理, 又不知義理之在於吾心. 又不知天下國家之皆本於吾身. 馳鶩虛僞, 遂成風俗, 百弊俱生, 靡有止屆, 以至於眩曜張皇, 誣上行私, 而不自覺其爲非."

중대한 언명으로 언필칭 의리, 사문을 내세우던 당시였다. 의리로써 세상을 어지럽힌다는 지적은, 그런 세태를 꾸짖는 실로 강력한 문제제기가 아닐 수 없다. 또 의리란 내 마음에 있다는 설명이 주목된다. 그리고 실사구시란 단어는 실로 덕촌의 대명사가 되었다.

> 실사구시(實事求是) 네 글자는 진실무망(眞實無妄)의 성(誠)이며, 인군(人君)이 나라를 다스리는 근원이 될 것이니, 이 또한 오직 전하의 일심(一心)에 달려있습니다. 엎드려 바라건대 전하께서는 격물치지(格物致知)와 성의정심(誠意正心)의 공부에 더욱 매진하시고 또 실사구시 넉자로써 백관을 책려하시어 그들로 하여금 각각 그 직분을 다하게 하십시오.[40]

덕촌은 허위지풍을 고발하면서 실사구시의 진언을 진실무망(眞實無妄)의 성(誠)으로 요약했다.[41] 그리고 실사구시론의 마지막에 『반계수록』을 대책으로 추천했다.

---

39 『德村集』 卷1 「辭召旨疏」(己酉). "若夫所謂虛僞之風, 則乃今日百弊之源, 而流來旣久. … 假托義理, 崇飾虛僞, 大小相挺, 各充其欲. 名利所趨, 俗化已成, 勢之所存, 無不迎合."

40 『德村集』 卷一 「告歸疏」. "伏望殿下於愚臣之前日所達三說者, 勿以人而廢言, 深留睿思, 實區區犬馬之至願也. 若夫其中'實事求是'四字, 乃眞實無妄之誠, 而爲人君出治之源, 亦惟在於殿下之一心. 伏願殿下日加工於格致誠正之功, 而又以實事求是四字, 責勵群工, 使之各盡其職. 殿下又以其大公至正之心, 恭己於上而照臨之, 一誠所立, 百揆皆貞. 權度旣定, 四方從化, 過化存神之妙, 自有不期然而然者矣. 夫然後向所謂蕩平之典, 良役之政, 與凡殿下之所欲云云者, 方可有著手處矣. 子思曰: '誠者物之終始, 不誠無物.' 蓋聖人之言, 爲萬世法程而不可易也. 惟聖明之留意焉則幸甚."

41 『德村集』 卷1 「辭召旨疏」(己酉). "此臣之所以必以實事求是之說仰達, 而終以 '誠者物之終始' 一語, 仰贊聖學徹上徹下之功者也."

4. 『반계수록』 추천의 의의

1) 사상적 측면

덕촌은 정사년(1737, 영조13) 상소문[辭別論召命疏]에서는 '실사구시'와 '물정물조장'의 해석을 부연하면서, 실심, 실리를 말하고, 귀결점으로 진실무망을 말하고 있다. 즉 그 내용을 간추려 보면 다음과 같다.

심체(心體)는 담연허명(淡然虛明)할 따름이며, 내 마음의 담연허명이 아니면 역리(易理)의 결정정미(潔靜精微)함을 볼 수 없다. 내 마음의 담연허명과 역리의 결정정미 두 가지도 오직 '진실무망(眞實無妄)'일 따름이다. 조금의 사위(私僞)도 섞이지 않으면, 실심(實心) 담연허명하고, 실리(實理) 결정정미할 것이다. 그가 상소에서 매번 말하는 '실사구시(實事求是)'는 이른바 '진실(眞實)'이고, '물정물조장(勿正勿助長)'은 이른바 '무망(無妄)'이다. 또 진실무망은 곧 실심의 담연허명이요, 실리의 정결정미이다. 건곤(乾坤)의 이간(易簡)부터 『논어』의 "일일극기복례 천하귀인(一日克己復禮, 天下歸仁)"까지 그 요점은 '진실무망'일 따름이다.[42]

성을 중요시 여기는 것은 성리학도 마찬가지다. 그런데 덕촌의 실사구시론에 대해 양명학으로 보는 견해가 있다. 양명학적 용어를 사용하지 않으면서 실은 양명학적 사유를 전개하고 있다는 것이다.[43] 즉 덕촌

---

42 『德村集』 卷2, 「辭別論召命疏」(丁巳). "亦惟曰心體淡然虛明而已. 苟非吾心之淡然虛明, 則無以見易理之潔靜精微矣. 吾心之淡然虛明, 易理之潔靜精微, 亦惟曰'眞實無妄'而已. 是知盈天地之間, 只是一箇實理而已. 理則實理, 心則實心, 學則實學, 事則實事, 無一毫私僞參錯於其間, 則實心淡然虛明, 而實理潔靜精微矣. 吾儒法門由來如此, 非若異端虛無寂滅之敎也. 故臣每以'實事求是', 及'勿正勿助長'兩語, 仰達於冕旒之下者此也. 實事求是, 卽所謂眞實也, 勿正勿助長, 卽所謂無妄也. 眞實無妄, 卽實心之淡然虛明, 實理之潔靜精微也. 自乾坤之易簡, 以至於'垂衣裳而天下治', 與夫『中庸』之'無聲無臭'、'篤恭而天下平', 『論語』之'一日克己復禮, 天下歸仁', 便是一般意味, 一般消息, 而其要歸不過曰'眞實無妄'而已. 故『大傳』曰: '聖人之作易也, 將以順性命之理也.' 惟聖明之留神焉."

이 실심과 실리를 설명하는 데서, 양명학의 심즉리(心卽理), 심외무리(心外無理), 심외무사(心外無事), 심외무물(心外無物) 등의 단어를 그대로 구사하지 않고 있지만, 내용상 그런 의미를 담고 있다는 것이다.

한편, 덕촌의 스승인 명재는 우계 성혼과 율곡 이이의 학문을 계승하여, 가르칠 때 입지(立志)와 무실(務實)을 근본으로 삼았다.[44] 명재가 스승인 우암 송시열에게 보내려 했던 편지(擬與懷川書, '辛酉擬書'라고도 함)[45]는 정치적 논란이 되었던 것인데, 명재의 사유를 살펴볼 수 있다.

이 편지에서 명재는 스승이 주자를 높이지만 주자의 가르침에 어긋

---

43 유명종, 「덕촌 양득중의 실학사상-양명학과 실사구시의 절충」, 『한국학보』 (6), 1976. "德村의 양명학에는 몇 가지 특징이 엿보인다. 첫째 표면상 양명학을 들먹인 적이 없고, 둘째 實事求是를 통하여 양명의 사상을 실현하려 하였으며, 셋째 理氣說 人心道心說에서 陽明의 主氣論을 지지하면서 栗谷說로 자기를 방어하며, 넷째 陸象山의 尊德性 혹은 陽明說에 의하여 明德은 本이요 新民을 末이라 한다. 다섯째 양명학의 본령을 眞僞·眞假의 논리에 의거하여 설명하므로 쉽게 양명학인 줄 모르게 한다. 따라서 그의 주장에서 정면에 나타나는 것은 實事求是이나 뒷면에 숨겨진 사상은 陽明學이다. 이로 보면 德村에 이르러 실사구시와 양명학은 表裏의 관계로서 일관 통합되었다는 것을 알 수 있다. 따라서 특이하고 새로운 학풍을 창조해 내었다 하겠다."(같은 글, 178쪽) "인간의 眞性을 드러내는 수단이 實事求是요 그것이 誠이요 眞實이며 虛僞를 추방하는 要訣이라 함 또한 모두 陽明學에 유래하는 사상이다. 양명의 致良知가 곧 實事求是요 勿正勿助長이며 利用厚生이며 開物成務라 본 점은 德村 아니고는 볼 수 없는 특이한 생각이다. 德村이 實事求是·利用厚生·開物成務가 인간의 眞性을 드러내는 수단이요 誠이며 良知의 발현이 곧 實學이라 한 바가 독특한 사상이며 實事求是를 陽明學에 의거하여 논리화한 것이다. 그것은 양명의 '事上磨鍊'을 實事求是로 바꾸어 놓은 것이다. 참 良知를 실현하고 虛僞를 隔斷하는 수단인 陽明의 '事上磨鍊'을 의미하는 것이 곧 德村의 實事求是였다."(같은 글, 188쪽) 한편, 한정길(2013)은 양득중의 학문에 실심을 강조하는 양명학적 성격과 실사구시를 강조하는 실학적 성격이 내재되어 있다고 보면서, 양명학과 실학을 구분하는 절충이라는 표현보다 양명학적 실심에 기반을 둔 실학이므로 '양명학적 실심실학'으로 규정할 것을 주장했다. 한정길, 앞의 글, 2013, 119쪽 참조.

44 『명재유고』, 『명재연보』 권1. 『연보』에 따르면, "가르치는 법은 율곡의 『격몽요결』과 우계의 『위학지방(爲學之方)』을 초학자(初學者)의 문정(門庭)으로 삼되, 또 반드시 입지(立志)와 무실(務實)을 근본으로 삼았으니, 이는 선생 집안에 전해 온 지결(旨訣)이었다."

45 『明齋遺稿』 別卷3, 「擬與懷川書」.

났고, 대의를 높이 천명했지만 볼만한 실사(實事)가 없고, 녹위(祿位)와 성명(聲名)만 높아졌다고 비판했다.[46]

또한 스승이 학문을 성실하게 하지 않았다고 지적하면서 말했다. 공자가 충신(忠信)을 강조했는데[主忠信], 주자가 해석하길 "충은 실심(實心)이요, 신은 실사(實事)라" 했고, 율곡이 풀이하길 "하늘에 실리(實理)가 있고, 사람에게 실심(實心)이 있다. 사람에게 실심이 없다면 하늘의 리에 어긋나는 것이라"고 했다고 인용했다. 그래서 "두 마음으로 부실하면 만사가 거짓이고, 한 마음으로 진실로 실하면 만사가 참된다"고 했다. 그리고 성(誠)을 강조했다.[47] 공자, 주자, 율곡의 말을 빌어 스승을 비판한 것이다. 또한 실심(實心)이 있은 연후에 실공(實功)이 있고, 실공이 있은 연후에 실덕(實德)이 있으며, 실덕이 있은 연후에 밖으로 나오는 것이 모두 부실하지 않게 된다고 하면서 성(誠)이란 안에 있으면서 밖으로 드러나는 것이라고 했다.[48]

명재와 양명학과의 관계도 논란이 있다. 일단 그의 문하에서 양명학자 하곡 정제두가 나타났다. 명재가 그에게 보낸 서신에서 양명학을 경계하는 말을 하기도 했지만, 그의 사상이 "양명학의 토착화 과정에서

---

46 『明齋遺稿』 別卷3, 「擬與懷川書」. "所謂大義者 非可以言語取辨也. 亦非可以然諾取必也. 其初固有喚醒人心. 聳動瞻聆之效. 而稍久則無實以繼之. 是以所謂修內攘外. 安强復雪之圖者. 了無卓然可見之實事. 而所可見者. 只是祿位之隆重. 聲名之洋溢而已. 其發於事功者. 又如此."

47 『明齋遺稿』 別卷3, 「擬與懷川書」. "何謂學問之不以誠也. 子曰. 主忠信. 而朱子解之曰. 人不忠信. 則事皆無實. 爲惡則易. 爲善則難. 故學者. 必以是爲主焉. 又曰. 忠爲實心. 信爲實事. 栗谷先生因以申之曰. 天有實理. 人有實心. 人無實心則悖乎天理矣. 二心不實. 萬事皆假. 一心苟實. 萬事皆眞. 故周子曰. 誠者聖人之本今也."

48 『明齋遺稿』 別卷3, 「擬與懷川書」. "夫有實心而後有實功. 有實功而後. 有實德. 有實德而後發於外者無往而不實. 所謂天德王道. 只在謹獨者也. 不然則反是. 夫心之實與不實. 不獨已自知之. 人無不知之理. 縱今人未之知. 後世無不知之理. 所謂誠於中而形於外者也. 然則豈非可懼之甚者乎."

실심으로 성실·무실을 한다는 사상적 기초를 제공하였다"는 평가가 있다. 소론의 영수로서, "한국의 양명학이 소론파에 의해 발전된 것도 그 때문"이라는 것이다.[49]

그렇다면 명재와 주자학과의 관계는 어떠한가? 명재가 스승을 비판할 때 주자의 말을 준거로 삼았다. 이는 스승의 언필칭 주자의 말을 내세우지만 실제로는 주자의 가르침에 부합하지 않은 점이 있다고 보았기 때문이다. 그가 주자학적 논설을 펴고 있긴 하지만, 주자학 독존주의에 빠지지 않은 점은 분명하다.[50]

한편 실학과의 관계는 어떠한가? 실심 실학, 무실의 실학 등으로 지칭하면서도, 조선후기 실학과는 구별하는 게 대체적인 견해다. 명재의 실학은 행위를 중시하고 실제성을 추구했지만 자기 수양에 머물고, 민생의 시급함을 이야기하지만 민생 구제를 위한 구체적 대책 내지 제도개혁론이 제시되지 않았다. 이 점이 조선후기 실학과 다른 점이다.[51]

반계 유형원의 사상에 관해서는 '실리론'으로 부른다. 반계는 리의 지

---

49 유명종, 앞의 글, 2001 참조.

50 김용흠, 앞의 글, 2011, 26면. "윤증의 학문은 주자학에서 출발하였고, 또한 그것을 한 번도 명시적으로 비판한 적은 없었지만 주자학 그 자체와 같을 수는 없었던 것이다."

51 윤사순은 명재의 학문을 '성리학적 실학'이라 지칭했다. 윤사순, 앞의 글, 2001 참조. 김용흠은 제도개혁론이 없다는 점에서 조선후기 실학과 구별하면서도, 명재가 그의 부친인 윤선거가 제시한 대동법·용포론과 같은 변통론과 파붕당론을 수용했고, 『반계수록』을 높이 평가한 점을 들어, 과도기적 위상으로 평가했다. "윤증의 '실심 실학'은 '조선후기 실학' 그 자체는 아니지만, 조선후기 실학으로의 지향을 내포하고 있었다고 볼 수 있다. 즉 그것은 주자학에서 실학으로 넘어가는 과도기적 학문의 형태를 띠고 있었던 것이다." (김용흠, 앞의 글, 2011, 27쪽) 다만 한우근(2001)은 명재의 실학을 실심 실학, 궁경 실학이라 할 수 있다면서 보통명사로서의 실학 개념을 상기시켰다. 동시에 조선후기의 새로운 학풍을 '실학'이라 지칭하는 것은 적절치 않다는 주장을 재확인했다. 한우근, 앞의 글, 2001 참조.

실(至實)함을 강조하고, 성(誠)을 연결시킨다. 단순히 리(理)가 아닌 실리(實理)라는 용어 사용이 눈에 띄지만, 반계의 실리론은 대체로 성리학적이라고 평가한다. 그의 실리론은 『반계수록』을 저술하고 있던 기간인 1658년(37세 때)에 정동직에게 보낸 편지(「與鄭文翁東稷論理氣書」, 『반계잡고』)에서 파악된다.[52]

반계의 실리론이 성리학적이라 하여, 제도론인 『반계수록』과 모순된 것으로 볼 수 있는가?[53] 『반계수록』 내에서도 주자의 해설을 상당히 많이 활용하고 있다.[54] 이기심성론 부분과 제도론 부분의 논리적 결합에 관해 고정관념을 가질 필요는 없다고 본다. 반계는 이황과 주희의 이론에 회의적인 태도를 취하고 서경덕의 학문에 더 호의적이었는데, 점차 달라졌다고 평가되고 있다. 경세론에서는 이이의 개혁안에 공감하고, 이기심성론에서는 이황에 찬성했다는 것이다.[55]

『반계수록』 서문(「書隨錄後」)에서, 반계는 관직에 있는 사람은 시속을 따르는 것을 편하게 여기고, 초야의 선비는 스스로 수양에는 뜻이 있으나 경세의 쓰임에는 마음을 두지 않는다고 지적하면서,[56] 제도개혁

52 문석윤은, 반계의 실리론(實理論)이 전통적인 성리학의 이론 위에서 정립한 것으로 파악하고, '실리'가 '이기 합일의 묘'를 표현하는 개념임을 분명히 했지만 주리적(主理的) 관점에서 그러했다고 평가했다(문석윤, 앞의 글, 2013, 94쪽 참조). 또한 반계의 실리가 현실과 분리되지 않으면서도 현실을 긍정만 하지는 않는, 즉 순리로 돌리는 힘이기도 하다는 실천적 의미를 지적했다(같은 글, 69쪽 이하 참조).

53 문석윤은, 반계의 실리론이 그의 사상의 핵심을 보여주며, 그의 제도개혁론 혹은 개혁적 이상주의와 서로 밀접하게 조응하고 있다고 주장하여, 그의 실리론이 과도기적이고 제도론에서의 실학적 지향과 모순적으로 결합되어 있다는 견해에 대해 반박했다(문석윤, 앞의 글, 2013, 95쪽 등 참조).

54 田制, 敎選之制, 敎選攷說 등 여러 곳에서 인용하고 있음.

55 김낙진, 「실학적 경세치용학의 대두(기호남인학파)」, 『조선 유학의 학파들』, 예문서원, 1996, 338쪽 참조.

56 『磻溪隨錄』 卷26, 「書隨錄後」. "不究其本而祛其弊, 無以救正. 而在位者, 旣由科目而進, 唯知徇俗之爲便. 草野之士, 雖或有志於自修, 而於經世之用 (一作施措之方) 則或未之

의 필요성을 개진했다. 또한 제도를 천리를 따른 제도와 인욕을 따른 제도로 구분하기도 했다.[57]

무엇보다 도기불상리(道器不相離)의 주장이 주목된다. “천지의 이(理)는 만물에 드러나니, 물(物)이 아니면 이(理)가 드러날 곳이 없고, 성인의 도(道)는 만사에 행해지니, 일이 아니면 도가 행해질 곳이 없다.”[58] “천하의 이(理)는 본(本)과 말(末), 대(大)와 소(小)가 서로 떨어진 적이 없다. 눈금이 잘못된 자는 자 노릇을 할 수 없고, 눈금이 잘못된 저울을 저울 노릇을 할 수 없다.”[59] 반계가 제도개혁론을 펴는 데는 이런 태도가 중요한 요소로 작용했다고 볼 수 있다.

영조 13년(정사년, 1737)에 쓴 오광운의 『반계서문』 서문은 이렇게 시작한다. “도덕은 하늘에 바탕을 두고 정치 제도는 땅에 바탕을 두니, 하늘만 본받고 땅은 모르거나 땅만 본받고 하늘은 모르면 옳겠는가?” 그리고 “맹자가 왕도를 논할 때 반드시 정전을 말했으니, 도(道)와 기(器)를 분리하여 말한 적이 없었다”면서, 진·한 이후 도가 무너져 정·주는 도의 회복에 급급할 수밖에 없었고, 이후 어느 정도 도가 밝혀졌는데도 기에 해당되는 제도에 관한 문제의식이 부족한 풍토를 개탄했다. 바로 『반계수록』의 의의를 밝힌 것이다. 오광운은 『반계수록』을 읽은 뒤 반계의 다른 논설을 구해 읽어보고는 도와 기가 서로 분리될 수 없음을

致意.”

57 『磻溪隨錄』 卷26, 「書隨錄後」. “三代之制, 皆是循天理, 順人道, 而爲之制度者, 其要使萬物, 無不得其所, 而四靈畢至. 後世之制, 皆是因人欲圖苟便, 而爲之制度者, 其要使人類, 至於靡爛, 而天地閉塞, 與古正相反也.”

58 『磻溪隨錄』 卷26, 「書隨錄後」. “天地之理, 著於萬物, 非物 理無所著. 聖人之道, 行於萬事, 非事 道無所行.”

59 『磻溪隨錄』 卷26, 「書隨錄後」. “天下之理, 本末大小, 未始相離. 寸失其當, 則尺不得爲尺. 星失其當, 則衡不得爲衡.”

더욱 믿게 되었다고 했다.[60]

덕촌의 논설이 성리학적 논리든 양명학적 논리든 수기(修己)의 관점에서 달라질 것은 없다. 덕촌은 의리를 내세운 허위와 가식을 경계했다. 그리고 실심을 중시했다. 그것이 성리학적 성이든, 양명학의 양지든 결론이 달라지진 않는다. 또한 실사를 중시하여, 현실과 동떨어진 명분과 의리 지향을 경계했다. 단지 의리의 이름을 빌어 무리를 이뤄 명리와 권세를 추구함으로써 세상을 어지럽게 하는 것을 비판했다. 이는 스승인 명재의 입장과 다르지 않다. 주자 내지 주자학에 관해서 반계, 명재, 덕촌 세 사람 모두 존숭하는 태도였다. 다만 주자 독존의 태도는 아니었다.

유가의 수기치인론 내지 도기론의 관점에서 반계와 명재·덕촌은 모두 수기와 함께 치인을, 도와 함께 기를 중요시했다. 즉 도덕·명분론에 그치지 않고, 제도와 법을 중요시한 점에서 통했다고 할 수 있다. 이것을 바로 실사구시적 태도라 할 수 있다.

그러면 반계와 명재·덕촌의 다른 점은 무엇인가? 반계는 구체적 경세책을 내놓았고(제도론적 접근), 명재와 덕촌은 그러지 못했다. 그러나 명재와 덕촌은 경세책의 필요성과 중요성을 인정했고, 그 결과 『반계수록』을 높이 평가했다.

60 『반계수록』 권1, 「수록서」. "道德原乎天, 政制本乎地, 師天而不知地, 師地而不知天可乎? … 孟子論王道, 必曰井田, 未嘗離道器而言之. … 磻溪柳先生隱居著書, 以寓夫拯捄惻怛之志, 名曰隨錄. 其書以田制爲本, 不畫井形而得井田之實, 然後養士選賢任官制軍禮敎政法規模節目, 不泥不礙, 沛然皆合於天理. 愚一覽其書, 而已窺先生之天德, 已而得先生所著理氣人心道心四端七情說讀之. 其純粹精深, 非近世諸儒所可及. 於是益信道器之不相離也."

2) 정치적 측면

덕촌은 의리를 내세우지만 의리가 어두워진 현실을 심각하게 여겼다. 75세(기미년, 1739, 영조15)에 쓴 「상향이곡설(相向而哭說)」이란 글에서 의리와 염우(廉隅)를 내세우지만 허위에 불과하다고 다시 강조한 것도 그 까닭이다.

> 아! 입으로 의리 담론을 그치지 않지만 의리가 어둡고 막힌 것이 이때만한 적이 없었다. 말마다 염우(廉隅)를 말하지만 염치의 도를 잃은 것이 지금보다 심한 적이 없었다. 이런 주장은 내가 평소 항상 하는 말로, 기유년(1729, 영조5) 등대(登對)에서 맨 먼저 이것을 말했고, 그 후 연이어 올린 진언(進言)의 상소에서도 이를 말하지 않은 적이 없었다. 이는 지금 고치기 어려운 병이다.[61]

노론과의 갈등이 엄연한 가운데, 송시열이 주자의 문자를 빌어서 표방했던 주장이 명실상부하지 않음을 비판했다. 76세(1740, 영조 16)에 쓴 「명대의변(明大義辨)」이 그것이다. 당시 집권세력은 대의를 높이 외쳤지만 이를 위한 실천적 노력이 뒷받침되지 못했다. 북벌론은 대외적 적개심만 불러일으키면서 대내적 단속용으로 전락되고 말았다. 의리와 명분, 사문도 허위였다. 사문시비는 무리를 이루어 권력을 휘두르는 도구였을 뿐이다.

주류 집권세력인 서인의 행태가 그러했으며, 시간이 흐를수록 강화되었다. 그 사이 현실을 타개할 제도개혁은 방기되고 민생은 피폐하게

61 『덕촌집』 권4, 「相向而哭說」. "嗚呼! 口不絶義理之談, 而義理晦塞, 莫此時若. 言必稱廉隅, 而廉恥道喪, 未有甚於今日. 此一說乃余之平日恒言, 而己酉登對, 首以此說爲言, 其後連上進言之疏, 亦莫不以此爲言. 此乃當今膏肓之疾."

되었다. 이에 대해 반성을 촉구하는 내부의 목소리가 갈라져 나온 것이 명재 등의 소론을 이뤘다고 파악할 수 있다. 덕촌이 영조에게 되풀이하여 허위배격과 실사구시를 외친 것은 바로 스승 명재의 가르침에 따른 것이었다. 그것은, 학문이 당쟁의 도구가 되어 억압의 기제로 작용하고, 존명대의의 북벌론이라는 허구적 이데올로기가 득세한 현실에 대해, 성실한 자세로 돌아가 현실적 대응책을 강구하고 옳음을 구하자는 것이었다.[62]

반계가 『반계수록』을 저술하게 된 배경엔 명청교체와 병자호란의 충격이 있었다. 낡은 법을 바꾸지 않으면 치세를 이룰 수 없다는 생각이었다.[63] 그러나 반계는 재야의 선비에 불과했다. 그가 준거할 수 있는 집단은 정치적으로 실세한 것이다.

『반계수록』에 대한 남인계 인사들의 관련을 대략 살펴보면 이렇다. 숙종 때 이현일(1627~1704)은 반계의 친구인 배상유로부터 『반계수록』 서문을 청탁받았고, 그 실행을 권고받았다. 이현일은 남인의 산림으로서 경장에 관심을 갖고 있었으며, 『반계수록』을 높이 평가했다.[64] 이익(1681~1763)은 조선시대 시무(時務)를 알았던 사람으로 율곡 이이와 반계 유형원을 꼽았다. 그리고 『반계수록』에 실려 있는 갖가지 명론(名論) 가운데 하나도 시행되지 않음을 한탄했다.[65] 오광운(1689~1745)은 『반

---

62 임형택, 앞의 글, 2000, 124쪽 이하와 450쪽 이하 참조.

63 『磻溪隨錄』 卷26, 跋, 「書隨錄後」. "念自王道廢塞, 萬事失紀. 始焉因私爲法, 終至戎狄淪夏. 至如本國, 則因陋未變者多, 而加以積衰, 卒蒙大恥. 天下國家, 蓋至於此矣. 不變廢法, 無由反治."

64 김형수, 「葛庵 李玄逸의 理學과 현실인식-반계 유형원과의 관련 및 비교를 중심으로」, 『국학연구』 9, 2006 참조.

65 『성호사설』 권11, 인사문, 「변법」. "今磻溪隨錄中, 種種名論, 無一擧以試之. 古今志士之用心, 終無奈世人何耳."

계수록』의 서문[66]과 유형원의 행장(行狀)을 썼다.[67] 나중에 안정복(1721~1791)도 행장을 썼다.

소론으로 『반계수록』에 관심을 보인 사람으로는, 명재 윤증과 그의 제자 덕촌 양득중, 조현명(1690~1752) 등을 들 수 있다. 『우서』를 쓴 유수원(1694~1755)도 『반계수록』의 영향이 감지된다.

노론의 경우 경세론에 관심이 컸던 낙론계 인물을 중심으로 『반계수록』에 관심을 가졌다.[68] 그 가운데 홍계희(1703~1771)도 있었다. 홍계희는 영조의 명에 따라 유형원의 전(傳)을 지었는데, 어렸을 때 『반계수록』을 발견하고 수 년을 탐독하여 그 대의를 대략 알게 되었고, 그 후 증손 유발(1683~1775)로부터 유문(遺文)을 모두 얻어 읽고서 그가 천하의 선비임을 알게 되었다고 회고를 부기했다.[69] 홍계희는 영조대 편찬사업에 적극적인 역할을 했는데, 그의 경세론적 관심을 알 수 있다. 다만 경세론 위주의 평가에 대해, 노론 입장의 도통의식에 주목하는 견해도 있다.[70] 이밖에 낙론계 인물로 임정주(1727~1796), 홍대용(1731~1783) 등이 『반계수록』을 높게 평가했다.[71]

현실의 폐단을 제거하고 제도를 바로 수립하자는 주장이 학문적 또는 정치적 파당의 권력추구를 가장한 것이 아니라면, 학문적 유파와 정

---

66 『磻溪隨錄』 권1, 「隨錄序」.

67 『磻溪隨錄』 附錄, 「行狀」.

68 조성산, 「18세기 낙론계의 『반계수록』 인식과 홍계희 경세학의 사상적 기반」, 『조선시대사학보』 30, 2004 참조.

69 『磻溪隨錄』 附錄, 「傳」. "臣幼少時, 在人家, 得見所謂隨錄, 而深喜之, 求借抄寫, 沈潛玩繹數年而後, 略見其大意. 又從其曾孫進士發, 盡得其遺文而讀之, 始知其爲天下士. … 臣於昨年登對時, 偶及馨遠之說, 自上俯詢其人本末, 臣敢有所對. 其後因儒臣陳達, 有撰傳以進之 命, 臣不揆僭猥, 略述文字, 以附於隨錄之末."

70 신항수, 「홍계희의 편찬 및 간행 활동과 도통 의식」, 『역사와 담론』 66, 2013 참조.

71 조성산, 앞의 글, 2004 참조.

치적 당색을 초월할 수 있다. 더욱이 대안의 제시와 함께 이를 정치적으로 실천하기 위한 광범위한 지지와 현실의 기회를 필요로 한다. 『반계수록』은 성호 이익과 같은 재야의 남인계 인사에게 주목을 받았지만 이것만으론 미흡했다. 실심실학을 강조했던 소론계의 명재 윤증의 주목을 받았고, 경세책을 강구하던 노론계 인사들의 주목을 받았다. 그럼으로써 당색을 초월한 경세서로서 자리잡게 되었는데, 덕촌 양득중의 추천은 『반계수록』에 대한 광범위한 관심을 공식화한 것이라 평가할 수 있다.

5. 맺음말

『반계수록』은 저술된 지 100년이 지나서야 간행되었다. 정치적으로 실세한 집안의 재야 선비가 쓴 저술이 인정받기는 쉽지 않았다. 그러나 이 책은 토지제도를 본격적으로 다룬 경세서로서 실학의 비조라는 이름을 부여할 만한 가치가 있는 책이었다. 실사구시의 태도를 견지하는 뜻있는 선비라면 당색이나 학파와 상관없이 읽어볼 만한 것이었다.

덕촌 양득중은 전라도 영암에서 태어나 어려서부터 인정을 받았다. 아천 박태초에게 배운 후 소론의 영수인 명재 윤증의 가르침을 받았다. 이때 『반계수록』을 읽게 되고, 그 가치를 알았다. 명재 사후에 이 책을 영조에게 추천하게 되는데, 제도의 중요성, 특히 토지제도의 중요성을 강조하며 『반계수록』을 추천했다. 그리고 그것은 영조에게 실사구시를 거듭 주장한 후였다.

덕촌은 허위지풍의 만연을 지적했다. 그래서 도가 따로 있고, 의리가 따로 있고, 일이 따로 있다. 사문이니 세도니 의리니 내세우지만 실은 허위요 가식이다. 의리를 가탁하고 허위를 숭식하며, 대소가 서로 취하여 각자 욕구를 채우며 명리와 권세를 쫓는다. 허위풍조의 폐단을 바로 잡는 것이 바로 실사구시다. 실심으로 실사를 행하는 것이다. 그것은 진실무망의 성(誠)이다.

유가의 수기치인(修己治人)론 내지 도기(道器)론에서 볼 때, 반계와 명재·덕촌은 통한다. 수기(도덕)면에서 실심과 성(誠)을 강조하고, 치인(경세)면에서 제도적 중요성을 강조하는 점에서 그렇다. 특히 반계는 도(道)와 기(器)가 서로 떨어질 수 없다는 입장에서 양자 모두에 충실하고자 했다. 『반계수록』은 바로 기에 해당하는 대책인 것이다. 이에 비해 명재와 덕촌은 구체적 경세론을 제시하지는 못했다는 차이점이 있다. 그렇지만 명재와 덕촌도 그 중요성을 충분히 인식했다. 이처럼 도덕과 경세(또는 제도)를 모두 중요시 여기고 경세론을 제시하는 것이 조선후기 실학의 특성이었다.[72]

실사구시적 태도를 견지한다면, 학문적 차이나 방법론적 차이가 근본적인 갈등의 문제가 되지 않는다. 그러나 허위지풍에 젖어 명리나 권세를 추구하는 사람이라면 문호와 무리를 이뤄 사문시비와 의리분변을 내세워 조그만 차이라도 분쟁의 구실로 삼을 것이다. 덕촌이 지탄해마지 않은 것이다.

재야의 선비인 반계의 『반계수록』은 학문적 유파와 정치적 당색을 초월하여 경세론적 관심을 지닌 사람들에게 주목을 받을 수 있었다. 그

---

72 필자는 조선후기 실학의 기본 명제를, 첫째 수기치인론 내지 도기론에 입각한 치인의 경세론 도모, 둘째 세계성과 주체성의 조화 문제, 셋째 실사구시적 태도 등의 세 가지로 정리해본 바 있다. 김태희, 「조선후기 상업진흥론과 실학담론의 재구성」, 『한국동양정치사상사연구』, 2017 참조.

런데 초기의 남인계 인사들의 주목만으로는 미흡했고, 실심실학을 강조했던 소론계의 명재 윤증의 인정을 받았고, 경세책을 강구하던 노론계 인사들의 주목과 인정을 받음으로써 대표적 경세론으로 자리를 잡게 되었다. 이 과정은 매우 오랜 시간이 걸렸는데, 덕촌 양득중의 추천은 『반계수록』에 대한 관심을 공식화한 획기적인 것이었다.

조선후기 실학은 특정 학문이나 당색과 무관하게 현실을 타개할 경세론에 부심했고, 서로 영향을 받으며 각자의 경세론을 발전시켰다. 소론인 덕촌의 『반계수록』 추천은 이 대목에서 대단히 중요한 의미를 지닌다. 이념과 당색을 초월한 실사구시의 정신과 전통은 오늘날에도 그 의의가 지극히 크다 하겠다.

■ 참고문헌

『磻溪隨錄』 『德村集』 『明齋遺稿』 『숙종실록』 『영조실록』

김낙진(1996), 「실학적 경세치용학의 대두(기호남인학파)」, 『조선 유학의 학파들』, 예문서원.

김낙진(1996), 「유형원 실학 사상의 철학적 성격」, 『실학의 철학』, 예문서원.

김용흠(2011), 「조선후기 사상사에서 명재 윤증의 위상」, 『민족문화』.

김태희(2017), 「조선후기 상업진흥론과 실학담론의 재구성」, 『한국동양정치사상사연구』.

김형수(2006), 「葛庵 李玄逸의 理學과 현실인식-반계 유형원과의 관련 및 비교를 중심으로」, 『국학연구』 9.

문석윤(2013), 「반계의 실리론」, 『반계 유형원 연구』, 사람의무늬.

신항수(2013), 「홍계희의 편찬 및 간행 활동과 도통 의식」, 『역사와 담론』 66.

유명종(1976), 「덕촌 양득중의 실학사상-양명학과 실사구시의 절충」, 『한국학보』 6.

유명종(2001), 「명재 윤증의 무실 실학」, 『무실과 실심의 유학자, 명재 윤증』, 청계.

윤사순(2001), 「명재 윤증의 성리학적 실학」, 『무실과 실심의 유학자, 명재 윤증』, 청계.

임형택(2000), 「실사구시의 학적 전통과 개화사상」, 『실사구시의 한국학』, 창작과비평사.

조성산(2004), 「18세기 낙론계의 『반계수록』 인식과 홍계희 경세학의 사상적 기반」, 『조선시대사학보』 30.

최영성(2000), 「실학의 제일조－반계 유형원」, 『한국실학사상사』, 다운샘.

한우근(2001), 「명재 윤증의 실학관」, 『무실과 실심의 유학자, 명재 윤증』, 청계.

한정길(2013), 「덕촌 양득중 학문의 양명학적 성격에 관한 연구」, 『양명학』 34.

황의동(2013), 「조선조 무실사상의 전개와 그 사상사적 의미」, 『한국사상과 문화』 65.

순암 안정복이 기록한 반계 유형원

『반계연보』와 『동사례』

함영대

순암 안정복은 조선후기 최대의 역사학자로 널리 알려져 있다. 그의 『동사강목』은 근대 민족주의 사학자 신채호·박은식에게도 큰 영향을 미친 것으로 평가되고 있다. 그 결과 순암은 조선 후기 실학의 성과를 역사학 방면에서 성취한 수준높은 역사학자로 확고한 지위를 획득했다.[1] 『동사강목』은 투철한 주자강목의 의리정신에 의거하여 저술되었지만 다양한 考異와 辨證을 통해 역사사실을 비판적으로 평가한 것으로 성호 이익의 높은 평가를 받았다. 그의 『동사강목』은 기본적으로 성호 이익의 계발과 지도에 의해 이룩된 것이지만 그 원천에는 반계 유형원에게서 계승된 역사인식과 지리인식 등이 적지 않게 자리잡고 있다.[2]

---

1 순암의 『동사강목』 연구에 대한 연구사적 정리는 함영대(2013), 「순암 안정복 연구의 현황과 과제」, 『순암 안정복의 학문과 사상』, 순암안정복선생기념사업회·성균관대 출판부, 399~340면 참고.

2 순암이 반계를 사숙한 것에 대한 자세한 연구는 강세구(2012), 『순암 안정복의 사상과 학문세계』 순암안정복선생기념사업회·성균관대 출판부, 114~123면 참고. 한편 『동사강목』 내에서 순암의 반계학 계승에 대해서는 강세구(2012), 『순암 안정복의 동사강목

여기에서는 순암의 역사와 지리, 철학적 기반의 한 측면을 형성한 반계 유형원의 흔적을 더듬어 보고자 한다. 『반계연보』를 통해 순암이 반계의 삶에서 특별히 기록하고자 한 것이 무엇이었는지, 또 순암이 역사학과 철학, 지리학의 근간을 형성하는데 일정정도 기여했을 것으로 보이는 순암의 편집서 『동사례』를 분석하여 순암 안정복이 기록한 반계 유형원의 일면을 구체적으로 살펴보고자 한다.

1. 순암 안정복과 반계 유형원

순암 안정복의 반계 유형원에 대한 전체적인 인상은 자신과 교유가 있었고, 결국 『반계연보』를 쓰게 한 계기가 되었던 반계의 증손 수촌 유발의 행장에서 살펴볼 수 있다. 순암은 반계의 삶과 그의 『반계수록』을 이렇게 평했다.

> 찬선공(유형원)은 총명하고 지혜로운 자질로 뜻을 독실히 하고 학문에 힘썼으나 좋지 못한 시대를 만나 太學에 있다가 나중에 호남의 해변에 가서 은거하며 著書하는 일로써 스스로 즐겼는데, 세상 사람이 磻溪先生이라고 칭하였다. 그의 저서 중 『隨錄』이란 책은 王政의 대체를 논한 것으로서 바로 聖人이 나라를 다스리는 도구인데, 大行朝 경인년(1770, 영조 46)에 영남 監營에서 간행하도록 하였다. 선생은 黨論이 유행한 뒤에 태어났는데도 피차의 어느 당 사람들을 막론하고 모두 '반계, 반계'라고 일컬음을 받았고, 扶安의 東林書院에 배향하기까지 하였으

연구』 순암안정복선생기념사업회·성균관대 출판부, 177~235면 참고. 특히 188면에서 『동사강목』의 「고이」부분에서 삼한의 시조 전설에 대해 "今於是書, 依柳氏說, 皆刪去, 別著考異, 著東人好怪之習."이라고 한 것을 지적한 것은 매우 의미심장하다.

> 니, 그 분의 훌륭함을 알 수 있다.[3]

그런데 이 글은 반계의 삶을 심도깊이 논의하는 자리가 아니라 그의 증손이 되는 수촌 유발의 행장 속에서 그의 선조를 기리는 대목에서 등장하기 때문에 좀 더 일반적이고 객관적인 사회적 평가를 담고 있다. 반계가 당대의 불우로 은거하여 저술을 일삼게 된 경위와 이후 『반계수록』으로 통칭되는 『수록』의 저술로서의 성격과 간행사정 및 당론을 떠나 여러 사람들에게 칭송받고 있다는 사실을 간결하면서도 명징하게 서술하고 있다. 안정복이 유형원의 증손인 수촌 유발의 행장을 쓰게 된 직접적인 경위는 그가 유발의 장남이 되는 포천공 柳明渭와의 친분이 있었기 때문이지만 순암은 자신이 이미 유발에게도 깊은 지우를 입었다고 밝히고 있다.[4]

반계는 유발의 행장을 작성하면서 특히 그가 선조의 『수록』을 정리하고 널리 알리는 데 매우 정성을 기울인 사실을 특기했다. 순암은 결론적으로 『반계수록』의 간행의 큰 공로를 유발에게 돌렸다.

> 그리고 늘 말하기를, "磻溪 선조의 저술이 매우 많기는 하지만 그분의 알려지지 않은 덕행이 인몰되어 전해지지 않게 된다면 그분께 후손이 있다고 할 수 있겠는가"라고 하면서 遺書를 정돈하여 자신이 직접 베껴 썼는데, 90세의 나이에 이르러서도 조금도 게을리 하지 않았다. 『隨錄』의 경우는 여러本이 유포되어 끝내 主上께 알려져 간행되기에 이르렀으

---

3 安鼎福, 『順菴集』 卷25, 「崇祿大夫行知中樞府事秀村柳公行狀－丙申(1776)」, "贊善公以明睿之姿, 篤志力學, 値世不辰, 登上庠, 後歸隱于湖南之海堧, 著書以自樂, 世稱磻溪先生. 其書有隨錄者, 論王政之大端, 卽聖人經世之具也. 大行朝庚寅, 命嶺營刊布, 先生生于黨議橫流之後, 而人無彼我, 皆曰磻溪磻溪, 至享于扶安之東林書院, 其賢可知也."

4 앞의 글, "鼎福受知最深, 又與抱川君少相善也, 抱川君知鼎福素謹拙無溢辭, 乃以家狀托之."

니, 이러한 일은 공의 지극한 정성과 순일한 마음이 아니었다면 가능할 수 있었겠는가[5]

그런데 순암은 광주에 올라오기 전에 무주 등 호남 일대를 옮겨 다니며 살았는데 그 때 이미 반계 유형원의 명성을 알고 있었다. 하지만 명성을 듣고 있었을 뿐 저작을 본 것도 그의 심원한 학문에 대해 알고 있었던 것도 아니었다. 순암은 점점 성장함에 따라 그 점을 늘 아쉬워했다고 한다.[6] 순암이 반계의 저작을 처음 읽게 된 것은 갑자년(1744) 순암의 나이 33세 때에 서울 도저동에서 반계의 증손인 유발의 둘째 아들인 柳光渭의 상을 조문하면서 이 인연을 계기로 그의 선조인 유형원의 저술인 『磻溪隨錄』 보게 된 것이 계기가 되었다.[7]

수촌공은 나에게 선생의 일에 대해 무척 자상하게 이야기해 주고 선생이 저술한 『隨錄』을 빌려주기까지 하였는데, 돌아와서 읽어보니 참으로 天理를 운용하여 만세를 위해 태평을 열어주는 책이었다. 아, 훌륭하다. 그 뒤에도 자주 공과 종유하여 遺集과 그 밖의 책들을 볼 수 있었는데, 그 학문의 정밀함과 뜻과 도량의 원대함은 후세의 말 잘하는 선비들이 미칠 수 있는 바가 아니었다.[8]

---

5 앞의 글, "常曰, 磻溪先祖著述雖多, 而幽光潛德, 湮而無傳, 則其曰有後乎, 整頓遺書, 手自繕寫, 至於九耋之年而無少懈, 隨錄則流布累本, 竟能達于天聰, 至於刊行, 此非公之至誠純篤, 能如是乎?"

6 安鼎福, 『順菴集』 卷18, 「磻溪年譜跋 乙未(1775)」 "鼎福幼在湖南, 從長者熟聞柳磻溪先生之爲大德君子, 而時未有知, 不能得其詳, 旣長思之, 每深愧恨."

7 安鼎福, 『癸甲日錄』, 甲子(1774) 正月 初八日 기사 참조. 이 기록에 따르면 유발의 둘째 아들의 장례에 참석한 순암은 반계의 『수록』은 물론 『東國地誌』에 대한 유발의 곡진한 설명을 듣는다. (『順菴叢書』, 성균관대 대동문화연구원, 1970, 658면) 이에 대한 연구는 강세구(2012), 『순암 안정복의 사상과 학문세계』, 116면 참조.

8 安鼎福, 『順菴集』 卷18, 「磻溪年譜跋 乙未(1775)」, "爲鼎福道先生事甚悉, 至借以先生所著隨錄, 歸來讀之, 誠運用天理, 爲萬世開太平之書也, 於乎盛哉! 後數從公遊, 得覩遺集

이것을 『연보발』에서는 "선생의 일에 대해 매우 자상하게 알려주었다"고 기록한 것이며, 『수록』을 빌려주기까지 했다고 밝혔다.[9] 순암은 『수록』에 대해 "天理를 운용하여 萬世를 위해 태평을 열어주는 책"이라고 평가하면서 높이 평가했고, 유발과의 교유를 쌓아가면서 遺集과 다른 저작들을 볼 수 있게 된 경위를 밝혔다. 그리고 순암은 이렇게 반계의 삶에 대해 더욱 깊은 흠모의 정을 드러냈다.

> 선생은 黨論이 횡행하던 때에 태어나 세상을 피해 살면서 근심하지 않고 저술로써 스스로 즐거워하여 우뚝이 元佑의 完人이 되고 聖世의 逸民이 되었다. 그리하여 세상에서 감히 더불어 시비를 따지는 사람이 없었으니 선생의 덕을 알 만하다. 아, 세상에 선생의 글을 좋아하는 자가 그저 눈앞의 구경거리로만 삼지 않고 반드시 몸소 행하고 마음으로 터득하여 일에 시행하여 실제적인 효과를 도모한다면 선생은 작고했으나 선생의 도는 행해지게 될 것이다. 그러나 이것을 어찌 쉽게 말하랴. 내가 세상에 늦게 태어나서 비록 말고삐를 잡고라도 모시고 싶은 바람이 있었지만 이룰 수가 없었다.

"비록 말고삐를 잡고라도 모시고 싶은 바람이 있었지만 이룰 수가 없었다."는 말은 순암이 반계의 저술을 보고 얼마나 깊이 경도되었는가를

及諸書, 其問學之精密, 志量之遠大, 非後世能言之士所可及也."

9 이렇게 빌린 『수록』을 순암은 권1 田制로부터 권16하 속편까지 깨알같이 필사하여 두었는데 현재 규장각에 소장된 친필본 『잡동산이』(古0160-12) 권31~권32에 전해지고 있다. 그런데 그 순서가 권31에 권7~15까지가, 권32에 권1~6까지가 수록되어 있다. 이는 필사를 거꾸로 한 것이 아니라 현존본 안정복친필 『잡동산이』의 순차를 잘못 정했기 때문인 것으로 보인다. 이는 홍계희에 의해서 정리되기 전의 유형원의 원본이거나 또는 유발의 정리본일 가능성이 크기 때문에 『반계수록』의 원본에 가장 가까울 것으로 판단된다. 또 흥미로운 것은 이 책의 필사를 마치며 그는 "磻溪柳氏隨錄續編卷十六下終"이라고 기록하고 있어 그 서명에 대한 이해도 다시 생각해 볼 여지를 남겼다.

잘 보여주는 말이다. "元佑의 完人이 되고 聖世의 逸民"이 되었다는 것은 그의 저술은 물론 반계의 처세가 온당하여 시비를 논하는 사람이 없는 당대의 인식을 잘 드러낸 것이다.

그런데 흥미로운 것은 순암 자신이 이렇게 극찬하며 중시한 33세 때에 유발과의 인연으로 유형원의 유작을 읽은 사실에 대해 『순암연보』에서는 크게 특기하지 않았다는 것이다. 이는 35세에 성호를 뵐 때에 "10월에 星湖 李先生이름은 瀷이다.에게 가서 배알하다. 성호 선생이 安山畿內의 郡 이름이다.의 星村에 있었는데, 선생이 덕과 의를 흠모하여 가서 배알하고는 스승으로 섬긴 것이다."[10]라고 특필한 것과는 다소 차이가 있다. 『순암연보』에서는 다만 『반계연보』의 발문을 작성하는 64세 때인 1775년(영조 51년)의 12월조에 동궁의 대리청정으로 入侍한 사실과 병으로 歸嫁한 사실을 날짜를 명기하여 적은 다음에 날짜를 명기하지 않고, "磻溪 柳先生의 年譜를 撰하다. 선생의 이름은 馨遠으로, 仁祖 때의 사람이다."라는 내용이 소략하게 기록되어 있을 뿐이다.[11]

이러한 사실에 대해서는 여러 가지 추정이 가능하다. 순암의 수제자인 황덕일이나 황덕길이 유발과의 인연을 중시하지 않았다기보다는 성호와의 교류에 비해 반계의 증손인 유발과의 인연은 크게 염두에 두지 않았기 때문으로 보인다. 만약 연보를 순암이 자찬했다면 이 대목에 대한 상황은 상당히 달라지지 않았을까 한다.

---

10 『順菴年譜』"十月, 往謁星湖李先生, 李先生諱瀷, 李先生在安山圻內郡名星村. 先生慕其德義, 往拜而師事之."

11 앞의 책, "十二月癸丑, 東宮代理聽政, 受百官朝參于景賢堂, 入參 侍衛. ○丁卯, 呈病歸家. ○ 撰磻溪柳先生年譜, 先生名馨遠。仁祖朝人."

2. 유발의 활동과 성호의 반계에 대한 평가

순암은 수촌 유발의 삶을 기록하면서 그가 반계의 저작을 알리려고 노력한 사실을 특기했다. 기실 유발은 성호를 비롯하여 여러 인물들에게 『반계수록』을 알리고 또 그 간행을 위해 여러 말씀을 얻으려 노력했다. 그 가운데 가장 중요한 것은 성호 이익에게 반계수록을 비롯한 유집을 보이고, 그 의견을 구한 것이다. 성호는 유발의 노력에 이렇게 답했다.

> 거의 다 죽어 가는 몸으로 쓸쓸히 홀로 지내는 와중에 그대의 편지를 받아서 읽어 보니 그 취지가 너무나 간절하여 감탄을 금치 못하겠습니다. 게다가 새해를 맞이하여 벼슬살이하는 가운데 건강이 좋으시다 하니 저에게 위안이 됩니다. 그리고 말린 肉脯를 선물로 보내 주셨는데, 이는 아마도 제사 음식을 나누어 주신 듯하니 농사나 짓고 사는 미천한 저에게는 영광스럽기 그지없는 일입니다.[12]

그리고는 『반계수록』의 간행에 대해서도 의견을 덧붙이는데 특히 혁신적인 군현개편의 내용을 담고 있는 반계의 『군현제』에 깊은 관심을 가지고 그 가치에 대해 매우 높게 평가했다.

> 『磻溪隨錄』을 간행하는 일에 대해 말씀드리자면, 이전부터 이 책이 湮沒되어 전해지지 않을까 늘 걱정하던 터라 이러한 기쁜 소식을 듣고는 조속히 간행되기를 바랐습니다. 그럼에도 또 한편으로 어떤 장애물

---

12 瀷, 『星湖全集』 卷16 「答柳判官 戊寅」 "瀕死沉寥中, 忽漫承札, 端肅擎玩, 旨意申複, 已不勝感歎, 況憑審新年, 供仕體氣葆重, 慰釋區區. 又奉腶脩之惠, 此恐是胞翟之餘頒, 桑苧賤氓, 尤極寵光."

이나 만나지 않을까 여전히 염려스럽습니다. 이번에 그 일을 담당할 사람이 생겼으니 世道를 위해 다행스러운 일이라 하겠습니다. 이 책이 세상에 간행되고 아니 되고는 운명에 달린 일이라 생각되기는 합니다만 『郡縣制』 한 권은 특히 세상에 전파되지 않아서는 안 될 책입니다. 그 가운데 경계의 구획[畫界]과 관련한 조항은 가장 절급한 일입니다. 이는 마치 발등에 떨어진 불과 같아서 그것을 직접 당해 본 사람만이 그 사정을 가장 잘 압니다. 저의 집은 지금 廣州의 관할 구역 안에 있으나 광주 官府와는 100리나 멀리 떨어져 있어서 그 사이가 마치 처마 밑에 자루를 매달아 놓은 것처럼 끊어질 듯 말 듯 겨우 이어져 있습니다. 반면에 바로 가까이에 4, 5개의 고을이 있고 가깝게는 10리 정도밖에 떨어져 있지 않은 고을의 관부도 있습니다. 그러다 보니 還穀과 軍額 등의 폐단이 손꼽을 수 없을 정도로 많아 백성들이 사방으로 뿔뿔이 흩어지고 그 피해가 갈수록 심해지고 있습니다. 저의 집 역시도 불안 속에서 일단 머물러 살고는 있지만 극심한 가난으로 이사할 힘이 없어서 그런 것이지 조만간 떠날 것입니다. 만약 국가에서 거리를 헤아려 구획할 때 백성을 돌보는 것을 최우선 원칙으로 삼는다면 구획을 하는 데에 무슨 어려움이 있겠습니까. 제 기억으로 『군현제』 한 권에 이미 상세한 설명이 들어 있습니다. 이를 통해 선생의 정신과 역량으로 얼마나 깊이 생각하였는지 알 수 있으니, 남의 학설이나 모방한 공허한 주장과는 견줄 바가 아닙니다. 만약 이 주장을 채택하여 시행한다면 나라 전체로 확대하더라도 어디서나 두루 시행할 수 있을 것이니, 이 어찌 백성들만의 복이 되겠습니까.[13]

13 앞의 글, "隨錄剞劂之役, 前此每懼湮埋不傳, 旣聞喜報. 又望其速辦, 猶患或値魔障? 今擔當有身, 爲世道多幸, 意者顯晦關數耳. 其郡縣制一弓, 益不可不播, 其間畫界一款, 尤覺急切, 比如足跗有火撞著者深曉也. 鄙居方住廣州境, 距官府百里之遠, 而中間幾斷而僅連若懸囊然, 左右邑居四五, 近者十里伊近, 其糶糴兵額等弊端, 不堪指數, 民皆散之四方, 害虐困甕, 日甚一日. 鄙居亦側足姑留, 貧甚無搬移力, 早晩遂計, 國家如劑量遠邇, 保卹爲重, 何難之有. 記得弓中已有詳說, 益知先生精神力量, 磨揣已熟, 非依倣空談之比. 若得擧而措之, 推之域內, 無不較勘遍行, 是豈獨齊民之福慶哉!"

성호는 유발을 통해 『반계수록』 뿐만 아니라 반계의 문집도 숙독했다. 그런데 성호는 반계가 제시한 田字形 정전제 기획에 대해 다소 부정적인 입장을 가지고 있었으며, 그의 성리설에 대해서는 더욱 불만스러워 했다.

> 柳磻溪의 『隨錄』은 예전에 본 적이 있는데 다루고 있는 내용이 무척 광범위하였습니다. 小國의 별 볼 일 없는 선비가 감히 무어라 평할 것이 아니었기에 참으로 감탄만 하였습니다. 근자에는 반계의 후손인 上舍 柳發이 방문하였습니다. 제 생각에 국가의 다스림은 분명 토지의 구획으로 귀결됩니다. 네 개의 구역으로 나누어 경작하는 것이 비록 시행하기 쉬운 듯하지만, 이를 구획하기 위해서는 땅이 반드시 平野여야 합니다. 우리나라는 산이 많고 들이 적습니다. 또 게다가 옛날의 旱田은 도랑을 파서 방정하게 하였지만 지금은 들에 있는 토지가 모두 水田이라 두둑으로 경계를 삼으니, 두둑 사이의 땅을 어떻게 쟁반처럼 평평하게 하여 물을 모았다 흘려보냈다 하며 벼를 기를 수 있겠습니까. … 그의 문집에는 「四七說」이 있는데, 韓久庵의 의견과 일치하고 또한 栗谷의 설과 비슷합니다. 이른바 구분하여 말하면 四端과 七情이 각각 所從來가 있고, 섞어서 말하면 하나의 情 안에 사단이 모두 갖추어졌다고 하는 것은 그 구분이 명확하지 않아 더욱 사람을 혼란스럽게 합니다.[14]

성호의 반계에 대한 이러한 입장은 성호의 수제자인 순암에게 자연스럽게 전해졌을 것이다. 순암은 성호를 만나기 이전에 이미 수촌 유발을

---

14 앞의 곳, 「答趙正叔 癸酉(1753)」 "柳磻溪隨錄, 昔曾見之, 規制宏遠, 非小國陋儒之所敢開口者, 固已欽歎. 近者其後孫上舍發來過, 余謂王政必歸於經界, 四區之佃, 雖若易行, 然畫界必須在平野, 我國山多野少. 又況古時旱田, 開溝而正之, 今野皆水田, 以隴爲界, 隴間之地, 烏得如槃盂之平而能蓄洩養禾乎? … 其集中有四七說, 與韓久庵合, 亦彷彿栗谷說, 所謂分而言之則四端七情, 各有所從來, 錯而言之則一情之中, 四端皆具, 其界限不明, 益使人迷失."

통해 반계의 저작을 읽어 보았지만 순암이 수촌의 행장과 「반계연보」를 저작한 때에는 『수록』과 「사칠설」에 대한 성호의 입장이 제시된 때로부터 거의 20여 년이 지난 때였다.

3. 순암의 『반계연보』 정리과 『동사례』

순암이 『반계연보』를 撰하게 된 경위는 그의 「반계연보발」에 잘 나와 있다.

> 금년(을미년, 1775)에 우연히 벼슬을 맡아 공의 季氏인 전 승지 薰의 집에 와서 묵게 되었다. 이때 공은 이미 작고하고 맏아들 明渭가 居喪하고 있었는데, 공이 초한 선생의 연보를 꺼내어 보여주면서 손질을 해달라 하고 또 발문을 청하였다. 내가 공에 대하여 실로 幽明 간에 知遇의 감회가 있고, 또 前賢의 사적의 끝에 이름을 붙이게 됨을 영광으로 여겨 끝까지 사양하지 못했으니, 참람됨을 느낄 뿐이다.[15]

이때가 영조 25년(1775)년 12월 중순이었고, 순암은 이 때 동궁좌익찬의 벼슬을 하고 있었다.[16] 순암은 유발과의 幽明간의 知遇로 인해 연보의 정리와 발문을 작성하는 일을 맡았다고 기록하고 있다. 유명간의 지우란 말할 것도 없이 33세에 도저동에서 만남 이후 반계의 저작을 충분히 볼 수 있게 한 것일 테고, 생을 마치고 작성되는 연보를 다시 작성하

---

15 安鼎福, 『順菴集』 卷18, 「磻溪年譜跋 乙未(1775)」 "今歲偶忝官方, 來舘于公之季氏前承旨薰家, 時公已卒, 胤子明渭守制在廬, 出示公所草先生年譜, 而使之脩潤, 且索跋語. 鼎福於公, 實有幽明知遇之感, 且以託名前賢事蹟之末爲榮, 不能終辭則斯覺僭耳."

16 앞의 글, "時 上之五十二年乙未臘月中澣, 後學東宮左翊贊安鼎福敬識."

게 된 감회를 피력한 것이다. 순암과 진작에 친분이 있었던 유발의 아들 유명위는 순암에게 『반계연보』의 찬을 부탁하면서 자신의 아버지인 유발이 抄한 연보의 손질과 발문을 청했다. 그렇다면 순암은 이미 유발의 자료를 바탕으로 『반계연보』를 작성한 것이 된다. 그런데 유발이 초한 연보의 완성도가 매우 높아서였는지 순암은 『반계연보』를 자신의 저작으로 생각하지 않았던 것으로 생각된다. 그의 문집에 『반계연보』는 수록되어 있지 않다. 이는 엄연히 수록되어 있는 「반계연보발」과도 상황이 매우 상이한 것이다. 순암이 스스로 1788년에 책력일기에 기록한 저술목록[17]에도 「반계연보」는 올라있지 않다. 순암 스스로는 이 반계연보의 편자를 유발에게 돌리려 한 것인지도 모르겠다.[18]

그런데 '손질[修潤]'을 기다리는 『반계연보』의 기본 자료는 반계의 자료를 직접 정서하고 정리했던 유발이었고, 그 정리를 맡은 이는 유발로부터 이미 일찍이 반계의 유집과 다른 저작을 독서한 순암 안정복이었다. 연보작성의 좋은 파트너라고 할 수 있겠다. 연보 자체에 대해서도 적지 않게 논의할 것이 있지만 지금 반계의 문집이 남아있지 있지 않은 상황에서는 연보에 기록된 그의 저작을 중심으로 정리해 보자.

---

17 이 책력일기의 순암자필 자저목록은 국립중앙도서관에 소장중인 『인정복일기』 52책의 4장째에 수록되어 있다. 1788년(정조12, 77세)에 친필로 기록한 이 목록에는 『하학지남』, 『이자수어』, 『동사강목』을 비롯한 18종의 已成書와 『治縣譜』(뒤의 『임관정요』) 『讀史詳節』을 비롯한 14종의 未成書 및 표기하지 않은 1종 등 모두 33종의 저작이 수록되어 있는데 이 『반계연보』는 기록되지 않았다. 순암의 책력일기에 대한 자세한 연구는 김현영(2013), 「순암 이택재 장서의 형성과 산일」, 『순암 안정복의 일상과 이택재 장서』, 순암 안정복선생기념사업회·성균관대 출판부, 30~34면 참고.

18 벽사 이우성 선생의 「해제」를 붙여 1990년 여강출판사에서 출간한 『반계잡고』의 가장 마지막에 이 『반계선생연보』가 수록되어 있는데 그 찬자에 대한 기록은 여러 가지 정황을 말해준다. "曾孫 發 草綠, 漢山 安鼎福 修輯, 後學 李家源 謹校"

나이	기년	논저	비고
1	1622		1.21 서울 정릉 이원진가 생
2	1623		부친 별세
6	1628 (인조6)		
15	1636 (인조14)		병자호란
21	1642 (인조20)	「四箴」	『문집』『잡동산이』에 초록
25	1646 (인조24)	「李子時傳」	李嘉雨(김세렴 사위)
26	1647 (인조25)	佛師碑 後面 記文	
31	1652 (효종3)	『正音指南』, 『隨錄』草稿 始	우리나라의 한자음을 중국의 원음과 맞추기 위한 책으로 中宗朝에 崔世珍(1473~1542)이 編纂한 四聲通解 의 注解를 없애고 오로지 음운만을 밝혀서 살펴보기에 편하게 했다.
32	1653 (효종4)	「次歸去來辭」, 우반동 이거	『磻溪逸稿』 수록
35	1656 (효종7)	「與朴自振論東國地志」 朴自振과 더불어 東國地志를 論하고 以後 冊으로 編纂하다.	『東史例』 수록 磻溪는 평소 四郡·三韓·帶方·國內·丸都·卒本·蓋馬·大山으로부터 삼국의 地界에 이르기까지 우리나라 역사에는 아직 정설이 없다고 여겼다. 이에 중국 역대의 여러 歷史冊 및 地志와 우리나라 문헌 중에 고찰해 볼 만한 것을 두루 취해서 각각 땅을 나누어 이 책을 만들었다. 輿地志: 역시 우리나라의 地志는 참고하여 의거할 만한 것이 없다고 여겨서 만든 책으로 이미 輿地勝覽 과 같은 책이 있으나, 이는 오로지 詩文만을 취했고 또 勝覽이라는 이름도 옛사람이 地志를 만든 뜻을 잃어버린 것이라 여겼다.
37	1658 (효종9)	「與鄭文翁書」	『東史例』 수록 理氣·人心道心을 論하다.
38	1659 (효종10)	「悼鄭文翁」	「반계일고」
41	1662 (현종3)	『中興偉略』 草稿	초고를 始作하다. 磻溪 생전에 이 책은 완성되지 못했다. 磻溪는 明나라의 멸망과 胡亂에 의한 나라의 치욕이 설욕되지 못함을 늘 한스

			럽게 여기고 있었다. 글자 그대로 나라의 중흥을 위한 방책을 기술하려는 책이다.
43	1664 (현종5)	『東方文』	문장은 도를 표현하는 수단이어야 한다는 '載道論'적 문학관에 입각하여 역대 장을 가려 뽑아 編纂한책이다. 磻溪는 당시 우리나라에 남아 있는 문장이 도와 상관없이 하나의 技藝로 전락한 것에 한탄한다. 그래서 이 책은 우리나라의 문장을 널리 구하고, 그 중에서 政治·敎化와 서로 통하는 문장을 선택해서 하나로 묶었다.
44	1665 (현종6)	「東國史綱目條例」, 「東史怪說辨」 「歷史東國可考」 미수 허목 선생을 뵙다. 『續通鑑綱目擬補』 편찬연대 미정. 여기 붙여둠	『동사례』 수록
45	1666 (현종7)	眉叟 先生에게 글을 올리다.	이에 앞서 『東溟集』 序文에 대한 감사의 글이 있었다. 또 작은 冊子를 드리고 古文과 古銘을 써 주기를 청하였다. 이때에 이르러 또 글을 올리고, 정원에서 취한 긴 대나무 두 개를 보내드렸다.
46	1667 (현종8)	「與漂流唐人問答」 『朱子纂要』 「東溟金世濂行狀」	「반계일고」
47	1668 (현종9)	眉叟 선생을 찾아뵙다.	고종사촌 아우 金儁相과 같이 東溟 先生 묘소를 참배하고, 그 일로 漣上(지금의 연천)으로 가서 眉叟 선생을 예방한 것이다. 一東溟 선생의 비문을 청하기 위해서였는데, 그로 인해 며칠을 머물면서 道理를 講論하고 古今에 대해 討議했다.
48	1669 (현종10)	『陶靖節集』 「答裵公瑾論學書」 白湖 尹鑴(1617~1680)에게 글을 주어 조심하도록 하다.	당시 尹鑴는 명망이 매우 높았지만 이미 斯文亂賊으로 지목당하고 있었다. 이에 磻溪는 "사람이 몸가짐과 처세에 周密하지 않으면 후회해도 따를 수 없다고 충고했다. 『동사례』 수록

49	1670 (현종11)	『隨錄』 완성 『군현제』	『雜同散異』 수록 『반계수록 속편』
50	1671 (현종12)	「答鄭伯虞問隨錄序」 「鄕飮酒禮節目」	『잡동산이』 수록
52	1673 (현종14)		3월 19일 우반동 정침 졸

그런데 이 저작 연보에서 홍미롭게 볼 것은 순암 안정복이 정리한 연보의 주요한 단편저작은 상당부분의 『동사례』라고 하는 순암이 반계의 저작을 초록한 편집서에 편입되어 있고, 나머지는 『잡동산이』에 수록되어 있다는 점이다.

안장리 선생이 정리한 『동사례』의 해제[19]를 참고하면 『동사례』는 순암이 우리나라 역사·철학 관련서적을 초록한 필사본으로 편년은 미상으로 되어있다. 이 '동사례'라는 제목은 기본적으로 이 초록편집서가 주로 동국의 고대사, 지리와 관련한 내용을 많이 채록하고 있기 때문으로 이해된다. 그 내용 가운데 유형원의 저작으로 판단되는 글들은 상당부분은 『반계잡고』라는 명칭으로 이미 소개된 바가 있다. 그런데 『동사례』 자체를 좀 더 살펴보면 그 목차는 이렇게 되어 있다.

1. 유형원의 저작 : 「東史綱目凡例」, 赫居世, 閼英, 脫解, 閼智, 首露, 許妃, 金蛙, 朱蒙, 탐라, 桓因, 桓雄 등에 얽힌 괴이한 일을 변증한 「東史怪說辨」, 1656년 박자진과 동국지지에 대해 논의한 「與朴進士自振論東國地志」, 삼한설을 다룬 「三韓說後語亦附呈」, 정동직과 함께 성리학의 理氣, 인심·도심 등을 다룬 「與鄭文翁東稷論理氣書」, 「又論人心道心書」, 「答裴公瑾」, 정치경제 문제를 다룬 「政教」와 「圭田說」

19 안장리, 「동사례 해제」, 한국학중앙연구원 장서각, 고전적자료 해제 참고. 이하 내용은 안장리 선생의 해제를 참고하여 정리한 것이다.

2. 나정암의 『곤지기』를 초록한 잡설

3. 미수 허목의 『기언』초록 : 『記言』 93권 중에 원집 1권의 學과 2권의 禮, 그리고 별집 5,6권의 書牘를 초록 학 중에는 '心之知覺' 등 6편을 예 중에는 '啓聖祠'등 11편을, 그리고 서독 중에는 '答朴國子 등 24편을 초록하였다. 서독중의 자료도 대부분 예에 관계된 자료들로 필자는 『기언』에서 예에 대한 자료 위주로 초록함.

4. 『고려사』 중에는 志부분을 초록하였는데 현 『고려사』와는 다른 순서를 보인다. 항목 아래 이 자료가 원래 어떤 자료의 뒤에 있었다는 기록을 하여 원자료에서의 순서를 알 수 있게 하였다.

5. 부록으로 「時憲曆中星」, 「問目」, 「簡石齋凍先生」 등의 글이 있다.

반계가 생애 후반기에 가장 의지했던 인물이 미수였다는 것을 고려한다면 이 미수의 기언에 대한 초록은 실로 순암이 반계의 관심사를 잘 계승한 것이라고 할 수 있다. 사실 어느 정도는 순암이 직접 자료를 모아 필사한 것이 아니라 반계가 모아 놓은 소장 자료들을 순암이 필사한 것이 아닌가 한다. 왜냐하면 나정암의 『곤지기』나 미수의 『기언』에 대한 관심은 차라리 반계의 관심사를 반영한 것이기 때문이다. 『동사례』 자체에 대한 파악은 이들 자료를 활용한 순암의 저작이 온전하게 정리된 다음에 논의할 수 있을 것이다.

마지막으로 순암이 최종 정리한 『반계연보』를 반계에 대한 이전 생애기록물과 비교해 보면 몇 가지 흥미로운 사실을 확인할 수 있다. 우선 순암은 반계의 생애를 기록하면서 반계의 삶을 강렬한 벽위론을 지닌 정통론자이자 온건한 주자학자, 고대사와 지리에 밝은 핵실한 사가로 자리매김하도록 자료들을 편차한다. 이전 자료에서 그다지 주목하지 않던 내용들을 순암은 기록해 두고 있기 때문이다.

순암은 금천 안양동의 佛師碑[20]에 대한 내용을 기록해 두었는데 이는 이전 자료에는 보이지 않는 것이며, 『正音指南』을 지은 이유에 대해서는 "선생은 항상 우리나라의 한자음이 이적夷狄의 습속을 벗어나지 못함을 한탄하고, 중국의 바른 음을 따르고자 하여, 중종 때에 최세진崔世珍이 편찬한 『四聲通解』에서 주해를 빼고 간행했다. 오로지 음운만을 밝혀서 살펴보기에 편리하게 만든 것인데, 『정음지남』이라고 이름 붙였다."[21]라고 하거나 또는 이전에 없던 향음주례절목의 편찬을 소개하여 중화문명에 대한 시각을 단적으로 설명했다. 또 완성되지도 않은 『中興偉略』에 대해서는 復明을 위한 반계의 노력을 매우 구체적으로 기술했다. 이것은 이전의 기록에서는 보이지 않던 면모이다.

> 선생은 명이 망하고 남한산성의 치욕을 雪恥하지 못한 것을 매우 한스럽게 여겼다. 부안에 있을 때 매번 달밤에는 거문고를 잡고 연주하며 漢音으로 노래를 불렀는데, 소리가 金石에서 나오는 것 같았다. 매번 집 뒤의 산 정상에 올라가 북쪽을 바라보며 눈물을 닦곤 하였다. 사람들은 그런 까닭을 알지 못했다. 항상 설욕할 계책을 강구한바, 집에는 하루에 300리를 달리는 준마를 길렀으며 활과 조총을 집안의 노복과 마을사람들에게 가르쳐서 한가로운 날을 택해 연습을 하곤 했다. 다들 솜씨가 볼만했는데, 그런 중에 200여 명은 묘수였다. 저쪽 지역의 험한

---

20 『반계연보』 二十五年丁亥.【先生二十六歲】冬, 作「先世墓所記」. 遊衿川安養洞, 書佛師碑後. 略曰: "麗祖奉佛, 其大師國師, 皆貴顯子弟之拔萃者也. 雖以英才敏識, 迷溺於異教, 殘其形而滅其性, 沒其生而不寤也. 悲夫! 若使聖人之道, 明於當世, 彼豈肯捨眞而趨僞, 背正而歸邪哉? 余然後, 益信孟氏之功, 不在禹下, 而程朱之說, 可以與霄壤並立也. 自三韓以來, 無傑巨人, 嘗疑天之降才, 或有偏薄而然也, 今乃知非無才也, 教不明故也."

21 앞의 책, "先生常嘆東方語音, 未變夷俗, 欲追中華正音, 就中宗朝崔世珍所撰『四聲通解』, 刊去注解, 專明音韻, 使便於考覽, 名之曰『正音指南』."

요새 및 육지와 해로의 역참의 거리를 하나하나 기록했다. 이 때에 이르러 『중흥위략』을 짓기 시작했으나, 책이 완성되기 전에 먼저 돌아가셨다.[22]

또 순암은 이전에는 상대적으로 특기 되지 않던 몇 가지를 강조했는데 하나는 중국사와 관련한 반계의 저작을 특별히 설명한 것이나, 민유중에게 救荒과 築堤의 일을 논한 것[23]은 이전에는 보이지 않는 것으로 반계의 경세적인 측면을 강조한 것이다. 또한 반계가 인생의 후반기에 미수 허목을 자주 찾아 뵌 것과 미수에게 좋은 평가를 받은 것, 또 『수록』이 만들어 지고 별도로 『군현제』를 저술한 것에 대한 설명은 성호의 평가가 어느 정도 반영된 것이 아닌가 하는 추측을 낳게 한다. 그것은 다음의 성호 저술에 대한 순암의 정리에서도 잘 나타나는 특징적인 면이다.

---

22 앞의 책, "先生以大明淪亡, 國恥未雪, 深以爲恨. 其在扶安, 每於月夜, 以漢音操琴自彈, 聲出金石. 每登舍後絶頂, 北望拉涕, 人莫知其故. 常講究復雪之策, 家畜駿馬日行三百里, 以良弓鳥銃, 教家僮, 以及里人. 暇日習之, 皆爲妙手, 至二百餘人. 彼地險塞及水陸站程, 一一記略. 至是. 始草『中興偉略』, 書未成, 而先生卒."

23 앞의 책, "書略曰: "救荒, 自古無善策. 古所云, 散財·薄征·弛力等事. 是第一急務, 而薄征·弛力, 尤爲要焉. 蓋賑民一斗米, 不如蠲民所納一升也, 此在民間, 親驗之言也." 又曰: "我國鴨綠以東, 大抵皆山故, 雖値大旱, 無連城數十赤地之慘. 惟湖南右道一帶, 平陸連海, 而川流皆受潮醎. 故不得灌漑, 所以堤堰, 獨多於湖南. 其中碧骨·訥池·黃登等堤, 皆民利之最博者. 而廢棄已久, 若修復此堤, 則嶺上七八郡, 永無凶荒流亡之患, 可絶捐粟賑貸之弊, 不惟民利, 國家收稅, 豈不爲萬世長策也哉? 不必調撥丁夫, 因凶年, 給粟分民, 則救荒興利, 一擧兩得矣."

유형원 저술 목록 변천고

연대	저작명	行狀(金瑞慶) 1674	行狀(楊暹) 1675	言行錄(柳載源) 1711	傳(洪啟禧) 1747	傳(李瀷)	年譜(안정복) 1775
1633	東海賦			●			
1642	和歸去來辭			●			
1646	李子時傳						●
1652	正音指南			●	●	● 1권	●
1656	東國地志				● 地理群書		●
	輿地志	● 14권	● 13권	●		●13권	●
1657	參同契 釋解	● 1권	●	●	●		●
1662	中興偉略(始)			●			●
1664	東方文 (東國文選)	● 11권	● 12권	● 11권	●	●11권	●
1665	東史綱目條例					● 1권	●
	東史怪說辨						●
	歷史東國可考				●		●
	續通鑑綱目擬補				●	●1권	●
1667	朱子纂要	● 15권	●	●	●	●15권	●
	東溟金世濂 行狀						●
1669	陶靖節集 :						●
1670	隨錄(終)	● 13권	●	●	●	●	●
1671	鄕飮酒禮節目						●
	遯翁稿	● 3권	●			●3권	
	紀效新書節要	● 1권	●		●	●1권	
	書說	● 1권	●	●	●	●1권	
	書法	● 1권	●		●	●1권	
	詩	● 1권	● (1권)			●(1권)	
	文	● 1권					
	理氣總論	● 1권	●	●	●	●1권	

	論學物理	● 2권			●	●2권	
	經說	● 1권	●(雜著)	●	●	●1권	
	問答書	● 1권	● 2권	●		●1권	
	紀行日錄	● 1권	● 1권	●	●	●1권	
	纂集			●		●잡저 1권	
	語類校讎			●			
	劉氏族譜			●			
	武經四書抄				●		
	郡縣制					●1권	●

이 저작에 대한 표에서 또 하나 적시할 것은 순암이 시문에 대해 한 가지로 하지 않고, 다양한 서간과 저작들 해당 시기에 편제하고, 그 핵심내용을 적시하고 있다는 점인데 그것은 해당 자료를 직접 보지 않고서는 할 수 없는 것이다. 아울러 그 핵심 자료의 상당부분은 『동사례』와 『잡동산이』에 필사해 두어 시문을 제외한 주요한 반계의 사상을 후대에 남겨두고 있다는 것이다. 반계의 유집이 인멸된 이상 순암의 이 초록 필사본들은 그 가치를 더욱 높게 평가할 수밖에 없는 것인데, 이 『반계연보』의 구성은 그 일면을 가장 명징하게 보여 주는 것으로 의미를 찾을 수 있을 것이다.

4. 순암의 반계학

이 글은 순암 안정복이 기록한 반계 유형원에 대한 자료 가운데 특별히 반계의 일생을 정리한 『반계연보』와 반계의 주요한 단편 저술을 필사한 『동사례』를 검토하여 순암의 반계학을 되짚어 본 것이다.

살펴본 바와 같이 순암은 진작부터 반계의 명성을 들었고, 성호를 찾아가기에 앞서 반계의 유작을 접하게 됨으로써 반계를 사숙한 것과 다름없는 관계를 가지게 되었다. 그러한 사숙의 상당부분이 자신의 필생의 역작인 『동사강목』에 적지 않게 반영된 것은 어쩌면 자연스러운 귀결이라고도 생각된다.

그런데 순암은 『반계연보』의 서문만 자신의 저작으로 인정하여 문집에 남겼을 뿐 『반계연보』에 대한 저작권은 굳이 행사하려 들지 않았다. 『동사례』 역시 반계의 주요한 단편저작을 필사하고 또 중요한 대목을 학습한 정황이 있지만 『동사례』는 반계의 자료만을 모은 것이 아니라 미수의 『기언』과 『고려사』의 여러 志들을 엮은 단순 초록 편집서일 뿐이다. 초록의 과정에서 선택하는 과정과 일정한 주제를 모으면서 으레 개입될 수 있는 편집가적인 안목이 반영되었다 하더라도 저작이라고 보기에는 여전히 미흡한 점이 적지 않다. 그런 점에서 좀 더 개별 자료에 대한 순암의 수용 정도를 좀 더 철저하게 파악해볼 필요가 요청될 수밖에 없다.

이 점에서 더욱 주목해야 할 대목은 『반계연보』와 『동사례』의 관계가 아닌가 한다. 『반계연보』는 집안에서 정비되어 전승된 자료에 대해 순암의 안목이 거쳐간 것에 불과하지만 그 정리의 내용은 이전의 반계 행적에 대한 기록물의 성과를 훨씬 뛰어넘는 가장 완정한 것이 되었다. 『동사례』 내의 반계자료 역시 순암의 의지적 선택이 더욱 집중적으로 투여된 것으로 『반계연보』에서 중요하게 다루어졌던 주요한 단편들이 『동사례』에 집중적으로 채택되어 차록된 것을 확인할 수 있다. 이는 순암이 수용하고자 한 반계학의 일면이라고 하기에 손색이 없는 것이다. 그러한 점에서 『동사례』에 수록된 반계의 단편은 더 한층 심층적으로 연구될 필요가 있을 것이다.

아울러 순암은 반계의 저술을 접하고 이후 자신의 저술을 완성하기까지의 과정에서 많은 굴곡과 전환을 보여주었다. 그러므로 순암의 학문이 형성되는 데 반계는 전부가 아닌 어느 정도의 영향을 주었다고 할 수 있을 것인데, 그 과정을 구체적인 문헌의 전승이라는 측면에서 보여주고 있는 점이 좀 더 의미심장하게 평가되어야 할 것이다.[24]

24 순암은 자신의 방대한 초록 편집서인 『잡동산이』에 『반계수록』 전체를 정갈하게 필사한 다음 주요한 구절에 대해서는 비점과 강조점을 두어 진지하게 학습한 흔적을 남겼다. 이것은 순암이 계승한 반계학의 구체적인 장면으로 좀 더 세밀하게 고찰할 필요를 남겨두고 있다.

반계 경세학의 계승과 과거제 개혁론

정성희

1. 머리말

주자학을 이념으로 조선을 건국한 사대부들은 16세기에 들어와 三代 이상사회의 실현을 주요한 과제로 내세우고 주자학적 방식으로 이를 실현하고자 했다. 士林派로 일컬어지는 이들은 국가 경영을 위해서는 군주를 비롯한 治者들이 도덕성을 갖추고 德治主義 정치를 구현해야 한다고 생각했다. 조선이 건국된 지 200여 년이 흐른 뒤 점차 내적 모순들이 증폭되고 임진왜란과 병자호란이라는 대규모의 전란을 겪으면서 조선 사회가 처한 위기를 극복하려는 개혁 방안들이 여러 가지 다양한 형태로 나타났다. 이 가운데서 尹鑴나 柳馨遠과 같은 남인계 학자들 사이에서 조선사회를 개조할 혁신적인 經世論이 등장했다. 윤휴나 유형원은 典章 법제, 이른바 名物·度數로 이루어진 『周禮』에서 새로운 이념과 제도적 원형을 찾고자 했는데,[1] 특히 유형원은 『주례』를 비롯한 고대 경전과 제도를 연구하고 이를 근거로 조선사회를 혁신할 경세서로

『磻溪隧錄』을 지었다. 유형원의 경세론은 성호 이익으로 대표되는 근기실학자들을 중심으로 계승되어 정약용의 『經世遺表』까지 이어졌다. 『반계수록』과 『경세유표』에서 보듯이 조선 후기 경세서의 핵심은 田制 개혁에 있지만, 국가 개혁에 있어 토지제도 다음으로 시급하게 개선해야 할 것이 科擧制였다.

조선 후기 실학자들은 덕행보다 문예를 기준으로 선발하는 현행 과거제에 대해 비판적이었다. 실학자들의 과거개혁론은 科擧制 廢止論과 科薦竝行 혹은 科薦合一論 등으로 구분할 수 있는데, 유형원은 武科와 雜科의 일부를 제외한 文·武科의 대부분을 철폐하고 천거제와 學制와 연관시킨 貢擧制를 실시하고자 하였다. 이에 대해 이익은 과거를 전폐하고 공거제를 시행하는 것은 오히려 과거제를 시행하는 것만 못하다고 보아 과거제와 천거제를 결합한 과천합일론을 주장하였다. 반계와 성호의 개혁론을 계승한 정약용은 추천제와 과거제의 장점을 종합하여 현행 과거제를 완전히 개혁하는 표준안을 만들었다.

지금까지 실학자들의 과거제 개혁론은 사회변동의 진행 정도 차이에 따라 상호 상이점이 있는 것으로 파악했다.[2] 특히 다산 정약용의 과거제 개혁론에 대해서는 18세기 탕평정국 아래 진행되었던 영·정조대 과거제 개혁 추세와 관련이 있는 것으로 보고 신분차별의 철폐와 새로운 계층의 흡수라는 평가를 내리고 있다. 그러나 영·정조대에 국왕 주도로 추진된 과거제 개혁 노력은 사실상 성과가 크지 않았고, 반계-성호-다산으로 이어지는 과거제 개혁론은 正과 均을 기본원칙으로 하는

1 17세기 국가개혁론의 전개 및 『주례』에 대한 연구로는 김준석(2003), 정호훈(2005) 등의 연구가 있다.

2 지금까지 조선 후기 실학자의 과거제 개혁론에 대해서는 이병걸(1971); 조성을(1998); 최광만(2004); 피수경(2014) 등의 연구 성과가 있다.

王道政治를 실현하는 것으로서 질적으로 저하되어 국가적 폐단이 된 예비관료군들에 대한 체질개선책의 성격이었지 신분차별의 철폐와 새로운 계층의 흡수라는 측면은 크지 않았다고 생각한다.

특히 정약용의 과거제 개혁론은 유형원과 이익의 개혁론을 계승한 것으로 개혁의 방안은 다르나, 문제의식에서는 큰 차이점이 없었다. 따라서 정약용의 과거제 개혁론은 근기 남인계 실학자의 과거제 개혁론을 계승한 科弊에 대한 종합적 개혁안이자 표준안이었다고 평가할 수 있을 것이다. 이 글은 이러한 점을 염두에 두고 반계 경세학의 계승이라는 측면에서 유형원과 성호 이익, 다산 정약용의 과거제 개혁론을 살펴보고자 한다.

2. 근기실학과 반계 유형원

근기실학은 근기 지역을 중심으로 성호학파가 주축을 이뤄 성립된 새로운 학문경향이다.[3] 성호학파를 개창한 星湖 李瀷(1681~1763)은 퇴계학을 계승한 성리학자이지만, 眉叟 許穆(1595~1682)과 반계 유형원으로부터도 영향을 받아 새로운 학문체계를 이루었다. 허목이 퇴계 이황과 寒岡 鄭逑(1543~1620)의 학문을 이어 근기지역 학술의 발판을 개척했다면, 허목의 영향을 받아 실학이라는 학문의 토대를 마련했던 학자

---

3 근기실학은 근기지역 남인계열 즉 성호 이익을 중심으로 한 실학파를 지칭한다. 만약 근기를 경기지역 전체를 가리키게 되면 파주를 세거지로 한 소론계열의 달성 서씨 서명응·서호수·서유구나 의정부 지역에 근거한 박세당도 포함되게 된다.(윤재환(2008). 참조.) 근기실학에 대한 연구로는 박석무(2001)를 비롯하여, 임형택(2014); 김형찬(2014); 조성을(2014); 정성희(2017) 등이 있다.

는 반계 유형원이었다. 다시 말해 허목과 연결되어 있던 반계 유형원의 실학사상이 성호 이익을 통해 이어졌고, 그것이 다시 성호 제자들을 통해 경기도 일대에 퍼져 근기학파를 형성한 것이다.[4]

磻溪 柳馨遠(1622~1673)은 서울에서 태어나 생애 대부분을 호남 부안에서 살았지만, 성호 이익을 비롯한 近畿學派와 매우 인연이 깊은 인물이다. 정치적으로도 남인계이며, 묘소 또한 부안이 아닌 경기도 용인에 있고, 후손들도 부안을 비롯하여 선영이 있는 경기도 과천에 거주했다. 때문에 일찍이 爲堂 鄭寅普가 거론한 磻溪－星湖－茶山으로 이어지는 朝鮮實學의 계보[5]는 근기실학파의 계보로서 직접적인 사승관계는 아니었으나 학문적 전승을 통해 실학의 중심적인 학통을 형성하였다. 주지하다시피 星湖學派를 개창한 성호 이익은 학문적으로는 퇴계학의 계승자임을 자처했지만, 실학적 학풍은 혈연과 학문적 배경이 긴밀했던 반계 유형원의 영향을 가장 많이 받았다.[6] 이익은 여주 이씨 가문의 외손계인 유형원을 일생동안 사모하고 존경하여 '국조 이래로 시무를 알았던 분을 손꼽아 봐도 오직 李栗谷과 柳磻溪 두 분이 있을 뿐이다. 율곡의 주장은 태반이 시행할 만하고, 반계의 주장은 그 근원을 궁구하고 일체를 새롭게 하여 왕정의 시초를 삼으려 했으니, 그 뜻은 진실로 컸다.'고 하여 반계 유형원의 시무론을 높이 평가하였다. 나아가 '반계 선생은 호걸의 선비로 학문은 천인을 꿰뚫고 道는 온 인류를 포용하고 있다."라고 칭송하였다.'[7]

---

4 박석무(2001), 162면.

5 鄭寅普(1955), 71면.

6 조성을(2014), 96~97면.

7 李瀷, 『星湖先生文集』 卷33, 「磻溪隧錄序」, 경인문화사, 1974.

다행스러운 것은 저술한 『수록』 한 책이 먼지가 쌓이고 좀이 슬며 썩어서 부스러지는 가운데에도 없어지지 않고 점점 세상에 나와서 사람들이 읽을 수 있게 된 것이다. 사람들은 이따금 감탄하며 책을 덮고는 너나없이 時務를 아는 要訣이라고 말하면서, 이에 바삐 傳錄해다가 일일이 보관해 두었다. 또한 조정에 바치고서 반드시 시행될 수 있다고 하였으니, 그 높이고 숭상하는 것이 거의 지극하다고 하겠다.[8]

일찍이 조선최고의 시무자로 율곡과 반계를 꼽은 이익은 유형원과 관련하여 「磻溪隧錄序」, 「磻溪柳先生遺集序」, 「磻溪先生傳」이라는 세 편의 글을 남겼다. 이익은 「반계유선생유집서」에서 유형원의 시문집인 『磻溪集』 6권을 소개하고 '몸을 다스리고 집을 다스리는 것으로부터 백성을 사랑하고 사물을 사랑하는 데 이르기까지 광범위하게 다룬 것이 『반계집』이다.'라고 하였다. 『반계수록』과 『반계집』은 양 날개가 되어 서로 빼놓을 수 없는 것으로 본 것이다.[9] 또한 『반계유선생전』에서는 '세상의 학자들이 時務를 알지 못하고 한갓 암송만 하고 訓詁하는 것만을 숭상하여 결국에는 큰소리만 치고 실질이 없는 데로 돌아가 백성들이 그 화를 입는데 반계 선생이 선왕의 법을 가져다가 책 한 권을 지어 『수록』이라 명명하였으니, 요컨대 오늘날 행할 만한 것이다.'[10]라고 하여 『반계수록』을 최고의 經世之書로 인식했다.[11] 유형원의 경세론이 세상에 하나도 시행되지 못한 것을 안타까워한 이익은 그 을 이어받아 경세서로서 『藿憂錄』을 지었다.[12]

---

8 李瀷, 『星湖先生文集』 卷32, 「磻溪隧錄序」.

9 李瀷, 『星湖先生全集』 卷50, 「磻溪柳先生遺集序」.

10 李瀷, 『星湖先生文集』 卷32, 「磻溪隧錄序」.

11 李瀷, 『星湖先生文集』 卷32, 「磻溪隧錄序」.

12 李瀷, 『星湖先生文集』 附錄, 「諡狀」; "嘗曰我朝惟李栗谷 柳磻溪爲識務之最 而或抑而不

유형원은 '나쁜 제도가 나쁘게 된 것은 그 원인이 몇 천 년 전에 생기고 쌓인 것으로서 착오에 착오를 거듭하여 낡은 규정이 되었으며 그것이 서로 엉켜서 마치 흐트러진 실과도 같게 되었다. 그 원인을 구명하여 혼란하게 된 것을 제거하지 않고는 그것을 바로잡을 수가 없다.'[13]고 하여 제도개혁이 우선되어야 함을 강조한 바 있다. 이익은 『곽우록』에서 '법이 오래되면 폐단이 생기고 폐단이 있으면 고치게 됨은 자연 형세이다.'라고 하여 유형원의 변법적 경세론을 이어받았다. 이익은 『반계수록』이 간행된 것은 다행이나, 여전히 겉으로만 칭찬할 뿐 마음속으로는 비판하며, 말로는 장려하면서 실제에는 적용하지 않는 현실을 비판했다.[14]

반계 유형원을 경세치용학의 선구자로 바라보는 성호의 인식은 제자인 순암 안정복에게로 이어졌다. 순암 안정복은 '내가 어려서 호남에 있으면서 유반계 선생이 대덕군자라는 말을 들었지만, 그때는 아는 것이 없어 상세한 내용을 들을 수가 없었으므로 장성한 뒤에 생각하고는 늘 깊이 부끄럽고 한스럽게 여겼다.'[15]고 고백하며 존경심을 표하였다. 안정복은 64세가 되던 1774년에 가서야 반계의 증손인 柳發을 서울의 桃楮洞에서 만나 『반계수록』을 비롯한 여러 저술들을 빌려서 읽게 되었고 이후, '반계 학문의 정밀함과 도량의 원대함은 후세의 말 잘하는 선비들

施 或蘊而未顯 是爲可恨 於是作藿憂錄 其目十八".

13 柳馨遠, 『磻溪隧錄』「書隧錄後」; "顧弊之爲弊也 其積漸數百千年 以謬襲謬 仍成舊規樛錯相因 有如亂絲 不究其本而祛其棼 無以救正".

14 李瀷, 『星湖先生全集』 卷50, 「磻溪柳先生遺集序」; "近世磻溪柳先生有隨錄一編 爲東方識務之最 亦不敢售于時 私藏巾笥 後稍稍爲人識 至有達諸國家 然色好而心不賞 語獎而事不錯 何曾一步向實踐去乎 此又猶夫走脚人 暼見路旁敗屋 謂合改作 而初非眞情 與向所謂僦居何別".

15 安鼎福, 『順菴先生文集』 卷18, 「磻溪年譜跋」.

이 미칠 수 있는 바가 아니었다.'고 평하였다. 안정복은 이듬해인 1775년에 유발과의 인연으로 「磻溪年譜跋」을 썼고, 유발의 행장도 지었다.

경세서에서 『반계수록』을 많이 인용한 다산 정약용은 유형원을 칭송하는 시를 지어 그의 업적을 기렸다. 다산 정약용은 성호 이익의 遺著를 모두 탐독하였고 유저를 발간할 책임이 자신에게 있다고 여기면서 학문의 계승자로 자임하였다. 이익의 실학사상을 계승한 정약용은 자신의 저서 곳곳에서 유형원에 대한 언급을 하였고 아들에게 보낸 편지에서도 여가가 있을 때 반드시 읽어야 할 책으로 『반계수록』과 『성호사설』을 거명하였다.[16]

이처럼 유형원의 경세관이 실려 있는 『磻溪隨錄』은 18세기 근기 남인 출신의 실학자들에 의해서 널리 알려졌으며 칭송받았다. 앞서 언급한 바와 같이 조선최고의 時務者로 율곡 이이와 더불어 반계 유형원을 꼽은 이익은 「磻溪隨錄序」·「磻溪柳先生遺集序」·「磻溪柳先生傳」을 지었으며, 『반계수록』의 정신을 이어 경세서로서 『藿憂錄』을 썼다. 반계 유형원의 經世致用學은 星湖 李瀷을 거쳐 順菴 安鼎福과 茶山 丁若鏞 등 성호의 제자그룹으로 이어져 근기실학파들은 반계 사상을 진정으로 계승하였다고 평가할 수 있을 것이다.

3. 경세론으로서 과거제 개혁 논의

『반계수록』과 『경세유표』에서 보여지듯이 조선 후기 경세서의 핵심

16 丁若鏞, 『茶山詩文集』 卷21, 「寄淵兒」; "零瑣詩律 雖或得名 不足有用 須自今冬 以至來春 讀尙書左傳 雖佶屈聱牙 艱險淵深 旣有注解 潛心玩究 可以讀之 以其餘力 觀高麗史 磻溪隨錄 西厓集懲毖錄 星湖僿說 文獻通考等書 鈔其要用 不可已也".

은 田制 개혁에 있지만, 국가 개혁에 있어 토지제도 다음으로 시급하게 개선해야 할 것이 科弊였다. 500여 년간에 걸쳐 그 효율성을 발휘하였던 조선시대 통치체제의 핵심은 관료제인데, 이는 유교적 이상에 기초한 문치주의 이념과 능력을 중심으로 관료를 선발하는 科擧制를 주요 기반으로 하여 구축되었다. 때문에 과거제는 여러 가지 부작용에도 불구하고 확고한 체제의 안정성과 효율성을 가지고 있었다. 다만, 조선시대 과거는 立身揚名의 유일한 길이었기 때문에 사회변동에 따른 변화와 폐단이 생겨날 수밖에 없었다. 16세기 이후 과거제가 더 이상 인재를 뽑아내지 못하는 유명무실의 인재등용책이라는 인식 아래 이를 대치할 만한 대안으로 제시한 것이 薦擧制였지만, 科擧라는 公的 선발제도를 대체할 수는 없었다.

조선 500여 년 내내 보수를 지급하는 정규 관료의 수는 총 4,000여 명을 넘지 않았고, 이들 중 각급 무관들을 제외한 정규 행정 관료의 수는 1,000명 미만이었다. 행정의 최고 관부라고 할 수 있는 六曹에도 정규 관료는 각기 20명 이내(吏·禮·工曹 10명, 兵曹 12명, 刑·戶曹 19명)에 불과하였다. 또 전국의 지방관은 700여 명(초기)~400여 명(후기)에 지나지 않았다. 물론 각 관부에는 정규 관료의 3~4배가 넘는 녹사·서리·향리 등 무보수 실무자들이 그들을 보조하고 있었지만, 실질적으로 대단히 작은 정부였다. 더구나 그것은 500여 년간 거의 변동되지 않았다. 이처럼 관직 수는 고정되어 있는데 합격자수가 관직수를 넘어서자 紅牌를 받고도 평생 벼슬길에 나가지 못한 자들도 생겨났다.

> 科擧를 설치하여 人才를 뽑는 것은 진실로 장차 쓰려는 것인데, 出身하는 수효는 많고 擧擬하는 자리도 적어서 혹은 寸祿도 받지 못하고서 鄕曲에서 늙어 죽는 자도 있으며, 혹은 10여 년을 벼슬길을 구하여 京

洛에 오래 머물고 있다가 飢寒을 견디지 못하여 紅牌를 짊어지고 빌어 먹다가 얼어 죽는 자도 있으니, 이것은 진실로 넉넉히 和氣를 感傷할 만한 일이며, 국가에서 사람을 등용하는 도리도 또한 마땅히 이와 같이 해서는 안 될 것입니다.[17]

조선 초기 관료제적 왕정체제에서 과거제는 『經國大典』에서 규정한 三年一試에 급제자 수 33명이라는 식년시를 원칙으로 하였다. 그러나 17세기 이후 과거제는 식년시와 비정기시로 나뉘어 운영되었고 이는 『續大典』에까지 규정되었다.[18] 비정기시는 왕실의 각종 慶事를 계기로 실시되는 이른바 慶科(增廣試, 別試, 庭試, 春塘臺試)가 주를 이루었고 이 밖에 각종 행사를 계기로 실시되는 謁聖試와 外方別科 등이 있었다. 또한 유생의 학업을 권면하기 위해서 성균관에서 시행한 儒生課試에 우등한 사람은 상으로 文科 覆試(會試)에 바로 응시할 자격을 주거나 文科 殿試에 바로 응시할 자격을 주었다. 이것을 直赴라고 한다. 문과의 최종시험인 전시에 바로 응시할 자격을 주는 직부전시는 사실상 문과 합격을 주는 것이었다.[19] 지방 향교 학생이나 서울 四學 학생이 치르는 유생과시에서 우등한 사람은 생원진사시 회시에 직부하게 하였다.

이처럼 학생을 격려하여 국학을 진흥시킬 목적으로 시행했던 유생과시는 점차 17세기 이후에는 또 다른 과거시험으로 인식되었다. 조선왕조가 존속하는 동안 문무과를 막론하고 정기시험인 식년시는 크게 변

---

17 『肅宗實錄』 숙종 34년 무자(1708) 12월 27일.

18 『續大典』 禮典, 諸科, 조선 후기 영정조 대 과거제 추이에 대해서는 차미희(1992). 참조.

19 直赴는 조선시대에 시행된 문과를 비롯한 각종 과거에서 초시를 건너뛰고 회시 혹은 전시에 응시하는 것을 말한다. 직부는 과거시험에 특혜를 주는 제도이나, 학교 교육의 장려책으로 마련된 것이었다. 성적이 우수한 학생에 게 직부라는 과거 응시의 특전을 줌으로써 학교 교육의 활성을 도모하고자 한 것으로 학교 교육과 과거의 연결 고리가 되었다. (원창애(2012). 참조.)

동이 없었던 반면, 비정기 시험의 기준은 점차 무너져갔다. 잦은 비정기 과거시험과 유생과시로 과거 응시 기회가 많아지자, 응시자들은 비정기시험이 치러지는 서울로 물밀듯 몰려들었다. 17～18세기에 시행된 비정기 시험은 312회이며, 이 가운데 영·정조대는 131회로 16세기까지 행해졌던 비정기 시험의 170%에 달하였다.[20] 17세기 이후 과거 응시자 수가 늘어난 것은 인구 증가가 그 요인이라기보다는 과거를 통한 신분 상승을 꿈꾸는 사람들이 점차 늘어갔기 때문이다. 명종 때에 서얼들이 文科 응시를 허락해줄 것을 요청하기 시작하면서 인조 때에 서얼 자손들에게 문과 응시가 허락되었고, 숙종 때에 이르러서는 서얼 당사자에게도 문과 응시 자격이 주어졌다.[21]

17세기 이후 과거 시험이 濫行되고, 응시생 또한 급증하게 되자 이로 말미암아 여러 가지 폐단이 속출하였다. 조선시대 軍役에서 면제되려면 양반이 확실하거나,[22] 혹은 학생임을 증명해야 했다. 그런데 양반임을 확실하게 증명하지 못한 경우에는 학생이 군역 면제 대상이라는 점을 악용하여 글도 모르면서 鄕校에 이름만 올린 이른바 가짜 유생들이 많았다.[23] 병자호란 이후 군인 수가 크게 감소하자 인조는 그 대책으로 軍役을 피해 향교에 적을 둔 학생들에게 講書 시험을 보게 해서 떨어지면 군역을 담당하게 하기도 했다. 학생들은 각 지방의 수령이 주관하는 『小學』 강서 시험에 합격하고 증서를 받으면 군역에서 면제되었다. 물

---

20 차미희(1992), 67면.

21 1696년(숙종 22)에는 서얼 당사자에게도 '業儒'라는 직역으로 문과 응시를 허락함으로써, 서얼과 그 자손들의 문과 응시가 법적으로 허락되었다. (『肅宗實錄』 숙종 22년(병자) 9월 27일)

22 양반이라는 증거는 4조 이내에 현달한 관직을 지낸 사람이 있거나, 문과·무과 합격자의 자손이거나, 본인이 생원진사시에 합격한 자이다.

23 『仁祖實錄』 인조 22년 갑신(1644) 7월 30일.

론 말을 바치고 강서 시험을 면제받는 경우도 있었지만,[24] 군역의 면제를 위해 향교에 적을 두는 유생들이 증가하였고 이는 과거시험을 부추기는 요인이 되었다.

武科의 경우는 더 심각했다. 임란을 겪으면서 무관의 부족을 메꾸기 위해 천인에게까지 무과 응시가 허락되었다. 그 이전에는 무과 식년시에서 불과 28명의 합격자를 내었으나, 임란 중에 萬科라 하여 5,000여 명을 선발하였다. 전란이 끝난 이후에도 무과 합격 인원은 복원되지 못하고, 1회의 무과에서 수백 명 이상의 합격자가 배출되었다. 무과합격자 중에는 양반 자제도 있겠지만, 중인·평민·천민 등 다양한 계층이 섞여있었다. 신분 상승을 꿈꾸거나 좀 더 나은 삶을 위해 중인 이하의 신분층에서도 기회가 되면 과거에 응시하고자 하였다. 문제는 시험절차가 까다롭고 합격자 수가 적었던 식년시 출신자나 만과와 같이 쉽게 합격한 자 간에 차별이 없었다는 것이다. 식년시 출신자라 해도 문벌이 한미하면 등단을 못하는 반면, 만과 출신자라 해도 문벌이 좋으면 등단하는 것이 현실이었다.[25]

응시자 수가 늘어날수록 과거시험에서의 부정행위 또한 늘어나 공정하고 능력 있는 관리 선발이 최대 난제였다. 물론 부정행위에 대한 제제가 없었던 것은 아니었다. 부정행위 정도에 따라서 과거 응시 자격을 정지하거나, 이미 합격하였다면 합격자 명단에서 이름을 삭제하기도 했다. 조선 후기에는 대리시험으로 인한 시험 부정이 심각해지자 법을 강

---

24 『仁祖實錄』 인조 22년 갑신(1644) 6월 22일.

25 丁若鏞, 『經世遺表』 권15 「夏官修制」 武科; "式年增廣 其額若是其簡嚴 庭試別試 其額如彼其浩汗 有取數百者 謂之千科 有取數千者 謂之萬科 此又何法也 其藝之艱易旣殊 其額之廣狹又懸 則及其登之於仕路也 宜有差別 而寒微者 式年出身 而斗祿不沾 白首乾沒 勢盛者 萬科出身 而牙纛早建 妙年登壇 其法豈有繇哉".

화해서 변방의 군인으로 혹은 水軍으로 보내어 시험을 볼 수 없게 하기도 했다. 부정행위자를 서울과는 거리가 먼 변방으로 보내 과거 응시는 생각하지도 못하게 하는 형벌이었다.[26] 그럼에도 불구하고 과거 응시자의 부정행위는 근절되지 않아 다른 사람에게 대신 시험을 치르거나, 책을 가지고 들어가는 등 여러 가지 부정행위가 자행되었다.[27]

16세기 이후 향촌에 은거하며 학문을 업으로 삼던 이른바 處士型의 학자들은 관료진출의 길이었던 과거제도에 대해 대체로 부정적인 입장이었다. 이들은 당시 과거제도가 학자들을 시험 그 자체에만 매몰되게 함으로써 학자들이 학문 연구보다는 문장의 기교나 科文에 맞는 문장만 학습하는 경향만 커지게 한다고 보았다. 백성을 잘 다스리기 위해서는 옳은 인재를 발탁해야 하는데 그 방법이 오로지 과거에만 맡겨져 있다 보니 선비들은 자신의 재능을 자랑하여 요행히 有司에게 뽑히기를 바라고 있다는 것이다.[28] 조선 후기 과거제 부정론의 바탕에는 시험

26 시험부정 사건은 범죄를 저지른 개인을 처벌하는 정도가 아니라 아예 시험 자체를 무효화하는 罷榜으로까지 이어지기도 하였다. 지방에서 치르는 1차 시험인 향시의 파방도 쉬운 일이 아니지만, 특히 최종시험의 파방은 많은 파문을 일으켰다. 예를 들어 최종 문과시험이 무효화가 되면, 무과시험에 하자가 없었다고 하더라도 함께 파방되어야 했다. 대과인 문과와 무과가 파방되었다면 같은 해에 시행된 소과인 생원진사시만 유효하게 둘 수는 없었다. 경제적 시간적 손실을 큰 최종시험의 파방은 되도록 자제하였으나, 그럼에도 파방된 적이 있었다. 최종 시험의 파방은 대부분 정치와 깊이 연루되어 있었다. 그 대표적인 사례는 1519년(중종 19)에 실시된 현량과이다. 현량과는 조광조의 주장으로 실시된 과거로서 조광조 등의 사림파가 실각하자 파방되었다. 이렇듯 정치 세력 간의 갈등으로 몇 차례 최종시험의 파방이 있었다.

27 시험장에 응시자가 아닌 사람이 들어가서 시험을 치르게 하거나, 병사들의 삼엄한 경계에도 불구하고 시험장 밖에서 답안을 작성하여 시험장 안으로 들여보내기도 하였다. 시험을 관리하는 관료나 서리가 개입되기도 하였다. 시험을 주관하는 시관이 시험 문제를 유출하거나, 할봉된 피봉을 빼돌려서 불합격자를 합격자로 둔갑시키기도 하였다.

28 李瀷, 『星湖全集』 권44, 「貢擧私議」; "自唐以來專付科擧 迄于今不變 科擧者使士自衒鬻徼倖於有司 所業不過乎記誦詞章之末".

장의 부정행위만 근절하면 된다는 것이 아니라 시험만을 바탕으로 인재를 선발하는 과거 자체를 부정한 것이었다.

과거제가 관료로 나가는 인재를 제대로 선발하지 못한다는 부정적인 인식은 처사적인 삶을 지향한 지식인들의 처세와 관련이 깊다. 남인계 학자 중에 科弊 개혁에 포문을 연 이는 白湖 尹鑴(1617~1680)였다. 그는 천하의 법 중에서 가장 심한 것이 科弊라고 진단했다. '科擧의 폐습은 백성들의 삶을 해치고 사람의 마음을 고혹하고 사람의 행실을 그르치는 데 있어 楊朱·墨翟의 해보다 더 심하고 홍수와 맹수의 재앙보다 더 혹심한 것이다.'[29]고 할 정도로 과거제에 비판적이었다. 과거를 실시한 이래로 인재를 제대로 선발하지 못했고, 諫官을 설치한 이후 조정이 어지러웠고, 郡縣 제도가 설치된 이후 천하가 동요되었으므로 이 세 가지를 없애지 않고는 훌륭한 정치를 이룰 수 없다는 것이 윤휴의 생각이었다.[30]

과거제 폐지에 대한 인식은 윤휴에 이어 반계 유형원으로 이어진다.[31] 유형원은 국가에 경사가 있을 때 치르게 되는 부정기적인 과거시험인 庭試나, 왕이 문묘에 참배할 때 치는 시험인 알성시의 부당성을 다음과 같이 비판하였다.

> 庭試·謁聖은 또한 有司를 시켜서 촛불을 켜놓고 시간을 제한하여 시험하고, 그 시험하는 것이 짝을 맞추는 글에 지나지 아니하며, 별안간의 짧은 시간에 그 취하고 버리고 함을 정하므로, 속담에 말하기를 정

---

29 尹鑴, 『白湖全書』 卷27, 「漫筆」 中.

30 尹鑴, 『白湖全書』 卷27, 「漫筆」 中.

31 유형원은 29세, 30세에 각각 과거에 응시했으나 낙방한 경험이 있으며, 33세에 조부의 권유로 進士가 되었으나 이후에 문과에는 응시하지 않았다.

시·알성은 소경도 쳐다본다고 하여 입에서 젖내 나는 어린아이도 또 모두 다투어 시험을 본다. 그 취하여 합격시키는 것이 대개 경솔하고 요행을 바라는 무리이니 더욱 우스운 일이다.[32]

또한 '선비를 취하는 것은 장차 인재를 얻어서 나라를 다스리려 함이니 慶事와는 아무 상관이 없는 일'이라 하여 국가의 인재 등용이 국가의 경사에 맞추어 행사처럼 시행되는 것을 옳지 않게 보았다. 17세기 擧子數의 급증과 그에 따른 과폐에 대해 유형원은 과거제의 전면 폐지를 주장하며 그 대안으로 貢擧制의 실시를 제안했다.[33] 공거제는 단순한 천거제가 아닌 학교제와 연계한 選擧制로서 과거가 출세의 도구가 되고 있음을 비판하고 선비로서 학문에 뜻을 두어도 오직 옛 문구만 모으는 것에만 치중하는 현실 인식에서 나온 것이다.[34] 유형원은 인재의 등용이 매우 중요한 문제라고 여겼으며, 때문에 그가 주장한 공거제에서 인재를 양성하는데 오랜 시간이 걸리는 것도 감수해야 한다고 생각하였다.[35] 그러면 과연 貢擧라는 선거제가 과거라는 공적인 시험제도보다 공적인가 하는 의문이 들게 되는데, 이에 대해 유형원은 '貢擧가 사사로움을 용납하기 쉬운가? 科擧가 사사로움을 용남하기 쉬운가?' 반문하면서 예를 갖추고 공명하게 천거함을 보증하는 保擧를 하면 천거하는 자가 감히 함부로 천거하지 못할 것이라 단언하였다.[36]

---

32 柳馨遠, 『磻溪隨錄』 券10, 「敎選之制」下, 貢擧事目; "所謂庭試謁聖 亦命有司 燭刻試之 其所試不過對偶之文 而瞥眼之間 定其取捨 故諺曰庭試謁聖 盲人亦望 是以乳臭小兒 亦皆爭試 而其所取率 皆輕佻僥倖之輩 尤爲可笑".

33 柳馨遠, 『磻溪隨錄』 券10, 「敎選之制」下, 貢擧事目.

34 柳馨遠, 『磻溪隧錄』 卷12, 「敎選之制」下, 本國選擧制附.

35 柳馨遠, 『磻溪隨錄』 券10, 「敎選之制」下, 貢擧事目.

36 柳馨遠, 『磻溪隨錄』 券10, 「敎選之制」 下, 貢擧事目.

과거제를 전면 폐지하고 학교제와 연계한 공거제로 대체해야 한다는 유형원과 달리 성호 이익은 과거제와 천거제의 장점을 취한 '科薦合一'을 주장했다. 과거제에서 완벽한 제도란 없으며 그것을 운영하는 사람에게 달린 것이므로 결점을 잘 보완하는 것이 중요하다고 본 것이다.

> 법이 오래면 폐단이 생기지 않는 것이 없지만, 그 중에서도 貢擧[필자주:科擧]가 더욱 심한데, 利害가 얽힌 關門인 까닭에 사람마다 공거에 지혜와 힘을 다해서 도모하니, 어떠한 사기와 협잡인들 하지 않겠는가? 이를 막기 위해서는 오직 그 權柄을 잡은 자가 모든 결점을 잘 補充하는 데에 달렸다. 아무리 좋은 법과 아름다운 정사라 할지라도 그것을 잘 운영할 만한 사람이 없이, 그 법과 정사가 저절로 행해지는 이치는 없다. 그러므로 군자는 법을 마련할 때는 나중에 생길 폐단을 미리 헤아려서 그 장점만을 취해 단행하는 것이다.[37]

성호 이익의 경우 증조부·조부·부친이 모두 문과에 합격하여 관직에 나갔고, 이익 자신도 1705년(숙종 31) 증광시에 응시하여서 1차 시험인 초시에 합격하였으나, 녹명단자가 격식에 맞지 않았다 하여 2차 시험인 회시에는 응시하지 못하였다. 이익의 아들 李孟休는 문과에 합격하였으나, 당시 남인 가문 출신이라는 것 때문에 승진이 쉽지 않았다. 유형원과 마찬가지로 이익도 과거를 포기하고, 학문에 전념하면서 당시 과거의 폐단에 대하여 고민하고 해법을 제시하였다.

이익은 '과거를 보는 것은 장차 등용하려는 것인데, 합격자를 뽑아 놓고 등용하지 않는다면 과거를 보인 의도가 어디에 있겠는가?' 하여 실제 관직 수보다 더 많이 선발하는 과거 합격자수를 지적하였다. 式年

---

37 李瀷, 『星湖僿說』 卷10, 「人事門」 東坡論科試.

외에도 각종 별시 등으로 3년 동안에 文科 합격자가 1백여 명에 이르는 것이 현실이었다.[38] 부정기시험의 남설에 대해 '조정은 과거를 남설하는 것이 선비들을 위로하는 것이라 믿고 있지만, 실제로는 원망을 사는 길'이라 이익은 평가하였다. 결국 이를 해결하는 위해서는 적은 수를 선발하는 수밖에 없다고 보았다. 이익은 과거 합격자 중에 다시 인재를 가려 뽑고 六曹와 兩都留守·八道監司 등이 3년마다 각각 文科 몇 명씩을 천거하면, 왕과 중앙 요직자들이 천거한 추천서를 친히 심사하여 점수를 매겨 문학과 덕행이 있는 사람을 선발하면 현재의 폐단이 사라질 것으로 보았다. 武科 출신자들도 武將에 보임되지 못한 경우가 많은데 이들도 3년마다 經術과 武藝로 다시 시험을 보여 50~60명을 뽑아 차례로 보직시켜 일정한 규정을 삼고 어기는 예가 없게 한다면 보임되지 못한 원망이 사라질 것이라 보았다.

이익이 제시한 해법은 관료로 합당한 사람을 선발하는 데 시험만으로는 불가능하다는 것이다. 시험으로는 관료에 합당한 인격이나 자질이 갖추어져 있는지 검증할 수 없기 때문에 먼저 검증된 사람들을 추천받아 그들을 대상으로 시험을 치르자는 것이다. 이러한 방법은 이미 중국에서는 효렴과라는 이름으로 조선에서는 중종 때 현량과라는 이름으로 실시되었지만, 실패한 것이었다. 이익은 과거만으로 인재를 선발할 수밖에 없는 현실이라면 시험횟수를 줄이고 詩賦나 表箋과 같은 문예과목이 아닌 經義와 시무책으로 해야 한다고 주장하였다.

---

38 李瀷, 『星湖僿說』 卷7, 「人事門」 科薦合一. 이익은 과천합일론에서 '식년에 문과 33인, 생원진사과 각각 100명씩 뽑는 현행의 식년시 합격 인원도 30년이 지나면 2,330명이 되므로 5백여 자리에 불과한 벼슬에 모두 대우할 수 없다.'고 했다. 그런데 생원진사시는 관료후보자를 선발하는 문과의 예비 단계일 뿐 관직과는 직접적인 것이 아니므로 이익의 지적은 오류로 보인다.

庭試와 別試 따위도 창설한 지가 오래지 않은데, 함부로 합격되는 자가 한량없으며, 大比科에 이르러서는 오로지 읽고 외는 것만 숭상하니, 모두 용렬해서 아무 쓸모가 없다. 또 이른바, 節日試·黃柑試·四學試 등도 옛날에는 없던 것이다. 과문 공부하는 자로 하여금 손과 발이 줄곧 분주하여 쉴 겨를이 없게 하므로, 글 읽을 틈이 없다. 그러므로 조정에는 경서에 능통한 자가 없어서 士風이 날로 무너지니, 끝장에 가서는 일이 장차 어떻게 될지 모르겠다.[39]

이익은 당대의 과거 폐단은 기본적으로 잦은 비정기과거와 유생과시의 실시에 있는 것으로 보았다. 응시자들이 공부가 영글지도 않았는데 계속 시험이 실시되니 요행을 바라고 부정행위가 난무한다고 생각한 것이다. 이익은 응시자들의 유학적인 소양이 성숙될 수 있는 시간이 필요하다고 보고 문무과 모두 현행 3년대비법을 대신하여 五年大比法을 제시했다. 이것은 4년 동안은 經書시험을 치루고 5년째에 治道를 策問하는 對策으로 인재를 선발하는 방법이다. 5년째에 합격하면 급제를 주고 그 다음은 進仕를 주며 나머지 탈락자들은 낙방시키는 것이다.[40]

이익의 과거 개혁안은 본인이 고백한 바와 같이 朱子의 개혁안과 일맥상통하고 있다. 사실 조선은 건국 후 성리학 사상을 바탕으로 講書와 製述 간의 균형이 이루어졌으나, 제술만을 시험하는 비정기 시험이 잦아지면서 그 균열이 난 것이었다. 유생과시도 강서와 제술이 따로 있어 둘 중 하나를 선택하여 시험을 치르기 때문에 강서와 제술을 모두 겸비할 필요가 없었다. 이익의 과거 개혁안은 제술을 하는 자들도 경서를 공부하지 않을 수 없게 만드는 것으로 결국 강서와 제술을 모두 갖춘

39 李瀷, 『星湖僿說』 卷10, 「人事門」 高麗試法.

40 李瀷, 『星湖僿說』 卷9, 「人事門」 朱子論科試.

인재 선발을 해야 한다는 것에 초점을 두었다.

5년대비법을 바탕으로 한 이익의 과천합일론은 鄕擧里選의 제도를 회복하는 것이었다. 성호 이익의 제자인 順菴 安鼎福(1712~1791)도 '향거이선제가 변하여 進士試의 제도가 시행되면서 선비들이 모두 실제의 행실을 돌아보지 않은 채 오로지 文詞만을 숭상하였다.'고 지적하고 글 짓는 재주만 자랑하는 거짓된 사습이 만연하게 되었다고 보았다.[41] 이익은 경박하고 과장되며 황망한 자가 詩를 잘 짓고 아첨하고 비굴한 자가 表와 箋을 잘 짓는다고 비판하며, 이와 같은 세태가 만연하게 된 것은 科試에서 詩賦의 폐지를 반대한 蘇軾의 논설에 사람들이 속았기 때문이라 했다.[42] 이익은 〈東坡論科試〉에서 '효도로써 사람을 뽑으면 용감한 자는 割股를 하고 비겁한 자는 廬墓를 할 것이며, 청렴으로써 사람을 뽑으면 낡은 수레와 파리한 말을 타고 나쁜 옷과 거친 음식을 먹을 것이니, 이는 德行에서 생기는 폐단입니다.'라는 소식의 견해를 비판하며,[43] 詩賦는 策論만 못하며 책론은 德行만 못한 것이라 하였다. '實行과 文藝란 마치 陰陽이나 晝夜와 같아서 병행할 수 없는 것'이며,[44] '재주와 德行이 있는 자가 詞章을 겸한 경우는 있지만, 사장이 곧 재주와 덕 있는 것이 될 수는 없는 것이다.'[45]고 하여 덕행을 우선으로 하여 인

---

41 安鼎福, 『順菴集』, 「順菴先生行狀」; "成周鄕擧里選之制變 而進士之試行 士皆不顧實行 專尙文詞 投牒自衒 求售有司 所得舉皆鴻都樂賈之流 竟使士習虛僞 人材汨喪".

42 李瀷, 『星湖僿說』 卷10, 「人事門」 東坡論科試.

43 蘇軾이 1071년에 올린 議學校貢擧章에 전한다. 『蘇東坡集』, 「奏議」; "若欲設科立名以取之 則是教天下相率而爲僞也 上以孝取人 則勇者割股 怯者廬墓 上以廉取人 則弊車羸馬惡衣菲食 凡可以中上意 無所不至矣 德行之弊 一至於此乎 自文章而言之 則策論爲有用 詩賦爲無益 自政事言之 則詩賦策論 均爲無用矣 雖知其無用 然自祖宗以來 莫之廢者 以爲設法取士不過如此也 豈獨吾祖宗 自古堯舜亦然".

44 李瀷, 『星湖僿說』 卷10, 「人事門」 東坡論科試.

45 李瀷, 『星湖僿說』 卷11, 「人事門」 詞科.

재를 선발해야 함을 강조하였다.

4. 정약용의 과거제 개혁론

다산 정약용은 반계 유형원에서 성호 이익으로 이어지는 왕정론적 경세론의 전통을 계승하였다. 이들의 경세론은 모두 삼대 왕정이 지난 이후의 통치법제는 弊法을 인습해 온 것이라는 현실 인식에서 출발하였다. 정약용은 거기서 더 나아가 삼대 왕정이 지난 이후로 古聖人의 經傳에 대한 해석마저 근본적으로 잘못되어 다시는 至治를 구현할 수 없는 것으로 보았다.[46] 이에 古經의 본래 뜻을 탐구하여 새로운 차원의 경학 수준을 성취하였고, 이를 바탕으로 1表 2書의 경세서를 저술할 수 있었다. 정약용은 「자찬묘지명」에서 '經世란 官制 · 郡縣之制 · 田制 · 賦役 · 貢市 · 倉儲 · 軍制 · 科制 · 海稅 · 商稅 · 馬政 · 船法 · 營國之制 등을 時用에 구애되지 않고 經을 세우고 紀를 베풀어 우리의 오랜 나라를 새롭게 하는 것'이라 하여 新我舊邦을 목적으로 『경세유표』를 저술했음을 밝혔다.

井田制를 바탕으로 한 王道와 仁政은 이상적인 국가체제 구상에서 항상 거론되어 왔던 개혁의 표본이자 원형이었다. '經田이 곧 仁政'이라는 맹자의 주장은 朱子로 이어지면서 유교 경전의 보편적 가설이 되었고,[47] 조선에서는 반계 유형원과 다산 정약용이 이 설에 입각하여 經田

46 김태영(2011). 참조.

47 맹자는 '夫仁政必自經界始經界不正 井地不均 穀祿不平 是故暴君汚吏必慢其經界 經界既正 分田制祿 可坐而定也'(『孟子』 滕文公上)라 하여 토지의 경계를 올바르게 하는 것인 仁政의 시작으로 보았고 주자는 그 注에서 "井地 卽井田也 經界 謂治地分田 經劃其

방안을 전개했다. 특히 정약용은 '黃鍾尺을 만들지 않으면 풍악 소리를 바룰 수 없고, 井田을 만들지 않으면 田制를 정할 수 없다.'고 하여 왕도와 인정의 시작은 도량형의 정비에서 시작된다고 보았다.

정약용은 『尙書古訓』에서 '律·度·量·衡을 한결같게 하는 것은 왕자의 大法이므로 순임금은 璿璣玉衡을 살펴서 정사를 가지런하게 하고 사방에 나가서 巡行할 때에 율·도·량·형을 한결같게 하는 것을 첫째 용무로 삼았다.'고 했다. 정사 중에 가장 시급한 것이 禮樂을 마련하고 度量을 반포하는 일이라고 본 것이다.[48] 그 근거로 정약용은 『尙書』 璇璣玉衡章의 '渾天儀를 만들어 日月五星을 가지런하게 했다(在璿璣玉衡以齊七政)'는 종래 천문역법적 해석을 비판하고, 선기옥형이란 하늘을 형상한 儀器가 아니라,[49] 璿璣는 자[尺度], 玉衡은 저울[權秤], 七政은 '洪範'의 八政과 같은 종류로 보았다.[50] 물론 선기옥형을 혼천의가 아닌 북두칠성으로 해석하는 경우도 있었지만, 선기옥형을 도량형으로 해석한 것은 아마도 정약용이 유일할 것이다.[51]

정약용은 聖王의 정치에서 가장 중요한 것은 그 정사를 가지런하게 하는 것이며[以齊七政], 이를 위해서는 '同律度量衡' 사업[在璿璣玉衡]이 가

溝塗封植之界也"라고 하였다.

48 丁若鏞, 『經世遺表』 권2, 「秋官刑曹」 量衡司; "臣謹案 同律度量衡者 一王之大法也 舜在璿璣玉衡 以齊七政 及其出巡 同律度量衡 爲首務 周武王立國之初 其第一大政曰 謹權量 審法度 明堂位記 周公攝政之初 第一大政曰 制禮樂 頒度量 月令曰 日夜分 則同度量 均衡石 角斗角 正權槪".

49 丁若鏞, 『茶山詩文集』 卷16, 「自撰墓誌銘」; "曰璿璣玉衡 非象天之儀器 禹貢之三底績 爲九載三考 洪範九疇 爲井田之形 故二八相應 四六相承也 其爲禮則曰鄭玄之註 不無傳襲之誤 而先儒奉之如聖經 過矣".

50 丁若鏞, 『與猶堂全書』 「尙書古訓」 卷1, 堯典上; "竊謂璿璣者 尺度也 玉衡者 權秤也 七政者 洪範八政之類也".

51 조선 후기 선기옥형의 인식변화에 대해서는 구만옥(2004). 참조.

장 급선무라고 판단하였다.[52] 이처럼 재해석한 『尙書』 璇璣玉衡章을 근거로 정약용은 순임금이 요임금에게 帝位를 물려받은 초기에 가장 중요한 사업은 역시 척도와 권형에 있었음을 의심할 수 없다고 주장하였다. 그의 말을 빌면, 도량형이 정밀하면 천하가 다스려지고, 그렇지 못할 경우 간사한 속임수가 횡행하여 분쟁과 소송이 일어나기 때문이었다.[53]

> 생각건대, 맹자는 매양, '井田으로 仁政을 한다.' 했는데, 인정이란 정전하는 것이다. 맹자는, '요순이 정전 제도를 시행하지 않았더라면 천하를 다스리지 못했을 것이다.' 하였다. 이것이 성인들이 서로 전해오는, 요체를 안다는[知要] 말이었다. 정전은 規矩나 律呂와 같은데 黃鍾에다 비유한 것은 내 말이 아니고 바로 맹자의 말이다. 생각건대, 정전이란 均을 세우고 度를 내어서 여러 전지를 셈[率]하던 것이었다.[54]

정사를 가지런하게 하기 위해서는 '同律度量衡' 사업이 가장 급선무이지만, 정약용에게서 관리의 선발 또한 도량형을 공평히 하는 것과 다름없는 것이었다. 많고 적음이 서로 어그러져 좋은 말과 되가 아니면 공평하지 않고, 가볍고 무겁기를 서로 속이니 관청의 저울이 아니면 결정이 나지 않기 때문이다.[55] 『경세유표』에 실려 있는 정약용의 〈科擧之規〉는 이른바 과거제의 '規正'이자 '同律度量衡'의 연장으로 객관적 기준을 마련하는데 목적이 있었다. 때문에 정약용은 〈과거지규〉에서 '과거

---

52 丁若鏞, 『與猶堂全書』「尙書古訓」 卷1, 堯典上; "聖王之爲治也 齊其政而已 故巡守方岳 其第一件最大事曰同律度量衡 同之也者 所以齊之也".

53 丁若鏞, 『與猶堂全書』「尙書古訓」 卷1, 堯典上; "舜受堯禪 其一初大政之必在於尺度權衡 又何疑哉 … 度量衡精 則天下治 度量衡不精 則奸僞詐竊 紛爭辨訟起焉".

54 丁若鏞, 『經世遺表』 卷7, 「地官修制」 田制 9.

55 陸贄, 『翰苑集』 卷21, 「論朝官闕員及刺史等改轉倫序狀」; "夫多少相繆 非嘉量不平 輕重相欺 非縣衡不定".

규정은 오직 먼저 擧額을 정해야 한다. 거액이 정해지면 온갖 폐단이 없어지게 된다'[56]고 하여 가장 먼저 擧子의 정원을 언급했다. 과폐가 일어나는 가장 큰 원인으로 응시 정원이 없는 것을 꼽은 것이다. 정약용은 〈과거지규〉에서 選士의 정원을 2,880명으로 정하고 여기서 3분의 1인을 줄인 1,920명을 擧人의 정원으로 하였다. 州試에 합격한 자 960명과 省試에 합격한 자 480명이 모두 京試에 會試하여 240명을 뽑고, 다시 회시에서 진사 240명을 뽑는 방식이다. 정약용은 '혹 文風이 크게 변화해서 인재가 성하게 일어나더라도 성시의 정원을 960명으로 증가시킬 수는 있지만, 거인의 정원을 증가해서는 안 된다.'고 못박았다. 거자의 선발은 選士 중에서 하는데 선사는 덕행과 경술을 보고, 거자는 오직 문예만을 주로 한다고 하였다. 또한 정약용은 거자수의 조정을 위해서는 과거시험에 연령제한이 필요하다고 보고 거자의 나이를 20세부터 49세로 한정하였다. 四十은 不惑이라 하여 나이 제한은 불가하다는 유형원의 생각과는 대비된다.

정약용은 『목민심서』 吏典 擧賢條에서 '군현의 장이 천거하면 천거된 자가 그 천거에 응하여 나아갔으므로 이를 과거라 한 것이다. 우리나라 과거에는 본래 과목의 분류가 없고, 또 천거하는 법도 없으니 그저 이름만 과거라고 했지, 실은 과거가 아니니다.'고 했다. 천거된 자가 천거에 응하여 나가는 것이 과거의 본령이지 추천도 없이 자신 마음대로 시험장에 나가는 것이 과거가 아닌 것이다. 때문에 정약용은 모든 科弊의 緣由가 천거받지 못한 자가 시험 보는 것에서 출발한다고 보았다. 정약용은 현 과거제의 폐단을 열 가지로 요약하여, '첫째가 천거하지 않아도

56 丁若鏞, 『經世遺表』 卷15, 「春官修制」 科擧之規 1; "科擧之規。唯先定擧額。擧額定而百弊可祛矣".

응시해서, 선비가 응시하는 데 정원이 없는 것이고, 둘째는 學事行政에 관원이 없고 교수가 간여하지 않는 것이고, 셋째는 大小科에 뽑은 인원이 달라서 공부하는 데에 전일하지 못한 것이고, 넷째는 한 가지 기예로 뽑으므로 요행으로 차지하는 것을 금하기 어려운 것이고, 다섯째는 시각이 너무 길어 借述의 여가가 있음이고, 여섯째는 고사, 선발이 정밀하지 못하여 私意가 멋대로 흐를 수 있고, 일곱째는 試券을 반포하지 않으니 잘함과 못함을 검증하기 어렵고, 여덟째는 雜試가 너무 잦아서 수업할 날짜가 없음이고, 아홉째는 慶科가 연달아서 요행을 넘보는 문이 열려 있는 것이고, 열째는 明經을 주로 했으나 선발해서 등용함에는 길이 다른 것이다.'고 했다.[57]

문과에 비해 武科는 조선 후기에 만과를 비롯하여 많은 수의 급제자를 배출하면서, 응시자격의 문호가 넓어졌다. 많은 수의 합격자는 무자격자의 배출이라는 부정적 기능도 있었지만, 과거를 통해 신분 상승을 하고자 했던 常賤들에게는 긍정적 기능도 있었다. 정약용의 경우는 당시 많은 수의 응시자와 급제자의 선발에 매우 부정적이었다. 무과 또한 大小科와 마찬가지로 과거에 응시하는 인원을 제한하지 않는 문제가 있다고 본 것이다. 정약용은 무과도 문과와 마찬가지로 응시자와 선발 인원을 한정했다. 식년 회시마다 240명을 뽑고, 이들을 다시 都會에 시험해서 40명을 뽑아 관직을 제수하는 것이 마땅하다고 보았다.[58] 또한

---

57 丁若鏞, 『經世遺表』 卷15, 「春官修制」 〈科擧之規〉; "一不擧而赴士 無定額也 二學政無官 敎授不豫也 三大小異等 肄業不專也 四單技取準 倖占難禁也 五晷刻太緩 借述有暇也 六考選不精 私意橫流也 七試券不頒 功罪難驗也 八雜試頻數 修業無日也 九慶科連疊 倖門以啓也 十明經爲主 選用殊岐也謬 十謬爲之幹 而千條萬枝 錯然相糾 以至今日壞亂無紀 作一戲子 人才不作 國脈以傷 臣以爲科弊者 當今之急疾先撟者也 臣請略擧而論之".

58 『經國大典』 권15 「夏官修制」 武科.

100년 이래로 무예를 갖춘 이가 사라진 까닭은 무과를 천시하는 폐단이 심해졌기 때문이라고 보고, 그러한 폐단이 나온 것은 擊逐, 空老, 徵布, 萬科, 無額 때문이고 분석했다. 결국 이 다섯 가지가 사라져야 문무를 겸해서 공부하고 백성 중에 무예를 익힌 자가 나올 것이라 단언하였다.

정약용은 중서인과 천민이라도 능력이 있으면 등용하되, 귀한 이를 구별하는 제도를 마련해야 한다고 보았다. 나아가 무과 응시를 허용할 擧人을 선정하는 단계를 두고 전국단위에서 급제자를 결정할 것을 제안하였다. 이는 직부전시와 같은 특혜를 배제하려는 일환의 하나였다. 그러나 정약용은 무과 응시자인 擧子의 경우 일차적으로 천거를 통하여 선정하려고 하였다. 무사의 선발도 덕행을 우선시하고 그다음으로 지략과 기예를 갖춘 사람을 選士로 선발하려 했다. 표면적으로는 능력을 우선시했으나 문과는 물론이고 무과에서도 '士' 위주의 선발기준을 완전히 버리지 못한 것이라 할 수 있다.

조선 후기 무과방목을 보면, 양반의 무과 합격이 지속적으로 있어왔음을 알 수 있다. 17세기 이후 국왕을 비롯하여 관리들은 자격이 갖춰져 있지 않은 이들의 무과급제를 문제시하면서 士族의 무예권장을 지속적으로 거론하였다. 이는 사족이 아닌 다양한 계층들이 무과에 급제하는 현실을 타개하기 위한 일종의 대응 조치이자 儒業을 갖춘 무인을 확보하기 위한 노력이었다.[59] 예컨대 인조는 천민들의 무과 응시를 금지하는 한편, 사족들의 무과 응시를 권장하기 위해 양반 신분으로서 뛰어난 무인은 호조·형조·공조의 郞官이나 3품의 實職을 제수하는 파격적인 대우를 강구하였다. 또한 무반의 청요직이라 할 수 있는 宣傳官에 합당한 사람이 없다는 이유로 양반 가운데 무재가 있는 자에게 활과

59 정해은(2007), 143면.

말을 지급하도록 하였다.[60] 숙종 대에는 사족 중 무재를 갖춘 이들을 대상으로 한 勸武廳이 상설화되었다. 권무청 試才에서 우등을 차지하면 직부전시의 혜택을 주었다. 사족들은 끊임없이 안정적으로 관직에 들어올 수 있는 권장책을 요구하였고, 국왕은 혈통이나 가문을 통하여 이미 나라의 근본으로 검증된 인재를 선발할 필요성이 절실하였다.[61] 이는 한편으로 常賤과 양반사족 간에 무과급제자에 대한 차별조치가 함께 이루어지고 있다는 사실을 말해준다. 사족들에 대한 권무는 문치주의를 지향한 조선의 위정자들이 무장도 유업을 갖춘 사람으로 뽑겠다는 의지이기도 하지만, 그 이면에는 사족의 결속과 상천의 무과출신자를 배제하겠다는 조치이기도 했다. 이러한 측면에서 바라보면, 정약용이 제시한 추천을 통한 무과 응시자의 자격 제한과 합격자의 정액제는 엄격한 능력주의를 바탕으로 하고 있지만, 결과적으로는 새로운 계층에게 실질적인 관직 참여의 기회를 오히려 제한하는 결과를 가져 올 수 있는 것이었다. 이는 결과적으로 새로운 신분 계층의 확대 참여가 아닌 사족 내에서의 공정한 경쟁을 통한 과거 개선책이라 보여진다.

5. 맺음말

지금까지 유형원－이익－정약용으로 이어지는 실학의 3조에게서 科弊 또한 토지 문제와 마찬가지로 시급히 시정해야 할 과제였음을 살펴보았다. 과폐를 시정하기 위한 논의 방법은 각기 달랐지만, 문제점에

---

60 『承政院日記』 45冊, 仁祖 12年 10月 14日.

61 정해은(2007), 145면.

대한 인식은 大同小異함을 알 수 있었다. 이들은 『주례』 혹은 『상서』에 의거하여 요순 삼대의 추천제를 이상으로 생각하면서도 각자 현실에 맞는 대안을 제시하였고, 정약용의 경우는 유형원과 이익의 개혁론을 확대하여 새로운 과거제 표준안에 해당되는 개혁 준거를 마련했다고 판단된다.

과거는 국가 차원에서 보면 관료를 뽑기 위한 인재의 선발의 관문이지만, 사족 입장에서는 양반 신분을 유지하는 기득권의 문제였고 常賤에게는 신분 상승의 통로였다. 서로의 利害 관계가 극명하게 갈릴 수 있는 것이었고, 다른 경세 문제들 보다 자신들의 정치적 입장이 더욱 반영되었다고 생각한다. 따라서 이들의 과거제 개혁론은 그간 연구에서 내렸던 평가, 즉 시대변화를 반영한다던가, 새로운 계층의 관직 참여 기회를 확대시킨 개혁안이라던가, 능력주의 본의를 내세웠다던가 하는 평가에 대해서는 재고할 필요가 있다고 본다. 하지만 이러한 관점은 조선사회가 엄격한 신분제 사회기 때문에 사족 출신인 이들의 과거 개혁론 또한 그러한 사회적 혹은 신분적 인식의 범주에서 벗어날 수 없었다는 측면에서 봐야 한다는 것이지 이들의 개혁안 자체를 평가 절하하려는 의미는 아니다.

1791년 정조는 科場의 폐단을 엄금하면서 '항상 鄕擧里選의 옛날 법으로 돌아가지 않는 것이 유감이라고 말하지만, 옛날로 돌아가는 것이 본래 쉽지 않고 貢擧法은 漢唐 이후로는 들을 수 없으니 반드시 이유가 있을 것이다.'고 하여 추천제가 아닌 과거제 시행 원칙을 재확인 시켰다.[62] 채제공 또한 현재의 인심과 世道로 볼 때 사심이 개재되지 않은 천거가 과연 가능하겠는가 하여 천거제를 반대하였다. 공정한 인재 선

62 『正祖實錄』 정조 15년 신해(1791) 8월 16일.

발을 위해 과거제를 개선해야 하겠지만, 그렇다고 천거제가 과거제 보다 공정할 수 있는 부분에 대해서는 부정적인 것이었다.

조선시대 과거제는 유일한 관료등용제로서 능력 본위의 공정한 시험제라 할 수 있다. 그러나 한정된 관직수와 양반 신분을 유지하는 유일한 길이었던 관계로 그에 따른 폐단도 많았다. 이에 따라 천거제가 대안으로 제시된 적은 있었지만, 과거제를 대신할만한 제도로 인식되거나 본격적으로 채택된 적은 없었다. 그럼에도 불구하고 물론 정도의 차이는 있겠지만, 유형원과 이익, 정약용은 궁극적으로 과거제를 폐지하려는 입장이었다. 이는 아마도 고대 경전을 연구하고 이를 바탕으로 현실의 제도 개선을 하고자 한 이들의 경세론적 입장과 더불어 몇몇 문벌 위주로 독점되는 불공정한 경쟁에서 소외된 자신들의 입장을 반영한 것이라 생각한다.

■ 참고문헌

국사편찬위원회, 『朝鮮王朝實錄』.

李瀷, 『星湖先生文集』, 경인문화사, 1988.

丁若鏞, 국역 『茶山詩文集』, 민족문화추진회, 1996.

丁若鏞, 定本 『與猶堂全書』, 다산학술문화재단, 2012.

충남대학교, 국역주해 『磻溪隧錄』 1~4, 1968.

『經國大典』, 아세아문화사, 1983.

김준석(2003), 『朝鮮後期 政治思想史 硏究－國家再造論의 擡頭와 展開』, 지식산업사.

김형찬(2014), 「근기실학의 학문 연원과 퇴계학의 학문 정신」, 『퇴계학과 근기실학』, 경인문화사.

박석무(2001), 「근기실학의 연원탐색과 그 현대적 의의」 『다산학』 2호, 다산학술문화재단.

송양섭(2012), 「반계 유형원의 公 이념과 이상국가론」 『조선시대사학보』 64.

안병직(2017), 『經世遺表에 관한 硏究』, 경인문화사.

윤재환(2003), 「近畿南人 學統의 展開와 星湖學의 形成」『온지논총』 36, 온지학회.

이병걸(1971), 「茶山 丁若鏞의 科擧制 改革論」『東洋文化』 13.

임형택(2014), 「退溪學의 계승양상과 실학」, 『퇴계학과 근기실학』, 경인문화사.

정성희(2017), 「근기실학과 반계 유형원」, 『온지논총』 50.

정은란(2013), 「星湖 李瀷의 武인식과 武人養成論」, 『조선시대사학보』 65.

정해은(2007), 「17세기 常賤 무과급제자에 대한 차별과 士族의 勸武」, 『조선시대사학보』 42.

정호훈(2005), 「17세기 體制 改革論의 전개와 『周禮』」, 『한국실학연구』 10.

조성을(1998), 「丁若鏞의 科擧制度 개혁론」『역사학보』 157.

조성을(2014), 「근기학의 퇴계학 수용과 실학」, 『퇴계학과 근기실학』, 경인문화사.

차미희(1992), 「18세기 科擧制 改革의 推移」『역사교육』 52.

최광만(2004), 「磻溪 柳馨遠의 教育改革論 分析」『교육사학연구』 14.

피수경(2015), 「정약용의 무과제도 개혁안」『조선시대사학보』 69, 2014.

부안지역 반계 유형원 유적보존과 지역문화 활성화 방안

이동희

1. 머리말

반계 유형원(磻溪 柳馨遠)은 17세기에 조선사회 전반에 걸친 개혁론을 주창한 실학의 비조이다. 그는 32세 되던 1653년(효종 4) 한양에서 부안 우반동(扶安 愚磻洞)으로 이거하여, 1670년(현종 11) 49세 때 『반계수록(磻溪隨錄)』을 완성하였으며, 3년 후인 1673년(현종 14) 부안에서 52세로 생을 마감하였다. 전라북도 부안군 보안면 우반동은 그가 한양에서 내려와 20여년을 살면서 토지제도 개혁을 비롯하여 자신의 현실개혁론을 집대성한 『반계수록』을 지은 곳이다. 부안 우반동은 반계 실학의 산실이다.[1]

반계의 실학사적 위상에 비해 부안에 현존하는 반계 유적은 많지 않다. 우반동에 그가 살았던 집자리와 그가 팠다는 우물이 전해지고 있으

1 부안 우반동과 반계 유형원의 연계성에 대해서는 이동희(2013). 참조.

며, 산중턱에는 반계서당이 안팎의 우물과 함께 복원되어 있다. 서당 옆에는 그가 죽어 임시 안장한 자리에 묘역이 조성되어 있다. 우반동 논가에는 그가 군사 훈련 시 썼다는 돌기둥이 서있다. 우반동 반계유적지에서 멀지 않은 상서면 가오리 동림마을 원촌에는 그를 모신 동림서원이 철폐된 채 유허비만 서있다.

반계 유적은 남아 있는 것도 많지 않지만, 이를 적극적으로 알리고, 그 실학정신을 계승하며 지역문화자원으로 활용하려는 것 또한 기대에 못 미친다고 할 수 있다. 서당을 복원했고 반계유적비도 세웠지만 찾는 사람들은 많지 않다. 동림서원은 이정표도 제대로 되어 있지 않고, 반계가 군사훈련을 했다는 돌기둥 옆 안내문에는 다른 내용이 없다. 2000년에 반계유적지 기본정비계획이 수립되었고, 현재도 유적지 정비가 이루어지고 있지만 이런 문제점을 노출하고 있다.

2013년 우반동 반계유적의 보존 정비 활용정책에 대한 일련의 과정을 검토하고 유적보존의 근본적 질문과 방안을 제시하는 논고가 발표된 바 있다.[2] 반계 유적의 보존과 활용을 모색하는 본격적인 시도로 그 의미가 크다. 그렇지만 반계 유적의 효과적이고 진정성 있는 보존과 활용을 위해서는 반계와 우반동의 연관성을 공고히 하고, 이를 토대로 개별 유적과 함께 전체적이고 근본적인 차원에서의 접근이 더 모색될 필요가 있다.

본고는 이런 점에 유의해 부안지역의 반계 유적들을 보존하고 활용하여 반계의 실학정신을 계승하고 문화관광자원으로서 가치를 높이며, 지역정신과 지역문화를 활성화하는 방안을 큰 틀에서 찾아본 것이다. 그리고 그 최상의 방안으로 호남실학원 설립의 적극적 추진을 제안하

---

2 홍성덕 · 임숙정(2013).

였다. 보존과 활용 방안 마련의 방향을 잡아가는 데 도움이 되었으면 한다.

2. 반계 유형원과 부안 우반동의 연관성

문화유씨 반계 유형원 가문과 전라북도 부안 우반동의 인연에 대해 일반적으로 그의 9대조 유관(柳寬)이 받았다는 우반동 사패지를 든다. 유관이 조선건국 후 개국원종공신으로 책봉되어 부안 우반동일원의 땅을 사패지로 받았다는 것이다. 사패지 이야기는 1636년(인조 14) 그의 조부 유성민이 부안김씨 김홍원에게 우반동 땅 30결을 팔면서 작성한 매매문기에 나온다.[3] 이에 대해 사패지가 아니라 후손들 중 누군가가 황무지를 개간해 이룬 땅일 것이라는 견해도 있다.[4] 분명한 것은 일찍이 반계의 선조들이 일군 땅이 부안 우반동에 있었다는 것이다.

유관은 또 태종대 전라감사를 지낸 인물이기도 하다. 『태종실록』, 태종 5년 7월 8일(신축)조에 "유관(柳觀)으로 전라도 도관찰사를 삼고"라는 기사가 나오며, 전라감사의 명단인 『호남도선생안』(을해 중수)에도 유관(柳觀) 이름 아래 '을유(태종 5) 7월 26일 하계(下界)'라고 수록되어 있다.[5] 한자명이 모두 '觀'으로 나오는데 이는 처음 이름자로 뒤에 '寬'으로 바꾸었다.[6] 유관이 전라감사를 이임한 일자는 기록되어 있지 않지만,

---

3 한국정신문화연구원(1983), 『扶安金氏愚磻古文書』, 176~177면.

4 전경목(2001), 36면.

5 『湖南道先生案』(乙亥 중수), 전북도청 소장.

6 『세종실록』, 세종 15년 5월 7일 기미 유관 졸기. 유관의 아들 유계문이 충청도관찰사에 임용되어 '觀'자를 쓰게 됨으로서, 이를 피해 이름 '觀'자를 '寬'으로 바꾸었다는 말이 있다.(「경향신문」, 2013. 10. 9. 이기환의 흔적의 역사-임금이름이 외자인 까닭)

다음 전라감사인 박은이 이듬해 2월 29일에 부임한 것으로 보아 2월 정도에 이임한 것으로 추정된다. 유관의 전라감사 재임기간은 대략 7개월 정도 된다.

유관의 전라감사 역임과 함께 주목되는 것은 또, 반계의 직계 선조는 아니지만 유관의 후예들이 전라도에 뿌리를 내리고 살았다는 점이다. 전라도 나주 모산(현 영암군 신북면)출신으로 영의정에 오른 유상운(柳尙運)이 그 후예이다. 유상운의 아들이 소론 4대신의 하나로 노론 처단에 강경파였던 좌의정 유봉휘(柳鳳輝)이다. 유관에게는 유맹문(柳孟聞)·유중문(柳仲聞)·유계문(柳季聞) 세 아들이 있었고, 이 중 장자 유맹문의 후예들이 전라도에 살았다. 반계는 유계문의 후예이다.[7]

문화유씨 유맹문의 후예들은 오랫동안 나주 모산리에 세거해 모산유씨(茅山柳氏)로도 불린다. 유관이 전라감사를 지내고, 그 현손인 유희정이 1521년(중종 16)에 영암군수로 부임하면서 여기에 정착해 세거하게 되었다.[8] 모산유씨는 유관을 입향조로 하고 있다. 영암군 신북면 모산리에는 유관이 전라감사로 있으면서 이곳의 경치에 반하여 아들 유맹문에게 명해 지었다는 영팔정(詠八亭, 전남기념물 105호)이 있다. 유상운이 1680년(숙종 15)에 현재 규모로 영팔정을 중건했다.[9]

이처럼 유관과 그 후예들은 일찍부터 전라도와 인연을 맺고 있었다. 유관의 사패지라고 하는 부안 우반동 땅도 이런 과정에서 조성된 것일 수 있다. 사패지라는 것이 우반동 토지매매문기에서만 확인되므로 단정하기에는 의문이 있다. 하지만 사패지라고 거짓으로 매매문기에 쓴다는 것도 쉽게 납득하기 어려우므로 일단은 사패지로 보는 것이 적절

---

7 『만성대동보』, 문화유씨.

8 디지털영암문화대전, 문화유씨.

9 『한국민족문화대백과사전』, 영팔정.

할 것 같다. 분명한 것은 반계의 선조들이 일찍부터 전라도, 그리고 부안과 인연을 맺고 있었다는 사실이다.

반계가 부안 우반동으로 이거하게 된 직접적인 계기는 조부 유성민(柳成民)과 관련되어 있다. 조부 유성민은 1612년(광해군 4)에 오랫동안 묵혀져 있던 우반동에 처음 들어와 논밭을 일구고,[10] 한양과 부안을 오가며 살다가 1636년 병자호란 후에는 아예 우반동에 머물면서 생활하였다.[11] 토지매매문기에 우반동이 한양과 멀리 떨어져 있어서 방치해 둔 지가 수백 년이 되었다고 하였다. 이 매매문기에 증인 유형원의 서명이 있다.[12] 증인 학생 덕창(學生 德彰)으로 되어 있는데, 덕창은 유형원의 아명(兒名)이다.[13]

우반동의 주역으로 흔히 부안김씨를 생각하지만, 우반동에 들어와 처음 마을을 일군 것은 반계 집안이며, 부안김씨들이 우반동에 들어온 것은 반계 사후이다.[14] 반계 사후에 반계 후예들은 우반동을 떠났지만, 부안김씨들은 우반동에 3백 년간을 세거하면서 유력가문이 되어 우반동김씨로 불렸다. 유형원의 가문이 북인, 남인계인 반면, 김석필, 김홍원, 김명열 등 걸출한 인물을 배출한 우반동김씨들은 서인 노론계이다. 띠풀이 우거지고 잡목이 무성한 우반동 골짜기를 일구어 전답을 만들고 사람들이 모여들어 살게 만든 첫 주인은 반계의 조부 유성민이었다.

---

10 한국정신문화연구원(1983), 176~177면.

11 「磻溪先生年譜」, 선생 16세. 1612년은 임진왜란 직후로, 이때에 우반동으로 내려 간 것은 임진왜란 후의 반계 집안의 사정과 관련이 있을 것 같다. 1612년은 반계의 아버지 설서공 유흠이 역모로 몰려 죽기 훨씬 전이다. 유흠은 1613년 18세 때 생원시에 합격하고, 1616년 21세의 나이로 문과에 급제하여 예문관 검열로 있다가 1624년(인조 2) 28세 때 유몽인의 옥사에 연루되어 고문을 받다가 죽었다.

12 한국정신문화연구원(1983), 176~177면.

13 정구복(1999), 12면.

14 이하 우반동 부안김씨에 대해서는 전경목(2001)에서 인용.

반계가 우반동을 방문한 것은, 우반동으로 이거한 32세 때가 처음이 아니다. 「반계선생연보」에 보면 반계는 16세 때 이미 조부 유성민을 뵙기 위해 우반동을 찾고 있다. 반계는 우반동으로 이거하기 전에 이미 우반동을 다녀가 이 땅을 잘 알고 있었다.

반계의 우반동 이주는 은둔이라기보다는 조부가 경작하던 우반동 농장을 경영하려는 지극히 현실적 이유였다고 할 수 있다. 그것은 그가 우반동으로 들어간 시점으로 추정해 볼 수 있다. 그가 두 살 때 당쟁의 소용돌이 속에서 장래가 촉망되던 부친을 잃고, 23세 때 조모를, 27세에 모친을 여의고 1651년(효종 2) 30세 때는 믿고 의지하던 조부 유성민마저 유명을 달리하였다. 반계가 우반동에 들어간 것은 조부의 3년상을 마친 32세 때이다. 반계는 조부 유성민의 상(喪)을 마친 1653년(효종 4) 겨울에 가솔들을 이끌고 전라도 부안현 우반동(지금의 부안군 보안면 우동리)으로 이거하였다. 이는 곧, 조부 유성민이 우반동으로 내려가 이곳 땅을 경작하였다는 것과 연계지어 볼 때 반계가 단지 세상을 등지는 차원에서가 아니라 할아버지를 대신해 우반동 땅을 경작하기 위한 차원이 컸음을 말해준다.[15]

반계는 조부가 일구어 놓은 전답을 경작하기 위해 우반동으로 내려왔고, 토지를 경작하면서 현실개혁론을 집대성한 『반계수록』을 저작하였던 것이다. 즉 반계는 부안 우반동 농촌에 살면서 농토를 경작하고 이런 경험을 토대로 토지제 개혁을 주축으로 하는 조선사회 전반에 대한 개혁론을 구상하였다. 그렇게 해서 나온 개혁서가 『반계수록』이고, 그 개혁론의 산실이 부안 우반동이다. 반계가 개혁론을 완성하는 데는 중앙과의 교류, 타지방 방문을 통한 견문 등이 같이 작용했겠지만, 반

15 이동희(2013), 141~142면.

계와 부안의 관계는 우리가 일반적으로 인식하고 있는 것 보다 훨씬 더 깊고 탄탄하였다. 전라북도와 부안이 반계의 실학사상을 계승하고 선양하며, 이를 문화자원화하는 데 앞장서야 하는 이유와 명분이 여기에 있다.

3. 부안지역 반계 유적의 보존과 자원화

반계가 부안 우반동에 20여 년을 살았고, 여기에서 『반계수록』을 집필한 것에 비해 전해지는 반계 유적은 많지 않다. 이는 그 후손들이 우반동을 떠나고 부안김씨들이 우반동의 새 주인이 된 것과 무관하지 않으며, 조선 후기 정치상황, 반계 가문과 우반동김씨들의 당색과도 관련이 있을 것이다.

우반동에 남아 있는 반계 유적으로 그가 살던 집터와 그 부근에 그가 팠다는 우물이 있다. 마을 옆 산 중턱에는 반계가 학문을 연구하고 후학을 가르치던 서당이 복원되어 있고, 그 옆자락으로 그가 죽어 임시로 안장했던 고총 자리에 새로 묘가 조성되어 있다. 논가에는 그가 군사훈련을 하던 돌기둥이라고 전해지는 석물이 남아 있다.[16] 우반동에서 멀지 않은 상서면 가오리 동림마을 원촌에는 그를 배향한 동림서원지가 있다.

우반동은 삼면이 높은 산자락으로 둘러쳐져 있고 그 안으로 탁 트인 너른 들녘이 있으며, 앞은 바다이다. 우반동은 4개의 자연마을이 있는

16 돌기둥은 곰소 가는 큰길에서 우반동으로 우회전하여 오다가 반계유적지 못 미쳐 오른쪽으로 130도정도 꺽어진 길을 따라 조금 내려오면 좌측 논가에 있다. 돌기둥 쪽에서 서편쪽 산을 보면 중턱에 반계 서당이 보인다.

데, 마을을 관통하는 장천(長川)을 기준으로 서편마을과 동편마을(동변리)로 나뉘고. 그 뒤 산자락 쪽으로 감불(甘佛)마을이며, 앞 바닷가 쪽이 만화동(萬花洞)이다. 서편마을이 지금의 우신(牛新)마을이고, 동편마을 동변리가 지금의 우동(牛東)마을이다. 이 중 우신마을이 반계가 살았던 곳이고, 우동마을이 숙종대 초 부안김씨들이 들어와 살았던 곳이다. 우반동 앞쪽은 바닷물이 만화동 위에서 반계 집터 쪽으로 100m정도까지 들어온 포구였다고 한다.[17]

우신마을을 가로질러 산자락으로 오르는 길 좌편 산중턱은 반계가 실학사상을 집대성하고 학동들을 가르쳤던 서당이 자리했던 곳이다. 우신마을 주차장에서 산으로 난 길 반계로를 따라 450m정도 오르면 복원된 서당터가 나온다(부안군 보안면 우동리 산 128-1). 거리는 멀지 않지만 산길이라 제법 한참을 올라야 한다. 본래의 서당은 반계가 우반동으로 들어온 이듬해인 1654년에 건립되었으며, 지금의 서당건물은 1981년에 20평 정도로 복원된 것이다.[18] 건물 안과 밖에 각각 우물이 있다. 이 우물들도 반계가 판 것이라고 전해지고 있다. 서당 아래 '반계정' 정자는 근래에 세운 것이다.

서당 건물 자체는 별로 주목되는 것이 없지만, 서당에서 앞으로 탁 트여 펼쳐진 우반동의 너른 들녘과 멀리 줄포만 바다를 조망하기에 적격이다. 이곳에 서서 앞을 내다보면 우반동 일원이 한눈에 들어온다.

서당에서 왼쪽으로 몇십 미터 올라가면 반계를 임시 안장한 자리가 나온다. 1673년 3월에 운명하여 5월에 임시 안장하여 장사를 지내고,

---

17 우동리 김종규 씨(2013년 조사당시 81세)의 구술에 의하면, 바닷물이 만화동 위까지 들어왔으며, 그 근거로 큰물이 져서 똘이 떠내려가 절반 밑에까지 파였는데 거기서 참나무 같은 시커먼 나무가 나왔다고 한다.

18 홍성덕 · 임숙정(2013), 194면.

10월에 반계의 유명에 따라 죽산 용천(현 용인시 백암면 석천리 황석마을) 정배산자락 부친 설서공 유흠묘소 아래로 옮겨 모셨다.[19] 근래에 부안 우반동 임시 안장터에 봉분을 만들고 안내문을 세웠다.

서당 건물이 복원되고 가는 길이 폭넓게 조성되어 있지만, 서당을 찾는 방문객들은 드물다. 인적이 없는 한적한 산길은 오히려 부담으로, 일반인들의 접근성은 현저히 떨어진다. 따라서 현재의 여건으로 사람들이 찾는 서당을 기대하는 것은 거의 불가하다. 드라마나 영화 등 대중적 매체를 통해 반계에 대한 대중적 인지도가 높아지든지, 아니면 일반인들이 찾을 수 있는 여건이 조성되어야 한다. 서당 건물에 대한 관리도 필요하고, 건물 내에 콘텐츠도 채워져야 한다. 서당에서 우반동 들녘을 한눈에 바라볼 수 있는 조망권은 큰 강점이다.

---

19 김서경, 『澹溪遺稿』 권3, 「반계유선생행장」, 16면 [박완식역(2004), 『국역 반계수록』, 담계선생문집간행회 206면] 반계선생연보에는 5월에 용인으로 이장한 것으로 되어 있으나 반계의 제자 담계 김서경이 1674년에 지은 반계선생행장에 10월로 나온다. 국역에 3월에 운명하고 그 이듬해 2월 5일에 임시 안장한 것으로 번역되어 있는데, 그렇게 되면 운명하고 임시 안장할 때까지 1년간의 공백이 있고, 무엇보다 이 행장이 1674년 5월에 지어진 것으로 시점이 맞지 않는다.(…已而遂逝 時三月十九日也 享年五十二 遠近聞訃 莫不咨嗟 或有垂泣者焉 越二月五日 權厝于舍後 以其年十月二十七日癸亥 返葬于竹山府治 北十五里 湧泉里鼎排山後岡 酉坐卯向之原 說書公墓下 從治命也) 2개월을 지나서 5월 5일에 임시 안장했다고 보는 것이 맞을 것 같다.[안태석 · 양만정(2003), 28면.] 반계선생연보에 용인에 이장한 것을 5월이라 한 것은 임시안장한 때를 혼동한 것으로 보인다.
김서경은 반계의 제자로 동림서원에 반계와 함께 배향된 부안의 유학자이다. 전북향토문화연구회에서 2003년 김서경의 문집 『담계유고』를 후손집에서 찾아내 반계와 관련된 귀중한 자료 「반계유선생행장」과 반계선생에게 올리는 제문 2편 등 총 3편을 얻게 되었다, 행장은 반계의 아들 유하의 요청으로 타계한 이듬해 5월 지은 것이다. 이 행장은 지금까지 알려진 반계생애 관련 자료 중에서 반계 사망 1년 후에 지은 것이고, 가장 가까이서 본 문인이 지은 글이라는 점에서 반계의 우반동 삶을 가장 잘 보여주는 글이라고 할 수 있다. 제문 하나는 반계가 사망한지 7개월 후 10월 11일 경기도 죽산의 선영으로 떠나려는 영구 앞에서 문하생으로 지은 것이며, 또 하나의 제문은 같은 날, 같은 곳에서 반계 생전의 친구였던, 그러나 이미 3년 전에 고인이 된 宋時樞를 대신해서 올린 것이다. 이 제문들도 반계의 우반동 삶을 살피는 데 매우 중요한 단서들을 제공하고 있다.[송준호(2003), 24~25면.]

반계 집터는 주차장에서 우신마을을 가로지르는 길을 따라 안쪽으로 200m 정도 더 들어가면 길가 우편에 있다. 집터로 들어가는 길가에 반계가 1666년에 팠다는 우물이 있고 그 옆에 이를 알리는 안내비가 서있다. 이 우물을 지나면 반계 집터라고 하여 반계공원부지로 조성되어 있다. 공원부지 가운데에는 「반계 유형원 선생 유적비」가 서 있다. 본래 이 비는 1974년에 만화동 마을 입구에 세웠던 것을 제자리를 찾아 반계 집터 부근으로 옮겨 놓은 것이다. 본래의 집자리는 지금 비가 서있는 곳이 아니라 그 앞 논자락이다.

반계 집터에 관해 2013년 한학자 김종규 씨(우반동 거주, 당시 81세, 부안김씨)가 구술한 내용을 옮겨보면 다음과 같다. 반계가 살던 집은 허물어지고 밭으로 변했다가 경지정리를 하면서 논이 되었다. 경지정리 전만해도 집터 주변으로 무너진 담장들이 남아 있었다. 흙을 쓰지 않고 돌로 쌓은 큰 담장으로 그 규모가 마치 성같이 컸다. 담장 안이 한 마지기 반, 300평 정도는 되었으며 아름드리나무들이 많았다. 집의 방향은 담장으로 보아 정남이 아니라 동남간방쯤 되었다.[20]

반계집터에 관해 부안의 향토사학자 고 유종남 씨는, '1991년까지만 해도 집터의 담장 일부가 남아 있었으나 1992년 경지정리사업으로 논이 되었으며 후원의 대나무밭도 개간되어 지금은 100여 평만 남아 있다'고 하였다. 이 내용은 유종남 씨가 편집하여 1999년에 편찬한 책에 실려 있다.[21]

이런 증언들을 통해 보면 반계의 집자리는 지금 반계유적비가 서 있는 곳이 아니라 그 앞 논자락이며, 1992년 경지정리 전만 해도 담자락

---

20 이동희(2013), 152면.

21 유종남편(1999), 46면.

등 일부 흔적이 남아 있었다. 1992년이라 하면 지금부터 25년 전으로 마을토박이들을 대상으로 조사를 하면 더 많은 자료를 얻을 수 있을 것이다. 반계에 관한 제대로 된 유적과 자료 조사가 시급한 이유이다.

반계 고택 복원을 적극 검토할 필요가 있다. 여러 증언과 기록들을 조사하고 활용한다면 어느 정도는 재현해 놓을 수 있을 것이다. 담계 김서경이 올린 반계 제문에 보면 집 후원에 소나무길, 대나무길, 국화길 세 길이 있었다고 기록되어 있는 등[22] 반계 고택의 형태를 짐작해 볼 수 있는 기록과 구술들이 있다. 김서경이 지은 반계행장에도 고택에 관한 내용들이 들어 있다. 유성민이 김홍원에게 토지를 매매한 문기에도 기와집 이야기가 나온다. 반계 고택을 복원해서 반계 유적의 거점으로 삼아 탐방프로그램 등 반계실학 체험프로그램도 만들고, 우반동의 반계 관련 유적과 문화자원들을 연계시킬 필요가 있다.

스토리텔링도 필요하다. 김종규 씨 증언에 의하면 반계 집터를 "큰선생님 집터"로 불렀다고 한다. 2013년 당시로, 살았으면 125세 쯤 되는 할머니가 이 밭을 경작하였는데 여기가 "큰선생님 집터"라고 하였다고 한다. 지역에서 반계의 후손들이 떠나고 주인이 바뀌면서 잊혀지다시피 한 반계의 위상을 상징적으로 보여주는 증언이다. 반계는 우반동 사람들에게 큰선생님으로 남아 있었다.

반계 유적지를 지나 길가 오른편 논 가운데 돌기둥이 있다. 반계가 군사훈련을 시킬 때 쓰던 여러 개의 돌기둥 중의 하나라고 한다. 돌기둥 중 하나는 우신마을 정자나무 옆에 있다가 해방되던 해에 태풍으로 나무가 부러지면서 함께 넘어졌다고도 한다. 현재 지표면 위로 나온 돌기둥의 높이는 2m 정도 된다. 논 한가운데 있기 때문에 농사짓는데 불

---

22 김서경 저·박완식 역(2004), 165면.

편하여 한때 뽑아내려고 했으나 아주 깊이 박혀 있어 그대로 둘 수밖에 없었다고 하는데, 현재는 논가로 옮겨져 있다. 그 옆에는 어떤 영문인지 배메산 돌방무덤 안내판이 서있고, 반계 유적 돌기둥에 대한 설명도 없다.

부안 보안면 우동리 반계유적지에서 직선거리로 8㎞ 정도 떨어진 상서면 가오리 동림마을 원촌에 반계를 배향한 동림서원(東林書院)이 있다. 동림서원은 1693년(숙종 19)에 건립되었고, 1868년(고종 5)에 훼철되어 지금은 유허비와 주초 돌만 남아 있다. 이 서원의 본래 명칭은 반계사(磻溪祠)였던 것으로 생각된다. 반계의 제자 김서경의 문집 『담계유고』에 영조 4년 호조판서를 지낸 권이진(權以鎭)이 올린 제문이 실려 있는데 「배향반계사제문(配享磻溪祠祭文)」으로 되어 있다. 또 김서경이 1730년 이 서원에 배향될 때도 연보에 '반계사'라고 하였다.[23]

『연려실기술』에는 파산서원(巴山書院)으로 나오고 계유년(1693, 숙종 19년)에 세웠는데 지금의 이름은 동림서원이고 반계와 김서경, 유문원이 배향되어 있다고 하였다.[24] 동림서원에 3인이 배향되었음은 김서경의 문집 『담계유고』, 「반계유선생에게 올리는 고유문」에서도 확인된다.[25] 후에 부안김씨 초당 김회신(草堂 金懷愼)이 동림서원의 주벽으로 들어가 배향인물이 4인이 되었다.

동림서원이 건립된 숙종 19년은 기사환국으로 남인이 집권하고 있던 때이다. 서원이 서 있는 동림마을은 반계의 제자로 같이 배향된 김서경의 출신지이다. 현재 담계 묘소와 재실도 거기에 있다. 반계사가 건립되는 데에는 이런 정국이 밑받침이 되었던 것이라고 할 수 있다. 이후

---

23 김서경 저·박완식 역(2004), 289면 및 282면.

24 『연려실기술』, 별집 4, 祀典典故, 서원, 전라도, 부안.

25 김서경 저·박완식 역(2004), 291면.

반계사는 동림서원으로 개칭되고, 부안김씨 김회신이 주벽으로 추배되었던 것으로 보인다. 김회신은 세조 때 사람으로 여기에 모셔진 배향인물들과 시대가 맞지 않는다.

동림서원에 관한 여러 자료들이 남아 있었다. 『동림서원지』, 『동림서원양사재계안임술시월회일(東林書院養士齋契案壬戌十月晦日)』, 『동림서원서재유생안구안』, 『심원록』(정유 3월), 『동림재임안』, 『담계선생유고』, 『열휴당유고』, 『담계가장』, 『성학십도』, 『담계선생문집』, 『담계선생묘갈명』 등이다.[26] 이들 자료도 시급히 찾아 두어야 한다.

자료 조사와 함께 반계유적지를 보존하고 사람들이 찾는 자원으로 육성하기 위해서는 우반동 유적과 동림서원을 같이 연계해 반계선생유적지로 묶어 관리할 필요가 있다. 그리고 동림서원을 현 형태로라도 보존하고 관리할 수 있도록 주변을 정비하고, 시설과 장치를 갖추어야 한다. 지금 형편으로서는 반계를 모신 서원으로서 위상 확보도 어렵고 사람들에게 동림서원의 존재를 알리기에도 역부족이다. 동림서원을 알리는 안내판이 서원터에는 세워져 있으나, 마을 입구에는 세워져 있지 않다.

반계 유적 보존과 자원화를 위해서는 문화재지정도 재검토되어야 한다. 반계유적지가 전라북도 기념물 제22호로 지정되어 있는데(우동리 128-1번지 일원), 그 영역은 반계서당 일원 산자락이다. 마을에 있는 반계집터는 빠져 있으므로 집터를 문화재 영역에 추가해야 한다. 돌기둥에 대해서도 연구조사를 통해 문화재 지정여부를 검토할 필요가 있다.

반계유적 활성화와 관련해 또 주목할 것은 우반동 주변의 문화유적들이다. 부안은 들과 산, 바다를 끼고 있어 자연경관이 빼어날 뿐 아니라 문화유산의 보고이다. 수려한 내변산이 있고, 바다로 둘러 있다. 가

---

26 『부안군지』(1991), 1011면(동림서원지).

까이 고려청자 양대 생산지인 유천리 도요지가 있고, 곰소만과 염전, 내소사가 있으며 새만금이 있다. 이러한 자원을 연계시키는 것도 반계 유적을 활성화하는데 빠질 수 없는 방안이다.

4. 반계의 실학정신 계승과 호남실학원 설립

우반동을 끼고 있는 변산은 세상을 피해 살기 좋은 십승지지(十勝之地) 중의 하나이다. 조선중엽 남사고(南師古)는 변산 호암(壺岩)을 십승지의 하나로 꼽았다. 변산 호암 아래가 구체적으로 어디인지는 모르겠지만 변산자락은 예로부터 난리가 나도 숨어살기 좋은 깊은 산중이며 들녘을 끼고 있다. 그 변산자락 우반동은 삼면이 높은 산으로 둘러쳐진 깊은 산중이면서 너른 들녘이 있고, 앞으로 바다가 펼쳐져 십승지에 들어갈 만하다.

우반동 골짜기는 반계 이전에 허균이 들어와 『홍길동전』을 지은 곳으로도 전해지고 있다. 우반동을 둘러싸고 있는 산자락 중의 하나인 선계폭포(仙溪瀑布) 안쪽으로 자리한 정사암(靜思巖)이 그곳이다. 허균이 공주목사로 있다가 광해군 즉위년에 파면된 후 이곳에 머물렀다.[27] 정사암은 현재 터만 전한다. 허균이 역모죄로 처형된 지 35년 후인 1653년 반계가 우반동 골짜기로 들어와 개혁론을 펼쳤다. 이후 변산자락은 박지원의 『허생전』 무대가 되기도 하였다. 우반동 뒤 골짜기는 도적굴로도 유명하다.

반계의 실학이 새로운 세상을 갈망한 것이라는 점에서 허균의 『홍길

27 扶安의 名妓 梅窓과 허균의 10년에 걸친 교류도 유명하다.

동전』, 박지원의 『허생전』과 맥이 통한다. 변산자락 우반동은 새 세상을 꿈꾸고 실현하려는 변혁의 정신이 강하게 서린 곳이라고 할 수 있다. 변산은 반체제적 승려들의 결사체 당취로도 유명하다. 반계의 실학도 우반동의 지리적, 문화적 토양과 무관치는 않을 것이다.[28]

전라도는 역사적으로 새로운 세상에 대한 염원이 강한 곳이다. 통일신라 진표로 대표되는 미륵신앙, 고려 훈요십조에 나타난 반역향 풍수, 조선중기 전주출신 정여립의 모반사건, 근대 동학농민혁명과 천주교·개신교의 만개, 현대 광주민주화운동 등이 호남정신의 그런 맥을 보여준다. 전주출신의 고(故) 최명희 작가는 『혼불』에서 전라도를 "저항과 풍류"의 땅이라고 하였다.[29] 최명희가 말한 저항은 곧 새로운 사회에 대한 열정이다. 우반동은 이런 전라도를 상징하는 터전일 수 있다.

반계의 우반동 유적을 보존 활용하고, 이를 통해 반계의 실학정신을 계승발전시키며, 지역문화를 활성화하기 위해서는 호남실학원이 설립되어야 한다. 반계가 부안에서 실학의 싹을 틔웠고, 다산이 강진에서 실학의 결실을 맺었다. 호남은 실학이 일어나고 완성된 곳이라고 할 수 있다. 여암 신경준(순창), 이재 황윤석(고창), 존재 위백규(장흥) 등 쟁쟁한 실학자들이 호남출신이다. 그리고 새로운 사회를 염원하는 전라도의 역사적 특질은 실학의 개혁 정신과 통할 수 있다. 호남실학이 확고히 정립되기 위해서는 그 개념과 특질이 규명되어야 하겠지만, 우선 호남지역이 실학적 성향이 강하다는 점에서 지역적으로 구분하여 호남실학을 말할 수 있고, 이를 토대로 호남실학원 설립을 추진할 수 있다고 본다.

호남실학원은 그 연구조사 대상이 호남지역의 실학이 중심이 되지

---

28 그것이 구체적으로 무엇인지 아직은 알 수 없지만, 앞으로 반계에 대한 연구가 깊이를 더함으로서 밝혀질 수 있을 것이다.

29 최명희(1996), 『혼불』 4권, 한길사, 46면.

만, 거기에 그치지 않고 넓게는 전북과 전라도의 정신사를 총괄하는 역할도 겸할 수 있다.[30] 결국 호남실학원은 반계 유적 보존과 활용의 거점이면서 호남지역의 실학을 중심으로 전북정신사, 나아가 호남정신사와 조선 후기 실학사 연구에 기여할 수 있다.

호남실학원 설립은 2012년 반계유형원의 실학사상 선양에 전북도가 관심을 갖기 시작한 것이 계기가 되어 2013년부터 추진되었다. 반계의 실학을 지역발전의 자원으로 육성해야 한다는 논의가 일면서 차제에 호남실학원을 건립하여 반계의 실학사상을 계승하면서, 호남실학과 함께 전북정신사를 총괄할 수 있도록 하자는 것이었다.

그런데 현재는 호남실학원 설립논의가 거의 중지되어 있다. 반계 유형원 학술대회만 2012년부터 매년 한차례 이어오고 있다. 이를 타개하기 위해서는 우선 각계의 전문가와 관련자들로 전북도와 해당시군의 인사들을 포함해서 호남실학원 설립 추진위원회를 구성할 필요가 있다. 그리고 여기에서 학술대회를 비롯해 향후 호남실학원 설립 추진 계획이 논의 되어야 할 것이다. 지금까지와 방법을 달리하여 전공자들과 지역인사들이 먼저 호남실학원 설립을 위한 모임을 구성하고 관이 이에 부응하는 형태도 생각해볼 수 있다.

5. 맺음말

반계가 20여 년에 걸쳐 그의 실학사상을 집대성한 곳은 부안 변산자락 우반동이다. 그가 한양에 자주 왕래하였고, 여러 지역을 여행하면서

---

30 필자는 이런 관점에서 호남실학원 설립에 대해 발표한 바 있다. 이동희(2015).

견문을 넓히고 개혁론의 깊이를 더했지만 그의 실학사상의 토대요 산실은 농장을 일구고 살았던 우반동이다. 따라서 그의 실학사상을 보다 깊이 있고, 생명력 있게 보려면 부안 우반동의 삶에 대한 연구가 필요하다. 부안지역의 반계유적이 가지는 의미가 큰 이유도 그렇다. 우반동 반계유적은 이런 관점과 자세로 접근해야 한다고 본다.

그러기 위해서는 반계 유적의 진정성부터 확고히 해야 한다. 몇 백 년 전의 흔적을 분명하게 밝힌다는 것이 쉽지는 않고, 불가한 경우도 있지만, 그래도 자료를 찾고 증언들을 채록해 꿰어 본다면 지금보다 훨씬 더 근거 있는 유적들이 될 것이다. 이런 자료 확보는 지금의 유적들에 대한 진정성을 분명히 하고, 잘못된 것이 있다면 이를 수정할 수 있으며, 이와 관련된 여러 이야기들을 더해 문화관광자원으로서 가치도 더 높일 수 있다. 또 새로운 반계 유적이 찾아질 수도 있다.

부안지역 반계 유적의 활성화를 위해서는 거점시설이 마련되고 이를 중심으로 프로그램이 마련되어야 한다. 반계서당 탐방길이 조성되어 있고 유적지 안내판 등이 서 있으나 이를 안내하는 거점 시설도 없고, 안내자도 없으며, 체험프로그램도 보이지 않는다. 이런 여건들을 갖추어 놓아야 많은 사람들이 찾을 수 있다. 그렇지 않으면 관련자들만이 찾지 일반인들은 즐겨 찾기 어렵다. 집터만 남아 있는 한적한 마을과 인적이 드문 산속에 위치한 서당에 찾아올 사람들은 많지 않다. 우신마을에 자리한 집터에 반계 고택을 복원하든지, 여기에 관련시설을 건립하여 반계 유적 탐방의 거점으로 삼을 필요가 있다.

반계 유적을 보존하고 활용하는 최상의 방법은 호남실학원 설치이다. 호남은 실학적 색채가 강하다고 본다. 호남실학원을 설립하여 반계의 실학사상을 계승하면서 그 유적을 보존하고 활용하는 거점으로서 기능을 수행하도록 하고, 호남지역의 실학을 집대성하면서 전북과 호남의 정신사적 연구를 병행하도록 할 필요가 있다.

반계 유적을 잘 보존하고 활용성을 높이기 위해서는 그 역사적 가치를 제대로 이해하고 진정성을 가지고 접근해야 한다. 무슨 가치가 있고, 왜 이 유적을 보존 정비하고 활용해야 하는지에 대한 인식을 바로 하고 해법을 찾아가야 한다. 모든 유적들이 그러하지만 반계의 경우 그 사상의 가치가 매우 높고, 유형적으로 남은 유적이 별로 없음으로 더욱 그렇다.

■ 참고문헌

김서경 저 · 박완식 역, 『國譯 澹溪遺稿』, 담계선생문집간행회, 2004.

안정복 校寫 · 이가원 校寫, 「磻溪先生年譜」, 『人文科學』 32, 연세대인문과학연구소, 1974.

유형원, 『磻溪隧錄』(영인본), 명문당, 1982.

한국정신문화연구원, 『부안김씨우반고문서』, 1983.

김승대(2017), 「전북지역 호남실학의 발굴과 과제」, 『문 · 사 · 철을 통해본 황윤석의 학문세계』, 이재연구소.

문석윤 · 김태영 · 김무진 · 최윤오 · 김선경(2013), 『반계 유형원 연구』(실시학사 실학연구총서 6), 사람의 무늬.

송준호(2003), 「해제-柳馨遠과 門下 金瑞慶」, 『全羅文化硏究』 15, 전북향토문화연구회.

안태석 · 양만정(2003), 「磻溪 柳馨遠선생 行狀(附 祭文)」, 『全羅文化硏究』 15, 전북향토문화연구회.

유종남 편(1999), 『실사구시의 횃불-반계 유형원의 실학과 인생』, 고글.

이동희(2013), 「반계 유형원의 생애와 부안 우반동」, 『반계 유형원의 실학사상과 그 계승방안』, 가람.

이동희(2015), 「지역학 연구와 호남실학원」, "반계유형원과 호남실학" 학술대회 자료집, 부안문화원 · 전북대이재연구소.

임형택(2015), 「호남의 학문전통과 실학」, "반계 유형원과 호남실학" 학술대회 자료집, 부안문화원 · 전북대이재연구소.

전경목(2001), 『고문서를 통해서 본 우반동과 우반동 김씨의 역사』, 신아출판사.

전북사학회(2013), 『반계 유형원의 실학사상과 그 계승 방안』, 가람.

정구복(2012), 「반계 유형원의 학문과 그 활용방안」, "반계 유형원 선양사업 포럼", 부안군 · 반계유형원선양사업추진위원회.

하우봉(2013), 「반계 유형원과 호남실학」, 『반계 유형원의 실학사상과 그 계승 방안』, 가람.

한국실학학회 · 전북대이재연구소편(2017), 『국제적 시각에서 본 반계 유형원의 실학사상』, 홍디자인.

한국향토사연구전국협의회(1998), 『우반동, 우반동 사람들』, 문화관광부.

홍성덕 · 임숙정(2013), 「반계 유형원 유적의 보존과 활용」, 『반계 유형원의 실학사상과 그 계승방안』, 전북사학회.

제임스 B. 팔레 지음 · 김범 옮김(2008), 『유교적 경세론과 조선의 제도들－유형원과 조선후기』 1 · 2, 산처럼 ; James B. Palais(1997), *Confucian Statecraft and Korean Institutions －Yu Hyongwon and Late Choson Dynasty*, University of Washington.

저자소개

임형택 성균관대학교 명예교수
정구복 반계유형원 실학사상연구소장
蔡振豐 대만대학 중문계 교수
선지수 일본 동북학원대학 강사
阮才東 베트남 사회과학한림원 철학연구소장
孫寶山 중국 중앙민족대 철학계 교수
진성수 전북대 철학과 교수
김승대 전북도청 학예연구관
양승목 동국대학교 국어국문학과 강사
정용건 고려대학교 국어국문학과 박사과정
손혜리 성균관대 대동문화연구원 연구교수
조해숙 서울대학교 국어국문학과 교수
김태희 다산연구소장
함영대 성균관대학교 대동문화연구원 책임연구원
정성희 실학박물관 책임학예사
이동희 전주역사박물관장

반계 유형원과 동아시아 실학사상

2018년 1월 20일 초판 1쇄 발행

기 획 : 한국실학학회
지은이 : 임형택 외
펴낸이 : 김병환
펴낸곳 : 학자원
주 소 : 서울시 강동구 천호대로 1121
전 화 : 02) 6403-1000
팩 스 : 02) 6338-1001
E-mail : hakjaone@daum.net
등 록 : 2011년 3월 24일 제2011-14호

HAKJAONE Publishing Co.
1121 Cheonho-Daero Kangdong-Gu Seoul

ISBN 979-11-6247-032-9 93810
값 32,000원